Baedeker

Allianz Reiseführer

Griechenland

www.baedeker.com

Verlag Karl Baedeker

TOP-REISEZIELE ✶✶

Die Liste der Sehenswürdigkeiten Griechenlands ist sehr lang, doch wo liegen die Highlights auf dem Festland bzw. wo auf den Inseln? Egal ob herrliche Strände, bedeutende Ausgrabungsstätten oder malerische Städte, wir haben zusammengestellt, was man auf keinen Fall versäumen sollte!

1 ✶✶ Korfu
Auf den Ionischen Inseln dominiert Grün die Landschaft. Was nicht heißt, dass man auf herrliche Küsten und Strände verzichten muss. ▸ **Seite 304**

2 ✶✶ Ioánnina
Bei der Hauptstadt der Provinz Epiros liegt die bis zu 600 m tiefe Víkos-Schlucht, eine der tiefsten der Welt und die längste des griechischen Festlandes. ▸ **Seite 264**

DIE BESTEN BAEDEKER-TIPPS

Von allen Baedeker-Tipps in diesem Buch haben wir hier die interessantesten für Sie zusammengestellt. Erleben und genießen Sie Griechenland von seiner schönsten Seite.

! Kulturelles Byzanz
Das Byzantinische Museum in Athen vermittelt ein umfassendes Bild über die Kultur des Byzantinischen Reiches. ▸ Seite 70

! Sirtos- und Pidik-Tänze
Traditionelle griechische Tänze führt das bekannte Athener Dora-Stratou-Tanztheater auf. ▸ Seite 75

! Einfach köstlich!
Der griechische Jogurt ist eine besondere Köstlichkeit, die man auf verschiedene Arten erhält. ▸ Seite 100

! Schwimmen, plantschen, rutschen ...
Die riesige Wasserrutsche im »Aegina's Water Park« auf der Insel Ägina begeistert nicht nur die Kleinen. ▸ Seite 111

! Urlaub im »Weißen Haus«
In dem am Strand von Kalámi auf Korfu gelegenen »White House« kann man sich einmieten. ▸ Seite 132

! Grenzflussfahrt
Bei einer Fahrt auf dem Grenzfluss Evros passiert man bei Dadia das größte Waldgebiet Griechenlands mit seinen seltenen Vogelarten. ▸ Seite 150

! Auf den Kríkelo
Vor allem im Frühjahr, wenn alles herrlich grünt und blüht, ist eine Wanderung auf den 826 m hohen Kríkelo auf der Insel Amorgós ein besonders schönes Erlebnis. ▸ Seite 164

! Küstenidylle
Unvergleichlich schön ist die menschenleere Küste zwischen den bei Árta gelegenen Dörfchen Páleros und Astakó. ▸ Seite 174

! Von ihrer schönsten Seite ...
... zeigt sich das Wahrzeichen Athens, die Akropolis, vom Filopáppos-Hügel aus. ▸ Seite 184

Immer im Blick
Von beinahe jedem Punkt der Metropole Athen hat man die auf 156 m Höhe gelegene Akropolis im Blick.

Archäologie in der Metro
Beim Bau der Athener Metro stieß man auf zahlreiche Überreste aus vergangenen Zeiten. Die Funde können an manchen Stationen bestaunt werden. ▸ Seite 202

Hafenfahrt
Man sollte gar nicht erst versuchen, mit dem Auto in den Wirrwarr von Einbahnstraßen und schmalen Gässchen von Piräus einzudringen. Wir empfehlen daher eine Fahrt am Wasser. ▸ Seite 216

Kloster-Blick
Wer die Prozedur des Zugangs zum Heiligen Berg Áthos scheut, oder aufgrund seines Geschlechts die Mönchsrepublik nicht betreten darf, kann sich vom Schiff aus einen Eindruck von den Klöstern verschaffen. ▸ Seite 223

»Orestes«, »Ödipus« und »Antigone«
Nicht nur für Fans ist es ein Erlebnis, eine Tragödie von Euripides oder Sophokles am »Originalschauplatz« zu sehen – im berühmten Theater von Epidauros. Wir verraten, wie man an Karten kommt. ▸ Seite 253

»Hochalpine« Bergfahrt
Eine enge, pittoreske Straße führt von Gýthio nach Nordosten in die Bergwelt des 1935 m hohen Párnon. Auf der Strecke gibt es viel zu entdecken. ▸ Seite 260

Typische Mitbringsel
Aus Ioánnina stammen wunderschöne Silberschmiedearbeiten und Stickereien. Wo Sie entsprechende Einkaufsmöglichkeiten finden, lesen Sie auf ▸ Seite 264

Ithákis schönster Strand ...
... ist der kleine, ca. 200 m lange und bis zu 25 m breite Kiesstrand Aspros Makrýs Gialós. ▸ Seite 272

Kloster Pandelimonos
Eines von 20 Großklöstern der autonomen Mönchsrepublik Áthos

Die Dexía-Bucht auf Itháki
Man vermutet, dass hier die Phäaken Odysseus an Land brachten. Oberhalb der Bucht liegt eine Tropfsteinhöhle, die mit der in der »Odyssee« beschriebenen Höhle fast übereinstimmt.

Gebirgsfahrt
Eine 23 km lange Fahrt durch eine faszinierende Bergwelt mit steil abfallenden Felswänden und tiefen Tälern mit einer Schmalspur-Zahnradbahn kann man von Diakoftó nach Kalávryta unternehmen. ▸ **Seite 281**

Surrealistisches Griechenland
Im Kárpathos Arts Centre in Pigádia stellt der Maler Minás Vláchos eigene Werke und Arbeiten befreundeter Künstler aus.
▸ **Seite 284**

Faszinierende Lichtspiele
An der Südküste Kastellórizos befindet sich die 75 m lange und 35 m hohe Meeresgrotte Fokaliá, die für ihre Stalaktiten und phantastische Lichtspiele auf dem Wasser bekannt ist. ▸ **Seite 287**

Zur Odysseus-Insel
Von Kefalloniá kann man morgens in Samí oder Fiskárdo zur Insel Itháki starten und kehrt nachmittags zurück; die Zeit reicht aus, um von der Insel einen Eindruck zu erhalten und an einer der schönen Buchten zu baden. ▸ **Seite 370**

Paradies für Hobbyornithologen
Rund 280 Vogelarten nisten auf Lésbos bzw. nutzen die Insel als Zwischenstopp auf ihrer langen Reise zwischen nördlichen und südlichen Gefilden. Wir geben Tipps, von wo man den besten Blick auf die Tiere hat. ▸ **Seite 376**

Heiße Rhythmen am Pool
Beliebter nächtlicher Treffpunkt von Mýkonos ist das »Hard Rock Café«, rund 4 km von Mýkonos-Stadt. Abends steigen hier Partys am Pool. ▸ **Seite 407**

! Kykladen en miniature
Der Bastler Benétos Skiadás zeigt auf Páros in seinem Privatmuseum über 80 handgefertigte Modelle von typischen Gebäuden der Kykladen. ▸ Seite 436

! »Prominentes« Weingut
Weinliebhaber sollten eine Besichtigung des traditionsreichen Weinguts Achaia Clauss bei Pátras nicht versäumen. Viele Prominente zählen zu den Kunden der größten Weinkellerei Griechenlands.
▸ Seite 444

! Sound and Light
Ein besonderes Spektakel ist die Ton- und Lichtschau am Großmeisterpalast in Rhodos-Stadt. ▸ Seite 460

! Folkloremuseum im Feriendorf
Wer einmal erleben will, wie das samische Leben früher einmal aussah, ist in der Ferienanlage Dóryssa Bay auf Sámos richtig. Das weitläufige Areal ist einem samischen Dorf nachempfunden und zeigt in einem Museum Gerätschaften von Bauern, Korbmachern, Fischern und Imkern. In den historischen Werkstätten kann man gelegentlich einem Töpfer, Schmied oder Barbier bei der Arbeit zusehen. ▸ Seite 471

! Höhlen-Trip
Die drei Meeresgrotten Skótini Spiliá, Galázia Spiliá und Halkini Spiliá auf Skíathos lassen sich schwimmend erkunden – ein eindrucksvolles Erlebnis!
▸ Seite 489

! Spaß und Action ...
... bietet das »Waterland« bei Tagarades vor den Toren Thessaloníkis, eines der größten Freizeitbäder des Landes mit 200 m langer Rutsche und einem Becken mit »echten« Meereswellen.
▸ Seite 512

Feierstimmung
Mýkonos ist die Party-Insel Griechenlands.

Traumhafte Buchten…
… wie die Anthony-Quinn-Bucht auf Rhodos gibt es unzählige in Griechenland.
▸ **Seite 463**

HINTERGRUND

Legendärer Feldherr
Seine Eroberungszüge führten Alexander den Großen bis nach Indien.
▸ **Seite 77**

PRAKTISCHE INFORMATIONEN VON A bis Z

Griechischer Wein

Nicht erst seit dem Schlager von Udo Jürgens ein Hit: Wein aus Griechenland wird weltweit gern getrunken.

▶ **Seite 102**

TOUREN

REISEZIELE VON A bis Z

Preiskategorien

Hotels
Luxus: ab 100 €
Komfortabel: 50 – 100 €
Günstig: bis 50 €
Für eine Übernachtung von zwei Personen im Doppelzimmer

Restaurants
Fein & teuer: ab 18 €
Erschwinglich: 12 – 18 €
Preiswert: bis 12 €
Für ein Menü mit Vor-, Haupt- und Nachspeise (ohne Getränke)

Faszinierend
Die Blaue Grotte bei Kastellórizo sollte man gesehen haben.
► Seite 287

Metéora
Man mag sich gar nicht vorstellen, wie das Baumaterial auf die bis zu 300 m hohen Felsen transportiert wurde.
► Seite 390

Kultstätten
Der Apollon-Tempel in Delfí ist nur eines von vielen Beispielen der imposanten Bauwerke, die im alten Griechenland geschaffen wurden.
► **Seite 236**

Hintergrund

KURZ UND KNAPP,
VERSTÄNDLICH GESCHRIEBEN
UND SCHNELL NACHZU-
SCHLAGEN: WISSENSWERTES
ÜBER GRIECHENLAND,
ÜBER LAND UND LEUTE,
NATUR, WIRTSCHAFT UND ALLTAGSLEBEN.

LAND DER SONNE

… nur mit der Seele zu suchen, darauf musste sich der große Goethe beschränken. Wie gut geht es Ihnen hingegen heute! Denn Sie haben die Möglichkeit, Griechenland, die Wiege europäischer Kultur, wie das Land zu Recht gern bezeichnet wird, zu bereisen und in all seinen verschiedenen Facetten kennen zu lernen.

Lassen Sie sich von bezaubernden, ganz unterschiedlichen Landschaftsformen verführen, entdecken Sie verträumte, ursprüngliche Dörfer, tauchen Sie munter ein in das blaue Meerwasser, lassen Sie Ihre Seele am weiten Sandstrand einfach einmal baumeln und stoßen Sie mit Dionysos, dem Gott des Weines, auf dieses ganz wunderbare Land mit seinen alten und neuen Sehenswürdigkeiten an.

Fun in the sun
Badespaß kann man bei knapp 15 000 km Küstenlänge in Griechenland immer und (fast) überall haben.

Seit vielen Jahrzehnten stellen die Sonne, die endlosen Sandstrände, das einladend glitzernde Meer und, nicht zu vergessen, die unzähligen antiken Ausgrabungstätten, die eindrucksvoll auf die über 5000 Jahre alte Geschichte des Landes verweisen, den größten Wirtschaftsfaktor Griechenlands dar. Sie werden sehr schnell feststellen, dass Griechenland ein Land der Superlative ist! Denn welche andere Region auf dieser Welt kann sich rühmen, über 4000 km Festlandküste und rund 2000 Inseln, von denen etwa 160 bewohnt sind, zu besitzen? Von der großen Insel Kreta, die eigentlich schon sowohl landschaftlich als auch kulturell als eigener »Kontinent« bezeichnet werden kann, bis hin zum winzigen, fast verlassenen Eiland – für jeden Geschmack ist etwas dabei! Erleben Sie wunderbare weitläufige Sandstrände und pittoreske abgeschiedene Felsbuchten oder lebhafte Urlaubszentren und ursprünglich gebliebene Fischerdörfer. Ob Mýkonos oder Amorgós, ob Chalkidikí oder Äußere Máni, für alle Bedürfnisse großer und auch kleiner sonnenhungriger Urlauber ist das Passende dabei – garantiert!

Zunächst waren es die großartigen Zeugnisse der griechischen Antike, die einstmals das davon begeisterte Bürgertum anzogen. Es galt in diesen Kreisen als ausgesprochen schick, Griechenland, die Wiege der abendländischen Kultur, einfach »einmal gesehen zu haben«. Und auch heute sind die weltberühmten Sehenswürdigkeiten wie die

Bauernsalat
Er darf bei keinem Essen fehlen und wird oft als »Greek Salad« angeboten.

Geschichte
Um das Erbe ihrer Vorfahren zu erhalten, investieren die Griechen viel Geld, Zeit und Kraft. Hier ein Steinmetz bei der Arbeit in Epidauros.

Nicht nur Gýros ...
... hat die griechische Küche zu bietet. Vor allem die guten Vorspeisen sind zu empfehlen.

Eruptive Inselwelt
Den 30 m tiefen Stéfanos-Krater auf der Ägäis-Insel Nísyros zu erkunden, ist zwar ungefährlich, doch ganz zur Ruhe gekommen ist der Vulkan noch nicht.

Mitbringsel
So wie hier im Altstadtlabyrinth von Kos-Stadt kommen Souvenirjäger überall im Land auf ihre Kosten.

Surfen, Tauchen und vieles mehr
Ob am, auf oder unter dem Wasser: Das griechische Festland und die Inseln bieten eine Fülle von Möglichkeiten, Wassersport auszuüben.

beeindruckend schöne Akropolis hoch über der pulsierenden Metropole Athen, das antike Orakel von Delfí, das Theater von Epidauros oder der riesige Palast in Knossós große Attraktionen. Wer sich ein wenig Zeit nimmt, wird Erstaunliches erfahren. Es lohnt sich, in den Ruinenstätten und Museen einmal genau hinzuschauen, sich von der künstlerischen Kraft und der handwerklichen Leistung beeindrucken zu lassen, vielleicht auch dem Geist des Orts nachzuspüren.
Sehr viel zahlreicher und für das heutige Bild Griechenlands bestimmend sind die architektonischen Hinterlassenschaften späterer Jahrhunderte. Aber neben diesen baulichen Highlights besitzt Griechenland einige der schönsten und abwechslungsreichsten Landschaften Europas. Wählen Sie zwischen den üppig grünen subtropischen Ionischen Inseln und der eindrucksvollen Kargheit der Kykladen.
Auch das Festland birgt viele wenig bekannte Schätze, die sich am besten im Frühjahr und Herbst erschließen lassen: von der herrlichen Gebirgswelt des Epiros mit seinen schneebedeckten Gipfeln über das interessante, lebendige Thessaloníki, die herrlichen Dünenküsten und Flussbiotope mit seltener Flora und Fauna bis hin zum schluchtreichen Peloponnes. Mit seinen über 6000 Pflanzenarten ist Griechenland ein wirkliches botanisches Paradies: Rund ein Fünftel der gesamten Fläche des Landes gehört zum europäischen ökologischen Netz »Natura 2000«.
Griechenland wäre aber nicht Griechenland ohne das bestimmte Lebensgefühl, das man überall genießen kann und für das man nicht mehr braucht als ein schattiges Plätzchen und einen »kafés«. Sie werden feststellen, dass Griechenland ein ausgesprochen gastfreundliches Land ist. Egal wo Sie hinkommen – Sie werden freundlich und mit offenen Armen empfangen. Gerade auf den Inseln hat der Urlauber den Eindruck, dass die Uhren langsamer zu gehen scheinen. »Leben und leben lassen« heißt die Devise. Alle Zeit der Welt haben, sich miteinander ausgiebig zu unterhalten und gemeinsam Spaß zu haben – das macht für uns sicherlich einen großen Teil der Faszination aus, die wir für dieses Land empfinden. Ein unwiderstehlich anziehendes mediterranes Lebensgefühl prägt Griechenland, egal ob Sie sich auf dem Festland oder auf den Inseln befinden. Genießen Sie diese Leichtigkeit des Seins und öffnen Sie dafür Ihr Herz! In diesem Sinne viel Spaß bei Ihrer Entdeckungsreise durch Griechenland – erleben Sie Land und Leute mit allen Sinnen, es lohnt sich wirklich!

Badefreuden
Es gibt sie noch, die einsamen und romantischen Buchten, aber die sind oft nur mit dem Boot zu erreichen.

Fakten

Großstadthektik in Athen und überlaufene Tourismus-Hochburgen, aber auch abgeschieden gelegene Bergdörfer und fast menschenleere Inseln mit traumhaften Buchten – Griechenland steckt voller Kontraste. Hier erfahren Sie Interessantes und Wissenswertes über das Land und dessen Bewohner.

Naturraum

Großräume

Geografisch gliedert sich das von Meer und Gebirge geprägte Griechenland in drei Großräume: das griechische **Festland**, die große, handförmige **Halbinsel Peloponnes** sowie die griechischen **Inseln**. Etwa zwei Drittel der Landfläche werden von Gebirgszügen eingenommen, ca. ein Sechstel ist Flachland und etwa ein Fünftel steuern die Inseln bei. Den Kern von Festland-Griechenland bildet das bis zu 2637 m aufragende Píndos-Gebirge. Höchste Erhebung des Landes ist jedoch der Olymp in der Landschaft Thessalien: Der »Berg der Götter« ist 2917 m hoch.

Erdgeschichte

Das heutige Bild der griechischen Naturlandschaft ist das Resultat komplizierter geologischer Vorgänge im Verlauf der Erdgeschichte. Im Osten des Landes bilden alte und großenteils unter den Meeresspiegel abgesunkene Landmassen bzw. Gebirge den Unterbau. Von der Kreidezeit, die vor ca. 140 Mio. Jahren begann, bis ins Jungtertiär, das vor etwa 2 Mio. Jahren endete, baute sich im Westen das dinarisch-hellenische Faltengebirgssystem auf, zu dessen jüngsten Höhenzügen das **Píndos-Gebirge** gehört. Diese Kettengebirge erstrecken sich vom Norden Griechenlands bis zur Südspitze des Peloponnes, wo sie ins Meer abtauchen, ostwärts abbiegen und sich in den beiden großen Inseln Kreta und Rhodos fortsetzen. Wo die – jüngeren – Gebirgsstränge ins Meer auslaufen, haben sich tiefe Buchten gebildet, wie man an den »Fingern« des Peloponnes sehen kann; im Binnenland breiten sich zwischen den vielerorts hochgebirgsartigen und heute stark verkarsteten Kalkriegeln fruchtbare Hügel- und Schwemmländer aus.

Die älteren Faltengebirgsketten biegen bereits im Bereich des Festlandes ostwärts ab und formen heute die abwechslungsreiche Küste Ostgriechenlands. In der Tertiärzeit, vor ca. 65 Mio. Jahren, sank das alte Kykladische Gebirgssystem ab, dessen Gipfel in Gestalt der Kykladen aus dem Ägäischen Meer ragen. In geologisch junger Vergangenheit entstanden im Osten und Nordosten des griechischen Festlandes ebenfalls durch Senkungsvorgänge die fruchtbaren Beckenlandschaften von Makedonien, Thessalien, Böotien und der Argolis, andererseits erheben sich hier mächtige alte Gebirgsmassive wie der Olymp. Ganz im Norden greifen die Ausläufer des Rhodopengebirges auf griechisches Territorium über.

Erdbeben und Vulkanismus

Im gesamten Mittelmeerraum ist die Erdkruste bis heute nicht zur Ruhe gekommen. Fast täglich bebt hier mehr oder weniger deutlich spürbar die Erde, manchmal mit katastrophalen Folgen. Ausgelöst werden diese Erdbeben durch fortwährende Bewegungen der Konti-

← Das Spektrum der griechischen Inselwelt reicht von sehr großen Eilanden wie Kreta bis zu winzigen wie die »Mäuseinsel« vor Korfu.

Zahlen und Fakten Griechenland

Lage
- Südosteuropa
- Zwischen 36° und 41° nördlicher Breite sowie 20° und 26° östlicher Länge

Fläche und Staatsgebiet
- 132 000 km² (Festland: 107 000 km², Inselfläche: 25 000 km²)
- Küstenlänge: 15 000 km (Festlandküste: 4100 km)
- Inseln: über 2000 (ca. 160 bewohnt)
- Höchste Erhebung: Olymp (2917 m ü. d. M.)
- Hauptstadt: Athen (777 000 Einw.; Großraum Athen/Piräus: ca. 3,2 Mio. Einw.)
- Größte Städte: Thessaloníki (385 000 Einw.), Piräus (180 000 Einw.), Pátras (153 000 Einw.), Iráklion (Kreta; 116 000 Einw.)
- Anrainerstaaten: Albanien, Mazedonien, Bulgarien, Türkei
- Internationales Kennzeichen: GR

Bevölkerung
- 11,1 Mio.
- Bevölkerungsdichte: 84,2 Einw./km² (Deutschland: 231 Einw./km²)

Sprache
- Neugriechisch

Religion
- Ca. 97 % der Bevölkerung gehören der griechisch-orthodoxen Kirche an.

Staat
- Hellenische Republik (Ellinikí Dimokratía)
- Regierungsform: Parlamentarische Demokratie
- Parlament: 300 Abgeordnete
- Staatsoberhaupt: Staatspräsident Karolos Papoulias (seit 2005)
- Regierungschef: Ministerpräsident Kostas Karamanlis (seit 2004)
- Verwaltungsstruktur: 13 Regionen mit jeweils mehreren Präfekturen sowie die autonome Mönchsrepublik Áthos
- Nationalfeiertag: 25. März

Wirtschaft
- Bruttoinlandsprodukt: 172,2 Mrd. €
- Pro-Kopf-Einkommen: ca. 16 000 €
- Arbeitslosenquote: 8.9 %
- Wichtigste Handelspartner: Deutschland, Italien, Frankreich

Griechische Nationalflagge

nentalplatten. Im Fall Griechenlands bewegt sich die Afrikanische Platte von Süden her mit einer Geschwindigkeit von ca. 2,5 cm pro Jahr nordwärts und taucht in einer Zone, die sich durch verstärkten Vulkanismus auszeichnet, unter die Ägäische Platte, die ihrerseits einen Teil der Eurasischen Großplatte belegt.
Die Inseln Ägina, Mílos und Santorin verdanken ihre Entstehung dem dadurch ausgelösten, momentan wohl nur ruhenden Vulkanismus.

Nordgriechenland

Nordgriechenland reicht südwärts bis auf die Höhe des Ambrakischen Golfs an der West- bzw. auf die Höhe des Golfs von Lamia an der Ostküste. Sein Rückgrat bildet das Píndos-Gebirge, dessen höchste Erhebung der 2637 m hohe Smolikas ist.
Westlich des Píndos-Massivs breitet sich die reizvolle Hügellandschaft **Epiros** in Richtung Ionisches Meer aus. Weiter nordöstlich des Píndos umrahmen die Gebirgszüge Makedoniens die fruchtbare Bucht von Thessaloníki. An sie schließt östlich die für ihre schönen Badestrände bekannte **Halbinsel Chalkidikí** an, deren »Finger« Kassándra, Sithonía und Áthos in die nördliche Ägäis hineingreifen.
Ganz im Nordosten hat Griechenland Anteil an der historischen Landschaft Thrakien, die die südlichen Ausläufer des bulgarischen Rhodopengebirges sowie die Flussniederungen von Nestos und Evros umfasst. Das Bild dieser Landschaft wird auch heute noch weithin vom Tabakanbau geprägt. Südwestlich von Thessaloníki erhebt sich das alte Gebirgsmassiv des Olymp; südlich davon weitet sich das fruchtbare **Thessalische Becken**, das im Westen vom Píndos-Gebirge und im Osten vom Thessalischen Küstengebirge begrenzt wird.

Auch das gibt es in Griechenland: schneebedeckte Berge wie hier im Erymanthos-Gebirge.

Griechenlands Küste ist etwa 15 000 km lang.

Mittelgriechenland Die alte Landschaft **Thessalien** vermittelt zwischen Nord- und Mittelgriechenland. Zu Mittelgriechenland, das im Süden einerseits vom lang gestreckten Golf von Pátras, andererseits vom Golf von Korinth begrenzt wird, zählen der griechische Kernraum mit der Hauptstadt Athen und der Halbinsel Attika sowie die Beckenlandschaften und Ebenen von Böotien, Fokis, Lokris und Ätolien, die von den Kalkgebirgen des 2510 m hohen Giona und des 2457 m hohen Parnass überragt werden. Auch die Attische Bucht und die durch einen schmalen Kanal vom Festland getrennte Insel Évia rechnet man noch zu Mittelgriechenland.

Südgriechenland Der von einem Kanal durchtrennte Isthmus von Korinth verbindet die **Peloponnes**, sprich Südgriechenland, mit dem griechischen Kernraum. Zentrale Landschaft der Peloponnes ist das bis zu 2500 m hoch gelegene **Arkadien**, von dem steile Kalkgebirgszüge wie Finger einer Hand nach Süden und Südosten ins Meer greifen.

Ionische Inseln Vor der Westküste des griechischen Festlandes liegen die Ionischen Inseln am Ausgang des Adriatischen Meeres. Die berühmteste dieser von den Griechen »Eptanissia« (»Siebeninseln«) genannten Eilande ist Korfu. Die Zahl sieben bezieht sich auf jene kurze Epoche um das Jahr 1800, als die Ionischen Inseln die unabhängige **Republik der Sieben Inseln** umfassten.

Ägäische Inseln Östlich und südöstlich des griechischen Festlandes breiten sich bis vor die Küste Kleinasiens die aus mehreren größeren Gruppen bestehenden Ägäischen Inseln aus.

Ihr Zentrum bilden die ca. drei Dutzend größeren und kleineren Eilande der Kykladen, die ihrerseits die in der Antike heilige Insel Délos umringen. Einige dieser kargen Inseln sind seit langem als Urlaubsziel sehr beliebt, v. a. Mýkonos, Páros, Náxos und Santorin. ◄ Kykladen

Zu den Dodekanes, die vor der Küste Kleinasiens liegen, gehören nicht nur, wie ihr Name suggerieren möchte, lediglich zwölf Inseln, sondern noch einige (unbewohnte) mehr. Am bekanntesten sind Pátmos, Kálymnos, Kos und Rhodos. ◄ Dodekanes

Vor der großen Insel Euböa (Évia), die als Teilraum Mittelgriechenlands betrachtet wird, liegen die Sporaden, als deren landschaftlich reizvollste Insel Skópelos angesehen wird. ◄ Sporaden

Kreta

Die größte der griechischen Inseln ist Kreta. Sie bildet den südlichen Rand des Ägäischen Meeres. Die rund 300 km lange Insel ist von Attika etwa gleich weit entfernt wie von der Küste Nordafrikas, und auch Kleinasien ist nicht allzu fern. Diese Brückenfunktion verdeutlicht, warum Kreta in kultureller Hinsicht als **Wiege Europas** betrachtet wird.

Flora und Fauna

Pflanzen

Pflanzengeografisch gehört Griechenland zu den interessantesten Regionen Europas. Etwa ein Siebtel aller heimischen Pflanzen ist endemisch, d. h. kommt nur hier vor. Außerdem begegnen sich auf griechischem Boden Gewächse südosteuropäischer, vorderasiatischer und nordafrikanischer Herkunft.

? WUSSTEN SIE SCHON ...?

- ... dass in den großen Fichtenwäldern des 1413 m hohen Parnes (Parnitha), des höchsten Berges Attikas, über 800 verschiedene Kräuter- und Pflanzenarten wachsen – fast 20 Prozent der gesamten Landesflora?

Etwa die Hälfte des Landes ist von mediterraner Hartlaub- und Gebüschvegetation bedeckt, die als **Frygana** bezeichnet wird. Diese Pflanzendecke ähnelt der italienischen Macchia bzw. der südfranzösischen Garrigue. In der Frygana sind Grün- und Kermeseichen, Erdbeerbäume, Ölbäume, Lorbeer, Ginster, Myrte, Rosengewächse, Wacholder, Wolfsmilchgewächse und zahlreiche andere Pflanzen vereint. Im feuchteren Westen Griechenlands reicht diese Vegetationsform bis in die Hochlagen hinauf. Je weiter man nach Süden kommt, desto dürftiger wird die Frygana. Sie geht schließlich in eine schüttere Trockenvegetation über, die sich fast nur noch aus Wacholderbüschen, Disteln, Thymian, Pfefferminze und Wasser speichernden Sukkulenten, u. a. Kakteen, Agaven und Opuntien, zusammensetzt.

Olivenbäume gehören zu den wichtigsten griechischen Kulturpflanzen.

Wälder Griechenland liegt im Bereich der **mediterranen Laub- und Mischwaldzone**. Der seit Jahrtausenden anhaltende Raubbau an den ursprünglich reichen Waldbeständen ist verantwortlich dafür, dass man heute in vielen Gegenden Griechenlands gar keine oder nur noch recht kümmerliche Forste antrifft.

In den Küstenregionen und Beckenlandschaften gibt es noch Mischwaldbestände mit verschiedenen Eichen- und Kiefernarten, Platanen, Ölbäumen, Johannisbrotbäumen und diversen anderen Gewächsen. Landschaftstypisch sind auch Zypressen und Eukalyptusbäume.

Im Norden Griechenlands sowie in den Berggebieten Mittelgriechenlands trifft man bis in einer Höhe von 1500 m auf sommergrüne Laubmischwälder aus Buchen, Kastanien, Platanen, Ulmen, Nuss- und Ahornbäumen. In Höhen von 1700 bis 2000 m bestimmen Nadelwälder mit verschiedenen Kiefern- und Tannenarten das Bild. Noch weiter oben breiten sich karge alpine Matten aus, die von zwergwüchsigem Nadelholz durchsetzt sind.

Kulturpflanzen Charakteristisch für Griechenland sind **Olivenhaine**, **Feigenkulturen** sowie **Weingärten**. Zum Teil werden diese Kulturflächen seit der Antike bearbeitet. Da heutzutage mit Wein, Olivenöl und Feigen nicht mehr allzu viel Geld zu verdienen ist, liegt immer mehr altes Kulturland brach. Es entsteht Ödland, dessen sich die Frygana bemächtigt. Neuerdings versucht man, solche Flächen aufzuforsten.

In den besonders fruchtbaren Regionen wird heute Plantagenwirtschaft nach modernsten Gesichtspunkten betrieben. Großflächig kultiviert werden diverse Gemüse- und Obstsorten, Tabak und Baumwolle. Ferner werden Zuckerrüben, Kartoffeln, Weizen, Gerste, Mais und Reis angebaut.

Tiere

Wild

Die weit reichende Verwüstung des ursprünglichen Pflanzenkleides hat sich sehr negativ auf die Artenvielfalt der Tierwelt ausgewirkt. Lediglich in den abgelegenen Gebirgsregionen findet man noch nennenswerte Populationen von Rot- und Schwarzwild. Häufiger sieht man Schafe, Ziegen, Esel und Maultiere sowie Hasen und Kaninchen, denen Füchse, Dachse, Marder und verwilderte Katzen nachstellen. Auf Kreta leben noch etliche Wildziegen (Capra aegarus).

Reptilien

Auch die Reptilien werden immer mehr zurückgedrängt. Dies gilt besonders für die **Griechische Landschildkröte** und die **Unechte Karettschildkröte**, jene Meeresschildkröte, die ihre Eier an verschiedenen Sandstränden vergräbt und von der Sonne ausbrüten lässt. 1999 wurde der berühmte »Schildkrötenstrand« an der Laganás-Bucht auf der Insel Zákynthos unter Schutz gestellt.
Geckos und verschiedene Eidechsenarten sieht man dagegen noch recht häufig. Nicht nur im Gestrüpp der Frygana, sondern auch in Gärten und an sonstigen warmen Plätzchen muss man sich vor Schlangen in Acht nehmen, besonders vor den giftigen **Vipern** und den inzwischen streng geschützten **Levanteottern**.

Vögel

Die griechische Vogelwelt ist sehr vielfältig, schließlich ist das südosteuropäische Land eine wichtige Landbrücke für zahlreiche Zugvögel. In den Bergregionen und vor allem am Evros kann man noch zahlreiche **Greifvögel** beobachten, darunter Adler, Mönchsgeier, Bartgeier und Lämmergeier, Wanderfalken und Habichte.
Recht häufig sieht man Rebhühner und Wachteln sowie Kiebitze und Elstern. In Küstennähe schwirren schwarzweiße Austernfischer, Seeschwalben, Blauracken und mehrere Möwenarten durch die Luft. Weit verbreitet sind auch Kleiber, besonders Zwergkleiber, Ammern und die bunten Bienenfresser. Pelikane gibt es nur noch in einigen wenigen Rückzugsgebieten.

Insekten

Höchst artenreich bietet sich in Griechenland die Welt der Insekten dar. Dies gilt insbesondere für den Frühling, wenn Myriaden von Schmetterlingen und Bienen zu den Blüten ausschwärmen und Zikaden mit ihren Zirpkonzerten einen geradezu ohrenbetäubenden Lärm veranstalten. In Acht nehmen sollte man sich vor den giftigen Rogalida-Spinnen sowie vor Skorpionen.

Meerestiere

Die Fauna der griechischen Gewässer ist überraschend artenarm, was zum großen Teil auf Überfischung, aber auch auf die Gewässerverschmutzung zurückzuführen ist. Meeräsche, Meerbarbe, Makrele, Zahnbrasse, Barsch, Hechtdorsch, Sardine, Sardelle, Triglidenfisch und Tunfisch gehören zu den verhältnismäßig verbreiteten Fischarten. Tintenfische, Polypen, verschiedene Muschelarten, Hummer, Langusten, Garnelen und Krabben sind ebenfalls noch zahlreich vertreten. Wassersportler sollten sich vor allem an felsigen Küstenabschnitten vor bissigen Haien und Muränen in Acht nehmen. Auch Seeigel und Feuerquallen können die Badefreude erheblich trüben. Vom Boot oder Schiff aus kann man hin und wieder **Delfine** beobachten. Vom Aussterben bedroht ist die Mönchsrobbe, die sich vor allem an abgelegenen Felsküstenabschnitten aufhält. Auch Korallenstöcke und Schwammkolonien sind durch die Gewässerverschmutzung stark zurückgegangen.

Bevölkerung · Politik · Wirtschaft

Bevölkerung

Besiedlung Etwa 28 % der Bevölkerung Griechenlands leben in ländlichen Siedlungen. Entscheidend für die Lage der Dörfer ist das Trinkwasservorkommen. Die Städte, überwiegend Klein- und Mittelstädte, liegen vor allem in der östlichen Hälfte des Festlands. Großstädte gibt es nur wenige: Athen, die Landeshauptstadt, und die benachbarte Hafenstadt Piräus bilden mit ihren Vororten einen geschlossenen Großraum mit etwa 3,2 Mio. Einwohnern. Den Norden des Landes beherrscht Thessaloníki, das 385 000 Einwohner zählt. Die größte Stadt auf dem Peloponnes ist Pátras mit 153 000 Einwohnern.

? WUSSTEN SIE SCHON ...?

- ... dass man in Griechenland mit der Redensart »Wir werden das Brot Brötchen nennen« eine mögliche zukünftige Katastrophe dezent umschreibt?

Landflucht und Abwanderung Die meisten Inseln verzeichen – im Gegensatz zu den Städten – einen stetigen Rückgang der Bevölkerung. Karge Böden und durch Realteilung zersplitterte Ländereien haben die Lebensbedingungen dort so erschwert, dass es die Jugend vielfach vorzieht, sich auf dem Festland, in den Industriestaaten Westeuropas oder in Übersee, besonders in den USA, nach besseren Erwerbsmöglichkeiten umzusehen. Etwa 4 Mio. Griechen leben außer Landes. Allerdings gibt es seit einiger Zeit auch eine umgekehrte Entwicklung, da viele jüngere Griechen, vom Stadtleben enttäuscht, auf das Land zurückkehren.

Staat und Gesellschaft

Staatsform Seit dem Sturz der Militärdiktatur im Jahr 1974 und der Volksabstimmung über das Schicksal der Monarchie, bei der sich die große Mehrheit der griechischen Bevölkerung für eine Abdankung des im Exil lebenden Königs Konstantin II. aussprach, hat Griechenland nach der Verfassung von 1975 die Staats- und Regierungsform einer **parlamentarisch-demokratischen Republik**.

Zwei Generationen, zwei unterschiedliche Welten

Staatsflagge

Die erstmals im Jahr 1822 gehisste griechische Flagge zeigt außer dem griechischen Kreuz in der linken oberen Ecke neun blaue und weiße Streifen, die den neun Silben des griechischen Schlachtrufs »Freiheit oder Tod«, der im Freiheitskampf gegen die türkische Herrschaft verwendet wurde, entsprachen. Die Farben Weiß und Blau waren auch jene von Otto I., des aus Bayern stammenden ersten Königs der Hellenen.

Verfassungsorgane

Das jeweils auf vier Jahre vom Volk frei und geheim gewählte Parlament besteht aus 300 Abgeordneten, die wiederum den Staatspräsidenten mit Zweidrittelmehrheit auf fünf Jahre wählen. Regierungschef ist der Ministerpräsident.

Verwaltungsgliederung

Das Staatsgebiet der Republik Griechenland gliedert sich in **dreizehn Regionen**, die ihrerseits in über 50 Präfekturen (»Nomí«) unterteilt sind. Die Nomí bestehen wiederum aus knapp 150 Provinzen (»Eparchíes«). Die **Mönchsrepublik am Berg Áthos** auf dem östlichen »Finger« der nordgriechischen Halbinsel Chalkidikí genießt mit ihren 20 Klöstern volle innere Selbstverwaltung.

Religion

Religionszugehörigkeit

Nahezu die gesamte Bevölkerung (ca. 97 %) gehört der **griechisch-orthodoxen Kirche** an, da jedes Kind griechisch-orthodoxer Eltern bei der Geburt automatisch Kirchenmitglied wird und ein Kirchenaustritt nicht möglich ist. Der geringe Rest anderer Konfessionen verteilt sich auf Muslime, Protestanten, Katholiken und Juden.

Staatskirche ▶ Seit 1833 ist die griechisch-orthodoxe Kirche autonom und seit 1864 Staatskirche, über deren Belange das Parlament entscheidet. Als ihr Oberhaupt fungiert der Erzbischof von Athen. Allein die Inseln des Dodekanes und die Mönchsrepublik Áthos unterstehen der Jurisdiktion des Patriarchats von Konstantinopel. Auch Kreta nimmt als halbautonome Kirchenprovinz eine Sonderstellung ein.

Priester Die griechisch-orthodoxen Priester (»pappás«), die mit ihrer schwarzen Soutane und langen Haar- und Barttracht das Straßenbild mitprägen, sind aus dem dörflichen Alltag nicht wegzudenken. Sie dürfen heiraten, allerdings nur vor der Priesterweihe. Stirbt die Ehefrau eines geweihten Priesters, darf er nochmals eine Ehe eingehen. Verheiratete Priester können allerdings weder in ein Kloster eintreten noch höhere Kirchenämter bekleiden.

Da die orthodoxe Kirche Staatsreligion ist, hat der Pappás den Status eines Staatsangestellten – mit einem eher kärglichen Gehalt. Er kann durch Spenden oder Gebühren für besondere kirchliche Dienste wie Taufe, Trauung und Begräbnis Geld dazuverdienen.

Ostern Das **wichtigste religiöse Fest** ist neben Mariä Himmelfahrt (15. August) das Osterfest. Es wird traditionell im Kreis der Familie gefeiert. Die Osterfeierlichkeiten beginnen mit den Prozessionen an Karfreitag, bei denen die Grablegung Christi nachempfunden wird. Dabei begleiten die Gläubigen den mit Blumen und Stickereien geschmückten Sarg Christi.

Etwa eine Stunde vor Mitternacht kommen in der Nacht vom Karsamstag auf Ostersonntag die Gläubigen in der Kirche zusammen. Wenn der Priester die Auferstehung Christi verkündet hat, zünden alle Anwesenden eine Kerze am Osterlicht an und reichen das Licht von Kerze zu Kerze weiter. In vielen Dörfern wird ein großer Scheiterhaufen in Brand gesetzt, auf dem symbolisch Judas verbrannt wird. Im Anschluss an den Mitternachtsgottesdienst versammelt sich die Familie, um nach der Fastenzeit die erste Ostermahlzeit einzunehmen: Gewöhnlich ist dies **Magiritsa**, eine aus Lamminnereien zubereitete Suppe.

? WUSSTEN SIE SCHON ...?

- ... dass es am Karsamstag auf Korfu Brauch ist, Tontöpfe aus Hausfenstern und von Balkonen auf die Straße fallen zu lassen?

Mariä Himmelfahrt Am 15. August feiert man das Fest Mariä Himmelfahrt. Viele Griechen kehren an diesem Tag in ihre Dörfer und in ihre Heimatorte zurück – die Großstädte bleiben dann fast menschenleer zurück.

Zentrum der Feierlichkeiten ist die Marienkirche auf der Kykladeninsel **Tínos**, wo sich Tausende von Gläubigen einfinden, um nach langer Fastenzeit ein Gelübde einzulösen oder Fürbitte zu leisten.

Weihnachten Weihnachten hat in der griechisch-orthodoxen Religion eine geringere Bedeutung als Ostern. Am 24. Dezember ziehen Kindergruppen

Das Kafenion – bevorzugter Treffpunkt der Männer

KAFFEEKLATSCH UNTER MÄNNERN

Das Kafenion, das traditionelle griechische Café, ist der Ort, wo sich die Männer treffen, lesen, reden und Karten oder Tavli spielen – und das meist bei einem Tässchen griechischen Kaffees oder einem Ouzo.

Das Kafenion ist eine **Männerdomäne**: Vor allem Ältere treffen sich hier und »palavern« über die »große« und »kleine« Politik sowie über Neues aus dem Ort. Zudem spielt man Karten oder Tavli, eine Art Backgammon, oder liest Zeitung. Oder die Männer lassen das vom Islam übernommene Komboloi, eine Kette aus Perlen, Olivenholz, Bernstein, Silber oder Edelsteinen, spielerisch durch die Finger gleiten.

Das wichtigste Getränk ist dabei der griechische Kaffee, der **kafés ellinikós**, den man ohne Zucker (sketos), leicht gezuckert (métrios) oder süß (glikós) bestellt. An dem Kaffee wird immer nur genippt, und zwar über einen langen Zeitraum, auch wenn er schon längst kalt ist. Wem nicht nach Kaffee ist, der kann sich auch einen Ouzo oder »gliko tu kutaliou« bestellen, eine sirupartige Masse mit eingelegten Früchten, z. B. Kirschen oder Quitten.

Frauen treffen sich woanders

Getränkezwang gibt es nicht; es wird niemand schief angesehen, wenn er stundenlang bei einem Kaffee, der Zeitung oder über einem Tavli-Spiel sitzt. Auch Geschäfte werden hier abgeschlossen, wobei ein Handschlag bindend ist. Unehrlichkeit kann sich niemand erlauben. Man geht in das Lokal, dessen Wirt die gleiche politische Einstellung hat wie man selbst. Die Kafenia sind oft nüchtern und einfach ausgestattet, jüngere Griechen ziehen deshalb schickere Cafés und Bars vor. Im Kafenion zeigt sich der **griechische Patriarchalismus** besonders deutlich. Der Besuch ist Frauen zwar nicht verboten, aber für sie sind andere Treffpunkte vorgesehen. So begegnen sich die Frauen vor den Häusern oder beim Einkaufen. Es gibt aber auch – was kaum bekannt ist – Kafenia, in denen sich abends die ganze Familie einfindet.

von Haus zu Haus, singen und erhalten dafür Geld, Obst oder Süßigkeiten. Auf den Dörfern wird das Fest meist noch mit einer Messe sowie Gesang und Tanz gefeiert. Die meisten Großstadtbewohner haben die westlichen Weihnachtsrituale übernommen, was den Wohnungsschmuck, den Weihnachtsbaum und das Feiern betrifft. Wesentlicher Unterschied bleibt, dass nur Kinder Geschenke erhalten.

Wirtschaft

Dienstleistungen Der mit Abstand wichtigste Sektor der griechischen Wirtschaft ist der Dienstleistungsbereich. Mehr als die Hälfte aller Erwerbstätigen ist in den Sparten Handel, Gastronomie, Transport, Kommunikation, Immobilien und Finanzdienstleistungen beschäftigt.

Tourismus ► Griechenland gehört zu den »Klassikern« unter den Reiseländern der Welt, und der Tourismus ist seit jeher ein wichtiger Devisenbringer. Bereits in den 1960er-Jahren übersprang die Zahl der Griechenland-Besucher die Millionengrenze. 2004 zählte man ca. 14 Mio. Touristen. Ein Großteil aller Griechenland-Urlauber kommt aus EU-Ländern, vornehmlich aus Deutschland und aus Großbritannien.

Landwirtschaft Obwohl die Landwirtschaft nur einen geringen Beitrag zum Bruttoinlandsprodukt leistet, ist sie nach wie vor ein wichtiger Stützpfeiler der griechischen Ökonomie. Auch wenn nur ein knappes Drittel des Landes für agrarische Nutzung zur Verfügung steht, gehört Griechenland zu den wichtigsten Lieferanten von Oliven, Weintrauben, Obst und Gemüse in Europa.

In Attika, auf dem Peloponnes und auf Kreta wird – trotz Beschränkungen durch die EU – immer noch großflächig **Weinbau** betrieben. Ein Teil der Produktion kommt auch als Tafeltrauben, Rosinen, Korinthen und Sultaninen in den Export. Die wichtigsten Industriepflanzen sind Zuckerrüben, Baumwolle sowie Tabak. Sie werden großenteils im Land weiterverarbeitet.

Der landwirtschaftliche Sektor ist überwiegend von Klein- und Kleinstbetrieben geprägt. Wegen der geringen Hofgröße, der bescheidenen Einkommen und der Hanglage vieler Felder ist die Mechanisierung wenig entwickelt. In den Berggebieten wird extensive Viehwirtschaft betrieben. Der spärliche Bewuchs erlaubt in den meisten Fällen nur die Haltung von Schafen und Ziegen.

Fischerei Infolge von Überfischung und Gewässerverschmutzung sind die Fangmengen in den letzten Jahrzehnten drastisch zurückgegangen. Trotz erheblicher Ausweitung kann der heimische Fischfang die Nachfrage, vor allem von Touristen, nicht decken. Deshalb beschäftigen sich heute zahlreiche Unternehmen mit der Aufzucht von Seefischen – insbesondere Meerbrasse und Seeteufel – und Meerestieren, sodass fast die Hälfte der verarbeiteten Fischmenge des Landes Zuchtprodukte sind. Die Schwammfischerei, einstmals ein höchst ertragreicher Erwerbszweig in der Ägäis, ist heute fast bedeutungslos.

Ein Fischer bereitet sein Netz für den Fang vor.

Industrie

Das produzierende Gewerbe, zu dem in Griechenland die Bereiche Bergbau, Energie und verarbeitendes Gewerbe gerechnet werden, hat sich seit den 1970er-Jahren besonders rasant entwickelt. Sein Anteil am Bruttoinlandsprodukt liegt bei etwa einem Drittel. Hauptzweige sind die Textil-, Nahrungs-, Metall- und chemische Industrie sowie Erdölraffinerien. Industrielle Ballungszentren sind Athen, Thessaloníki und Pátras; allein im Großraum Athen sind heute mehr als die Hälfte aller Industriebetriebe Griechenlands angesiedelt.

Bergbau

Griechenland verfügt über eine Reihe von Bodenschätzen, deren Ausbeutung lange Zeit nicht wirtschaftlich gewesen ist. Vorrangige Rohstoffe sind Braunkohle und Bauxit, das überwiegend exportiert wird. Zurzeit werden in Griechenland mehr als zwei Dutzend verschiedene Rohstoffe gefördert, darunter Eisen-, Silber-, Nickel-, Kupfer-, Chrom-, Blei- und Zinkerze. Dazu kommen beachtliche Mengen Marmor.

◂ Erdöl

Seit 1981 gehört Griechenland zum Klub der Erdölförderländer. Zwei Jahre zuvor war man vor der nordgriechischen Insel Thassos auf das »schwarze Gold« gestoßen. Neben Erdöl wird auch Erdgas gefördert. Auf dem asiatischen Schelf des Ägäischen Meeres sind inzwischen weitere lukrative Erdöl- und Erdgasfelder erkundet worden. Allerdings erheben Griechenland und die Türkei gleichermaßen Anspruch auf diese Lagerstätten, weshalb es auch in jüngster Vergangenheit zu Spannungen zwischen beiden Staaten gekommen ist. Wichtigster fossiler Energieträger ist Braunkohle, die im Nordwesten und Norden des griechischen Festlandes sowie auf der Insel Euböa abgebaut wird.

Geschichte

Von der minoischen Hochkultur – der ersten Hochkultur Europas – über die mächtigen Stadtstaaten der Antike bis zur Gegenwart nahm Griechenland entscheidenden Einfluss auf die europäische Geschichte: Schließlich waren es die alten Griechen, die die Demokratie begründeten und unserem Kontinent seinen Namen verliehen.

Vorgeschichte · Minoische Kultur

7. Jt. v. Chr.	Erste Besiedlung des ägäischen Raums
3300 – 2100 v. Chr.	Frühzeit der nach dem mythischen König Minos benannten Kultur auf Kreta
2000 – 1700 v. Chr.	Erste Blütezeit der minoischen Kultur
12. Jh. v. Chr.	Untergang der minoischen Kultur nach der Zerstörung des Palastes von Knossós

Erste Besiedelung

Archäologische Funde belegen Siedlungen im ägäischen Raum seit dem 7. Jt. v. Chr. Gemeinsame Merkmale deuten auf eine Verbindung mit Zivilisationen in Vorderasien hin, sodass von einem übergreifenden **neolithischen Kulturbereich** gesprochen werden kann. Auf dem Festland lässt sich anhand der Ausgrabungen von Beilen, Messern und Keramik eine kupferzeitliche Kultur mit Schwerpunkt in der Argolis (östliche Peloponnes) für das 3. vorchristliche Jahrtausend nachweisen.

Vorpalastzeit

Die minoische Kultur, benannt nach dem mythischen König Minos, entstand auf Kreta im Umkreis großer Palastanlagen. Aus der Frühzeit des 3. Jts. v. Chr. haben sich in den Hafenstädten des Ostens und in Rundgräbern in der Messará-Ebene Siegel, kupferne und bronzene Dolche sowie Goldschmuck erhalten.

Alte Palastzeit

In der ersten Blütezeit, die nach den **Palästen von Knossós, Mália** und **Festós** Alte Palastzeit genannt wird, gruppierte sich um den fürstlichen Hof eine städtische Zivilisation. Wirtschaftliche Basis waren der intensive Wein- und Ölanbau sowie die Metallbearbeitung. In dieser Phase der Besiedelung Kretas scheint es sich um eine relativ autonome Gesellschaft gehandelt zu haben, die kaum im Austausch mit anderen Völkern stand. So war es offensichtlich auch nicht nötig, die Paläste und Städte zu befestigen. Mit der nach ihrem Fundort benannten Kamáres-Keramik – dünnwandige, mit bunten Farben bemalte Vasen – sind aus dieser Zeit kunsthandwerkliche Zeugnisse herausragender Qualität überliefert.

Neue Palastzeit

Wahrscheinlich zerstörte um die Mitte des 17. Jahrhunderts vor Christus ein Erdbeben die kretischen Paläste. Der Wiederaufbau bezeichnet den Beginn der spätminoischen Periode. Vor allem Knossós wurde prächtig ausgestaltet. Jetzt orientierte man sich nach außen, zum mykenischen Festland, aber besonders zum ägyptischen Neuen Reich. Handel und Annäherung an benachbarte Völker brachten der Insel die Linearschrift, die die alte Bilderschrift ablöste. Religion und

← Überall in Griechenland begegnet man den Spuren der Vergangenheit – hier die Ruinen des Palastes von Knossós auf Kreta.

Gesellschaftsstruktur trugen matriarchalische Züge. In Knossós entfaltete sich im so genannten Palaststil eine Blüte der Keramik und Freskomalerei.

Untergang der minoischen Kultur

Um 1400 drangen mykenische Eroberer nach Kreta vor. Mit der endgültigen **Zerstörung von Knossós** 1200 v. Chr. endete die minoische Zivilisation – ob durch eine Naturkatastrophe oder fremde Eroberer, ist ungeklärt.

Mykener · Archaische Zeit

1400 bis 1150 v. Chr.	Mykene entwickelt sich zum mächtigsten Fürstentum auf dem griechischen Festland.
10. Jh. v. Chr.	Dorier siedeln auf dem griechischen Festland.
um 850 v. Chr.	Entstehung des griechischen Alphabets
um 750 bis 500 v. Chr.	Griechen gründen über 700 Kolonien und Städte.

Zeitalter der Mykener

Um die Mitte des 2. vorchristlichen Jahrtausends bildeten sich durch den Zustrom neuer ethnischer Gruppen verschiedene Fürstentümer auf dem griechischen Festland. Das mächtigste entstand in Mykene. Anders als im zunächst friedlichen und autarken Kreta herrschte hier unter den Vorzeichen von Landnahme und Konkurrenz eine hierarchisch gegliederte Kriegeraristokratie unter Führung eines Königs. Monumentale Burgen, von gewaltigen Mauern geschützt, standen außer in Mykene in Tíryns, Theben, Jolkos und auf der Akropolis von Athen.

Die Mykener bauten gewaltige Burganlagen.

Im 15. Jh. v. Chr. dehnten die Griechen der Peloponnes ihren Machtbereich bis nach Kleinasien, Kreta und Melos aus. Besonders die Vermischung mit der minoischen Kultur brachte in der spätmykenischen Zeit von 1400 bis 1150 v. Chr. außerordentliche Kunstwerke hervor. Hiervon legen Kuppelgräber mit ihren Grabbeigaben und Befestigungsanlagen heute noch Zeugnis ab.

Dorische Wanderung

Ausgelöst von den im Nordwesten des Balkans siedelnden Illyrern setzte Ende des zweiten vorchristlichen Jahrtausends eine Völkerwanderung der im Westen und Süden des Balkans beheimateten Dorier ein. Die bis dahin im griechischen Raum angesiedelten Volksgruppen wichen dieser Bedrohung nach Kleinasien und auf die Ägäischen Inseln aus, wo sich durch die Berührung mit dem Osten eine erste Kulturblüte entwickelte. Die ionische Schule der **Vorsokratiker** war die Wiege der abendländischen Philosophie.

Erste griechische Kolonisation

Auf dem griechischen Festland bildeten die Dorier in der ersten Hälfte des 8. Jhs. v. Chr. an Kultorten wie Dodóna, Delfí oder Olympía städtische Zentren. Die Städte formierten sich meist im Umkreis einer befestigten Anhöhe, der Akropolis. Bedingt durch die besondere geografische Lage Griechenlands vollzog sich die Zuwanderung nicht als ein großer Strom, sondern in kleineren Schüben: Nach und nach drangen Familien und Stämme in die fruchtbaren Ebenen ein. Das bedeutete Aufsplitterung und Auflösung der alten Stammes- und Wehrverbände zugunsten einzelner Städte, in denen die neue zukunftsträchtige **Staatsform der Polis** entstehen konnte.

Kulturelle Errungenschaften

Nach dem Sturm der dorischen Wanderung war Griechenland für etwa 400 Jahre, zwischen dem 9. und dem 6. Jh. v. Chr., eine vergleichsweise ruhige Zeit beschieden. So entwickelte sich hier die **Urzelle abendländischer Kultur**. Um 850 v. Chr. entstand das griechische Alphabet, in dem erstmals alle wichtigen Sprechtöne einzeln notiert werden konnten. Die im 8. Jh. verfassten homerischen Epen zeichnen sich durch eine bis dahin unerreichte Komplexität aus und vollziehen den Übergang von der mündlichen Überlieferung zur Literatur.

Große Kolonisation

Von prägender Bedeutung für die weitere Entwicklung Griechenlands sind die geografischen Grundbedingungen, d. h. die begrenzten städtischen Entwicklungsmöglichkeiten und die Versorgungsprobleme durch den Mangel an fruchtbaren Böden. Aus der Not vieler Städte, ihren Bürgern nicht genug Land bieten zu können, folgten eine Welle von Kolonisationen und zahlreiche Kriege der Städte untereinander. Die Eroberung neuer Gebiete erfolgte von der Seeseite aus und wurde nur vorsichtig ins Landesinnere ausgedehnt. Im Regelfall beschränkte man sich auf die Besiedelung des Küstenbereichs.
Zu den bedeutendsten Neugründungen zählen Tarent (um 700 v. Chr. von Sparta aus kolonisiert), Syrakus (Siedler aus Korinth, ca. 730 v. Chr.) und Massilia (Kolonisten aus Fokaia, um 600 v. Chr.). Von so entfernten Kolonien wie Massilia (Marseille) und Al Mina in Syrien bis zu den Kerngebieten wie Attika verstanden sich die Hellenen als eine Kulturgemeinschaft, die sich durch gleiche Sprache, Lebensweise, Heiligtümer, Opferfeste und Spiele auszeichnete. Am Ende der Kolonisation hatten die Griechen über 700 Städte rund um das Mittelmeer gegründet.

Sparta

um 900 v. Chr.	Gründung des Stadtstaates Sparta
740 – 720 v. Chr.	Erster Messenischer Krieg
650 – 633 v. Chr.	Zweiter Messenischer Krieg
um 550 v. Chr.	Gründung des »Peloponnesischen Bundes«

Wehrhafter Stadtstaat

Im Verlauf einer allmählichen Eroberung der fruchtbaren Eurotas-Ebene auf dem südlichen Peloponnes hatten um 900 v. Chr. dorische Kriegerverbände eine Vielzahl kleinerer nichtdorischer Gemeinden in der Umgebung Amyklais unterworfen und aus der Zusammenlegung von vier Dörfern eine Stadt gebildet: Sparta.

Das Besondere an Sparta war, dass die Zahl der Unterworfenen die der freien Bevölkerung um ein Vielfaches übertraf. Um dieses Machtgefüge stabil zu halten, musste der Stadtstaat besonders wehrhaft organisiert und ausgestattet sein. Sparta konservierte die politische Struktur der Wanderungszeit und führte die Monarchie in Form des **Doppelkönigtums** fort. Die rigorose Gesellschaftsschichtung in Spartiaten, Perioiken (freie Söldner, Handwerker, Händler) und Heloten (unfreie Landarbeiter) schürte allerdings Unruhen und Aufstände.

Vom einst mächtigen Sparta zeugen nur noch spärliche Ruinen.

Erster Messenischer Krieg

Als im letzten Drittel des 8. Jhs. v. Chr. das Land knapp wurde, unternahm Sparta einen Feldzug nach Westen und eroberte Messenien. Zunächst brachte die Verdoppelung des Ackerlandes Reichtum und Sicherheit. Nun erhielt jeder Spartaner so viel Land und hörige Bauern, dass er mit seiner Familie auch während des Kriegsdienstes versorgt war.

◄ Blütezeit Spartas

Mit dem Wohlstand gedieh auch die Kultur in Sparta. Dichtung und Musik lebten auf, die jungen Spartiaten dominierten die Olympischen Spiele. Wie allgemein in Griechenland, ist auch an Spartas Entwicklung in dieser Zeit die Tendenz abzulesen, Könige zugunsten der freien Bürger zu schwächen. Anders als in Athen war allerdings nicht der Bürgerwille entscheidend, sondern die Handlungsfähigkeit einer kleinen politisch-militärischen Elitegruppe.

Zweiter Messenischer Krieg

Im Lauf des 7. Jhs. v. Chr. regte sich im unterdrückten Messenien zunehmend Widerstand gegen Sparta, der schließlich zum Zweiten Messenischen Krieg von etwa 650 bis 633 v. Chr. führte. Mit Hilfe neuer Kampftechniken wie der Phalanx, einem von schwer bewaffneten Kriegern gebildeten Truppenverband, gelang es schließlich, Messenien endgültig niederzuwerfen.

◄ Bündnispolitik

Als Folge des großen Kraftaufwands bei der Niederwerfung der Messenier und nach glücklosen Eroberungszügen vesuchte Sparta sein Territorium durch Bündnisse mit den Städten und Stämmen des nördlichen Peloponnes zu sichern und seinen Einflussbereich mit Hilfe dieser Bundesgenossen auf die gesamte Halbinsel auszudehnen. Der um 550 v. Chr. geschlossene **Peloponnesische Bund** beließ den Städten außerhalb Spartas Machtbereich die Autarkie, untermauerte aber Spartas militärische Vormachtstellung in Griechenland.

Athen

624 v. Chr.	Kodifizierung des Rechts durch Drakon
594 v. Chr.	Solon wird zum Archon gewählt und erhält diktatorische Vollmachten.
ab 560 v. Chr.	Peisistratos herrscht, mit wenigen Unterbrechungen, bis zu seinem Tod im Jahr 528 v. Chr. als Tyrann in dem Stadtstaat.
um 510 v. Chr.	Kleisthenes vertreibt den Tyrannen Hippias und ordnet die territoriale und politische Struktur Attikas neu.

Anfänge

Die Landschaft der Attika blieb von der dorischen Einwanderungswelle verschont. Mit der schwindenden Bedeutung der Stammesstruktur zugunsten einer städtischen Gesellschaft wurde im Verlauf

Über 2500 Jahre alt: der Parthenon-Tempel auf der Akropolis

des 1. Jts. v. Chr. das alte Königtum zu einem sakralen Jahresamt modifiziert. Die eigentliche Regierung lag in den Händen der sog. **Archonten**, die als jährlich gewählte Beamte das **»Kollegium der Neun«** bildeten. Nach ihrer Amtszeit wurden sie automatisch Mitglieder des **Areopags**, des einflussreichen Ältestenrats und zugleich höchste Gerichtsinstanz.

Drakon Einen Unruheherd stellte die Tatsache dar, dass sich fast das gesamte Land im Besitz des Adels befand und die Bauern zunehmend in Schuldknechtschaft gerieten. Als Mitte des 7. Jhs. v. Chr. eine blutige Familienfehde in Athen für Aufregung sorgte, ergriff Drakon, einer der damaligen **Thesmotheten** (Gesetzgeber), um 624 v. Chr. die Gelegenheit, eine teilweise Kodifizierung des Rechts vorzunehmen.

Solon Um die weiter schwelenden sozialen Konflikte zu überwinden und einen drohenden Bürgerkrieg abzuwenden, wurde 594 v. Chr. Solon (► Berühmte Persönlichkeiten) zum Archon gewählt und mit diktatorischen Vollmachten ausgestattet. Durch eine umfassend kodifizierte Gesetzgebung wollte Solon einen sozialen Ausgleich zwischen Adel und Bauern schaffen. Die Gesetze wurden auf Tafeln geschrieben und öffentlich aufgestellt, damit die in vier Klassen eingeteilte Bevölkerung ihre garantierten Rechte auch wahrnehmen konnte.

Peisistratos Restaurative Kräfte des Adels initiierten neue heftige Unruhen, in deren Folge Peisistratos im Jahr 560 v. Chr. als Tyrann die Macht an

sich riss. Damit war auch in Athen das Extrem aristokratischer Macht eingetreten: die **Tyrannis**, die in den meisten griechischen Städten von der Mitte des 7. bis zum 5. Jh. v. Chr. herrschte. Wohl und Wehe des Staates waren allein von der Person des Tyrannen abhängig.
Peisistratos betrieb eine breit angelegte »Mittelstandspolitik«, die einen Aufschwung des Handels und der Künste bewirkte. Athen wurde zum Sammelbecken griechischer Künstler, und es entfaltete sich eine rege Bautätigkeit. Aus dieser Zeit sind Reste des Olympieions und des Athena-Tempels auf der Akropolis erhalten.

Kleisthenes

Mit Reformvorschlägen setzte sich Kleisthenes, das Oberhaupt der lange verbannten Adelsdynastie der Alkmeoniden, an die Spitze einer Volksbewegung, die gegen die Willkürherrschaft der Söhne Peisistratos' revoltierte. Mit Hilfe Spartas gelang es ihm 511 / 510 v. Chr., den Tyrannen Hippias, den zweiten Sohn des Peisistratos, zu vertreiben. Kleisthenes ordnete die territoriale und politische Struktur Attikas neu. Zwar regierte weiterhin der Adel aufgrund seines Reichtums, seiner Bildung und durch Beziehungen, aber die neue Leitidee der **»Isonomie«** – gleiches Recht für alle Staatsbürger – ermöglichte nun allen männlichen Bürgern die gleichberechtigte Teilhabe am politischen Leben.

Klassische Zeit

490 – 479 v. Chr.	Perserkriege: In der Schlacht von Marathon und der Seeschlacht bei Salamis besiegen die Griechen das persische Heer.
478 / 477 v. Chr.	Gründung des Attischen Seebundes
432 – 404 v. Chr.	Peloponnesischer Krieg
371 / 370 v. Chr.	Sparta büßt seine Vormachtstellung auf dem Peloponnes ein.

Perserkriege

Im Lauf der Eroberungszüge des ersten **persischen Großkönigs Kyros** war Mitte des 6. Jahrhunderts v. Chr. die gesamte kleinasiatische Westküste in dessen Hände gefallen. Zu Beginn des 5. Jahrhunderts v. Chr. forderten die Perser von den griechischen Stadtstaaten die Anerkennung ihrer Oberherrschaft, was vor allem Sparta und Athen strikt verweigerten. Der darauffolgende persische Flottenkriegszug nach Eritrea und Attika konnte erst 490 v. Chr. in der **Schlacht von Marathon** von den Athenern gestoppt werden.
Diese Niederlage setzte in Persien unter **Xerxes** eine gewaltige Aufrüstung in Gang. Dagegen stand keineswegs eine einheitliche Front der Griechen, da einige Städte sich mit den Persern zu arrangieren

gedachten. Sparta gelang es schließlich, die inzwischen hoch gerüsteten Städte im Herbst 481 v. Chr. zu einem Kampfbund zusammenzuschließen. Doch der persische Heereszug konnte weit nach Thessalien und Attika eindringen, bevor die Griechen 480 v. Chr. die **Seeschlacht bei Salamis** gewannen. Auch die Landtruppen wurden ein halbes Jahr später bei Platää in Böotien von der griechischen Allianz geschlagen.

Großmacht Athen

Nach den gewonnenen Perserkriegen errang Athen innerhalb weniger Jahre eine Vormachtstellung in Griechenland. Grundlage dafür war vor allem die Entscheidung zum Flottenbau und die Bildung des **Attischen Seebundes** im Jahr 478 / 477 v. Chr. mit allen wichtigen griechischen Städten, um die Feldzüge gegen die Perser fortzuführen. Da Sparta kein Interesse an einer Rachepolitik gegen das Perserreich hatte, übernahm Athen die Initiative zur Fortsetzung des Krieges und konnte dadurch jene griechischen Städte, die vormals von Persien abhängig gewesen waren, an sich binden und in den eigenen Machtbereich integrieren. So wuchs ein Reich, das nahezu alle griechischen Städte der Ägäis, eines großen Teils des Mittelmeerraumes und des Schwarzmeergebietes einschloss.

Perikleisches Zeitalter

Um 450 v. Chr. bahnte sich in der Politik Athens eine Wende an: Unter dem neu gewählten **Strategen** (Heerführer) Perikles (►Berühmte Persönlichkeiten) wandte man sich immer stärker von der Expansionspolitik ab und forcierte die Demokratisierung des Stadtstaates. Nach der Entmachtung der Aristokratie, die den Areopag, den einflussreichen Rat der Ältesten, bis dato beherrscht hatte, wurden 462 / 461 v. Chr. die Rechte des Areopags selbst beschränkt. Fast alle Regierungsentscheidungen gingen jetzt von der Volksversammlung aus, der eine 500 Mitglieder umfassende, jährlich gewählte Ratsversammlung und ein Heer von Beamten beigeordnet waren.

Der demokratische Grundsatz von der Gleichheit aller Bürger, der allerdings nie für Frauen, Sklaven und Fremde galt, fand seinen klarsten Ausdruck in dem Losprinzip, nach dem die neun Archonten, die höchsten Staatsbeamten, bestimmt wurden. Dennoch gab es eine Elite von Politikern, die aus Kreisen der Aristokratie oder des Großgrundbesitzes erwuchs und deren Mitglieder im Amt der Strategen die Fäden in der Hand hielten.

Kulturelle Hochblüte ►

Die expansive Außenpolitik und die »demokratische« Innenpolitik bescherten Athen eine außerordentliche kulturelle Entfaltung. Handwerk und Handel nahmen einen ungeahnten Aufschwung, attische Erzeugnisse wurden in den gesamten Mittelmeerraum exportiert. Der Parthenon und die Propyläen wurden unter Perikles' Herrschaft errichtet, und **Phidias**, der bedeutendste Bildhauer des klassischen Griechenland, schuf die monumentalen Athene- und Zeus-Statuen.

Sparta kontra Athen

Im 5. Jh. v. Chr. verschärften sich die Differenzen zwischen Sparta und Athen. Sparta, das sich und seine peloponnesischen Bundesgenossen durch die Machtpolitik Athens zunehmend bedroht sah, erklärte im Jahr 432 v. Chr. Athen den Krieg.

◄ Peloponnesischer Krieg

Zwischen 431 und 421 v. Chr. gab es an wechselnden Schauplätzen im ganzen griechischen Raum Scharmützel, Eroberungen und Verwüstungen, ohne dass die eine oder andere Partei daraus einen wesentlichen Vorteil ziehen konnte.
Als Athen versuchte, Syrakus einzunehmen, kam Sparta der bedrohten Stadt zu Hilfe und fügte der Flotte Athens eine schwere Niederlage zu. Im Jahr 404 v. Chr. schließlich musste Athen kapitulieren. Die Stadt blieb zwar unabhängig und durfte ihren attischen Landbesitz behalten, wurde jedoch »entmilitarisiert« und musste sein »demokratisches« durch ein oligarchisches System ersetzen.
Doch auf Dauer war Sparta seiner Führungsrolle in Griechenland allein nicht gewachsen. Die Zahl der Vollbürger (Spartiaten) war im Lauf der vergangenen zwei Jahrhunderte aufgrund der hermetischen Gesellschaftsstruktur von 8000 auf 1500 gesunken. So ist es kaum verwunderlich, dass sich bald Widerstand gegen die uneingeschränkte Herrschaft Spartas regte. Eine vom Perserreich unterstützte Allianz der Städte Theben, Argos, Korinth, Athen und den mittelgriechischen Staaten brachte 371 v. Chr. dem spartanischen Heer bei Leuktra in Böotien eine verheerende Niederlage bei und zerstörte damit den Mythos von Spartas Unbesiegbarkeit. Thebanische Truppen drangen bis zur Stadt Sparta selbst vor und zwangen im Herbst 370 v. Chr. die Kriegerstadt, ihre Vormachtstellung auf der Peloponnes nach fast 300 Jahren aufzugeben.

Hellenismus

338 v. Chr.	Schlacht von Chaironeia
336 v. Chr.	Nach der Ermordung Philipps II. besteigt dessen Sohn Alexander den makedonischen Thron.
323 v. Chr.	Tod Alexanders des Großen
3. Jh. v. Chr.	Im Verlauf der sog. Diadochenkämpfe zerfällt das Reich Alexanders des Großen.

Philipp II. von Makedonien

Im Norden Griechenlands bestanden im 4. Jh. v. Chr. noch althergebrachte Strukturen; dort lebten bäuerliche Stämme mit einem König an ihrer Spitze. Einem dieser Stammesführer, Philipp II., gelang es durch territoriale Expansion und Festigung seines Herrscherstatus', Makedonien innerhalb weniger Jahre als machtvolles Königreich zu etablieren.
340 v. Chr. zogen die Makedonier gegen Mittelgriechenland. Eine Koalition der großen freien Städte unter Führung Athens musste sich im Sommer 338 v. Chr. in der **Schlacht von Chaironeia** geschlagen

Der Schrein Philipps II. ist im Archäologischen Museum von Thessaloníki ausgestellt.

geben. Philipp II. setzte zur Eroberung des Orients an und überschritt im Frühjahr 336 v. Chr. den Hellespont. Bald darauf fiel er jedoch in der makedonischen Königsstadt Aigai einem Mordanschlag zum Opfer.

Alexander der Große

Nach der Ermordung Philipps bestieg sein Sohn Alexander (► Berühmte Persönlichkeiten) 336 v. Chr. den Thron und setzte den begonnenen Feldzug fort, nachdem er sich zuvor in Griechenland mit kalkulierter Grausamkeit gegen Aufstände und Konkurrenten durchgesetzt hatte. Als Alexander 323 v. Chr. mit 33 Jahren starb, hinterließ er seinen Nachfolgern, den **Diadochen**, ein Herrschaftsgebiet, das von der Donau bis zum Nil und von der Adria bis zum Indus reichte. Neben seinem Bestreben, die Welt zu erobern, blieb Alexander allerdings wenig Zeit, das Konglomerat unterjochter Länder zu einem einheitlichen Staat zu ordnen.

Alexanders Erbe

Auch wenn in den **Diadochenkämpfen** nach Alexanders Tod dessen Reich zerfiel, so hatte sich doch mit den Kriegszügen griechische Kultur und Sprache über den gesamten Vorderen Orient und Ägypten ausgebreitet. Der Hellenismus, gekennzeichnet durch Verfeinerung der Künste und Spezialisierung in den Wissenschaften, drückte der damaligen antiken Welt seinen Stempel auf. Bis zum Eingreifen Roms Ende des 3. vorchristlichen Jahrhunderts konnten sich nach den Jahren heftiger Machtkämpfe neben mehreren kleinen Dynastien und zahlreichen selbstständigen Städten drei große Monarchien etablieren: Makedonien unter den Antigoniden, Vorderasien unter den Seleukiden und Ägypten unter den Ptolemäern.

Römische Herrschaft

148 v. Chr.	Makedonien wird als römische Provinz in das Imperium Romanum eingegliedert.
146 v. Chr.	Sieg der Römer über den Achäischen Bund
63. v. Chr.	Griechenland wird römische Provinz.

Konflikte, Annäherung und Eingliederung

Der erste Makedonisch-Römische Krieg (215 – 205 v. Chr.) endete für König **Philipp V.** siegreich und stärkte seine Vormachtsstellung in Griechenland, der zweite Krieg gegen die Römer (200 – 197 v. Chr.) beendete dagegen Philipps Expansionspolitik. Unter seinem Sohn und Nachfolger **Perseus** (179 – 168 v. Chr.) kam es zunächst zum außenpolitischen Ausgleich. Roms wachsendes Misstrauen gegen Perseus führte schließlich zum dritten Makedonisch-Römischen Krieg, der mit der Niederlage und dem Tod des Perseus endete. Nach vorübergehender Selbstständigkeit wurde Makedonien 148 v. Chr. als römische Provinz Macedonia in das Imperium Romanum eingegliedert. Nur zwei Jahre nach Makedoniens Niederlage fiel mit dem Sieg über das Heer des gegen Roms usurpatorische Interessen oppo-nierenden **Achäischen Bundes**, eines Zusammenschlusses von zwölf peloponnesischen Städten, die Entscheidung über das weitere Schicksal ganz Griechenlands.

Überreste eines Aquädukts aus der Römerzeit auf Lésbos

Griechenland wird römische Provinz

Roms Ziel war die Okkupation und Umwandlung der selbstständigen griechischen Kleinstaaten in römische Provinzen. Als Athen im Krieg gegen den vorderasiatischen König **Mithridates VI.** gegen Rom Partei ergriff, verlor es schließlich unter **Pompeius** 63 v. Chr. seine Sonderstellung und wurde der römischen Provinzialverwaltung unterstellt.
Das Joch römischer Ausbeutung wog erst in der Kaiserzeit leichter, als Augustus eine Regierungspraxis pflegte, die das Sozialgefüge der griechischen Städte zugunsten der romhörigen Aristokratie stabilisierte. Zwar hatte die Polis ihre Stärke verloren, doch konnte sich Griechenland seine kulturellen Errungenschaften bewahren; mehr denn je wirkte sein Einfluss auf die benachbarte Großmacht.

Oströmisch-Byzantinisches Reich

395 n. Chr.	Die sog. Reichsteilung des byzantinischen Kaisers Theodosios besiegelt das Ende des Römischen Imperiums.
527 – 565	Justinian I. festigt das Byzantinische Reich.
7. Jh.	Araber usurpieren große Teile des Byzantinischen Reiches.
um 900	Griechenland gerät unter die Herrschaft der Bulgaren.
1054	Endgültiger Bruch zwischen orthodoxer und römisch-katholischer Kirche
1204	Nach der Eroberung Konstantinopels durch Kreuzfahrer und Venezianer wird das Byzantinische Kaiserreich aufgeteilt.
1453	Das Byzantinische Reich fällt an die Osmanen.

Zerfall des Römischen Reiches

Im 4. nachchristlichen Jahrhundert vollzog sich die Teilung des Römischen Imperiums. Von dem Tag im Jahr 330 n. Chr. an, als der erste oströmische und christliche Kaiser **Konstantin I.** das antike Byzantion zur Hauptstadt erhoben hatte, bis zum Ende des 14. Jhs. gehörte Griechenland zum Oströmischen Reich.
Schon unter dem römischen Kaiser Diokletian waren die Ostprovinzen getrennt verwaltet worden und hatten verschiedene Wege eingeschlagen. Die Differenzen kulminierten in der Glaubensfrage: Byzanz setzte sich entschieden von Rom ab und führte 391 das Christentum als Staatsreligion ein.
Im Jahr 395 war dann mit der so genannten Reichsteilung des oströmisch-byzantinischen Kaisers **Theodosios** das Ende des Römischen Imperiums gekommen. Mehr und mehr verloren römische Sprache und Reichsidee an Bedeutung und definierte sich Byzanz als Nachfolgerin der antiken griechischen Kultur.

Völkerwanderung ►

Der das weströmische Reich vernichtende Ansturm der germanischen Völker bedrohte auch Byzanz. Zu Beginn des 5. Jahrhunderts eroberten Westgoten Thrakien, Makedonien, Thessalien, Mittelgriechenland und den Peloponnes. Weitere Gefahr ging in den folgenden Jahrzehnten von Raubzügen der Vandalen, Ostgoten und Hunnen aus.

Erst **Justinian I.** (527–565) gelang es, das Byzantinische Reich nach außen zu festigen und im Innern für Ruhe und Ordnung zu sorgen. In den Jahrzehnten seiner Herrschaft erreichte das Byzantinische Reich seine größte Ausdehnung. Bald nach Justinians Tod war dieser Glanz vergangen. Für Griechenland begann wieder eine Zeit wechselnder Einflüsse und Machtverhältnisse, als es den Slawen gelang, sich im Bund mit den Awaren auf der gesamten Balkanhalbinsel anzusiedeln.

In byzantinischer Zeit entstanden die Klosteranlagen von Metéora.

Früh- und mittelbyzantinische Zeit

Im 7. Jh. fielen die Araber im Vorderen Orient ein, bemächtigten sich großer Teile des Byzantinischen Reiches und drangen bis Kreta vor, das für fast anderthalb Jahrhunderte arabisch blieb.
Um 900 bedrängten die Bulgaren das Reich: Zar **Simeon I.** drang bis zum Golf von Korinth vor. Erst Anfang des 11. Jhs. konnte der »Bulgarentöter« **Basileios II.** Griechenland zurückgewinnen und nun seinerseits Westbulgarien zu einer byzantinischen Provinz machen.
Im Jahr 1054 kam es zum endgültigen Bruch zwischen orthodoxer und römisch-katholischer Kirche. Der Tod von Theodora, mit der im Jahr 1056 die makedonische Dynastie ausstarb, stürzte das Reich in eine schwere, von Bürgerkriegen begleitete Krise. Auch an seinen Grenzen bröckelte es: Kleinasien wurde türkisch, die Normannen eroberten Unteritalien und setzten nach Epiros über.
Mit der Regentschaft von **Alexios Komnenos** (1081–1118) hatte die Militäraristokratie die Macht übernommen. Doch auch sie konnte letztlich den zunehmenden Machtverlust der Zentralgewalt, den wirtschaftlichen Verfall und die Auflösungserscheinungen an den Reichsgrenzen nicht bremsen; den Kampf gegen die Normannen gewann Alexios nur mit Unterstüzung der Venezianer. Unter seinem Nachfolger **Johannes II. Komnenos** (1118–1143) erlebte das Land eine kulturelle Blüte. Doch im ausgehenden 12. Jahrhundert war die territoriale Auflösung des Reiches nicht mehr aufzuhalten: Unter Manuel (1143–1180) entglitt der Balkan endgültig der byzantinischen Vorherrschaft; in Asien kam es zu Aufständen, und mit der Eroberung von Thessaloníki 1185 standen die Normannen erneut vor der Tür.

Spätbyzantinische Zeit

1204 eroberten Kreuzfahrer und Venezianer Konstantinopel. Damit endete die Ära des byzantinischen Kaiserreiches, das unter den Eroberern aufgeteilt wurde. Unter **Theodor I.** konsolidierte sich im ersten Viertel des 13. Jhs. das **Kaiserreich von Nikaia**. 1254 konnten große Teile des ägäischen Raumes diesem Nachfolgerstaat des Byzantinischen Reiches wieder eingegliedert werden. Schließlich gelang **Michael VII.** 1261 die Rückeroberung Konstantinopels. Noch einmal war ein byzantinisches Großreich entstanden, das jedoch nur kurze Zeit Bestand hatte.

Nachdem die Osmanen fast die gesamte Balkanhalbinsel besetzt und mehrfach versucht hatten, Konstantinopel einzunehmen, fiel das Zentrum des Byzantinischen Reiches 1453 endgültig in die Hände des Sultans **Muhammad II.**

Osmanische Herrschaft

14./15. Jh.	Die Osmanen erobern Griechenland.
1571	Seeschlacht von Lepanto
1821–1827	Freiheitskampf der Griechen gegen die Herrschaft der Türken
1822	Auf der Ersten Nationalversammlung von Epidauros wird die Unabhängigkeit Griechenlands proklamiert.
1830	Das Osmanische Reich erkennt auf der Londoner Konferenz die Selbstständigkeit des Königreichs Griechenland an.

Eroberung Griechenlands durch die Osmanen

Die Expansion des Osmanischen Reichs verwandelte die bislang in Klein- und Mittelstaaten aufgelöste islamische und ägäische Welt in einen geschlossenen türkischen Machtbereich. Bereits im 14. Jh. waren weite Teile des griechischen Gebiets in osmanischen Besitz gekommen; der Fall Athens im Jahr 1456 markierte nur den Schlusspunkt der türkischen Eroberungen.

Seeschlacht von Lepanto

Bedeutendste Gegenspieler der Türken im Mittelmeer wurden die Venezianer. Ein Jahrhundert lang stritt man sich um Vorrechte im Seehandel und um griechische Territorien. In der Seeschlacht von Lepanto wurde den Türken 1571 von der venezianisch-spanischen Allianz zwar eine vernichtende Niederlage beigebracht, aber da sich die Allianz der Sieger uneinig zeigte und Venedig sehr vorsichtig taktierte, konnte sich der Sultan im Frieden von 1573 den Besitz von ganz Griechenland sichern.

Wie alle anderen von den Osmanen beherrschten Völker besaßen auch die Griechen den Status von Halbbürgern. Das bedeutete weitgehende Religionsfreiheit und Bewahrung der kulturellen Identität. Durch die sog. **Knabenlese**, mit deren Hilfe eine Führungselite im

Eroberung von Rhodos-Stadt durch die Türken im Jahr 1522

Militär (Janitscharen) sowie im Hof- und Verwaltungsapparat herangezogen wurde, verstand es das muslimische Herrscherhaus, die unterworfenen Völker in sein Großreich zu integrieren.

Waren die ersten Jahrzehnte der Osmanenherrschaft noch von einer prosperierenden Wirtschaft gekennzeichnet, so stieg im 16. Jh. die Steuerbelastung aufgrund innerer Krisen im Türkenreich stark an. Um der zunehmenden Ausbeutung der griechischen Landbevölkerung durch die muslimische Herrenschicht zu entgehen, schlossen sich zahlreiche bäuerliche Hintersassen und Besitzlose in Räuberbanden zusammen. Zu deren Bekämpfung setzte Sultan Suleiman christliche Milizen ein, aus denen sich die spätere militärische Führungsschicht herausbildete. Im griechischen Freiheitskampf des 19. Jhs. sollte ihnen eine tragende Rolle zufallen.

Griechischer Freiheitskampf

Der Widerstand gegen das erstarrte osmanische Regime organisierte sich in Geheimbünden, den Hetärien. Unterstützt von griechischen Kaufleuten in Konstantinopel, den Fanarioten, und der orthodoxen Kirche, gaben sie den Anstoß zu Volkserhebungen. Besonders der 1814 in Odessa unter Führung des Fürsten Alexandros Ypsilanti gegründete Bund der Philiker trieb die Revolte voran. 1821 überschritt er mit seinen Freischaren den Pruth und gab damit das Signal zur nationalen Erhebung gegen den Sultan.
Trotz anfänglicher Misserfolge proklamierte die Bewegung 1822 auf der Ersten Nationalversammlung von Epidauros eine **Unabhängigkeitserklärung**. Kampfentscheidend war schließlich das Eingreifen Großbritanniens, Russlands und Frankreichs. Dieser Allianz gelang es, die osmanisch-ägyptische Flotte 1827 bei Navarino vernichtend zu schlagen. **Graf Kapodistrias**, der in diplomatischen Diensten des Zaren gestanden und sein Amt wegen seines Engagements für die griechische Nation aufgegeben hatte, wurde zum ersten griechischen Regenten gewählt und begann von Nauplia aus, die Verwaltung des Landes aufzubauen. 1830 erkannte das Osmanische Reich auf der **Londoner Konferenz** die Selbstständigkeit des Königreichs Griechenland an.

Monarchie und Diktatur

1832 – 1862	Regentschaft von König Otto I., eines Sohnes des bayerischen Königs Ludwig I.
1864	Die Nationalversammlung verabschiedet eine neue Verfassung, in der die parlamentarische Monarchie festgeschrieben wird.
1910	Eleftérios Venizelos, Chef der liberalen Partei, wird Ministerpräsident.
1936	General Metaxas übernimmt mit Duldung des Königs die Regierungsgewalt und löst das Parlament auf.
1941 – 1944	Deutsche Truppen besetzen Griechenland.
1967	Am 21. April putscht die Armee; die Obristen Papadopoulos und Pattakos errichten ein Gewaltregime.

Otto I. Der 1830 als Erbmonarchie etablierte Staat umfasste das heutige Süd- und Zentralgriechenland einschließlich Évia und der Kykladen, aber ohne Kreta, die Ionischen Inseln, den größten Teil Thessaliens und des Archipelagos. Als Kapodistrias im Oktober 1831 einer Familienfehde zum Opfer fiel, setzten 1832 die Großmächte, die bestrebt waren, das über Jahrhunderte vom Orient geprägte Land nach westlichem Muster zu europäisieren, den noch minderjährigen **Wittelsbacher Prinzen Otto** als König ein.

1834 wurde die königliche Residenz nach Athen verlegt, das unter Federführung von Leo von Klenze zur klassizistischen Königsstadt ausgebaut wurde. Der nun volljährige Otto bestieg 1835 den Thron, blieb aber eine Marionette der Interessen Großbritanniens Frankreichs und Russland. Beim griechischen Volk stieß seine Herrschaft nicht auf Sympathie. 1843 sah sich der König nach einem unblutigen Staatsstreich gezwungen, eine Nationalversammlung einzuberufen. Für knapp zwanzig Jahre folgte der wankelmütigen absolutistischen nun eine nicht weniger schwache konstitutionelle Monarchie.

Parlamentarische Monarchie Für die griechische Bevölkerung war die Fremdherrschaft des Bayernkönigs immer weniger mit den Idealen des Freiheitskampfes zu vereinbaren. Der Sturz des Königs gelang allerdings erst nach englischen Intrigen: 1862 rebellierten alle großen Militärgarnisonen. Otto ging ins Exil, um einen Bürgerkrieg zu vermeiden. Die Schutzmächte verständigten sich darauf, **Prinz Wilhelm Georg** aus dem anglophilen Haus Holstein-Glücksburg einzusetzen.

1864 verabschiedete die griechische Nationalversammlung eine neue Verfassung, die die Rechte des Königs einschränkte. Damit war die parlamentarische Monarchie festgeschrieben. Sie beruhte auf der Volkssouveränität und dem allgemeinen Wahlrecht – das allerdings nur für Männer galt! Das Frauenwahlrecht wurde 1952 eingeführt.

Ära Venizelos

1897 entzündete sich am Streit um Kreta ein Krieg mit dem alten Rivalen, der Türkei. Binnen weniger Monate standen die Türken vor Athen. Auf Intervention der Großmächte kam es zum **Frieden von Konstantinopel**, der Griechenland harte Bedingungen auferlegte.
Gebilligt von den nationalistisch aufgeputschten Massen übernahm das Militär 1909 die Macht, um 1910 die Regierung an den Führer der liberalen Partei, Eleftherios Venizelos (►Berühmte Persönlichkeiten) zu übergeben. Dieser hatte sich an die Spitze der großgriechischen Bewegung gesetzt, als er 1908 die Vereinigung Kretas mit dem Königreich Hellas proklamierte; der offizielle Anschluss Kretas an Griechenland fand erst 1913 statt.
Außenpolitisch verfolgte Venizelos einen extrem nationalistischen, panhellenischen Kurs. Er unterstützte deshalb das russische Zarenreich, als dieses im sog. **Ersten Balkankrieg** 1912 zusammen mit Serbien, Montenegro und Bulgarien gegen die Türkei zu Feld zog. Kaum war das türkische Heer bis an den Bosporus zurückgedrängt, zerbrach die Balkan-Liga und es kam zum **Zweiten Balkankrieg**. Der Frieden von Bukarest im Jahr 1913 ordnete die Verhältnisse auf dem Balkan vollkommen neu; Griechenland konnte sein Staatsgebiet nahezu verdoppeln.

Erster Weltkrieg

1913 wurde König **Georg I.** Opfer eines Attentats, als ihn ein geisteskranker Landsmann in Thessaloníki erschoss. Ihm folgte der reaktionär gesinnte **Konstantin I.** auf dem Thron. Im Streit um den Kriegseintritt in den Ersten Weltkrieg eskalierten die Spannungen zwischen Regierung und Krone. 1915 reichte Venizelos demonstrativ seine Demission ein, der König löste das Parlament auf. Ein Jahr später rief der ehemalige Premier in Thessaloníki eine Gegenregierung aus, was einer Spaltung der Nation gleichkam. Massive Interventionen der Westmächte verhinderten den aufkeimenden Bürgerkrieg und erzwangen 1917 Konstantins Abdankung.
Venizelos übernahm mit alliierter Hilfe wieder die Macht in Athen und erklärte den Mittelmächten – ein Militärbündnis zwischen Deutschland, Österreich-Ungarn, dem Osmanischen Reich und Bulgarien – den Krieg. In der Folge des Ersten Weltkriegs konnte Griechenland umfangreiche Landgewinne erzielen. 1920 schlug die Stimmung im Volk wieder zugunsten der Royalisten um. Venizelos erlitt bei den Parlamentswahlen eine Niederlage, während König Konstantin I. aus dem Exil auf den Thron zurückkehrte.

Griechisch-türkischer Krieg

Den ohne Rückendeckung durch die Großmächte begonnenen griechisch-türkischen Krieg von 1921 / 1922 verlor Griechenland und sah sich gezwungen, einen immensen Flüchtlingsstrom aufzunehmen (ca. 1,5 Mio. Menschen). Nur mit einer grundlegenden Bodenreform war dieser sozialen Katastrophe zu begegnen. Im **Friedensvertrag von Lausanne** wurde 1923 der Grenzverlauf zur Türkei neu festgelegt. Dabei gingen Griechenland die kleinasiatischen Siedlungsgebiete verloren.

Abschaffung ... 1924 erreichten radikale Flügel der venizelistischen Partei die Abschaffung des Königtums. Doch die im März ausgerufene Republik erwies sich als genauso instabil wie die parlamentarische Monarchie zuvor. Die Weltwirtschaftskrise der 1920er-Jahre wirkte sich auf das hoch verschuldete Griechenland besonders gravierend aus. Wieder musste die Regierung den Offenbarungseid leisten. Venizelos, der 1928 erneut die Führung des Landes übernommen hatte, musste zurücktreten, und die republikanischen Parteien gerieten gegenüber der konservativ-royalistischen »Volkspartei« in die Minderheit.

... und Wiedereinführung der Monarchie ► Im Jahr 1935 versuchte Venizelos – mit einem Staatsstreich – noch einmal an die Macht zu kommen, scheiterte jedoch. Ihm blieb nur die Emigration nach Paris. Jetzt ergriff die Armee das Ruder. Unter General **Ioannes Metaxas** wurde die Monarchie mit Hilfe einer gefälschten Volksbefragung wieder eingeführt, und König **Georg II.** bestieg nach zwölf Jahren wieder den Thron. 1936 übernahm Metaxas mit Duldung des Königs die Regierungsgewalt und löste das Parlament auf.

Territoriale Entwicklung Neugriechenlands

Zweiter Weltkrieg

Um eine alliierte Südostfront zu vermeiden, besetzten im April 1941 deutsche Truppen von Bulgarien aus Griechenland. Pogrome, Massenerschießungen und die rücksichtslose Ausbeutung im **Schwarzen Winter** 1941 / 1942, als allein in Athen 50 000 Menschen an Hunger starben, weckten den Widerstand der Bevölkerung. Der Partisanenkampf wurde vor allem von kommunistischer Seite, der 1941 gegründeten Nationalen Befreiungsfront (EAM), und deren militärischer Formation, der Griechischen Befreiungsarmee (ELAS), getragen, bis im November 1944 die letzten deutschen Einheiten Griechenland geräumt hatten.

Bürgerkrieg

Nach dem Abzug der deutschen Besatzer entwickelte sich der schon länger schwelende Konflikt zwischen der alten Politikerclique und den Kommunisten zum Bürgerkrieg. Im Dezember 1944 griffen die Briten in den Konflikt ein und verhalfen der konservativen Nationalgarde zum Sieg. Bei den Parlamentswahlen 1946 errangen die Royalisten die Mehrheit, König **Georg II.** kehrte aus dem rumänischen Exil zurück.

Nachkriegszeit

1947 regelten die Pariser Friedensverträge die Gebietsansprüche auf dem Balkan. Italien, das seit den Balkankriegen 1912 / 1913 die Inseln der Dodekanes besetzt hielt, musste die Inselgruppe an Griechenland abtreten, das damit seinen heutigen territorialen Bestand erreichte. Innenpolitisch orientierten sich die Ministerpräsidenten der folgenden Jahre, **Alexandros Papagos** (1952 bis 1955), **Konstantinos Karamanlis** (1955 – 1964) und **Georgios Papandreou** (1964 – 1967), am europäischen Westen. 1952 trat Griechenland der NATO bei, 1961 unterzeichnete Karamanlis einen Assoziierungsvertrag mit der EWG.

? WUSSTEN SIE SCHON ...?

- ... dass Frauen in Griechenland erst seit 1952 wählen dürfen?

Diktatur der Obristen

Am 21. April 1967 putschte die Armee. Die Obristen **Papadopoulos** und **Pattakos** errichteten in Griechenland ein Gewaltregime, das im In- und Ausland wachsenden Protest hervorrief. Ein Gegenputsch des Königs Konstantin II. scheiterte im Dezember 1967. Gegen die Bestimmungen der Verfassung veranlasste Papadopulos 1973 die Abschaffung der Monarchie; er ließ die Republik ausrufen und ernannte sich selbst zum Staatspräsidenten. Der anfängliche wirtschaftliche Aufschwung brach in der Ölkrise und der weltweiten Rezession 1973 völlig zusammen. Schwere Studentenunruhen in Athen leiteten den Niedergang der Diktatur ein.

◄ Zypernkrise

Der Versuch, Zypern vollständig in griechischen Besitz zu bringen, provozierte die Intervention der Türkei. In Anbetracht der drohenden Kriegsgefahr übergab das Militär daraufhin am 24. Juli 1974 dem aus dem Pariser Exil zurückgerufenen einstigen Ministerpräsidenten **Karamanlis** die Regierungsgewalt.

Neue Republik

1975	Die neue demokratische Verfassung Griechenlands tritt in Kraft.
1981	Griechenland wird Mitglied der EG.
2002	Der Euro wird offizielles Zahlungsmittel.
2004	Die Nea Dimokratia gewinnt die Parlamentswahlen; Karamanlis wird Ministerpräsident.

Volksentscheid für die Republik

Mit Karamanlis' »Regierung der nationalen Einheit« normalisierten sich die politischen Verhältnisse. Die Verfassung von 1952 wurde wieder, mit Ausnahme der Bestimmung über die Staatsform, in Kraft gesetzt. Durch ein freies Plebiszit entschieden sich die Griechen am 8. Dezember 1974 für die Republik an Stelle einer parlamentarischen Monarchie. Griechenland trat noch im gleichen Jahr aus der NATO mit der Begründung aus, dass diese den griechisch-türkischen Konflikt auf Zypern nicht hatte verhindern können.

Strahlender Wahlsieger im Jahr 2000: Konstantinos Simitis setzt sich mit seiner Partei PASOK knapp gegen seine politischen Gegner durch.

Im Juni 1975 trat eine neue demokratische Verfassung in Kraft, in der die Grundrechte verankert sind. 1979 schloss die griechische Regierung den Mitgliedschaftsvertrag mit der EG, der 1981 in Kraft trat. 1980 gliederte sich Griechenland wieder als Vollmitglied in die NATO ein.

1980er- und 1990er-Jahre

Bei den Parlamentswahlen von 1981 errang die Panhellenistische Sozialistische Bewegung (PASOK) unter Führung von **Andreas Papandreou** (►Berühmte Persönlichkeiten) den Sieg. Ende der Achtzigerjahre schwanden allmählich die Probleme mit dem offenen Markt in der EG. Die Wirtschaft festigte sich mit Hilfe des florierenden Fremdenverkehrs und der Handelsflotte.
Nach einer vierjährigen Phase der Übergangsregierungen verschiedener Koalitionen unter Regie der zweiten großen Volkspartei Nea Dimokratia (Neue Demokratie) gelang es der PASOK bei den Parlamentswahlen 1993, die Stimmenmehrheit wiederzugewinnen. Das Parlament wählte im März 1995 den parteilosen **Konstantinos Stephanopoulos** zum neuen Staatspräsidenten. Im Januar 1996 trat Ministerpräsident Papandreou aus Gesundheitsgründen zurück; sein Nachfolger **Konstantinos Simitis** sicherte bei den Wahlen im Herbst 1996 der PASOK eine regierungsfähige Mehrheit.

2000 – 2005

Bei der Neuwahl des Parlaments im Jahr 2000 konnte sich die von **Simitis** geführte PASOK mit 43,8 % Stimmen der knapp vor der ND behaupten, womit die PASOK aufgrund des griechischen Wahlsystems die absolute Mehrheit erhielt und damit die Regierung stellte. Am 1. Januar 2002 führte Griechenland den Euro als offizielles Zahlungsmittel ein. Bei den Parlamentswahlen im März 2004 erreichte die ND die Mehrheit, **Kostas Karamanlis** wurde Ministerpräsident; Staatspräsident ist seit März 2005 **Karolos Papoulias**.
2004 wurden die griechischen Fußballer mit ihrem deutschen Trainer Otto Rehhagel Europameister.

2007

Die schlimmsten **Waldbrände** seit Jahrzehnten wüteten im August und September vor allem auf dem Peloponnes, aber auch in Attika und auf Euböa. Dabei sind etwa 70 Menschen umgekommen und 260 000 ha – das entspricht der Fläche Luxemburgs – verbrannt und mehr als 110 Dörfer zerstört worden. In den meisten Fällen wird als Ursache Brandstiftung durch Bauspekulanten, gefördert durch große Hitze, angenommen. Die konservative Regierung Karmanlis geriet in die Kritik, ihr wurde Tatenlosigkeit vorgeworfen. Sie versprach finanzielle Mittel sowie Wiederaufbau und -aufforstung. Bei den **Parlamentswahlen** am 16. September verlor Karamanlis mit seiner ND zwar Stimmen, konnte aber knapp seine Mehrheit verteidigen.

Kunst und Kultur

Zwei der sieben Weltwunder der Antike befanden sich in Griechenland: der Koloss von Rhodos und die Zeus-Statue des Phidias im Zeus-Tempel von Olympia. Aber nicht nur berühmte Statuen stammen aus Griechenland, noch heute werden die Stücke der altgriechischen Dramatiker gespielt, Homers »Odyssee« gelesen und die Mythen der griechischen Götterwelt erzählt.

Mythologie

Bei nahezu allen antiken Stätten, die man in Griechenland besichtigt, stößt man auf die Namen von Göttern, die an diesen Orten verehrt wurden, oder auf Sagen und Mythen, die mit der jeweiligen Landschaft verbunden sind. In der Vorstellung der Antike gab es eine Vielzahl von Gottheiten, die in das Schicksal der Menschen eingriffen und selbst außerordentlich menschliche Züge aufwiesen. Die Ursprünge der griechischen Mythologie reichen bis ins 2. Jahrtausend vor Christus zurück. Die Göttersagen wurden teils aus anderen Kulturkreisen übernommen, teils lassen sie orientalische, ägäische und indogermanische Einflüsse erkennen.

Titanen

Die Dichter **Homer** und **Hesiod** brachten die griechische Götterwelt in eine genealogische Ordnung: Zuerst regierten die Urgötter Uranos (Himmel) und Gaia (Erde), von denen das Göttergeschlecht der Titanen abstammt (Okeanos und Thetys, Hyperion und Theia, Kronos und Rheia, Koios und Phoibe). Zeus, der Sohn von Kronos und Rheia, beendete die Herrschaft der »dunklen Mächte«, indem er in einem gewaltigen Kampf das Titanengeschlecht besiegte und die Herrschaft der olympischen Götter begründete. Ihren Namen erhielten sie vom höchsten Berg Griechenlands, dem **Olymp**, den schon Homer als Sitz der Götter schilderte.

? WUSSTEN SIE SCHON ...?

- ... dass sich der Name Europas von der phönikischen Prinzessin ableitet, die von Zeus in Gestalt eines Stieres nach Kreta entführt wurde?

Olympische Götter

Neben Zeus, dem allmächtigen Lenker der Geschicke, regierten Poseidon, der Gott des Meeres, und Hades, der Gott der Unterwelt. Zeus' Gemahlin Hera war die Göttin der Ehe und der Geburt. Zu den Nachkommen von Zeus und Hera gehören Pallas Athena, die Göttin der Klugheit, Apollon, der Gott des Lichtes und der Weissagung, Artemis, die Göttin der Jagd, Ares, der Kriegsgott, Aphrodite, die Göttin der Schönheit, Hermes, der Götterbote und Gott des Handels, Hephaistos, der Gott des Feuers und der Schmiedekunst, sowie Hestia, die Göttin des häuslichen Herdes. Als Nebengötter gelten der Liebesgott Eros, die neun Musen (Klio, Melpomene, Terpsichore, Thalia, Euterpe, Erato, Urania, Polyhymnia und Kalliope), die Chariten, Themis und die Horen, die Siegesgöttin Nike, die Götterbotin Iris, Hebe, Göttin der Jugend, und Ganymed, der Mundschenk der Götter.
Ferner sind dazuzurechnen die Götter der himmlischen Erscheinungen Helios (Sonne), Selene (Mond) und Eos (Morgenröte), der Heilgott Asklepios, die Schicksalsgöttinnen Nemesis (Strafe) und Tyche

← Handwerk mit jahrtausendealter Tradition: Vasenmaler in Altkorinth

(Glück) sowie die Moiren Klotho, Lachesis und Atropos. Bei den Erdgöttern sind vor allem Dionysos, der Gott des Weines, die Nymphen, die Satyrn und Silene zu nennen, der Hirtengott Pan sowie Demeter, die Göttin der Fruchtbarkeit.

Heldensagen

Nicht nur um die Götter, sondern auch um die Heroen bildeten sich Sagenkreise. Im Gegensatz zu den Göttern sind die Heroen, die meist der Verbindung einer Gottheit mit einem Menschen entstammen, sterblich, doch sie besitzen übermenschliche Fähigkeiten.

Das Paradebeispiel eines antiken Heros ist Herakles, aber auch Perseus, Ödipus, Orpheus oder Theseus sind berühmte Sagengestalten. Die Heldensagen nehmen nicht selten auf historische Gegebenheiten und Ereignisse sowie auf reale Personen Bezug. Im trojanischen Sagenkreis werden die Kämpfe um die Stadt, die Heimkehr der Griechen (»Odyssee«, ►Baedeker Special S. 274) und der aus Troja Entkommenen geschildert (»Aeneis«).

Altgriechische Kunstgeschichte

Frühgeschichte

Jungsteinzeit, Bronzezeit

Die ältesten künstlerischen Erzeugnisse, die auf dem Gebiet des heutigen Griechenland gefunden wurden, stammen aus der Jungsteinzeit und der Bronzezeit. Sie werden zwei Kulturkreisen zugeordnet: einem südöstlichen, der Kreta, den Dodekanes, die Kykladen und Sámos umfasst, und einem mittel- und nordgriechischen, der nach seinem wichtigsten Fundort, Sesklo in Thessalien, **Sesklo-Kultur** genannt wird.

Charakteristisch für diese Kultur sind polierte rote und schwarze Gefäße, auf denen gelegentlich auch Ritzmuster vorkommen, bemaltes Geschirr sowie aus gebranntem Ton geformte Idole mit deutlich hervorgehobenen weiblichen Geschlechtsmerkmalen.

In der **Dimini-Kultur** Thessaliens, die nach 2900 v. Chr. einsetzte und enge Beziehungen zu den Donauländern aufweist, wurden die Gefäße bauchiger geformt und mit Spiralmotiven verziert.

Am Übergang von der Jungsteinzeit zur Bronzezeit, zwischen 3200 und 2000 v. Chr., bildete sich auf den Kykladen eine eigenständige und sehr weit entwickelte Kultur heraus. Die bekanntesten Artefakte dieser frühkykladischen Kunstepoche sind die marmornen Idole, die man an ihren schlanken Körpern und den geometrisierenden, stark vereinfachten Gesichtszügen erkennt.

Minoische Kunst (ca. 3300 – 1400 v. Chr.)

Frühminoische Zeit

Die bronzezeitliche Hochkultur auf der Insel Kreta wird nach dem sagenhaften **König Minos** benannt. Zu den wichtigsten kulturellen

Reste aus der mittelminoischen Zeit: der Westflügel des Palasts von Knossós

Leistungen der frühminoischen Epoche (etwa 3300 – 2100 v. Chr.), auch **Vorpalastzeit** genannt, gehört die Herstellung von Bronzegegenständen und die Einführung der Töpferscheibe. Neben einfachen Bauten aus Lehmziegeln gab es auch bereits ein- bis zweigeschossige palastartige Gebäude. Die Toten wurden in Kammergräbern beigesetzt und z. T. mit reichen Beigaben ausgestattet.

Mittel- und spätminoische Zeit

Die ersten großen Paläste auf Kreta entstanden in der Zeit von 2100 bis 1750 v. Chr. in der mittelminoischen Zeit. Tief greifende politische und wirtschaftliche Veränderungen auf der Insel und die Ausbildung eines Priesterkönigtums waren die gesellschaftlichen Voraussetzungen für die Entstehung dieser Monumentalbauten, deren Überreste man in **Knossós**, **Festós**, **Mália** und **Káto Zákros** bewundern kann. Außer den Palästen sind aus minoischer Zeit auf Kreta auch herrschaftliche Villen, die vermutlich als Sommerresidenzen dienten, teilweise erhalten. Ein anschauliches Bild einer minoischen Stadt vermittelt **Gourniá** im Ostteil der Insel. Die Häuser bildeten unregelmäßige Gebäudeblocks, die von engen Gassen durchzogen waren.

◄ Grabbauten

Auf Kreta wurden in der Nähe großer Siedlungen Schacht-, Gang- oder Kammergräber aus minoischer Zeit entdeckt. Die aufwändigsten Grabbauten sind das zweigeschossige **Tempelgrab nahe Knossós** und das **Königsgrab von Isopata**.

◄ Kunsthandwerk

Im Unterschied zu gleichzeitigen Kulturen in Mesopotamien und Ägypten beschränkte sich das skulpturale Schaffen der Minoer auf die Kleinkunst, d. h. Gefäßkeramik, Goldschmiedekunst, Elfenbeinarbeiten sowie Stein- und Siegelschnitt. Verhältnismäßig reich dokumentiert ist die Keramikkunst. Die aus Anatolien eingeführte Töpferscheibe und neue Brandtechniken ermöglichten die Fertigung von Kannen mit schnabelförmigem Ausguss.

Mykenische Kunst (1600 – 1150 v. Chr.)

Burgpaläste Zur Zeit der höchsten Stufe der minoischen Zivilisation auf Kreta nahm der Peloponnes, vor allem die dicht besiedelte Landschaft **Argolis**, eine eigene Entwicklung. Mykene, die Burgstadt am Nordrand der Argolis, hatte seit etwa 1600 v. Chr. eine Vormachtstellung auf dem Peloponnes inne. Die nach der Burg von Mykene benannte Kultur lässt sowohl Einflüsse aus Ägypten als auch eine enge Berührung mit der minoischen Kultur auf Kreta erkennen. Die wichtigsten Fundstätten sind neben **Mykene** selbst vor allem **Tíryns**, **Árgos**, **Asine** und **Pýlos**.

Die bedeutendste Hinterlassenschaft der mykenischen Kultur sind die in beherrschender Lage errichteten Burgpaläste. In Mykene und Tíryns waren sie von monumentalen, wegen ihrer ungeheuren Ausmaße »kyklopisch« genannten Mauern umgeben, wohingegen in Pýlos jede Befestigung fehlt.

Gräber ▸ **Kuppelgräber** gab es außer in Mykene an vielen anderen Orten des Peloponnes und des griechischen Festlandes. In den **Schachtgräbern** von Mykene aus dem 14. Jh. v. Chr. waren den Toten Waffen und Goldschmuck beigelegt, darunter auch die berühmte von Heinrich Schliemann gefundene Goldmaske, die heute im Nationalmuseum in Athen aufbewahrt wird.

Die Ruinen des Burgpalasts von Mykene lassen seine einstige Größe nur erahnen.

In allen Bereichen des Kunsthandwerks – Goldschmuck, Gesichtsmasken, Gefäße aus Ton, Gold oder Bronze, Waffen und Rüstungen etc. –, vor allem aber bei der **Keramik**, war die Verbindung zur minoischen Kunst sehr eng. Keramikware aus Kreta wurde importiert und imitiert. Bei den Gefäßformen gab es neben den von Kreta entlehnten auch spezifisch einheimische wie den Typus des so genannten Vafiobechers, eines Trinkbechers mit Profilring und Spiraldekor. Ab etwa 1450 v. Chr. prägte sich ein neuer eigenständiger Stil aus, bei dem auch figürliche Darstellungen in die Ornamentik einflossen. ◄ Kunsthandwerk

Geometrische Kunst (1050–700 v. Chr.)

Vasenmalerei

Obwohl beim Niedergang der mykenischen Kultur einzelne technische Fertigkeiten und künstlerische Traditionen erhalten blieben, stellt doch die Kunst, die sich in mittelbarem Zusammenhang mit der dorischen Wanderung (um 1200 v. Chr.) in Griechenland entwickelt hat, einen Neubeginn dar. Den Auftakt bildete die so genannte geometrische Kunst, die nach den geometrischen Linienmustern der Tongefäße benannt wurde.

Die Kunst des geometrischen Stils kennt keine Monumentalbauten und keine Großplastiken; die künstlerische Entwicklung vollzog sich vor allem in der Bemalung von Keramikgefäßen. Typisch sind umlaufende Musterbänder aus konzentrischen Kreisen oder Halbkreisen; später entwickelte sich neben Dreiecks- und Rautenfriesen der Mäander zum wichtigsten Ornamentmotiv.

Im Verlauf des 8. Jhs. v. Chr. traten im **spätgeometrischen Stil** immer mehr Menschen- und Tierdarstellungen zwischen die rein geometrischen Muster und verdrängten diese allmählich. Dargestellt wurden vor allem Szenen, die mit dem Tod in Zusammenhang stehen, wie Grablegungen und Totenklagen, aber auch Jagdszenen, Schlachten sowie gymnastische, tänzerische und musikalische Vorführungen.

Archaische Kunst (700 – 500 v. Chr.)

Monumentale Skulpturen

Der archaischen Epoche verdankt Griechenland die Einführung der lebensgroßen, in Marmor oder Kalkstein ausgeführten und meist farbig gefassten **Frei-** bzw. **Reliefplastik**. Vorbilder für die monumentalen Skulpturen fanden die Künstler in Ägypten und in den orientalischen Ländern, mit denen die Griechen Handelsbeziehungen unterhielten.

In der archaischen Großplastik bildeten sich insbesondere zwei Figurentypen heraus: die weibliche bekleidete Statue, die **Kore**, und die nackte Jünglingsfigur, **Kouros** genannt. Die plastische und anatomisch korrekte Durchbildung des Körpers nahm in späterer Zeit zu, wenngleich eine frontale Haltung der Figuren mit den seitlich am Körper anliegenden Armen, den geballten Fäusten und der leichten Schrittstellung bis zum 6. Jh. v. Chr. verbindlich blieb. ◄ Großplastik

Giebelplastik, Grabreliefs ▸

Als im Verlauf des 7. Jhs. v. Chr. der Stein sich als Baumaterial für Tempel und Schatzhäuser durchsetzte, entstand auch das großfigurige Relief als Bauschmuck für Giebel und Gebälk. Der **Artemis-Tempel** in **Korfu**, errichtet um 600 v. Chr., besaß bereits zwei skulptierte Giebel sowie Metopen mit Reliefs. Charakteristisch für diese frühe Phase der Reliefplastik ist die enge Verbindung der Figuren mit dem Reliefgrund. Am Ende der archaischen Zeit hatten die Bildhauer, wie an den Figuren des **Apollon-Tempels** in **Erétria** deutlich wird, ihren Figuren Plastizität und Bewegungsfreiheit verliehen. Eine wichtige Funktion erfüllte das Relief auch beim Begräbniskult, wo das ganzfigurige Relief des Toten die schmale Grabstele schmückt.

Vasenmalerei

Zu Beginn der archaischen Epoche bot sich auf dem Gebiet der Keramikproduktion ein vielfältiges Bild. Beinahe unüberschaubar war die Zahl der Werkstätten, Schulen und Künstlerhandschriften. Zentren der Töpferkunst waren Korinth, die Kykladeninseln, die östlichen Inseln mit Rhodos sowie Athen und Attika. In Korinth wurde angeblich der sog. **schwarzfigurige Stil**, d. h. heller Grund und schwarze Menschen- oder Tierfiguren, zuerst eingeführt. Die Details und die zum Teil sehr feingliedrigen Binnenzeichnungen der Silhouettenfiguren wurden mit einer harten Nadel eingeritzt. Meist stehen Szenen aus der Mythologie im Mittelpunkt der Darstellung. Charakteristisch

Rotfigurige Vasenmalerei: Dionysos und sein Gefolge

für die mehrfigurigen Darstellungen ist, dass die einzelnen Szenen friesartig nebeneinander gestellt sind und die Köpfe der Figuren sich auf gleicher Höhe befinden. Bevor die attische Vasenmalerei des schwarzfigurigen Stils Anfang des 6. Jhs. v. Chr. durch einen neuen Stil abgelöst wurde, erreichte sie noch einmal einen Höhepunkt im Werk des Töpfers und Malers **Exekias**, von dem neun signierte Werke erhalten sind.

◄ Rotfiguriger Stil

Gleichzeitig mit den spätesten Bildern des Exekias entwickelte sich der sog. **rotfigurige Zeichenstil**: Jetzt wird der Bildgrund schwarz gedeckt und die Figuren behalten die rötliche Tonfarbe. Die Binnenzeichnung wird nicht mehr geritzt, sondern in schwarz glänzenden oder in verdünnten matten Linien gegeben. Auf solchen Darstellungen gewinnt die Figur an Plastizität gegenüber der schwarzfigurigen Silhouette.

Exkurs: Der griechische Tempel

Entstehung des Tempelbaus

Die Anfänge des Tempelbaus gehen auf das neunte vorchristliche Jahrhundert zurück. Die einfachste Form des Tempels – der nicht Versammlungsstätte der Gläubigen, sondern Raum für das Kultbild war – leitete sich vom Grundtypus des griechischen Wohnhauses ab. Der fensterlose, rechteckige Hauptraum des Kultbaus, **Naos** oder **Cella** (lat.) genannt, stand bei den frühen Tempeln auf einem Sockel aus Bruchsteinen. Der Eingang zur Cella lag meist an der Ostseite; ihm gegenüber stand das Götterbild. Die inneren Stützen, die Säulen sowie das Gebälk und der Dachstuhl mit Giebeln an den Schmalseiten waren aus Holz, das flache Satteldach mit Tonziegeln gedeckt. Erst ab der zweiten Hälfte des 7. Jhs. v. Chr. verwendete man für alle Bauteile Marmor oder Kalkstein.

Tempelformen

Der einfachste Typus der verschiedenen Tempelformen ist der **Antentempel**, bei dem die Vorhalle, Pronaos, von den vorgezogenen Längswänden des Naos, Anten genannt, begrenzt wird. Zwischen den Anten stehen zwei Säulen, die den Giebel tragen. Ein Beispiel für diese Tempelform ist das **Schatzhaus der Athener** in Delfi. Ist an der Rückseite des Naos ebenfalls eine Vorhalle, Opisthodom, ausgebildet, so entsteht ein Doppelantentempel, z. B. der Aphaia-Tempel auf Ägina. Ist dem Antentempel noch eine Säulenreihe vorgestellt, die den vorgezogenen Giebel trägt – wie beim Osttempel im **Erechtheion** auf der Athener Akropolis zu sehen –, so spricht man von einem Prostylos. Weist auch die Rückseite des Tempels eine Säulenhalle auf, dann spricht man von einem Amphiprostylos; ein Beispiel dafür ist der **Nike-Tempel** auf der Athener Akropolis.

◄ Peripteros

Die markanteste Form des griechischen Tempels ist seit der zweiten Hälfte des 7. Jhs. v. Chr. der Peripteros, bei dem der Hauptraum an allen vier Seiten von einem Säulenumgang, Peristasis, umgeben ist. Seit dem 5. Jh. v. Chr. gilt die so genannte klassische Proportion, nach der die Langseite zweimal die Säulenzahl der Schmalseite + 1

Grundformen des griechischen Tempels

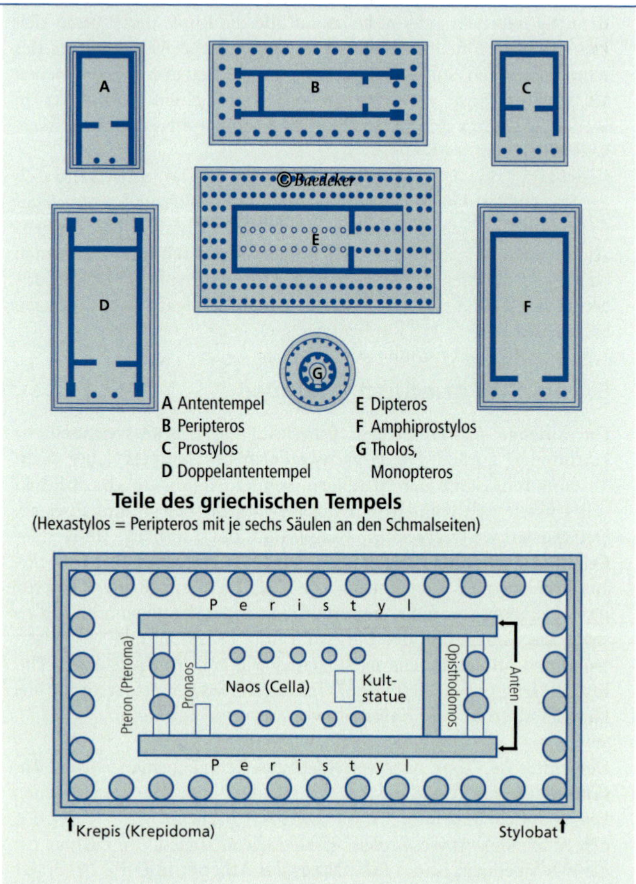

aufweist; beim Athener Parthenon beträgt das Verhältnis 8 : 17, beim Zeus-Tempel in Olympía 6 : 13. Dem Rundtempel, **Tholos**, kommt nur eine untergeordnete Bedeutung zu. Er besteht aus einem Hauptraum auf kreisrundem Grundriss, der von einem Säulenkranz umgeben ist. Beispiele dafür finden sich in Delfí und in Epidauros.

Rundtempel ►

Säulenordnungen

Dorische Ordnung ►

Die ältesten Steintempel Griechenlands wie das um 600 v. Chr. erbaute Heraion in Olympía folgen dem Aufbau der sog. dorischen Ordnung. Charakteristisch für diese Bauten ist der Eindruck des Schwerfälligen, Gedrungenen. Dies liegt u. a. an den verhältnismäßig dicken Säulen und an dem sich nach oben verjüngenden, mit 16 bis 20 Kanneluren versehenen Säulenschaft, der ohne Basis auf der obersten Stufe des Tempelunterbaus steht. Das dorische Kapitell aus dem vorgewölbten Ring, **Echinus**, und der quadratischen Platte, **Abakus**, trägt den **Architravbalken** mit dem darüberliegenden Fries aus eingekerbten Triglyphen und glatten bzw. skulptierten Metopen. Das Giebeldreieck, **Tympanon**, wird von dem waagrechten Kranzgesims und dem Schräggeison gerahmt. Reliefs finden sich an den Metopen und am Giebeldreieck.

◂ Ionische Ordnung

Die ionische Tempelform eignete sich besonders für große Tempelbauten, wie wir sie auf Sámos und in den kleinasiatischen Orten Ephesos, Sardes und Didyma finden. Die Tempel ionischer Ordnung wirken schlanker und eleganter als dorische; die Säulen stehen auf einer Basis, schmale Stege zwischen den Kanneluren betonen den vertikalen Charakter. Das charakteristische Element der Kapitelle sind die an beiden Enden schneckenförmig eingerollten **Voluten**.

◂ Korinthische Ordnung

Die korinthische Ordnung stimmt bis auf das Kapitell mit der ionischen überein. Den plastischen Schmuck des korinthischen Kapitells bilden große zerlappte **Akanthusblätter**, die den runden Kapitellkörper umschließen. Zu den Ecken der konkaven Deckplatte schwingen sich Ranken hinauf. Die korinthische Ordnung fand besonders während der römischen Kaiserzeit weite Verbreitung.

Frühe Klassische Kunst (490 – 450 v. Chr.)

Architektur

Im **Zeus-Tempel** in **Olympía** (470 – 456 v. Chr.) fand der dorische Stil seine erste vollkommene Ausprägung. Der Zeus-Tempel, den der einheimische Architekt **Libon von Elis** entworfen hatte, gilt neben dem Parthenon in Athen als bedeutendster Tempelbau der griechischen Klassik. Die Abmessung all seiner Bauteile ist streng bezogen auf ein Grundmaß, das dem Abstand zwischen zwei Säulen entspricht. So sind die Säulen doppelt so hoch wie die Breite der Joche (Abstand zwischen zwei Säulen). Mit 6 x 13 Säulen weist die äußere Ringhalle die klassische Proportion auf (1 : 2 + 1).

Plastik

Die erste Phase der klassischen griechischen Kunst wird auch **»strenger Stil«** genannt, eine Bezeichnung, die sich von den Merkmalen der Plastik dieser Epoche herleitet. Da die meisten Großplastiken aus klassischer Zeit nur als römische Kopien überliefert sind, ist die Kleinplastik, v. a. die zahlreichen **Bronzestatuetten**, für die kunsthistorische Bewertung des strengen Stils von großer Bedeutung, z. B. wurde die strenge Frontalität zugunsten einer leichten Rechtsdrehung des Kopfes aufgegeben. In den leeren Augenhöhlen befanden sich ursprünglich Augäpfel aus einem anderen Material, die der Statue einen lebendigen Ausdruck verliehen.

◂ »Wagenlenker von Delfí«

Eine der wenigen originalen Bronzeplastiken aus klassischer Zeit ist die überlebensgroße Statue eines Wagenlenkers aus einem Viergespann, die heute im Museum in Delfí aufbewahrt wird und mit großer Wahrscheinlichkeit nach dem Wagensieg des sizilianischen Fürsten **Polyzalos** bei den delfischen Spielen 474 v. Chr. geschaffen wurde. Trotz der statuarischen Haltung kündigt sich in der leichten Körperdrehung eine Abkehr von der Frontalität und in der plastischen Herausarbeitung der Details eine neue Formensprache an.

Vasenmalerei Die attische **rotfigurige Keramik** hatte zu Beginn des 5. Jhs. v. Chr. die schwarzfigurige Vasenmalerei fast vollständig abgelöst. Während des gesamten 5. Jhs. war Athen unumstritten das Zentrum der Keramikproduktion in Griechenland. Weit mehr als die traditionelle schwarzfigurige Technik bot die rotfigurige Malerei die Möglichkeit zur Binnenzeichnung der Figuren, die dadurch plastischer wirken.
Eine ganz eigene Technik der Bemalung bildete sich bei den Gefäßen heraus, die dem Totenkult dienten, den so genannten **Lekythen**. Die schlanken Ölfläschchen mit langem Hals waren Träger einer pastellartigen, mehrfarbigen Malerei, die auf einen weißen Grund aufgetragen wurde. Die Figuren sind mit zarten, beinahe flüchtigen Pinselstrichen gezeichnet, Mimik und Gestik verraten größte innere Beteiligung.

Malerei Wichtige Anregungen erhielt die Vasenmalerei von der Wandmalerei. In der ersten Hälfte des 5. Jhs. v. Chr. war **Polygnot von Thassos**, dessen Werke nur in Beschreibungen überliefert sind, der bedeutendste Vertreter dieser Kunstgattung. Zu Polygnots Innovationen gehörte u. a., dass die Figuren keine gemeinsame Standlinie mehr hatten und frei auf der Bildfläche verteilt waren; für jede Figur galt nun eine eigene Perspektive.

Reliefkunst Bereits in archaischer Zeit hatte eine schmale Stele mit flachem Relief gelegentlich die freiplastische Grabstatue ersetzt. Im strengen Stil setzt sich die Tradition der Grabreliefs fort, allerdings mit einigen Neuerungen. Sind zwei Figuren auf dem Relief abgebildet, so werden sie nicht mehr hintereinander gesetzt, sondern einander gegenübergestellt. Die körperliche Plastizität, mit der die Figuren aus der Fläche heraustreten, nimmt zu, ebenso die Verfeinerung von Mimik und Gestik.

Hohe klassische Kunst (450 – 400 v. Chr.)

Architektur und Plastik Unter der politischen Führung von **Perikles** stieg Athen um die Mitte des 5. Jhs. v. Chr. zur führenden Macht Griechenlands auf. Auch die Kunst, die im Dienst der Politik stand und von dieser gefördert wurde, erlebte im Zeitalter von Perikles eine Hochblüte. In Athen wurde im Rahmen eines gewaltigen Bauprogramms die von den Persern 480 / 479 v. Chr. zerstörte **Akropolis** neu gestaltet. In einem Zeitraum von etwa 50 Jahren entstanden auf dem Felsen der Akropolis der Parthenon, die Propyläen, der Tempel der Athena Nike und das Erechtheion.

Parthenon ► Den Auftakt bildete der Parthenon (447 – 438 v. Chr.), an dem der dorische Stil bereits mit ionischen Elementen verschmolz. Die Säulen

In der Werkstatt des Bildhauers Phidias in Olympía entstanden viele berühmte Werke.

sind schlanker als bisher und an den Ecken wurde der Säulenabstand verkürzt, sodass der Tempel insgesamt besser proportioniert, gestraffter und leichter wirkt als der wenig ältere Zeus-Tempel. Die Cella sollte das riesige aus Gold und Elfenbein gefertigte Kultbild der Athena Parthenos aufnehmen, das der Athener Bildhauer und Baumeister **Phidias** geschaffen hatte. Perikles hatte ihm in den Vierzigerjahren des 5. Jhs. v. Chr. die Gesamtleitung für den Bau des Tempels übertragen. Der gesamte Skulpturenschmuck des Parthenon – 92 Metopen, ein 160 m langer Fries und die beiden gewaltigen Giebelreliefs – wurde von ihm entworfen. Doch den größten Ruhm erntete Phidias mit dem monumentalen Kultbild des Zeus für den Zeus-Tempel in Olympía – eines der sieben Weltwunder der Antike – und mit dem Kultbild der Athena Parthenos, von dem nur noch römische Kopien existieren.

Späte klassische Kunst (400 – 330 v. Chr.)

Plastik, Vasenmalerei

In der Plastik und in der Vasenmalerei wird die Darstellung des Menschen differenzierter; Idealisierung und Monumentalität weichen einem gesteigerten Interesse am seelisch-geistigen Ausdruck.
Im Allgemeinen wird der späte Stil der griechischen Klassik als **»malerisch«** bezeichnet. Damit sind v. a. formale Qualitäten angedeutet wie etwa die Einbindung der Figuren in ein räumliches Umfeld sowie die Belebung der Oberflächen durch Licht und Schatten.

Praxiteles ► Das Werk von Praxiteles, der etwa zwischen 360 und 330 v. Chr. als Bildhauer wirkte, ist nur durch römische Kopien überliefert – bis auf den im Original erhaltenen **Hermes mit dem Dionysosknaben** aus dem Hera-Tempel in Olympía. »Malerisch« ist die Skulptur insofern, als sie auf ausschließliche Vorderansicht konzipiert wurde. Nicht nur in der Formgebung, auch in der Interpretation seiner Themen ging Praxiteles eigene Wege: Apollo stellte er als kaum erwachsenen Jüngling dar, der noch im kindlichen Spiel begriffen ist. Mit der Statue der **Aphrodite von Knidos**, von der es rund 50 Kopien gibt, wagte er als Erster in Griechenland die Darstellung einer nackten Göttin.

Neben Praxiteles gehörten auch Timotheos, Bryaxis, Skopas und Leochares zur ersten Garde der spätklassischen Bildhauer. **Timotheos**, der um 380 / 370 v. Chr. die marmornen Akroterfiguren am Giebel des Asklepios-Tempels in Epidauros geschaffen hat, gilt als Hauptmeister der Übergangszeit. **Skopas** war nicht nur Bildhauer, sondern auch Architekt. Er leitete um 340 v. Chr. den Neubau des 395 v. Chr. abgebrannten Tempels der Athena Alea in Tegea. Von **Leochares** stammt wohl das Bronzeoriginal des »Apoll vom Belvedere« (Rom, Vatikanische Museen). **Bryaxis** war in seiner Jugend Bahnbrecher eines modernen, in Diagonalachsen komponierenden Stils. Alle vier Bildhauer waren an einem Bauwerk tätig, das wegen seiner hohen Bedeutung zu den sieben Weltwundern der Antike gehörte: Die Rede ist von dem 353 v. Chr. errichteten, nicht erhaltenen Grabmal, **»Mausoleum«**, des Königs Mausolos von Karien im kleinasiatischen Halikarnassos, dem heutigen Bodrum.

Lysipp ► Lysipp (um 395 – 300 v. Chr.) gilt einerseits als Vollender der spätklassischen Plastik und zugleich als Wegbereiter des Hellenismus. Er schuf angeblich über 1500 Werke, von denen allerdings wiederum nur Kopien aus römischer Zeit vorhanden sind. Das gilt auch für seine berühmteste Skulptur, den Athleten, der sich mit einem Schabgerät nach dem Wettkampf reinigt: **»Apoxyomenos«** (Rom, Vatikanische Museen). Lysipp zeigt nicht den glanzvollen Sieger, sondern den erschöpften Kämpfer mit melancholischem Gesichtsausdruck. Mit ihrem verhältnismäßig kleinen Kopf und dem schwer gebauten Körper vermittelt die Statue ein realistisches Bild eines Athleten.

Grabreliefs ► Die Figuren der attischen Grabreliefs des vierten vorchristlichen Jahrhunderts isolieren sich mehr und mehr voneinander und treten statuenhaft vor den Reliefhintergrund. Dadurch gewinnt auch der architektonische Rahmen des Reliefbilds an Plastizität.

Malerei Im ausgehenden 5. Jh. v. Chr., vor allem aber im 4. Jh. v. Chr. kam es auch in der monumentalen Malerei, deren Werke nur aus zeitgenössischen Beschreibungen, aus Vasenmalereien oder aus Kopien bekannt sind, zu einem neuen Stilgefühl, das dem Malerischen gegenüber dem Linear-Zeichnerischen den Vorzug gab. Durch die perspektivische Darstellung und die Modulation mit Hilfe von Licht und Schatten entstand eine raffinierte, Tiefenräumlichkeit vortäuschende Illusionsmalerei.

Vasenmalerei

Die attische rotfigurige Vasenmalerei ist auch im 4. Jh. v. Chr. noch weit verbreitet. Parallel dazu entwickelte sich eine andere Technik, die nach ihrem Hauptfundort Süditalien als **apulische Vasenmalerei** bezeichnet wird. Charakteristisch für diese Technik ist der Gebrauch von Deckweiß, Rot und einer gelblichen Lasurfarbe. Mehr als in der attischen Vasenmalerei spiegelt sich hier der in der Monumentalmalerei entwickelte malerische Stil. Doch mit der zunehmenden Bedeutung der Tafel- und Monumentalmalerei sinkt der Stern der Vasenmalerei, die am Ende des 4. Jhs. v. Chr. fast völlig aufhört.

Tempel-Architektur

Charakteristisch für den Tempel der Spätklassik waren Rundbauten. Der älteste befindet sich im Bezirk der Athena Pronaia von Delfi. Ihm folgt die sog. Thymele von Epidauros. Bei beiden Bauten wird am äußeren Säulenring die dorische, im Inneren die korinthische Säulenordnung verwendet.

Hellenistische Kunst (323 – 27 v. Chr.)

Die kulturelle Epoche zwischen dem Tod Alexanders des Großen (323 v. Chr.) und der Errichtung der römischen Provinz Achaia (27 v. Chr.) wird als Hellenismus bezeichnet. In diesen rund drei Jahrhunderten verbreitete sich die griechische Kunst bis in den Orient und wurde ihrerseits von orientalischen Einflüssen durchdrungen. Als neue Kunstzentren traten neben die Städte auf dem Peloponnes die aufblühenden Residenzen der selbstständig gewordenen Teile des Alexanderreiches, allen voran **Alexandrien** und **Pergamon**.

Plastik

In der Bildhauerei vollzog sich der Stilwandel von der späten Klassik zum Hellenismus unter **Lysipp** und seiner Schule. Ein typisches Werk für die Frühphase der hellenistischen Kunst ist die 280 v. Chr. von **Polyeuktes** geschaffene Porträtstatue des Demosthenes (Rom, Vatikanische Museen), die sich noch durch realistische Gesichtszüge, eine verhältnismäßig strenge, konzentrierte Komposition und eine harte Modellierung auszeichnet. Im Verlauf des 3. Jhs. v. Chr. macht sich bei den Skulpturen eine stärkere Psychologisierung und Dramatisierung bemerkbar. Besonders anschaulich wird dies an berühmten Werken wie der Figur eines sterbenden Galliers, Teil eines großen Weihegeschenkes, welches **Attalos I. von Pergamon** zur Feier seines Sieges über die Gallier (230 v. Chr.) gestiftet hatte (Kopie im Kapitolinischen Museum, Rom).

◂ »Nike von Samothrake«

Einen noch stärkeren Eindruck von Bewegung erhält man von der »Nike von Samothrake« (190 v. Chr.; Paris, Louvre), die vermutlich als Denkmal für den Sieg der Rhodier über Antiochos III. von Syrien entstand. In der Vorwärtsbewegung der **geflügelten Siegesgöttin** vollzieht sich gleichzeitig eine spiralförmige Drehung des Körpers, die den Betrachter um die Plastik herumführt, während der Wind ihr dünnes Kleid an ihren Körper presst und ihre Konturen plastisch hervortreten lässt.

Zeusaltar von Pergamon ► Architektur und Bauplastik verschmelzen im monumentalen Zeus-Altar von Pergamon, der unter **Eumenes II.** (197 – 159 v. Chr.) errichtet wurde, zu einem einzigartigen Gesamtkunstwerk (Berlin, Pergamonmuseum). Um den gesamten Sockel des Altars, der von Säulenhallen umgeben ist, zieht sich ein Relieffries, der in bewegten Szenen den Kampf der olympischen Götter gegen die Giganten darstellt.

»Venus von Milo«, »Laokoongruppe« ► Der Fries des Pergamon-Altars markiert einen Höhe- und Wendepunkt in der Bildhauerkunst des Hellenismus. Die beiden Hauptentwicklungsstränge der Folgezeit sind durch zwei weltberühmte Werke repräsentiert: die »Venus von Milo«, geschaffen Ende des 2. Jhs. v. Chr. (Paris, Louvre), und die »Laokoongruppe«. Das Bronzeoriginal der »Laokoongruppe« aus der Zeit um 140 v. Chr. ist nicht erhalten, wohl aber die nach diesem im 1. Jh. n. Chr. entstandene Marmorplastik der rhodischen Bildhauer **Hagesandros**, **Polydoros** und **Athanodoros** (Rom, Vatikanische Museen). Die »Venus von Milo« greift auf die Kompositionsschemata der griechischen Hochklassik zurück, der »Laokoon« dagegen vereint Prinzipien der klassischen Auffassung, z. B. Ausrichtung der Skulptur auf Vorderansicht) mit der äußeren Dynamik und der inneren Dramatik, die die hellenistische Skulptur kennzeichnet.

Architektur Das Repräsentationsbedürfnis der Handelsstädte und der hellenistischen Herrscher waren der Motor für die architektonischen Neuschöpfungen des Hellenismus. Marktplätze, Mittelpunkte des städtischen Lebens, wurden nun planmäßig angelegt und mit öffentlichen Gebäuden geschmückt. Neu entwickelte Bauten wie die Bibliothek und die Stoa, eine Halle, die sich an einer Längsseite mit einer oder mehreren Säulenreihen öffnet, kamen hinzu.

Römische Kunst (2. / 1. Jh. v. Chr. – 4. Jh. n. Chr.)

Bereits seit dem zweiten vorchristlichen Jh. hatten die Römer griechische Kunst und Kultur »importiert« und imitiert. Das änderte sich auch nicht, als Griechenland dem Römischen Reich angegliedert und die hellenischen Stadtstaaten politisch bedeutungslos wurden.

Plastik Die Porträtplastik entwickelte sich immer stärker in eine spezifisch »römische« Richtung. War das griechische Porträt bis dahin meist eine Statue, die den ganzen Menschen darstellte – und dies in der Regel in mehr oder weniger idealisierter Form –, gingen die Bildhauer bei der Modellierung der Gesichtszüge immer mehr zu einer möglichst individuellen, realistischen Darstellung über.

Relief Die Reliefkunst hatte in römischer Zeit ebenso wie die Statuen von Kaisern oder großen Feldherren die Aufgabe, dem Römischen Imperium zu huldigen. Ein Beispiel ist der um 300 n. Chr. errichtete **Galeriusbogen** in Thessaloníki, auf dem siegreiche Römerheere in Schlacht- und Marschszenen verewigt sind.

Römisches Wohnen auf Kos: die Villa Casa Romana in Kos-Stadt

Architektur

Auf dem Gebiet der Baukunst wurden während der Herrschaft der Römer einige Bauformen leicht modifiziert. So entwickelte sich z. B. aus dem griechischen Theater das Odeion. Auch wurden einige typisch römische Gebäudeformen wie Triumphbögen, Aquädukte oder Bäder übernommen. Darüber hinaus ermöglichte die Kenntnis der römischen Gewölbetechnik größere und kühnere Konstruktionen als noch in der Epoche des Hellenismus. Stilistisch orientierte man sich dagegen gerne an den Formen der griechischen Klassik.

Mosaike

Sowohl auf dem griechischen Festland als auch auf den größeren Inseln blieben herrliche römische Fußbodenmosaike erhalten. Da die Wandmalereien in den Privathäusern verloren gingen, vermitteln allein die Mosaiken einen Eindruck von der Wohnkultur in römischen Stadthäusern und Landsitzen.

Byzantinische Kunst (4. – 15. Jh. n. Chr.)

Die Gründung Konstantinopels 330 n. Chr. und die Teilung in west- und oströmisches Reich 65 Jahre später brachte v. a. dem östlichen Mittelmeerraum bis zum Untergang des Byzantinischen Reiches 1453 eine neue kulturelle Blüte. Die Baumeister, Maler und Bildhauer der byzantinischen Epoche suchten und fanden ihre Vorbilder nicht mehr in der altgriechischen, sondern in der spätantik-christlichen Kunst.

Überbleibsel aus türkischer Zeit: die Süleiman-Moschee in Rhodos-Stadt

Türkische Zeit (15. – 19. Jh.)

Mit der Eroberung Athens 1456 und der daran anschließenden Einnahme des gesamten Peloponnes begann die fast 400-jährige Herrschaft der Türken in Griechenland. Die sog. nachbyzantinische Kunst auf der Balkanhalbinsel hatte bei weitem nicht mehr die Bedeutung der vergangenen Jahrhunderte, doch ließ die Herrschaft der Türken genügend Spielraum dafür, dass die Kunst byzantinischer Prägung weiterhin existierte. Die prominentesten Beispiele für die Fortführung der Baukunst in osmanischer Zeit sind die **Klöster von Meteóra**, die Klosterbauten auf dem Heiligen Berg **Áthos** und die zahlreichen Kirchenbauten der nordgriechischen Stadt **Kastoriá**.

Neugriechische Kunstgeschichte

Architektur

Traditionelle Bauweise

Die traditionelle griechische Bauweise war in erster Linie durch die klimatischen Bedingungen und das vor Ort vorhandene Baumaterial geprägt. So sind beispielsweise im Epirus Steinhäuser typisch, in Thessalien Lehmbauten, in Thrakien mit Holz verkleidete Fassaden und Erker und auf den Kykladen die weiß getünchten kubischen Wohnhäuser.

Andererseits drückten auch die verschiedenen Besatzer des Landes der Architektur ihren Stempel auf. Auf anatolische Bauweise trifft man vor allem im Norden des Landes, auf der Kykladeninsel Náxos ist in der Altstadt noch der Einfluss der ehemaligen fränkischen Herren deutlich, auf den Ionischen Inseln – allen voran Korfu – die Bauweise der Italiener und Engländer.

◄ Städtebau

Die Gründung des neugriechischen Staates 1832 bedeutete nicht nur politisch eine Zäsur, sie zeigte auch Auswirkungen auf den Städtebau: Griechenland geriet in den Einflussbereich Westeuropas und seiner kulturellen Ausprägungen. Am deutlichsten manifestierte sich dies in den beiden größten Städten des Landes: **Thessaloníki** und **Athen**. Ihr heutiges Stadtbild ist nicht ein im Lauf von Jahrhunderten gewachsenes, sondern das Produkt der vergangenen 200 Jahre. Ein Großteil der alten Bausubstanz Thessaloníkis fiel 1917 einer Feuersbrunst zum Opfer. Athen war vor König Ottos I. Einzug 1833 ein unbedeutendes Provinzstädtchen, von dem nach dem Befreiungskrieg nicht viel übrig geblieben war. So hatten die Stadtplaner, allen voran **Leo von Klenze**, in jeder Hinsicht freie Hand, den **Klassizismus** in zahlreichen Repräsentationsbauten – darunter das Parlamentsgebäude, die Akademie und die Universität – umzusetzen.

Bildende Kunst

Die Einrichtung einer Kunstakademie und Kunstgewerbeschule in Athen brachte seit der zweiten Hälfte des 19. Jhs. den bildenden Künsten im neugriechischen Staat gute Entfaltungsmöglichkeiten. Neben den Vertretern der traditionellen Denkmalskunst und Historienmalerei gab es auch einige Künstler, die eigenwillige Ausdrucksformen entwickelten, wie die Bildhauer **Giannoulis Chalepa** (1851 – 1938), dessen Werke Stilvarianten vom Realismus bis zum Expressionismus umfassten, oder **Michael Tombros** (1889 – 1974), dessen Ausdrucksvermögen vom Naturalismus bis zu abstrakt-expressiven Gestaltungen reichte. **Georgios Gounaropoulos** (1890 bis 1977) war ein Vertreter der »Generation der 30er-Jahre«, die versuchte, das typisch »Griechische« in der Kunst darzustellen.

i Neugriechische Kunst

- Einen Überblick über das griechische Kunstschaffen der letzten 100 Jahre bieten die Nationalgalerie in Athen (Öffnungszeiten: Mo. u. Mi. 9.00 – 15.00, 18.00 bis 21.00, Do. – Sa. 9.00 – 15.00, So. 10.00 bis 14.00 Uhr) und das schön gestaltete Vorres-Museum in Peanía in der Nähe von Athen (Öffnungszeiten: Sa. u. So. 10.00 bis 14.00 Uhr).

Nach dem Zweiten Weltkrieg wurde die griechische Kunstszene von den Stilrichtungen in Westeuropa und Nordamerika entscheidend geprägt. Viele jüngere Künstler sahen sich allerdings gezwungen, aufgrund der politischen und gesellschaftlichen Verhältnisse in den 1950er- und 1960er-Jahren ihre Heimat zu verlassen und ihre Ideen andernorts zu verwirklichen. Dazu zählen auch die international renommierten Plastiker **Takis** (geb. 1925) und **Giannis Kounellis** (geb. 1936; ► Berühmte Persönlichkeiten). Takis hatte es in den 1960er-Jahren nach Paris verschlagen, wo er unter anderem an Objekten mit Magnetfeldern und Klängen sowie kinetischer Plastik arbeitete.

Brauchtum und Folklore

Volkstrachten

Wenngleich die griechischen Volkstrachten aus dem Alltagsleben weit gehend verschwunden sind, so kann man doch bei festlichen Gelegenheiten, vor allem auf dem Land, noch hin und wieder Menschen in Trachten sehen.

Bestandteil der Männertracht ist die **Foustanélla**, ein kurzer, mit Glöckchen und Münzen besetzter Rock, der meist zusammen mit weißem Hemd und bestickter Weste getragen wird. Auf Kreta ziehen die Männer vielfach noch die charakteristischen schwarzen Pumphosen, **Vráka**, an und binden ein schwarzes Kopftuch um.

Auch auf Kárpathos, im Süden von Rhodos und auf Korfu sowie im mittelgriechischen Píndos-Gebirge werden bisweilen alte Trachten getragen. Berühmt sind die farbenfrohen, aus der albanischen Tracht

Fast nur noch an Feiertagen werden die traditionellen Trachten getragen.

hervorgegangenen Uniformen der **Evzonen** – der »Schöngegürteten«, die einstige königliche Leibgarde –, in denen noch heute u. a. am Athener Parlament Ehrenwache gehalten wird.

Volkstänze

Tanz und Musik gehören in Griechenland seit jeher zusammen. Bereits antike Vasen zeigen Reigen von Tänzern, und der Sage nach soll die Zeusmutter Rheia persönlich ihren Priestern die ursprünglichen Tanzfiguren beigebracht haben. Choreografisch betrachtet unterscheidet man heute zwei große Tanzformen: die maßvollen Bewegungen der **Sirtos-Tänze** und die ungestümen, zuweilen fast artis-tischen **Pidik-Tänze**, bei denen jede Insel und jede Region des Festlands ihren eigenen Stil und eigene Variationen entwickelt hat. Sie werden heute von Vereinen und Volkstanzgruppen gepflegt und bei festlichen Anlässen aufgeführt. Die Kreistänze, bei denen sich die Tänzerinnen und Tänzer an der Hand oder einem Taschentuch halten, werden neuerdings oft gemischt getanzt, obwohl sie ursprünglich nach Geschlechtern getrennt abliefen.

! *Baedeker* TIPP

Sirtos- und Pidik-Tänze

Authentische griechische Volkstänze führt das berühmte Athener Dora-Stratou-Tanztheater auf, das im Filopáppos-Theater residiert (Mai – Sept. Di. – So. 22.15, Mi. und So. auch um 20.15 Uhr; Karten: Skoliou 8, Pláka, Tel. 21 09 24 43 05).

Berühmte Persönlichkeiten

Wer Griechenland hört, denkt wohl zugleich an große Gelehrte wie Aristoteles und Platon, an Homer, die Dichterin Sappho oder an den Feldherrn Alexander den Großen. Aber nicht nur in der Antike gab es Griechen, die das Bild ihres Landes und auch der Welt prägten.

Aischylos (525–456 v. Chr.)

Dichter

Aischylos ist der Begründer der Tragödie im heutigen Sinn. Ursprünglich waren Tragödien, wie ihr Name besagt, kultische »Bocksgesänge« zu Ehren des Gottes Dionysos (»trágos« = Bock und »oidé« = Gesang). Aischylos revolutionierte die Form der Tragödie, indem er neben dem Chor zwei Schauspieler anstatt wie bisher nur einen auftreten ließ. Dadurch wurden erstmals Dialoge und echte dramatische Handlung möglich. Der Chor hatte von nun an nur noch die Funktion, den Dialog der Schauspieler zu interpretieren.
Das Hauptthema der Tragödien von Aischylos ist die schicksalhafte Spannung zwischen den Göttern und dem Menschen, der dem sicheren Untergang entgegengeht, wenn er sich gegen die Götter auflehnt. Von den 90 Tragödien des Aischylos sind nur sieben vollständig erhalten, darunter »Die Perser«, »Prometheus« und die »Orestie«.

Alexander der Große (356–323 v. Chr.)

Feldherr

Der Sohn und Nachfolger des makedonischen Königs Philipp II. zog als oberster Feldherr der Griechen 334 v. Chr. in den »panhellenischen Rachefeldzug« gegen die Perser. Im Jahr 333 v. Chr. besiegte er den persischen Großkönig Dareios III. in der Reiterschlacht von Issos (Türkei). Damit war der Weg frei nach Ägypten, wo Alexander die Stadt Alexandria gründete und sich vom Orakel des Zeus Amun göttliche Abstammung und Herrschaftsanspruch bestätigen ließ.

Von Ägypten zog Alexander mit seinem Heer nach Babylonien und weiter nach Persien. Sein Indienfeldzug (327–325 v. Chr.) führte ihn bis zum Fluss Hyphasis, zum Beas im heutigen Pandschab. Das Ziel des rastlosen Eroberers, die heterogenen Teile seines neu geschaffenen Großreichs politisch und kulturell zu verschmelzen, war zum Scheitern verurteilt – bereits unter seinen unmittelbaren Nachfolgern, den Diadochen, zerfiel das Reich.

Archimedes (um 287–212 v. Chr.)

Mathematiker

Dem in Syrakus auf Sizilien geborenen Griechen Archimedes verdankt die Nachwelt eine Reihe grundlegender Erkenntnisse der Mathematik und der angewandten Mechanik, und er erweiterte sowohl die abstrakte Mathematik – u. a. Flächen- und Körperberechnungen geometrischer Figuren – als auch die praktische Mechanik. Seinen Zeitgenossen erschienen die von ihm konstruierten Apparate wie der Flaschenzug oder diverse Kriegsmaschinen wie Hebelwerke und

← *Der Philosoph Aristoteles lebte eine Zeitlang als Prinzenerzieher am Hof Philipps II. von Makedonien.*

Schleudern als technische Wunderwerke. Den von Archimedes ausgesprochenen Satz über den Gewichtsverlust schwimmender Körper nennt man seither das »Archimedische Prinzip.«

Aristoteles (384 – 322 v. Chr.)

Philosoph

Aristoteles kam im Alter von 18 Jahren nach Athen und war rund zwei Jahrzehnte Mitglied der Akademie des Platon. Nach Platons Tod, 347 v. Chr., ließ er sich im kleinasiatischen Assos, später in Mytilene auf Lésbos nieder. 343 v. Chr. wurde er von König Philipp II. zum Erzieher seines Sohnes Alexander an den makedonischen Hof berufen.

Im Jahr 334 v. Chr. kehrte Aristoteles nach Athen zurück, wo er eine Philosophenschule gründete. Als er nach dem Tod Alexanders des Großen wegen Gottlosigkeit angeklagt wurde, floh er nach Chalkís auf der Insel Euböa, wo er bald darauf verstarb. Von den zahlreichen Werken des Aristoteles sind mehrere systematische Schriften erhalten; sie umfassen die Gebiete Logik, Naturwissenschaften, Metaphysik, Ethik, Politik und Kunsttheorie. In Abkehr vom dualistischen Denken Platons versuchte Aristoteles, die empirischen Erkenntnisse in einem universalen, alle damaligen Wissensgebiete zusammenfassenden System zu ordnen.

Bouboulina (1771 – 1825)

Freiheitskämpferin

Zahlreiche Legenden ranken sich um die berühmteste Heldin im griechischen Unabhängigkeitskampf. Zwei Ehemänner hatte Laskarina Bouboulis, bekannt unter ihrem Beinamen »Bouboulina«, im Krieg gegen die Piraten verloren. Von dem stattlichen Erbe, das ihr geblieben war, kaufte sich die kämpferische Witwe ein eigenes Schiff, die »Agamemnon«, mit dem sie während der Blockade von Nauplion in den Seekrieg zog. Ihr bewegtes Leben – der Heldin werden unzählige Liebesaffären nachgesagt – endete ebenfalls nicht eben undramatisch: Sie starb in ihrem Haus in Spétses bei einem heftigen Familienstreit – durch einen Kopfschuss.

! *Baedeker* TIPP

Freiheitsheldin

Wer sich für die außergewöhnliche Freiheitskämpferin Bouboulina und ihr abenteuerliches Leben interessiert, sollte das ihr gewidmete Museum auf der Insel Spétses besuchen.

Maria Callas (1923 – 1977)

Sängerin

Keiner Sängerin des 20. Jahrhunderts gebührt eher der Titel einer »Primadonna assoluta« als Maria Calogeropoulos, bekannt als Maria Callas. Gleichermaßen geschätzt vom Fachpublikum und der Regenbogenpresse, blieb sie über zwanzig Jahre hinweg eine Ausnahme-

Maria Callas und Aristoteles Onassis (rechts), ein ideales Paar für die Boulevardpresse

erscheinung auf den Opernbühnen der Welt. Die Tochter eines in die USA emigrierten Apothekers begann ihre Karriere 1938 in Athen, wo sie bei Elvira de Hidalgo am Konservatorium studierte.
Der internationale Durchbruch gelang ihr 1947 in der Arena von Verona mit der Titelpartie in »La Gioconda« von Amilcare Ponchielli. Kritiker bemängelten zwar eine gewisse Unausgeglichenheit ihrer Stimme, doch brillierte sie durch eine unvergleichliche Koloraturtechnik und schauspielerische Präsenz. Neben ihrer Tätigkeit als Sängerin arbeitete sie auch als Pädagogin und Filmschauspielerin und führte Regie. Dank ihres Engagements wurden zahlreiche aus dem Repertoire verschwundene Opern wieder aufgeführt.

Odysseas Elytis (1911 – 1996)

Dichter

Odysseas Elytis stammt aus Iráklion, Kreta, verbrachte seine Jugend in Athen, studierte hier Jura und lebte bis zu seinem Tod in dieser Stadt. Er gehörte zum Kreis um Giorgos Seferis, der die neugriechische Dichtung in den 1930er-Jahren erneuerte. Elytis schrieb surrealistische Gedichte, die von einer starken Naturverbundenheit geprägt sind. Sein Hauptwerk, der 1959 erschienene Gedichtband »To axion esti«, wurde von Mikis Theodorakis vertont. 1979 erhielt Elytis den Nobelpreis für Literatur.

Euripides (um 485 – 406 v. Chr.)

Dichter

Euripides gilt als der Begründer des psychologischen Dramas, der Charaktertragödie. Sein Leitgedanke war der Lehrsatz des Protagoras: »Der Mensch ist das Maß aller Dinge.« In seinen Tragödien lenken nicht mehr die Götter das Schicksal der Menschen, der Mensch handelt vielmehr eigenständig, lebt sein eigenes Leben und durchkämpft ganz persönliche Konflikte. Von seinen über 70 Dramen sind 18 Theaterstücke vollständig erhalten und werden bis heute gespielt, z. B. »Alkestis«, »Elektra« oder »Orestes«. In der Neuzeit wurden fast alle großen Dramen des Euripides nachempfunden: von Corneille und Racine, von Goethe, Schiller und Grillparzer oder von Sartre.

El Greco (um 1541 – 1614)

Maler

El Greco (spanisch »Der Grieche«) wurde als Domenikos Theotokopulos um 1541 auf Kreta geboren. Schon als Kind erlernte er in sei-

ner Heimat die Ikonenmalerei. Als junger Mann ging er nach Venedig, wo er auch in Tizians Werkstatt arbeitete, später lebte er in Rom und von 1577 an in Toledo.
Neben religiösen Werken schuf er zahlreiche eindringliche Porträts und Landschaften. Charakteristisch für seinen Stil sind die lang gestreckten, gewundenen Gestalten, die expressive Farbgebung und die irrealen Lichteffekte, die seinen Gemälden einen Eindruck von Übersinnlichkeit und Vergeistigung verleihen.

Herodot (um 490 – um 425 v. Chr.)

Historiker

Der von Cicero als »Vater der Geschichtsschreibung« apostrophierte Herodot wurde in Halikarnassos – dem heutigen türkischen Bodrum – geboren. Er befasste sich gleichermaßen mit der kritischen Betrachtung der von ihm bereisten Länder wie auch mit der politischen Berichterstattung. Höhepunkt seines Werkes ist die Darstellung der Perserkriege. Durch die inzwischen vielfach belegte Zuverlässigkeit seiner Berichte lieferte Herodot nicht nur ein eindrucksvolles Dokument über seinen kleinasiatisch-griechischen Lebensraum, sondern auch wertvolle ethnologische und geografische Informationen über die Länder Vorderasiens und Afrikas.

Hippokrates (um 460 – um 370 v. Chr.)

►Baedeker Special S. 327

Homer (ca. 8. Jh. v. Chr.)

Dichter

Das antike kleinasiatische Smyrna, das heutige Izmir, nimmt vermutlich zu Recht für sich in Anspruch, Geburtsort von Homer zu sein, dem legendenumwobenen ältesten epischen Dichter des Abendlands. Bis heute ist nicht mit Sicherheit geklärt, ob es sich bei dem Schöpfer von »Ilias« und »Odyssee« tatsächlich um eine historische Persönlichkeit oder um eine Art Sammelbezeichnung für die ältere Epik Griechenlands handelt. Heute überwiegt die Meinung, dass Homer als historische Persönlichkeit existiert und an der Westküste Kleinasiens gelebt hat. Wahrscheinlich verfasste er seine großen Werke unter Verwendung älterer kürzerer Volksepen. »Ilias« und »Odyssee« erfuhren in späterer Zeit mancherlei Veränderungen und

Homer, der legendenumwobene Dichter der »Ilias« und der »Odyssee«

Erweiterungen. Homer werden ferner die »homerischen Hymnen und Epigramme«, die komischen Epen vom Tölpel »Margites« und der »Froschmäusekrieg« zugeschrieben.

Nikos Kazantzakis (1883 – 1957)

Schriftsteller

Der aus Iráklion von der Insel Kreta stammende Schriftsteller Nikos Kazantzakis studierte in Athen Rechtswissenschaft und anschließend in Paris Philosophie sowie politische Wissenschaften. Nach dem Studium kehrte er nach Griechenland zurück und bekleidete dort in den Jahren 1945 / 1946 ein Ministeramt. Seine literarischen Werke – Beschreibungen seiner zahlreichen Reisen, Erzählungen, Romane, Gedichte – zeichnen sich durch eindringliche Darstellungskraft, unverbrauchte Sprache, lyrische Fülle und philosophische Tiefgründigkeit aus. Weltweit berühmt wurde Kazantzakis mit dem 1946 erschienenen Roman »Alexis Sorbas«, der auf seiner Heimatinsel Kreta spielt (►Baedeker Special, S. 346).

Giannis Kounellis (geb. 1936)

Künstler

Unter den zeitgenössischen griechischen Künstlern, die den Sprung in die internationale Kunstszene geschafft haben, nimmt Giannis Kounellis einen wichtigen Platz ein. Kounellis, der seit 1956 in Rom lebt, wurde Ende der 1960er-Jahre als ein führender Vertreter der sog. Arte povera weltweit bekannt. In dieser Schaffensphase kombinierte er oft Tiere mit ärmlichen Environments und betonte so den Gegensatz von lebendiger Natur und kargem Kunstgegenstand. Seit den 1970er-Jahren sind kulturhistorische Konnotationen wesentliche Elemente seiner Installationen. Alltagsgegenstände oder archaische Materialien verbinden sich in seinen Arbeiten mit Pathosformeln der Kunstgeschichte, z. B. Goldfarbe, Sockel oder antike Skulpturen.

Melina Mercouri (1925 – 1994)

Schauspielerin, Politikerin

»Ich bin als Griechin geboren« nannte Melina Mercouri 1971 ihre Autobiografie programmatisch. Da war sie gerade von der Militärjunta ausgebürgert worden, weil sie im Ausland vehement den Kampf gegen die Obristen-Diktatur propagiert hatte. Als das Militär 1967 putschte, war Melina Mercouri bereits eine berühmte Schauspielerin und profilierte Chansonsängerin.

Ihren größten Erfolg hatte die Tochter eines früheren Innenministers und Enkelin des langjährigen Athener Bürgermeisters 1959 mit dem Film »Sonntags nie« unter der Regie ihres Mannes Jules Dassin. Sie spielte die temperamentvolle, warmherzige Prostituierte Ilya und sang das Lied »Ein Schiff wird kommen«, das zum Gassenhauer avancierte. Nach ihrer Rückkehr aus dem Exil engagierte sie sich in der Politik und war im Kabinett der PASOK über zwei Legislaturperioden hinweg Kultusministerin.

Aristoteles Onassis (1906 – 1975)

Reeder Sein unermesslicher Reichtum machte Aristoteles Onassis schon zu Lebzeiten zu einer Legende. Die Berichte über sein Leben im internationalen Jetset, über die Tragödien in seiner Familie, die Beziehung zu der Opernsängerin Maria Callas und über seine Ehe mit der Kennedy-Witwe Jacqueline füllten in den 1960er- und 1970er-Jahren die Klatschspalten der Boulevard-Presse. Den Grundstock für das Onassis-Imperium bildete seine 1932 / 1933 gegründete Reederei, später kamen die Fluggesellschaft Olympic Airways sowie internationale Bank- und Immobiliengeschäfte hinzu. Bereits 1977, nur zwei Jahre nach seinem Tod, entstand unter dem Titel »Der große Grieche« der erste Film über das Leben des Reeders, in dem Anthony Quinn die Darstellung von Aristoteles Onassis übernahm.

Andreas Papandreou (1919 – 1996)

Politiker Andreas Papandreou steht gleichermaßen für ein neues nationales Selbstbewusstsein Griechenlands nach der Obristen-Diktatur als auch für Selbstherrlichkeit alten Stils. Bevor er allerdings die prägende politische Persönlichkeit der 1980er-Jahre wurde, durchlief der Sohn des Politikers Georgios Papandreou ein wechselvolles Leben. Während seiner Studienzeit an der Athener juristischen und volkswirtschaftlichen Fakultät opponierte er bereits gegen die Diktatur des Generals Metaxas. 1939 wurde er verhaftet und emigrierte im Jahr darauf in die USA, wo er bis 1960 an verschiedenen Hochschulen lehrte. Von 1964 bis 1967 war er Abgeordneter im griechischen Parlament und 1965 Minister im Kabinett seines Vaters. Nach erneutem Exil während der Militärdiktatur gründete Papandreou die Panhellenistische Sozialistische Bewegung (PASOK). Durch Skandale und Korruptionsvorwürfe belastet, musste Papandreou 1989 sein Ministerpräsidentenamt niederlegen. 1992 wurde er von diesen Vorwürfen freigesprochen und verhalf der PASOK 1993 noch einmal zur Parlamentsmehrheit.

Perikles (um 490 – 429 v. Chr.)

Staatsmann Das klassische Zeitalter Griechenlands ist untrennbar mit dem Namen des großen athenischen Staatsmannes verbunden. Unter Perikles vollzog sich Athens Aufstieg zur Großmacht und zum kulturellen Mittelpunkt Griechenlands. Perikles war von 461 v. Chr. an Führer der Demokratenpartei und ab 443 v. Chr. in Folge gewählter Stratege (Heerführer) und alleiniger Leiter des Staates. Zu seinen innenpolitischen Reformen gehörten u. a. die Einführung von Tagegeldern für Rat und Volksgericht und die Zulassung von Bürgern der untersten Zensusklasse zu den meisten Ämtern. Unter Perikles, der auch ein großer Förderer von Kunst und Wissenschaft war, erhielt die Akropolis in Athen ihre klassische Gestalt.

Platon (427 – 347 v. Chr.)

Philosoph

Der Athener Platon war einer der bedeutendsten, wenn nicht der größte Philosoph des antiken Griechenland. Er entstammte dem attischen Adel, war acht Jahre lang Schüler des Sokrates, bereiste dann Unteritalien und Sizilien und gelangte als freigekaufter Sklave schließlich wieder nach Athen, wo er in den Achtzigerjahren des 3. Jhs. v. Chr. seine eigene Schule, die Platonische Akademie, gründete, aus der auch der Philosoph Aristoteles hervorging.
Den Kern von Platons Philosophie bildet die sog. Ideenlehre. Ausgehend von der Philosophie seines Lehrers Sokrates, der für zahlreiche Handlungsweisen Allgemeinbegriffe einführte, z. B. den der Gerechtigkeit, erweiterte Platon dies auf alles, was den Menschen umgibt. Für alles Seiende gibt es einen »Oberbegriff«, ein Urbild, eine Idee. Platons philosophische Werke sind fast ausnahmslos erhalten. Jedoch nicht alle Schriften, die unter seinem Namen überliefert sind, stammen auch wirklich aus seiner Feder. In den berühmten Dialogen, die dialektische Erörterungen von Werten enthalten, ist Sokrates, der bestimmenden Einfluss auf Platon ausgeübt hat, die zentrale Figur.

Pythagoras (um 570 – 496 / 497 v. Chr.)

Mathematiker

Wer kennt ihn nicht, den mathematischen Lehrsatz $a^2 + b^2 = c^2$, der nach dem berühmten Philosophen benannt, aber wohl schon vor seiner Zeit bekannt gewesen sein dürfte? Pythagoras selbst hat keine Schriften hinterlassen, und seine Schüler waren zu Verschwiegenheit verpflichtet. Um 530 v. Chr. verließ er seine Heimat Sámos, angeblich um der Gewaltherrschaft des Polykrates zu entkommen, und gründete im unteritalischen Kroton die philosophisch-religiöse Gemeinschaft der Pythagoreer.
Schon zu Lebzeiten wurde er von seinen Anhängern als vollkommener Weiser verehrt. Die Pythagoreer sahen die Zahl als Wesen aller Dinge, als Prinzip der »Weltenharmonie«. Auf Pythagoras geht vermutlich die Lehre von der Seelenwanderung zurück.

Pythagoras – Mathematiker, Philosoph oder doch eher ein »antiker Guru«?

Sappho (7. / 6. Jh. v. Chr.)

Die um das Jahr 600 v. Chr. auf der Insel Lésbos geborene grie-

Sappho gilt als die größte Dichterin der Antike.

chische **Dichterin** Sappho gilt als die größte Lyrikerin des klassischen Altertums. Platon rechnete sie als zehnte den neun Musen zu, und Horaz benannte nach ihr die »sapphische Strophe«. In der Inselhauptstadt Mytilene auf Lésbos leitete sie eine Gemeinschaft, in der sie junge Mädchen bis zu deren Heirat in Dichtkunst und Tanz unterwies. Nach der Verbannung der Aristokraten aus Lésbos ging sie zeitweise nach Sizilien.
Aus unerwiderter Liebe zu dem schönen Phaon soll sie sich vom Leukadischen Felsen gestürzt haben. Sapphos reiches lyrisches Werk – vor allem Götterhymnen sowie Hochzeits- und Liebeslieder – ist nur fragmentarisch überliefert.

Giorgos Seferis (1900 – 1971)

Schriftsteller Der Schriftsteller Giorgos Seferis wurde im kleinasiatischen Smyrna, dem heutigen Izmir, als Sohn eines Universitätsprofessors geboren, studierte Rechtswissenschaften in Athen und Paris und ging in den diplomatischen Dienst Griechenlands; u. a. war er Botschafter seines Landes in London. Mit dem Erscheinen von Seferis erstem Gedichtband »Strophí« (»Wende«) 1931 verbindet man den Beginn der modernen Dichtung in Griechenland. Zunächst am reinen Symbolismus und am Vorbild T. S. Eliots orientiert, fand Seferis bald zu einer eigenen Sprache. Dies wird in seinem 1935 veröffentlichten Gedichtband »Mithistórima« (»Mythische Geschichte«) deutlich, in dem er sich die schicksalhaften Heimsuchungen im griechischen Lebensraum bewusst macht. Im Jahr 1963 wurde Seferis mit dem Nobelpreis für Literatur ausgezeichnet.

Sokrates (um 470 – 399 v. Chr.)

Philosoph Der griechische Philosoph Sokrates gilt als eine der Hauptgestalten des abendländischen Denkens. Der Lehrer Platons hinterließ keine schriftlichen Zeugnisse, seine Lehren sind nur durch die Schriften seiner Schüler überliefert. Sokrates lehrte, indem er bei Spaziergängen und in kleinen Gesprächskreisen seine Gedanken erörtete. Mit seiner grundsätzlichen Annahme, dass der Mensch über sich selbst nichts wisse, widersprach er den damals modernen sophistischen Weisheitslehren und wies den Weg zu Platons Ideenlehre. Sokrates war davon überzeugt, dass aus einsichtigem Denken notwendigerweise ethisch korrektes Handeln hervorgehe. Dass er selbst nach dieser Maxime handelte, brachte ihm nicht nur Sympathien ein: Im Jahr 399 v. Chr. stand Platon wegen angeblicher Verführung der Jugend vor Gericht. Er wurde zum Tode verurteilt und starb durch den Schierlingsbecher.

Solon (um 640 – nach 561 v. Chr.)

Staatsmann

Mit der Herausbildung der Demokratie im Stadtstaat Athen und dem Ausgleich zwischen den Ständen ist der Name des Staatsmannes und Dichters Solon eng verknüpft. Als höchster Staatsbeamter mit umfassenden Vollmachten (Archon) schlichtete er 594 v. Chr. die Auseinandersetzungen zwischen Adel und Bauern und hob die Schuldknechtschaft weit gehend auf. Mit einem großen Reformwerk ordnete der Politiker, der zu den Sieben Weisen des klassischen Altertums gezählt wird, Maße, Gewichte sowie Münzwesen neu und schuf ein grundlegendes kodifiziertes Gesetzeswerk.

Solon hatte maßgeblichen Anteil an der »Demokratisierung« Athens.

Mikis Theodorakis brachte sich in seiner Kindheit selbst das Komponieren und Liederschreiben bei. Siebzehnjährig gab er dann sein erstes Konzert.

Sophokles (um 495 – um 406 / 405 v. Chr.)

Dichter Sophokles war neben Aischylos und Euripides einer der erfolgreichsten attischen Tragödiendichter. Er nahm in seinen Stücken die Auftritte des Chores immer mehr zurück und führte einen dritten Schauspieler ein. So gelang ihm die Darstellung wirklicher Charaktere. Allerdings stehen seine Handlungsfiguren immer noch unter dem Einfluss der Götter, deren Allmacht dem Menschen erst am Ende eines leidvollen Erkenntnisprozesses offenbar wird. Sophokles bekleidete auch hohe Staatsämter: In den Jahren 441 bis 439 war er Stratege und von 413 bis 411 Mitglied der Oligarchenregierung. Von seinen etwa 130 Theaterstücken sind nur sieben erhalten, darunter »Antigone«, »König Ödipus« und »Elektra«.

Thales (um 625 – um 545 v. Chr.)

Philosoph, Mathematiker Der griechische Philosoph, Astronom und Mathematiker Thales von Milet – einer der Sieben Weisen des Altertums – begründete die sog. ionische Naturphilosophie, nach der alles Dasein auf das Wasser als Urstoff zurückzuführen sei. Er nahm an, dass auch die anorganische

Materie belebt sei, und führte alle Bewegungskräfte auf die Wirkung einer alles steuernden Seele zurück. Als Kenner der Astronomie soll er die Sonnenfinsternis des Jahres 585 v. Chr. vorausgesagt haben. Der nach ihm benannte geometrische Lehrsatz – alle Peripheriewinkel im Halbkreis (»Thaleskreis«) betragen 90° – war allerdings schon den Babyloniern bekannt.

Mikis Theodorakis (geb. 1925)

Komponist

Der griechische Komponist und Sänger Mikis Theodorakis studierte in Athen und Paris bei dem Komponist Messiaen. Er war von 1963 bis 1967 Abgeordneter der Vereinigten Demokratischen Linken im griechischen Parlament und wurde nach dem Putsch von 1967 drei Jahre lang inhaftiert. Auf zahlreichen politischen Solidaritätsveranstaltungen im europäischen Ausland warb Theodorakis, der von 1970 bis 1974 in Paris im Exil lebte, um Unterstützung für die demokratische Bewegung in seiner Heimat. Nach dem Ende der Militärdiktatur 1974 kehrte er nach Griechenland zurück und setzte in den 1980er-Jahren seine Arbeit als Abgeordneter fort. Sein musikalisches Werk, das sich stark an der griechischen Volksmusik orientiert, ist von seinem politischen Engagement geprägt. Theodorakis komponierte u. a. Orchesterwerke, Bühnen- und Filmmusik, Lieder und Oratorien.

Eleftherios Venizelos (1864 – 1936)

Politiker

Sein Kampf um die Vereinigung Kretas mit Griechenland machte den Juristen und Staatsmann Eleftherios Venizelos bei seinen kretischen Landsleuten zu einer hoch verehrten Persönlichkeit. Als Begründer der griechischen Liberalen Partei wurde er im Jahr 1910 erstmals Ministerpräsident des Landes. Durch weit reichende innenpolitische Reformen schuf er das moderne griechische Staatswesen. Außenpolitisch betrieb er die Einigung aller Griechen und die territoriale Ausweitung Griechenlands – mit militärischen Mitteln. Zwei Balkankriege (1912 / 1913) brachten tatsächlich beträchtliche Gebietsgewinne und den endgültigen Anschluss Kretas. Weitere Expansionsversuche scheiterten am Widerstand der Türken.

Praktische Informationen

WELCHES SIND DIE KULINARISCHEN SPEZIALITÄTEN DES LANDES? WO WERDEN DIE SCHÖNSTEN FESTE GEFEIERT? UND WAS HEISST »GUTEN TAG« AUF GRIECHISCH? – LESEN SIE ES NACH, AM BESTEN SCHON VOR DER REISE!

Anreise · Vor der Reise

Anreisemöglichkeiten

Für die Anreise von Mitteleuropa nach Griechenland hat man die Wahl zwischen dem direkten Flug nach Thessaloníki und Athen, der Autoreise durch das ehemalige Jugoslawien, der Auto- bzw. Bahnreise zu einem der italienischen Adriahäfen und von dort mit der Fähre nach Igoumenítsa, Pátras oder Athen (Piräus) und schließlich mit dem Bus.

Mit dem Flugzeug

Von allen größeren mitteleuropäischen Städten bestehen tägliche Linienverbindungen nach Thessaloníki bzw. Athen. Von **Olympic Airlines** und der Deutschen Lufthansa werden für Direktflüge von Deutschland nach Griechenland Flieg-und-Spar-Tarife angeboten. In der Saison gibt es ein vielseitiges Angebot an Charterflügen. Der wichtigste Verkehrsflugplatz Griechenlands ist der Internationale **Flughafen Eleftherios Venizelos in Spata**, 27 km östlich von Athen.

Inlandsflüge ▸ Griechenland verfügt über ein sehr enges Netz von Inlandsflügen, die außer über die Hauptverkehrsflughäfen über 22 Regionalflughäfen abgewickelt werden. Mit Olympic Airlines können täglich die wichtigsten Inseln von Athen aus erreicht werden. Wasserflugzeuge der Sea Airlines fliegen von Lavrion aus einige Inseln an.

Mit dem Auto

Die Fahrt auf der Balkan-Autobahn (Autoput) führt durch Slowenien, Kroatien, Serbien und Mazedonien nach Griechenland. Ein Transitvisum ist bei der diplomatischen Vertretung von Serbien und Montenegro (▸ Auskunft) erhältlich. Deutsche Staatsbürger benötigen für die Durchreise durch Slowenien, Kroatien und Makedonien kein Visum, müssen sich aber mit dem Reisepass ausweisen.

Mit der Bahn

Es besteht eine Zugverbindung von München über Budapest nach Thessaloníki und weiter nach Athen (Fahrdauer ca. 50 Std.). Ab Wien verkehren Züge über Budapest und Belgrad nach Athen.

Innergriechische Verbindungen ▸ Das Streckennetz der Griechischen Staatsbahnen umfasst nur knapp 2600 Kilometer, wobei zwei Drittel des Streckennetzes allein auf die Hauptstrecke Thessaloníki – Athen entfallen. Weniger als ein Drittel der Streckenabschnitte ist elektrifiziert. Dennoch deckt das Bahnnetz einen Großteil des Festlandes ab.

Ermäßigungen ▸ Fahrpreisermäßigungen gibt es für Studenten, Gruppen, Familien und Senioren, zudem sind Wochen- und Monatskarten erhältlich.

Mit dem Bus

Über Verbindungen mit Touringbussen (Europabussen) nach Griechenland bzw. Süditalien informiert die Deutsche Touring GmbH. Die Fahrt von München nach Igoumenítsa über Italien dauert ca. 26 Stunden. Griechenland verfügt über ein dichtes Busnetz. Sein Zentrum ist Athen mit drei Busbahnhöfen, von denen man zu günstigen

Tarifen in die Provinz fahren kann. Weitere Buszentren sind Thessaloníki und die Provinzhauptstädte. Die Abfahrtszeiten der Busse sind an den Busbahnhöfen zu erfahren.

Mit der Fähre

Wer mit dem eigenen Fahrzeug nach Griechenland reisen möchte, kann eine der zahlreichen Fährverbindungen zwischen Italien und Griechenland nutzen. Von den italienischen Adriahäfen Ancona, Bari, Brindisi, Triest oder Venedig kann man nach Korfu, Igoumenítsa oder Pátras übersetzen. Die kürzeste Verbindung zwischen Italien und Griechenland ist von Brindisi nach Igoumenítsa. Vom Festland zu den Inseln und zwischen den Inseln verkehren regelmäßig Fährschiffe. Größter und wichtigster Ausgangshafen für die Inseln in der Ägäis ist Piräus. Von den kleinen Häfen Lávrio, Rafína, Agía Marína und Ágios Konstantínos gibt es Fährverbindungen zu einigen Kykladen-Inseln, nach Euböa und zu den Sporaden. Man hat die Wahl zwischen Fähren und Tragflügelbooten, die Flying Dolphins, die zwar schneller, aber auch teurer sind. Fahrpläne erhält man u. a. bei der Griechischen Fremdenverkehrszentrale (► Auskunft). Außerdem kann man sich bei den Hafenämtern erkundigen. Fahrkarten gibt es in den Reisebüros und Agenturen am Hafen und direkt am Kai.

◄ Innergriechische Verbindungen

◄ Fahrpläne, Fahrkarten

Zu Lande, zu Wasser und in der Luft: Die Reise nach Griechenland ist auf allen Wegen möglich.

WICHTIGE ADRESSEN

BAHNAUSKUNFT

Deutsche Bahn
Der ReiseService informiert über Zugverbindungen und Fahrpreise im In- und Ausland
Tel. 118 61, www.bahn.de

Griechische Bahn (OSE)
Karolou 1 – 3, Athen
Tel. 21 05 29 77 77
www.ose.gr

BUS

Deutsche Touring Gesellschaft
Am Römerhof 17
D-60486 Frankfurt am Main
Tel. (069) 79 03-0, Fax 7 90 32 19

FÄHREN

Fahrpläne
www.greekferries.gr
www.gtp.gr
www.greekferries.gr

Hafenämter
Piräus
Tel. 21 04 51 13 10 / 7
Fax 21 04 51 11 21

Rafina
Tel. 22 94 02 23 00
Fax 22 94 02 57 98

Patras
Tel. 26 10 34 10 24
Fax 26 10 32 71 36

Fährlinien
Minoan Lines
www.minoan.gr
ANEK
www.anek.gr
Ventouries Ferries
www.ventouris.gr
Superfast Ferries
www.superfast.com

FLUGGESELLSCHAFTEN

Olympic Airlines
www.olympicairlines.com

Deutschland:
Tel. 069 / 97 06 72 05
www.olympicairlines.de
Österreich:
Tel. 01 5 04 41 65
Schweiz:
Tel. 012 11 37 37
www.olympicairlines.com
Griechenland:
Tel. 21 09 66 66 66

Aegean Airlines
Am Hauptbahnhof 10
Frankfurt/Main
Tel. (0 69) 2 38 56 30
www.aegeanair.com

AirSea Lines
Griechenland:
Tel. 2 10 9 40 20 12
www.airsealines.com

Lufthansa
Deutschland:
Tel. 018 05 / 838 42 67
www.lufthansa.de
Griechenland:
Tel. 21 09 60 12 42

Austrian Airlines
Österreich:
Tel. 05 17 89
www.aua.com
Griechenland:
Tel. 21 09 60 12 40

Swiss
Schweiz:
Tel. 08 48 85 20 00
www.swiss.ch
Griechenland:
Tel. 21 03 53 74 00

Mit dem eigenen Boot

Jachten, die aus dem Ausland kommen und in den griechischen Gewässern kreuzen möchten, müssen als erstes einen mit Zollabfertigung ausgestatteten und als Ein- und Ausreisehafen klassifizierten Haupthafen anlaufen. Boote aus den Mitgliedsländern der EU unterliegen keiner hafenamtlichen Kontrolle. Boote aus Ländern außerhalb der EU müssen sich jedoch dieser Kontrolle unterziehen und benötigen ein Transit-Log, das zu sechsmonatigem Verkehr in griechischen Gewässern berechtigt. Passkontrollen werden bei allen Passagieren aus dem Ausland kommender Jachten durchgeführt, wobei ausländische Passagiere als »Durchreisende« gelten. Sportboote, die auf dem Landweg eingeführt werden, unterliegen den gleichen Formalitäten wie diejenigen aus Nicht-EU-Ländern.

Anreise zum Berg Athos

Der Besuch der Mönchsrepublik Athos ist nur Männern gestattet, und zwar 4 Tage lang. Von April bis September ist eine Reservierung erforderlich; Informationen dazu gibt es im Pilgerbüro in Thessaloníki. In Ouranopolis an der Grenze zum Athos erhält man dann die kostenpflichtige **Aufenthaltserlaubnis** (Diamonítirion). Da eine Einreise auf dem Landweg verboten ist, muss man mit dem Boot nach Dafní (Abfahrt: tgl. 9.45 Uhr) weiterfahren; die Fahrt dauert ca. zwei Stunden. Von Dafní nach Karyés, dem Hauptort von Athos, verkehrt zweimal täglich ein Bus. Die einzelnen Klöster kann man dann entweder zu Fuß oder per Maultier erreichen.

Ein- und Ausreisebestimmungen

Reisedokumente

Seit Oktober 1997 wird das Schengener Abkommen zwischen EU-Staaten, das den Grenzübertritt ohne Personenkontrollen vorsieht, auch in Griechenland umgesetzt. Deutsche, österreichische und Schweizer Staatsbürger benötigen bei einem Aufenthalt bis zu drei Monaten einen gültigen **Personalausweis** oder **Reisepass**. Der deutsche Kinderausweis wird anerkannt; für Kinder bis zu 10 Jahren genügt ein Eintrag im Pass der Eltern. Überschreitet die Aufenthaltsdauer drei Monate, ist eine Aufenthaltserlaubnis vorgeschrieben.

Fahrzeugpapiere

Der nationale Führerschein und der Fahrzeugschein werden anerkannt, Inhaber einer Schweizerischen Lizenz benötigen einen internationalen Führerschein. Obligatorisch sind das ovale Nationalitätskennzeichen oder das Eurokennzeichen. Empfehlenswert ist zusätzlich die grüne internationale Versicherungskarte.

Tiere

Wer Haustiere nach Griechenland mitnehmen will, benötigt für diese einen **EU-Heimtierausweis** mit dem Nachweis einer Tollwutimpfung. Einen Musterausweis sowie weitere Informationen erhalten Sie unter der Homepage des Bundesministeriums für Verbraucherschutz, Ernährung und Landwirtschaft (BMVEL). Das Tier ist außerdem durch ein elektronisches Kennzeichen (Transponder) oder eine deutlich erkennbare Tätowierung zu kennzeichnen.

Einreise aus EU-Ländern

Da Griechenland ebenso wie Deutschland und Österreich zur Europäischen Union gehört, dürfen Waren für den privaten Gebrauch eigentlich ohne Beschränkung nach Griechenland eingeführt werden. Es gelten aber gewisse **obere Richtmengen**, dies sind 800 Zigaretten, 400 Zigarillos, 200 Zigarren, 1 kg Rauchtabak, 10 l Spirituosen, 20 l Zwischenerzeugnisse, 90 l Wein und 110 l Bier.

Einreise nach Griechenland aus Nicht-EU-Ländern

Für Reisende aus Nicht-EU-Ländern, z. B. Schweizer Staatsbürger, liegen die Freimengengrenzen für Personen über 18 Jahren bei 200 Zigaretten oder 100 Zigarillos oder 50 Zigarren oder 250 g Rauchtabak, ferner bei 2 l Wein und 2 l Schaumwein oder 1 l Spirituosen mit mehr als 22 Vol.-% Alkoholgehalt oder 2 l Spirituosen mit weniger als 22 Vol.-% Alkoholgehalt, 50 g Parfüm und 1/4 l Eau de Cologne, 500 g Kaffee oder 200 g Pulverkaffee, 100 g Tee oder 40 g Tee-Extrakt. Abgabenfrei sind ferner Geschenkartikel bis zu einem Wert von 45 € (Kinder unter 15 Jahren: 23 €).

Ein- und Ausfuhrverbote

Verboten ist in Griechenland die Einfuhr von Pflanzen, Funkgeräten sowie von Waffen aller Art, auch von Verteidigungssprays. Jugendliche unter 18 Jahren dürfen weder Tabakwaren noch Spirituosen, Jugendliche unter 15 Jahren auch keinen Kaffee einführen. Streng verfolgt wird die ungenehmigte Ausfuhr von Antiquitäten und archäologischen Fundstücken.Kopien antiker Vorlagen können frei ausgeführt werden.

Wiedereinreise in die Schweiz

Abgabenfrei sind für Personen ab 17 Jahren 200 Zigaretten oder 50 Zigarren oder 250 g Rauchtabak, 2 l mit bis zu 15 Vol.-% Alkoholgehalt und 1 l mit mehr als 15 Vol.-% Alkoholgehalt; ferner Geschenke im Werte bis 100 CHF, für Personen unter 17 Jahren bis 50 CHF.

Krankenversicherung

Krankenversicherung

Die Europäische Krankenversichertenkarte (European Health Insurance Card, EHIC) der Krankenkassen ist gültig für die Versorgung bei Notfällen und chronischen Krankheiten.

Im Krankheitsfall wendet man sich damit an eine Zweigstelle der **griechischen Krankenversicherung I.K.A.**, die Vertragsärzte nennt. Von der I.K.A. bekommt man ein Krankenscheinheft (Bibliario, gespr. vivliário). Auf Medikamente sind 25 % Zuzahlung zu leisten; von den Packungen sind Coupons abzulösen und auf das Rezept zu kleben. In Notfällen kann man sich an jeden Arzt und an jedes Krankenhaus wenden, die auch die Kostenerstattung durch die I.K.A. klärt. Wird die EHIC nicht akzeptiert, sind die Rechnungen zu bezahlen und der Krankenkasse zu Hause vorzulegen.

Der Abschluss einer **Auslandsreisekrankenversicherung** ist also auch für Griechenland dringend zu empfehlen, da das I.K.A.-Verfahren sehr umständlich ist, viele Ärzte nur Privatpatienten behandeln und eine Rückholung von den gesetzlichen Krankenkassen nicht bezahlt wird. Schweizer Staatsbürger müssen ihre Krankheitskosten selbst tragen. Privat Versicherte reichen zur Kostenerstattung die Rechnungen bei ihrer Kasse ein.

Auskunft

IN DEUTSCHLAND

▸ **Griechische Zentrale für Fremdenverkehr**
Neue Mainzer Str. 22
D-60311 Frankfurt am Main
Tel. (0 69) 27 78 27-0
Fax 25 78 27-29
www.eot.gr

Pacellistr. 5
D-80333 München
Tel. (0 89) 22 20 35 / 6
Fax 29 70 58
E-Mail: info-muenchen@gzf-eot.de

Neuer Wall 18
D-20354 Hamburg
Tel. (0 40) 45 44 98, Fax 45 44 04
E-Mail: info-hamburg@gzf-eot.de

Wittenbergplatz 3 A
D-10789 Berlin
Tel. (0 30) 2 17 62 62 / 3
Fax 2 17 79 65
E-Mail: info-berlin@gzf-eot.de

IN ÖSTERREICH

Opernring 8
A-1015 Wien
Tel. (01) 5 12 53 17 / 8
Fax 5 13 91 89
E-Mail: grect@vienna.at

IN DER SCHWEIZ

Löwenstr. 25
CH-8001 Zürich
Tel. (01) 2 21 01 05
Fax 2 12 05 16
E-Mail: eot@bluewin.ch

DIPLOMATISCHE VERTRETUNGEN

▸ **Griechische Botschaft in Deutschland**
Jägerstr. 55
D-10117 Berlin
Tel. (0 30) 20 62 60
Fax 20 62 64 44
www.griechische-botschaft.de

▸ **Griechische Botschaft in Österreich**
Argentinierstraße 14
A-1040 Wien
Tel. (01) 5 05 57 91
Fax 5 05 62 17
www.griechische-botschaft.at

▸ **Griechische Botschaft in der Schweiz**
Weltpoststrasse 4
CH-2463 Bern
Tel. (0 31) 3 56 14 05
Fax 3 68 12 72

▸ **Botschaft von Serbien und Montenegro**
Taubertstrasse 18
D-14193 Berlin
Tel. 030 / 895 77 02 22
E-Mail: info@botschaft-smg.de

► **Deutsche Botschaft in Griechenland**
Karaoli / Dimitriou 3
GR-10675Athen
Tel. 21 07 28 51 11
Fax 21 07 28 51 11
www.athen.diplo.de

► **Österreichische Botschaft in Griechenland**
Leoforos Vass. Sofias 4
GR-10674 Athen
Tel. 21 07 25 72 70
Fax 21 07 25 72 92
www.aussenministerium.at/athen

► **Schweizer Botschaft in Griechenland**
Iassiou 2
GR-11521Athen
Tel. 21 07 23 03 64 / 5 / 6
Fax 21 07 24 92 09
www.eda.admin.ch/athens

INTERNET

► **www.culture.gr**
Website des griechischen Kulturministeriums mit detaillierten Infos zu Sehenswürdigkeiten, Museen, kulturellen Veranstaltungen usw.

► **www.griechenland.de**
Die Seite enthält Reiseangebote sowie Informationen zu Unterkünften und Fähren.

► **www.griechenland-infos.de**
Wissenswertes über Griechenland und die Griechen, über die meistbesuchten Inseln und Regionen, über Geschichte und Kultur.

► **www.ratgeber-griechenland.de**
Umfangreiche Linksammlung zu allen möglichen Griechenland-Themen: aktuelle Informationen, Reiseanbieter, Sprache etc.

► **www.gtp.gr**
Die greek travel pages informieren über Sehenswürdikeiten, Hotels

Badeurlaub

Griechenland verfügt über etwa 1900 Strände entlang der Festlandküsten und auf den Inseln. Die **Badesaison** geht von April bis November; zwischen Juni und September betragen die durchschnittlichen Wassertemperaturen (je nach Nord- und Südlage) etwa zwischen 19 und 23 °C. Da die Abendbrisen am Meer oft recht frisch sind, empfiehlt es sich, wärmende Kleidung mitzunehmen.

Naturstrände An den freien Stränden fehlen Einrichtungen jeglicher Art; auch Gefahrenschilder, Grenzbojen und Netze gibt es nicht.

EOT-Strandbäder Vorzüglich ausgerüstet sind die von der griechischen Fremdenverkehrsorganisation EOT (► Auskunft) betreuten Strandbäder, die neben Kabinen, Kiosken und Spielplätzen auch über einen umfangreichen Sportservice sowie Restaurants und Diskotheken verfügen.

Hier lässt sich's eine Weile aushalten – am bis zu 100 m breiten Sandstrand von Tingaki auf Kos.

Hotelstrände

Da die Hotelstrände verstärkt staatlichen Kontrollen unterliegen, ist ihre Pflege- und Serviceleistung recht gut. Bademeister und Erste-Hilfe-Stationen sind jedoch nicht überall die Regel.

Beliebte Strände

Beliebte Strände an der Attischen Riviera findet man bei Glýfada (populärster und gut ausgestatteter Badestrand), Kavouri, Vouliagmeni, Varkiza, Lagonissi (exklusive Stranderholungsanlage) und Sounion. Frequentierte Strände gibt es bei Vravrona, Loutsa, Marathon, Nea Makir und Rhamnous. Beliebt ist auch der Badestrand von Kinetta, zwischen Athen und Korinth, wo einige luxuriöse Hotelanlagen errichtet worden sind. Auf den Inseln Ägina, Póros, Ýdra und Spétses kann man noch hübsche und wenig besuchte Badebuchten bzw. -strände finden. Empfehlenswerte Bademöglichkeiten bestehen auf der Chalkidikí, der Insel Kos, bei Líndos auf Rhodos, am Elounda Beach von Kreta, bei Perama und Benitses auf Korfu sowie auf Kefalloniá.

? WUSSTEN SIE SCHON ...?

- ... dass der von Schirmpinien gesäumte Koukounariés-Strand im Südosten der Insel Skíathos regelmäßig zu einem der drei schönsten Strände der Welt gewählt wird?

Wasserqualität

Die Wasserqualität an den griechischen Küsten ist inzwischen fast überall wieder gut oder sehr gut. Einige Strände erhielten sogar die Blaue Flagge, eine Art Gütesiegel, die für Wasserqualität, Sauberkeit und Sicherheit vergeben wird. Die meisten Flaggen gingen an die Insel Kreta. Nur an wenigen Stränden wurden hohe Schadstoffkonzentrationen gemessen. Dies gilt vor allem für den Großraum Athen, aber auch für die attische Ostküste sowie die Inseln Korfu und Zákynthos. Außer vor ökologischen Schäden muss man zudem noch vor gefährlichen Strömungen warnen, die an den Küsten Attikas auftreten können.

FKK An vielen Stränden ist »oben ohne« üblich; auch FKK wird an einer Reihe von Stränden toleriert. Im Allgemeinen sollte man aber »angezogen« bleiben.

Mit Behinderung unterwegs

Der offizielle Hotelführer der griechischen Hotelkammer enthält Hinweise auf behindertengerechte Unterkünfte. Er ist bei der Griechischen Zentrale für Fremdenverkehr (►Auskunft) erhältlich.

ADRESSEN

► **Bundesverband Selbsthilfe Körperbehinderter BSK-Reisedienst**
Altkrautheimerstr. 17
D-74238 Krautheim / Jagst
Tel. 062 94 / 428 10
Fax 42 81 79
www.bsk-ev.org

► **Verband aller Körperbehinderten Österreichs**
Lützowgasse 24 – 28
A-1140 Wien
Tel. (01) 9 11 32 25
E-Mail: info@vakoe.at

► **Mobility International Schweiz**
Frobergstr. 4
CH-4600 Olten
Reisedienst:
Tel. (0 62) 2 06 88 30

Reiseinformationen:
Tel. (0 62) 206 88 35
www.mis-ch.ch

Elektrizität

Das Stromnetz führt in der Regel 220 Volt, auf den Schiffen oft 110 Volt Wechselspannung. Europanorm-Gerätestecker sind normalerweise verwendbar.

Essen und Trinken

Restaurants

In Griechenland reicht die Palette der Essensmöglichkeiten vom luxuriösen Speiselokal über die einfache Taverne bis zum Grillimbiss. In größeren Orten findet man in den Hotelrestaurants der gehobenen Kategorien internationale Küche. Tavernen sind die traditionellen griechischen Speiselokale, deren Einrichtung einfach ist. In den Tavernen ähnelnden Ouzerien gibt es natürlich Ouzo, dazu vielfälige Medeses (Vorspeisen). In den Touristenzentren findet man zunehmend mehr Restaurants nach mitteleuropäischem Vorbild. Vor allem in Athen wird die neue gehobene griechische Küche gepflegt, die die traditionelle griechische verfeinert. Die Speisekarte ist meist in Griechisch, Englisch und Deutsch abgefasst. Die Griechen essen die Gerichte lauwarm. Zudem ist es in Griechenland üblich, dass pro Tisch nur eine Rechnung erstellt wird.

Kafenion

Eine wichtige Rolle im täglichen Leben der Griechen spielt das Kafenion (►Baedeker Special S. 29). Seine Aufgabe besteht nicht nur im Ausschank von Getränken, es dient als Ort der Begegnung, des Gesprächs, des Spiels und der Geschäfte.

Statt in der Sonne zu schwitzen: gemütlicher Nachmittagsplausch in der Strandtaverne

Essenszeiten

Das **Frühstück** entspricht in den Hotels meist der mitteleuropäischen Norm und wird üblicherweise zwischen 8.00 und 10.00 Uhr eingenommen. Das **Mittagessen** bekommt man in der Regel von 12.00 bis 15.00 Uhr serviert, das **Abendessen** im Allgemeinen ab 20.00 Uhr. Viele Tavernen servieren ab Mittag bis nach Mitternacht warmes Essen.

Restaurants sind in der Regel von 12.00 bis 16.00 und von 20.00 bis 24.00 Uhr, einige haben die ganze Nacht geöffnet.

! *Baedeker* TIPP

Einfach köstlich!

Eine besondere Köstlichkeit ist der griechische Jogurt (jaourti), den man auf verschiedene Art erhält: »pur« bei den Frühstücksbüfetts in den größeren Hotels, in Bars und Cafés gibt's ihn mit Früchten oder als typischen griechischen Nachtisch mit Honig und Nüssen.

Griechische Küche

Die griechische Küche ist in ihrer Grundstruktur eher einfach und bietet – so die Kritiker – nicht allzu viel Abwechslung. Sie wird im Wesentlichen von einigen grundlegenden Bestandteilen bestimmt: Olivenöl, Tomaten, Knoblauch, Zwiebeln, Fleisch von Schaf, Ziege oder Huhn, Schafs- und Ziegenkäse sowie Gemüse der Saison. Grundsätzlich wird Brot zum Essen gereicht. Zu bedenken ist, dass in Griechenland niemand Wert darauf legt, dass das Essen heiß auf den Tisch kommt. In den großen Städten, vor allem auch in Athen, wird zunehmend internationale Küche geboten.

Essgewohnheiten

Das griechische **Frühstück** ist normalerweise recht bescheiden. Zu einer Tasse Kaffee oder einem Glas Milch gibt es ein paar Scheiben Weißbrot, dazu Butter bzw. Margarine und Marmelade (meist Aprikose oder Erdbeer). Nur in gehobenen Hotels sind reichhaltige Frühstücksbüfetts aufgebaut. Ebenfalls untergeordnete Bedeutung hat das **Mittagessen**. Die Einheimischen begnügen sich mit kleinen Gerichten oder Imbissen. In vielen Restaurants wird mittags nur in beschränktem Umfang serviert. Am ehesten wird man im Bereich von Touristikzentren bedient. Hauptmahlzeit ist das **Abendessen**, das in Restaurants kaum vor 21.00 Uhr, eher später, eingenommen wird. Darauf müssen ausländische Besucher nicht unbedingt Rücksicht nehmen. Die meisten Restaurants bieten ohnehin durchgehend ab Mittag bis spät in den Abend hinein warme Küche. Die Griechen bestellen nie für jede einzelne Person ein individuelles Menü. Vorspeisen, Salate, Fisch- und Fleischgerichte kommen gleichzeitig auf den Tisch, und jeder bedient sich.

Vorspeisen

An Vorspeisen gibt es ein vielfältiges Angebot. Dazu gehören: Tzaziki (Joghurt mit Knoblauch und Gurken), Knoblauchcreme (skordalia), Fischrogenpüree (tarama), mit Reis gefüllte Weinblätter (dolmades), gebratene Sardellen (marides), die man ganz isst. Hinzu kommen gebackene Auberginen und Zucchini. Sehr beliebt ist der aus Gurken, Tomaten, Oliven und Schafskäse bestehende Bauernsalat (choriatiki), oft als »greek salad« angepriesen.

Suppen

Wenn Suppen angeboten werden, sind diese sehr gehaltvoll. Beliebt ist die Fasolada (dicke Bohnensuppe). Fischsuppen (psarosoupa) sind meist mit Zitronensaft abgeschmeckt.

Fleisch

Beliebt bei Touristen sind am senkrechten Drehspieß gegrilltes Fleisch (gýros) und Fleischspießchen (souvlaki). Ansonsten wird Lammfleisch (arnaki) angeboten, das meist gebraten oder gegrillt auf den Tisch kommt. Außerdem gibt es Kotelett (brisoles), Huhn (katapoulo), Hackfleischbällchen (keftedes) und Gulasch (stifado), meistens aus Rindfleisch.

! *Baedeker* TIPP

Unbedingt probieren ...

sollte man auf der Insel Zákynthos das leckere »mandolato«, ein Mandelgebäck, und den köstlichen, »ladotyri« genannten Schafskäse.

Fische und Meeresfrüchte spielen eine große Rolle in der griechischen Küche. Da der Fischfang in den Gewässern um Griechenland aber nicht mehr sehr ergiebig ist und Fische immer häufiger importiert werden müssen, ist mit hohen Preisen zu rechnen. Der Fisch wird nach Gewicht verkauft. Angeboten werden vor allem Brassen (tsipoura), Meerbarben (barbouni), Tintenfische (kalamarakia), Oktopus (oktapodi) und Garnelen (garides).

Aufläufe

Weit verbreitet sind Aufläufe wie Pastitsio (Makkaroni und Hackfleisch) und Moussaka (Kartoffeln und Auberginen).

Gemüse

Typische Gemüsearten sind Artischocken (anginares), Auberginen (melitsanes), kleine Kürbisse (kolokitakia), Paprikaschoten (piperies), die oft mit Hackfleisch oder in Öl gegart werden. Beliebt ist Horta, ein Wildgemüse, das Spinat ähnelt.

Nachspeisen

In den Tavernen ist die Auswahl an Nachtisch gering. Neben Eis (pagoto) gibt es einheimische Früchte, je nach Jahreszeit Wassermelonen (karpusi), Zuckermelonen (peponi), Pfirsiche (rodakino), Birnen (achladi), Äpfel (milo), Apfelsinen (portokali), Weintrauben (stafili) und Feigen (sika). Ein bekannter Nachtisch ist Bakláva, Blätterteig mit Nüssen und Honig.

Getränke

Wein

Das am meisten verbreitete Getränk ist Wein. Der Weinanbau hat eine lange Tradition in Griechenland. Ausgedehnte Weinanbaugebiete gibt es auf dem Peloponnes. Es werden Rebsorten für Rotwein (mavro krassi) und Weißwein (aspro krassi) angebaut; man keltert trockenen und süßen Wein. Die preiswerten Retsina-Weine sind zur Verbesserung der Haltbarkeit geharzt und erhalten dadurch einen eigentümlichen herben Geschmack; sie sind aber appetitanregend und sehr bekömmlich.

Schon in der Antike bestand in Griechenland eine Vorliebe für **retsinierten Wein**, was Reste von Baumharz (»retsina«) belegen, die Archäologen in den ältesten Amphoren in Griechenland entdeckten. Der geharzte Rotwein heißt Kokkineli. Da offene Weine günstiger sind, sollte man Wein »ap to bareli« (»vom Fass«) bestellen. Daneben gibt es eine Reihe ungeharzter Weiß- und Rotweine, die den Richtlinien der Europäischen Union entsprechen und mit den Kennbuchstaben »V.Q.P. R.D.« bezeichnet werden.

Weinbaugebiete ► Attika: Das Gebiet um Athen ist die Heimat des Retsina.

Peloponnes: Rund ein Drittel des griechischen Weins wird auf der Peloponnes angebaut; ihre Spezialität sind Süßweine. Spitzenwein dieses Gebiets ist der Mavrodafni, ein süßer, dunkler und schwerer Rotwein.

Inseln: Von den trockenen Weißweinen, die in der Regel nicht besonders nennenswert sind, verdienen die Weine von Kreta, Kefalloniá (Robola), Zákynthos (Verdea), Rhodos (Lindos) und Santorin Beachtung. Hervorragend ist der weiße Muskat von Sámos.

Nach einer Weinprobe sind die meisten Kunden von der gebotenen Qualität überzeugt.

Bier

Die Braukunst kam durch den aus Bayern stammenden König Otto I. nach Griechenland. Neben bayerischen und holländischen Biersorten, hat sich griechisches Bier in der letzten Zeit zunehmend am Markt etabliert; bekannte griechische Biermarken sind Mythos und Alpha.

Weitere alkoholische Getränke

Der bekannteste Aperitif ist **Ouzo**, ein Anisschnaps, den man mit Eiswürfeln oder mit etwas Wasser verdünnt. Metaxa ist ein Brandy, den es mit 3, 5 und 7 Sternen gibt. Der günstigste Metaxa ist der mit 3 Sternen, man sollte aber den besseren mit 5 oder 7 Sternen vorziehen. Der Raki oder Tsipouro wird aus Weintrester hergestellt.

Alkoholfreie Getränke

An alkoholfreien Getränken gibt es Wasser und Mineralwasser, das ohne Kohlensäure angeboten wird. Überall erhältlich sind die weltweit bekannten Erfrischungsgetränke bzw. Limonaden. Empfehlenswert sind frisch gepresste Säfte.

Kaffee, Tee

Man unterscheidet beim **griechischen Kaffee** (ellinikós kafés), der aus kleinen Mokkatassen getrunken wird, eine ganze Skala von **Zubereitungsarten** je nach Stärke und Süße: glikí vrastó (mit viel Zucker), varí glikó (stark und süß), elafró (leicht). Beliebt ist der métrio (mittelstark, mittelsüß). Kaffee nach mitteleuropäischer Art wird fast ausschließlich als Nescafé angeboten, genannt néss (»mit Milch« heißt me gála). Die kalte Variante – der frapé mit dickem Schaum und Eiswürfeln – ist so etwa wie ein Nationalgetränk. In Touristenzentren gibt es Kaffee nach italienischer Art wie Espresso und Cappuccino mit aufgeschäumter Milch. Tee wird mit Teebeuteln aufgebrüht, als Schwarztee (mávro tsái), Pfefferminztee (tsái ménda) und Kamillentee (chamoumíli).

Feiertage, Feste & Events

VERANSTALTUNGSKALENDER

GESETZLICHE FEIERTAGE

▶ **1. Januar**
Neujahrstag

▶ **6. Januar**
Heilige Drei Könige

▶ **25. März**
Tag der Unabhängigkeit

▶ **1. Mai**
Arbeiterfeiertag

▶ **28. Oktober**
Ochi-Tag, Gedenktag an das »Nein« (»ochi«) zum Ultimatum Italiens

▶ **25. / 26. Dezember**
Weihnachten

KIRCHLICHE FEIERTAGE

▸ **Katharí Deftéra**
Rosenmontag

▸ **Ostern**
später als in Mitteleuropa

Ostern auf Kefalloniá

- In dem an der Südküste gelegenen Kloster Theotókos Sisíon kann man in der Nacht zum Ostersonntag eine eindrucksvolle Auferstehungsmesse erleben. Auf der Platía Vallianou in Argostóli gibt man der österlichen Freude einen ganz anderen Ausdruck: Bis Mitternacht steigert sich das Krachen der Knallkörper zu einem markerschütternden Inferno. Und am Vormittag des Ostermontags findet beim Kloster Theotókou Themáton, nahe des Dörfchens Drakopouláta, ein großes Fest mit Musik und Volkstanz statt.

▸ **Mariä Verkündigung / Mariä Himmelfahrt**
15. August

JANUAR

▸ **Neujahrstag**
Tag des hl. Wassilios; Kinderumzüge (auch mit Beteiligung Erwachsener) mit Von-Haus-zu-Haus-Singen: (auch 24. und 31. Dezember).

▸ **Dreikönigstag**
6. Januar; Wasserweihe mit Kreuzversenkung, besonders festlich in Piräus.

▸ **8. Januar: Tag der »Weiberherrschaft«**
Die Frauen treffen sich in Kafenia und Lokalen, die sonst den Männern vorbehalten sind; verbreitet in Kilkis, Komotiní und Monoklissia.

FEBRUAR

▸ **Karneval**
Vielerorts, besonders in Pátras, Athen, Thessaloníki, Kozáni, Véria, Zákynthos, Xánthi, Lamia / Kefalloniá, Vólos, Ámfissa, Réthymnon und Iráklion / Kreta, Kárpathos, Messini, Serres, Galaxidi, Thiva, Sparta, Poligiros / Chalkidikí, Kalambaka, Skyros, Ágia Ánna / Euböa, Agiassos / Lésbos; Mesta, Olimbi, Thimiana (alle Chíos).
Fastnachtssonntag: Karnevalsumzug durch Athen.
Katharí Deftéra (Rosenmontag): überall Drachensteigenlassen; Einstimmung auf die Fastenzeit mit ungesäuertem Brot, Fisch, Meeresfrüchten, Salat und Wein.

MÄRZ

▸ **Lichterfest Phanos**
Am Monatsanfang findet in Kozáni das Fest mit pontischer Folklore statt.

▸ **Militärparaden**
25. März; Militärparaden am Nationalfeiertag.

APRIL / MAI

▸ **Feste des hl. Spyridon**
15. und 21. April; Feier des Schutzpatrons der Insel Korfu.

▸ **Karwoche**
überall Kerzenprozessionen am Karfreitag und Mitternachtsmessen am Karsamstag.

▸ **Ostern**
Das wichtigste Fest in Griechenland, wird – terminlich abweichend von den katholischen und protestantischen Kirchen – jeweils am ersten Sonntag nach dem ersten Vollmond nach Frühling-

Wie hier in Rhodos-Stadt begeht man den Ochi-Tag im ganzen Land mit Paraden.

sanfang (21. März) gefeiert. Besonders malerische Osterfeiern finden in Oía auf Santorin, Trípolis, Livadiá, Trapeza bei Pátras und Olympos auf der traditionsreichen Insel Kárpathos statt.
Ostertermine:
2008: 27. April
2009: 19. April
2010: 4. April

▶ **Tag des hl. Georg**
23. April; vielerorts Feste; besondere Feierlichkeiten auf Límnos und Kos (Pferderennen; Lieder und Tänze), in Asi-Gonia auf Kreta (Schafschur) und in Arachova.

APRIL – OKTOBER

▶ **Ton-und-Licht-Schau**
Allabendlich Ton-und-Licht-Schau auf der Akropolis in Athen und im Park des Großmeisterpalasts in Rhodos-Stadt

MAI

▶ **Tag der Arbeit**
1. Mai; überall Umzüge, Blumenfeste und Ausflüge ins Grüne; besondere Feierlichkeiten in Nea Filadelfia, Nea Chalkidona, Nea Smyrni, Kifissia und Karches bei Florina.

▶ **Wiedervereinigung**
21. Mai; Jahrestag der Wiedervereinigung der Insel Korfu mit Griechenland.

▶ **Tanzfestival**
27. – 29. Mai; zur Erinnerung an die Schlacht um Kreta in Chaniá

▶ **Paleologina-Fest**
29. Mai; in Mystrá.

▸ **Karaiskakia-Fest**
Ende Mai; in Karditsa.

▸ **Kirschenfest**
in Kolindro

MAI / JUNI

▸ **Akropolis-Rallye**
Die Rallye-WM macht Station in Griechenland.

MAI – SEPTEMBER

▸ **Ton-und-Licht-Schau**
in der Alten Festung von Korfu-Stadt.

▸ **Volkstanzaufführungen**
im Filopappos-Theater in Athen und Rhodos-Stadt.

JUNI

▸ **Kultur- und Sportfestival Papastratia**
in Agrinio

▸ **Mittsommernachtsfeuer Katakolo**
21. Juni; auf Rhodos.

▸ **Weissagungsspiel Klidonas**
Ende Juni; in Piskokefalo und Krousta auf Kreta.

▸ **Sardinenfest**
in Nea Mudania / Chalkidikí.

JUNI / JULI

▸ **Marinewoche**
alle 2 Jahre, genaue Daten in den

Ausgiebiges Feiern mit Freunden und Verwandten gehört zur griechischen Lebensart.

Beim alljährlich im August veranstalteten »Hippokratia«-Festival auf Kos wird im Asklepieion der Hypokratische Eid »nachgespielt«.

einzelnen Orten zu erfragen; in Vólos mit Darstellung des Argonautenzugs.

JUNI – SEPTEMBER

▶ **Athener Festival**
Aufführungen von antiken Dramen, Opern, Musik und Tanz im Herodes-Attikus-Odeon.

JULI

▶ **Kunst- und Sportfestival Papacharalambia**
in Náfpaktos.

▶ **Jahrmarkt**
Anfang Juli; in Lefkimmi / Korfu; mit Folklore

▶ **Weinfeste**
Mitte Juli; in Dafnes / Kreta und Réthymnon / Kreta.

▶ **Rosinenfest**
in Sitia / Kreta.

▶ **Fest der hl. Paraskevi**
26. Juli; Volksliederwettstreit in Langadia.

JULI / AUGUST

▶ **Nikopolia-Fest**
in Préveza.

▶ **Festivals**
z. B. »Olymp-Festival« in der Festung von Platamonas, in Katerini, Litochoro, Dion und Makrigialo; Musik- und Theaterfestival in Itháki und Lefkadas; Epidauros Festival: Aufführung von antiken Dramen; Literatur- und Kunstfestival in Ioánnina.

JULI – SEPTEMBER

▶ **Weinfeste**
Beim Kloster Dafní bei Athen, in Alexandroupolis (bis August) und in Rhodini / Rhodos; Weinproben, Musik und Tanz gehören dazu.

AUGUST

▶ **»Hippokratia«**
Kulturveranstaltungen (Theater und Konzerte sowie Blumenausstellung und Volkskunst) auf Kos.

- **Konzerte, Theater- und Volkstanzaufführungen**
  in Vólos.

- **Jahrmarkt**
  6. August; mit Folklore in Anogia / Kreta.

- **Internationales Treffen des Mittelalterlichen und Volkstümlichen Theaters**
  Mitte August; in Zákynthos.

- **Aufführung antiker Tragödien**
  in Gýthio.

- **Mariä Himmelfahrt**
  15. August; mit Festen vielerorts, besonders feierlich in Tínos-Stadt, auf Korfu und Lésbos, in Nepolis / Kreta und Kyme, auf Páros (Fisch- und Weinfest), Siatista (Reiterspiele) und in Vlastis.

- **Pelioritische Hochzeit**
  2. Augusthälfte; in Portaria.

- **Theaterfestival**
  in Itháki.

- **Kretische Hochzeit**
  in Kritsá / Kreta.

- **Fest des hl. Dionysios**
  24. August; in Zákynthos.

AUGUST / SEPTEMBER

- **»Aischylia«**
  Antike Dramen auf dem archäologischen Gelände in Eleusis

SEPTEMBER

- **Kunstfestival**
  in Zákynthos.

- **Literatur- und Kunstfestival Vyronia**
  in Mesolóngi.

- **Weinfeste**
  1. – 15. September:
  in Anchialos / Thessalien.

  1. – 20. September:
  in Pátras.

- **Marinefestival**
  8. / 9. September in Spétses zum Gedenken an den Sieg über die Türken.

- **Folklorefestival**
  Mitte September; in Nikiti / Chalkidikí.

OKTOBER

- **Demetria-Festspiele**
  in Thessaloníki: Theater- und Ballettaufführungen sowie Konzerte zu Ehren des hl. Demetrios.

- **Ochi-Tag**
  28. Oktober; Nationalfeiertag mit Militärparade.

NOVEMBER

- **Feier zu Ehren des hl. Spyridon**
  4. November; auf Korfu.

- **Gedenkfeier des Klosters Arkadi**
  8. November; Gedenkfeier des Klosters Arkadi, des kretischen Nationalheiligtums, in Réthymnon / Kreta.

DEZEMBER

- **Weihnachten / Neujahr**
  24. Dezember
  Kinderumzüge am Heiligen Abend

  31. Dezember:
  Kinderumzüge;
  Umzug der Seeleute von der Insel Chíos

Geld

Seit 2002 ist der Euro in Griechenland wie in weiteren Ländern der Europäischen Union das offizielle Zahlungsmittel. Für die Schweiz gilt folgender Wechselkurs: 1 CHF = 0,56 €, 1 € = 1,52 CHF. **Euro**

Die einfachste Art, Geld zu erhalten, sind die Bankomaten, die auch auf dem Land üblich sind. An ihnen kann man mit der Bankkarte – in Verbindung mit der Geheimzahl – und mit den gängigen Kreditkarten Geld abheben. **Bankomaten**

International gängige **Kreditkarten** werden von Banken, größeren Hotels, Geschäften und Restaurants der gehobenen Kategorie akzeptiert. Im Fall eines Verlusts wendet man sich unverzüglich an das Kreditkartenunternehmen.

i Kreditkarte verloren?

- Ist eine Bank- oder Kreditkarte oder das Handy verloren gegangen oder gestohlen worden, sollte man sie unverzüglich sperren lassen.
- **Sperr-Notruf: Tel. 0049 116 116**
  Der gebührenpflichtige Sperr-Notruf ist rund um die Uhr besetzt.

Gesundheit

Versicherte deutscher Krankenkassen haben im Krankheitsfall Anspruch aufärztliche Behandlung. Seit 2005 gilt innerhalb der EU die **Europäische Krankenversicherungskarte (EHIC)**. Aber auch mit dieser Karte muss oft einTeil der Arzt- und Arzneikosten selbst bezahlt werden. In diesem Fall sollten man sich für die anfallenden Kosten detaillierte Quittungen (apodíxi) ausstellen lassen. Gegen Vorlage dieser Quittungen erstattet die heimische Krankenkasse dann die Auslagen entsprechend den deutschen Bestimmungen. **Krankenversicherung**

Apotheken haben in der Regel von Montag bis Freitag von 8.00 bis 14.00 Uhr geöffnet. **Apotheken**

WICHTIGE RUFNUMMERN

NOTRUFE

- **Erste Hilfe**
  Tel. 1 12
- **Krankenhaus-Bereitschaft**
  Tel. 1 06
- **Ärztlicher Bereitschaftsdienst**
  Tel. 1 05
- **Apotheken-Notruf**
  Tel. 1 07

Mit Kindern unterwegs

Wer mit Kindern nach Griechenland fährt, wird schnell feststellen, dass der Familiennachwuchs in diesem Land überall herzlich willkommen ist. Die Griechen pflegen mit Kindern einen völlig unkomplizierten Umgang. So kommt beispielsweise das Sandmännchen erst spät am Abend – eine logische Konsequenz des heißen Klimas.
Hauptanziehungspunkt für die Kleinen und auch die Großen sind die **Strände**, vor allem die mit Sand, wo es sich wunderbar spielen lässt. Vergessen Sie nicht, Schwimmflossen und eine Schnorchelausrüstung mitzunehmen, denn auch unter Wasser gibt es jede Menge Interessantes zu entdecken!
Bedenken Sie bitte, dass gerade die junge Haut eines besonderen Sonnenschutzes bedarf. Die starke Sonneneinstrahlung verlangt nach einer Sonnencreme (wasserfest!) mit hohem Lichtschutzfaktor. Schützen Sie die Haut der Jüngsten am Strand mit einem T-Shirt und den Kopf mit einer Kappe. Badeschuhe dürfen im Reisegepäck ebenfalls nicht fehlen. Zum einen kann der Sand in der Mittagshitze ganz schön heiß werden, zum andern schützen die Schuhe vor eventuell herumliegenden Scherben.

Ein Klassiker bei den Kleinen: Sandburgen lassen sich an den Stränden Griechenlands wunderbar bauen.

Ebenfalls im Reisekoffer nicht fehlen darf eine Kinderreiseapotheke, unter anderem mit Medikamenten gegen Durchfall, Sonnenstich und Mückenschutz. Wegen des heißen Klimas sind die Sommermonate als Reisezeit für Babys und Kleinkinder übrigens nicht zu empfehlen.
Spezielle Kindermenüs gibt es in den meisten Restaurants oder Gaststätten nicht. Der Nachwuchs bekommt einen eigenen Teller und Besteck zur Verfügung gestellt und isst einfach bei den verschiedenen Gerichten der Eltern mit.
Wer auf eigene Faust mit Kindern das Land erkunden möchte, bekommt bei **Übernachtungen** für den Nachwuchs ein kleines Bett mit ins Zimmer gestellt. Große Hotels oder Appartmentanlagen bieten ihren jungen Gästen meist ein abwechslungsreiches Programm mit Kinderbetreuung an.

! *Baedeker* TIPP

Schwimmen, plantschen, rutschen ...

Ein großer Spaß – nicht nur – für Kinder ist die riesige Wasserrutsche im »Aegina's Water Park« auf der im Saronischen Golf gelegenen Insel Ägina.

Knigge

Bekleidung

Was kommt an in Griechenland und was nicht? Wer zum großen Teil von Touristen, also auch mit und für Touristen lebt, dessen Toleranz wird oft auf harte Proben gestellt. So ergeht es auch den Griechen; sie drücken ein, manchmal auch beide Augen zu, wenn ihre Gäste die Grenzen des guten Benehmens überschreiten. Aber man sollte um diese Grenzen wissen. Ob man mit spärlicher Bekleidung ein Restaurant betritt, muss jeder mit sich selbst ausmachen. Den guten Sitten widerspricht es selbst in Ferienorten.
Wesentlich strenger sind die **Bekleidungsregeln** in **Kirchen und Klöstern**. Wenn Frauen mit nackten Schultern, Hosen oder kurzen Röcken in ein Gotteshaus spazieren, rufen ihnen die am Eingang sitzenden alten Damen energisch hinterher. Sie bieten Tücher an, mit denen sich die Frauen bedecken können. Bei Männern sind die Regeln nicht ganz so eindeutig formuliert, doch Muscle-Shirts und Shorts sind auch nicht passend für einen Besuch in der Kirche. Aber selbst wenn die Touristen die ihnen angebotenen Tücher benutzen, gilt es eigentlich als unangemessen, halbnackt an der Klosterpforte aufzutauchen und sich auf diese Notlösung zu verlassen.

Religiöse Gebräuche

Ansonsten ist man in Sachen Religion immer auf der sicheren Seite, wenn man sich den Einheimischen anpasst. Wenn beispielsweise ein **Leichenzug** an einem Restaurant vorbeiführt und sich die Gäste erheben, sollte man es ihnen gleichtun. Dass man sich wie Andere beim Vorbeigehen an einer Kirche bekreuzigt, wird nicht erwartet.

Fotografieren Fotografieren ist in der Regel unproblematisch. Nur wenn man einen Einheimischen zur Hauptperson der Aufnahme auserkoren hat, macht es sich gut, durch ein paar Gesten auch dessen Einverständnis einzuholen. Verboten ist das Fotografieren von militärischen Anlagen.

Gesten Noch etwas zum Stichwort Gesten. **Daumen und Zeigefinger zum Kreis geformt** bedeutet nicht, dass alles o.k. ist. In Griechenland ist dies eine **Beschimpfung**. Und nicht vergessen: **Kopfnicken bedeutet nein**, wer mit dem Kopf schüttelt, ist einverstanden.

Im Restaurant In den Restaurants gelten etwa die gleichen Regeln wie in Deutschland. Allerdings müssen Nichtraucher in Griechenland die Zähne zusammenbeißen. **Rauchen bei Tisch** ist selbstverständlich, auch wenn andere noch essen.

Trinkgeld ▸ In Hotels, Restaurants und Cafés sind Bedienungsgelder im Preis enthalten. Ein zusätzliches Trinkgeld – z. B. durch Aufrundung des Rechnungsbetrags – ist dennoch willkommen.

Lebensphilosophie Und immer heißt es: **Geduld** mitbringen. Man sollte jede Uhrzeit als relativ betrachten und jede Abmachung auch. Selbst Öffnungszeiten kleinerer Museen oder Fahrpläne von Überlandbussen können gelegentlich darunter leiden, dass der Pförtner gerade ein Familienfest feiert oder der Fahrer einen alten Bekannten wiedergetroffen hat. Da nützt es auch nichts, zu zetern und auf offizielle Tafeln zu verweisen. Man muss dann die Dinge nehmen wie bzw. wann sie kommen.

Literaturempfehlungen

Klassisches **Homer:** Die Odyssee
Die »Odyssee« liegt in verschiedenen Übersetzungen vor, die klassische ist die von Johann Heinrich Voss; als Prosatext z. B. von Wolfgang Schadewaldt.

Luciano de Crescenzo: Als Männer noch Helden sein durften. Antike Mythen neu erzählt. btb / Goldmann 1999.
Betrachtungen griechischer Mythen und scharfsinnige humorvolle Porträts der Helden.

Belletristik **Klaus Eckhardt:** Tote trinken keinen Raki. Verlag Th. Balistier 2002.
Spannender Krimi, der an der Südküste Kretas spielt.

Nikos Kazantzakis: Alexis Sorbas. Abenteuer auf Kreta. Piper 2001.
Roman über die Freundschaft zweier Männer, eines intellektuellen Schriftstellers und eines vitalen Arbeiters, populär geworden durch den gleichnamigen Film mit Anthony Quinn in der Hauptrolle.

Tom Stone: Meine griechische Taverne. Goldmann TB 2004.
Sehr unterhaltsame Ferienlektüre, die auf der Insel Patmos spielt, wo der Autor über 20 Jahre lang lebte.

Odysseas Elytis: To Axion Esti – Gepriesen sei. Elfenbein Verlag 2002.
In der »Bibel des griechischen Nation«, wie Mikis Theodorakis das Werk nennt, erzählt der Nobelpreisträger Elytis vom Schicksal seines Landes.

! *Baedeker* TIPP

»Corellis Mandoline«

Eine gewisse Publicity erhielt Kefallonía durch diesen 1994 erschienenen Roman von Louis de Bernières, eine Liebesgeschichte vor dem Hintergrund des Massakers, das die deutsche Wehrmacht 1943 an italienischen Soldaten verübte. Der Film mit Nicolas Cage und Penélope Cruz, der auf Kefalloniá gedreht wurde, war zwar ein Flop, aber das mitreißend geschriebene Epos ist eine gute Urlaubslektüre.

Achill Moser: Auf Odysseus Spuren, Bruckmann Verlag 2004.
Abenteuerliche Bootsfahrt auf der Route von Odysseus mit traumhaften Fotos.

Wendula Michl: Wanderer, kommst Du nach Hellas... Eos 2003.
Ideale Lektüre mit schönen Fotos und vielen Tipps zum Einstimmen auf den Griechenland-Urlaub.

Lawrence Durrell: Schwarze Oliven. Korfu, Insel der Phäaken, Rowohlt TB 2000.
Durrell beschreibt sehr poetisch die Landschaft von Korfu und beschäftigt sich einfühlsam mit den Einwohnern, ihrem Alltag, ihrer Religion und ihren Festen.

Kulinarisches

Reinhard Hess: Griechische Inselküche, Gräfe und Unzer 1998.
Raffinierte authentische Rezepte für Griechenlandfans.

Pangota Petrak, Hubert Eichheim: Original griechische Küche, Seehammer Verlag 2003.
Das ausgezeichnete Kochbuch stellt regionale Spezialitäten in raffinierter Zubereitung vor.

Medien

Radio und Fernsehen

Die Staatliche Rundfunk- und Fernsehgesellschaft Elliniki Radiophonia Tileorassi (ERT) umfasst den Hellenischen Rundfunk (Elliniki Radiophonia, ERA) und das Hellenische Fernsehen (Hellenic Television; drei Programme: ET1, NET und ET3).

Freie Auswahl: Auch deutsche Zeitungen sind in Griechenland erhältlich.

Fernsehen Außer ERT existieren einige private Fernsehsender wie ANT 1, Mega, Alpha, Alter und Star. An ausländischen TV-Sendern sind über das terrestrische Netz CNN, TV5, Euronews und RAI zu empfangen. Über Satellit sind natürlich viele Sender präsent, wie SAT 1, CNN und Deutsche Welle TV.

Deutsche Welle Von der Deutschen Welle ist das aktuelle Programm mit Sendezeiten und Frequenzangaben kostenlos zu erhalten: Deutsche Welle, Tel. (02 28) 429-3208, Fax 429-3220, www.dw-world.de.

Zeitungen und Zeitschriften

Ausländische Periodika Die großen Tageszeitungen und Zeitschriften aus Deutschland, Österreich und der Schweiz sind in den Hauptorten der Inseln und in den touristischen Zentren meist mit nur einem Tag Verspätung erhältlich.

Griechische fremdsprachige Zeitungen Die in Athen erscheinenden Zeitungen »Athens News« (täglich) und »Griechenland Zeitung« (wöchentlich) informieren über das Geschehen innerhalb und außerhalb Griechenlands; darüber hinaus enthalten sie auch für den Touristen interessante Informationen. Auf Korfu halten die Zeitschriften »Korfu Leben« (2-monatlich) und »The Corfiot« (monatlich) auf dem Laufenden, auf Lefkáda der monatlich erscheinende englischsprachige »Planet Lefkas«.

Notrufe

WICHTIGE RUFNUMMERN

IN GRIECHENLAND

- **Notruf des ADAC**
  Tel. 21 07 77 56 44
  Der deutschsprachige Notruf ist ganzjährig in Athen zu erreichen.

- **Touristenpolizei**
  Tel. 1 71
  Die wichtigste Anlaufstelle für den Touristen ist die Touristenpolizei, die auf Englisch oder Deutsch allgemeine Informationen und Hinweise auf Unterkünfte gibt.

- **Polizei**
  Tel. 1 12

- **Straßenhilfsdienst**
  Tel. 1 04

- **Erste Hilfe**
  Tel. 1 12

- **Rotes Kreuz**
  Tel. 1 50

- **Apothekennotruf**
  Tel. 1 07

- **Verkehrspolizei**
  Tel. 21 05 23 01 11

- **Feuerwehr**
  Tel. 1 12

- **Küstenwache**
  Tel. 1 12

IN DEUTSCHLAND

- **ADAC-Notrufzentrale München**
  Tel. aus Griechenland:
  00 49 / 89 22 22 22
  (rund um die Uhr)

- **ADAC-Telefonarzt München**
  Tel. aus Griechenland:
  00 49 / 89 76 76 76
  (tgl. 8.00 – 20.00 Uhr, in der Hauptsaison 7.00 – 20.00 Uhr)
  Der Telefonarzt des ADAC gibt dem Patienten Medikamentenempfehlungen bei leichteren Beschwerden und kann in ernsten Fällen den Rücktransport nach Deutschland veranlassen. Bei Bedarf nennt er auch deutschsprachige Ärzte.

- **ACE-Notrufzentrale Stuttgart**
  Tel. aus Griechenland:
  00 49 / 180 2 34 35 36

- **Deutsche Rettungsflugwacht Stuttgart**
  Tel. aus Griechenland:
  00 49 / 7 11 70 10 70

- **DRK-Flugdienst Bonn**
  Tel. aus Griechenland:
  00 49 / 2 28 23 00 23

IN ÖSTERREICH

- **ÖAMTC-Notrufzentrale Wien**
  Tel. aus Griechenland:
  00 43 / 19 82 13 04

IN DER SCHWEIZ

- **Schweizerische Rettungsflugwacht Zürich**
  Tel. aus Griechenland:
  00 41 / 13 83 11 11

Post · Telekommunikation

Post Die griechischen Postämter unterstehen der staatlichen Postverwaltung Elliniká Tachidromía (ELTA). Telefonieren ist in Postämtern nicht möglich. Die griechischen Postkästen sind gelb.

Öffnungszeiten Postämter sind im allgemeinen von Mo. bis Do. von 8.00 bis 14.00 und Fr. bis 13.30 Uhr geöffnet. In Großstädten reichen die Öffnungszeiten bis in den Abend.

Porto Eine Ansichtskarte oder ein Normalbrief ins europäische Ausland kostet 0,65 €. Briefmarken sollte man bei der Post kaufen, da an anderen Stellen, z. B. am Kiosk, an Hotelrezeptionen, in Souvenirläden, mehr berechnet wird.

Telefonieren Zuständig für das Telefonieren in Griechenland ist nicht das Postamt, sondern das Telefon- und Telegrafenamt (OTE). Telefonate können aber auch am Kiosk, in Tavernen und in Hotels, wo es allerdings teuer ist, geführt werden. Kartentelefone sind eingeführt; Telefonkarten sind bei OTE und an Kiosken erhältlich.

Mobiltelefone Mit deutschen Mobiltelefonen kann man im D1- und D2-Netz telefonieren, im E-Netz nur mit einem Dual-Band-Handy.

WICHTIGE NUMMERN

LÄNDERVORWAHLEN

► **Nach Griechenland**
Tel. 00 30

► **Von Griechenland**
nach Deutschland: Tel. 00 49
nach Österreich: Tel. 00 43
in die Schweiz: Tel. 00 41

AUSKUNFT

► **Inland**
Tel. 1 51

► **Ausland**
Tel. 1 61

Preise · Vergünstigungen

Preisniveau In Griechenland hat sich der Euro deutlich auf die Höhe der Preise ausgewirkt, mehr noch aber die Tatsache, dass im gastronomisch-touristischen Bereich auch massive Preiserhöhungen leicht durchsetzbar sind. Daher muss man heute insgesamt mit etwa denselben Kosten rechnen wie etwa in Deutschland. Als Untergrenze für das

WAS KOSTET WIE VIEL?

Einfaches Doppelzimmer
ab 35 €

Einfache Mahlzeit
ab 4 €

Drei-Gänge-Menü
ab 12 €

0,5 l Bier
2 – 3,50 €

tägliche Budget sind – in der Hochsaison, ohne Fahrtkosten und für zwei Menschen, die sich ein Zimmer teilen – etwa 50 € pro Person anzusetzen; Einzelreisende, die etwas mehr Komfort wünschen, benötigen mindestens 100 – 120 €.
Da die Übernachtungskosten den größten Posten ausmachen, kann man in der Nebensaison deutlich günstiger urlauben; man kann dann auch über den Preis verhandeln, vor allem wenn man länger bleiben will.

Reisezeit

Am besten im Frühjaher

Nach Griechenland mit seinem mediterranen Klima reist man am besten im Frühjahr, etwa von der zweiten Hälfte März bis Ende Mai oder Anfang Juni, sowie im Herbst in den Monaten September und Oktober, bisweilen auch noch Anfang November. Die Sommermonate (Mitte Juni bis Anfang September) sind sehr heiß. Von Mitte November bis Ende März ist das Wetter sehr regnerisch.
Die Monate März bis Mai sind mild, und die Natur steht in Blüte. Es ist die ideale Zeit für Wanderurlaub.
Der Sommer in Griechenland bietet ideale Voraussetzungen für einen Badeurlaub. Besonders in den Großstädten ist es zu dieser Zeit sehr heiß, doch durch die trockene Luft und den ständig wehenden Nordwind Meltemi in der Ägäis gut verträglich. Zwar sorgen die Winde für eine angenehme Abkühlung, aber sorgen sie auch dafür, dass man die Gefahr der Sonnenstrahlen unterschätzt. Darum sollte man sich auch bei »angenehmen Temperaturen« ausreichend schützen und vor allem in der Mittagszeit ein schattiges Plätzchen der prallen Sonne vorziehen. Auch im Sommer empfiehlt es sich, warme Sachen mitzunehmen, denn am Meer und im Gebirge ist es abends oft recht kühl.
Ab Oktober werden die Temperaturen wieder milder, und oft hält auch das schöne Wetter im November noch an. Mit ersten Regenfällen ist allerdings zu rechnen.

Griechenland Klimastationen

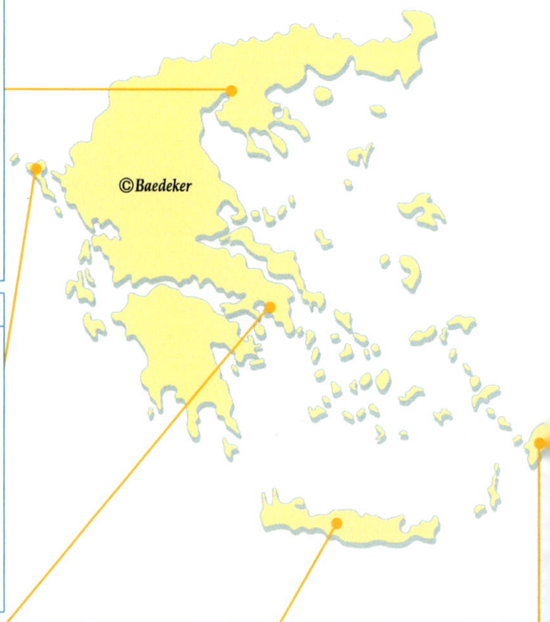

► Thessaloníki

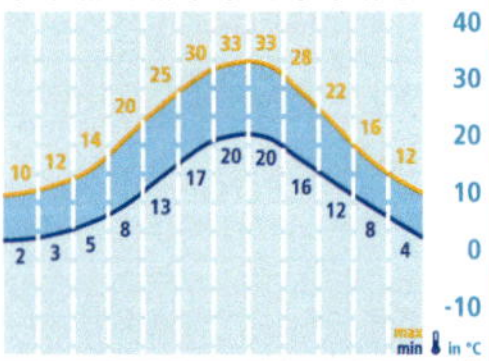

	J	F	M	A	M	J	J	A	S	O	N	D
max in °C	10	12	14	20	25	30	33	33	28	22	16	12
min in °C	2	3	5	8	13	17	20	20	16	12	8	4
T/Mon	7	5	7	6	6	4	3	2	4	7	8	7
Std/Tag	3	5	6	8	9	11	12	11	9	5	4	4
Wasser in °C	12	12	13	14	18	22	24	25	23	20	16	14

► Korfu

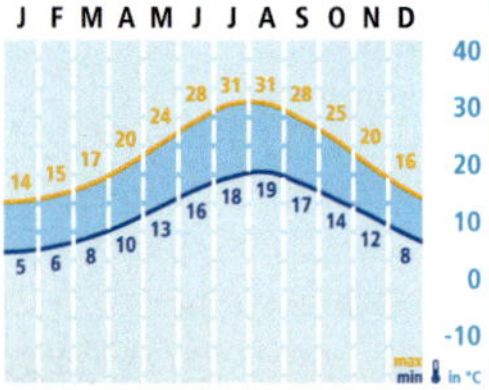

	J	F	M	A	M	J	J	A	S	O	N	D
max in °C	14	15	17	20	24	28	31	31	28	25	20	16
min in °C	5	6	8	10	13	16	18	19	17	14	12	8
T/Mon	15	14	12	10	6	3	1	2	6	11	15	17
Std/Tag	4	6	7	9	10	11	12	12	10	8	6	3
Wasser in °C	14	14	15	16	19	21	23	24	23	22	19	16

► Athen

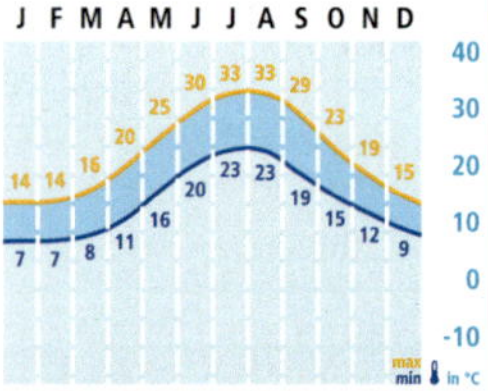

	J	F	M	A	M	J	J	A	S	O	N	D
max in °C	14	14	16	20	25	30	33	33	29	23	19	15
min in °C	7	7	8	11	16	20	23	23	19	15	12	9
T/Mon	8	4	6	4	4	1	1	1	2	5	7	8
Std/Tag	4	6	6	8	10	12	13	12	10	7	5	5
Wasser in °C	14	14	14	15	18	22	24	24	23	21	19	16

► Kreta

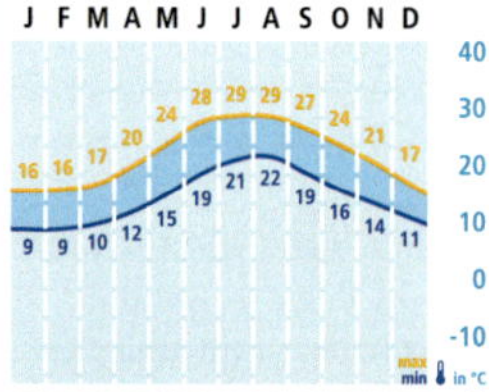

	J	F	M	A	M	J	J	A	S	O	N	D
max in °C	16	16	17	20	24	28	29	29	27	24	21	17
min in °C	9	9	10	12	15	19	21	22	19	16	14	11
T/Mon	12	7	8	4	2	1	0	0	2	6	6	10
Std/Tag	3	5	6	8	10	12	13	12	10	7	6	4
Wasser in °C	16	15	16	16	19	22	24	25	24	23	20	17

► Rhodos

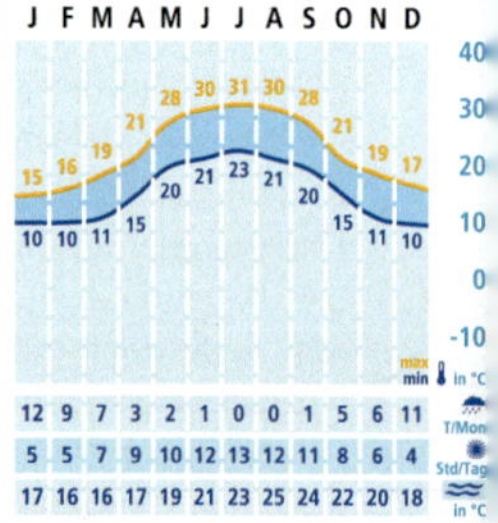

	J	F	M	A	M	J	J	A	S	O	N	D
max in °C	15	16	19	21	28	30	31	30	28	21	19	17
min in °C	10	10	11	15	20	21	23	21	20	15	11	10
T/Mon	12	9	7	3	2	1	0	0	1	5	6	11
Std/Tag	5	5	7	9	10	12	13	12	11	8	6	4
Wasser in °C	17	16	16	17	19	21	23	25	24	22	20	18

Klima

In Griechenland kennt man eigentlich nur drei Jahreszeiten – einen relativ kurzen Frühling von März bis Mitte Mai, in dem die Vegetation förmlich explodiert, einen langen, heißen und sehr trockenen Sommer von Mitte Mai bis Oktober und eine kühle winterliche Regenzeit von November bis März. Aufgrund der kleinräumigen landschaftlichen Gliederung, der zumeist in ost-westlicher Richtung verlaufenden Gebirge und der relativen Meernähe bzw. Meerferne hat sich in Griechenland eine breite Palette von regionalen klimatischen Besonderheiten ausbilden können.

Sommer

Griechenland ist als besonders sonniges Reiseziel bekannt: Die durchschnittliche Sonnenscheindauer schwankt zwischen 2500 und 3000 Stunden im Jahr. Die Durchschnittstemperatur des wärmsten Monats (Juli / August) schwankt zwischen 26 °C und 30 °C, wobei es auf dem Festland heißer als auf den Inseln ist. Extreme Hitzewerte werden vor allem in Athen sowie auf der weit im Süden gelegenen Insel Kreta gemessen, wo man mit Temperaturen bis 46 °C zu rechnen hat. Nur auf Korfu und in den Gebirgsregionen kann man mit angenehmeren Temperaturverhältnissen rechnen.

Winter

Die Winter in Griechenland sind regenreich, besonders in den Monaten Dezember und Januar. Man muss mit lang anhaltendem Landregen rechnen, denn in den meisten Fällen prasselt das Nass als heftiger Starkregen nieder. Aber auch im Winter gibt es viele Tage, an denen die Sonne scheint.

Griechenland bietet seinen Gästen bis zu 3000 Stunden Sonne im Jahr.

Wassertemperaturen Im Süden Griechenlands und auf den Kykladen kann man bereits ab Mitte Mai im Meer baden. Dann erreichen die obersten Wasserschichten bereits die 19 °C-Marke. Von Juni / Juli bis September herrscht »Badewannentemperatur« von etwa 24 °C. Bis Ende Oktober sinkt die Wassertemperatur allmählich auf 20 °C ab und erreicht im Hochwinter einen Tiefpunkt mit 15 °C. Etwas anders ist es an den Küsten Nordgriechenlands. Bei Chalkidikí z. B. sinkt die Wassertemperatur im Winter bis auf 10 °C ab. Entsprechend länger dauert die Erwärmung des Meerwassers in der warmen Jahreszeit.

Shopping

Öffnungszeiten Seit der Aufhebung der Ladenschlusszeiten durch die griechische Regierung können die Ladenbesitzer frei bestimmen, wie lange sie ihre Geschäfte offen halten. Die Verkaufsstellen können werktags rund um die Uhr geöffnet sein, ebenso an Sonn- und Feiertagen, wenn das Geschäft in einer von Touristen frequentierten Region liegt. Auch für Lokale und Bars wurde die Sperrstunde abgeschafft. **Einzelhandelsgeschäfte** haben in der Regel geöffnet: Mo., Mi., Sa. 8.00 – 15.00, Di., Do., Fr. 8.00 bis 14.00, 17.30 – 22.00 Uhr. Vor allem im Zentrum sind jedoch viele Geschäfte durchgehend offen. Die auf den Tourismus spezialisierten Läden sind jeden Tag bis in die späten Abendstunden offen.

i Flüssiges Souvenir

- Das auf der kleinen, südlich von Korfu gelegenen Insel Paxí produzierte Olivenöl gilt als das beste Griechenlands.

Großes Angebot Griechenland bietet viele Möglichkeiten, Andenken zu erwerben. In Souvenirläden findet man das übliche Angebot, wobei der Schwerpunkt auf Keramik liegt. Allerdings hat sich eine Massenfabrikation entwickelt, so dass Gegenstände von Qualität selten sind. Eine gute Wahl sind Lederwaren, vor allem Taschen und Schuhe, von denen ein großes Angebot vorhanden ist.

Keramik, Kleinplastik Keramik wird in allen Preislagen angeboten, von schlechten Nachahmungen antiker Vasen über gute Kopien bis zu den schönsten Produkten. Bekannt ist die Keramik von Rhodos, Skýros und Sífnos. Auch Kleinplastik gibt es in Hülle und Fülle; sehr ansprechende authentische Kopien von Originalen erhält man in den Museen, vor allem in Athen.

Lederwaren Gute Lederwaren kann man an vielen Orten einkaufen, besonders aber auf Kreta und hier in vor allem in Chanía.

Schmuck Reichhaltig ist das Angebot an Gold- und Silberschmuck von guter Qualität. Zentrum der Silberschmiedekunst ist Ioánnina.

Souvenirjäger kommen in Griechenland stets auf ihre Kosten.

Unter den **Webarbeiten** ist die Volkskunst von Skýros, Kárpathos und Rhodos zu nennen. Arbeiten mit antiken Motiven werden ausschließlich für Touristen hergestellt. Wolldecken und Flokati, Schafwollteppiche, werden vor allem in einigen Regionen angeboten. Gern gekauft werden auch **Stickereien und Spitzen** sowie Gegenstände aus Marmor, Onyx und Alabaster, Kupfer- und Messingwaren, Ikonen und Schnitzereien.

Von den **Lebensmitteln** eignen sich als Mitbringsel Süßigkeiten (würziger Honig, ouzogetränkter Feigenkuchen, Schokolade, Nusspaste), Trockenfrüchte, Pistazien und Walnüsse sowie hervorragende Olivenöle und nicht zuletzt verschiedene Weine.

Antiquitäten

Die Ausfuhr von Antiquitäten ist streng verboten. Was eine Antiquität ist, ist nicht genau festgelegt; als Richtwert kann gelten: alle Gegenstände, die mehr als 100 Jahre alt sind.

Sprache

Neugriechisch

Das Neugriechische unterscheidet sich wesentlich vom Altgriechischen, wenngleich die Zahl jener Wörter, die seit den Zeiten des Dichters Homer unverändert geschrieben werden, immer noch erstaunlich groß ist. Doch auch bei diesen sind die Abweichungen der Aussprache von der deutschen Schulaussprache des Altgriechischen zu berücksichtigen. Die veränderte Aussprache gilt für beide Sprachformen des Neugriechischen, die sowohl in der Grammatik als auch im Wortbestand beträchtliche Unterschiede aufweisen: die Dhimotiki (Volks- oder Umgangssprache) und die Katharevoussa (»gereinigte« Amts- oder

i Griechische Schreibweise

- Die Schreibung griechischer Namen und Begriffe ist problematisch, da es für die Transkription der griechischen Sprache ins Deutsche keine verbindlichen Richtlinien gibt. Um in diesem Reiseführer Einheitlichkeit zu erreichen, erfolgt die Umschrift nach einer von der UNO verwendeten Transliterationstabelle. Die Betonung eines Wortes ist durch den Akzent zu erkennen.

Schriftsprache). Diese Sprachform ist durch Annäherung an das Altgriechische gewonnen worden. Gesprochene und seit 1975 offizielle Sprachversion ist aber die Dhimotiki. Sie ist das Ergebnis einer langen Sprachentwicklung und hat sich in der neugriechischen Literatur wie auch im Unterhaltungsteil der Zeitungen längst durchgesetzt.

GRIECHISCHES ALPHABET

Buchstaben	Umschrift	Aussprache
Α α (alfa)	a	a
Β β (wita)	v	w
Γ γ (ghamma)	g	gh, vor e und i: j
Δ δ (dhelta)	d	dh (wie in engl. »that«)
Ε ε (epsilon)	e	kurzes e
Ζ ζ (sita)	z	stimmhaftes s
Η η (ita)	i	i
Θ ϑ, θ (thita)	th	th (wie in engl. »thing«)
Ι ι (iota)	i	i
Κ κ (kappa)	k	k
Λ λ (lamvda)	l	l
Μ μ (mi)	m	m
Ν ν (ni)	n	n
Ξ ξ (xi)	x	ks
Ο ο (omikron)	o	o
Π π (pi)	p	p
Ρ ρ (rho)	r	r
Σ σ, ς (sigma)	s	stimmloses s
Τ τ (tav)	t	t, nach d: d
Υ υ (ipsilon)	y	i
Φ φ (fi)	f	f
Χ χ (chi)	ch	ch: vor a, o, u wie in »ach«; vor e, i wie in »ich«
Ψ ψ (psi)	ps	ps
Ω ω (omega)	o	o

Buchstabenkombinationen

αι	e	e
αυ	av	aw (vor stimmhaftem Konsonant oder Vokal)
αυ	af	af (vor stimmlosem Konsonant)
γγ	ng	ng
γκ	g	g (am Wortanfang, selten im Wortinneren)
γκ	ng	ng (im Wortinneren)

ει	i	i
ει	j	j (unbetont, zwischen Konsonant und Vokal)
ευ	ev / ef	ev / ef (entspr. αυ)
μβ	mv	mw
μπ	b	b (am Wortanfang, selten im Wortinneren)
μπ	mb	mb (im Wortinneren)
ντ	d	d (am Wortanfang, selten im Wortinneren)
ντ	nt	nd (im Wortinneren)
οι	i	i
ου	ou	u

KLEINER SPRACHFÜHRER

Das Allerwichtigste

Ja / Nein	nä / óchi	Ναί / Όχι
Vielleicht	'issos	Ίσως
Bitte	paraka'lo	Παρακαλώ
Danke (sehr)	äfchari'sto (pol'i)	Ευχαριστώ (πολύ)
Entschuldigung!	si'njomi!	Συγγνώμη!
Bitte? Sie wünschen?	o'ristä?	Ορίστε;
Ich verstehe Sie nicht.	ðä sass katala'wäno.	Δε σας καταλαβαίνω.
Bitte wiederholen Sie es.	na to ksana'pite, paraka'lo.	Νά το ξαναπείτε, παρακαλώ.
Sprechen Sie …	mi'late …	Μιλάτε …
Deutsch?	jermanik'a?	γερμανικά;
Englisch?	angglik'a?	αγγλικά;
Ich spreche nur wenig Griechisch.	mi'lo 'mono ligo ellinika´a.	Μιλώ μόνο λίγο ελληνικά.
Können Sie mir bitte helfen?	bo'ritä na mä woi'θisätä, paraka'lo?	Μπορείτε να με βοηθήσετε, παρακαλώ;
Ich möchte …	'θälo …	Θέλω …
Haben Sie … ?	'ächätä … ?	Έχετε …?
Wie viel kostet es?	'posso ko'stisi?	Πόσο κοστίζει;
Wie viel Uhr ist es?	ti 'ora 'inä?	Τι ώρα είναι
Heute / Morgen	'simära / 'awrio	Σήμερα / Αύριο

Grüßen

Guten Morgen!	kali'mära (su / sas)!	Καλημέρα (σου / σασ)!
Guten Tag!	kali'mära! / 'chärätä!	Καλημέρα / Χαίρετε!

Guten Abend!	kali'spära!	Καλησπέρα!
Gute Nacht!	kali'nichta!	Καληνύχτα!
(allgemeiner Gruß)	'jassas!	Γειά σας!
Hallo! Grüß dich!	'jassu!	Γειά σου!
Auf Wiedersehen!	a'dio!	Αντίο!
Tschüss!	'jassu!	Γειά σου!

Auskunft unterwegs

links / rechts	aristä'ra / ðäks'ja	αριστερά / δεξιά
geradeaus	ef'θia	ευθεία
nah / weit	ko'nda / makri'a	κοντά / μακριά
Wie weit ist es zum / zur … ?	'posso ma'kria 'inä ja … ?	Πόσο μακριά είναι γιά … ?
Ich möchte … mieten.	'θälo na ni'kjasso …	Θέλω να νοικιάσω …
… ein Auto	'äna afto'kinito	ένα αυτοκίνητο
… ein Fahrrad	'äna po'ðilato	ένα ποδήλατο
… ein Boot	'mia 'warka	μία βάρκα
Bitte, wo ist … ?	Parakaló, pú ínä … ?	Παρακαλώ, πού είναι …

Tanken

Wo ist bitte die nächste Tankstelle?	'pu 'inä, paraka'lo, to e'pomä-no wensi'naðiko?	Πού είναι, παρακαλώ, το επομένο βενζιναδικό;
Ich möchte … Liter …	θälo … 'litra …	Θέλω … λίτρα …
… Benzin.	… wän'sini.	… βενζινη.
… Diesel.	… 'disäl.	… ντίζελ.
… bleifrei	… a'moliwði	… αμόλυβδη
Volltanken bitte.	jä'mistä paraka'lo.	Γεμίστε παρακαλώ.
Prüfen Sie bitte den Ölstand.	äksä'tastä, paraka'lo, ti 'staθmi tu lað'ju.	Εξέταστε, παρακαλώ, τη στάθμη του λαδιού.

Panne

Ich habe eine Panne.	'äpaθa zim'ja.	Έπαθα ζημειά.
Können Sie mir bitte einen Abschleppwagen schicken?	θa bo'russatä na mu 'stilätä 'äna 'ochima ri'mulkissis?	Θα μπορούσατε να μου στείλατε ένα όχημα ρυμούλκησης;
Wo ist hier in der Nähe eine Werkstatt?	'pu i'parchi ä'ðo kon'da 'äna sinär'jio?	Πού υπάρχει εδώ κοντά ένασυνεργείο;

Unfall

Hilfe!	wo'iθja!	Βοήθεια!

Tja, wenn man jetzt wüsste, wie man fragt: »Wo bitte geht's zum Strand?«

Achtung! Vorsicht!	proso'chi!	Προσοχή!
Rufen Sie bitte schnell …	ka'lästä, paraka'lo, 'grigora	Καλέστε, παρακαλώ, γρήγορα …
… einen Krankenwagen.	… 'äna asθäno'foro.	… ένα ασθενόφορο.
… die Polizei.	… tin astino'mia.	… την αστυνομία.
… die Feuerwehr.	… tin piroswästi'ki ipirä'sia.	… την πυροσβεστική υπηρεσία.
Geben Sie mir bitte Ihren Namen und Ihre Anschrift.	'pästä mu to 'onoma kä ti ðiäfθin'si sas, paraka'lo.	Πέστε μου το όνομα και τη διεύθυνσή sας, παρακαλώ.

Essen gehen

Wo gibt es hier ein gutes Restaurant?	pu i'parchi ä'ðo 'äna ka'lo ästia'torio?	Πού υπάρχει εδώ ένα καλό εστιατόριο;
Gibt es hier eine gemütliche Taverne?	i'parchi ä'ðo ta'wärna mä 'anäti at'mosfära?	Υπάρχει εδώ μια ταβέρνα με άνετι ατμόσφαιρα;
Reservieren Sie uns bitte für heute Abend einen Tisch für 4 Personen.	kra'tistä mas ja 'simera to 'wraði 'äna tra'päsi ja 'tässära 'atoma, paraka'lo.	Κρατήστε μας για σήμερα το βράδυ ένα τραπέζι για 4 άτομα, παρακαλώ.
Ich möchte bitte bezahlen.	θälo na pli'rosso, paraka'lo.	Θέλω να πληρώσω, παρακαλώ.
Messer / Gabel	ma'chäri / pi'run	μαχαίρι / πηρούνι
Löffel	ku'talii	κουτάλι

Einkaufen

Wo finde ich ...?	pu θa wro ...?	Πού θα βρω ...;
eine Apotheke	'ena farma'kio	ένα φαρμακείο
eine Bäckerei	'ena artopo'lio	ένα αρτοπολείο
ein Lebensmittelgeschäft	'ena ka'tastima tro'fimon	ένα κατάστημα τροφίμων
den Markt	tin ajo'ra	την αγορά

Übernachten

Können Sie mir bitte ... empfehlen?	bo'ritä na mu si'stissätä ..., paraka'lo?	Μπορείτε να μου συστήσετε ..., παρακαλώ;
... ein Hotel	... 'äna ksänoðo'chio	... ένα ξενοδοχείο
... eine Pension	... 'mia pan'sjon	... μία πανσιόν
Ich habe bei Ihnen ein Zimmer reserviert.	'äðo sä sas 'äklissa 'äna ðo'matjo.	Εδώ σε σας έκλεισα ένα δομάτιο.
Haben Sie noch ein Zimmer frei ...	'ächätä a'komi 'äna ðo'matjo ä'läfθäro ...	Έχετε ακόμη ένα δομάτιο ελεύθερο ...
... für eine Nacht?	... ja mja 'nichta?	... γιά μια νύχτα;
... für zwei Tage?	... ja 'ðio 'märäs?	... γιά δύο μέρες;
... für eine Woche?	... ja mja wðo'maða?	... γιά μια βδομάδα;
Was kostet das Zimmer mit ...	'posso ko'stisi to do'matjo mä ...	Πόσο κοστίζει το δομάτιο με ...
... Frühstück?	... proi'no?	... πρωινό;
... Halbpension?	... 'mäna 'jäwma?	... μένα γεύμα.

Arzt

Können Sie mir einen guten Arzt empfehlen?	bo'ritä na mu siss'tissätä 'änan ka'lo ja'tro?	Μπορείτε να μου συστήσετε έναν καλόγ ιατρό;
Ich habe hier Schmerzen.	'ächo 'ponnus ä'ðo.	Έχω πόνους εδώ.

Bank

Wo gibt es hier eine Bank?	'pu 'inä ä'ðo mja 'trapäsa?	Πού είναι εδώ μια τράπεζα;
Ich möchte ... Schweizer Franken in Euro wechseln.	'θälo na a'lakso ... älwäti'ka 'franga sä evró.	Θέλω να αλλάξω ... ελβετικά φραγκα σε ευρώ.

Post

Was kostet ...	'posso ko'stisi ...	Πόσο κοστίζει ...
... eine Postkarte ...	... mja 'karta	... μια κάρτα
... nach Deutschland / Österreich /Schweiz?	... ja ti järma'nia / afs'tria /el-we'tia?	... γιά τη Γερμανία / Αυστρία / Ελβετία;

Eine / zwei Briefmarken, bitte.	'äna / 'ðio grammat'osimo /grammat'osima, para-ka'lo.	Ένα / δύο γραμματόσημο / γραμματόσημα, παρακαλώ.

Wichtige Aufschriften

ΑΝΔΡΩΝ	Herren	ΓΥΝΑΙΚΩΝ	Damen
ΕΙΣΟΔΟΣ	Eingang	ΕΞΟΔΟΣ	Ausgang

Zahlen

0	mi'ðän	μηδέν	19	ðäkaä'näa	δεκα-εννέα
1	'äna	ένα	20	'ikossi	είκοσι
2	'ðio	δύο	21	'ikossi 'äna	είκοσι ένα
3	'tria	τρία	22	'ikossi 'ðio	είκοσι δύο
4	'tässära	τέσσερα	30	tri'anda	τριάντα
5	'pändä	πέντε	40	sa'randa	σαράντα
6	'äksi	έξι	50	pä'ninda	πενήντα
7	ä'fta	εφτά	60	ä'ksinda	εξήντα
8	o'chto	οχτώ	70	äwðo'-minda	εβδο-μήντα
9	ä'näa	εννέα	80	og'ðonda	ογδόντα
10	'ðäka	δέκα	90	änä'ninda	ενενήντα
11	'ändäka	ένδεκα	100	äka'to	εκατό
12	'ðoðäka	δώδεκα	200	ðia'kosja	διακόσια
13	ðäka'tria	δεκατρία	1000	'chilia	χίλια
14	ðäka'tässära	δεκατέσσερα	2000	'ðio chi'ljaðäs	δύο χιλιάδες
15	ðäka'pändä	δεκαπέντε	10 000	'ðäka chi'ljaðäs	δέκα χιλιάδες
16	ðäka'äksi	δεκαέξι	1/2	to/'äna 'ðäftäro	το / ένα δεύτερο
17	ðäkaä'fta	δεκαεφτά			
18	ðäkao'chto	δεκαοχτώ	1/4	to/'äna 'tätarto	το / ένα τέταρτο

Κατάλογος φαγητών · Speisekarte

πρωινό	proin'o	**Frühstück**
καφές (σκέτο)	ka'fäs ('skäto)	(ungesüßter) Kaffee
καφές με γάλα	ka'fäs me 'jala	Kaffee mit Milch
καφές φίλτρου	ka'fäs 'filtru	Filterkaffee
τσάι με λεμόνι	'tsai mä lä'moni	Tee mit Zitrone

τσάι από βότανα	'tsai a'po 'wotana	Kräutertee
σοκολάτα	soko'lata	Schokolade
χυμό φρούτου	chi'mo 'frutu	Fruchtsaft
αυγό μελάτο	aw'jo mä'lato	weiches Ei
ομελέτα	omä'läta	Omelett
αυγά μάτια	aw'ja 'matja	Spiegeleier
αυγά με μπείκον	aw'ja mä 'bäiken	Eier mit Speck
ψωμί / ψωμάκι	pso'mi / pso'maki	Brot / Brötchen
τοστ	'tost	Toast
κρουασάν	krua'san	Hörnchen, Croissant
φρυγανιές	frigan'jäs	Zwieback
βούτυρο	'wutiro	Butter
τυρί	ti'ri	Käse
λουκανικό	lu'kaniko	Wurst
ζαμβόν	sam'bon	Schinken
μέλι	'mäli	Honig
μαρμελάδα	marmä'laða	Marmelade
γιαούρτι (με καρύδια)	ja'urti (mä ka'riðja)	Joghurt (mit Walnüssen)

ορεκτικά / σούπες	orektik'a / 'supes	**Vorspeisen / Suppen**
ποικιλίαελιές	ä'ljäs	Oliven
φέτα	'fäta	weißer Schafskäse
μελιτζάνα σαλάτα	mäli'dsana sa'lata	Auberginensalat
ντολμαδάκια	dolma'ðakja	gefüllte Weinblätter (kalt)
γαρίδες	ga'ridäs	Garnelen
γίγαντες	'jigandäs	große weiße Bohnen
σαγανάκι	saga'naki	gebratener Käse
σκορδαλιά	skorðal'ja	Püree aus Kartoffeln, Knoblauch und Öl
σπανακόπιτα	spana'kopita	Spinattasche
ταραμοσαλάτα	taramosa'lata	Fischrogenpüree
τζατζίκι	za'ziki	Joghurtcreme mit Gurke und Knoblauch
τυρόπιτα	ti'ropita	Käsetasche
κοτόσουπα	ko'tosupa	Hühnersuppe
κοτόσουπα αυγολέμονο	ko'tosupa awgo'lämono	Hühnersuppe mit Zitrone und Ei
ψαρόσουπα	psa'rosupa	Fischsuppe
λαχανόσουπα	lacha'nosupa	Gemüsesuppe
φασολάδα	faso'lada	Bohnensuppe
μαγειρίτσα	maji'ritsa	Ostersuppe

σαλάτες	sa'lates	**Salate**
(ν)τοματοσαλάτα	tomatosa'lata	Tomatensalat
αγγούρι	an'guri	Gurke

χοριάτικι (σαλάτα)	chor'jatiki (sa'lata)	Dorfsalat
μαρούλι σαλάτα	ma'ruli sa'lata	Kopfsalat
λαχανοσαλάτα	lachanosa'lata	Krautsalat
πατατοσαλάτα	patatosa'lata	Kartoffelsalat
άγρια χόρτα	'agria 'chorta	Wildkräutersalat
λαδολέμονο	laðo'lämono	Öl-Zitronen-Sauce

ψάρια	ps'arja	**Fischgerichte**
αστακός	asta'kos	Hummer
γαρίδες	ga'ridäs	Garnelen
χταπόδι	chta'poði	Oktopus
μπαρμπούνι σχάρας	bar'buni 'ßcharas	Rotbarbe vom Grill
γλώσσα τηγανητά	'glossa tijani'ta	Seezunge gebraten
μύδια	'miðia	Muscheln
καλαμαράκια	kalama'rakja	kleine Tintenfische
μπακαλιάρος φούρνου	bakal'jaros 'furnu	Stockfisch aus dem Ofen
σολομός	solo'mos	Lachs
κακαβιά	kakaw'ja	Bouillabaisse
καραβίδες	kara'wiðes	große Scampi
χριστόψαρο	chris'topsaro	Petersfisch
σκουμπρί	skum'bri	Makrele
τσιπούρα	tsi'pura	Dorade
φαγκρί	fan'gri	Zahnbrasse
τόνος	'tonnos	Tunfisch
ξιφίας	ksi'fias	Schwertfisch

φαγητά με κρέας	fajit'a mä kr'äas	**Fleischgerichte**
άρνι ψητό	ar'ni psi'to	Lammbraten
άρνι στο φούρνο	ar'ni sto 'furno	Lammfleisch aus dem Ofen
βοδινό φιλέτο	woði'no fi'läto	Rinderfilet
γαλοπούλα ψητή	galo'pula psi'ti	Pute gebraten
γύρος	'jiros	Fleisch vom Drehspieß
κατσίκι	kat'siki	Zicklein
κεφτέδες	kef'tedes	Hackfleischbällchen
κοτόπουλο ψητό	ko'topulo psi'to	Brathuhn
κουνέλι	ku'näli	Kaninchen
μιξτ γκριλ	'mikst 'gril	Gemischtes Grillfleisch
μοσχάρι κοκκινιστό	mos'chari kokkini'sto	Kalbfleisch geschmort
μοσχάρι ψητό	mos'chari psi'to	Kalbsbraten
μπόν φιλέ	bon fi'lä	Filet
μπριζόλες χοιρινές	bri'soläs chiri'näs	Schweinekotelett
μπιφτέκι	bi'ftäki	Hacksteak vom Grill
παιδάκια αρνίσια	pai'ðakja ar'nisia	Lammkotelett
παστίτσιο	pa'stitsjo	Makkaroniauflauf mit Fleischfüllung

σουτζουκάκια	sudsu'kakja	Hackfleischröllchen
σουβλάκι(α)	su'wlaki	Fleischspieß(e)

λαχανικά	lachanik'a	**Gemüsegerichte**
ντολμάδες	dol'maðäs	Gefüllte Weinblätter
λάχανο	'lachano	Weißkraut
αγγινάρες	angi'naräs	Artischocken
μελιτζάνες γεμιστές	mäli'dsanäs jämi'stäs	Gefüllte Auberginen
ντομάτες γεμιστές	to'matäs jämi'stäs	Gefüllte Tomaten
πιπεριές γεμιστές	pipär'jäs jämi'stäs	Gefüllte Paprikaschoten
τουρλού	tur'lu	Bunter Gemüseeintopf
φασολάκια	faso'lakja	Grüne Bohnen
μουσακάς	mussa'kas	Auberginen-Hackfleisch-Kartoffel-Auflauf
πιπεριές τηγανητές	pipär'jäs tigani'täs	gebratene Paprika
κολοκυθάκια	koloki'θakja	Zucchini
φασόλια	fa'solja	weiße Bohnen
πατάτες τηγανητές	pa'tatäs tigani'täs	Pommes frites

επιδόρπια	epid'orpia	**Nachspeisen**
φρούτα	'fruta	Obst
παγωτό	pagot'o	Eis(creme)
μπακλαβάς	bakla'was	Blätterteig in Sirup mit Nussfüllung
μπουγάτσα	bug'atsa	Blätterteigtasche, gefüllt mit Vanillecreme
κρέμα	'kräma	Grießpudding
ρυζόγαλο	ri'sogalo	Reispudding
σταφύλια	sta'filia	Trauben
καρπούζι	kar'pusi	Wassermelone
πεπόνι	pä'poni	Honigmelone
ροδάκινο	ro'ðakino	Pfirsich
μήλο	'milo	Apfel
αχλάδι	ach'laði	Birne

Αλκοολούχα ποτά	alkool'ucha pot'a	**Alkoholische Getränke**
άσπρο κρασί	'aspro kra'si	Weißwein
κόκκινο κρασί	'kokkino kra'si	Rotwein
ρετσίνα	rä'tsina	geharzter Wein
χύμα	'chima	Wein vom Fass
ξερό	kse'ro	trocken
ημίγλυκο	i'migliko	halbsüß
ούζο	'uso	Anisschnaps
τσίπουρο	'tsipuro	Tresterschnaps
(μια) μπύρα	(mja) 'bira	(ein) Bier

μη αλκοολούχα ποτά	mi alkool'ucha pot'a	**Alkoholfreie Getränke**
φραππέ	frap'pä	kalter Nescafé mit festem Schaum
ελληνικος καφές	elini'kos ka'fäs	griechischer Mokka
τσάι	tsai	Tee
πορτοκαλάδα	portoka'laða	Orangenlimonade
λεμονάδα	lämo'naða	Zitronenlimonade
(μια καράφα) νερό	(mja ka'rafa) ne'ro	(ein Krug) Wasser
μεταλλικό νερό	metalli'ko ne'ro	stilles Mineralwasser
σόδα	'soda	Mineralwasser mit Kohlensäure

Übernachten

Camping

Griechenland verfügt über ein großes Angebot an Campingplätzen, die vor allem an den Küsten und an Badestränden liegen. Meist sind die Plätze einfach ausgestattet; z. T. können hier auch kleine Häuser gemietet werden. Das Übernachten außerhalb von Campingplätzen, an Straßen, auf Rast- und Parkplätzen sowie im freien Gelände ist grundsätzlich nicht erlaubt.

ADRESSEN

CAMPING

► **Greek Camping Association**
Solonos 102
GR-10680 Athen
Tel. / Fax 21 03 62 15 60
Auskunft erteilen auch die Informationsbüros der Griechischen Zentrale für Fremdenverkehr, die örtliche Touristenpolizei und das Büro des Automobilklubs ELPA in Athen (►Verkehr).

HOTELS

► **Chamber of Hotels (Griechische Hotelkammer)**
Stadiou 24
GR-10564 Athen
Tel. 21 03 31 00 22 / 6
Fax 21 03 23 69 62
www.grhotels.gr
Reservierungen von Hotels mindestens einen Monat vor Reiseantritt.

JUGENDHERBERGEN

► **Athens International Youth Hostel**
Victor Hugo 16
GR-104 38 Athen
Tel. 21 05 23 41 70
Fax 21 05 23 40 15

Blau so weit das Auge reicht: Grecotel El Greco auf Kreta

Detaillierte Hinweise über Campingplätze in Griechenland enthält der alljährlich neu erscheinende ADAC-**Campingführer**, Band I: Südeuropa, erhältlich in jeder ADAC-Geschäftsstelle.

Hotels

In Griechenland gibt es eine unübersehbare Zahl von Unterkünften, die vom exquisiten Luxushotel bis zu einfachsten Privatzimmern reichen. In den letzten Jahren wurde allerdings von den Besuchern einiges bemängelt: hohe Preise, schlechter Service, karge, ungepflegte und schmutzige Einrichtung sowie nachlässige Führung. Insgesamt ist das Preis-Leistungsverhältnis nicht ausgewogen.

Informationen über **Privatzimmer** erhält man bei den lokalen Fremdenverkehrsstellen und der Touristenpolizei, reservieren kann man in Reiseagenturen. An den Fähranlegenstellen werden den Ankommenden direkt Zimmer angeboten. Will man in Griechenland in der Hauptsaison (von Juni bis September) Urlaub machen, so ist eine Zimmervorbestellung ratsam.

! *Baedeker* TIPP

Urlaub im »Weißen Haus«

In den 1930er-Jahren bewohnte der englische Schriftsteller Lawrence Durrell das am Strand von Kalámi auf Korfu gelegene »White House«. Seine Eindrücke von Korfu beschreibt Durrell sehr einfühlsam in seinem Roman »Schwarze Oliven«. Wer in dem schönen, unveränderten Ambiente urlauben will, kann sich über CV Travel im »Weißen Haus« einmieten (www.cvtravel.net).

Die Hotels sind offiziell in sechs **Kategorien** eingeteilt. Die Skala reicht von Luxushotels (L) über komfortable Hotels (A) bis zu Mittelklassehotels (B, C). Am Ende der Skala liegen die einfachen Unterkünfte (D, E).

Während der Hauptreisezeit liegen die **Unterkunftspreise** in Griechenland auf dem Niveau mitteleuropäischer Reiseländer, in der Vor- und Nachsaison dagegen darunter. In den Hotelzimmern müssen die Preise ausgehängt sein, und es darf nicht mehr verlangt werden, als angegeben. Die Preise für die Kategorie L sowie von D und E variieren von Ort zu Ort.

Jugenherbergen

Auskunft

Die derzeit einzige offizielle Jugendherberge Griechenlands, die dem Internationalen Jugendherbergsverband angeschlossen ist, befindet sich in Athen. Auskunft über preiswerte Unterkünfte in Pensionen erteilen u. a. die Büros der Griechischen Zentrale für Tourismus (▸ Auskunft).

Urlaub aktiv

Sportstadien

Interessanten Wettkampfveranstaltungen kann der Zuschauer an den großen Athener Sportstätten beiwohnen. 13 km nordöstlich des Athener Stadtkerns liegt das Olympische Sportzentrum (OAKA) mit verschiedenen Sportstättem, wo die Olympischen Spiele im August 2004 ausgetragen wurden. Wettkämpfe werden auch im Friedens- und Freundschaftsstadion in Neo Faliro, Piräus, veranstaltet.

Angeln

In Griechenland findet man ideale Möglichkeiten zum Angeln. Boote und Geräte für den Fischfang gibt es in fast allen Küstenorten. In Piräus, an der Akti Mutsopoulou, vermieten Privatunternehmer kleine Boote. Angeln oder Fischen in den Flüssen und Seen des Landes vom Boot aus bedarf der Genehmigung durch die örtliche Polizeibehörde.

An Griechenlands Stränden ist Langeweile ein Fremdwort.

Bergsteigen Der Griechische Alpine Bergsteigerverband hat zahlreiche Schutzhütten, meist auf Höhen zwischen 1000 m und 2000 m, angelegt. Über Schutzhütten und Skizentren im Gebirge informiert außer der Griechischen Zentrale für Fremdenverkehr (► Auskunft) auch der Griechische Bergsteigerverband (s. u.)

Bootscharter Innerhalb der griechischen Hoheitszone dürfen nur solche Schiffe verchartert werden, die unter griechischer Flagge laufen und für den Charter amtlich zugelassen sind. Eine Kopie des Mietvertrags ist beim Hafenamt des Ausgangshafens zu hinterlegen, eine zweite muss der Schiffsführer stets mit sich führen. Gleiches gilt für die Mannschafts- und Passagierliste. Voraussetzung für das Chartern eines Bootes ohne Besatzung ist, dass der Mieter und eine zweite Person an Bord den entsprechenden Bootsführerschein besitzen.

Hafenführer ► Ein guter **Hafenführer** wird von dem Verlag Delius Klasing, Bielefeld, in vier Bänden publiziert: Gerd Radspieler, Häfen und Ankerplätze Griechenland.

Golf Dem Golfspiel wurde in Griechenland erst relativ spät größere Aufmerksamkeit zuteil, so dass es bisher nur wenige Golfplätze gibt. Golfplätze gibt es bei Athen, auf Stihonía auf der Halbinsel Chalkidikí sowie auf den Inseln Korfu, Kreta und Rhodos.

Reiten Im Faliro Ippodromo bei Athen werden montags, mittwochs und freitags um 15.00 Uhr Pferderennen ausgetragen.

Rudern In der Regel werden in Griechenland Ruderboote von Marineklubs vermietet. Ruderregatten finden von April bis September statt.

Segeln Bei der Griechischen Zentrale für Fremdenverkehr (► Auskunft) ist die Broschüre »Segelsport« erhältlich, die über Einreisebestimmungen, Bootscharter und Marinas informiert. Außerdem kann man bei den unten aufgeführten Stellen Auskunft zum Segeln einholen.

Tauchen Das Tauchen mit Atmungsgeräten ist sowohl im Meer als auch in den Seen und Flüssen Griechenlands – bis auf einige Ausnahmen – zum Schutz der sich unter Wasser befindlichen archäologischen Schätze verboten. Eine Liste über die Ausnahmeregionen und ihre aktuellen Bestimmungen sowie über Unterwasserfischen ist bei der Griechischen Zentrale für Fremdenverkehr (► Auskunft) erhältlich. In jedem Fall ist es ratsam, zunächst beim zuständigen Hafenamt Erkundigungen über die örtlichen Bedingungen einzuholen. Der Griechische Tauchsportverband informiert über Tauchkurse in anerkannten Tauchschulen.

Tennis Tennisplätze liegen meist bei Hotels und im Bereich der Strandbäder. Klubeigene Tennisanlagen finden sich in Attika, Chania, Iráklion / Kreta, Ioánnina, Lárisa, Pátras sowie auf Korfu und Rhodos.

ADRESSEN

ANGELN

▸ **Verband der Sportfischer und des Seesports**
Moutsopoulou
Piräus
Tel. 21 04 51 57 31
Haupthafenamt Piräus
Tel. 21 04 51 14 11

BERGSTEIGEN

▸ **Griechischer Bergsteigerverband**
Ellinikos Orivatikos (EOS)
Mihalikopoulou 39, Athen
Tel. 21 07 29 54 73
Fax 21 07 21 27 66
E-Mail: alpinclub@internet.gr

GOLF

▸ **Griechischer Golfverband**
Postfach 70003
GR-16610 Glyfada
Tel. 21 08 94 19 33
Fax 21 08 94 51 62

REITEN

▸ **Griechischer Reitclub**
Paradisou 18, Maroussi
Athen
Tel. 21 06 81 25 06

▸ **Faliro Ippodromo**
Tel. 21 09 41 77 61

RUDERN

▸ **Griechischer Ruderverband**
Voukourestiou 34, Athen
Tel. 21 03 61 21 09

SPORTSCHIFFAHRTS-VERBÄNDE

▸ **Griechischer Segelverband (E I O)**
Possidonos 51
GR-18344 Moschato
Tel. 21 09 30 48 25

▸ **Hellenic Yachting Federation (H. Y. F.)**
Kountourioti 7
GR-18534 Piräus
Tel. 21 04 13 73 51
Fax 21 09 30 48 29

TAUCHEN

▸ **Griechischer Tauchsportverband**
Athen
Tel. 21 09 81 99 61

TENNIS

▸ **Tennis Federation**
Patission 89, Athen
Tel. 21 08 21 04 78

WANDERN

▸ **Vereinigung der griechischen Wanderclubs**
Dragatsaniou 4, Athen
Tel. 21 03 23 41 07

WASSERSKI

▸ **Wasserskiverband**
Thrakis 60, Chlioupoli
Tel. 21 09 94 43 34
Fax 21 09 94 05 21

WINDSURFING

▸ **Griechischer Windsurfingverband**
Filellinon 7
Athen
Tel. 21 03 23 36 96
Fax 21 03 22 32 51
www.ghiolman.com

WINTERSPORT

▸ **Griechischer Skiverband**
Karageorgi Servias 7, Athen
Tel. 21 03 23 44 12
Fax 2 10 32 30 12

Nachmittagsausritt am Strand von Pórto Cárras auf der Halbinsel Chalkidikí

Wandern Wandern in Griechenland erfreut sich zunehmender Beliebtheit; die sechsstündige Wanderung zum Beispiel durch die Samariá-Schlucht gehört zu den großartigsten Erlebnissen, die der Wanderfreund auf Kreta erfahren kann. Weitere beeindruckende Schluchten sind Víkos (►Ioánnina) und Lousios (►Trípolis). Durch Griechenland führt der Europäische Fernwanderweg E 4; er beginnt im Norden des Landes bei Florina und durchquert das Land bis Gýthio im Süden der Peloponnes. Informationen mit einer Liste der örtlichen Wandervereine und guter Wanderziele sind bei der Griechischen Zentrale für Fremdenverkehr (►Auskunft), in ADAC-Geschäftsstellen und Reisebüros erhältlich.

Wasserski An zahlreichen Orten in Griechenland, vor allem natürlich in den Touristenzentren auf den Inseln, stehen Wasserskischulen zur Verfügung.

Windsurfen Surfliebhaber können an vielen Stränden ihren Sport betreiben. Surfbretter werden fast überall vermietet. Besonders gute Surfreviere sind Gýthio auf dem Peloponnes und die Gewässer zwischen den Inseln Páros und Náxos.

Wintersport Die Gebirgsregionen Griechenlands werden zunehmend durch Liftanlagen für Skiläufer erschlossen. In Höhenlagen um 1800 m dauert die Wintersportsaison von Dezember bis März, auf dem Olymp, Parnass und in den Hochlagen des Píndos-Gebirges bis Mai. Auskünfte über Skizentren und Schutzhütten erteilt neben der Griechischen Zentrale für Fremdenverkehr (►Auskunft) und dem Griechischen Alpinen Bergsteigerverband der Griechische Skiverband.

Inselhüpfen

Die griechischen Inseln sind vor allem mit dem Schiff (Fährschiffe; Tragflügelboote), zahlreiche auch mit dem Flugzeug zu erreichen. Die **Schiffsverbindungen** zu den Inseln der Ägäis gehen meist von Piräus bei Athen aus. Die Verbindungen einiger Inseln untereinander sind nicht direkt, so dass es manchmal erforderlich ist, zum Hafen Piräus zurückzukehren.

Die Ionischen Inseln haben Schiffsverbindungen mit den Festlandshäfen Pátras und Igoumenítsa. Bei den Inseln im Kapitel Reiseziele sind die Schiffsverbindungen detailliert aufgelistet. Da die Abfahrten der Schiffe wegen der Windverhältnisse manchmal geändert werden, ist es notwendig, sich bei den Schiffsagenturen zu informieren; Wartezeiten müssen dann in Kauf genommen werden. Reisende mit Pkw sollten sich spätestens zwei Stunden vor dem Auslaufen der Fährschiffe einfinden.

Verkehr

Straßenverkehr

Straßennetz

Das griechische Straßennetz ist in den letzten Jahrzehnten planmäßig ausgebaut worden, und man ist bemüht, es weiter zu vergrößern und zu verbessern. Ein Großteil ist asphaltiert. Die asphaltierten Straßen liegen überwiegend auf dem Festland, doch sind sie in entlegenen Gegenden oft eng und kurvenreich. Generell sollte man vermeiden, nachts zu fahren, denn: Die Fahrbahnränder sind meist nicht markiert und sehr unregelmäßig, und auch sehr gute Straßen können große und tiefe Schlaglöcher aufweisen. Insbesondere auf den kleinen Inseln gibt es noch unbefestigte Straßen. Bei Nacht muss man auf den Landstraßen mit Tieren auf der Fahrbahn und nicht beleuchteten Fahrzeugen rechnen.

Verkehrsvorschriften

In Griechenland gelten weitgehend die internationalen Verkehrsregeln. Verkehrssündern drohen schon bei Parkverstößen drastische Geldbußen. Sprachkundige Polizeibeamte tragen eine Armbinde mit der Aufschrift **Tourist Police**. In den Städten ist das Hupen untersagt. Sicherheitsgurte sind während der Fahrt anzulegen.

In hell erleuchteten Ortschaften wird nachts lediglich mit Standlicht gefahren. Das Schild »Vorfahrtsstraße« bedeutet Parkverbot. Die Alkoholgrenze beträgt 0,5 Promille.

Höchstgeschwindigkeiten

Für Pkws, auch mit Anhänger, (und Motorräder über 100 cbm^3) gelten folgende Geschwindigkeitsbegrenzungen: innerorts 50 km / h (40 km / h), außerorts 90 km / h (70 km / h), auf Nationalstraßen

INFORMATIONEN VERKEHR

AUTOMOBILKLUB

▸ **ELPA**
Messogion 2
Tel. 21 07 79 16 15
Hier erhält man auch Straßenzustandsberichte.

Tel. 174
Unter dieser Telefonnummer erhält man Informationen u. a. zu Hotels, Veranstaltungen und Sehenswürdigkeiten.

Tel. 1 04
Notruf, rund um die Uhr

▸ **ADAC**
Tel. 21 09 60 12 66

MIETWAGEN

▸ **Reservierung in Deutschland**
Avis: Tel. 0 18 05 / 55 55 77
Europcar: Tel. 0 18 05 / 5 80 00
Hertz: Tel. 01 80 5/ 33 35 35

110 km / h (70 km / h) sowie auf Schnellstraßen und Autobahnen 120 km / h (90 km / h). Wer zu schnell fährt, muss mit einer hohen Geldbuße und evtl. mit Führerscheinentzug rechnen; unter Umständen werden die Kennzeichen vom Fahrzeug entfernt.

Kraftstoff Es gibt nahezu flächendeckend bleifreies Super, bleifreies Super Plus und Normalbenzin sowie Dieselkraftstoff, Motorenöl (normal und super) und selten Autogas. Die Mitnahme von Kraftstoff in Kanistern ist verboten.

Pannenhilfe Der Automobil- und Touringclub ELPA unterhält auf den touristisch wichtigen Straßen einen Patrouillendienst (OVELPA) mit gelben Wagen (Aufschrift: **Assistance Routière**). Bei einer Panne macht man durch Winken mit einem gelben Tuch oder durch das Öffnen der Motorhaube auf sich aufmerksam. Die Hilfe ist kostenpflichtig; ADAC-Mitglieder erhalten Sondertarife. Für Inhaber des ADAC-Euro-Schutzbriefes ist die Pannenhilfe vor Ort und das Abschleppen bis zur nächsten Werkstatt kostenlos.

Taxis Die Preise für Taxifahrten in Griechenland sind günstiger als z. B. in Deutschland. In den größeren Städten sind Taxis zahlreich vorhanden und besonders in Athen an allen Plätzen mit starkem Publikumsverkehr (Flughafen, Bahnhöfe, Hafen Piräus, Syntagma-Platz, Omonia-Platz, Autobushöfe usw.) sowie vor den großen Hotels und Museen zu finden; sie verkehren in der Großstadt praktisch zu allen Tages- und Nachtzeiten. Taxis halten auch bei Zuruf oder Winken am Straßenrand. Es ist üblich, das Fahrzeug mit anderen Fahrgästen zu teilen; der Preis ermäßigt sich dadurch nicht.
Die Taxis mit gelbem Taxischild auf dem Dach sind mit Taxametern ausgestattet. Zusätzliche Gebühren werden berechnet beim Einstieg

Mit dem »Funcar« oder »Quad« geht's zu einsamen Buchten und Stränden.

in Taxis an Bahn- und Busbahnhöfen sowie See- und Flughäfen, ferner für jedes Gepäckstück sowie für Fahrten zwischen 0.00 und 5.00 Uhr.

Mietwagen

Außer den international tätigen Mietwagenfirmen, deren Reservierungssysteme zuverlässig funktionieren, bieten vor Ort – insbesondere in Athen, Piräus, Thessaloníki und größeren Touristenzentren (auch auf den Inseln) – einheimische Unternehmen Leihwagen an. Ihre Tarife sind meist niedriger, die Fahrzeuge weisen jedoch nicht immer den gewohnten Qualitätsstandard auf. Mietwagenfirmen sind an den internationalen Flughäfen vertreten; auch übernehmen Hotelrezeptionen die Vermittlung. Es ist oft günstiger, schon zu Hause einen Mietwagen zu buchen.

Miet-bedingungen

Bedingungen für das Mieten eines Kraftfahrzeuges ist der Besitz eines internationalen Führerscheins; für deutsche Staatsbürger genügt der nationale Führerschein. Unabdingbar ist außerdem eine Kreditkarte, um die hohe Kaution zu vermeiden.

Zeit

In Griechenland gilt die Osteuropäische Zeit (OEZ = MEZ + 1 Std.). Zu den selben Tagen wie in Deutschland beginnt und endet die Sommerzeit. In Griechenland ist man also das ganze Jahr über eine Stunde »voraus«.

Touren

SIE WOLLEN GRIECHENLAND ERKUNDEN UND WISSEN NOCH NICHT, WO ES LANGGEHEN SOLL? UNSERE TOUREN FÜHREN SIE ZU DEN BEDEUTENDEN SEHENSWÜRDIGKEITEN UND EINDRUCKSVOLLEN NATURSCHÖNHEITEN DES LANDES.

TOUREN DURCH GRIECHENLAND

Schneebedeckte Berggipfel, Naturreservate in unzähligen Flussdeltas, lebendige moderne Städte und einsame Sandstrände in versteckten Felsbuchten – das ist nur eine kleine Aufzählung von den landschaftlichen Impressionen, die Sie auf den hier vorgeschlagenen Routen kennen lernen werden. Freuen Sie sich auf diese abwechslungsreichen Touren, die Ihnen Land und Leute näher bringen werden!

TOUR 1 **Von Thessaloníki nach Athen**
Lernen Sie auf dieser Tour die weltberühmten Sehenswürdigkeiten des Landes kennen: Díon, die heilige Stadt der Makedonen, Delfí, einst Mittelpunkt der griechischen Welt, oder das mythische Theben. ▶ **Seite 145**

TOUR 2 **Griechenlands Norden**
Unvergesslich schöne Landschaftsimpressionen und Sehenswürdigkeiten wie die antike Orakelstätte Dodóna oder die großartigen »Adlerhorste« der mittelalterlichen Metéora-Klöster zeichnen diese Rundreise aus, die Sie durch den touristisch weniger erschlossenen Norden Griechenlands führt. ▶ **Seite 148**

TOUR 3 **Von Thessaloníki nach Alexandroupolis**
Die Tour durch den Nordosten des Landes empfiehlt sich vor allem für Naturfreunde und ist zugleich ein kleiner Abstecher in den Orient. ▶ **Seite 150**

TOUR 4 **Von Athen durch den Norden des Peloponnes**
Entdecken Sie auf der Fahrt durch den Peloponnes interessante antike Sehenswürdigkeiten, bedeutende Klosteranlagen wie Dafní mit berühmten Mosaiken und abwechslungsreiche Landschaftsbilder. ▶ **Seite 151**

TOUR 5 **Durch Messenien nach Pátras**
Erleben Sie einen bunten Mix aus gut erhaltenen antiken Stätten und beeindruckenden Naturschönheiten. Unumstrittener Höhepunkt dieser Fahrt ist natürlich ein Besuch der archäologischen Stätte Olympía, des Geburtsortes der Olympischen Spiele. ▶ **Seite 153**

Berg-Klöster
1988 wurden die Metéora-Klöster in die Liste des UNESCO-Weltkulturerbes aufgenommen.

Obere Stadt
Wahrzeichen Athens und das bekannteste Bauwerk Griechenlands: die Akropolis

Unterwegs in Griechenland

Als Zeus sich zusammen mit seiner göttlichen Familie nach einem standesgemäßen Zuhause umschaute, wählte er nicht umsonst Griechenland aus: Er erkannte, dass es nirgends auf der Welt abwechslungsreichere Landschaften, schönere Inseln und freundlichere Menschen gab. Man sagt sogar, dass das Meer nirgends so blau sei wie in Griechenland.

Tauchen Sie deshalb vergnügt in dieses blaue Nass ein, lernen Sie die jahrtausendealten Zeitzeugen der bewegten Landesgeschichte kennen oder lassen Sie sich ohne Zeitdruck einfach nur von Insel zu Insel treiben. Freuen Sie sich auf ein Stück einmaliger mediterraner Lebensart: Genießen Sie das gute Essen, den hervorragenden Wein und vor allem die herzliche Gastfreundschaft, die Ihnen auf Schritt und Tritt begegnen wird.
Griechenland kennen zu lernen ist natürlich ein nicht ganz einfaches Unterfangen, denn es ist bekanntermaßen recht groß und überall warten stumme Zeitzeugen der mehr als 5000 Jahre alten Landesgeschichte darauf, von Ihnen entdeckt zu werden.

Wer nicht gut zu Fuß ist, kann auch auf traditionellen Transportmitteln reisen.

Wo soll ich also anfangen, vielleicht bei den sagenumwobenen Gebirgsmassiven, in den weltberühmten antiken Stätten, an den traumhaft schönen, endlos langen Sandstränden oder in den lebendigen modernen Städten? Was soll ich mir zuerst anschauen?
Die folgenden Tourenvorschläge sind daher dafür gedacht, Land und Leute gezielt zu entdecken. Die hier zusammengestellten Routen – ein Mix aus Empfehlungen wichtiger antiker Kulturhöhepunkte, landschaftlicher Naturerlebnisse und praxisorientierter Tipps für touristisch abseits gelegene Pfade – helfen, schnell mit dem Land bekannt und vertraut zu werden. Je nach zur Verfügung stehender Zeit können die Touren natürlich auch verlängert, verkürzt oder miteinander kombiniert werden.

Tour 1 Von Thessaloníki nach Athen

Start: Thessaloníki
Ziel: Athen
Länge: 650 km

Diese Route folgt im Großen und Ganzen der Verbindung zwischen Thessaloníki und Athen entlang der Ostküste, der Hauptachse des griechischen Straßennetzes. Sie schließt damit die beiden größten und bedeutendsten Städte Griechenlands ein, die mit einer Fülle von berühmten Sehenswürdigkeiten aufwarten, für deren Besichtigung man jeweils einige Tage einplanen sollte.

Von 1 * **Thessaloníki**, der Hauptstadt Makedoniens, geht es nach Südwesten durch die einförmige Tiefebene Kampania, das Mündungsdelta der Flüsse Axios, Loudias und Aliakmón. An den östlichen Ausläufern der Pieria-Berge entlang (bei Makrygialós findet man Strände und Dünenlandschaft) gelangt man an Katerini vorbei zum 6 km abseits gelegenen * **Díon** mit den Ausgrabungen der heiligen Stadt der Makedonen. Hier steht man bereits zu Füßen des 2917 m hohen Götterbergs * **Olymp**, der höchsten Erhebung Griechenlands.
Auf der Schnellstraße passiert man die beeindruckende Kreuzfahrerburg von Platamónas, bevor man in das schöne Témbi-Tal zwischen Olymp und dem Bergstock Ossa einfährt. Vom Ausgang des Tals bietet sich ein empfehlenswerter Abstecher hinauf in das malerische Dörfchen 2 * **Ambelákia** (5 km) an.
Das Pinios-Tal öffnet sich nun zur Ostthessalischen Ebene mit 3 **Lárisa**, der Hauptstadt Thessaliens, das schon in der Antike die Kornkammer Griechenlands war.
Die Hafenstadt 4 **Vólos** darf man links liegen lassen, wenn man nicht – was allerdings sehr schade wäre – zum * **Pílion** mit seinen malerischen Bergdörfern und wunderbaren Stränden fahren will.

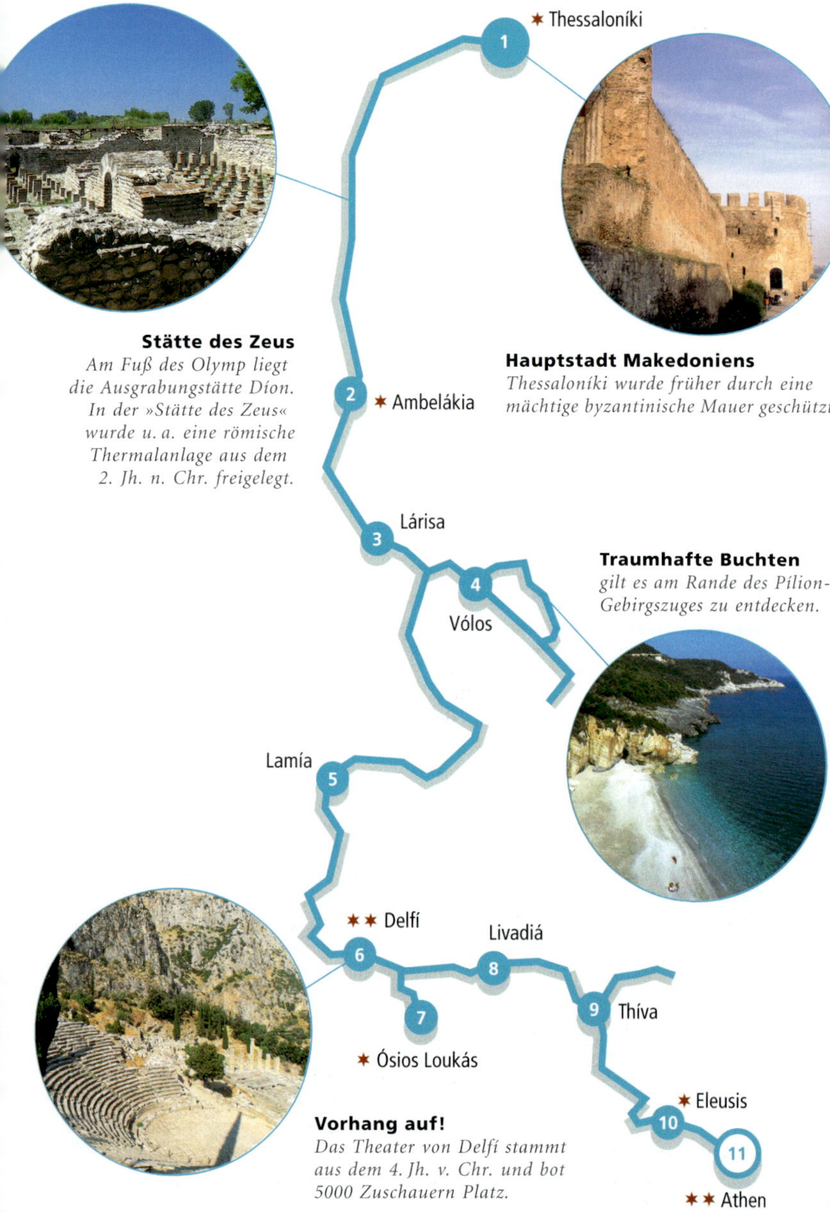

Stätte des Zeus
Am Fuß des Olymp liegt die Ausgrabungsstätte Díon. In der »Stätte des Zeus« wurde u. a. eine römische Thermalanlage aus dem 2. Jh. n. Chr. freigelegt.

Hauptstadt Makedoniens
Thessaloníki wurde früher durch eine mächtige byzantinische Mauer geschützt

Traumhafte Buchten
gilt es am Rande des Pílion-Gebirgszuges zu entdecken.

Vorhang auf!
Das Theater von Delfí stammt aus dem 4. Jh. v. Chr. und bot 5000 Zuschauern Platz.

In weitem Bogen fährt man um das 1726 m hohe Othrys-Gebirge sowie später – mit Blick auf Évia – am Golf von Lamía entlang nach ⑤ **Lamía**, dem Hauptort der Landschaft Fthiotis. Südwestlich der Stadt liegen die berühmten Thermopylen, die heute allerdings keinen Engpass mehr bilden, sondern nur noch historisch interessant sind.

✓ NICHT VERSÄUMEN

- Díon: In der antiken heiligen Stadt der Makedonen wurde u. a. eine imposante Badeanlage mit Mosaikböden, Wasserleitungen und Fußbodenheizung freigelegt.
- Delfí: Das Orakelheiligtum des Apollo war die bedeutendste Kultstätte des antiken Griechenland.
- Ósios Loukás: Byzantinische Mosaike aus dem 11. Jahrhundert schmücken die Klosterkirche.
- Eleusia: In dem Demeter-Heiligtum wurde einst ein geheimnisvoller Mysterien-Kult gefeiert.

Weiter geht's in südlicher Richtung nach ⑥ ✶✶ **Delfí**. Zunächst kann man sich die Eisenbahnbrücke über den Gorgopotamos ansehen, bevor man – mit herrlichem Blick zurück – über das Sperchios-Tal und kurvenreiche Pässe nach Bralos fährt. Nach Durchquerung der Kifissos-Ebene kommt man hinüber nach Ámfissa in der ölbaumreichen Landschaft Fokis und zur berühmten antiken Orakelstätte ✶✶ **Delfí** in einer grandiosen Landschaft. Wen hier nach Meer gelüstet, der sollte einen Ausflug nach Galaxídi machen.

Von ✶✶ **Delfí** geht es wieder nach Osten. Von Arachova, einem malerisch gelegenen Ort, sind die Berge des ✶ **Parnass** zugänglich. 13 km östlich zweigt die Stichstraße zum Kloster ⑦ ✶ **Ósios Loukás** ab, das für seine Mosaiken aus dem 11. Jh. weltberühmt ist. Am Weg liegt Dístomo, das die deutschen Besatzer 1944 zerstörten. 45 km östlich von Delfí liegt ⑧ **Livadiá**, die Hauptstadt der Landschaft Böotien. 13 km östlich ist in Orchomenós ein minoisches Kuppelgrab zu sehen. Von hier geht es östlich zum Autobahnanschluss Kastro, wo sich die mächtige mykenische Festung Gla erhebt.

Nach ⑨ **Thíva**, der in der antiken Mythologie bedeutenden Stadt Theben, gelangt man am einfachsten auf der Schnellstraße. Vom Kloster Sagmata (12 km nordöstlich) überblickt man die ganze Ebene von Thíva. Wenn man nicht vorhat, die Insel Euböa (Évia) anzusteuern, wählt man von Thíva die Straße 3 (E 926) nach Süden durch das landschaftlich wie historisch interessante böotisch-attische Grenzgebiet. Hinter Erithres überquert man den Pass Giftokastro. Von der attischen Festung Eleutherai empfiehlt sich ein Abstecher 23 km westlich zum schön gelegenen ✶ **Pórto Gérmeno** am Korinthischen Golf. Von Inoi sind es dann noch 21 km zum Saronischen Golf und dem Mysterienheiligtum von ⑩ ✶ **Eleusis**, das heute von der Industriestadt Elefsina umgeben ist.
Auf der Schnellstraße geht es schließlich in die griechische Hauptstadt ⑪ ✶✶ **Athen**.

Tour 2 Griechenlands Norden

Start: Igoumenítsa
Ziel: Igoumenítsa
Länge: 450 km

Diese Tour führt durch die vielfältigen Landschaften des Nordwestens Griechenlands, eines bislang von Touristen noch weniger stark frequentierten Landesteils.

Von ❶ **Igoumenítsa** geht es zunächst durch die bergige Landschaft Thesprotien nach Südosten. Fünf Kilometer hinter Margariti zweigt eine Straße zu einem »Bade-Abstecher« nach ❷ * **Párga** ab, einem an einer hübschen Bucht gelegenen Badeort. Etwas weiter südlich ist bei Mesopotamos das antike Totenorakel Nekromanteíon Ephýras zu sehen. Von hier aus geht es dann unmittelbar am Meer entlang in Richtung Préveza, das den schmalen Kanal zwischen dem Meer und dem weit ins Festland eindringenden Ambrakischen Golf bewacht. Ungefähr 10 km vor Préveza liegen die beeindruckenden Reste der von Octavian gegründeten Stadt ❸ * **Nikópolis**. Von Nikópolis fährt man in nordöstlicher Richtung weiter nach ❹ * **Árta**, einer lebhaften Marktstadt mit sehenswerten byzantinischen Kirchen. Von dort lohnt sich nicht nur für Naturfreunde ein Abstecher in die südwestlich gelegene Lagunenlandschaft.

Von Árta geht's wieder ein Stück auf dem Weg zurück, auf dem man gekommen ist, bis man auf die Straße 5 (E 951) trifft. Diese nimmt man in Richtung Norden durch das für seine Forellen bekannte Tal des Louros. Etwa 5 km vor Ioánnina sollte man einen Abstecher zum Zeus-Orakel von ❺ * **Dodóna** unternehmen, in dessen antikem Theater sommers Aufführungen stattfinden.

Von ❻ ** **Ioánnina**, der reizvoll am Westufer des Pamvotis-Sees gelegenen Hauptstadt des Epiros mit orientalischer Atmosphäre, geht es auf der landschaftlich sehr lohnenden Katara-Passstraße – vorbei am touristisch geprägten malerischen Bergort * **Métsovo** – durch die eindrucksvolle Gebirgswelt des Píndos nach Kalambáka und zu den auf bizarren Fels-Türmen gelegenen ❼ ** **Metéora-Klöstern**, einer landschaftlich wie kunst- und religionsgeschichtlich einzigartigen Sehenswürdigkeit.

Nach einem Besuch der weltberühmten Klöster geht's von Kalambáka über Grevena in das »Pelz-Städtchen« ❽ * **Kastoriá**, dessen pittoreske Altstadt sich mit vielen kleinen byzantinischen Kirchen auf dem Isthmus einer Halbinsel im See von Kastoriá aufbaut.

✓ NICHT VERSÄUMEN

- Metéora-Klöster: Weltberühmte mittelalterliche Klosteranlagen auf bizarr geformten Fels-Türmen.
- Kastoriá: Das pittoreske »Pelz-Städtchen« besitzt über 70 Kirchen und Kapellen.
- Zagória: Schöne Bergdörfer und tiefe Schluchten in einer wild zerklüfteten Landschaft.

Abstieg
Grandios: die 600 m tiefe Víkos-Schlucht

Hoch hinaus!
Bis zu 300 m hoch sind die Felsen, auf denen sich die Klöster von Metéora befinden.

Etwa auf halber Strecke zurück in Richtung Grevena zweigt rechts die E 90 ab. Auf der teils sehr kurvenreichen Straße erreicht man über das 1060 m hoch gelegene Bergdorf Pentalofos den Ort Kónitsa am Rand des weiten, landwirtschaftlich genutzten Tals des Aóos. Ein kleiner Abstecher führt von hier in die Dörfer am mächtigen, 2637 m hohen Smolikas. Südwestlich von Kónitsa erstreckt sich der Víkos-Aóos-Nationalpark mit der gewaltigen ✶✶ **Víkos-Schlucht**.
Weiter geht es durch das fast unbesiedelte Tal des wasserreichen Sarantaporos zu den Bergdörfern der 9 ✶✶ **Zagória** vor der Kulisse des hochalpinen Týmfi-Gebirges, eine der schönsten und ungewöhnlichsten Gegenden Griechenlands.
Bevor man wieder Ioánnina erreicht, kann man 6 km nördlich der Stadt die Pérama-Tropfsteinhöhle besichtigen. Auf dem Rückweg nach Igoumenítsa durch eine freundliche Berglandschaft bietet sich ca. 20 km nach Ioánnina ein Abstecher in das Dörfchen Sitsa an, das für seinen Wein und das Ilias-Kloster bekannt ist.

Haupthafen des Peleponnes
In Pátras befindet sich der wichtigste Hafen der Westküste Griechenlands.

Kultplatz
In Eleusis wurde in der Antike die Göttin Demeter verehrt.

stücke byzantinischer Kunst erst nach der Renovierung der bei einem Erdbeben 1999 beschädigten Klosteranlage wieder in Augenschein nehmen. Verlässt man das Kloster wieder, wendet man sich auf der E 94 Richtung Westen, bis man nach ca. 12 km die Weihestätte ❸ ✶ **Eleusis** an der gleichnamigen Bucht erreicht. Hier wurde in der Antike die Göttin Demeter verehrt. Folgt man weiter der E 94 in westlicher Richtung, geht es hinter Megara unterhalb des Bergzugs Gerania am Saronischen Golf entlang zum ✶✶ **Kanal von Korinth** und bis zur gleichnamigen Stadt. In ❹ ✶✶ **Korinth** angekommen, laden viele Sehenswürdigkeiten in der Stadt und in ihrer Umgebung zu einem Besuch ein, u. a. das antike Korinth oder die byzantinische Burg Akrokorinth.

Hat man Korinth verlassen, folgt man auf der Schnellstraße dem Golf von Korinth auf seiner gesamten Länge zum Ziel der Reise, ❺ **Pátras**. Wer mehr Zeit hat, sollte statt der Autobahn die im Baedeker-Tipp beschriebene alternative Strecke abfahren.

! *Baedeker* TIPP

Immer an der Küste entlang

Wesentlich schöner ist die Fahrt von Korinth nach Pátras über die meist unmittelbar am Ufer entlangführende Küstenstraße. Jedoch müssen auf diesem Weg zahlreiche Orte durchfahren werde. Dafür ist die vielfältige Uferlandschaft wesentlich interessanter als die Autobahn. Außerdem kann man so leicht entscheiden, wo man einen Badestopp einlegen möchte.

Tour 5 Durch Messenien nach Pátras

Start: Areópolis
Ziel: Patras
Länge: 530 km

Die Route führt durch herrliche Landschaften und zu interessanten Ausgrabungsstätten wie Messene und Bassä. Höhepunkt der Tour ist die Besichtigung des berühmten Olympía, Geburtsstätte der Olympischen Spiele.

Ausgangspunkt der Tour ist ❶ ✶ **Areópolis** auf der Halbinsel Máni. Von dem hübschen Städtchen führt eine schmale Straße in nördlicher Richtung entlang der Küste des Messenischen Golfs. Durch eine abwechslungsreiche Landschaft mit Olivenhainen, Badebuchten und kleinen Orten mit interessanten Bauten aus byzantinischer Zeit erreicht man die Hafenstadt ❷ **Kalamáta**.

Für einen Besuch des einst bedeutenden ❸ ✶ **Messene**, das sich ca. 30 km nordwestlich von Kalamáta am Hang des Berges Ithomi erstreckt, fährt man über Messíni und Lambena in das Dörfchen Mavrométi, das mitten im antiken Gelände liegt.

Nach der Besichtigung der Ruinen von Messene geht's zurück in Richtung Kalamáta und auf der Straße 82 westwärts durch Messinien, bis sich ❹ ✶ **Pýlos** an der schönen, von der Insel Sfaktiría gegen das Ionische Meer abgeschirmten Bucht ausbreitet, in der 1827 die berühmte »Schlacht von Navarino« stattfand. Von Pýlos fährt man nach Norden bis Gialova, von wo aus es sich empfiehlt, einen Abstecher zur wunderbaren Voidokilia-Bucht zu machen. Von hier gelangt man nach kurzer Fahrt landeinwärts zum mykenischen ✶ **Nestor-Palast**.

Anschließend geht es durch ein Hügelland mit Olivenkulturen, Weinfeldern und Gemüseanbau vorbei an Gargalianí, bis man über Filiatra nach Kyparissía gelangt; 22 km nördlich der Stadt zweigt dann bei Kato Taxiarchai die Straße zum ❺ ✶ **Tempel von Bassä** ab, die zunächst durch eine oberitalienisch anmutende Landschaft hinauf nach Kato Figalia führt.

Von Andritsena, 14 km weiter nördlich, das eindrucksvoll an den Bergen liegt, kann man nun auf der gut ausgebauten Bergstraße nordwestlich nach Krestena fahren und erreicht über den Alfios-Staudamm das riesige Ausgrabungsgelände von ❻ ✶✶ **Olympía**.

Nach dem Besuch der »Geburtsstätte der Olympischen Spiele« fährt man auf der Schnellstraße, vorbei am wenig interessanten Pýrgos, bis

✓ NICHT VERSÄUMEN

- Messene: Eine mächtige, fast 10 km lange Mauer umschloss einst die Stadt.
- Bassä: Der dem Heilgott Apollon Epikourios geweihte Tempel ist eines der am besten erhaltenen antiken Bauwerke des Landes.
- Olympía: Über tausend Jahre lang wurden im »Heiligen Hain« die Olympischen Spiele ausgetragen.

Mögen die Spiele beginnen!
Von der Geburtstätte der Olympischen Spiele sind nur noch Ruinen übrig.

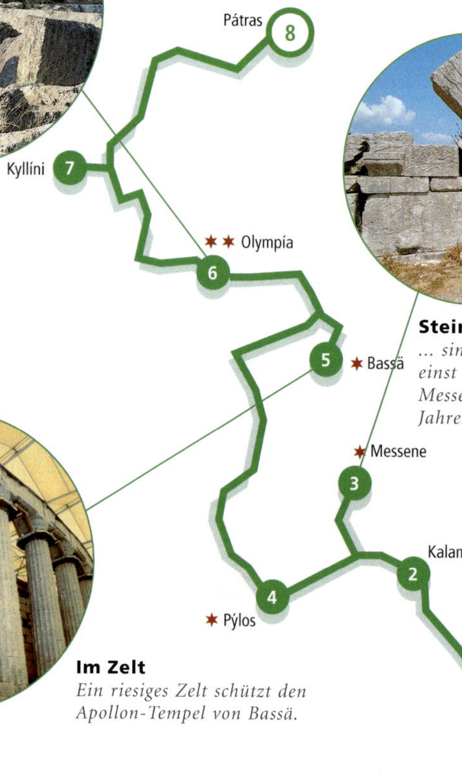

Steinalt...
... sind die Mauern de einst bedeutenden Messene: über 2000 Jahre.

Im Zelt
Ein riesiges Zelt schützt den Apollon-Tempel von Bassä.

Gastouni. Jetzt geht's westwärts auf die ❼ **Halbinsel Kyllíni** mit ihren langen, schönen Sandstränden und dem netten See- und Thermalbad Loutrá Kyllínis. Die mächtige Frankenburg Chlemutsí thront bei Kastro eindrucksvoll über der Halbinsel.
Weiter geht es von Lechena entlang der Strofilia-Küste mit ihren Lagunen, Dünen und Sümpfen nach Kato Achäa; nur wenige Kilometer weiter erreicht man schließlich ❽ **Pátras**.

Traumhaft liegt die Bucht Koroni bei Kalamáta. →

ΑΝΑΣΤΑΣΙΟΣ

Reiseziele von A bis Z

WELTBERÜHMTE ALTERTÜMER UND EINE QUIRLIGE HAUPTSTADT, HERRLICHE LANDSCHAFTEN, PARADIESISCHE STRÄNDE UND EINE FASZINIERENDE INSELWELT – IN GRIECHENLAND GIBT ES VIELES ZU ENTDECKEN.

★★ Ägina · Αίγινα

J/K 9

Inselgruppe: Sardonische Inseln
Höhe: 0 – 532 m ü.d.M.
Hauptort: Ägina
Fläche: 83 km²
Bewohnerzahl: 12 000

Das milde Klima und die geringen Niederschläge machten die hügelige, fruchtbare Insel im Saronischen Golf – bekannt für ihre vorzüglichen Pistazien – zu einem beliebten Ausflugs- und Urlaubsziel der Athener – kein Wunder, schließlich liegt das Eiland direkt vor der Haustür.

Mythos und Geschichte

Der Sage nach gilt **Äakos**, der Sohn des Zeus und der Ägina und Vater von Peleus und Telamon, der wegen seiner weisen und gerechten Herrschaft mit Minos und Rhadamanthys Richter der Unterwelt wurde, als Stammvater der Ägineten. Bereits im zweiten Jt. v. Chr. war die Insel ein bedeutender Handelsplatz für Tonwaren. Erstmal

ÄGINA ERLEBEN

AUSKUNFT

Touristenpolizei
Leonárdou Ladá
Ägina-Stadt
Tel. 22 97 02 77 77

ANREISE

Schiffsverbindungen bestehen mit Piräus und Galatas auf dem Festland und mit den Inseln Ankístri, Póros, Spétses und Ýdra.

ESSEN

► **Erschwinglich**

Agorá
Ägina-Stadt
Hinter der Fischmarkthalle, Parallelstraße zum Hafen
Ausgezeichnete Fischgerichte zu akzeptablen Preisen.

► **Preiswert**

Taverna Lekkas
Ägina-Stadt
Schön an der Uferpromenade Richtung Kolóna-Hügel gelegen; griechische Küche, die auch die Einheimischen genießen.

ÜBERNACHTEN

► **Komfortabel**

Eginitikó Archontikó
Ag. Nikoláou & Thomaídos 1
Ägina-Stadt
Tel. 22 97 02 49 68
E-Mail: fotisd@aig.forthnet.gr
13 Z.
Das Hotel ist in einem Herrenhaus aus dem 19. Jh. untergebracht und verfügt über einen Dachgarten mit Bar.

► **Günstig**

Artemis
Kanari 20
Ägina-Stadt
Tel. 22 97 02 51 95
www.artemishotel-aegina.com
24 Z.
Angenehmes Haus; alle Zimmer sind mit einem Balkon ausgestattet.

Boot als Marktstand: Gemüsehändler auf Ägina

erwähnt wird Ägina als Kolonie des dorischen Epidauros, mit dem es im 7. Jh. v. Chr. zur Herrschaft des **Pheidon von Argos** gehörte. Nach der Loslösung von der Mutterstadt im 6. Jh. v. Chr. setzte eine Blüte ein, die den Inselstaat, der Handelsposten u. a. am Schwarzen Meer unterhielt, in Konkurrenz zu Korinth treten ließ.
Zu Beginn der Perserkriege stand der Seefahrerstaat auf der Höhe seiner Macht. Es kam zu Auseinandersetzungen mit Athen, dem die starke Insel bei der Ausweitung seiner Seemacht hinderlich war. Die Athener zwangen die Stadt 456 v. Chr. zur Übergabe.
Zu Beginn des Peloponnesischen Krieges (431 v. Chr.) schließlich wurden die Ägineten ganz von ihrer Insel vertrieben und das Land unter attischen Bürgern aufgeteilt. Zwar ermöglichte die Niederwerfung Athens im Jahr 404 v. Chr. vielen die Rückkehr, aber die Blüte der Insel war dahin. Wiederholte Kriegszüge brachten sie aufs Neue in den Besitz der rasch erstarkenden attischen Macht, deren Schicksal sie fortan teilte. Der Inselhauptort Ägina war 1828 Hauptstadt Griechenlands.

Sehenswertes auf Ägina

Ägina-Stadt

Der **Inselhauptort** Ägina (6000 Einw.) breitet sich sanft ansteigend um eine weite Bucht an der nördlichen Westküste aus. Es ist ein hübsches geschäftiges Städtchen, in dem noch einige klassizistische Häuser das Bild mitprägen. Das Leben hier spielt sich vor allem an der Hafenmole mit seinen zahlreichen Straßenlokalen ab.

Aphaia-Tempel Orientierung

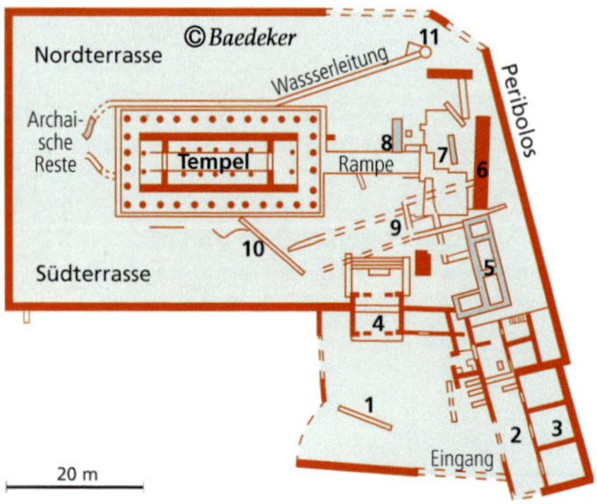

1 Stützmauer
2 Stoa
3 Priestergebäude (5. Jh.)
4 Propylon (5. Jh.)
5 Priestergebäude (7. Jh.)
6 Altar (5. Jh.)
7 Altar (5. Jh.)
8 Altar (7. Jh.)
9 Propylon (6. Jh.)
10 Peribolos (7. Jh.)
11 Zisterne, Sphinxsäule

Auf dem nördlich der Stadt vorspringenden Hügel Kolóna erhebt sich eine 8 m hohe dorische Säule vom **Tempel des Apollon** am Hafen (460 v. Chr.). Unter dem Tempel fand man Spuren vormykenischer und mykenischer Besiedlung, westlich davon zwei kleinere Tempel wohl der Artemis und des Dionysos. Im interessanten **Archäologischen Museum** werden Grabungsfunde vom 3. Jahrtausend bis zur Römerzeit, besonders aber Funde von den Tempeln der Aphaia und des Apollon, gezeigt.

Die Fahrt zum Tempel der Aphaia an der Ostküste der Insel, ca. 3 km nördlich des Badeorts Agía Marína, führt durch waldiges und landwirtschaftlich genutztes Hügelland. Nach etwa 2 km erreicht man im Jahr 1289 die aus Bauteilen antiker Tempel errichtete Kirche **Ágii Theódori** mit sehr sehenswerten byzantinischen Fresken.

Ágios Nektários

Nach einigen Kilometern fällt schon von weitem die moderne große Kirche das Nektarios-Klosters ins Auge. Das Kloster, benannt nach dem 1920 gestorbenen und 1961 heilig gesprochenen Erzbischof Nektarios, ist ein bedeutender Wallfahrtsort.

Palaiochóra

Ganz in der Nähe liegt die um 1800 verlassene **mittelalterliche Inselhauptstadt** Palaiochóra mit den Überbleibseln einer venezianischen Burg. Zwischen den über den Hügel verstreuten Ruinen der Stadt stehen über zwanzig Kirchen aus dem 13. und 14. Jh., einige von ihnen sind mit Fresken geschmückt.

✶✶ Tempel der Aphaia

Der Tempel der **Aphaia** aus dem 5. Jh. v. Chr., einer als **Beschützerin der Frauen** geltenden Gottheit geweiht, ruht auf den Fundamenten eines Heiligtums des sechsten vorchristlichen Jahrhunderts und ist als Peripteros von 6 : 12 Säulen angelegt. Pronaos und Opisthodom – hier befindet sich ein steinerner Altar – waren durch Antenwände mit zwei dazwischen liegenden Säulen eingeschlossen. Das Dach der Cella wird durch zwei Säulenreihen gestützt. Erhalten sind 23 Säulen aus gelblichem Kalkstein mit Teilen des ursprünglichen Stucküberzugs. Vor der gesamten Breite der Ostfront und über eine Rampe mit ihr verbunden befand sich der Opferaltar, südlich der Ostfront das kleine Propylon mit achteckigen Säulen.

In dem über 2500 Jahre alten Tempel an der Ostküste Äginas wurde die Zeus-Tochter Aphaia als Beschützerin der Frauen verehrt.

Der ganze Heilige Bezirk war durch Aufschüttungen geebnet und teils von natürlichem Fels, teils durch Quadermauern abgestützt. In der Umgebung stieß man auf Siedlungsreste aus dem Spätneolithikum (4./3. Jt. v. Chr.). Vom Tempelbezirk bietet sich ein prächtiger Ausblick über einen großen Teil des Saronischen Golfes zur Küste des Festlands von Athen bis zum Kap Sounion. Um einen Einblick in die Baugeschichte des Aphaia-Tempels zu gewinnen, sollte man das **Archäologische Museum** gleich links des Aufgangs besuchen (Öffnungszeiten: Apr. – Okt. tgl. 8.00 – 19.30 Uhr).

Agía Marína

Etwa drei Kilometer südlich des Aphaia-Tempels erstreckt sich an einer schönen Bucht mit Sandstrand Agía Marína, das **Touristenzentrum** der Insel mit modernen Hotelanlagen und vielen Cafés, Tavernen und Souvenirläden.

Ankístri

Etwa 5 km südwestlich von Ägina liegt die bewaldete Insel Ankístri, mit 12 km² die kleinste bewohnte Insel im Saronischen Golf. Die rund 700 Bewohner sind Nachfahren von im 16. Jahrhundert eingewanderten Albanern. Gute Badestrände findet man bei Skála und Megalochóri.

★ Amorgós · Αμοργός

O/P 11

Inselgruppe: Kykladen
Höhe: 0 – 826 m ü. d. M.
Hauptort: Amorgós-Chóra
Fläche: 120 km²
Bewohnerzahl: 1800

Wer gerne wandert und seine Ferien am liebsten abseits des Touristenrummels verbringt, für den ist die gebirgige Kykladeninsel Amorgós ein ideales Urlaubsziel.

Östlichste Kykladeninsel

Amorgós, 33 km lang und 2 bis 6 km breit, liegt südöstlich von Náxos. Die Felswände an der Südostküste fallen spektakulär bis zu 800 m tief zum Meer ab, die Nordwestküste ist sanfter und besitzt zwei tief eingeschnittene Buchten: die Ägiáli-Bucht und die Katápola-Bucht mit dem wichtigsten Inselhafen. Der Tourismus konzentriert sich vor allem auf Katápola.

Sehenswertes auf Amorgós

Katápola

Katápola, an einer tief eingeschnittenen Bucht gelegen, ist Haupthafen und **Touristenzentrum der Insel**. Die sehenswerte Panagía Katapolianis wurde auf Fundamenten einer frühchristlichen Basilika

Das Kloster Panagía Chozoviótissa klebt wie ein leuchtendes Schwalbennest an der Felswand.

AMORGÓS ERLEBEN

AUSKUNFT

www.amorgos.gr

Tourist-Information
In den Reisebüros in
Katápola

ANREISE

Schiffsverbindungen bestehen mit Piräus auf dem Festland sowie mit den anderen Kykladeninseln.

ESSEN

▶ Erschwinglich

Mouragio
Katápola
Tel. 22 85 07 10 11
Das nahe der Platía gelegene Lokal bietet gute griechische Küche.

▶ Preiswert

Bitzéntos
Katápola
Im »Bitzéntos« werden die guten griechischen Gerichte direkt am Wasser serviert.

ÜBERNACHTEN

▶ Luxus

Aegiális
Aegiáli
Tel. 22 85 07 33 93
www.aegialis-amorgos.com
32 Z.
Das nahe Aegiáli zwischen zwei Sandbuchten gelegene Hotel bietet hübsch eingerichtete Zimmer mit herrlichem Meerblick.

▶ Komfortabel

Amorgos
Katápola
Tel. 22 85 07 10 13
10 Z.
Am Hafen gelegene, recht gemütliche Pension.

errichtet. Im Süden der Bucht, hinter der sich ein grünes Tal öffnet, liegen auf einer Anhöhe die Reste der vermutlich im 2. Jt. v. Chr. von Kretern gegründeten Stadt **Minóa**.

Amorgós-Chóra

Der Inselhauptort Amorgós-Chóra, 5 km oberhalb von Katápola gelegen, schmiegt sich mit seinen weißen Kykladenhäusern und über 40 Familienkapellen um einen markanten Felsen mit den Resten einer venezianischen Burg aus dem 13. Jahrhundert. Das **Archäologische Museum** neben der Kirche Zoodóchos Pigí gewährt Einblick in die Frühgeschichte der Insel. Auf Amorgós wurden hervorragende Zeugnisse der Kykladenkunst gefunden, die u. a. im Kykladenmuseum in Athen ausgestellt sind.

★ Panagía Chozoviótissa

Sehr beeindruckend ist das abenteuerlich an eine Steilwand gebaute berühmte byzantinische Kloster Panagía Chozoviótissa. Von Amorgós-Chorá erreicht man das Kloster zu Fuß in ca. 40 Min. über einen Treppenweg, der am östlichen Ortsende beginnt; von Katápola aus fährt stündlich ein Bus zum Inselhauptort. Die Gründungslegende erzählt von einer Frau in Palästina, die eine Ikone in ein Boot gelegt hat, um sie vor Bilderstürmern zu retten. Das Bild wurde an die hiesige Küste getrieben, und die Einheimischen errichteten an der Stelle, die ihnen ein eiserner Nagel markierte, eine Kirche. Der wehrhafte Klosterbau wurde von **Kaiser Alexios Komnenos** im Jahr 1088 gestiftet und birgt wertvolle Ikonen. Von der Terrasse bietet sich ein eindrucksvoller Blick über das Meer (Öffnungszeiten: tgl. 8.00 bis 13.00, im Sommer zusätzlich 17.00 bis 19.00 Uhr).

! *Baedeker* TIPP

Auf den Kríkelo

Vor allem im Frühjahr, wenn es hier herrlich grünt und blüht, ist eine Wanderung hinauf auf den 826 m hohen Kríkelo besonders schön. Für den Hin- und Rückweg der insgesamt 18 km langen Tour sollte man mit vier bis fünf Stunden rechnen.

Im Südwesten der Insel liegen bei dem hübschen Dörfchen Arkesíni die **Kastrí** genannten Überreste einer Stadt, die von der mykenischen bis zur römischen Zeit bewohnt war. Die archäologische Stätte, die durch ihre eindrucksvolle Lage besticht, ist auf einem schönen, 2 km langen Spaziergang von Vroutsis aus zu erreichen.

✶ Ándros · Άνδρος

M 9

Inselgruppe: Kykladen
Höhe: 0 – 994 m ü. d. M.
Hauptort: Ándros-Chóra
Fläche: 380 km²
Bewohnerzahl: 10 000

Das üppig grüne Ándros, die nördlichste und nach Náxos zweitgrößte Kykladeninsel, ist als Urlaubsziel noch weitgehend unentdeckt. Der relativ bescheidene Inseltourismus konzentriert sich auf die Strände um Batsí und Gávrio an der Westküste.

Sehenswertes auf Ándros

Ándros-Chóra

✶ Archäologisches Museum ►

✶ Museum für moderne Kunst ►

Der Hauptort Ándros-Chóra breitet sich auf einem Felsrücken zwischen zwei Buchten der Ostküste aus. Über einen malerischen Treppenweg gelangt man vom Hafen zur Platía Kaíris zwischen Alt- und Neustadt, wo sich ein bemerkenswertes Archäologisches Museum befindet. Glanzstück des Museums, das einen umfassenden Einblick in die Geschichte der Insel vermittelt, ist die klassische Marmorstatue des **Hermes von Ándros** (Öffnungszeiten: Di. – So 8.00 – 14.30 Uhr). Das Museum für moderne Kunst ganz in der Nähe ist eines der wenigen seiner Art in Griechenland. Neben dem andriotischen Bildhauer **Michael Tombros** werden weitere bedeutende moderne griechische Künstler vorgestellt; die Sammlung umfasst auch einige Werke von Picasso, Klee, Matisse und Chagall (Öffnungszeiten: Okt. bis Juni Mo. –Sa. 10.00 – 14.00, Juli – Sept. auch 18.00 – 20.00 Uhr).

ÁNDROS ERLEBEN

AUSKUNFT

Tourist-Information
Gávrio
Infokiosk am Hafen
Tel. 22 82 02 51 62
www.androsweb.gr

ANREISE

Schiffsverbindungen bestehen mit Rafina auf dem Festland sowie mit den Inseln Amorgós, Donoussa, Iráklia, Kéa, Koufónissa, Kýthnos, Mýkonos, Náxos, Páros, Sýros und Tínos.

ESSEN

▸ Preiswert

Parea
Platía Kaíris
Ándros-Chóra
In der Taverne am Eingang zur Altstadt bekommt man neben griechischen Gerichten noch einen schönen Strandblick.

ÜBERNACHTEN

▸ Luxus

Paradise
Ándros-Chorá
Tel. 22 82 02 21 87
www.paradiseandros.gr
38 Z., 3 Suiten
Das am südwestlichen Ortseingang gelegene Hotel bietet geräumige, gut ausgestattete Zimmer. Vom Speisesaal eröffnet sich ein herrlicher Panoramablick. Zum Strand fährt regelmäßig ein Shuttle-Bus.

Von der Platía Kaíris gelangt man durch das Kamara-Tor in die schöne Altstadt Kástro, die ungewöhnlicherweise mit klassizistischen Stadthäusern beeindruckt. Die Bischofskirche **Panagía Palatianís**, die mit einem wertvollen geschnitzten Templon ausgestatter ist, stammt aus dem 13. Jahrhundert. Im kleinen **Schifffahrtsmuseum**, das man an der Platiá Afani Nafti am Ende des Kástro findet, werden vor allem Schiffsmodelle gezeigt. Eine einbogige Brücke führt zur Kastellinsel, wo noch die spärlichen Überbleibsel einer venezianischen Festung vorhanden sind.

! Baedeker TIPP

Eine Spezialität ...

... der Insel ist »Froutália«, ein Omelett mit Kartoffeln und Wurst, das es vor allem im Hinterland gibt, beispielsweise in dem Dorf Katákilos, das 5 km von Batsí entfernt liegt.

Von Obst- und Mandelbäumen umgeben ist **Steniés**, 4 km nördlich des Inselhauptorts. Unterhalb breitet sich der **Sandstrand Giália** aus. Sechs Kilometer nordwestlich von Ándros-Chóra kommt man nach Apikía in schöner Lage, wo das in Griechenland bekannte Mineralwasser Sáriza herkommt; die Quelle in einem Brunnenhaus ist zugänglich. Von hier aus bietet sich die einstündige Wanderung zum Kloster **Ágios Nikólaos** an; berühmt ist die Ikone des hl. Nikolaus, die aus Gold- und Silberfäden sowie Menschenhaar angefertigt wurde.

Messariá-Tal Von Ándros-Chóra erstreckt sich das fruchtbare Messariá-Tal, in dem Wein und Zitrusfrüchte angebaut werden, quer durch die Insel. Im hübschen Ort **Messariá** steht die Taxiarchis-Kirche von 1158.

Panagía Panachrántou ist das älteste und größte Kloster der Insel, gegründet 961. Die festungsartige Klosteranlage liegt 800 m hoch und 4 km südlich von Messariá. Die für Besucher nicht zugänglichen Reste von **Zagorá**, der einzigen gut erhaltenen Siedlung aus geometrischer Zeit (900 – 700 v. Chr.) in Griechenland, befinden sich 2 km südlich der Kreuzung Stavropéda.

Westküste Die bis in byzantinische Zeit blühende ehemalige Inselhauptstadt **Paleópolis** lag beim heutigen gleichnamigen Dörfchen. Erhalten sind spärliche Reste der Akropolis und der Hafenanlagen. Das neue Archäologische Museum von Paleópolis zeigt Gefäße, Werkzeuge, Schmuck, Münzen, Skulturen und Inschriften, die in der alten Hauptstadt gefunden wurden.

Das hübsche **Batsí**, Touristenzentrum der Insel, besitzt mehrere schöne Sandstrände. Nördlich von Batsí liegt in 300 m Höhe das 1325 gegründete Nonnenkloster **Zoodóchos Pigí** (»Leben spendende

Der schöne Strand von Batsí verspricht Ruhe und Erholung.

Quelle«), das wertvolle Ikonen aus dem 14. bis 16. Jh.; das kleine Klostermuseum zeigt v. a. liturgische Gewänder und sakrale Kunst.
Als geschützter Ankerplatz diente schon im Altertum die Bucht von **Gávrio**; heute ist das Fischerdorf **Haupthafen der Insel**.
Ca. 2 km nordwestlich, bei Ágios Pétros, steht der gleichnamige, mächtige hellenistische Rundturm (4. / 3. Jh. v. Chr.).

★ Argolis · Αργολίδα

H/J 9/10

Die Argolis nimmt den Nordosten der Peloponnes ein. Schon in der Jungsteinzeit besiedelt, war sie in der mykenischen Epoche vor über 3000 Jahren mit ihren Macht- und Wirtschaftszentren Mykene, Tiryns und Argos von allen griechischen Landschaften die am dichtesten besiedelte.

Sehenswertes in der Argolis

Bedeutende Kulturlandschaft

Die Argolis, eine der bedeutendsten Kulturlandschaften Griechenlands, wurde um 2000 v. Chr. von frühgriechischen Achäern in Besitz genommen. In dorischer Zeit stieg Argos zur mächtigsten Stadt der Region auf, dessen Heraion das zentrale Heiligtum darstellte. Nur wenig weiter nordöstlich erheben sich auf einem Hügel die trutzigen Mauern der Burg von ► Mykene, nordwestlich liegt das Zeus-Heiligtum von Neméa und im Osten der Argolis ►Epidauros mit seinem berühmten Theater. In venezianischer Zeit wurde ►Náfplio am Argolischen Golf zu einer gewaltigen Festung ausgebaut.
Heute sind Náfplio, die weiter östlich gelegenen Badeorte Toló, Ermióni und Porto Chéli sowie die vorgelagerten Inseln Spétses und Ýdra Touristenzentren.

ARGOLIS

AUSKUNFT

Tourist-Information
25. Martiou
Náfplio
Tel. 27 52 02 44 44

Argos

Argos, **Hauptort**, Verkehrsknotenpunkt und wirtschaftliches Zentrum **der Argolis**, erstreckt sich in einer fruchtbaren Ebene am Fuß des 289 m hohen Burgbergs Lárissa.
An der hübschen Platía in der Stadtmitte, die von der 1859 errichteten Kirche Ágios Pétros dominiert und von Lokalen und Geschäften gesäumt wird, herrscht das größte Treiben. Das sehenswerte **Archäologische Museum** in der Fußgängerzone nahebei zeigt u. a. Statuen, Grabstelen, Keramik und Mosaike aus Lerna und dem antiken Argos (Öffnungszeiten: Di. – So. 8.00 – 15.00 Uhr). Die Reste der antiken Stadt wurden an der Straße nach Trípolis freigelegt. Man

Von den Resten des Hera-Heiligtums bei Néa Iréo eröffnet sich ein weiter Blick über die Ebene von Argos.

trifft zunächst auf die Ruinen römischer Thermen aus dem 2. Jh.; das Theater (um 400 v. Chr.) daneben ist mit 20 000 Plätzen eines der größten in Griechenland. Auch Teile des römischen Odeons, des Aphrodite-Heiligtums sowie der Agorá sind erhalten.
Den **Lárissa-Berg** erreicht man vom Grabungsfeld zu Fuß in 45 Minuten. Der Gipfel wird von einem mächtigen Kastell bekrönt, das auf byzantinische Zeit zurückgeht; dort kann man eine herrliche Aussicht genießen.

Heraion 11 km nordöstlich von Argos, in der Nähe des Dorfes Néo Iréo, liegt eines der bedeutendsten Hera-Heiligtümer des antiken Griechenlands, das Heraion (Iraion). Zwar sind nur wenige Reste des Heiligtums zu sehen, doch seine großartige Lage ist beeindruckend. Das Heraion war seit mykenischer Zeit das **Hauptheiligtum der Argiver** und wurde vom 8. bis zum 5. Jh. v. Chr. in Terrassen am Hang eines Bergrückens angelegt. Eine breite antike Treppe führt zur ersten Terrasse mit den Überresten einer Säulenhalle und dem Fundament des Hera-Tempels aus dem 5. Jh. v. Chr., für den **Polyklet**, der aus Argos stammte, eine Gold-Elfenbein-Statue der Hera schuf.

★ Neméa Rund 25 km nördlich von Argos liegt beim Weindörfchen Archéa Neméa das antike Neméa mit seinem **Zeus-Heiligtum**, umgeben von Weinbergen, Olivenbäumen und Zypressen. Hier begründete der Seher Amfiaraos im Jahr 1251 v. Chr. die panhellenischen **Nemeischen Spiele** zu Ehren des Zeus. Die Nemeen wurden ab 573 v. Chr. alle zwei Jahre abgehalten, bis sie im 2. Jh. v. Chr. nach Argos verlegt wurden. 1996 wurden die Nemeischen Spiele wieder ins Leben gerufen, die Sport- und Kulturveranstaltungen umfassen.

Im 4. Jh. v. Chr. wurde an der Stelle eines archaischen Tempels, von dem eine Krypta erhalten blieb, ein dorischer Peripteros-Tempel mit 6:12 sehr schlanken Säulen erbaut. Vor der Ostseite erkennt man den Tuffsteinunterbau des Altars. Südlich des Tempels gab es ein lang gestrecktes Gästehaus, über dem im 5./6. Jh. eine dreischiffige Basilika errichtet wurde, ferner eine Palästra und ein hellenistisches Bad, das älteste erhaltene Griechenlands, und ein relativ gut erhaltenes Stadion. Das Museum enthält neben einer Schau zur Geschichte der Grabungen Münzen, Keramik und mykenische Funde aus der Gegend (Öffnungszeiten: Di. – So. 8.30 – 15.00 Uhr).

★ Stymphalischer See

Ca. 30 km nordwestlich von Neméa erstreckt sich der Stymphalische See, der für seine interessante Vogel- und Pflanzenwelt bekannt ist. Er ist Schauplatz des Mythos von den menschenfressenden Stymphalischen Vögeln, die Herakles tötete.

Lerna

Am südlichen Ortsrand von **Míli**, 12 km südlich von Argos, findet man die überdachte Ausgrabungsstätte von Lerna, das bereits in der Jungsteinzeit besiedelt war. Das Zentrum der Anlage nimmt ein **frühhelladischer Palast** ein, der um 2200 v. Chr. erbaut wurde, mit 24 × 11 m das größte Bauwerk aus vorgriechischer Zeit in Hellas. Zwei mykenische Schachtgräber verweisen darauf, dass die Mykener um 1600 v. Chr. die Stätte übernommen haben. Unmittelbar nördlich liegt die Hydra-Quelle, an der der Sage nach Herakles die neunköpfige »Lernäische Schlange«, die Hydra, tötete.

Inseln vor der Argolis

Póros

Die 33 km² große Insel Póros liegt im Saronischen Golf und ist durch einen schmalen Sund von der Nordküste der Argolis getrennt. Fähren und Schiffe legen vom Hafen Galatás zu der festlandsnahen Insel ab. Die Bewohner leben von den landwirtschaftlichen Erträgen der zu Póros gehörenden fruchtbaren Küstenstriche auf dem Festland sowie vom Fremdenverkehr.

◄ Póros-Ort

Der gleichnamige Inselhauptort (3900 Einw.) liegt reizvoll auf einem kleinen Hügel am Meer. Das **Archäologische Museum** an der Platía Korýzi zeigt Funde der Insel von mykenischer bis frühchristlicher Zeit, darunter Grabstelen und Vasen.

◄ Poseidon-Tempel

Rund 5 km nordöstlich der Stadt findet man geringe Spuren des Poseidon-Heiligtums aus dem 6. Jh. v. Chr., das den Mittelpunkt der kalaurischen Amphiktyonie (Kultgemeinschaft) der Seestädte am Saronischen und Argolischen Golf bildete. Zahlreiche Gebäudereste in der Umgebung lassen hier die **antike Stadt Kalauria** vermuten.

◄ Kloster Zoodóchos Pigí

Etwa 4 km östlich der Stadt Póros liegt das im 18. Jh. errichtete Kloster Zoodóchos Pigí, das mit einer schönen vergoldeten Ikonostase aus Kleinasien geschmückt ist. Etwa 10 km westlich des Klosters sind bei dem Dorf Damalás geringe Überreste der **antiken Stadt Troizén** erhalten.

Im Hafen von Ýdra-Ort warten Maultiere auf Kunden.

Ýdra Ýdra ist eine 12 km lange und bis 5 km breite kahle Felsinsel vor der Südostküste der Argolis. Von Piräus und Ermióni auf dem Festland und von den Inseln Ägina und Spétses legen Fähren zu der reizvollen Insel ab, deren Bewohner vorwiegend von Fremdenverkehr und Kunstgewerbe – Schmuck, Keramik, Stickereien, Webereien, Lederarbeiten – leben.

Ýdra-Ort ► Der Inselhauptort Ýdra (2500 Einw.), der sich malerisch um eine kleine geschützte Hafenbucht an den Hügeln der Nordküste aufbaut, ist Treffpunkt zahlreicher Künstler und Intellektueller, die die Atmosphäre der Insel prägen. Am Kai steht die Kirche des ehemaligen Klosters der Panagía aus dem 17. Jh. mit einem sehenswerten Kreuzgang und einem kleinen **Byzantinischen Museum**. Das **Marinemuseum** in der Nähe der Anlegestelle beschäftigt sich hauptsächlich mit dem griechischen Freiheitskampf von 1821.

Das Hafenbecken säumen Villen reicher Reeder- und Händlerfamilien vom Beginn des 19. Jhs. Die einfachen, kykladisch anmutenden Bürgerhäuser steigen dahinter an den Hügeln bergan. Über der Stadt ragen die Ruinen einer mittelalterlichen Burg auf, darunter Festungsanlagen aus dem Befreiungskrieg.

Kamínia, Vlychós ► Westlich von Ýdra-Ort, zu Fuß am Ufer entlang in 20 Min. zu erreichen, liegt das ruhige Fischerdorf Kamínia, das mit einem Kiesstrand aufwartet. Etwas weiter westlich, bei Vlychós, befinden sich die Überreste der **antiken Stadt Chorisa**, außerdem gibt es dort gute Tavernen und wenig frequentierte Kiesstrände.

Mandráki ► Geht man vom Hafen von Ýdra-Ort ostwärts, vorbei an der Marineschule, gelangt man in 30 Min. nach Mandráki mit seinem beliebten Sandstrand.

> ! *Baedeker* TIPP
>
> **Inselspezialität**
>
> Unbedingt probieren sollte man die kulinarische Spezialität der Insel Ýdra – den Mandelkuchen »Amygdalota«.

In rund 45 Min. erreicht man das Mitte des 19. Jhs. entstandene Nonnenkloster **Agía Matróna** über der Bucht von Mandráki. Reizvoll in den Bergen liegen die Überreste des Klosters **Profítis Ilías** aus dem 15. Jh., zu dem man nach einer eineinhalbstündigen Wanderung gelangt. Direkt unterhalb der Klosterruinen liegt das Nonnenkloster **Agía Efpraxía**, von dem aus sich ein herrlicher Blick auf Stadt, Festland und Inseln bietet. 2 bis 3 Stunden dauert die Wanderung zu dem im 16. Jh. erbauten Kloster **Zourvás** an der Ostspitze der Insel.

Spétses

Spétses, das **antike Pityousa**, ist eine 22 km² große hügelige, waldreiche Insel vor der Südwestküste der Argolis, die sich mit ihren schönen Stränden zu einem beliebten Ausflugsziel entwickelt hat. Begünstigt durch ein mildes Klima, bildet der Fremdenverkehr auf der verkehrsfreien Insel die wichtigste Einnahmequelle ihrer Bewohner. Auf der Insel lebte Laskarina Pinotzis, unter ihrem Beinamen Bouboulina (► Berühmte Persönlichkeiten) eine der schillerndsten Figuren des griechischen Freiheitskampfes. Als erste der griechischen Inseln nahm Spétses 1821 am Freiheitskampf teil; aus diesem Anlass findet am ersten Sonntag nach dem 8. September eine Feier am Alten Hafen statt.

◄ Spétses-Ort

Der Inselhauptort Spétses (3600 Einw.) zieht sich von den weiten Hafenbuchten an sanften Hängen aufwärts. Das heutige Stadtbild mit stattlichen Herrenhäusern und drei sehenswerten Kirchen in Kastélli, der Oberstadt, stammt aus dem 19. Jahrhundert.

◄ Museen

In dem schönen **Herrenhaus Chatzigianni-Mezi** von 1795 befindet sich das Museum von Spétses. Die ältesten Ausstellungsstücke stammen aus hellenistischer und römischer Zeit. Außerdem sind sakrale Gegenstände wie Ikonen und liturgisches Gerät sowie eine Keramiksammlung aus dem 18. Jh. zu sehen. Darüber hinaus wird der Beitrag, den die Spetsioten zum Freiheitskampf von 1821 geleistet haben, beleuchtet; u. a. ist der Schrein mit den Gebeinen der Bouboulina ausgestellt. Der Freiheitskämpferin ist auch ein eigenes Museum in einem Herrenhaus in der Nähe des Hafens gewidmet.

◄ Inselwanderung

Eine 12 km lange Inselwanderung führt vom Hauptort Spétses südöstlich über das Kloster Ágios Nikólaos nach **Agía Marína**, wo noch geringe Spuren einer prähistorischen Besiedlung zu finden sind. Danach geht es zum Kap Kouzouna, auf dem Reste einer frühchristlichen Basilika des 5. Jhs. erhalten sind. Bei der **Badebucht von Ágii Anárgiri** liegt die **Bekiri-Meeresgrotte**, ein ehemaliges Versteck der Freiheitskämpfer. Von hier geht's über Ágia Paraskeví nach Brélou in waldreicher Gegend. Über den höchsten Punkt der Insel, den 244 m hohen Berg Profítis Ilías, und das Kloster Ágii Pántes geht man zurück nach Agía Marína.

★ Árta · Άρτα

D 6

Landschaft: Epiros
Einwohnerzahl: 30 000
Höhe: 30 m ü. d. M.

Das hübsch am Ufer des Árachthos gelegene Städtchen Árta ist das geschäftige Marktzentrum der Region.

Geschichte Gegründet wurde die Stadt bereits 645 v. Chr. als korinthische Kolonie; ihr antiker Name **Ambrakia** hat sich im Namen des südlich liegenden, vom Ionischen Meer fast völlig abgeriegelten Ambrakischen Golfs erhalten. Im 13. und 14. Jh. war Árta Hauptstadt des von Byzanz unabhängigen Despotats von Epiros, an dessen Fürsten die Festung sowie einige Kirchen der Stadt und Klöster in der Umgebung erinnern.

Sehenswertes in Árta

★ Panagía Parigorítissa Die zentrale Platía Skoufas wird beherrscht von der viergeschossigen, palastartigen Kirche Panagía Parigorítissa (»Trösterin Maria«), errichtet um das Jahr 1290 von Anna, der Frau des Despoten Nikephoros Palaiologos. Der Kirchenraum ist eine ungewöhnliche Konstruktion mit jeweils drei übereinander gestellten Säulen, die eine 24 m hohe Kuppel tragen. Die Kuppel schmückt ein Pantokrator-Mosaik, an der Ikonostase sieht man das Bild der Kirchenpatronin Maria (Öffnungszeiten: Di. – So. 8.30 – 15.00 Uhr).

Stadtrundgang Von der Parigorítissa-Kirche bietet sich ein kurzer Rundgang durch das Städtchen an. Gegenüber der Kirche findet man das kleine **Archäologische Museum**, das Funde aus verschiedenen Epochen aus-

ÁRTA ERLEBEN

AUSKUNFT

Tourist-Information
Platía Kristálli
Tel. / Fax 26 81 07 85 51
E-Mail: eotartas@otenet.gr

ESSEN

► Preiswert

Protomastoras
In der gemütlichen Taverne bei der historischen Árachthos-Brücke gibt's gute regionale Gerichte.

ÜBERNACHTEN

► Komfortabel

Xenia
Dodonis 33
Tel. 26 81 02 74 13
22 Z.
Das Hotel Xenia liegt zentral und ruhig in der mittelalterlichen Burg und in einem Park. Es verfügt über ein Restaurant und ein schönes Café.

Ein Blick in die Kuppel zeigt recht deutlich die verwegene Konstruktion der Kirche Panagía Parigorítissa.

stellt. Man geht ein Stück die Konstantinou-Straße hinauf, dann einen Treppenweg links hinunter zur Fußgängerzone und über die Platía Ethnikís Antistáseos und biegt in die Perivólou-Straße ein, die zur Markthalle führt. Nahebei steht die Kirche **Ágios Vassílios** aus dem 13. Jh., deren in vielfältigen Mustern gemauerten Außenwände mit Fayencestücken geschmückt sind; die Originale sind im Byzantinischen Museum in Ioánnina zu sehen. Von dort ist es nicht mehr weit bis zur mittelalterlichen, an der Stelle einer antiken Akropolis unter Michael II. erbauten **Festung**, in deren Innenhof ein kleines Café zu einer Bummel-Pause einlädt. Auf dem Rückweg folgt man von der Markthalle der Pyrrou-Straße. Durch ein Seitengässchen kommt man zu der aus dem 13. Jh. stammenden Kirche **Agía Theodóra**, ausgebaut von der Mutter des Despoten Nikephoros, der später heilig gesprochenen Theodora. Die Vorderseite ihres Sarkophags im Narthex zeigt Theodora zusammen mit ihrem Sohn.

◄ Árachthos-Brücke

Bei der Ausfahrt nach ► Ioánnina ist neben der modernen Brücke die schöne, im 17. Jh. errichtete Brücke über den Árachthos zu sehen, eine der ältesten aus Stein gebauten Brücken des Landes.

Umgebung von Árta

Káto Panagía, Vlácherna

Rings um Árta gibt es zahlreiche sehenswerte byzantinische Kirchen und Klöster, z. B. die aus dem 13. Jh. stammende Klosterkirche Káto Panagía (1 km südlich) und in Vlácherna (6 km nordöstlich) das Vlachernenkloster aus dem 13. Jh.; der Marmorrahmen der Kirchentür besteht aus Teilen der ursprünglichen Inneneinrichtung.

★ **Ambrakischer Golf**

Südlich von Árta bilden Árachthos und Loúros ein großes Delta am Ambrakischen Golf, ein geschütztes Feuchtgebiet mit vielen seltenen Tieren und Pflanzen wie Krauskopfpelikanen und Stelzvögeln. Gute Beobachtungspunkte sind der Karsthügel bei **Strongýli**, der Mavrovouni-Hügel nordwestlich von **Vígla** und der Fahrdamm nach **Koronissía**. Im Golf selbst sind hin und wieder Delfine zu sehen.

! *Baedeker* TIPP

Küstenidylle

Unvergleichlich schön ist die menschenleere Küste, die sich südlich von Préveza zwischen den vom Tourismus kaum berührten Dörfchen Páleros und Astakós hinzieht: nur karge Macchia, weiße Kalkfelsen und Meer, kleine Buchten und ein herrlicher Blick auf die Ionischen Inseln von Lefkáda bis Itháki und Kefallónia.

Rund 40 km südwestlich von Árta liegt an der nur 350 m breiten Einfahrt in den Ambrakischen Golf die Hafenstadt **Préveza** (15 000 Einw.). Die guten Einkaufsmöglichkeiten in der Stadt, ihr Jachthafen und die kilometerlangen Strände, die sich am Ionischen Meer bis hinauf nach Loutsa ziehen, sorgen für einigen Tourismus in der Region. Sehenswert sind ein **venezianischer Uhrturm** von 1756 und eine geschnitzte vergoldete Ikonostase von 1828 in der **Kathedrale**. Einen weiten Blick über die Goldflandschaft hat man vom spätmittelalterlichen venezianischen Kastell aus.

Mächtige Wehranlagen mit Toren und Türmen umgeben noch immer die von Kaiser Augustus gegründete »Siegesstadt« Nikópolis.

Ca. 6 km nördlich von Préveza, auf dem Isthmus zwischen Ionischem Meer und Ambrakischem Golf, dehnt sich das Ruinengelände von Nikópolis aus. Octavian – der spätere Kaiser Augustus – gründete die »Siegesstadt« nach seinem Sieg in der **Seeschlacht von Áktion** gegen die ägyptisch-römische Flotte von Antonius und Kleopatra im Jahr 31 v. Chr., durch den er die Alleinherrschaft über das römische Imperium gewann. **Nikópolis**

Das heutige Bild der antiken Stätte wird von den Bauten der Spätantike (2. – 6. Jh. n. Chr.) beherrscht, darunter ein großes Theater, an dem noch die Löcher für die Stützen der Sonnensegel zu sehen sind, ein Odeion, ein Stadion sowie Wehrmauern mit Türmen und Toranlagen (Öffnungszeiten: Mo. 10.30 – 17.00, Di. – So. 8.30 bis 17.00 Uhr).

★★ Athen · Αθήνα

K 8/9

Landschaft: Attika
Einwohnerzahl: 745 000
(Großraum: 4 Mio.)
Höhe: 40 – 150 m ü. d. M.

Die Hauptstadt Griechenlands, die Wiege der abendländischen Kultur, präsentiert sich seinen Besuchern als quirlige Metropole, in der Vergangenheit und Gegenwart miteinander zu verschmelzen scheinen.

Ausführlich beschrieben im Baedeker Allianz Reiseführer »Athen«

Athen gehört mit der weltberühmten Akropolis und bedeutenden Museen zum Pflichtprogramm eines Griechenlandbesuchs – als Zwischenstopp während einer Festlandsreise oder auf dem Weg von Piräus zu den griechischen Inseln.

Seit der Ausrichtung der Olympischen Spiele im Jahr 2004 erstrahlt Athen, das sich in einer weiten Küstenebene am Saronischen Golf ausbreitet, in neuem Glanz. Die Verkehrsinfrastuktur wurde ausgebaut, in Stand gesetzt und verbessert, viele Plätze der Stadt neu gestaltet und begrünt. Insbesondere wurden in der Innenstadt verkehrsberuhigte Gebiete geschaffen, die die wichtigsten Sehenswürdigkeiten wie die Akropolis, Dionysos-Theater, Kerameikós-Nekropole und das Altstadtviertel, die Pláka, dank neuer Spazierwege harmonisch miteinander verbindet.

Geschichte

Die Entwicklung Athens begann mit der Vereinigung der verschiedenen Siedlungen (Synoikismos) im attischen Raum unter König **Theseus** im 10. Jh. v. Chr. Soziale Spannungen im 7. Jh. v. Chr. konnten durch die Reformen des **Solon** nur vorübergehend beigelegt werden. Nach dem Tode Solons brachen sie schon bald wieder auf und

ATHEN ERLEBEN

AUSKUNFT

Tourist-Information
Amalias 26
Tel. 21 03 31 03 92
Fax 21 03 31 06 40
www.gnto.gr

Flughafenbüro:
Ankunftsebene
Tel. 21 03 53 04 45

Shopping en gros in der Einkaufsmeile Odós Ermoú

IN ATHEN UNTERWEGS

Das Stadtgebiet Athens dehnt sich zwar über mehr als 400 km² aus, das für Touristen interessante Areal ist aber recht klein und überschaubar; die allermeisten Sehenswürdigkeiten sind gut zu Fuß zu erreichen. Expressbuslinien und die Metro-Linie 3 verbinden den Flughafen Eleftherios Venizelos, 27 km östlich des Zentrums, mit der Stadt; das Expressbus-Ticket berechtigt zur Weiterfahrt in der Metro und in Bussen. In der Innenstadt verkehren die Metro, die über 3 Linien verfügt, eine Trambahn, Minibusse und die gelben Trolleybusse. Blau-weiße Busse fahren vom Zentrum in die Vororte. Der Sightseeingbus führt zu 30 Sehenswürdgkeiten, an denen man beliebig zu- und aussteigen kann.

SHOPPING

Das Viertel mit den elegantesten Geschäften und den schicksten Lokalen ist Kolonáki am Südhang des Lykavittós-Hügels. Hier findet man Mode von internationalen und griechischen Modemachern, Schmuck- und Antiqitätengeschäfte sowie einige Kunstgalerien. Für den kleineren Geldbeutel empfiehlt sich die Ermoú-Straße, die weitgehend als Fußgängerzone gestaltet ist.
Zu einem angenehmen Bummel lädt die ebenfalls verkehrsberuhigte Altstadt Pláka ein mit ihren engen malerischen Gassen. Hier reihen sich Souvenirläden sowie Lederwaren- und Schmuckgeschäfte aneinander. Kunsthandwerk gibt es um den Monastiráki-Platz und den Avissinias-Platz; dort findet sonntags auch der Flohmarkt statt.
Die Athínas-Straße ist der »Bauch« Athens: In der großen Markthalle findet man fast alles, was es an griechischen Lebensmitteln gibt.

AUSGEHEN

In Athen gibt es eine unüberschaubare Zahl von Kneipen, Bars, Clubs und Diskos mit einem Musikprogramm für jeden Geschmack: von Rock bis griechischer Volksmusik. Urlauber zieht es meist in die traditionellen Musik-Tavernen in der Pláka. In den Clubs und Diskos, zu denen man meist nur in angemessener Kleidung Zutritt erhält, wird es erst ab Mitternacht so richtig lebendig. Dafür bleiben sie, v. a. an Wochenenden, bis zum Sonnenaufgang geöffnet.

ESSEN

▸ Fein & teuer

① *Symposio*
Erechthiou 46, Makrigianni
Tel. 21 09 22 53 21
Moderne griechische Küche unter Verwendung regionaler Produkte aus ökologischem Anbau; Gartenlokal mit Akropolisblick.

② *Daphne's*
Lysikratous 4
Tel. 21 03 22 79 71
Kleines Restaurant in einem klassizistischen Gebäude von 1840 mit Wand- und Deckenmalereien, von Prominenten besucht; schöner Innenhof mit antiken Mauerresten; leichte griechische und internationale Küche mit regionalen Spezialitäten; Reservierung empfohlen.

▸ Erschwinglich

③ *Tou Psara*
Erechtheou 16
Tel. 21 03 21 87 33
Beste Fischtaverne der Pláka in einem historischen Gebäude mit schattigem Hof. Den Hauswein gibt's vom Fass.

④ *Thespidos*
Thespidos 18
Beliebte Taverne direkt unterhalb der Akropolis mit Außenlokal auf verschiedenen Ebenen.

▸ Preiswert

⑤ *Platanos*
Diogenous 4
Tel. 21 03 22 06 66
Romantische Taverne mit traditioneller Küche am stimmungsvollen kleinen Palea-Agorá-Platz; beliebt bei Einheimischen und Touristen.

⑥ *Xynos*
Geronda 4
Tel. 21 03 22 10 65
Eine der ältesten Gartentavernen Athens, typisch für die Pláka, sehr beliebt bei den Einheimischen.

ÜBERNACHTEN

▸ Hotelpreise in Athen

Luxus: ab 180 €
Komfortabel: 100 – 180 €
Günstig: bis 100 €

▸ Luxus

① *Grande Bretagne*
Platía Syntagma
Tel. 21 03 33 00 00
www.grandebretagne.gr
262 Z., 59 Suiten

Im Grande Bretagne treffen sich die Schönen, Reichen und Mächtigen.

Das traditionsreichste der Athener Luxushotels steht direkt gegenüber dem Parlamentsgebäude. Das pompöse Haus ist mit Antiquitäten ausgestattet und besitzt u. a. einen Fin-de-Siècle-Ballsaal und einen Wintergarten.

② ***St George Lycabettus***
Kleomenous 2, Kolonaki
Tel. 21 07 29 07 11
www.sglycabettus.gr
157 Z. und Suiten
Das stimmungsvolle Hotel liegt ruhig am Hang des Lykavittós im vornehmen Viertel Kolonáki. Von vielen Zimmern und vom Swimmingpool auf der Dachterrasse hat man einen grandiosen Blick auf die Stadt.

► Komfortabel

③ ***Athens Acropol***
Pireos 1
Tel. 21 05 23 11 11
www.grecotel.info
167 Z.
Das Hotel am lauten Omonia-Platz bietet neben gut ausgestatteten Zimmern ein Restaurant, eine Bar, Fitnessbereich und eine Panoramaterrasse.

⑤ ***Omiros***
Apollonos 15
Tel. 21 03 23 54 86
Fax 21 03 22 80 59, 37 Z.
Ruhig gelegenes kleines Hotel mitten in der Pláka. Die Zimmer sind zweckmäßig ausgestattet. Vom Dachgarten eröffnet sich ein herrlicher Blick auf die Akropolis.

► Günstig

④ ***Arethusa***
Metropoleos 6 – 8
Tel. 21 03 22 94 31
www.arethusahotel.gr
87 Z.
Das Hotel befindet sich in zentraler Lage in der Nähe des Syntagma-Platzes. Große Zimmer, einige mit Terrasse und Akropolis-Blick; Restaurant auf der Dachterrasse.

⑥ ***Adonis***
Kodrou 3
Tel. 21 03 24 97 37, 26 Z.
Kleines Hotel, ruhig in der Pláka gelegen; Zimmer mit Balkon. Auf dem Dachgarten kann man schon beim Frühstück den Blick auf die Akropolis und den Lykavittós genießen.

ermöglichten die Tyrannis des **Peisistratos** und seiner Söhne (560 – 510 v. Chr.). Während ihrer Herrschaft wurde die Macht des Adels geschwächt – eine wichtige Voraussetzung für die Entstehung der attischen Demokratie. Aus den Perserkriegen (500 – 479 v. Chr.), in denen Athen die kleinasiatischen Städte unterstützte, ging die Polis unter Führung von **Themistokles** schließlich siegreich hervor. Das System der **attischen Demokratie** (seit 461 v. Chr.) ermöglichte den Aufstieg Athens zur wirtschaftlich und kulturell führenden Macht in Griechenland. Seine höchste Blüte erlebte der Stadtstaat unter **Perikles** (443 bis 429 v. Chr.). Einen Einschnitt bildete der Peloponnesische Krieg (431 – 404 v. Chr.), in dem Athen der Konkurrentin Sparta im Kampf um die Vorherrschaft in Griechenland unterlag.
Unter **Sulla** eroberten die Römer 86 v. Chr. die Stadt. Die römischen Kaiser, v. a. Hadrian, errichteten in Athen weitere Prunkbauten. Die neue Größe Athens wurde jedoch durch den Einfall der ostgermanischen Heruler (267 n. Chr.) jäh beendet. Während der Völkerwanderung mehrfach geplündert, sank Athen schließlich zu einer unbedeutenden Provinzstadt des Oströmischen bzw. Byzantinischen Reiches

ab und erlebte erst im 13. Jh. unter fränkischer Herrschaft erneut eine Blütezeit. Nach kurzem venezianischem Intermezzo, von 1394 bis 1402, nahmen die **Osmanen** Athen 1458 ein; die Stadt blieb bis ins 19. Jahrhundert hinein türkisch. Während der Freiheitskriege (1821 – 1833) war Athen heftig umkämpft.
1834 erhob der aus Bayern stammende König **Otto I.** Athen zur Hauptstadt des neuen Königreichs Griechenland und ließ sie unter Beteiligung deutscher und dänischer Architekten ausbauen. Im Jahr 1896 wurden in Athen die ersten Olympischen Spiele der Neuzeit ausgetragen; im Jahr 2004 war die Stadt wieder Austragungsort für die Olympischen Sommerspiele.
Ausgedehnte neue Viertel entstanden, als nach dem griechisch-türkischen Krieg 1923 rund 300 000 Flüchtlinge aus Kleinasien nach Athen kamen, deren Eingliederung für Jahrzehnte ein Problem blieb.
Heute sind Athen und Piräus längst zu einer Großstadt zusammengewachsen, in deren moderner Bebauung die historische Substanz nur den innersten Bereich einnimmt.

Blick auf das einstige Machtzentrum der antiken Welt: die Akropolis

Athen Orientierung

= = = Vermutlicher Verlauf der antiken Stadtmauer

Essen

① Symposio
② Daphne's
③ Tou Psara
④ Thespidos
⑤ Platanos
⑥ Xynos

Übernachten

① Grande Bretagne
② St George Lycabettus
③ Athens Acropol
④ Arethusa
⑤ Omiros
⑥ Adonis

Highlights Athen

Akropolis
Das berühmteste Bauwerk des Landes war einst zugleich politisches Machtzentrum und religiöse Kultstätte.
► Seite 182

Hephaistos-Tempel
Das Hephaistion auf dem Agorá-Hügel zählt zu den am besten erhaltenen Tempeln der griechischen Antike.
► Seite 197

Lykavittós
Beim Abendessen im Restaurant Orizontes auf dem »Wolfsberg« gibt's gratis einen herrlichen Blick auf das Lichtermeer der Metropole.
► Seite 210

Archäologisches Nationalmuseum
Das Archäologische Nationalmuseum präsentiert die weltweit größte Sammlung von griechisch-antiken Kunstwerken.
► Seite 207

Benaki-Museum
Das Museum eröffnet Einblicke in viereinhalb Jahrtausende griechischer Kulturgeschichte.
► Seite 210

Kap Sounion
Am berühmten Poseidon-Tempel an der Südspitze Attikas, nur wenige Kilometer von Athen entfernt, genießt man phantastische Sonnenuntergänge.
► Seite 220

★★ Akropolis

Öffnungszeiten:
Apr. – Okt.
tgl. 8.00 – 19.30
Nov. – März
tgl. 8.00 – 17.00

Die Akropolis, Inbegriff des klassisch-antiken Baudenkmals, ist das **bekannteste Bauwerk Griechenlands** und die Hauptattraktion von Athen. Die auf einem 156 m hohen Kalksteinfelsen – der nach Norden, Osten und Süden steil abfällt – errichtete »Hochstadt« war zunächst Burg der Könige von Athen und zugleich altehrwürdige Kultstätte; später diente sie ausschließlich als Sitz für die Schutzgötter der Stadt. Dieses religiöse Zentrum des antiken Athens erhielt in der Zeit des **Perikles** seine klassische Ausgestaltung. Ungeachtet der Zerstörungen im Lauf der Jahrtausende – nicht zuletzt durch die verheerende Explosion im Jahr 1687, als eine venezianische Granate das im Parthenon angelegte türkische Pulvermagazin explodieren ließ und diesen berühmten, damals über 2100 Jahre alten Tempel zur Ruine machte –, geht von diesen Bauten noch immer etwas vom Glanz des Perikleischen Zeitalters aus. Im 19. und frühen 20. Jh. wurde durch Abräumen nachantiker Einbauten und durch Restaurierungsarbeiten der klassische Zustand des 5. Jhs. v. Chr. so weit wie möglich wieder sichtbar gemacht.

Andererseits blieb es dem 20. Jh. vorbehalten, in wenigen Jahrzehnten mehr zu zerstören als die Jahrtausende zuvor. Die Abgase von Haushalten und Verkehr, aber auch die rund drei Millionen Besucher, die Jahr für Jahr zur Akropolis hinaufsteigen, haben dazu geführt, dass Felsboden und Marmorbelag abgetreten wurden, der pentelische Marmor sich allmählich in Gips verwandelt und die noch er-

Über der Agorá erhebt sich die Akropolis, die »Obere Stadt« des antiken Athens.

haltenen klassischen Skulpturen zerbröseln. Als die Zerstörung ein beängstigendes Ausmaß angenommen hatte, rief die Unesco, die die Akropolis 1987 zum Weltkulturerbe erklärte, ein Hilfsprogramm zu ihrer Rettung ins Leben. Seitdem wird auf dem Akropolisfelsen permanent restauriert und rekonstruiert.

Entwicklung bis zur klassischen Zeit

In mykenischer Zeit folgte die »kyklopische« Burgmauer eng dem Geländeverlauf; in der Nordmauer gab es zwei kleine Pforten, die zur Klepsydra-Quelle, die die Akropolis mit Wasser versorgte, und zu den Grotten des Nordhangs führten. An der Stelle des späteren Alten Athena-Tempels stand ein Königspalast.
Aus archaischer Zeit, 7./6. Jh. v. Chr., haben sich Reste einiger Gebäude sowie Teile zweier Tempel erhalten. 480 v. Chr. wurden alle archaischen Bauten von den Persern zerstört. Beim Wiederaufbau, der unmittelbar nach der Zerstörung begann, verwendete **Themistokles** Säulentrommeln und Gebälkstücke, die noch heute in der Nordmauer zu sehen sind. Die südliche Begrenzung des Burgbergs wurde nach 467 v. Chr. von **Kimon** verändert, der die noch heute vorhandene geradlinige Mauer zog. Innerhalb der durch Kimon erweiterten Burgfläche entwickelte **Perikles** das klassische Auf- und Ausbauprogramm. Zwischen 447 und 406 v. Chr. entstanden der Parthenon, die Propyläen, der Tempel der Athena Nike und das Erechtheion. Als einziger Bau aus späterer Zeit sind vor der Ostfront des Parthenons die Reste eines Rundtempels für Roma und Augustus aus der frühen römischen Kaiserzeit verblieben.

Beulé-Tor Der Zugang zur Akropolis erfolgt heute südlich des Beulé-Tors, das sich westlich unterhalb der Propyläen befindet. Das nach seinem Entdecker, dem französischen Archäologen **Ernest Beulé**, benannte Tor wurde 267 n. Chr. errichtet. Mit den beiden flankierenden Türmen liegt es in der Symmetrieachse der Propyläen. Mit diesen war es durch eine breite Marmortreppe verbunden, die unter Kaiser **Septimius Severus** gebaut wurde und in Teilen noch vorhanden ist.

Agrippa-Monument Am Aufgang vom Beulé-Tor zu den Propyläen steht unmittelbar unterhalb der Pinakothek der hohe zweifarbige Marmorsockel eines Monuments, das im 2. Jh. v. Chr. für einen Wohltäter Athens erbaut wurde. Benannt ist es nach **Marcus Vipsanius Agrippa**, Schwiegersohn des Augustus, dessen Quadriga es seit 27 v. Chr. trug.

! *Baedeker* TIPP

Von ihrer schönsten Seite ...

... zeigt sich die Akropolis vom Filopáppos-Hügel aus. Hier steht auch das Grabmal des aus Komagene in Südostanatolien stammenden Fürsten Filopáppos, der von den Römern nach Athen verbannt wurde und hier 116 n. Chr. starb. Als Dank für seine Stiftungen räumten ihm die Athener einen bevorzugten Platz für sein aufwändiges Grab ein.

Die hochragenden **Propyläen**, die **Vorhallen zum Tempel**, von **Mnesikles** als monumentale Dreiflügelanlage konzipiert, wurden von 437 bis 432 v. Chr. an der Stelle eines Propylons des 6. Jhs. v. Chr. – Spuren sind noch zu sehen – erbaut. Auf dem gewachsenen Felsen liegt eine Stufenanlage, deren untere Stufe aus grauem eleusinischen Marmor besteht, während sonst heller pentelischer Marmor verwendet wurde. Der Mittelbau der Anlage besteht aus einer Torwand mit fünf Durchgängen, die von den Seiten zur Mitte hin breiter und höher werden. Nach Westen hin ist der Torwand eine tiefe Halle vorgelegt, deren Mitteldurchgang von 2 × 3 ionischen Säulen gesäumt ist. Die Front dieser Halle besteht dagegen aus sechs dorischen Säulen, die den Giebel der Halle trugen.

An die Westhalle schließen sich seitliche Flügelbauten an, zum Beispiel die Pinakothek, in der eine Sammlung von Tafelbildern untergebracht war. Davor erhebt sich der hohe Marmorsockel des im zweiten vorchristlichen Jahrhundert errichteten so genannten Agrippa-Monuments.

Seit dem 13. Jahrhundert hat man die Propyläen als Fürsten- bzw. Kommandantensitz genutzt und dabei gänzlich entstellt, u. a. sind noch Balkenlöcher von eingezogenen Zwischendecken zu erkennen. Der Bau eines Munitionslagers Mitte des 17. Jahrhunderts zerstörte den Mittelbau.

★ Athena-Nike-Tempel Der Athena als Siegbringerin (Nike) war ein altes Heiligtum auf dem südlich der Propyläen vorspringenden Felsen, dem **Nikepyrgos**, geweiht. Der Tempel wurde von 432 bis 421 v. Chr. mit je vier ionischen Säulen an der Front- und der Rückseite errichtet. Die Form

Akropolis: Antikes religiöses Zentrum des Stadtstaates Athen.

von Säulenbasen und Kapitellen war zum Zeitpunkt der Errichtung bereits altertümlich, vermutlich wurde nach Ende der Perikleischen Herrschaft der ältere Entwurf des **Kallikrates** wieder aufgegriffen.
In türkischer Zeit wurde der Tempel in eine Bastion eingefügt, aus der ihn **Ludwig Roß** 1836 herausschälte. Damals und erneut von 1936 bis 1940 wieder errichtet, präsentiert sich der Tempel dem Besucher als der zierlichste, eleganteste Bau der Akropolis.

Heiligtum der Athena Hygieia

Unter den vielen Heiligtümern, die hinter den Propyläen lagen, befand sich auch eine Kultstätte der Athena Hygieia. An der südlichen Säule der Propyläen-Osthalle ist die halbrunde Basis eines Bronzestandbilds der Göttin erhalten.

Statue der Athena Promachos

Genau auf der Achse des Mitteldurchgangs der Propyläen erhob sich das bronzene Standbild der Athena Promachos, der **Vorkämpferin**. Das berühmte, etwa 9 m hohe Werk des **Phidias**, 454 v. Chr. aufgestellt, gelangte später nach Konstantinopel und ging dort während der Belagerung durch die Kreuzfahrer im Jahr 1203 verloren.

**** Parthenon**

Hinter den Propyläen steigt der Burgfelsen allmählich an. Vorbei am Heiligtum der **Artemis Brauronia** und der **Chalkothek**, in der bronzene Weihgeschenke und Waffen aufbewahrt wurden, gelangt man zum Parthenon.
Der Tempel der **Athena Parthenos**, der jungfräulichen Athena, in den Jahren 447 bis 439 v. Chr. errichtet – die Giebelfiguren wurden 432 v. Chr. vollendet –, ist das Meisterwerk der Baumeister **Iktinos**

Der Parthenon, ein architektonisches Meisterwerk, war das Symbol für die Macht und den Reichtum des antiken Stadtstaats Athen.

und **Phidias**, dem Perikles die Gesamtleitung des Akropolis-Ausbaus übertragen hatte. Dabei knüpfte man an einen Vorgängerbau an, der jedoch schmaler war. An der Südseite ist das ältere Fundament, das im Osten weiter vorspringt, zu sehen.

Der Tempel erhielt nun 8 Säulen an den Schmalseiten statt wie bisher 6 und 17 statt 16 Säulen an den Langseiten. Das Dach war mit Marmorziegeln gedeckt, die Löwenköpfe an der Traufleiste waren nicht durchbohrt und dienten daher nicht, wie üblich, als Wasserspeier; Wasserabläufe gab es an den vier Tempelecken. Dübellöcher am Architrav der Ostseite erinnern daran, dass hier Schilde angebracht waren, die **Alexander der Große** 334 v. Chr. in der Schlacht am Granikos erbeutet und der Göttin Athena geweiht hatte.

Kultbild der Athena Parthenos ▶

Im ersten der beiden Tempelräume – dessen Decke von vier ionischen Säulen getragen wurde – wurde wohl der Staatsschatz aufbewahrt. In dem anderen stand das Goldelfenbeinbild der mit Lanze und Schild bewaffneten Athena. Das nur durch Beschreibungen und spätere Kopien überlieferte war eine der berühmten Arbeiten des Phidias und wurde 438 v. Chr. vollendet. Die für die Gewandteile benötigte Goldauflage wird mit über 1000 kg angegeben, für Gesicht und Hände verwendete Phidias Elfenbein. Das Werk kam später wie die Athena Promachos nach Konstantinopel und ging dort verloren.

Skulpturenschmuck ▶

Berühmt war auch der Skulpturenschmuck des Parthenon: die beiden Giebel, die dorischen Metopen und der an der Cellawand oben umlaufende ionische Fries. Teile davon sind im Akropolis-Museum untergebracht, einige im Pariser Louvre, das meiste im Britischen Museum in London. Die 432 v. Chr. fertig gestellten Giebel zeigten

Akropolis *Orientierung*

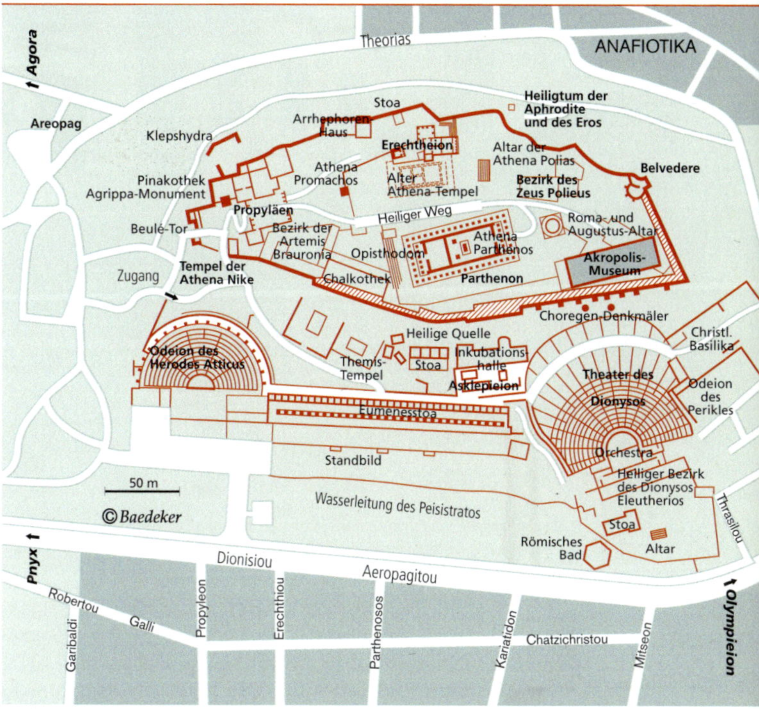

im Osten die Geburt der Athena aus dem Haupt des Zeus, im Westen den Streit zwischen Athena und Poseidon um das attische Land. Die 92 Metopen des dorischen Frieses stellten ebenfalls mythische Szenen dar. Der ionische Fries an der Cella-Außenwand stellt den Zug dar, der am großen Panathenäen-Fest, das alle vier Jahre stattfand, vom Gymnasion über die Agorá zur Akropolis hinaufzog, um der Göttin Athena einen neuen »Peplos« (Gewand) zu überreichen.

★★ **Erechtheion**

Das Erechtheion, von 421 bis 406 v. Chr. errichtet und damit der jüngste Bau der klassischen Akropolis-Gestaltung, umschließt mehrere sehr alte Heiligtümer. Auf diese hatte der Neubau Rücksicht zu nehmen, woraus sich sein komplizierter Grundriss erklärt. Den Ostteil nahm der Tempel für das hölzerne Kultbild der Stadtherrin **Athena Polias** ein. Im Westteil des Gebäudes befand sich u. a. das Grab des Königs **Erechtheus**, der dem Ganzen den Namen gab, ferner das Grab des Urkönigs **Kekrops**. Dieses lag unter der nach Süden vorspringenden **Korenhalle**, deren Gebälk von sechs Mädchengestalten (Karyatiden) statt Säulen getragen wird; die Originale sind im Akropolis-Museum untergebracht.

Sechs Frauenfiguren tragen das Gebälk der Korenhalle, die an das Erechtheion, das jüngste Bauwerk der klassischen Akropolis, angefügt wurde.

Ein weiteres Kultmal befindet sich an der Nordseite. Im Boden blickt man durch eine Öffnung hinunter auf den Felsen, in dem die alten Athener das Dreizackmal sahen, das Poseidon geschlagen hatte, als er sich mit Athena um Attika stritt. Ost- und Nordhalle weisen je sechs ionische Säulen auf. Die Cellawand trägt an der Außenseite über feinem Palmettenornament einen Fries aus grauem eleusinischem Marmor, auf dem weiße Marmorfiguren angebracht waren; die Originale sind ebenfalls im Akropolis-Museum zu sehen.

Alter Athena-Tempel

Um 525 v. Chr. errichteten die Tyrannen **Hippias** und **Hipparch** einen Tempel mit einer Ringhalle von 6 : 12 Säulen, dessen Fundamente unmittelbar südlich des Erechtheions zu erkennen sind. Zu dem alten Athena-Tempel gehört der große Poros-Giebel, der im Akropolis-Museum zu sehen ist: in der Mitte Stiere, die von Löwen angefallen werden, links Herakles und Triton, rechts der »Dreileibige Dämon«. Der Tempel wurde wie alle archaischen Bauten 480 v. Chr. von den Persern zerstört. Die Reste hat man 406 v. Chr. eingeebnet, das Kultbild wurde im neuen Athena-Tempel aufgestellt.

Arrhephoren-Haus

In dem an die Nordmauer der Akropolis gebauten Arrhephoren-Haus lebten vier Mädchen aus den vornehmsten Familien Athens vom siebten bis zum elften Lebensjahr. Zusammen mit einer Priesterin dienten sie der Göttin Athena, für die sie den alle vier Jahre bei den Panathenäen erneuerten Peplos herstellten. Eine Treppe führte durch eine Pforte in der Umfassungsmauer der Akropolis und durch einen Felsgang hinunter zum Eros-Heiligtum und zur Aglauros-Grotte. Von hier hatten die Arrhephoren – die **Geheimnisträgerinnen** – Kultgegenstände zu holen.

Roma-und-Augustus-Tempel

Vor der Ostseite des Parthenons und in seiner Mittelachse errichteten die Römer 27 v. Chr. einen Rundtempel, dessen Dach von neun ionischen Säulen getragen wurde. Die Kapitelle folgten in ihrer Ornamentik dem Vorbild des Erechtheions. Geweiht war der Bau Roma und Augustus, deren Götterstatuen in dem Tempel standen.

Zeus-Polieus-Heiligtum

Nördlich des Roma-und-Augustus-Tempels erreicht der Burgberg seine höchste Stelle. Hier befand sich das Heiligtum des Zeus Polieus, ein offener Kultbezirk. Felsabarbeitungen sind die einzigen Spuren dieses Tempelbezirks.

Belvedere

Der Platz wurde im 19. Jahrhundert für die Königsfamilie an der Nordostecke der Akropolis angelegt und bietet einen großartigen Ausblick auf die Stadt.

✶✶ Akropolis-Museum (geschlossen)

Das **neue Akropolis-Museum** entsteht seit Jahren südlich des Dionysos-Theaters, in der Makrigiani-Straße, nach einem Entwurf des Schweizer Architekten Bernhard Tschumi. Im Zug der Arbeiten kam es zu etlichen Verzögerungen, u. a. auch, weil man bei Fundamentgrabungen auf die Überreste einer frühchristlichen Siedlung stieß. Diese werden die künftigen Besucher durch einen Glasboden betrachten können. Die Eröffnung des neuen Museums ist ab 2008 nach und nach geplant. Es handelt hier um eine der weltweit kostbarsten Sammlungen griechischer Kunst, die bis zur Eröffnung des Neubaus nur zusammenfassend dargestellt werden kann.
Interessant sind die Figuren vom Marmorgiebel des Alten Tempels der Akropolis. Meisterwerke stellen die **Koren** dar, Frauengestalten im Peplos und später im reicheren Chiton, über dem sie meist einen Überwurf (Himation) tragen (5.–7 Jh. v. Chr.). Ursprünglich waren die meist lebensgroßen Skulpturen bemalt; besonders an den Gewandpartien sind noch Reste der Bemalung erhalten. Herausragend ist die nach ihrem dorischen Gewand benannte Peplos-Kore (um 530 v. Chr.) des Bildhauers Phaidimos. Auch die monumentalen Koren vom Erechtheion gehören zur Sammlung. Von den Skulpturen des klassischen 5. Jhs. v. Chr. sind der »Blondkopf« (vor 480 v. Chr.) und das Relief der sinnenden Athena (460 / 450 v. Chr.) berühmt.

Dionysos-Theater · Eumenes-Stoa · Asklepieion

✶ Dionysos-Theater

Am Südhang der Akropolis liegen das Odeion des Herodes Atticus, der Eumenes-Stoa und das Dionysos-Theater, das als Geburtsstätte des europäischen Theaters gilt. Von der Südmauer der Akropolis bietet sich ein herrlicher Überblick über das Theater.

Im 6. Jh. v. Chr. brachte **Peisistratos** den Kult des Dionysos aus Eleutherai im Kithairon-Gebirge nach Athen und ließ für das aus Eleutherai stammende alte Kultbild des Dionysos, des Gottes von Rausch, Verwandlung und Ekstase, einen Tempel errichten. Im Zusammenhang mit dem **Dionysos-Kult** entstand in einer natürlichen Mulde des Abhangs das Dionysos-Theater, bei dem neun Bauperioden unterschieden werden. Eine Trennung zwischen Theater und Tempelbezirk ergab sich, als um 420 v. Chr. eine nach Süden offene Säulenhalle erbaut und dadurch die Verlegung des alten Kalksteintempels erforderlich wurde.

Um 330 v. Chr. erhielt das Theater die steinernen Sitzreihen, die heute noch zu sehen sind und etwa 17 000 Besuchern Platz boten. In der ersten Reihe finden sich beschriftete Ehrensitze, in der Mitte der mit schönen Reliefs verzierte Sitz für den Priester des Dionysos Eleuthereus, bei dem Pfostenlöcher im Boden auf einen Baldachin hinweisen. Schräg dahinter befindet sich der Ehrensitz für Kaiser **Hadrian**. Das Zuschauerrund umschließt die mit Platten gepflasterte Orchestra, die mit einer steinernen Schranke für die in römischer Zeit hier abgehaltenen Tierspiele abgegrenzt ist.

Das im Süden anschließende Bühnenhaus ist – wie das ganze Theater – mehrfach umgebaut worden. Auffallend an dem teilweise erhaltenen Bema, der Rednertribüne, sind die Reliefdarstellungen mit Szenen aus dem Dionysos-Mythos, die aus römischer Zeit stammen.

Die Bedeutung des Dionysos-Theaters liegt darin, dass es gleichzeitig

Das Dionysos-Theater unterhalb der Akropolis gilt als Geburtsstätte des europäischen Schauspiels.

mit der Einführung, ja Schaffung der Tragödie angelegt wurde. Das erste Drama wurde von **Thespis**, der mit seiner Truppe im »Thespiskarren« durch das Land zog, 534 v. Chr. in Athen aufgeführt, wahrscheinlich noch auf der Agorá. Es handelte sich um eine Frühform, bei der ein einziger Schauspieler dem Chor gegenübertrat. Das war der Anfang einer Entwicklung, die im 5. Jh. v. Chr. zur Vollendung der Tragödie führte. In dem Theater wurden die Werke der drei attischen Tragödiendichter **Aischylos**, **Sophokles** und **Euripides** im Rahmen des Dionysos-Kults uraufgeführt. So wurde das Dionysos-Theater zur Keimzelle des europäischen Theaters (Öffnungszeiten: tgl. 8.00 – 18.00 Uhr).

Odeion

Östlich des Theaters stand das quadratische Odeion, das **Perikles** gestiftet hatte. Der Bau, einst als schönster griechischer Konzertsaal gerühmt, wurde 443 v. Chr. vollendet und nach der Zerstörung durch Sulla (86 v. Chr.) von 62 bis 52 v. Chr. wieder aufgebaut.

Eumenes-Stoa

Westlich des Dionysos-Theaters steht die Eumenes-Stoa, gestiftet vom pergamenischen König **Eumenes II.** (197 – 160 v. Chr.). Der Bau diente lediglich als geräumige Wandelhalle für die Besucher von Dionysos-Heiligtum und Dionysos-Theater. Die Halle war zweigeschossig, hatte außen dorische und innen im Untergeschoss ionische, im Obergeschoss pergamenische Kapitelle. Da sich die Stoa gegen den Berghang lehnt, stellte man gegen diesen eine durch Pfeiler und Rundbögen verstärkte Stützmauer, deren heute sichtbare Arkaden ursprünglich mit Marmorplatten verkleidet waren.

✶ Asklepieion

Oberhalb der Eumenes-Stoa liegt auf einer schmalen Terrasse das Asklepieion. Hier hatte der seit 418 v. Chr. aus Epidauros kommende Kult des Heilgottes **Asklepios** sein Heiligtum, dessen Einrichtung auf die Initiative von Sophokles zurückging.

Zentrum der Anlage sind zwei Quellen. Zunächst entstand der im Westen gelegene Teil, von dem die Fundamente einer Halle und eines kleinen Tempels erhalten sind. Am Westende sieht man eine aus polygonalen Mauern bestehende rechteckige Zisterne aus derselben Zeit, eine jüngere befindet sich südlich. Der Ostteil des Asklepios-Bezirks wurde um 350 v. Chr. errichtet. Unmittelbar am Akropolis-Felsen stand eine 50 m lange, einst zweigeschossige Liegehalle für die Kranken. Zu ihr gehörte die Höhle mit der Quelle, die noch immer als heilkräftig gilt. Aus diesem Grund wird die Höhle heute als christliche Kapelle benutzt.

✶ Odeion des Herodes Atticus

Im Westen schließt an die Eumenes-Halle das Odeion an, gestiftet 161 n. Chr. von **Herodes Atticus** (101 – 177 n. Chr.) nach dem Tode seiner Frau Regilla. Herodes Atticus war einer der großen Mäzene des Altertums und stieg unter den Kaisern **Hadrian** und **Antoninus Pius** zu hohen Ämtern auf. Als Rhetor war er anerkannt, als Schriftsteller überdauerte er seine Zeit nicht. In dem hervorragend erhaltenen Theater finden während des Athener Festivals Theateraufführungen und Konzerte mit namhaften Künstlern statt (nur zu Aufführungen geöffnet). Einen guten Überblick über die Theateranlage hat man vom Aufgang zur Akropolis.

Areopag

Wendet man sich unterhalb des Akropolis-Ausgangs nach rechts, so stößt man, ehe man den Weg am Nordabhang erreicht, auf den Areopag (Areios pagos = Areshügel). Auf dem 115 m hohen Felsklotz tagte einst das **höchste Gericht Athens**. In mykenischer Zeit hatte sich hier, wie Aischylos in seiner Tragödie »Die Eumeniden« schildert, Orest wegen der Ermordung seiner Mutter Klytaimnestra zu verantworten. Die Göttin Athena selbst bewirkte seinen Freispruch, worauf aus den ihn grimmig verfolgenden Erinnyen – die am Areopag ein Grottenheiligtum hatten – die Eumeniden wurden, die »Wohlgesinnten«.
Aus christlicher Zeit überliefert die Apostelgeschichte im 17. Kapitel (Vers 22 – 31) jene Ansprache, die der **Apostel Paulus** im Jahr 50 an dieser heiligen Stätte hielt. Angesichts der zahllosen Götterbilder stellte er den »Männern von Athen« Christus als den von ihnen »unwissend« verehrten »unbekannten Gott« dar. Eine Bronzetafel rechts der Stufen enthält diesen Text, und am Nordhang des Areopag liegen Reste einer Basilika, die dem ersten von Paulus in Athen Bekehrten geweiht war.

✶ Agorá

Die Agorá bildete etwa 1000 Jahre lang als Markt- und Versammlungsplatz das politische, wirtschaftliche und gesellschaftliche Zentrum des antiken Athens. Von mykenischer Zeit bis ins ausgehende 7. Jh. v. Chr. diente das Gelände als Begräbnisplatz. Seit der Zeit **Solons** (frühes 6. Jh. v. Chr.) wurde es als Agorá genutzt, deren älteste Bauten im Westen am Fuß des Agorá-Hügels entstanden. Einen guten Gesamteindruck von der Agorá erhält man von dem Weg aus, der am Nordhang der Akropolis entlangführt. Von dort führt ein Fußweg direkt zum Südeingang der Ausgrabungsstätte; der Haupteingang liegt an der Odós Adrianoú (Metro-Station: Monastiraki; Öffnungszeiten: Sommer tgl. 8.00 – 19.00 Uhr).

Panathenäen-Weg

Schräg durch die Agorá zieht der Panathenäen-Weg. Die Panathenäen, das »Gesamtfest der Athena«, wurden seit **Peisistratos** (6. Jh. v. Chr.) alle vier Jahre am 28. Hekatombaion (Juli / August), dem Geburtstag der Göttin Athena, gefeiert. Vom Pompeion im Töpfer-Viertel Kerameikós bewegte sich der Festzug über die Agorá hinauf zur Akropolis. Die teilweise erhaltene Pflasterung der antiken Prozessionsstraße, des Panathenäen-Wegs, stammt aus dem zweiten vorchristlichen Jahrhundert.

Agora Orientierung

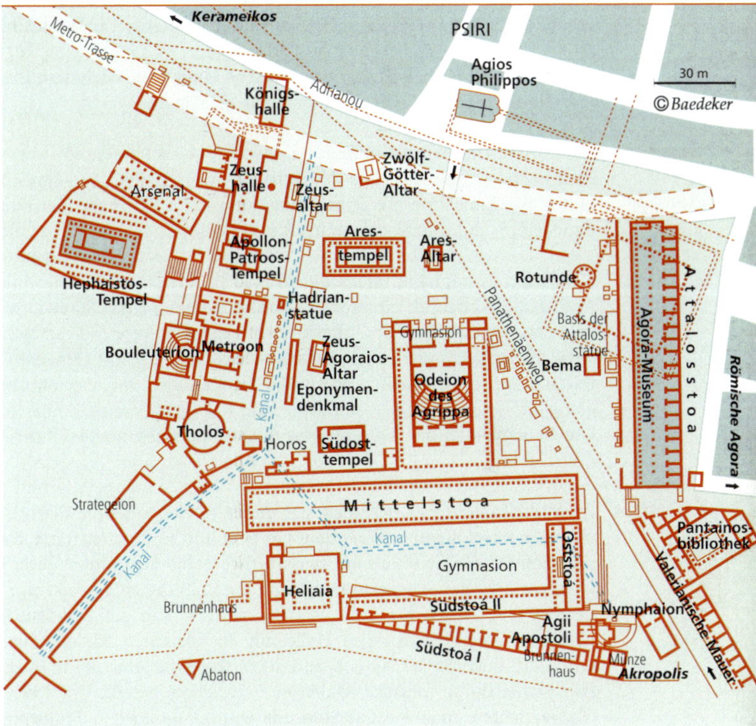

Die Ostseite der Agorá wird beherrscht von der 116 m langen **Attalos-Stoa**, benannt nach ihrem Stifter König **Attalos II.** von Pergamon (160 – 139 v. Chr.). Mitte der 1950er-Jahre wurde die zweigeschossige Stoa als Agorá-Museum originalgetreu rekonstruiert.

★ **Agorá-Museum**

◄ Vorhalle

Unter den reichen Funden der Ausgrabungsstätte sind in der Vorhalle u. a. die Kolossalstatue des **Apollon Patroos** (4. Jh. v. Chr.) ausgestellt, ein bemaltes ionisches Kapitell aus dem 5. Jh. v. Chr., Skulpturen vom Hephaistos-Tempel sowie Giebelschmuck der Zeushalle.

◄ Hauptraum

Die ältesten im lang gestreckten Hauptraum ausgestellten Stücke stammen aus dem neolithischen dritten vorchristlichen Jahrtausend, aus mykenischer Zeit (1500 – 1100 v. Chr.) Vasen und Grabbeigaben, darunter zwei Elfenbeinbüchsen mit Greifen-und Nautilusrelief. Aus dem 9. Jh. v. Chr. sind wunderschöne protogeometrische und **geometrische Vasen** zu sehen. Zahlreiche Exponate stammen aus dem Alltag des klassischen 5. Jhs. v. Chr.: Inschriften, eine Vorrichtung zur Losziehung für öffentliche Ämter, Scherben vom Scherbengericht, u. a. mit dem eingeritzten Namen des **Themistokles**. Beim Ausgang sind Funde aus byzantinischer und türkischer Zeit ausgestellt.

Pantainos-Bibliothek Unmittelbar südlich der Attalos-Stoa sind die Reste der Bibliothek erhalten, die 100 n. Chr. von **Flavius Pantainos** gestiftet und im Jahr 267 n. Chr. durch die Heruler zerstört wurde.
Südlich der Bibliothek ist die **Valerianische Mauer**, die nach dem Heruler-Einfall errichtet wurde, noch gut zu erkennen.

Nymphaion Im 2. Jh. n. Chr. wurde im Südosten der Agorá ein halbkreisförmiges Brunnenhaus angelegt, das Nymphaion. Unmittelbar südwestlich grenzt das Enneakrounos-Brunnenhaus (6. Jh. v. Chr.) an. Der Bau daneben (5. Jh.) diente wahrscheinlich als Münze.

Ágii Apóstoli Über dem Nymphaion steht die im 11. Jh. errichtete Kirche Ágii Apóstoli. Sie blieb als einziges Bauwerk erhalten, als das Stadtviertel abgerissen wurde, um die Grabung im Bereich der Agorá zu ermöglichen. Bemerkenswert ist der Außenbau aus Quadern mit Ornamenten aus kufischen Schriftzeichen. Die Kuppel wird von vier Säulen getragen, Apsis und Querschiffarme sind halbkreisförmige Konchen. Die Malereien in der Vorhalle (um 1700) stammen aus der Spyridon-Kirche.

Stoen Im Südteil der Agorá befanden sich mehrere Gebäude, die öffentlichen Zwecken dienten. Zwischen 425 und 400 v. Chr. entstand die sog. **Süd-Stoa I**. Sie wies eine zweischiffige Halle auf, hinter der 15 kleine, mit Liegen ausgestattete Räume lagen, in denen gespeist wurde. Der Bau wurde im 2. Jh. v. Chr. teilweise von der **Süd-Stoa II** überbaut, einer einschiffigen Halle mit 30 dorischen Säulen. Zwischen 175 und 150 v. Chr. entstand die **Mittel-Stoa**. Der 146 m lange Bau wurde durch ionische Säulen in zwei Schiffe geteilt. Um 150 v. Chr. errichtete man die **Ost-Stoa**. Sie wurde wie auch die anderen Säulenhallen 86 v. Chr. von den Römern zerstört.

Heliaia An der Südseite der Agorá tagte der von Solon im 6. Jh. v. Chr. eingerichtete **Gerichtshof**. Er wurde nach dem Sonnengott Helios benannt, weil seine Sitzungen vor Sonnenaufgang stattfanden.

Odeion des Agrippa Das Zentrum der Agorá nimmt das Odeion des Agrippa ein. Um 20 v. Chr. von dem römischen Feldherrn Agrippa, dem Schwiegersohn von Augustus, errichtet, enthielt es einen quadratischen Saal mit einer Bühne und 18 Sitzreihen für etwa 1000 Zuschauer. Der Eingang lag an der Südseite. Im 2. Jh. n. Chr. wurde ein neuer Eingang im Norden geschaffen. Je drei Tritonen und Giganten – drei der Figuren stehen noch – trugen das Vorhallendach. Nachdem das Odeion von den Herulern zerstört worden war, entstand an dem Platz um das Jahr 400 ein Gymnasion.

Tholos An der Südwestseite der Agorá steht die Tholos, ein Rundbau von 18 m Durchmesser. Um 465 v. Chr. errichtet, diente sie als Sitzungsraum der 50 **Prytanen**, der Abgeordneten der einzelnen Stämme des

Stadtstaates. Im 3. Jh. v. Chr. stattete man die Ostseite der Tholos mit einem Portikus aus. Nach der Zerstörung durch Sulla 86 v. Chr. wieder aufgebaut, wurde der Bau bis um 450 n. Chr. genutzt.

★★ **Hephaistos-Tempel**

Der Agorá-Hügel wird vom Hephaistos-Tempel beherrscht. Das **Hephaistion** – unweit des Schmiede- und Handwerkerviertels gelegen – war den Gottheiten der Schmiede und der Künste, Hephaistos und Athena, geweiht. Es ist einer der am besten erhaltenen griechischen Tempel, da es dank der Umwandlung in eine christliche Kirche der Zerstörung entgehen konnte.

Der dorische Tempel, der ungefähr zur gleichen Zeit wie der Parthenon auf der Akropolis entstand, weist den klassischen Grundriss von 6 : 13 Säulen auf. Der beschädigte Pronaos-Fries zeigt Kampfszenen mit zuschauenden Göttern, der Westfries Kämpfe von Lapithen und Kentauren: In der Mitte sieht man den als unverwundbar geltenden Lapithen Kaineus, der von zwei Kentauren in die Erde gerammt wird. Trotz der räumlichen Enge war das um 420 v. Chr. in der Cella aufgestellte Kultbild von Hephaistos und Athena – geschaffen von **Alkamenes** – von Säulen umgeben.

Als man den Tempel wohl im 5. Jh. in eine christliche Kirche umwandelte, wurde die hölzerne Dachkonstruktion durch das noch vorhandene Tonnengewölbe ersetzt. Als König **Otto I.** 1834 in die neue

Auf dem Agorá-Hügel erhebt sich der Hephaistos-Tempel, einer der am besten erhaltenen antiken Kultbauten des Landes.

Symbole von Macht und Reichtum des antiken Athens: Über der Agorá, dem gesellschaftlichen und wirtschaftlichen Zentrum der Stadt, erheben sich die Prachtbauten der Akropolis.

KUNST, KULT UND POLITIK

Akropolis und Agorá: Die kulturellen, wirtschaftlichen und politischen Zentren des antiken Stadtstaates Athen symbolisieren bis heute Macht und Reichtum des griechischen Gemeinwesens.

Auch als Ruinen prägen die beiden großen antiken Zentren, die Akropolis und die Agorá, das Erscheinungsbild Athens.

Die Akropolis wurde erst unter dem Tyrannen **Peisistratos** durch einen großen Tempelbau zur vorrangigen Kultstätte für die **Stadtgöttin Athena**. Ihr Beistand, so heißt es, führte schließlich zum Sieg der Athener über die Perser, obwohl sie dabei die Zerstörung ihrer Stadt verschmerzen mussten. Aus Dankbarkeit ließen die Athener zwischen 448 / 447 und 438 / 437 v. Chr. den monumentalen Parthenon-Tempel von den Architekten **Iktinos** und **Kallikrates** errichten. In den Werkstätten des Bildhauers **Phidias** entstand außerdem zwischen 438 und 433 v. Chr. der grandiose Skulpturenschmuck, die 92 Metopenplatten mit der Darstellung der großen Kampfmythen und die rund 50 Giebelfiguren, die im Westgiebel die Geburt der Athena und im Ostgiebel ihren Streit mit Poseidon um Attika zum Thema haben.

Um 432 v. Chr. war das Meisterwerk, der Athena-Parthenos-Tempel, fertig gestellt. Die gewaltigen Kosten für die Neugestaltung der Akropolis hatten allerdings weniger die Athener selbst, sondern die Bundesgenossen zu zahlen. Mit Hilfe ihrer Flotte, die entscheidend für den Seesieg 480 v. Chr. über die Perser war, erwarben die Athener die Vormachtrolle im Attischen Seebund und machten ihre Bundesgenossen tributpflichtig. Wer nicht mehr zahlen wollte, wurde mit Krieg überzogen. Mit dem eingenommenen Geld finanzierte man das Stadtbauprogramm, vor allem den Ausbau der Akropolis.

Deren Neugestaltung bedeutete zugleich ein riesiges Arbeitsbeschaffungsprogramm und diente zur Selbstdarstellung der Athener. Keine

Mühen und Kosten wurden gescheut beim berühmtesten Ausstattungsstück des Parthenons, dem von Phidias gestalteten, 12 m hohen Standbild der Göttin Athena, deren sichtbare Körperpartien aus Elfenbein bestanden, während das Gewand aus abnehmbaren Goldplatten gefertigt war.

Göttin Athena

Das Haupt der Athena war mit einem reich dekorierten Helm geschmückt, der einen Aufsatz aus einer Sphinx, gerahmt von Flügelpferden, aufwies. In der rechten Hand hielt die Göttin eine geflügelte Nike, in der Armbeuge eine Lanze mit vergoldeter Spitze. Die linke Hand lag locker auf dem Schild, um dessen Innenrand sich eine Schlange rollte, während die Innenfläche ein Gorgonenhaupt zierte und die Außenseite mit einer Gigantomachie dekoriert war, die den Kampf zwischen Athenern und Amazonen wiedergab.

Um die Cella des Tempels führte ein Relieffries von 160 m Länge mit beachtlicher Tiefenwirkung; er zeigte den **panathenäischen Festzug**. Hier stellte sich die Bürgerschaft Athens zur Schau, die alle vier Jahre zur Geburtstagsfeier der Stadtgöttin vom Dipylon-Tor über die Agorá hinauf zur Akropolis zog, um der feierlichen Übergabe des von attischen Jungfrauen neu gewebten Peplos an das alte Kultbild beizuwohnen.

Politischer Schauplatz

Zu Füßen der Akropolis lag die monumental bebaute Agorá als Handlungsschauplatz der Athener Volksherrschaft. Erst allmählich hatten sich die Herrschaftsstrukturen vom Königtum über die Adelsoligarchie und die Epoche der Tyrannis zur Demokratie gewandelt, die in der Zeit des 5. Jhs. v. Chr. ihre Vollendung unter **Perikles** fand. Die Athener identifizierten sich in hohem Maß mit ihrem Gemeinwesen, in dem sie frei von Fremdherrschaft nach eigenen Gesetzen leben konnten.

Am politischen Leben in Form der direkten Demokratie nahmen allerdings nur die »Vollbürger« teil, um 430 v. Chr. etwa 13 % der Stadtbewohner, die meist zur Oberschicht gehörten und ausschließlich Männer waren. Voraussetzung für die Selbst-

Nur ein Bruchteil der Kunstwerke von der Akropolis, darunter der berühmte »Kalbträger« aus Marmor, ein Weihgeschenk aus dem 6. Jh. v. Chr., sind in Athen verblieben.

bestimmung der Vollbürger in den Volksgerichten und in der Volksversammlung war eine Sozialpolitik mit Tagegeldern (Diäten) für die Amtsträger, Richter und Teilnehmer an Volksversammlungen, Versorgung der bürgerlichen Unterschichten durch den Flottendienst und Verlagerung der Produktion und Dienstleistungen auf Fremde, Minderberechtigte und Sklaven. Der soziale Druck durch die Bevölkerungsexplosion wurde durch Koloniegründungen entschärft. Durch Handel konnten genügend Nahrungsmittel beschafft werden.

Niedergang Athens

Akropolis und Agorá verfielen mit dem Niedergang der Stadt im 5./6. Jahrhundert. Die Statue der Athena befand sich bis zum 5. Jahrhundert noch im Parthenon, dann wurde sie im Rahmen der Christianisierung abgebaut und wohl nach Konstantinopel gebracht, wo sie verloren ging.
Den Parthenon-Tempel wandelte man im 6. Jh. in eine christliche Kirche um, und während der Türkenzeit diente er als Moschee, nachdem 1687 bei der venezianischen Beschießung durch die Explosion des dort gelagerten Pulvers ein Großteil des Tempels zerstört worden war.

Elgin Marbles

Der britische Diplomat **Lord Elgin** erwarb mit Zustimmung der türkischen Behörden in den Jahren 1801 bis 1803 zahlreiche Metopen und Skulpturen vom Parthenon, die sog. »Elgin Marbles«. 1816 wurden diese Kunstwerke von der britischen Regierung gekauft und sind seitdem im Britischen Museum in London zu sehen. Die griechischen Regierungen fordern zwar immer wieder die Rückgabe der Kunstwerke, doch die Briten verweigern dies mit dem Argument, dass alle bedeutenden Museen der Welt leer stünden, wenn alle Stücke des jeweiligen Landes zurückgegeben würden.
Will man heute die einstige Größe Athens in der Epoche der Klassik erfassen, muss man durch halb Europa reisen; vor Ort sind nur Teile zu sehen, die man ergänzen muss durch jene in den Museen der europäischen Hauptstädte.

Hauptstadt Griechenlands einzog, wurde er in der dem hl. Georg geweihten Kirche mit einem Gottesdienst begrüßt. Es war die letzte liturgische Handlung in diesem Gebäude, das bis ins 20. Jh. als Museum diente.

Metroon

In der zweiten Hälfte des 2. Jhs. v. Chr. wurde an der Westseite der Agorá ein Heiligtum für die **Mutter der Götter** (Méter Theón) gebaut. Vor seiner Ostseite hat man gleichzeitig eine Säulenfront errichtet, um die Fassade zum Platz hin zu vereinheitlichen. Im 5. Jh. wurde im Metroon eine christliche Kirche eingerichtet, von der der heute sichtbare Mosaikboden stammt.

Bouleuterion

Unterhalb des Hephaistos-Tempels entstand 403 v. Chr. das Bouleuterion, der **Sitz des Rates von Athen**. Von einem Vorraum im Süden gelangte man in den Hauptraum, in dem sich halbrunde, theaterförmig ansteigende Sitzreihen für die 500 Ratsmitglieder befanden. Der Bau wurde 267 n. Chr. von den Herulern zerstört, jedoch wieder aufgebaut und bis in die Zeit um 400 genutzt.

◄ Eponymen-Denkmal

Gegenüber dem Metroon sieht man eine lang gestreckte schmale Basis, auf der die Statuen jener Heroen standen, die den einzelnen Phylen (»Stämmen«) der attischen Bevölkerung zugeordnet waren; daher die Bezeichnung als »eponyme«, d. h. namengebende Heroen.

◄ Zeus-Agoraios-Altar

Wenige Meter östlich des Eponymen-Denkmals befindet sich ein Altar aus pentelischem Marmor, der vermutlich Zeus als Herrn der Agorá (Zeus Agoraios) geweiht war.

Hadrian-Statue

Im 2. Jh. n. Chr. wurde an der Westseite der Agorá inmitten zahlreicher anderer Monumente, deren Basen erhalten sind, eine Statue des Kaisers Hadrian (117 – 138) errichtet. Die schön gearbeitete Skulptur, insbesondere der figurenreiche Panzer, ist gut erhalten.

Apollon-Patroos-Tempel

Zwischen Metroon und Zeushalle liegen die Fundamente des im 4. Jh. v. Chr. erbauten Apollon-Patroos-Tempels. Das Kultbild ist erhalten und steht jetzt im Agorá-Museum. In einem Anbau wurde das älteste Personenstandsregister Athens gefunden.

Zeus-Halle

Den Nordwestteil der Agorá bis hin zur Metrostation nimmt die Halle des Zeus Eleutherios ein, der die Freiheit der Stadt gewährleistete. Errichtet wurde das ursprünglich 47 m breite Gebäude im fünften vorchristlichen Jahrhundert. An beiden Seiten sprangen Flügelbauten vor. Vor der Front stand die Statue des Zeus Eleutherios.

Königshalle

Die 18 m lange sog. Königshalle (Stoá Basileios), nördlich der Metrostation, entstand im sechsten vorchristlichen Jahrhundert. Bald nach dem Persereinfall (480 v. Chr.) wurde sie wieder aufgebaut, im 4. Jh. v. Chr. erhielt sie wie die benachbarte größere Zeushalle zwei Flügelbauten. In der Halle befand sich der **Sitz des Archon Basileus**, auf den die kultischen Funktionen der früheren Könige übergegangen waren. Dazu gehörte auch seine Teilnahme an Prozessen gegen Gottlosigkeit. Vermutlich fand hier im Jahr 399 v. Chr. der Prozess gegen **Sokrates** statt, der wegen Gottlosigkeit und Verführung der Jugend zum Tod durch Gift verurteilt wurde.

Zwölf-Götter-Altar

Der Zwölf-Götter-Altar galt als **Mittelpunkt Athens**, weshalb von ihm aus die Entfernungen gemessen wurden. Bei dem Bau der U-Bahn wurden seine Reste in Mitleidenschaft gezogen, so dass heute nur noch eine Ecke der ursprünglichen Anlage vorhanden ist.

Ares-Tempel

Südlich des Altars erhob sich der Ares-Tempel, der um 440 v. Chr. an anderer Stelle errichtet und erst in Augusteischer Zeit an diesen Platz gebracht wurde. Das Kultbild des Kriegsgottes Ares, geschaffen von **Alkamenes**, ist nicht erhalten. Dagegen fanden sich eine Athena-Statue und einige Relieffiguren von einem Innenfries, die jetzt im Agorá-Museum ausgestellt sind.

Pláka

Pláka, **»Platte«**, heißt die stimmungsvolle Altstadt von Athen, die sich zwischen dem Nordhang der Akropolis und der Odós Ermoú, einer der wichtigsten Einkaufsstraßen der Stadt, sowie nach Osten bis fast an den Leofóros Amaliás ausbreitet. Mit ihren engen malerischen Gassen, deren Gesicht von den meist bescheidenen Häusern aus dem 19. Jh. geprägt wird, ihren netten kleinen Plätzen und den hübschen Tavernen und Cafés im Freien bildet die Altstadt einen überaus reizvollen Kontrast zum hektischen Treiben der Geschäftsstadt Athen.

Am **Monastiráki-Platz**, benannt nach der Pantánassa-Kirche, die einst zu einem Kloster (»Monastíri«) gehörte, kann man mit einem Blick alle Epochen der Athener Stadtgeschichte umfassen: In der Platzmitte steht die Kirche, an der Südostecke befindet sich eine der beiden erhaltenen türkischen Moscheen, die des Tzisdarakis von 1759. Gleich hinter der Moschee liegt die aus römischer Zeit stammende Hadriansbibliothek.

Der Platz mit seiner Metrostation und den angrenzenden Straßen und Gassen ist einer der buntesten und chaotischsten in Athen. In der östlich gelegenen Gasse Pandrosou haben sich zahllose kleine Läden angesiedelt, in denen man neben Souvenirs und Schmuck auch Ikonen und kleine Antiken kaufen kann.

! *Baedeker* TIPP

Archäologie in der Metro

Beim Bau der Metro von 1993 bis 2000 stieß man auf zahlreiche Überreste aus mykenischer, antiker und byzantinischer Zeit, die an einigen Metrostationen ausgestellt sind. Man sollte also bei einer Metrofahrt gleich eine Besichtigung der wertvollen Funde mit einplanen. Antike Skulpturen, Grabsteine, Schmuckstücke und Haushaltsgegenstände sind an den Stationen Akropoli, Evangelismos, Panepistimiou und Syntagma zu bewundern.

Den Tag lässt man am besten in einer der gemütlichen Tavernen in der Pláka ausklingen.

Die Kirche der Pantánassa in der Platzmitte ist der Rest eines im 10. Jh. gegründeten Frauenklosters. Das Mittelschiff der Basilika, deren drei Schiffe durch je drei Säulen getrennt sind, wird von einer elliptischen Kuppel überwölbt.

◄ Pantánassa-Kirche

Die Tzisdarákis-Moschee, wenige Meter südlich der Pantánassa-Kirche, enthält heute die **Keramiksammlung des Volkskundemuseums**, die in ganz Griechenland zusammengetragen wurde. Sie umfasst Keramik v. a. aus den ersten beiden Jahrzehnten des 20. Jahrhunderts (Öffnungszeiten: tgl. außer Di. 9.00 – 14.30 Uhr).

Tzisdarákis-Moschee

🕘

Hinter der Moschee sieht man die korinthischen Säulen der von Kaiser Hadrian nach 132 n. Chr. gestifteten Bibliothek (nicht zugänglich). Der mittlere Saal im noch weitgehend stehenden Osttrakt diente als Bibliothek. Im Hof umgaben Gartenanlagen ein Wasserbecken. Die im Gelände stehenden Säulen und sonstigen Bauteile gehören zur Megale-Panagía-Kirche aus dem 5. Jahrhundert.

Hadrians-bibliothek

War die griechische Agorá im Lauf der Zeit allmählich ausgebaut worden, so wurde die Römische Agorá, angelegt um Christi Geburt, nach einem einheitlichen Entwurf konstruiert. Der Platz besitzt zwei Tore, im Westen das zwischen 12 v. Chr. und 2 n. Chr. errichtete dorische Tor und im Osten ein ionisches Propylon, das vermutlich aus der Zeit Kaiser Hadrians (2. Jh.) stammt.

Römische Agorá

Der Turm der Winde ist heute in das Gelände der Römischen Agorá mit einbezogen. Der achteckige, um 40 v. Chr. errichtete und ausge-

◄ Turm der Winde

Um die Zeitenwende legten die Römer nahe der griechischen Agorá einen eigenen Markt- und Versammlungsplatz an.

zeichnet erhaltene Turm enthielt eine **Wasseruhr**, die die Zeit anhand des Wasserstands in einem Zylinder anzeigte. Seinen Namen verdankt der Turm den Reliefdarstellungen der acht Windgottheiten.
Die Anlage neben dem Eingang zu diesem Grabungsbezirk ist eine marmorne **Latrine** mit Sitzen für fast 70 Personen (1. Jh. n. Chr.). In türkischer Zeit wurde in den Nordteil des Marktes die **Fethiye-Moschee** gebaut, die heute als Fundmagazin dient (Öffnungszeiten: tgl. 8.00 – 19.00 Uhr).

Ágii Anárgyri Der Pritaníou-Straße nach Osten folgend, gelangt man zu einem mit Zypressen bestandenen Komplex, der dem Kloster zum Heiligen Grab in Jerusalem untersteht. In der **einzigen barock ausgestatteten Kirche Athens** ist vor allem eine geschnitzte vergoldete Ikonostase beachtenswert.

Lysikrates-Monument Die Tripodon-Straße führt südöstlich zu dem Monument, das Lysikrates 334 v. Chr. nach einem Sieg im Tragödienwettbewerb errichten ließ, bei dem er die Einstudierung des Chores finanziert hatte. Die Wände des Rundbaus werden von korinthischen Halbsäulen gegliedert. Der unter dem Dach umlaufende schmale Fries zeigt den Kampf des Dionysos mit den Seeräubern und deren Verwandlung in Delphine. 1669 wurde das Monument in ein Kapuzinerkloster eingebaut und als Bibliothek genutzt.

Große Mitropolis Die Platía Mitropoleos im Norden der Pláka wird von der großen **Hauptkirche der Stadt** beherrscht. Die Große Mitropolis wurde von

1842 bis 1862 nach Plänen von **Eduard Schaubert** ausgeführt. In einem Schrein am 2. Pfeiler rechts sind die Gebeine des 1821 von den Türken hingerichteten Patriarchen **Gregorios V.** beigesetzt.

! *Baedeker* TIPP

Für ein Päuschen ...

... beim Altstadtbummel bietet sich der malerische, von vielen Tavernen gesäumte Platz Palea Agorá bei der Hadriansbibliothek an.

Die Kleine Mitropolis daneben, der **Panagía Gorgoepíkoos** (»Rasch Erhörende Maria) und dem **hl. Eleftherios** geweiht, ist eine sehr schön proportionierte Viersäulen-Kreuzkuppelkirche des 12. Jahrhunderts. In ihren Mauern sind viele antike und mittelalterliche Stücke verbaut, so unter dem Dachsims über dem Eingang zwei in falscher Reihenfolge eingebaute Teile eines Kalenderfrieses aus dem 4. Jh. v. Chr., der von zwei Pilasterkapitellen begrenzt wird. Manche der antiken Stücke sind durch Kreuze »christianisiert« worden.

Athen der Neuzeit

Geschichte und Überblick

Das neuzeitliche Athen geht auf die Regierungszeit König Ottos I. (1834 – 1862) aus dem bayerischen Haus Wittelsbach zurück. An den Entwürfen für Stadtanlage und öffentliche Gebäude, die die unbedeutende Provinzstadt in eine Haupt- und Residenzstadt umwandeln sollten, war eine Architektengruppe aus Deutschen, Dänen, einem Franzosen und einem Griechen beteiligt. **Eduard Schaubert** schuf zusammen mit seinem Freund **Stamatios Kleanthis** in den Jahren 1832 / 1833 den Plan der neuen Stadtanlage nördlich der Altstadt, die im Wesentlichen den Bereich zwischen Omónia-, Sýntagma- und Monastiráki-Platz umfasst.

Sýntagma-Platz

Die Straßen Ermoú und Stadíou münden in den großen Platz, der seit der Revolution von 1843 Platía Syntágmatos, **»Platz der Verfassung«**, heißt. Hier wurde von 1834 bis 1838 das Schloss für König Otto I. gebaut, das seit 1935 als **Parlament** dient. Von **Friedrich von Gärtner** an der höchsten Stelle des Platzes angelegt, beherrscht es den von Ministerien, Hotels, Bürohäusern und Banken gesäumten Platz. Am **Grabmal des Unbekannten Soldaten** vor dem Parlament halten Evzonen Wache. Jede Stunde erfolgt die Wachablösung, die große feierliche **Wachparade** findet sonntags um 10.30 Uhr statt.

Venizélou, Panepistimíou

Einen Eindruck vom neuzeitlichen Athen und zugleich von den Bestrebungen der Könige Otto I. und Georg I., der Stadt ein urbanes Gepräge zu geben, gewinnt man bei einem Spaziergang vom Sýntagma-Platz durch die Venizélou- / Panepistimíou-Straße.

★ ◄ Numismatisches Museum

Im palastartigen Schliemann-Haus, das im Stil der italienischen Renaissance 1870 bis 1881 von Ernst Ziller errichtet wurde, wohnte **Heinrich Schliemann** mit seiner griechischen Frau Sophia. Heute ist

Evzonen in traditionellen Uniformen bei der Wachablösung auf dem Sýntagma-Platz vor dem Parlament

hier die Numismatische Sammlung des Archäologischen Nationalmuseums untergebracht, die mit 600 000 Münzen eines der bedeutendsten Museen ihrer Art weltweit ist (Venizélou 12; Öffnungszeiten: Di. – So. 8.00 – 14.00 Uhr).

★ Universität, Akademie, Nationalbibliothek

Den städtebaulichen Schwerpunkt bildet die elegante, doch recht akademisch wirkende sog. **Athener Trilogie**: die Universität, von 1837 bis 1852 von dem Dänen Christian Hansen erbaut, flankiert von zwei aufwändigen Bauten seines zehn Jahre jüngeren Bruders Theophil: der Akademie der Wissenschaften (1859 – 1885) und der Nationalbibliothek (1887 – 1902).
Die Fresken an Universität und Akademie stammen von dem Bayern **Karl Rahl**. Vor der Akademie erheben sich zwei Säulen mit den Statuen von Athena und Apollon, den Treppenaufgang flankieren Sitzbilder von Platon und Sokrates. Vor dem Eingang zur Universität stehen Skulpturen von **Kapodistrias**, 1827 bis 1831 Gouverneur von Griechenland, sowie des Dichters und Gelehrten **Adamantios Korais**. Der Initiator des Universitätsbaus, König Otto I., ist auf dem Gemälde über dem Portal inmitten der Musen dargestellt.

Platia Klafthmónos

An der Platiá Klafthmónos steht die Kirche **Ágii Theodóri**, ein charaktervoller, um 1050 errichteter Bau in Cloisonné-Mauerwerk mit angebautem Glockenstuhl und bemerkenswerten Portalen.

Stadtmuseum ►

Im 1834 gebauten **Vouros-Haus** an der Ostseite des Platzes wohnten von 1836 bis 1842 König Otto I. und seine Frau Amalia; heute ist hier das Museum der Stadt Athen untergebracht. Im Erdgeschoss sind die alte Küche sowie ein Modell Athens im Jahr 1842 zu sehen, im Obergeschoss die Räume des Königspaars mit Empire- und Biedermeiermöbeln sowie zahlreichen Erinnerungsstücken.

★ **Historisches Nationalmuseum**

Das klassizistische Gebäude an der Stadíou-Straße, 1858 nach Plänen des französischen Architekten F. Boulanger errichtet, war **bis 1934 Sitz des Parlaments**. Heute ist hier das Historische Nationalmuseum untergebracht, das die Geschichte Griechenlands von der Eroberung Konstantinopels durch die Osmanen 1453 bis zum italienisch-griechischen Krieg 1940 vorstellt. Die interessante Trachtensammlung – eine der reichsten Griechenlands – und der Schmuck aus verschiedenen Regionen vermitteln ein anschauliches Bild vom Formenreichtum des griechischen Brauchtums. Vor der Freitreppe steht ein imposantes Reiterdenkmal des Freiheitshelden **Theodóros Kolokotrónis** (Öffnungszeiten: Di. – So. 9.00 – 14.00 Uhr).

★★ **Archäologisches Nationalmuseum**

Zu den Höhepunkten eines Athenaufenthaltes gehört der Besuch des Archäologischen Nationalmuseums, das in einem 1860 errichteten klassizistischen Säulenbau des deutschen Architekten **Ludwig Lange** untergebracht ist. Es beherbergt die größte Sammlung an Kunst der griechischen Antike überhaupt. Der Reichtum seiner Bestände wird zwar erst bei wiederholten Besuchen deutlich, dennoch vermittelt schon ein erster Rundgang einen überwältigenden Eindruck von der großen Vielfalt antiken Kunstschaffens.

Die Sammlungen stammen aus der Geometrischen Zeit (9./8. Jh.), aus der Archaik (7./6. Jh.) und Klassik (5./4. Jh.), aus der hellenistischen (3. – 1. Jh. v. Chr.) und römischen Zeit.

◄ Mykenische Kunst

In der Mykenischen Abteilung sind Funde Heinrich Schliemanns aus den mykenischen Burgen (1600 – 1150 v. Chr.) ausgestellt. Zu sehen ist u. a. die Goldmaske eines Königs, die sog. **Agamemnon-Maske** (um 1580 v. Chr.) mit schematisierten Gesichtszügen, stilisiertem Bart und ornamental großen Ohren. Die berühmte **Kriegervase** (um 1200 v. Chr.) zeigt in rotfiguriger Malerei mykenische Krieger in voller Rüstung auf dem Weg in die Schlacht.

◄ Kunst der Kykladen

Die Funde von den Kykladen, die früh durch Schifffahrt und Handel miteinander in Verbindung traten (3./2. Jt. v. Chr.), bezeugen die hochentwickelte Kunst dieser Inselwelt im Übergang von der Jungsteinzeit zur Bronzezeit mit Kupfergeräten, Metallerzeugnissen und den eigentümlichen steinernen **Kykladenidolen**.

◄ Geometrische Kunst

Im 9. und 8. vorchristlichen Jahrhundert, als noch keine Säulentempel und Großskulpturen in Griechenland existierten, gelang es den Töpfern, bis zu 1,50 m hohe Monumentalvasen herzustellen, nicht zum täglichen Gebrauch, sondern für den Totenkult. Die geometrischen Grabamphoren wie die berühmte **Dipylonvase** aus der Zeit Homers (um 750 v. Chr.) fallen durch ihre in Streifen geordnete geometrische Ornamentik ebenso auf wie durch ihre einprägsamen einfachen Darstellungen der Totenaufbahrung, der Totenklage oder der Wagenfahrt des Toten.

Archaische Kunst ►

Die auffallendste Neuerung der Archaik sind seit etwa 650 v. Chr. die großplastischen marmornen **Kouroi**. In der überlebensgroßen Gestalt des unbekleideten Jünglings, die weder einen Krieger noch einen Adligen charakterisiert, verewigten die Bildhauer das Idealbild des kraftvollen männlichen Körpers. Kennzeichnend ist, dass die Figur streng frontal aufgebaut ist und dabei das Gewicht gleichmäßig auf beide Beine verteilt ist, wobei immer der linke Fuß etwas vorgestellt ist. Einige Kouroi standen auf Gräbern, andere waren Weihgeschenke mit Widmungen an die Götter.

Das weibliche Pendant zum nackten Jüngling ist die stets bekleidet dargestellte **Kore**, deren raffinierte Gewandgestaltung das Hauptanliegen des Bildhauers war. Besonders grazil ist die vorzüglich erhaltene, einst farbig gefasste Kore, die eine Lotosblüte in der linken Hand trägt und als Phrasikleia inschriftlich gesichert ist, womit wohl eine Tempeldienerin gemeint ist.

Klassische Kunst ►

Blitze schleudernder Zeus

Die Reliefkunst der Klassik ist mit einem Tondo der Aphrodite (?) von Mílos (470 / 460 v. Chr.) als feingeschnittenes Profil und dem Relief eines Jünglings aus Sounion mit einem ursprünglich metallenen Kranz (um 470 v. Chr.) repräsentiert. Das große marmorne Weihrelief aus Eleusis (um 440 v. Chr.) war Demeter gewidmet. Unter den Grabstelen der klassischen Epoche ist der Frauengrabstein aus dem Kerameikós mit dem **Relief der Hegeso** und ihrer Dienerin (um 400 v. Chr.) die bekannteste. Die sitzende Frau schaut mit leicht geneigtem Haupt wehmutsvoll in die von ihrer Dienerin gereichte Schmuckschatulle, wohl wissend, dass das Totenhemd keine Taschen hat. In der am Kap Artemision / Nord-Euböa im Meer gefundenen überlebensgroßen frühklassischen Bronzestatue eines Gottes (460 v. Chr.) sieht dem man jetzt allgemein nicht mehr Poseidon beim Dreizackwurf, sondern den **Blitze schleudernden Zeus**.

✶ Epigrafische Sammlung ►

Dem Archäologischen Nationalmuseum ist eine hochinteressante Epigrafische Sammlung (Eingang: Odós Tossitsa 1) angegliedert, die ausschließlich unterschiedlich gut erhaltenene, überwiegend aus Attika stammende Inschriften auf Grabstelen und Säulen, Amphorenhenkeln und Ziegeln zeigt, geordnet nach Epochen und Gattungen (Odós Patíssion 44; Metrostration: Viktoria; Öffnungszeiten: Mo. 13.00 – 19.30, Di. – So. 8.00 – 19.30 Uhr).

Kolonáki und Lykavittós

Kolonáki

Zwischen dem Leofóros Vassilíssis Sofías und dem Lykavittós erstreckt sich das noble Stadtviertel Kolonáki. Teure Boutiquen internationaler Modemacher, schicke Cafés und kleine Freiluftlokale prägen das Bild des Viertels.

Mittelpunkt des Viertels ist der Kolonáki-Platz, benannt nach einer kleinen antiken Säule, die in einer Grünanlage aufgestellt ist. Hier findet man exklusive Schmuck- und Antiquitätengeschäfte und einige Kunstgalerien. Treffpunkte von Künstlern, Politikern und Intellektuellen sind die hübschen Cafés rund um den Platz.

Kostbare Ikonensammlung des Byzantinischen Museums

★ Byzantinisches und Christliches Museum

Die kostbare Sammlung byzantinischer Kunst aus Griechenland und Kleinasien ist seit 1928 in der **Villa Ilissia** untergebracht, die **Stamatios Kleanthis** 1840 im Stil der florentinischen Renaissance für die exzentrische französische Herzogin de Plaisance außerhalb der damaligen Stadt erbaute. In den 1990er-Jahren wurde ein Erweiterungsbau errichtet, in dem Wechselausstellungen stattfinden. Im Hof sind Architekturteile von frühchristlichen und byzantinischen Kirchen vom 5. bis 15. Jh. zu sehen.

◄ Erdgeschoss

In den Räumen im Erdgeschoss wird vor allem die **Skulpturensammlung** präsentiert: Sarkophage, Altartafeln, Säulen, Kapitelle und Statuetten vom 3. bis zum 18. Jahrhundert. Herausragende Werke sind die Statuette von Orpheus, eine Jesus-Allegorie und die zwei Statuetten vom Guten Hirten aus dem 4. Jh., womit der antike Bildtyp des Lammträgers auf Christus übertragen wird. In Raum 2 findet man die verkleinerte Rekonstruktion einer frühchristlichen dreischiffigen Basilika. Raum 4 stellt den Typus der mittelbyzantinischen Kreuzkuppelkirche (9. – 11. Jh.) vor.

◄ Obergeschoss

Im ersten Raum des Obergeschosses wird eine **Ikonensammlung** präsentiert. Das älteste Stück aus dem 9. Jh. zeigt auf der Vorderseite eine mehrmals übermalte Kreuzigungsszene, auf der Rückseite eine im 16. Jh. entstandene Hodegetria, ein byzantinisches Marienbild.

Am faszinierendsten ist der **Mytilene-Schatz**, eine Kollektion von silbernen Gefäßen, Goldmünzen und Schmuck, die bei Mytilene gefunden wurde. Die reiche **Keramiksammlung** umfasst Stücke aus dem 4. bis 19. Jh. (Vassilíssis Sofías 22; Öffnungszeiten: Di. – So. 8.30 bis 15.00 Uhr).

Kriegsmuseum

Das griechische Kriegsmuseum wurde 1975, zur Zeit der Militärdiktatur, eingerichtet. Die Sammlung präsentiert Ausstellungsstücke aus der Frühgeschichte bis hin zu Exponaten aus der Mitte des 20. Jhs., von Stein- und Bronzewaffen aus neolithischer und mykenischer Zeit, über Darstellungen der Schlachten bei Marathon, den Thermopylen und Salamis bis zu Waffen, Dokumenten und Gemälden aus der Zeit der Freiheitskriege und des Zweiten Weltkriegs (Rizari 2; Öffnungszeiten: Di. – So. 9.00 – 14.00 Uhr).

✶ **Benáki-Museum**

Das von dem Kunstsammler Antónis Benákis (1873 – 1954), Sohn eines reichen Baumwollhändlers, im Jahr 1931 gestiftete Museum ist in einem stattlichen eleganten Neoklassizismusbau, dem ehemaligen Wohnhaus der Familie Benákis von 1910, untergebracht. Im Altbau und im modernen Flügel präsentiert es ansprechend und informativ **viereinhalb Jahrtausende griechischer Kulturgeschichte**.
Auf insgesamt drei Etagen präsentiert es Stücke aus dem griechischen Freiheitskampf von 1821, persönliche Gegenstände der Könige Otto I. und Georg I., des Dichters Lord Byron und mehrerer Freiheitskämpfer, eine Sammlung von Ikonen, darunter zwei **El Greco** zugeschriebene Arbeiten, sowie sehr schöne griechische Trachten, antike Keramik und Werke moderner griechischer Malerei (Vas. Sofías / Koumbári; Öffnungszeiten: Mo., Mi., Fr. u. Sa. 9.00 – 17.00, Do. bis 24.00, So. bis 15.00 Uhr).

✶ **Kykladen-Museum**

Das Kykladen-Museum (Neofýtou Doúka 4) ist in einem architektonisch sehr ansprechenden Neubau untergebracht, der von der N.-P.-Goulandris-Stiftung in Auftrag gegeben wurde. Den Grundstock der effektvoll präsentierten Ausstellung bilden die Sammlungen kykladischer und antiker griechischer Kunst des Reeders **Nikolaos P. Goulandris**. Gezeigt werden Meisterwerke der Kykladenkultur (3200 – 2000 v. Chr.) – darunter die als Souvenir millionenfach kopierten fast abstrakten Marmorfigurinen, die **Kykladenidole** – sowie Keramik, Bronzen und Gläser aus geometrischer bis nachklassischer Zeit. Im benschbarten Stathatos-Haus ist die Sammlung altgriechischer Kunst der Akademie untergebracht. Öffnungszeiten: Mo., Mi., Fr. 10.00 – 16.00, Do. bis 20.00, Sa. bis 15.00 Uhr; www.cycladic-m.gr.

! *Baedeker* TIPP

Wie echt

Wem die geheimnisvollen Kykladenidole gefallen, kann sich im Museumsshop des Kykladen-Museums eine originalgetreue, hervorragend gearbeitete Replik eines solchen Kunstwerks kaufen. Auch Repliken von antiken Kunstgegenständen werden angeboten.

✶ **Lykavittós**

Vom Dexaméni-Platz, 200 m nördlich des Kolonáki-Platzes, geht's zwischen Pinien und Zypressen hinauf auf den 277 m hohen Lykavittós, den **Wolfsberg**; vom oberen Ende der Ploutárchou-Straße fährt eine Tunnel-Standseilbahn auf den Berg. Auf dem Gipfel gibt es

Herrlicher Blick auf das Lichtermeer Athens vom Restaurant »Orizontes« auf dem Lykavittós

ein Café und ein Restaurant sowie die weithin sichtbare Kapelle **Ágios Geórgios**. Im gleichnamigen **Freilichttheater** am Fuß des Bergs finden während des Athener Festivals Musik- und Theateraufführungen statt.

Vom Nationalgarten zum Ersten Athener Friedhof

Nationalgarten

Königin Amalia, die Gemahlin König Ottos I., veranlasste 1836 die Anlage eines Parks, aus dem sich der heutige Nationalgarten entwickelte. Es ist ein Landschaftsgarten im Stil der Romantik, für den Bäume aus vielen Teilen Europas hierher gebracht wurden. Zusammen mit dem anschließenden Záppion-Garten bildete er die einzige große Grünfläche im Zentrum Athens, ehe auch das Gelände von der Agorá bis zum Filopáppos-Hügel bepflanzt wurde.

◄ Botanisches Museum

In dem in der Nähe des Parlaments gelegenen klassizistischen Gebäude, das einst als Jagdpavillon für König Otto I. diente, ist das Botanische Museum untergebracht. Im Erdgeschoss wird die Geschichte des Gartens dokumentiert, ein Herbarium stellt die 520 Pflanzenarten des Parks vor. Das Obergeschoss präsentiert eine Sammlung von Zierpflanzen und eine Kollektion von Pflanzenaquarellen des Botanikers P. K. Kantzartzis.

◄ Záppion-Garten

Im Süden wird der Park durch die Anlagen rund um das neoklassizistische Záppion erweitert. Das ehemalige Ausstellungsgebäude mit seiner korinthischen Säulenfassade und seinem halbrunden hinteren Bau ist eine Stiftung der Brüder Zappas und wurde von **Ernst Ziller** 1885 bis 1888 erbaut. Heute sind im Záppion Regierungsbehörden untergebracht.

Néa Anáktora

An der Ostseite des Nationalgartens hat der Architekt Ernst Ziller in den Jahren 1890 bis 1893 das Palais für den Kronprinzen Konstantin geschaffen. Das Kronprinzenpalais diente später als königliche Residenz (Néa Anáktora = Neues Schloss) und seit 1973 als **Amtssitz des griechischen Ministerpräsidenten**. Vor dem Gebäude halten Evzonen in ihrer traditionellen Uniform Wache.

✶ Nationalgalerie

Die Nationalgalerie (Alexandros-Soutzos-Museum) widmet sich der griechischen und westeuropäischen Kunst, wobei der Schwerpunkt der Sammlung auf der griechischen Kunst der Zeit nach dem Unabhängigkeitskrieg liegt.

Erstes Obergeschoss ►

Die ältesten Kunstwerke des Museums sind **Ikonen**, darunter drei Werke von Domenikos Theotokopoulos, genannt **El Greco**. Die Galerie besitzt zudem bedeutende Ikonen der vom Westen beeinflussten Malerschule der Ionischen Inseln, die u. a. durch Nikolaos und Pangioris Doxaras und Nikolaos Kantounis vertreten wird.

Die Zeit König Ottos I. wird durch Porträt-, Landschafts- und Historienmalerei vergegenwärtigt. Die Periode bis zum Beginn des 20. Jhs. ist zunächst von der akademischen Malerei und der Münchner Schule geprägt. Zu den bekanntesten Gemälden der Galerie zählen »Die kindlichen Verlobten« und »Die Kartenlegerin« von **Nikolaos Gyzis** sowie »Die Heimkehr vom Fest«, »Der ausruhende Milchmann« und »Der Kuss« von **Nikiforos Lytras**. Daneben findet man Arbeiten der Impressionisten Ioannis Altamouras, Iakovos Rizos und Georgios Iakovidis. Im kleinen Saal hängen Werke westeuropäischer Meister, darunter von Caravaggio, Tiepolo, Rembrandt und Breughel sowie von Pablo Picasso und Georges Braque. Ein Ehrenplatz ist dem aus Kreta stammenden El Greco eingeräumt.

Zweites Obergeschoss ►

Das zweite Obergeschoss ist der griechischen Kunst des 20. Jhs. gewidmet mit Werken von Konstantinos Parthenis, Nikos Chatzikyriakos-Gikas und Giannis Moralis (Vas. Konstantinou 50; Öffnungszeiten: Mo., Mi. – Sa. 9.00 – 15.00, Mo. Mi. auch 18.00 – 21.00, So. 10.00 – 14.00 Uhr).

✶ Olympieion

Als im 19. Jh. die Odós Singrou von Piräus nach Athen angelegt wurde, plante man sie so, dass sie auf zwei mächtige Säulen zu führte. Diese gehören zum Olympieion, das das Gelände östlich der Akropolis beherrscht. Dieser größte Athener Sakralbau geht auf die Peisistratiden (6. Jh. v. Chr.) zurück. Der Seleukide **Antiochos IV.** (175 – 164 v. Chr.) nahm den Bau wieder auf, doch erst Kaiser **Hadrian** ließ ihn 130 n. Chr. fertig stellen.

Als Ausdruck des Geschmacks der Tyrannenzeit, eines syrischen Königs und eines römischen Kaisers, war und blieb der **Tempel des Olympischen Zeus** ein Fremdkörper für das attische Gefühl des Maßes. Noch heute steht das Olympieion im Schatten der Akropolis, obgleich seine bauliche Qualität stärkere Beachtung verdient hätte. Verschwunden ist die Cella, die einst neben dem Kultbild des Zeus eine Hadrians-Statue enthielt; verschwunden ist auch ein Großteil

Rund 600 Jahre dauerte es, von 510 v. Chr. bis 130 n. Chr., bis der gewaltige Zeus-Tempel, das Olympieion, fertig gestellt war.

der 104 Säulen, für die 15 500 t Marmor verwendet wurden. Doch ist die erhaltene Gruppe der 13 Säulen an der Südostecke von imposanter Größe. Hinzu kommen an der Südseite noch zwei stehende und eine 1852 umgestürzte Säule. Es ist strittig, ob die 13 Südostsäulen dem hellenistischen, die drei Südsäulen dem römischen Bau angehören oder ob sie alle aus römischer Zeit stammen (Öffnungszeiten: Sommer tgl. 8.00 – 19.00, Winter tgl. 8.30 – 15.00 Uhr).

Hadrians-Tor

Westlich des Olympieion-Bezirks steht am verkehrsreichen Leoforos Amalias das Hadrians-Tor (131 / 132 n. Chr.), das die Grenze zwischen dem alten Athen und der römischen Stadterweiterung bezeichnet, zwischen der »Stadt des Theseus« und der »Stadt des Hadrian«, wie es Inschriften außen und innen am Tor formulieren.

★ Stadion

Östlich des Olympieions liegt, eingebettet zwischen zwei Hügeln, das Athener Stadion, heute **Panathinaikos**, Panathenäisches Stadion, genannt. Die 60 000 Zuschauer fassende Anlage aus Marmor vom Pentelikon ist modern, doch hat sie dieselbe Form und liegt an derselben Stelle wie ihre antike Vorgängerin, in der die Sportwettkämpfe bei den Panathenäen stattfanden. In Marmor erneuert wurde das Stadion 140 – 144 n. Chr. durch **Herodes Atticus**, dessen Grab auf dem nördlich angrenzenden Hügel lag. Für die Olympischen Spiele 1896 wurde das Stadion wieder errichtet, in dem heute keine Sportwettkämpfe mehr stattfinden, sondern Kundgebungen und Konzerte. Bei den Olympischen Spielen 2004 wurden hier ausnahmsweise die Wettkämpfe im Bogenschießen durchgeführt, auch endete hier der Marathonlauf.

Erster Athener Friedhof

Der Erste Athener Friedhof (Próton Nekrotafíon Athinón) ist ein Kulturdenkmal eigener Art, eine Art Museum der neuzeitlichen Klassikrezeption und des bürgerlichen Selbstverständnisses. Südlich des Olympieions zweigt von der Ardíttou-Straße die Odós Anapáfseos ab und steigt zur Eingangshalle des Friedhofs an. Hinter dem Eingang sieht man neben einer Kapelle gleich links Gräber von Athener Metropoliten, dann das anspruchsvolle Grabmal von Georgios Averof, dem Stifter des neuzeitlichen Stadions. Am Hang dahinter erhebt sich die tempelartige letzte Ruhestätte **Heinrich Schliemanns** und seiner Familie.

★ Kerameikós

Öffnungszeiten:
Sommer
tgl. 8.00 – 19.30

An die Agorá grenzt im Nordwesten das **Töpferviertel** des antiken Athen, das im Westen bis zur Akademie reichte und nach Kéramos, dem Schutzpatron der Töpfer, benannt ist – daher die Bezeichnung »Keramik«. Ab 479 v. Chr. teilte die Stadtmauer, die Themistokles nach dem Persereinfall errichtete, das Gebiet in den inneren und den

Entlang der Gräberstraße auf dem Kerameikos reihen sich Grabmale aus dem vierten und fünften vorchristlichen Jahrhundert aneinander.

mauer zwischen Odós Ermoú und Odós Píreos gelegenen Teil des Kerameikósgebiets. Seit dem 12. Jh. v. Chr. befanden sich in dieser Gegend zu beiden Seiten des Eridanos-Kanals Gräber aus der mykenischen bis in die spätantike Zeit. Durch die 1863 begonnene Ausgrabung ist der Friedhof von allen Athener **Nekropolen** am besten erforscht.

◄ Gräberstraße

Geht man vom Eingang der Ausgrabungsstätte nordwärts, vorbei am Kerameikós-Museum, gelangt man zur Gräberstraße, deren Bild heute weitgehend von Gräbern des 4. und 5. Jhs. v. Chr. bestimmt wird. Man sieht zahlreiche Einzelgräber, Grabbezirke und Terrassen sowie Grabmonumente im Original und in Kopien.

◄ Heilige Straße

Beim Tritopatreíon trifft die Gräberstraße auf die sog. Heilige Straße, die Athen durch das Heilige Tor verlässt. Hier bewegte sich der Festzug nach Eleusis zum Mysterienheiligtum der Demeter.

Das **Heilige Tor** hat zwei Durchgänge: der eine überwölbte den Eridanos-Kanal, dessen Gewölbe aus römischer Zeit erhalten ist, der andere die Straße. An der Stadtmauer entlang führt der Weg nordwärts zum Dipylon.

◄ Dipylon

Das Dipylon ist das größte Tor des alten Athen. Es hat seinen Namen **Doppeltor** von zwei stadtseitig nebeneinander liegenden Toröffnungen.

Erst in hellenistischer Zeit wurde der große Hof zwischen hohen Torwänden auch stadtauswärts geschlossen. Hinter diesen beiden stadtseitigen Toröffnungen liegen ein Altar für Zeus, Hermes und Akamas sowie ein Brunnenhaus.

◄ Pompeion

Zwischen Stadtmauer, Heiligem Tor und dem Dipylon befindet sich das Pompeion, ein großes Gebäude, das als Gymnasium diente und in dem sich der Festzug (Pompé), der am **Panathenäenfest** zur Akropolis zog, formierte. Das Pompeion wurde 86 v. Chr. von Sulla zerstört und im 2. Jh. n. Chr. durch einen dreischiffigen Bau ersetzt, der seinerseits beim Einfall der Heruler im Jahr 267 unterging.

◄ Straße zur Akademie

Stadtauswärts bezeichnen zu beiden Seiten des Dipylon zwei Grenzsteine am Rand der Stadtmauer die Breite – 39 m – der hier beginnenden Straße zur **Akademie des Platon**. An ihr wurden die in Kriegen Gefallenen in gemeinsamen Ehrengräbern beigesetzt, allerdings wurden diese Ehrengräber bisher nicht gefunden. Dagegen hat man, an der Südseite der Straße beim zweiten Grenzstein, das Staatsgrab der Lakedaimonier ausgegraben, jener spartanischen Offiziere, die 403 v. Chr. beim Kampf gegen die dreißig Tyrannen in Athen den Tod fanden.

Kerameikós-Museum

Das neben dem Eingang zum Grabungsgebiet gelegene Museum beherbergt die neueren Funde vom Kerameikós, die älteren befinden sich im Archäologischen Nationalmuseum.

Sehr sehenswert ist die umfangreiche Keramiksammlung, an der sich die Geschichte des Bezirks und die Entwicklung der Keramik in Athen ablesen lässt. In der Galerie des Museums sind die Original-Grabsteine ausgestellt, die vor Ort durch Kopien ersetzt wurden.

Umgebung von Athen

✶ **Kesarianí** Das Kloster Kesarianí liegt etwas außerhalb des östlich gelegenen gleichnamigen Vororts; man erreicht es auf der Straße, die zum 1017 m hohen Berg Ymittós führt. Der Name des Klosters geht auf eine bei einem alten Aphrodite-Heiligtum entspringende Quelle zurück, von der aus Kaiser Hadrian im 2. Jh. eine Wasserleitung nach Athen bauen ließ. Sie wurde deshalb »kaisariane«, »kaiserliche«, genannt. Das Wasser der Quelle, die als heilkräftig galt, rinnt noch heute im Vorhof aus einem archaischen Widderkopf.

Kirche ► Mittelpunkt des Klosters ist eine **Kreuzkuppelkirche**, die um 1000 errichtet wurde. Die Kuppel wird von vier Säulen mit ionischen Kapitellen getragen, die dem Kirchenraum Leichtigkeit verleihen. Die Ausmalung stammt aus dem 16. Jh. und wurde wahrscheinlich von einem Áthos-Mönch geschaffen. Die Vorhalle, mit einer schönen Darstellung der Dreieinigkeit, wurde – ebenso wie die dem hl. Antonios geweihte rechte Seitenkapelle und der Glockenstuhl – erst im 17. Jh. errichtet.

Kloster ► Vom Klostergebäude stehen noch gut erhaltene Reste, darunter eine Badeanlage nach römischem Vorbild, der zweigeschossige Zellentrakt und der Wohnturm der Athener Familie Venizelos, die zu den Wohltätern des Klosters gehörte, Küche und Refektorium (Öffnungszeiten: Di. – So. 8.30 – 15.00 Uhr).

Piräus Piräus (180 000 Einw.), das gemeinsam mit Athen ein Ballungszentrum bildet, ist als größter Hafen Griechenlands Ausgangspunkt für Schiffsrouten zu den Nachbarländern sowie für die meisten innergriechischen Linien.

Themistokles war es, der im Jahr 482 v. Chr. Piräus zum Athener Handels- und Kriegshafen ausbaute. Mit der Zerstörung durch Sulla 86 v. Chr. verlor der Piräus seine Bedeutung. Der erneute Aufschwung von Piräus begann nach dem Freiheitskampf im 19. Jh., als Eduard Schaubert den modernen Stadtplan entwarf. Heute werden außer dem Haupthafen Kantharos auch die kleineren Häfen an der Ostseite mitbenutzt: Zéa und Mikrolímano. Die Stadt präsentiert sich mit einer Mischung von betriebsamem Hafen, geschäftigem urbanen Leben und einer besonderen Atmosphäre, die man v. a. am Hafen **Mikrolímano** mit seinen Tavernen oder am **Korais-Platz** erleben kann. Das **Archäologische Museum** zeigt Exponate, die in Piräus und an der attischen Küste entdeckt wurden: Grabmonumente und

> ! *Baedeker* TIPP
>
> **Hafenfahrt**
>
> Man sollte gar nicht erst versuchen, mit dem Auto in den Wirrwarr von Einbahnstraßen und schmalen, steilen Gässchen von Piräus einzudringen. Lohnend dagegen ist eine Fahrt vom Zentralhafen am Wasser entlang zu den Häfen Zéa und Mikrolímano, in denen sich unzählige Jachten drängen. An den Uferpromenaden reihen sich Cafés und Tavernen; besonders gerühmt werden die guten – aber recht teuren – Fischrestaurants am Mikrolímano.

Fischrestaurants säumen den Mikrolímano, den »kleinen Hafen«, von Piräus.

Grabreliefs aus dem 4. und 5. Jh. v. Chr., hellenistische und römische Skulpturen, darunter zwei Kolossalstatuen von Kaiser Hadrian, sowie die berühmten **Bronzestatuen von Apollon und Artemis** aus dem 4. Jh. v. Chr. (Chariláou Trikoúpi 31; Öffnungszeiten: Di. – So. 9.00 bis 14.00, So. bis 13.30 Uhr).

◄ Schifffahrtsmuseum

Das Schifffahrtsmuseum, in einem modernen Halbkreisbau direkt an der Zéa Marina untergebracht, vermittelt anhand von Schiffsmodellen, Flaggen und nautischen Instrumenten einen Einblick in die Entwicklung der griechischen Schifffahrt seit der Antike. Ergänzt wird die Ausstellung durch die Darstellung der griechischen Handelsmarine und des traditionellen Schiffsbaus (Öffnungszeiten: Di. – Sa. 9.00 bis 14.00 Uhr).

★ Eleusis

In dem Heiligtum Eleusis, 22 km westlich von Athen in einem Industriegebiet gelegen, wurde in der Antike ein geheimnisvoller Mysterienkult gefeiert, der auf den Mythos von der Göttin Demeter zurück. Bezeugt ist Eleusis als **Demeter-Weihestätte** ab dem 7. Jh. v. Chr., die Mysterien wurden bis ins 4. Jh. n. Chr. veranstaltet.

Die archaischen Anlagen wurden unter Perikles im 5. Jh. v. Chr. wesentlich umgestaltet und vergrößert. In römischer Zeit erlebte das Heiligtum eine weitere Blüte. Zwischen 60 v. Chr. und dem 2. Jh. n. Chr. entstanden die Bauten, die das heutige Bild bestimmen. Im Jahr 395 n. Chr. wurde Eleusis durch die Westgoten zerstört.

Kern der Anlage ist das **Telesterion**, eine Halle für die Mysterienfeiern. An der Stelle eines kleinen mykenischen Tempels wurde um 600 v. Chr. das Solonische Telesterion errichtet, mit einem Allerheiligsten, das bis in die römische Zeit das Zentrum des Baus blieb. Von

In Eleusis wurde alljährlich ein geheimnisvoller Mysterienkult zu Ehren der Fruchtbarkeitsgöttin Demeter gefeiert.

330 bis 310 v. Chr. fügte man die Vorhalle des Philon hinzu. Die Halle wies ringsum Stufen mit 3000 Sitzen auf, von denen die in den Fels des Berghangs geschlagenen Reihen erhalten sind.

Museum ▶ Das Museum auf dem Ausgrabungsgelände zeigt in erster Linie Exponate aus der Zeit des Mysterienkults im 5. / 4. Jh. v. Chr., darunter eine Demeter-Satue aus der Werkstatt von **Agorakritos**, eines Schülers des Phidias (Öffnungszeiten: Sommer Mo. 12.00 – 19.00, Di. bis So. 8.00 – 19.00, Winter Di. – So. 8.30 – 15.00 Uhr).

Salamís Salamís (Salamína), die größte Insel im Saronischen Golf mit reich gegliederter Küste, schließt mit ihrem nördlichen Teil die Bucht von Eleusis nach Süden hin ab. Die teils verkarsteten Hügel tragen schütteren Wald. Die Hauptstadt lag seit dem 6. Jh. v. Chr. bei Ambeláki, wo Reste der Akropolis und Hafenanlagen unter Wasser zu sehen sind. Salamís ging in die Geschichte ein, als 480 v. Chr. die kampfgeschwächten Athener unter Themistokles in der **Schlacht bei Salamís** der zahlenmäßig weit überlegenen persischen Flotte eine verheerende Niederlage bereiteten und damit die Expansionspläne des Perserkönigs Xerxes endgültig zunichte machten. Schauplatz der Ereignisse waren die Gewässer östlich von Salamís zwischen den Inseln Ágios Geórgios im Norden und Psyttaleía sowie der Halbinsel Kynosoúra im Süden.

Salamína-Stadt ▶ Der wenig attraktive Inselhauptort Salamína liegt in der gleichnamigen tiefen Bucht. Rund 3 km östlich befindet sich der Haupthafen Paloukia, Heimathafen der griechischen Kriegsmarine. Das Archäologische Museum am Ágios-Nikólaos-Strand, 4 km von Paloúkia entfernt, zeigt vor allem Grabreliefs des 4. Jhs. v. Chr. aus der Nekropole der antiken Stadt.

6 km westlich von Salamína erreicht man auf landschaftlich sehr reizvoller Straße das Kloster Faneroméni, das bemerkenswerte Fresken besitzt. Es wurde 1661 an der Stelle eines alten Heiligtums unter Einbeziehung antiker Bauteile errichtet. Unweit südlich stößt man auf die Reste der kleinen Festung Boudorón (6. Jh. v. Chr.). ◄ Kloster Faneroméni

Peanía

Im Dorf Peanía, 7 km östlich Athens am Hang des Berges Ymittós gelegen, sind einige spätbyzantinische Kirchen mit Fresken überwiegend aus dem 17. Jh. sehenswert.

★ ◄ Vorres-Museum

Die Attraktion des Orts ist das sehr schöne Vorres-Museum für **zeitgenössische Kunst** und **griechische Volkskunst**. Die Sammlungen wurden in einer sehr ansprechend gestalteten Reihe von alten und neuen Gebäuden mit Gärten und Höfen untergebracht. Zu sehen sind Malereien und Skulpturen namhafter griechischer Künstler, vor allem aus der Nachkriegszeit.

Die Volkskunstsammlung fand Platz in drei alten Bauernhöfen. Die ältesten Ausstellungsstücke sind Beigaben aus Kindergräbern des 5. Jhs., die Ikonensammlung besteht aus Exponaten des 18. und 19. Jahrhunderts, die Volkskunstsammlung u. a. aus volkstümlichen Bildern und alten Möbeln (Diadóchou Konstantínou 1; Öffnungszeiten: Sa. u. So. 10.00 – 14.00 Uhr).

★★ Dafní

Das Kloster Dafní, 10 km westlich, ist berühmt für seine herrlichen Mosaiken aus dem 11. Jh., die als einer der wenigen **vollständig erhaltenen Mosaikzyklen** zu den bedeutendsten Schätzen byzantinischer Kunst in Griechenland gehören. Der Name erinnert an ein Heiligtum des Gottes Apollon, dem der Lorbeer (»Daphne«) heilig war. 1205, nach der fränkischen Einnahme Athens, wurde das Kloster burgundischen Zisterziensern übergeben und diente als Grabstätte für die späteren Herzöge von Athen. Aus dieser Zeit stammen die zinnenbekrönten Festungsmauern und einige Sarkophage. Im griechischen Freiheitskrieg wurde Dafní beschädigt und aufgegeben. Eine gründliche Restaurierung Mitte der 1950er-Jahre hat das Kloster vor weiterem Verfall bewahrt. 1990 wurde Kloster Dafní in die Liste des Weltkulturerbes der Unesco aufgenommen. Im Jahr 1999 wurde das Kloster bei einem Erdbeben schwer beschädigt und kann daher bis nach Abschluss der Renovierungsarbeiten nicht besichtigt werden.

Pentéli

Der 1109 m hohe Pentéli begrenzt die attische Ebene nach Nordosten hin. Schon im Altertum lieferte der bis heute gewonnene **pentelische Marmor** das Material nicht nur für die Bauwerke auf der Athener Akropolis, sondern auch für die großen Bildhauer jener Zeit.

◄ Kloster Pentéli

Man fährt von Athen auf dem Leofóros Kifissías in nordöstlicher Richtung nach Chalándri und erreicht 8 km hinter dem Ort einen mit Pappeln bestandenen Platz, wo sich das 1578 gegründete Kloster

Pentéli befindet. Im Untergeschoss, das von außen zugänglich ist, werden heilige Schriften gezeigt. Außerdem ist eine der Geheimschulen aus der Zeit der Türkenherrschaft zu sehen. Die 1233 errichtete Kirche besitzt byzantinische Wandmalereien sowie schöne Gemälde und Ikonen aus dem 16. und 17. Jahrhundert.

Párnis Der 1413 m hohe, als Nationalpark ausgewiesene Párnis, 35 km nördlich, ist ein beliebtes Ziel für Wanderer und Naturfreunde. Am Südwesthang des Párnis sind das Kloster Panagía ton Klistón und die antike attische Grenzfestung Fýle interessant.

Panagía ton Klistón ► Über Anó Liossía und das Dorf Filí erreicht man das einsam gelegene Kloster. Es hat seinen Namen – »Muttergottes der Schluchten« – nach seiner spektakulären Lage an einer Felswand über der Schlucht des Goulas. Gegründet wurde das Kloster vermutlich im 14. Jh., Kirche und Zellentrakte stammen aus späterer Zeit.

Fýle ► Ca. 7 km vom Kloster entfernt liegen die Überreste der antiken Festung Fýle, eine der nach dem Peloponnesischen Krieg von Athen angelegten **Grenzfestungen**, die das Land gegen Einfälle aus Megaris und Böotien sichern sollten. Fýle liegt auf einem 683 m hohen Plateau an dem Pass, über den der Weg von Athen nach Tánagra in Böotien verlief. Von der im 4. Jh. v. Chr. entstandenen Burg sind noch mächtige Quadermauern – mit vier Türmen und zwei Toren – bis zur Höhe des Wehrgangs erhalten.

✶ Brauron (Vravróna) Der Ort Brauron (Vravróna), 33 km von Athen entfernt an der Ostküste Attikas gelegen, erlangte im Altertum Bedeutung durch sein **Artemis-Heiligtum**, in dem u. a. Mädchen aus Athen erzogen wurden. In mykenischer Zeit hatte in Brauron die Göttin Artemis den Beinamen »Iphigenie«. **Euripides** zufolge lebte hier **Iphigenie**, die Tochter des Königs Agamemnon von Mykene, nach ihrer Rückkehr aus Tauris bis zu ihrem Tod als Priesterin. Mittelhelladische Baureste (2000 – 1600 v. Chr.) fanden sich auf dem Akropolishügel, dichte Besiedlung ist für die mykenische Zeit (1600 – 1100 v. Chr.) bezeugt. Seine Blütezeit erlebte Brauron im 5. und 4. Jh. v. Chr., wurde aber nach 300 v. Chr. wegen der zunehmenden Überschwemmungen des Flusses Eridanos aufgegeben (Öffnungszeiten: Sommer Di. – So. 8.30 bis 15.00 Uhr).

✶ Kap Sounion Kap Sounion, 70 km von Athen entfernt an der Südspitze Attikas und wegen seiner Sonnenuntergänge fast obligatorisch für Griechenlandurlauber, ist für seinen herrlich über einem steilen Felsabsturz gelegenen **Poseidon-Tempel** mit Recht berühmt. Schon der Dichter Homer hat vom Südostkap Attikas als von »Sounions heiliger Spitze« gesprochen. Nicht verwunderlich, dass man an dieser Stelle, am Eingang zum Saronischen Golf, ein dem Poseidon geweihtes Heiligtum errichtete, von dessen Wohlwollen ja schließlich die Seefahrt abhing. Von 431 v. Chr. an, im Peloponnesischen Krieg, wurde das Kap mit Mauern befestigt und mit einem Hafen ausgestattet.

Herrlicher Sonnenuntergang am Kap Sounion

Um 500 v. Chr. erstellte man einen Tempel, der unvollendet war, als er 480 v. Chr. von den Persern zerstört wurde. Auf seinem Unterbau wurde 449 v. Chr. ein klassischer Marmortempel erbaut, ein dorischer Peripteros mit 6 : 13 extrem schlanken Säulen. Er steht auf einer künstlich erweiterten, durch ein Propylon zugänglichen Terrasse (Öffnungszeiten: tgl. 10.00 Uhr bis Sonnenuntergang).

Athena-Heiligtum

Auf einem Hügel nordöstlich des Poseidon-Tempels liegt ein Athena-Heiligtum aus dem 6. Jh. v. Chr. Neben einem kleinen Bau, von dem u. a. die Kultbildbasis erhalten ist, liegen die Fundamente eines Tempels von gleicher Form, aber größeren Abmessungen. Das Dach wurde von vier Säulen getragen, deren Basen noch zu sehen sind.

Lávrio

Vom Poseidon-Tempel bis zum 10 km weiter nördlich gelegenen Thorikós erstreckt sich der Bereich der **Silberminen**, auf deren Ausbeutung Reichtum und Macht Athens zu einem Gutteil beruhte. Erste Spuren gehen bis ins 3. Jt. v. Chr. zurück, der systematische Abbau des Erzes dauerte vom 5. bis zum 2. Jh. v. Chr. an. Eine neue Technik der Erzaufbereitung machte nochmals einen Abbau von 1865 bis 1981 möglich. Aus dieser Epoche rührt das heutige Erscheinungsbild von Lávrio her, das von klassizistischen Bauten geprägt ist.

◀ Thorikós

Rund 2 km weiter nördlich, in der Nachbarschaft eines Kraftwerks, befindet sich das antike Zentrum der Silbergewinnung, der Thorikós. Hier sind ein Stollen und eine rekonstruierte Erzwaschanlage zu sehen. Daneben liegt ein zu einem Dionysos-Heiligtum gehörendes Theater (5. / 4. Jh. v. Chr.). Seine Orchestra ist fast rechteckig, und die 5000 Zuschauer fassenden Sitzreihen weichen dementsprechend von der üblichen Zirkelform ab. Außerdem wurden Siedlungen aus archaischer und klassischer Zeit freigelegt.

★★ Áthos · Ágio Óros · Άθως · Άγιο Όρος

L 4

Autonome Mönchsrepublik
Fläche: 321 km²

Landschaft: Chalkidikí
Einwohnerzahl: 2000

Von den Mönchen als »Garten der allerheiligsten Maria« gepriesen, ist der Heilige Berg Áthos durch die Verbindung von pittoresker Küsten- und grüner Berglandschaft und darin verstreuten Klöstern, Mönchsdörfern und Einsiedeleien ein unvergleichliches Stück altes Byzanz in unserer Zeit – das allerdings nur von Männern besucht werden darf.

Einzigartige Klosterregion

Der Heilige Berg Áthos, seit über tausend Jahren ein Zentrum des orthodoxen Mönchtums und heute Unseco-Weltkulturerbe, nimmt den gebirgigen, ca. 45 km langen und 5 km breiten östlichen »Finger« der Halbinsel Chalkidikí ein. Am Südende erhebt sich majestätisch der eigentliche Berg Áthos (2033 m ü. d. M.).

Status und Verwaltung

Die Mönchsrepublik Áthos genießt im griechischen Staat zwar **innere Autonomie**, ist jedoch außenpolitisch nicht souverän. Kirchenrechtlich untersteht sie dem Ökumenischen Patriarchen von Konstantinopel und wird von der alljährlich von den Großklöstern neu gewählten Hierá Epistasía (»Heilige Aufsicht«) unter Führung eines Prótos in Karyés verwaltet.

Geschichte und Klosterordnungen

Nachdem sich bereits Einsiedler auf der Halbinsel niedergelassen hatten, gründete im Jahr 963 **Athanásios aus Trapezunt**, unterstützt vom byzantinischen Kaiser Nikeforos Fokas, das erste Kloster auf Áthos, die Megísti Lávra. Es folgten zahlreiche andere Klostergrün-

ÁTHOS ERLEBEN

AUSKUNFT

Pilgerbüro der Heiligen Epistasia des Heiligen Berges Áthos
Egnatia 109
GR-54635 Thessaloníki
Tel. 23 10 25 25 78
Fax 23 10 22 24 24
www.inathos.gr

AUFENTHALT

Von Karyés aus kann man zu Fuß, per Maultier oder mit einem geländegängigen Wagen die einzelnen Klöster aufsuchen. Als Gast in einem der Klöster wird man für einen Tag und eine Nacht unentgeltlich verpflegt und beherbergt; Spenden sind allerdings willkommen. Anmeldungen in den Klöstern sind sinnvoll, ansonsten riskiert man, nicht eingelassen zu werden. Besucher sollten angemessene Kleidung tragen. Fotografieren ist erlaubt, Videoaufnahmen sind dagegen verboten.

Mönchsrepublik Áthos Orientierung

dungen, für die die von Kaiser **Johannes Tsimiskis** (969–976) gegebene Klosterordnung eines gemeinschaftlichen Lebens (Koinóbion) – gemeinsames Gebet, gemeinsame Mahlzeiten, Leitung durch einen auf Lebenszeit gewählten Abt – verbindlich war.

Im Jahr 1060 wurden mit kaiserlichem Edikt die Frauen vom Áthos verbannt. Im 14. Jh. setzte sich in den Klöstern die sog. idiorrhythmische Gemeinschaft durch, die den Mönchen u. a. Privatbesitz erlaubte. Auch wurde die Leitung der Klöster nun durch ein Dreierkollegium ausgeübt. Heute gilt in den Áthos-Klöstern wieder die koinobitische Ordnung.

Die Klöster, die z. T. beträchtliche Bibliotheks- und Kunstschätze besitzen, sind von Mauern umgeben, an die sich Mönchs- und Gästetrakte sowie der Bibliotheksturm anlehnen. Die Hauptkirche steht frei im Klosterhof.

Die Mönchsrepublik besteht aus 20 Großklöstern, in denen ca. 1800 Mönche leben, daneben gibt es mehrere Mönchsdörfer und, vor

! *Baedeker* TIPP

Kloster-Blick

Wer die etwas langwierige Prozedur des Zugangs zum Berg Áthos scheut, kann sich vom Schiff aus einen Eindruck von den Klöstern verschaffen: Von Ouranoúpolis verkehren Ausflugsschiffe entlang der Westküste der Halbinsel, wobei ein Abstand zum Ufer von 500 m eingehalten werden muss. Abfahrtszeiten: 10.30, 13.30 Uhr.

Der farbenprächtige Klosterkomplex Panteleímonos an der Westküste der Áthos-Halbinsel wird von russischen Mönchen bewohnt.

allem an der steil ins Meer abfallenden Südküste, Einsiedeleien. Die meisten Klöster sind griechisch, doch ist auf Áthos auch heute noch die ganze orthodoxe Welt vertreten: Russen leben in Panteleímonos, Bulgaren in Zográfou und Serben in Chiliandaríou. In einigen Klöstern ist in den letzten Jahren wieder ein Zustrom an jungen Mönchen zu registrieren. Die Mönche leben nach dem julianischen Kalender, der 13 Tage später als der gregorianische datiert.

★ Chalkidikí · Χαλκιδική

J-L 3-5

Bewohnerzahl: 80 000

Direkt vor den Toren der Metropole Thessaloníki ziehen die reizvollen Berg- und pittoresken Küstenlandschaften der Chalkidikí immer mehr Urlauber an.

Südöstlich vor Thessaloníki liegt die 3000 km² große Halbinsel Chalkidikí mit ihrer markanten Form einer Hand mit drei Fingern – den Halbinseln Kassándra, Sithonía und ►Áthos; ihre Nordgrenze wird durch die Seen Koróni und Vólvi markiert.
Ihr Name erinnert daran, dass in der Antike vom euböischen Chalkis aus hier 32 Städte gegründet wurden. Dank der weiten Sandstrände wurde dieser wenig besiedelte Teil Griechenlands – genauer die beiden westlichen »Finger« – allmählich für den Tourismus erschlossen.

Die touristische Vereinnahmung hält sich allerdings noch in Grenzen, und man findet an der Küste der Chalkidikí auch in der Hauptreisezeit viele wenig frequentierte Strände.

Sehenswertes auf der Chalkidikí

Chalkidikí-Tour

Die besten Eindrücke von der Chalkidikí gewinnt man auf einer Fahrt von Thessaloníki über die Halbinseln Kassándra und Sithonía sowie über Polýgyros und Arnéa nach Ouranoúpolis.
Auf der Autobahn geht es von Thessaloníki in Richtung Süden nach Néa Sílata. Dort bietet sich ein Abstecher nach **Petrálona** an, in dessen Tropfsteinhöhle ein 700 000 Jahre alter Schädel, eine »Vorstufe« des Homo sapiens, gefunden wurde. Das Museum in der Nähe stellt Funde aus der Höhle wie Knochen, Werkzeuge und Fossilien aus.
Über Néa Moudaniá fährt man weiter nach Süden fahren zum Isthmus von Potídea. Hier lag die ca. 600 v. Chr. gegründete Stadt **Potídea**, und wohl im 4. Jh. v. Chr. wurde ein Kanal gegraben, von dem noch einige Mauern zu sehen sind; die übrigen Ruinen stammen aus dem 6. Jahrhundert. In Richtung Sithonía führt die Straße an Ágios Mámas mit seinen Storchenkolonien vorbei; die Küste ist ein interessantes Feuchtbiotop mit Dünen und Lagunen.

? WUSSTEN SIE SCHON ...?

- ... dass die Griechen die drei Halbinseln der Chalkidiki nicht als »Finger«, sondern als »Füße« bezeichnen?

Etwa 2 km hinter Ágios Mámas geht es nach Néa Ólynthos und zum Grabungsgelände der antiken Stadt **Ólynthos**. In dem bereits besiedelten Gebiet ließen sich um 800 v. Chr. Makedonen nieder. Nach ihrer Zerstörung in den Perserkriegen (480 v. Chr.) wurde die Stadt von Chalkís aus neu besiedelt und entwickelte sich zum bedeutendsten Ort der Chalkidikí-Halbinsel. Im Jahr 348 v. Chr. ließ Philipp II. von Makedonien Ólynthos restlos zerstören. Die Ausgrabungen haben ein rechtwinklig geordnetes System von Straßen, öffentlichen Gebäuden und Privathäusern zu Tage gefördert. Bekannt sind die aus dem 5. Jh. v. Chr. stammenden Kieselmosaiken der Stadt.

Kassándra

»Eingangsort« zur Halbinsel Kassándra, dem westlichen »Finger« der Chalkidikí, ist **Néa Potídea**, das mit einem einladenden Strand und einem hübschen Hafen aufwartet. 9 km südlich führt eine Abzweigung westlich nach **Sáni** mit herrlich weiten Stränden und einem ausgedehnten Luxusresort. Fährt man auf der Hauptstraße an der Ostküste weiter, kommt man nach **Áfytos**, einem charmanten Ort mit einigen klassizistischen Häusern. Vier Kilometer weiter südlich folgt **Kallithéa**, der größte und quirligste Ferienort der Halbinsel.

Sithonía

Zwischen türkisblauem Meer, wunderschönen Sandstränden und einer grünen Mittelgebirgsszenerie verläuft eine Straße rund um die Halbinsel Sithonía; Stichstraßen führen zu ungezählten abgelegenen

CHALKIDIKÍ ERLEBEN

AUSKUNFT

Tourist-Information
Tsimiski 136
Thessaloniki
Tel. 23 10 22 11 00
Fax 23 10 22 13 80
E-Mail: the_info_office@otenet.gr

Im Eagle's Palace gibt es den fantastischen Ausblick dazu.

ESSEN

► Fein & teuer

Sousourada
Straße zum Strand,
Áfytos
Von dem bekannten Fernsehkoch Nikolaos Katsanis betriebenes Gourmetrestaurant mit ausgezeichneter Weinkarte.

► Erschwinglich

Dionysos
Bushaltestelle
Néos Marmarás
Hier gibt's neben einem schönen Blick auf den Hafen eine große Auswahl an Vorspeisen.

► Preiswert

Platanos
Am Hauptplatz von Arnéa
In der Taverne kann man auch den Honig der Region und den mit Honig gesüßten Ouzo Moundovina kosten.

ÜBERNACHTEN

► Luxus

Eagle's Palace
Ouranoúpolis
Tel. 23 77 03 10 47
www.eaglespalace.gr
153 Z., 15 Bungalows
Die 4 km von Ouranoúpolis entfernte Hotelanlage verfügt über einen Privatstrand. Angeboten werden u. a. Ausflüge mit der privaten Luxusjacht.

Aristoteles Beach
Áfytos
Tel. 23 74 09 15 68
www.aristotelesbeach.gr; 200 Z.
Das Aristoteles Beach besteht aus einem Haupthaus und mehreren Bungalows in herrlicher Lage oberhalb der Küstenstraße, 2 km von Áfytos entfernt. Mit einem Lift geht's vom Hotel zum Strand.

► Komfortabel

Gerakini Beach
Gerakini
Tel. 23 71 05 23 02
413 Z., 39 Suiten
Große, am ausgezeichneten Sandstrand gelegene Hotelanlage mit Diskothek, Kinderclub und Animationsprogramm.

Skites
Ouranoúpolis
Tel. 23 77 07 11 40
www.skites.gr
21 Bungalows, 4 App.
Die geschmackvolle, ruhig am Meer gelegene Bungalowanlage, ca. 1 km von Ouranoúpolis entfernt, passt sich gut in die Landschaft ein.

Flotte Strandbar bei Pórto Cárras auf der Halbinsel Sithonía

Buchten, und an der Westküste kann man einige Strecken direkt am Meer zurücklegen. Die erste Station auf der Rundfahrt ist der lebhafte Urlaubsort **Néos Marmarás**, dessen Reiz vor allem seine Lage auf vier kleinen Halbinseln, die drei Buchten rahmen, ausmacht. Von hier sollte man einen Abstecher hinauf in das hübsche Bergdorf **Parthenónas** unternehmen, ein in jüngster Zeit verlassenes Dorf, das inzwischen wieder besiedelt wurde, wobei einige Häuser schön restauriert wurden; von dort hat man eine herrliche Aussicht.

Südöstlich von Néos Marmarás liegt **Pórto Cárras**. Hier ließ der griechische Reeder John Carras 1970 riesige Hotels, einen Jachthafen und einen Golfplatz erbauen (Eintrittsgebühr!). **Toróni**, etwas weiter südöstlich, ist ein hübscher kleiner Ort, der einen der schönsten Strände der Chalkidikí besitzt. Am südlichen Ende der Bucht sind auf einem Kap Reste einer byzantinischen Burg erhalten. Knapp 2 km weiter südlich liegt **Pórto Koufó** an einem fast geschlossenen natürlichen Hafen.

Die schönen Buchten an der Südspitze der Halbinsel sind meist nur vom Meer aus zugänglich. Besonders reizvoll ist die Bucht von **Kalamítsi**, wo sich ein Traumblick eröffnet. Das hübsche **Sykiá**, einer der wenigen gewachsenen Orte der Halbinsel, liegt 3 km von der Küste mit ihren Badebuchten entfernt, der Ferienort **Sárti** in einer schmalen, landwirtschaftlich genutzten Küstenebene.

Die 32 km lange Strecke bis **Vourvouroú** ist landschaftlich überaus reizvoll, bei guter Sicht begleitet von der Kulisse des Áthos. Vom Hafenort Órmos Panagías kann man eine Schifffahrt hinüber nach Ouranoúpolis unternehmen, als Grenzort zur Mönchsrepublik ► Áthos ein beliebtes Ausflugsziel.

★★ Chíos · Χίος

O/P 7/8

Inselgruppe: Nord- und ostägäische Inseln
Höhe: 0 – 1267 m ü. d. M.
Hauptort: Chíos-Stadt
Fläche: 842 km²
Bewohnerzahl: 51 000

Die herbe Insel Chíos im Osten der Ägäis, nur durch die 8 km breite Chíos-Straße von der türkischen Halbinsel Çesme getrennt, besticht durch ihre kontrastreichen Landschaften, unverbauten Buchten und mittelalterlichen Dörfer.

Insel des Mastix

Ein mächtiges, stark zerklüftetes Massiv nimmt den größten Teil der Insel ein. Es steigt im nördlichen Inselteil im Profítis Ilías bis auf 1267 m Höhe an und bildet besonders im Osten eine eindrucksvolle

CHÍOS ERLEBEN

AUSKUNFT

Tourist-Information
Kanari 18
Chíos-Stadt
Tel. 22 71 04 43 89
www.chiosonline.gr

Touristenpolizei
Neorion 37
Chíos-Stadt
Tel. 22 71 04 44 27

ANREISE

Schiffsverbindungen bestehen mit Alexandroúpolis, Kavála, Piräus und Thessaloníki auf dem Festland sowie mit den Inseln Fourní, Ikaría, Kos, Lésbos, Mýkonos, Rhodos, Sámos, Sýros und Tínos.

ESSEN

► Erschwinglich

Chotzas
Stefanous Tsouri 74, Chíos-Stadt
Tel. 22 71 04 27 87
Urige Taverne mit lauschigem Garten, traditionellen Gerichten, selbst gebranntem Ouzo und Retsina vom Fass.

Steki Giamos
Karfas
Großes Restaurant direkt am Strand mit Platz für 450 Personen. Internationale und griechische Küche.

ÜBERNACHTEN

► Luxus

Golden Sand Hotel
Karfás
Tel. 22 71 03 20 80
www.goldensand.gr
108 Z.
Direkt am Strand gelegenes, relativ junges Hotel. Alle Zimmer sind mit Terrasse bzw. Balkon ausgestattet.

► Komfortabel

Aepos Touristic & Athletic Village
Vrontádos
Tel. 22 71 09 22 66
www.aepos-village.gr
Hier kann man Häuschen für bis zu vier Personen mieten. Das herrlich in einem Pinienwald gelegene Feriendorf bietet allerlei Möglichkeiten, sich sportlich zu betätigen, und natürlich einen Pool.

Chíos Orientierung

Steilküste. Die Bevölkerung ist im fruchtbaren Süden konzentriert, wo neben Oliven, Wein, Feigen und Zitrusfrüchten besonders die Mastixstaude angebaut wird, deren aromatisches Harz als Mastix von hervorragender Qualität schon im Altertum exportiert wurde und den Reichtum der Insel mitbegründet hat. Aus Mastix stellt man den herbsüßen Likör Masticha und sehr süßes Konfekt her.

Geschichte

Im 8. Jh. v. Chr. ließen sich ionische Griechen auf Chíos nieder und machten die Insel zu einem der reichsten Mitglieder des **Ionischen**

Städtebundes. Von 512 bis 479 v. Chr. unter persischer Herrschaft, trat Chíos dann dem **Attischen Seebund** bei, konnte aber seine Selbstständigkeit bewahren. 412 v. Chr. fiel Chíos von Athen und 392 v. Chr. von Sparta ab, unter dem es stark gelitten hatte. Auch unter den Römern, auf deren Seite es bereits 190 v. Chr. trat, bewahrte sich Chíos seine Selbstständigkeit.
Von 1204 bis 1304 war die Insel venezianisch, dann genuesisch und ab 1566 türkisch. Die Chioten, die immer als tüchtige Seefahrer und Kaufleute galten, erhoben sich 1822 gegen die Türken, die daraufhin ein fürchterliches Massaker unter der Bevölkerung anrichteten, bei dem 30 000 Menschen den Tod fanden oder versklavt wurden.
1881 hinterließ ein Erdbeben schwere Verwüstungen. Als 1912 im Verlauf des Balkankriegs ein griechisches Geschwader vor der Insel erschien, wurde die Insel nach kurzem Widerstand den Griechen überlassen. Nach dem Ersten Weltkrieg musste Chíos den Verlust seines wirtschaftlichen Hinterlandes in der nahen Türkei hinnehmen und viele von dort vertriebene Griechen aufnehmen.

Inselmitte

Chíos-Stadt

Der **Hauptort und -hafen** Chíos (25 000 Einw.) liegt etwa an der Stelle der antiken Stadt in der Mitte der Ostküste. Seine Häuser ziehen sich um den Hafen, der von einer mittelalterlichen genuesischen Fes-

Die Inselhauptstadt Chiós säumt eine weite Hafenbucht an der Ostküste.

Nachmittagsplausch in einem Strandcafé im Ferienort Karfás

tung aus dem 14. Jh. und dem Minarett der Moschee aus dem 19. Jh. überragt wird. Von der alten Stadt ist wenig erhalten, die beim Massaker 1822 verschont gebliebenen Häuser wurden bei dem Erdbeben von 1881 zerstört. Dennoch besitzt die Stadt ein angenehmes orientalisches Flair.

Das im 15. Jh. errichtete **Giustiniani-Haus** zeigt eine kleine Sammlung byzantinischer und nachbyzantinischer Kunst. Weiter nördlich trifft man auf einen türkischen Friedhof. In einem neoklassizistischen Gebäude in der südlich sich ausbreitenden Neustadt ist die **Korais-Bibliothek** untergebracht, die auf der bedeutenden Büchersammlung des chiotischen Philologen Adamantios Korais (1748 – 1833) gründet. In dem Gebäude ist auch eine Gemälde- und Volkskundesammlung ausgestellt.

Das Schifffahrtsmuseum, das **Chíos Maritime Museum** in der Odós Tsouri Stefánou 20, präsentiert Aquarelle und Modelle von griechischen Schiffen des 19. und 20. Jhs. Das **Archäologische Museum** im Süden der Stadt zeigt Funde von Embório und Faná, darunter eine große Sammlung hellenistisch-römischer Grabstelen; ein besonderes Exponat ist der in Stein gemeißelte »Brief« Alexanders des Großen an die Chioten aus dem Jahr 332 v. Chr., in dem er diesen mehr Demokratie verspricht.

Am Strand von **Karfás**, 6 km südlich von Chíos-Stadt, hat sich eine kleine Hotelsiedlung entwickelt.

Vrontádos

Am Nordende des Villenorts Vrontádos, 6 km nördlich der Inselhauptstadt, ist in Ufernähe ein in früher Zeit bearbeiteter Felsen zu sehen, der vermutlich als **Kybele-Heiligtum** diente. Der Volksmund

Das Kloster Néa Moní, einer der bedeutendsten byzantinischen Sakralbauten des Landes, liegt inmitten einer üppig grünen Berglandschaft.

nennt ihn »Scholí Omírou«, »Schule Homers«, und erinnert damit an den Anspruch der Insel Chíos, die Heimat des antiken Dichters zu sein.

✶✶ Kloster Néa Moní

Von Chíos-Stadt führt eine Panoramastraße über das farbenfrohe Dorf Karyés zum 15 km nordwestlich gelegenen Néa Moní, einer von wenigen Nonnen bewohnten Klosteranlage inmitten einer üppig grünen Berglandschaft. Es wurde von Kaiser **Konstantin IX. Monomachos** (reg. 1042 – 1055) an der Stelle gegründet, an der in einem Myrtenstrauch eine wundertätige Marienikone gefunden worden war. Die Kuppel der Klosterkirche ruht auf acht Pfeilern und überspannt die Kirche in ihrer ganzen Breite. Die Wände haben noch die ursprüngliche Verkleidung mit rotem Marmor. Die im 11. Jh. geschaffenen **goldgrundigen Mosaike** des Klosters – bei dem Erdbeben im Jahr 1881 teilweise zerstört – sind mit Sicherheit das Werk von Künstlern aus Konstantinopel. Die Fresken in der äußeren Vorhalle sind Arbeiten des spätbyzantinischen 14. Jahrhunderts. Die Kapelle links des Klostertors, die dem Gedächtnis der Toten von 1822 geweiht ist, besitzt ein **Beinhaus**. Rechts des Tors befindet sich ein kleines **Museum**, in dem sakrale Kunst ausgestellt ist (Öffnungszeiten: Mo. – Sa. 8.00 – 13.00, 16.00 – 20.00 Uhr).

Avgónyma

Die Hauptstraße steigt hinter Néa Moní weiter an und führt dann abwärts nach Avgónyma. In den Ort, der Anfang der 1990er-Jahre völlig verlassen worden war, zog neues Leben ein: Häuser wurden als Feriendomizile restauriert, Tavernen öffneten ihre Pforten.

Bereits seit 1822 war das nördlich gelegene Nachbardorf Anávatos, das beeindruckend unter einem steilen Felsen mit Burgruine liegt, fast ausgestorben. Auch hier wurden einige Häuser im untersten Ortsteil als Ferienunterkunft restauriert. ◄ Anávatos

Inselnorden

Langáda

Langáda, 18 km nördlich von Chíos-Stadt, ist ein hübscher, an einer tiefen Bucht gelegener Ort, in dem Cafés und Tavernen auf Gäste warten. 12 km weiter nördlich folgen **Kardámyla**, dessen nette Platía Treffpunkt des Ortes ist, und der dazugehörige Hafen **Mármaro**, ein beliebter Urlaubsort mit einigen guten Stränden.

Die im 13. Jh. gebaute Kirche Panagía Agiogaloúsena in dem Dörfchen **Ágio Gála** im Nordwesten der Insel steht direkt beim Eingang zu einer Tropfsteinhöhle und ist mit alten Ikonen geschmückt.

Inselsüden

Pyrgí

Etwa 30 km südwestlich von Chíos-Stadt liegt das malerische Städtchen Pyrgí im Zentrum der **Mastichochoría**, der über 20 Mastix erzeugenden Dörfer. Besonders reizvoll sind seine grau-weiß ornamentierten Häuser, deren geometrische Muster mittels der Xystá genannten Kratzputztechnik entstanden sind. Über dem Ort thront der Turm einer genuesischen Burg. Die Kirche **Ágii Apóstoli** (12. Jh.) mit Fresken aus dem Jahr 1665 folgt wie andere Kirchen der Insel dem Vorbild von Néa Moní.

Die archäologische Stätte von **Káto Fána**, wo Reste eines Apollon-Tempels erhalten sind, liegt 8 km südwestlich von Pyrgí. Wenige Kilometer nordwestlich von Pyrgí liegen **Olýmbi**, ein schönes mittelalterliches Dorf mit Burg, und **Mestá**, dessen äußerer Ring aus befestigten Häusern die Stadtmauer bildet.

! *Baedeker* TIPP

Erholsames Strandleben

An der mittleren Westküste der Insel, etwa auf der Höhe des Klosters Néa Moní, gibt es viele schöne Strände, die außerhalb der Hochsaison nahezu menschenleer sind.

Inoússes-Inseln

»Luxus-Inseln«

Nordöstlich vor der Insel Chíos liegen die Inoússes-Inseln, einige der reichsten Inseln Griechenlands, die die bewohnte gleichnamige Hauptinsel und einige weitere Eilande umfassen. Die kleine Insel besitzt wunderschöne Strände und bietet gute Wandermöglichkeiten. Dass man dort dennoch kaum Touristen sieht, liegt – so sagt man – an den vielen reichen Reedern, die in ihren luxuriösen Domizilen hier ungestört bleiben wollen. Die einzige Sehenswürdigkeit von Inoússes-Ort ist das **Schifffahrtsmuseum** mit einer interessanten Sammlung von historischen Schiffsmodellen.

★★ Delfí · Δελφοί

F/G 8

Landschaft: Fokis **Höhe:** 520 – 620 m ü. d. M.

Delfí, am Abhang des Parnass hoch über dem Golf von Korinth gelegen, ist eine der berühmtesten Kultstätten Griechenlands. Die reichen antiken Reste der »Heimat« Apollons und ihre einzigartige Lage in der Berglandschaft machen den Besuch zu einem Höhepunkt jeder Griechenlandreise.

Berühmte Orakelstätte

Im Altertum war das Orakelheiligtum des Apollon in der gesamten griechischen Welt und darüber hinaus hoch angesehen. Neben der Akropolis von ►Athen, neben ►Olympía und der Insel ►Délos ist Delfí die bedeutendste Ausgrabungsstätte für die klassische Zeit. Der Ort Delfí, der touristischen Bedeutung entsprechend eine Ansammlung von Hotels und Souvenirläden, entstand erst mit dem Beginn der Ausgrabungen 1892.

Mythos und Geschichte

Der auf ►Délos geborene Apollon – Zwillingsbruder der Artemis und nachmaliger Vater des Heilgottes Asklepios – war ein Sohn des Göttervaters Zeus und der Leto. Hera, die eifersüchtige Gemahlin des Zeus und höchste der Göttinnen, befahl dem fürchterlichen Drachen Python, der das Orakel der Erdmutter Gaia in Delfí bewachte, Leto und ihre Nachkommenschaft umzubringen. Als Apollon von dem Komplott erfuhr, eilte er nach Delfí, tötete den Drachen und

Delfí Orientierung

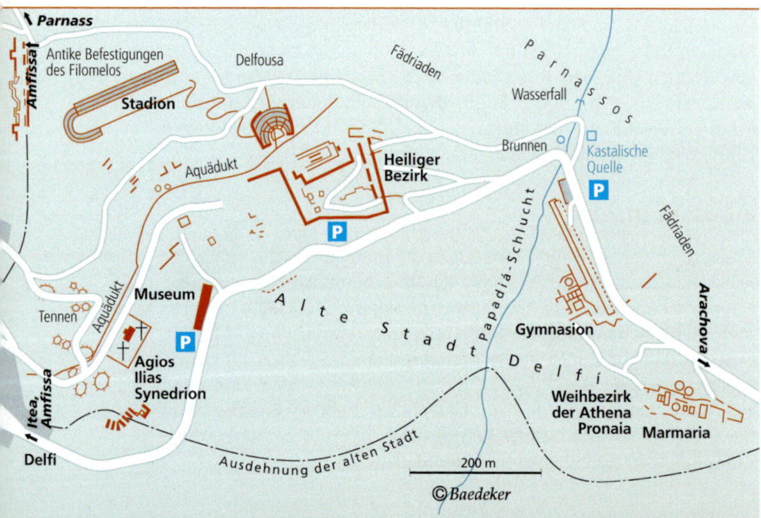

DELFÍ (AUSGRABUNGSSTÄTTE U. ORT) ERLEBEN

AUSKUNFT

Tourist-Information
Apollonos 11
Tel. 2 65 08 29 00

BESICHTIGUNG

Für die Besichtigung des großen Ausgrabungsgeländes, das einen Höhenunterschied von 200 m aufweist und das Apollon-Heiligtum mit Stadion, das Athena-Heiligtum sowie das Museum umfasst, sollte man sich mindestens einen ganzen Tag Zeit nehmen.

Öffnungszeiten: April – Okt. tgl. 8.00 bis 19.30, Nov. – März tgl. 8.30 bis 15.00 Uhr.

ESSEN

► Erschwinglich

Lekaria
Apollonos 33
Das »Lekaria« gilt als das beste Restaurant des Orts. Angeboten wird eine große Auswahl an Gerichten und griechischen Weinen.

Epikouros
Paulou 33
Tel. 22 65 08 32 50
Modernes Restaurant mit einer riesigen Palette an Speisen, vom Burger über Spaghetti bis hin zur griechischen Küche.

ÜBERNACHTEN

► Komfortabel

Amalia
Apollonos 1
Tel. 22 65 08 21 01
www.amalia.gr
184 Z.
Das beliebte Hotel am Fuß des Parnass bietet gut ausgestattete Zimmer, ein Restaurant, ein Café, einen Souvenirladen und einen hübschen Garten.

► Günstig

Odysseus
Filellinon 1
Tel. 22 65 08 22 35, 8 Z.
Kleine Pension am unteren Dorfrand mit einfachen Zimmern.

wurde dadurch zum Herrn des Orakels. Seither wird Apollon, der Gott des Sonnenlichts, der Dichtkunst und der Musik, in dem neben Olympía wichtigsten griechischen Heiligtum – Delfí wurde lange Zeit als Mittelpunkt der Welt gesehen – als Gott der Weisheit verehrt.
Apollon sprach zu den Rat suchenden Gläubigen durch die **Pythia**, eine Priesterin. Die Pythia saß im Tempel über einer kleinen Erdspalte, aus der narkotisierende Dämpfe aufstiegen und die Priesterin in Trance versetzten. Übermittelt wurden dann Apollons Orakelsprüche durch Priester. Die Empfänger der Weissagungen drückten ihren Dank in Weihgaben aus, die von den einzelnen griechischen Staaten in eigenen Schatzhäusern gesammelt wurden.
Seine Blüte erlebte das delfische Orakel im 7. und 6. Jh. v. Chr. und noch einmal unter Kaiser Hadrian im 2. Jh. n. Chr., ehe Erdbeben und die durch Kaiser **Theodosius I.** 392 n. Chr. verfügte Schließung der antiken Kultstätte das Ende brachten.

★★ Apollon-Heiligtum

Heilige Straße Über den römischen Markt gelangt man zum Haupttor und Eingang des Heiligen Bezirks. Hier beginnt die Heilige Straße, die bis zum Vorplatz des Apollon-Tempels führt.

Der erste Abschnitt der Heiligen Straße wurde von zahlreichen **Weihgeschenken** gesäumt; von den Skulpturen, Statuen und Denkmälern sind nur noch die Basen erhalten.

Den nächsten Abschnitt der Heiligen Straße säumen die über zwanzig Schatzhäuser, in denen einst Weihgaben vor der Witterung, aber auch vor Diebstahl geschützt aufbewahrt wurden, darunter das um 510 v. Chr. in Form eines Antentempels errichtete **Schatzhaus der Athener**, das von 1903 bis 1906 rekonstruiert wurde.

Unmittelbar neben dem Schatzhaus erhebt sich die mit flachen Nischen für Weihinschriften versehene Stützmauer des **Bouleuterions**, des Ratsgebäudes. Hier beginnt der älteste Teil des Heiligtums. Zwischen Apollon-Tempel und der Heiligen Straße liegen unmittelbar nebeneinander der Felsen der Sibylle, das Heiligtum der Gaia und jene Stelle, an der sich einst die 13 m hohe ionische Säule mit der Sphinx der Naxier befand, die vermutlich das mythische Grab des Gottes Dionysos bezeichnete.

Polygonalmauer Die Szenerie wird begrenzt von der mit antiken Inschriften bedeckten Polygonalmauer aus dem 6. Jh. v. Chr., die der Terrassierung der Tempelfläche diente. An sie lehnte sich die nach 479 v. Chr. errichtete **Säulenhalle der Athener** an.

Apollon-Tempel Der Tempelvorplatz wird beherrscht von dem von der Insel Chíos gestifteten und teilweise wieder aufgebauten Altar und von sechs wieder aufgerichteten Säulen des Apollon-Tempels.

Der Tempel selbst ist der dritte Bau an dieser Stelle. Der erste Tempel, der bereits im 7. Jh. v. Chr. erbaut worden war, brannte 548 v. Chr. ab. Den Nachfolgebau – der bei einem Erdbeben 373 v. Chr. einstürzte und dessen marmorner Ostgiebel die Ankunft Apollons in Delfí zeigte – stifteten 531 v. Chr. die aus Athen geflohenen Alkmaioniden, ein archaisches Adelsgeschlecht.

Der dritte Tempel wurde 346 – 320 v. Chr. errichtet. In der Vorhalle waren Sprüche der Sieben Weisen angebracht, darunter der berühmte apollinische Imperativ: »Erkenne dich!« In der Cella befanden sich u. a. eine goldene Apollon-Statue und – über der Orakelöffnung – der Dreifuß der Pythia.

Am Berghang oberhalb des Tempels stand die Bronzestatue des **Wagenlenkers**, die bei dem Erdbeben von 373 v. Chr. von herabstürzenden Erdmassen bedeckt wurde und daher den Metallräubern späterer Zeiten entging; heute ist sie im Museum von Delfí ausgestellt. Daneben ist die große Nische für eine Darstellung **Alexanders des Großen** auf der Löwenjagd zu sehen, Weihgeschenk des Krateros, der Alexander bei dieser Jagd rettete.

Delfí: Heiliger Bezirk Orientierung

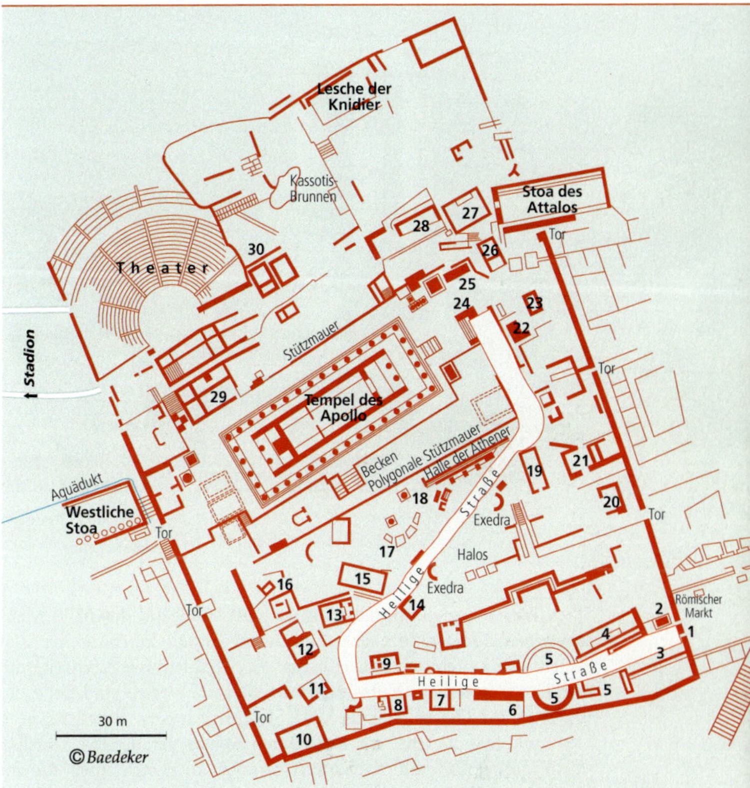

1 Haupttor (Eingang)
2 Weihgeschenk der Korkyraier
3 Weihgeschenk der Athener
4 Weihgeschenk der Lakedämonier
5 Weihgeschenke von Argos
6 Weihgeschenk der Tarentiner
7 Schatzhaus von Sikyon
8 Schatzhaus von Sifnos
9 Schatzhaus der Megarer
10 Schatzhaus der Thebaner
11 Schatzhaus der Böotier
12 Schatzhaus der Potidäer (?)
13 Schatzhaus der Athener
14 Schatzhaus der Knidier
15 Bouleuterion
16 Asklepion
17 Fels der Sibylle
18 Säule der Naxier
19 Schatzhaus der Korinther
20 Schatzhaus von Kyrene
21 Prytaneion
22 Dreifuß von Plataä
23 Weihgeschenk der Rhodier
24 Großer Altar von Chios
25 Weihgeschenk der Syrakusaner
26 Schatzhaus der Akanthier
27 Temenos des Neoptolemos (?)
28 Weihgeschenk Daochos' II.
29 Weihgeschenk des Krateros
30 Dionysion

Theater

Treppen führen neben der Rinne eines Aquädukts hinauf zum im 4. Jh. v. Chr. errichteten Theater mit 5000 Sitzplätzen, bei dem Umbauten bis in römische Zeit vorgenommen wurden. Es gehörte ebenso noch zum Heiligen Bezirk wie die Lesche (sprich »les-che«; Versammlungshalle) der Knidier an der nördlichen Umgrenzungsmauer.

Die antike Kultstätte Delfi beeindruckt schon durch ihre grandiose Lage in einer einzigartigen Berglandschaft.

Stadion 50 m höher liegt unmittelbar unter einer Felswand das 6500 Menschen fassende Stadion, das seine letzte Gestalt in römischer Zeit erhielt. Die Zeiten überdauert haben die Sitzstufen der Nordseite mit den Ehrensitzen, die halbrunde Sfendone im Westen und Teile des Eingangs im Osten. Theater und Stadion erinnern daran, dass in Delfi seit 590 v. Chr. die **Pythischen Spiele** veranstaltet wurden, musikalische und athletische Wettkämpfe, zu denen auch die im Hippodrom unten im Tal ausgetragenen Wagenrennen gehörten.

Kastalische Quelle Östlich des Apollon-Heiligtums liegt in einer Schlucht die Kastalische Quelle mit in den Fels geschlagenen Nischen für Weihgaben. Hier reinigten sich die Gläubigen, ehe sie zum Tempel zogen.

Gymnasion Etwa zwischen Heiligem Bezirk und dem Heiligtum der Athena Pronaia lag das Gymnasion, das aus einer 180 m langen Laufbahn und einer Palaistra, einem Übungsplatz für Ring- und Faustkämpfer, sowie aus einer Badeanlage bestand.

★ Heiligtum der Athena Pronaia

Marmariá Südöstlich des Gymnasions liegt der seit dem 19. Jh. als »Marmorsteinbruch« genutzte, sog. Marmariá-Bezirk mit dem Heiligtum der Athena Pronaia, der »Athena vor dem Tempel« des Apollon. Auf den jüngeren Athena-Tempel aus dem 4. Jh. v. Chr. folgen die kreisrunde

Tholos, die außen dorische, innen korinthische Säulen hatte (um 400 v. Chr.), das ionische Schatzhaus von Massilia (Marseille) mit seinem schönen Sockelprofil (um 530 v. Chr.), ein dorisches Schatzhaus (5. Jh. v. Chr.) und der alte Athena-Tempel, der um 510 v. Chr. einem Bau vom Anfang des 6. Jhs. folgte und später von Felsstürzen zerstört wurde. Östlich dieses Tempels, der wie die anderen Marmariá-Bauten nach Süden ausgerichtet ist, stehen – in Richtung auf das noch erkennbare Osttor des Bezirks – die Altäre.

✶✶ Museum

Das Museum – zwischen Ausgrabungsgelände und dem Ort Delfí – präsentiert eine faszinierende Sammlung delfischer Funde, von denen hier nur die wichtigsten genannt werden können.

Fast vollständig erhalten: der berühmte Wagenlenker von Delfí

Eines der herausragenden Exponate ist der aus dem 1. Jh. n. Chr. stammende Proskenion-Fries vom Theater mit der Darstellung der Arbeiten des Herakles. Erhalten sind auch die Friese vom Schatzhaus der Sifnier, um 525 v. Chr. gebaut, die u. a. den Trojanischen Krieg, den Kampf der Giganten und das Urteil des Paris darstellen. Die Reste des archaischen Apollon-Tempels umfassen Teile des Ostgiebels mit der Darstellung der Ankunft Apollons in Delfí und ein Akroter (Giebelaufsatz) in Gestalt einer geflügelten Nike. Aufgestellt ist hier auch die **Sphinx der Naxier** (um 560 v. Chr.). Kleobis und Biton, zwei mächtige archaische Kouroi (um 600 v. Chr.), stammen aus der Werkstatt des Bildhauers **Polymedes** aus Argos. Zu den Weihgeschenken des 7. bis 5. Jhs. v. Chr., die im Bereich der Heiligen Straße gefunden wurden, gehören ein lebensgroßer Stier aus Silber- und Goldblech, Elfenbeinschnitzereien sowie eindrucksvolle, aufwändig gearbeitete Teile von **Gold-Elfenbein-Statuen des Apollon** und seiner Schwester Artemis aus dem 6. Jh. v. Chr. Diese Funde sind umso bedeutender, da solche Gold-Elfenbein-Arbeiten ansonsten nur aus der literarischen Überlieferung bekannt sind.

Bemerkenswert sind der Athlet (Apoxyómenos) mit Diener auf einer Grabstele aus der Marmariá (460 v. Chr.) und ein Rundaltar aus dem Athena-Pronaia-Tempel mit Mädchenrelief (um 310 v. Chr.).

Das berühmteste Ausstellungsstück des Museums ist die spätarchaische lebensgroße Bronzestatue eines **Wagenlenkers**. Die Statue – die bei dem Erdbeben von 373 v. Chr. verschüttet wurde – ist vermutlich ein Werk des Sotades aus Thespiai, gestiftet wurde sie von dem sizilianischen Tyrannen **Polyzalos** nach einen Sieg im Wagenrennen bei den Pythischen Spielen 478 oder 474 v. Chr.; erhalten sind auch die originalen Augen aus Email und farbigen Steinen. In Vitrinen werden Reste des dazugehörigen Viergespanns gezeigt.

Umgebung von Delfí

Aráchova Aráchova, knapp 10 km östlich von Delfí, ist bekannt durch seine herrliche Lage am Südhang des Parnass, seine volkstümlichen Webarbeiten und seinen Rotwein. Angeboten wird auch Schafskäse, den man in Tavernen gebraten als »formaela« bekommt.

Korykische Grotte ► Vom Westrand des Dorfes geht die Straße ins (Ski-)Gebiet des Parnass ab. Zur 1360 m hoch gelegenen Korykischen Grotte, einer Tropfsteinhöhle, zweigt nach 11 km eine Schotterstraße ab, man erreicht sie nach weiteren fünf Kilometern. In der Antike war die Höhle ein dem Pan und den korykischen Nymphen geweihtes Heiligtum.

Parnass Der Parnass, ein bis 2457 m hohes Bergmassiv, war in der Antike dem Kult von Apollon und Dionysos geweiht und wurde seit römischer Zeit als Berg der Musen angesehen. Der verkarstete Bergstock mit trocken-mediterranem Klima ist ein hervorragendes, als **Nationalpark** ausgewiesenes Biotop mit vielen seltenen Tieren und Pflanzen; selbst im Bereich des Ausgrabungsgeländes sind z. B. viele Orchideenarten zu sehen.

Lamía Lamía, die Hauptstadt der landwirtschaftlich geprägten Fthiótis, liegt 90 km nördlich von Delfí am Fuß des Berges Óthris. Im Altertum galt sie als **Heimat des Achilles**. An der Stelle der Akropolis, an der noch eine Mauer aus dem 4. Jh. v. Chr. zu sehen ist, erhebt sich eine fränkische Burg aus dem 13. Jh.; heute ist hier ein **Archäologisches Museum** untergebracht, das Stücke vom Neolithikum bis in die römische Zeit ausstellt, darunter auch Funde aus Delfí.

Thermopylen Bei den 12 km südöstlich von Lamía gelegenen Thermopylen – ihr Name **»warme Tore«** kommt von den heißen Schwefelquellen dort – trat in der Antike das Kallidromos-Gebirge so dicht an die Küste heran, dass die engste Durchgangsstelle nur wenige Meter breit war. Durch Ablagerungen des Flusses Sperchios ist die Küste heute 5 km weit entfernt; die Schnellstraße bezeichnet ungefähr den antiken Küstenverlauf.

An dieser Engstelle stellte sich 480 v. Chr. der Spartanerkönig **Leonidas** mit 300 Soldaten dem riesigen Heer des persischen Königs **Xerxes**, um dessen Vormarsch in Richtung Mittelgriechenland aufzuhalten und zugleich den Rückzug der restlichen griechischen Truppen zu sichern. An die Schlacht, in der die Spartaner schließlich getötet wurden, erinnern ein Denkmal an der Küstenstraße und eine schlichte Gedenktafel auf dem Hügel, auf dem die letzte Phase des Kampfes stattgefunden hatte.

★★ Délos · Δήλος

N 10

Inselgruppe: Kykladen
Höhe: 0 – 113 m ü. d. M.
Fläche: 3,6 km²

Die kleine unbewohnte Felseninsel südwestlich des Ferienparadieses Mýkonos war in der Antike sowohl geistig-kultureller als auch wirtschaftlicher Mittelpunkt der Ägäis und zählt heute zu den bedeutendsten Ausgrabungsstätten des Landes.

Insel des Apollon

Délos, ein 5 km langer und nur 1,3 km breiter Felsrücken, liegt knapp 3 km südwestlich von Mýkonos. Bereits in der Antike nannte man die umliegenden Inseln »Kykladen«, weil man glaubte, sie umgäben im Kreis (»kyklos«) jene Insel, auf der der Gott Apollon geboren wurde.

Geschichte

Dem Mythos zufolge wurden Apollon und seine Schwester Artemis auf Délos geboren. Die Geschicke der Insel waren bestimmt von ihrer Bedeutung als panhellenisches Heiligtum. Im 3. Jt. v. Chr. siedelten Phöniker und Karer auf dem Inselchen. Nach ihrer Vertreibung durch die Ionier entwickelte sich Délos im 1. Jt. v. Chr. zum **Zentrum des Apollon-Kults**. Alljährlich feierten hier die Ionier zu Ehren des Gottes glänzende Spiele. Bei der Gründung des Ionischen Bunds wählte man den Apollon-Tempel als Aufbewahrungsort für den Bundesschatz, doch schon 454 v. Chr. brachte ihn Athen an sich und führte so Délos wie auch die übrigen Inseln in seine Abhängigkeit, die bis in die Zeit Alexanders des Großen bestehen blieb. In den folgenden Jahren der Unabhängigkeit entwickelte sich Délos zum blühenden Handelszentrum des Archipels, u. a. hatten römische und syrische Händler hier ihren Sitz. Die Römer, seit 166 v. Chr. Protektoratsherren über Délos, unterstellten die Insel erneut Athen. Dadurch, besonders aber nach der Zerstörung von Korinth, erlebte Délos seine größte Blüte, bis die Verwüstung der Insel durch **Mithridates** im Jahr 88 v. Chr. den Niedergang einleitete. Die völlige Zerstörung erfolgte im Seeräuberkrieg 69 v. Chr., seitdem war die Insel kaum noch bewohnt. Im Mittelalter und in der frühen Neuzeit wurde Délos als Johanniterfestung, später als Piratenschlupfwinkel und schließlich als Steinbruch genutzt.

▶ DÉLOS

ANREISE

Nach Délos verkehren mehrmals täglich Schiffe von Mýkonos, gelegentlich auch von Tínos, Náxos und Páros. Für die Besichtigung hat man dann etwa 3 bis 4 Stunden Zeit. Übernachtungsmöglichkeiten gibt es hier nicht.

Öffnungszeiten:
Di. – So. 8.30 – 15.00 Uhr
Info-Tel. 22 89 02 23 25

Vom 113 m hohen Kýnthos bietet sich ein weiter Blick über das Ausgrabungsgelände.

Hafen An der Westseite von Délos lag der **Heilige Hafen**, in dem einst die Festgesandtschaften an Land gingen, etwas weiter südlich der Handelshafen. Im 2. Jh. v. Chr. wurde das Ufer vom Heiligen Hafen bis zur Bucht von Foumi mit Kaimauern und Magazinen ausgestattet, von denen noch Reste unter Wasser erhalten sind.

Sehenswertes auf Délos

Heiliger Bezirk Zwischen den beiden Häfen liegt die mit Statuen und kleinen Heiligtümern geschmückte Agorá der Kompetaliasten, d. h. römischer Sklaven und Freigelassener, die sich hier zum Kult der »lares competales«, »Schutzgötter der Wegkreuzungen«, versammelten.

Von hier führt eine 13 m breite Feststraße in den Heiligen Bezirk. Gleich links liegt der 87 m lange Portikus des Philippos, der aus einer nach Osten und Westen offenen Säulenhalle bestand und, der Weihinschrift am Architrav zufolge, von **Philipp V. von Makedonien** um 210 v. Chr. gestiftet wurde. Östlich der Straße steht ein weiterer kleinerer Portikus; an seiner Rückfront reihten sich acht Geschäftsräume. Östlich dahinter breitet sich die fast quadratische Süd-Agorá (1. Jh. v. Chr.) aus, der einstige Staatsmarkt. Der nördlich anschließende Bereich bis zur Stierhalle war im Mittelalter von Befestigungen des Johanniterordens eingenommen.

Durch die Süd-Propyläen (2. Jh. v. Chr.) mit dorischen Säulen auf dreistufigem Unterbau verläuft die Feststraße weiter zum **Haus der Naxier** (7. Jh. v. Chr.), an dessen Nordseite die Basis einer 5 m hohen Apollon-Statue steht. Der Inschrift aus dem 6. Jh. v. Chr. zufolge waren Statue und Basis aus einem Stein gefertigt. Die Widmung auf der Westseite, »Die Naxier dem Apollon«, wurde später hinzugefügt. Gegenüber dem Haus der Naxier sieht man ihre L-förmige Stoa (um 550 v. Chr.) mit ionischen Säulen.

Das »Allerheiligste« der Insel weiter nördlich war das dem Apollon geweihte **Keratón** (4. Jh. v. Chr.), in dem der berühmte **Hörneraltar** – mit ringsum angehefteten Widderhörnern – stand. Vor dem Eingang des Keratóns sind mehrere Unterbauten für Reiterstatuen erhalten, von denen der nördlichste und kleinste ein Standbild des Sulla trug; die Inschrift wurde an der hinteren Rampe angebracht.

Das Keratón ist vermutlich älter als das nördlich im Hof gelegene kleinere Artemision, ein ionischer Prostylos mit Granitfundament (4. – 2. Jh. v. Chr.). An der Nordwestecke des Artemisions liegen Rumpf und Becken der Apollon-Statue aus dem Naxierhaus. Nordwestlich des Artemisions trifft man auf das dem Demeterkult gewidmete Thesmophorion.

Östlich des Artemisions standen **drei Apollon-Tempel**, der Mittelpunkt des Heiligtums. Der südlichste und größte Tempel, begonnen 478 v. Chr. und vollendet im 3. Jh. v. Chr., entspricht in der Anlage dem Hephaistos-Tempel in Athen.

Nördlich folgen die Poros-Fundamente des zweiten Tempels der Athener, geweiht 417 v. Chr., ein Amphiprostylos mit zweiteiliger Cella, in der auf dunklem Marmorsockel sieben Statuen standen. Im

Das in der »Wohnstadt« gelegene Theater bot Platz für 5000 Zuschauer.

Délos: Antike Stätten Orientierung

dritten, nördlich anschließenden Poros-Tempel aus dem 6. Jh. v. Chr. wurde die Kasse des Attisch-Delischen Seebunds aufbewahrt; hier stand einst auch eine 8 m hohe Apollon-Statue aus Bronze. Nördlich der Apollon-Tempel reihen sich vier kleinere Häuser, die wegen ihrer Ähnlichkeit mit Gebäuden in Olympía und Delfí als Schatzhäuser gedeutet werden.

Östlich des Naxier-Hauses liegen das **Prytaneion** (5./4. Jh. v. Chr.), das Haus des Gemeindevorstehers, und eines der am besten erhaltenen Gebäude auf Délos: die sog. **Stierhalle** (300 v. Chr.), vermutlich eine Schiffshalle.

Im Norden schließt die **Stoa des Antigonos Gonatas** (3. Jh. v. Chr.), eine Säulenhalle mit Stierkopf-Triglyphen, den Heiligen Bezirk ab.

Antigonos, Sohn des Königs Demetrios, war ein bedeutender makedonisch-griechischer König. Die Räume hinter den nur im oberen Teil kannelierten Säulen dienten der Beherbergung der Festgesandten. Vor der Stoa sieht man eine halbkreisförmige Anlage, den Rest eines mykenischen Kuppelgrabs der Hyperboreischen Jungfrauen, die Leto bei der Geburt der göttlichen Zwillinge Apollon und Artemis beigestanden hatten. Östlich der Stoa liegt das **Dionysos-Heiligtum** mit mehreren Marmorphalli.

Geschäftsviertel

Ein Propyläenbau führt in die Geschäftsstadt. Hinter einem archaischen Leto-Tempel aus dem 6. Jh. v. Chr. liegt die **Agorá der Italiker** (110 v. Chr.), ein großer rechteckiger Hof, umgeben von einer zweigeschossigen Säulenhalle mit Läden, Werkstätten und Nischen für Weihgaben. Es war das Geschäftshaus der Gemeinschaft römischer Kaufleute, die sich nach ihrem Schutzpatron »Hermaïsten« nannten.
Auf einem Inselchen im dahinterliegenden **Heiligen See**, der von den Ausgräbern zugeschüttet wurde, soll Leto ihren Sohn Apollon geboren haben. Westlich des Sees standen bis 1999 auf einer Terrasse fünf archaische Löwen (7.Jh. v. Chr.) aus naxischem Marmor. Um diese bedeutenden Skulpturen vor weiterem Verfall zu bewahren, wurden sie ins Museum versetzt.
Der 110 v. Chr. gebaute **Handelshof der Poseidoniasten von Berytos**, Syrern aus der Region des heutigen Beirut, befand sich nordwestlich des Sees und ist an den wieder aufgerichteten Säulen zu erkennen. Nördlich des Sees lagen die alte und die neue Palaistra, in einiger Entfernung nordöstlich davon das Heiligtum des Heros Archegetes sowie Gymnasion und Stadion.

✶ Museum

Das Museum präsentiert vor allem Statuen und Reliefs aus der Zeit vom 7. bis 1. Jh. v. Chr., die in Délos ausgegraben wurden. Daneben sind Grabstelen, Keramik und Mosaiken zu sehen. Herausragende Werke sind mehrere Kouroi und Koren aus dem 6. Jh. v. Chr., die Originale der Löwenstatuen vom Heiligen See, ebenfalls aus dem 6. Jh. v. Chr. sowie die Statue des Nordwinds Boreas (5. Jh. v. Chr.), der die athenische Prinzessin Oreithya entführt. Bemerkenswert sind auch die Kleinfunde, die das Leben der einstigen Bewohner und die Ausstattung ihrer Häuser illustrieren.

Kýnthos-Bezirk

Vom Museum führt ein Pfad in südöstlicher Richtung zum Berg Kýnthos, vorbei am **Haus des Hermes**, einem ehedem zweistöckigen Privathaus aus dem 2. Jh. v. Chr., das nach dem hier gefundenen Hermes-Kopf benannt ist (im Museum zu sehen).
Auf der etwas höher gelegenen **Terrasse der fremden Götter** wurden seit dem 2. Jh. v. Chr. ägyptische und syrische Gottheiten verehrt, ein Zeichen für die »internationale« Bedeutung der Insel. Von hier führt ein antiker Treppenweg auf den 113 m hohen Kýnthos mit den Resten der Tempel des Zeus Kynthos und der Athena Kynthia, die beide im 3. Jh. v. Chr. errichtet wurden.

Wohnstadt Zwischen Kýnthos und Handelshafen erstreckt sich die Wohnstadt, die einen anschaulichen Begriff von den Lebensverhältnissen der hellenistischen Zeit (3./2. Jh. v. Chr.), vermittelt. Die engen Straßen sind mit Schieferplatten gepflastert. Die Häuser, deren Mauern oft 4 bis 5 m hoch erhalten sind, hatten mindestens ein oberes Stockwerk. Beeindruckend sind die hervorragend erhaltenen Fußbodenmosaiken, z. B. im **Haus der Delfine** oder im **Haus der Masken**. Weiter westlich liegt das Theater (3. Jh. v. Chr.), das Platz für 5000 Menschen bot. Die Orchestra war von einem schmalen Wasserkanal und das Bühnengebäude von einer Säulenhalle umgeben, deren Ostseite als Proskenion diente.

★ Édessa · Έδεσσα

G 3

Landschaft: Zentralmakedonien
Höhe: 450 m ü. d. M.
Einwohnerzahl: 16 000

Auf einer Terrasse an den Ausläufern des 2052 m hohen Vérmion, am Rand der Makedonischen Ebene, breitet sich das hübsche Städtchen inmitten einer üppigen, wasserreichen Natur aus.

Sehenswertes in Édessa

Antike Stadt Teile des antiken Édessa sind unterhalb der heutigen Stadt noch erhalten: ein Abschnitt der Stadtmauer mit Türmen und einem Tor, das sich auf eine marmorgepflasterte Kolonnadenstraße aus dem 4. Jh. v. Chr. öffnet, sowie Reste frühchristlicher Basiliken. Es gibt zudem ein kleines Museum.

ÉDESSA ERLEBEN

AUSKUNFT

Tourist-Information
Bei den Wasserfällen
Tel. 23 81 02 03 00
Fax 3 81 02 02 27
www.edessacity.gr

ESSEN

► Preiswert

Estiatorio Omonia
Egnatia 20
In dem in der Nähe des Hotels Alfa gelegenen Lokal wird gute griechische Hausmannskost serviert.

ÜBERNACHTEN

► Komfortabel

Alfa
Egnatia 36
Tel. 23 81 02 22 21; 36 Z.
Hotel beim Markt mit kleinen, gepflegten Zimmern.

Xenia
35 Filippou
Tel. 23 81 02 97 06
www.xeniaedessa.gr; 31 Z., 6 Suiten
Mit schönem Ausblick, Restaurant, Tennisplätzen und großem Pool.

Weitere Sehenswürdigkeiten

Von der Terrasse beim **Metropolitenpalast** bietet sich eine herrliche Aussicht auf die Makedonische Ebene. Nahebei liegt die im 15. Jh. an der Stelle eines spätantik-byzantinischen Vorgängerbaus erbaute Kirche **Kímisis tis Theotókou**; Meisterwerke sind die Säulenkapitelle aus dem 5. Jh., die aus dem Vorgängerbau stammen. Im Norden der Stadt befindet sich eine byzantinische Bogenbrücke, und im Nordosten die **Hauptattraktion der Stadt**: der 25 m hohe Wasserfall des Flusses Vódas, umgeben von einem hübschen Park.

Umgebung von Édessa

Vegorítis-See

Beschauliche Abgeschiedenheit bietet der Vegorítis-See 20 km westlich von Édessa, der für seinen Fischreichtum bekannt ist. Am Nordende des Sees breiten sich weitläufige Pfirsichplantagen aus. Naturfreunde finden in der abweisenden, kargen Hügellandschaft, die im Norden vom 2521 m hohen Berg Kaimaktsalan überragt wird, eine interessante Tier- und Pflanzenwelt.

✶ Gräber von Lefkádia

Rund 30 Kilometer südlich von Édessa wurden bei dem Ort Lefkádia beiderseits der Straße in Richtung Véria drei altmakedonische Grabanlagen (3. / 2. Jh. v. Chr.) entdeckt. Zu sehen sind in einem Hallenbau östlich der Straße zwei Gräber: das **Große Grab** mit prächtiger zweistöckiger Fassade, unten dorisch, oben ionisch, mit raffiniertem Schmuck, gemalt bzw. als Relief, sowie den Figuren eines Kriegers, von Hermes, Aiakos und Rhadamantys und das ähnlich gestaltete sog. **Palmetten-Grab** (Schlüssel für die Gräber beim Wärter). Andere Gräber, auf die mit Schildern an der Straße hingewiesen wird, sind nicht zugänglich.

Náoussa

Die Gegend von Náoussa, einem erhöht gelegenen Landstädtchen 32 km südlich von Édessa, ist bekannt für ihren Obst- und Weinbau; von hier kommen kräftige Rotweine. 3 km außerhalb von Náoussa findet man in schattiger, grüner Umgebung das **Nymphaion von Mieza**, das aus dem 4. Jh. v. Chr. stammt und in dem Alexander der Große von Aristoteles unterrichtet worden sein soll.

✶✶ Epidauros · Επίδαυρος

J 9

Landschaft: Árgolis **Höhe:** 90 m ü. d. M.

Epidauros, in der sanften Hügellandschaft der Halbinsel Árgolis gelegen, ist die bedeutendste Kultstätte des Heilgottes Asklepios. Vor allem das dazugehörige – und noch heute genutzte – Theater mit seiner einmaligen Akustik ist eine der Hauptattraktionen des Peloponnes.

Epidauros Orientierung

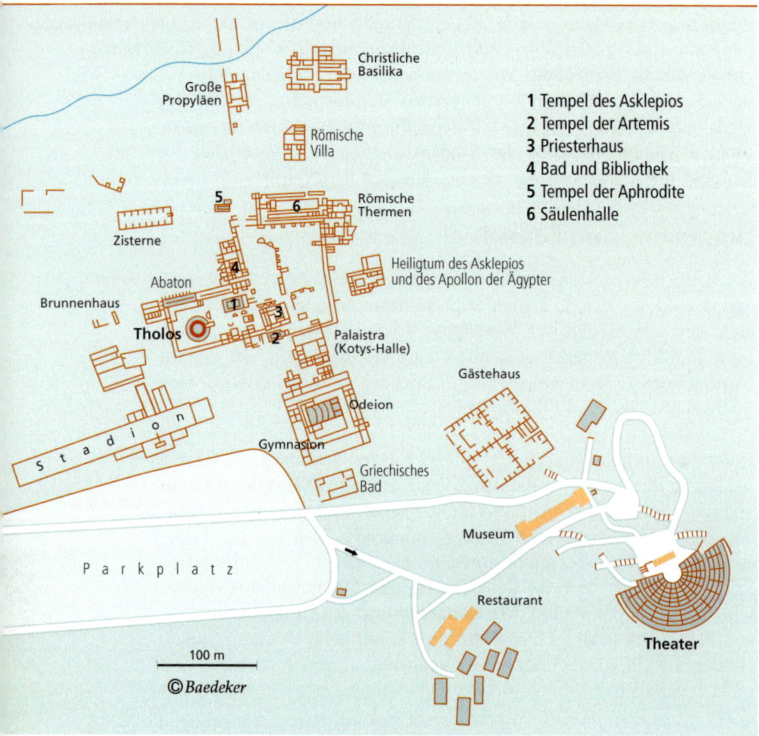

Mythos und Geschichte

In vorgriechischer Zeit wurde auf dem Berg Kynortion – oberhalb des Theaters – der Gott von Maleas verehrt, den die Griechen mit Apollon gleichsetzten. Neben Apollon trat im Lauf der Zeit dessen Sohn **Asklepios**, der der Sage nach im thessalischen Trikka aufgewachsen war. Asklepios wurde von dem **Kentauren Chiron** in der Heilkunde unterwiesen und war schließlich fähig, Tote wieder lebendig zu machen. Aus diesem Grund wurde er von Zeus mit einem Blitz getötet und sein Leichnam in Epidauros begraben.

Alle vier Jahre fanden Wettkämpfe zu Ehren von Asklepios statt. Der Kult breitete sich ab dem Ende des 5. Jhs. v. Chr. über die antike Welt aus. Seit dem 3. Jh. v. Chr. verehrten die Römer den Heilgott unter dem Namen Äskulap.

Der immer stärker werdende Zustrom der Heilung Suchenden führte im 4. und 3. Jh. v. Chr. zum Ausbau der Anlagen von Epidauros. Die Priesterärzte nutzten für ihre Therapien u. a. eine Thermalquelle; gefunden wurden aber auch chirurgische Geräte. Außerdem gehörten Sport – das Stadion ist nördlich des Parkplatzes zu sehen – und

Theateraufführungen zum therapeutischen Katalog. Unter Kaiser **Theodosius I.** wurde das Asklepios-Heiligtum um 390 n. Chr. geschlossen. In der verfallenen Anlage errichtete Kaiser Justinian im 6. Jh. eine Festung.

★★ Theater

Das bestens erhaltene Theater von Epidauros, das bis zu 12 000 Menschen Platz bot, ist vor allem durch seine Akustik – bis hinauf zu den letzten Reihen 23 m über der Orchestra – berühmt. Der bis zum Umgang reichende untere Teil mit seinen 12 durch Treppen getrennten Sektoren wurde im frühen 3. Jh. v. Chr. erbaut; der obere Teil folgte im 2. Jh. v. Chr.
Kern der Theateranlage ist die kreisrunde Orchestra. Vom Bühnenhaus blieben nur geringe Reste. Von beiden Seiten führten Rampen auf das Proskenionsdach hinauf, das als erhöhte Spielfläche mitbenutzt wurde. Die Besucherzugänge und Eingangswege für den Chor zwischen Bühnenhaus und Stützmauern des Zuschauerrundes führen durch prächtige Tore.

Grabungsgelände

Vom Theater geht man, am Museum vorbei, zu den Resten eines großen Gästehauses. Knapp 100 m westlich lag ein Bad, dann folgt ein Gymnasion, das in römischer Zeit in ein Odeion umgebaut wur-

Seit fast 2500 Jahren wird das Theater von Epidauros als »Kulturtempel« genutzt.

Idealplan eines antiken Theaters

THEATER DER ANTIKE

Am Übergang von der späten Klassik zum Hellenismus entstanden die ersten aus Stein gebauten Theater Griechenlands, z.B. das Dionysos-Theater in Athen, das um 330 v. Chr. errichtet wurde. Bis dahin wurden die Theaterbauten aus Holz konstruiert.

Den Mittelpunkt des Theaters bildete die **Orchestra**, ein runder »Tanzplatz«, auf dem ursprünglich die rituellen Tänze zu Ehren von Dionysos aufgeführt wurden. Die Anlage der Orchestra am Fuß eines Hangs oder in einer natürlichen Mulde ermöglichte es, die Zuschauertribüne durch einen halbrunden Zuschauerraum mit ansteigenden Sitzreihen, **Theatron** genannt, zu ersetzen.

Platz für über 10 000 Besucher

Die größten griechischen Theater aus der Antike konnten mehr als zehntausend Zuschauer aufnehmen, z.B. fasste das Theater von Epidauros 12 000 Menschen, das in Dodóna sogar 18 000. Dem Zuschauerraum gegenüber befand sich die mehrstöckige **Skene**, zunächst ein hölzernes Bühnenhaus, das man in nachklassischer Zeit zu einem steinernen Fassadenpalast überhöhte.

Vor der Skene entstand mit dem **Proskenion** eine neue, über die Orchestra erhöhte Spielfläche bzw. Bühne. Zwischen Bühne und dem leicht über den Halbkreis hinausgreifenden Zuschauerrund befanden sich die Zugänge für die Mitglieder des Chors.

Theater der Römer

Auch die Römer benutzten für ihre Theateraufführungen zunächst offene Holzgebäude. Später errichteten sie

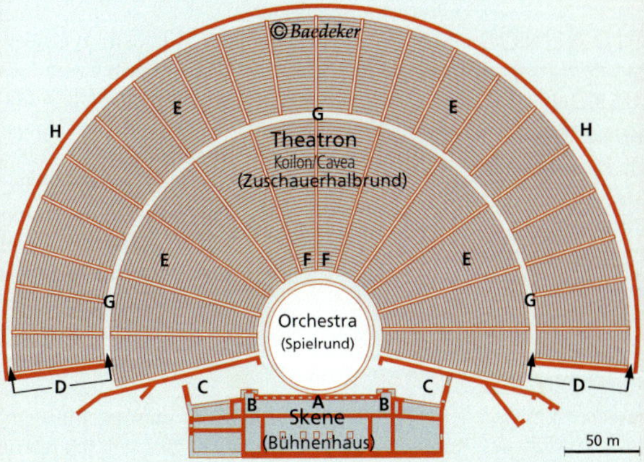

A Proskenion (Bühne)
B Paraskenia (Risalite)
C Parodoi (Bühnenzugänge)
D Zuschauerzugänge
E Kerkides (Keile/Sitzreihensektoren)
F Prohedria (Ehrenplätze)
G Diazoma (Umgang, Rangteiler)
H Analemma (Außenmauer)

nach griechischem Muster große Steinbauten, die nun nicht mehr in die Natur eingebettet waren, sondern freistehend aufgemauert wurden. Die Zuschauerein- bzw. -ausgänge waren über Treppen in den Außenmauern erreichbar.

Eine eigene römische Schöpfung ist das für Großveranstaltungen wie Fechterspiele oder Gladiatorenkämpfe dimensionierte bühnenlose **Amphitheater**, ein auf elliptischem Grundriss angelegter Theaterbau mit zentraler Arena. Der Grundtyp des griechisch-römischen Theaters wurde in der Renaissance wieder aufgenommen, doch waren die Theaterbauten nun ausnahmslos überdacht und die Zuschauerräume zunehmend reicher gegliedert. Erst im Barock bildete sich mit dem Logentheater ein neuer Typ des Theaters heraus.

Als **Odeion** bezeichnet man kleinere überdachte Theaterbauten, die vorwiegend für musikalische Darbietungen genutzt wurden, z. B. in Athen das Odeion des Perikles unweit des Dionysos-Theaters.

Besonders viele dieser antiken Konzert- und Vortragssäle sind in hellenistischer und römischer Zeit entstanden. Der Begriff »Odeion« lebt heute auch außerhalb Griechenlands als Bezeichnung für Musiktheater und Lichtspielhäuser fort.

Epidauros-Festival

Viele der antiken Theater werden heute noch genutzt. Von Mai bis August werden im Theater von Epidauros im Rahmen eines Festivals antike Stücke u. a. von Aristophanes, Euripides oder Sophokles aufgeführt. Unter www.epidaurus-festival.de können Interessierte den aktuellen Spielplan einsehen und Karten im Vorverkauf erwerben. Ebenso bieten in Athen verschiedene Vorverkaufsstellen Karten an (Adressen unter www.hellenicfestival.gr).

EPIDAUROS

AUSKUNFT

Antikes Theater Epidauros
Tel. 27 53 02 20 26

Öffnungszeiten der Ausgrabungsstätte
tgl. 8.00 – 19.30 Uhr

de. Auf dem zentralen Platz standen, umgeben von Liegehallen, die wichtigsten Bauten des Heiligtums: der dorische Asklepios-Tempel von **Theodotos** (380 – 375 v. Chr.) und die Thólos (360 – 330 v. Chr.), die **Polyklet d. J.** als Grabmal für Asklepios aufführte. Erhalten ist nur der Unterbau mit seinen konzentrischen Gängen, in denen vermutlich die heiligen Schlangen des Asklepios gehalten wurden.

Museum Ein genaueres Bild der **Thólos** gewinnt man im Museum, in dem ein Teil des Rundtempels mit Originalelementen rekonstruiert worden ist. 26 dorische Säulen umgaben die runde Cella, an deren Innenseiten 14 korinthische Säulen aus Marmor standen. In der Mitte des zweifarbigen Fußbodens war eine Öffnung, die zum Untergeschoss führte. Von der überaus kostbaren Dekoration der Thólos zeugen noch die Kassettendecken. Ausgestellt sind zudem Inschriften, römische chirurgische Instrumente, mehrere Asklepios-Statuen und rekonstruierte Gebäudefragmente des Heiligtums.

Umgebung von Epidauros

Ligoúrio In Ligoúrio, wenige Kilometer nordwestlich der Ausgrabungsstätte, steht die schöne, im 12. Jh. errichtete Kirche **Ágios Ioánnis Theólogos**, eine Zweisäulen-Kreuzkuppelkirche, deren Mauerwerk viele Spolien aufweist. Das **Naturkundliche Museum** zeigt Fossilien aus ganz Griechenland, v. a. aber Ammoniten aus dem Bereich des Asklepieions in Epidauros. 2 km außerhalb ist an der Straße nach Náfplio eine mykenische Brücke zu sehen (13. Jh. v. Chr.).

Paléa Epídavros, Néa Epídavros In den hübschen, kleinen Fischer- und Hafenorten Paléa Epídavros und Néa Epídavros, etwa 15 km von Epidauros entfernt, kann man sich am Strand erholen und die Besichtigungstour in angenehmer Atmosphäre ausklingen lassen.

Trisína (Troizen) Die antike Stadt Troizen liegt an der Nordküste der argolischen Halbinsel, rund 50 km von Epidauros entfernt. Sie galt als **Geburtsort des mythischen Helden Theseus**, hier vollzog sich das Schicksal von Hippolytos, Sohn des Theseus und der Amazone Hippolyte, der von seinen scheuenden Pferden zu Tod geschleift wurde, als er die Liebe seiner Stiefmutter Phaidra nicht erwiderte.

Vom Dorf Trisína führt eine Straße zu den antiken Resten, die weit verstreut im bewachsenen Gelände liegen. Man passiert die Stadtmauer und das stark überwachsene einstige Stadtzentrum mit Resten eines **Tempels der Athena Soteira** und einiger Kirchen. Dann erreicht man eine Weggabelung, an der der sog. **Stein des Theseus** liegt. Unter ihm verbarg Theseus' Vater seine Waffen. Doch der kräftige Jüngling konnte den Stein anheben und nahm die Waffen an sich, um seinem Vorbild Herakles nachzueifern.

Der nach rechts abzweigende Weg führt zum **Hippolytos-Heiligtum** (4./3. Jh. v. Chr.). Nordwestlich des Heiligtums liegen ein großer Peristylbau, der als Asklepieion gedeutet wird, ein kleiner **Tempel der Aphrodite Kataskopia** und die im 11. Jh. errichtete byzantinische Kirche **Paléa Episkopí** mit anschließendem Bischofspalast. Zweigt man an der genannten Weggabelung nach links ab, gelangt man zu einem römischen Gewölbebau und zum hellenistischen Theseus-Turm, der in fränkischer Zeit aufgestockt wurde. Der Weg führt weiter zur romantischen **Teufelsschlucht** und zur »Teufelsbrücke«, »Diavologefyra«, über die eine alte Wasserleitung verläuft.

! *Baedeker* TIPP

»Orestes«, »Ödipus« und »Antigone«

Nicht nur für ausgesprochene Theaterfans ist es ein Erlebnis, eine Tragödie von Euripides oder Sophokles am »Originalschauplatz« zu sehen – in dem wegen seiner Akustik berühmten Theater von Epidauros. Karten für die im Rahmen des sommerlichen »Epidauros-Festivals« gebotenen Aufführungen erhält man bei der Athener Vorverkaufstelle in der Odós Panepistimiou 39 (Tel. 21 09 28 29 00) und beim Antiken Theater Epidauros (www.greekfestival.gr; Tel. 27 53 02 20 26).

Méthana

Der Árgolis vorgelagert ist die Halbinsel Méthana, die vulkanischen Ursprungs ist. Der Kurort Méthana, ein hübsch gelegener Badeort mit Jachthafen, empfängt den Besucher mit dem kräftigen Geruch seiner Schwefelquellen. Den 420 m hohen Kameno-Voula-Krater erreicht man über das Fischerdorf Vathý und den Ort Kapmeni-Chóra.

★ Euböa · Évia · Εύβοια

H-M 6-9

Fläche: 3897 km²
Bewohnerzahl: 220 000
Höhe: 0 – 1743 m ü. d. M.
Hauptort: Chalkís

Griechenlands zweitgrößte Insel gilt es als Urlaubsziel erst noch zu entdecken. Bislang hat sich nur entlang der Südwestküste eine kleine Ferienregion entwickelt, die vor allem von Athenern als Wochenendziel besucht wird.

Zweitgrößte griechische Insel

Euböa, mit 170 km Länge und 6 km Breite die nach Kreta zweitgrößte griechische Insel, liegt vor der Nordostküste Böotiens und Attikas. Sie bildet mit dem Festland zwei seeähnlich geschlossene Buchten, die durch den nur 35 m breiten Evripos-Kanal in Chalkís miteinander verbunden sind. Auf der dem Festland zugewandten Seite liegen die wichtigsten Häfen, während die felsige Nordostküste meist steil

EUBÖA ERLEBEN

AUSKUNFT

Touristenpolizei
Chalkís
Tel. 22 21 07 77 77

ANREISE

Eine Straßenverbindung besteht zwischen dem Festland und Chalkís. Schiffsverbindungen bestehen mit Vólos, Arkítsa, Oropos, Agía Marína und Rafína auf dem Festland sowie mit den Inseln Alónissos, Skíathos und Skópelos.

ESSEN

► Erschwinglich

Gouveris
Chalkís
Tel. 22 21 02 57 69
In der Taverne am Meer gibt es leckere Fischgerichte.

Lalari
Kými
Tel. 22 22 02 26 24
Gute Meeresfrüchte und freundliches Personal zeichnen diese Taverne aus.

ÜBERNACHTEN

► Luxus

Eretria Village Resort
Eretria
Tel. 22 29 04 10 00
www.holidaysinevia.gr; 205 Z.
Die Swimmingpool-Landschaft der Hotelanlage bietet reichlich Badespaß.

► Komfortabel

Galaxy
Omirou / Odysseos
Kárystos
Tel. 22 24 02 26 00
E-Mail: hgalaxy@otenet.gr; 72 Z.
Riesiger moderner Hotelbau am Hafen mit zweckmäßig ausgestatteten Zimmern.

► Günstig

Beis
Nördlicher Teil des Hafens
Kými
Tel. 22 22 02 28 70
Fax 22 22 02 26 04; 38 Z.
Das Hotel bietet nett eingerichtete Zimmer mit Balkon sowie eine eigene Taverne.

ins Meer abfällt. Die teilweise bewaldeten Gebirge gruppieren sich in vier Massive, die bis über 1700 m Höhe aufsteigen. Ihnen sind besonders im Westen kleine fruchtbare Schwemmlandebenen vorgelagert. Landschaftlich ist die Insel zweigeteilt: Während der bewaldete Norden Mittelgebirgscharakter aufweist, erinnert der wasserarme kahle Süden an die Inseln der Ägäis. Bodenschätze wie Magnesit und Braunkohle bilden die Grundlage für Metall verarbeitende Industrie, besonders im Gebiet um Chalkís. Im Jahr 2007 wurde Euböa Ende August von verheerenden **Waldbränden** heimgesucht, die vermutlich durch Brandstiftung von Bodenspekulanten, begünstigt durch große Hitze, verursacht wurden.

Geschichte Die ältesten Bewohner im Nordwesten Euböas waren aus Thessalien eingewanderte Ellopier, in Mittel-Euböa thrakische Abanten und im

Südosten Dryoper. Mit den Abanten verschmolzen attische Ionier, die die Insel vom 8. bis 6. Jh. v. Chr. zu Wohlstand und Ansehen führten. 506 v. Chr. wurde Chalkís von Athen unterworfen, für das der Besitz der fruchtbaren Insel bald lebenswichtig war. Gegen Ende des Peloponnesischen Kriegs (411 v. Chr.) wurde die Insel wieder selbstständig, stand aber später meist auf Seiten der Athener. Nach der Eroberung Konstantinopels im Jahr 1204 fiel Euböa an die Venezianer. 1470 ging sie in den Besitz der Türken über. 1830 wurde die Insel schließlich Griechenland zugesprochen.

Sehenswertes auf Euböa

★ Chalkís / Chalkída

Chalkís / Chalkída (80 000 Einw.), Hafenstadt und Hauptort von Euböa, liegt reizvoll auf Hügeln um die Meerenge Evrípos. Die Lage am Übergang zum Festland ließ schon früh einen Hafen entstehen. Mit dem Festland war Chalkís ab 411 v. Chr. durch eine hölzerne Brücke an der engsten Stelle des Evrípos verbunden. Die heutige Brücke wurde 1962 errichtet. Vom **Fort Karábaba** auf der Festlandseite, das bis 1856 benutzt wurde, hat man einen guten Blick auf die Stadt und auf die südlich gelegene **Bucht von Aulis**; von dort stachen in mythischen Zeiten die Mykener nach Troja in See. Östlich der Brücke sieht man das klassizistische Rathaus zwischen Hotels, Restaurants und Cafés, dahinter die venezianisch-türkische Altstadt **Kástro**, deren Mauern z. T. noch erhalten sind.

An Euböas Ostküste bezaubern einsame, grün und blau schimmernde Buchten.

Die Kirche **Agía Paraskeví** geht auf das 5. / 6. Jh. zurück. Sie wurde im 13. / 14. Jh. von Kreuzrittern im gotischen Stil – der in Griechenland sehr selten ist – erneuert. An die Altstadt schließt nördlich die belebte **Vorstadt** an. Hier befinden sich in der Odós Venizélou das **Archäologische Museum** mit interessanten Stücken vor allem aus Erétria sowie in der 1470 aus der Kirche San Marco di Negroponte entstandenen Moschee an der Platía Kóskou das **Byzantinische Museum**.

? WUSSTEN SIE SCHON ...?

- ... dass aus einem in Chalkís entwickelten Alphabet die lateinische Schrift entstand?

Inselsüden

Von Chalkís nach Erétria

Die Route in den Inselsüden führt von Chalkís ins 130 km entfernte Kárystos. Von der Hauptstadt fährt man zunächst an der Küste entlang. Nach 3 km kommt man zu der Kapelle Ágios Stéfanos mit der im Altertum berühmten Arethousa-Quelle.

An der Straße nach **Fýlla** erheben sich drei venezianische Wachtürme. Oberhalb von Fýlla liegt die gut erhaltene venezianische Festung **Kastélli** aus dem 13. Jahrhundert.

Nach 21 km erreicht man **Erétria**, einen beliebten Ferienort mit der wichtigsten Ausgrabungsstätte Euböas. Im Altertum war Erétria nach Chalkís die bedeutendste Stadt der Insel, Seemacht und Sitz einer Philosophenschule. Im Zentrum der antiken Stadt liegen die Agorá und die Grundmauern eines **Tempels des Apollon Daphnephoros**, des »Lorbeergeschmückten«; nach mehreren Vorgängerbauten entstand um 520 v. Chr. der dorische Peripteros mit 6 : 14 Säulen, dessen Reste heute zu sehen sind. Die Giebelskulpturen, ein Meisterwerk der spätarchaischen Bildhauerkunst, sind im **Archäologischen Museum** am nördlichen Ortsrand zu sehen.

An das Museum schließt sich der Hauptteil der Baureste an: Archontenpalast, Dionysos-Tempel, ein Teil der Stadtmauer mit Westtor und das eingetiefte Theater. Weiter östlich sieht man das Gymnasion und die Badeanlage. Bedeutendste jüngere Entdeckung ist das sog. **Mosaikenhaus** (um 370 v. Chr.), dessen Repräsentationsräume mit ausgezeichnet erhaltenen Mosaiken geschmückt sind (Öffnungszeiten: Di. – So. 9.00 – 15.00 Uhr).

Von Erétria nach Kárystos

Von Erétria geht's an der Küste entlang über das Fischerdorf Amárynthos nach **Alivéri**, einen Industrieort mit der Kirche Panagítsa von 1393 und der Burg Risokastro. Kurz vor Lépoura biegt man nach rechts ab und passiert den Burghügel des im 5. Jh. v. Chr. aus Polygonalmauern erbauten **Dýstos**.

Jetzt führt die Straße, die so genannte Adlerstraße, durch eine bis 800 m hohe kahle Berglandschaft nach Kárystos. Im Südwesten liegt am Hang des zweigipfligen Bergs Kliossi der Ort Stýra; 5 km weiter nordwestlich hat sich **Néa Stýra** als beliebter Badeort etabliert.

In der Nähe von Fýlla erheben sich von den Venezianern errichtete Wachtürme.

Von Stýra aus sind die so genannten **Drachenhäuser** (drakóspita) zu erreichen, drei aus mächtigen Steinplatten errichtete Bauten aus dem frühen Altertum, die als Tempel oder Hütten von Steinbrucharbeitern gedeutet werden. 21 km südöstlich von Stýra kommt die Abzweigung zum Fährhafen **Marmári** mit seinen Sandstränden.
Nach weiteren 11 km gelangt man schließlich nach **Kárystos**. Der angenehme Fischer- und Ferienort wurde in der 1840er-Jahren nach Plänen des bayerischen Architekten Bierbach erbaut. Am Hafen sind die Reste der venezianischen Burg **Burdzi** (14. Jh.) und landeinwärts an einem Berghang das ebenfalls venezianische **Castel Rosso** aus dem 13. Jh. zu sehen.

Inselosten

Von Lépoura nach Kými

Auf dieser Route passiert man eine herrliche grüne Landschaft mit beeindruckenden Schluchten. 11 km hinter Lépoura zweigt man ab nach **Avlonári** mit seinen ziegelgedeckten Häusern aus Naturstein; in der großen Kirche Ágios Dimítrios (12. Jh.) sind antike Säulentrommeln verbaut. Von hier geht es zum Dorf **Agía Thékla** mit gleichnamiger Kirche, die wertvolle Fresken des 13. bis 15. Jhs. aufweist. Von Konístres, etwas weiter nordwestlich, kann man in 30 Min. die Burgruine Episkopí erklimmen.
Nach rund 40 km erreicht man **Kými**, einen in fruchtbarem Hügelland über dem Meer gelegenen Ort mit vielen Herrenhäusern und einem kleinen **Volkskundemuseum**.

Inselnorden

Von Chalkís nach Limni

Von Chalkís geht es zunächst in nördliche Richtung. Nach 7 km kommt **Néa Artáki**, ein freundlicher und recht frequentierter Badeort. Von Néa Artáki aus ist in östlicher Richtung Sténi zu erreichen, ein hübsches Bergdorf in grüner, wasserreicher Umgebung. Eine zwar nicht schwierige, aber anstrengende Wanderung – ca. 7 Std. hin und zurück – führt auf den imposanten, 1743 m hohen **Dírfys**. Das Tor zum raueren pittoresken Inneren Nord-Euböas ist Psachná 7 km nördlich von Néa Artáki.

! *Baedeker* TIPP

Einsames Strandleben

An der Ostküste findet man nahe der schroffen Klippen des Kaps Ochthoniá romantische Strände, die zwar dem Wind ausgesetzt, dafür aber meist menschenleer sind.

Weiter geht es auf der Hauptstraße zum Sattel zwischen den Bergen Kandýlio (1209 m ü. d. M.) und Pisariá (1352 m ü. d. M.), durch eine schöne Berglandschaft mit Platanen und Nadelwäldern, vorbei an einer antiken, von den Venezianern erweiterten Burg, zum kleinen Kloster Ágios Geórgios und dann ins mit Arbutus und Myrten bewachsene Tal des Kyréfs.

Das wohlhabende **Prokópi** im grünen Klissoura-Tal wurde 1923 von Flüchtlingen aus dem türkischen Prokopio (heute Ürgüp) gegründet. Viel besucht ist der lange Kiesstrand unterhalb von **Agía Anná**, zu dem eine Abzweigung von der Hauptstraße führt.

Artemísio ist bekannt durch den ersten Seesieg der griechischen Flotte über die zahlenmäßig weit überlegenen Perser im Jahr 480 v. Christus. In der Nähe sind die Reste eines Tempels der Artemis Proseoa erhalten. Im Fischerdorf **Péfki** kann man sich am langen Sandstrand tummeln.

Istiéa, in fruchtbarer Umgebung gelegen, ist der Hauptort der Nordwestinsel, dessen Hafen Oreí durch ein venezianisches Kastell geteilt wird. Westlich des Ortes erhebt sich eine weitere Burg, in der hellenistische Teile verbaut wurden. 16 km weiter erreicht man **Loutrá Edípsou**, ein seit antiken Zeiten renommiertes Heilbad mit 32 bis 82 °C heißen Schwefelquellen, von denen einige direkt am Meer entspringen. Wer will, kann dort im Meer ein warmes Bad nehmen.

Auf einer spektakulären Küstenstraße entlang der Südküste gelangt man über das Fischerdorf Ilia nach **Roviés**, Ort des Orakels des Selinuntischen Apollon, wo noch ein venezianischer Wehrturm aus dem 13. Jahrhundert steht.

Dann folgt das hübsche, gut besuchte Hafenstädtchen **Límni**. Sehenswert sind die Reste einer frühchristlichen Kirche aus dem 4. – 8. Jh., in denen einige Mosaiken erhalten sind. Ein Sträßchen führt nach Südosten zum Nonnenkloster **Ágios Galataki**, dem ältesten Kloster der Insel, dessen Gründung auf das 7. / 8. Jh. zurückgeht und das auf den Resten eines Poseidon-Tempels erbaut wurde. Die heutigen Bauten stammen überwiegend aus dem 16. Jahrhundert.

Gýthio · Γύθειο

H 11

Landschaft: Lakonien **Höhe:** 5 m ü. d. M.
Einwohnerzahl: 4200

Gýthio ist ein hübsch am Lakonischen Golf gelegenes umtriebiges Hafenstädtchen, dessen Ortsbild von klassizistischen Häusern geprägt wird.

Sehenswertes in Gýthio

Stadtbummel

Eine Sehenswürdigkeit besonderer Art ist der Antiquitätenladen Paliatzures an der Hafenfront, ein veritables **Volkskundemuseum**. Die über einen Damm erreichbare Insel **Marathonísi** ist das antike Kranae. Hier verbrachte einst der Trojanerprinz Paris mit der aus Sparta geraubten Helena eine Liebesnacht. Im **Tsanetakis-Turm** ist ein kleines sehenswertes Museum untergebracht, in dem dokumentiert wird, wie Reisende die ► Máni in den letzten Jahrhunderten gesehen und beschrieben haben. Bei den Kasernen am nördlichen Ortsrand sind die Reste der antiken Stadt zu sehen: ein aus römischer Zeit stammendes Theater.

Umgebung von Gýthio

Geráki

Das stille Geráki, 15 km nordöstlich, liegt eindrucksvoll über einem Hochtal des Párnon-Gebirges. Aus dem 13. Jh. stammen zahlreiche Kirchen und Kapellen des Ortes sowie die kleine Burg 2 km südöstlich. Auf dem Friedhof steht die **Ágios-Athanásios-Kirche** mit Mar-

GÝTHIO ERLEBEN

AUSKUNFT

Tourist-Information
Vas. Georgiou 20
Tel. 27 33 02 44 84

ESSEN

► Erschwinglich

Drakoulakou
Am Hafen
Tel. 27 33 05 42 04
»Frisch auf den Tisch« ist in diesem Fischrestaurant nicht nur eine Floskel.

► Preiswert

Ouzeri To Korali
Am Hafen
Das beliebte Restaurant bietet eine große Auswahl an Meeresfrüchten und Fisch.

ÜBERNACHTEN

► Komfortabel

Aktaion
Vassileos Paulou 39
Tel. 27 33 02 35 00
www.aktaionhotel.gr, 24 Z.
Nettes Hotel an der Uferpromenade.

morspolien im Bruchsteinmauerwerk und Fresken aus dem 14. Jahrhundert. In der Nähe findet man die **Ágios Sossóu**, ebenfalls mit eingemauerten Spolien und schmuckreichem Ziegelmauerwerk, und die zweischiffige Ágios Nikólaos mit einem Fresko der Einsiedlerin Maria von Ägypten. Oberhalb des Friedhofs steht die winzige, im 11. Jahrhundert erbaute **Panagía Evangelístria**, die älteste Kirche des Orts mit gut erhaltenen Fresken aus dem 12. Jahrhundert.

Von der Straße nach ► Monemvasía führt ein Fahrweg zur **Kreuzfahrerburg** hinauf, die Mitte des 13. Jahrhunderts auf einem 500 m hohen Bergrücken erbaut wurde. Zwischen den Zinnenmauern führt ein überwölbter Torgang in den Burghof mit der Burgkapelle, einer dreischiffigen Basilika. Am Altar ist das Wappen der Nivelet angebracht, an der Bilderwand die Ikone des Patrons der Kirche, des heiligen Georg. Noch heute wird am St.-Georgs-Tag, am 23. April, hier das Patronatsfest gefeiert.

! *Baedeker* TIPP

»Hochalpine« Bergfahrt

Eine pittoreske Straße führt von Gýthio nach Nordosten in die Bergwelt des 1935 m hohen Párnon. Auf dem 1200 m hohen Bergkamm durchquert man eine sehr alpin wirkende, mit Tannenwäldern bestandene Hochebene. Vorbei an dem atemberaubend an der Felswand klebenden Kloster Elonis und durch die Schlucht des Dafno gelangt man ins 50 km entfernte Leonídio an der Ostküste des Peloponnes.

Igoumenítsa · Ηγουμενίτσα

C 5

Landschaft: Epiros
Einwohnerzahl: 10 000
Höhe: 10 m ü. d. M.

Igoumenítsa, im äußersten Nordwesten des Epiros vor der Kulisse der Pargas-Berge gelegen, ist ein wichtiger Hafen für Fähren von und nach Italien. Ganz auf die Bedürfnisse von Durchgangstouristen eingestellt, reihen sich vor allem an der Hauptstraße am Hafen Souvenirläden, Geschäfte und Lokale aller Art aneinander.

Umgebung von Igoumenítsa

✶ **Párga**

Párga, die **Perle der griechischen Westküste**, liegt 53 km südlich von Igoumenítsa herrlich in einer Bucht. Der hübsche alte Ort war vom 14. Jahrhundert bis 1797 venezianisch. Von der Burg, erbaut um das Jahr 1570, bietet sich ein schöner Ausblick. An der **Hafenpromenade** herrscht reges Leben, vor allem am Abend.

Westlich des Burgfelsens erstreckt sich der lange schöne Sandstrand von Valtos. Bootsausflüge werden zur **Aphrodite-Höhle**, einer Meereshöhle in der Lichnos-Bucht, und zu den kleinen **Paxí-Inseln** angeboten.

Das **Nekromanteíon Ephýras**, das einzige Totenorakel Griechenlands, wurde in unmittelbarer Nähe des Orts Mesopotamós entdeckt, 20 km südöstlich von Párga. Wo heute ein Reisanbaugebiet ist, dehnte sich vor der Trockenlegung der Acherusische See aus, durchflossen vom Totenfluss Acheron. Mit dem von Norden kommenden Kókytos bildet er einen rechten Winkel; dort vermutete man im Altertum einen Eingang zur Unterwelt. Die Kultstätte gehörte zur nördlich davon gelegenen Polis **Ephýra**. Die Funde gehen bis ins mykenische 14./13. Jahrhundert v. Chr. zurück, die Entstehungszeit des Kults ist jedoch unbekannt.

Die freigelegten Gebäude wurden erst um 300 v. Chr. errichtet und 198 v. Chr. zerstört, doch stimmen sie weitgehend mit der Beschreibung überein, die **Homer** schon im 8. Jh. v. Chr. von der Totenbefragung des Odysseus gibt (Odyssee X 500 ff., XI 24 ff.).

Von Westen her betritt man einen Hof, der von den Resten jüngerer Bauten des 3. Jhs. v. Chr. umgeben ist und im Südteil, nahe einem

IGOUMENÍTSA

AUSKUNFT

Tourist-Information
Zollamt am Hafen
Tel. 26 65 02 22 27
Fax 26 65 02 49 63

Bezaubernde Abendstimmung in dem kleinen Hafenstädtchen Párga

mittelalterlichen Wohnturm, ein **mykenisches Kistengrab** aufweist. Der Weg hinein in die düstere Anlage führt durch mehrere rechtwinklig angeordnete und einst überdachte Gänge.
Der Hauptbau besteht aus einem Mitteltrakt und zwei dreigeteilten Seitentrakten. In diesen fanden sich Pithoi für Getreide und Honig sowie Tonfiguren der Persephone. Durch eine Öffnung im Boden gab man die Speiseopfer für die »Schatten« in dem unter dem Mitteltrakt liegenden Gewölbe, das man als obersten Teil des unterirdischen Palastes von Hades und Persephone ansah.

Ikaría · Ικαρία

O/P 9

Inselgruppe: Südliche Sporaden
Höhe: 0 – 1037 m ü. d. M.
Hauptort: Ágios Kírykos
Fläche: 255 km²
Bewohnerzahl: 9000

Auf der Ägäis-Insel spielt der Tourismus bislang eine untergeordnete Rolle – Grund genug, das karge Eiland für sich zu entdecken.

Insel des Ikaros

Die großteils kahle Insel ist 40 km lang und 8 km breit. Benannt ist Ikaría nach Ikaros, Sohn des attisch-minoischen Bildhauers und Erfinders Daidalos, der der Sage nach beim Versuch, mit wachsgetränkten Flügeln zu fliegen, vor der Insel ins Wasser stürzte und ertrank.
Ikaría wird von dem 1037 m hohen Athéras-Gebirge eingenommen, das zur Südküste hin steil abfällt. Die Besiedlung konzentriert sich

IKARÍA ERLEBEN

AUSKUNFT

Reiseagenturen
in Ágios Kírykos:
Dolichi Tours, Tel. 22 75 02 32 30
Icariada Holidays, Tel. 22 75 02 33 22

ANREISE

Schiffsverbindungen bestehen mit Piräus auf dem Festland sowie mit den Inseln Chíos, Foúrni, Kálymnos, Kos, Léros, Lípsi, Mýkonos, Páros, Pátmos, Sámos und Sýros.

ESSEN

► **Preiswert**

Taverna
Karavostamo
Großes, freundliches Restaurant im Herzen des Dorfs.

Chez Theodore Tsanka
Évdilos
Am Hafen gelegenes Lokal mit guter griechischer Küche.

ÜBERNACHTEN

► **Komfortabel**

Kástro
Ágios Kírykos
Tel. 22 75 02 34 80
E-Mail: hotelkastro@internet.gr, 22 Z.
Auf einer Klippe gelegen mit wunderschönem Blick aufs Meer; auf dem Dach eine Bar und ein Pool.

Traumhafte Badebucht an Ikarías Nordküste

auf den mit Eichen- und Fichtenmacchia bedeckten, von fruchtbaren, wasserreichen Tälern durchzogenen Nordhang. An der Nordküste sind auch die besten Strände zu finden. Man lebt hier v. a. von Landwirtschaft und Fischfang. Erst seit dem Bau eines kleinen Flughafens 1995 beginnt sich der Tourismus allmählich zu entwickeln.

Sehenswertes auf Ikaría

Ágios Kírykos

Der ruhige Haupt- und Hafenort Ágios Kírykos liegt im Ostteil der Südküste. Die heißen radioaktiven Quellen des Ortes waren bereits in der Antike bekannt und werden noch heute genutzt. Eine interessante **archäologische Sammlung** ist im Gymnasium zu sehen. Drei Kilometer nordöstlich kommt man zu dem **Heilbad Thérma** mit 53 °C heißen Radium- und Schwefelquellen. Es wird von einer antiken Akropolis überragt, zu der von Katafýgi, 3 km nordöstlich, ein von Gräbern des 6. Jhs. v. Chr. gesäumter Pfad hinaufführt.
Auf **Kap Fanári**, der Nordostspitze der Insel, liegt die Ruine der hellenistischen Burg Drákanos.

Nordküste

Die einzige Asphaltstraße der Insel, die Ágios Kírykos mit dem 40 km entfernten hübschen Fähr- und Fischerhafen **Évdilos** an der Nordküste verbindet, führt durch eine eindrucksvolle Berglandschaft und bietet herrliche Panoramen. In **Kámpos**, der einstigen antiken Stadt **Oinoë** 2 km weiter westlich, sind außer der Ruine eines byzantinischen Palasts ein kleines Museum und die im 12. Jahrhundert errichtete Kirche Agía Iríni zu sehen mit frei stehenden Säulen von einem Vorgängerbau aus dem 4. Jahrhundert. Unterhalb von Kámpos erstreckt sich ein langer Strand.

Armenistís, 15 km westlich von Évdilos, besitzt zwei gut besuchte, schöne Sandstrände; 3 km weiter, in **Nas**, gibt es einen kleinen hübschen Kiesstrand, hinter dem die Reste eines Artemis-Tempels aus dem 5. Jh. v. Chr. liegen.

Foúrni-Inseln

Die Foúrni-Inseln sind felsige Eilande mit zerklüfteter, buchtenreicher Küste im Dreieck Sámos – Ikaría – Pátmos. Zur Gruppe gehören außer der 30 km² großen Hauptinsel **Foúrni** (1000 Bew.), mit der gleichnamigen Ortschaft an der Westküste, die kleineren Inseln **Thímena** und Ágios Minás sowie die Klippen Ándro, Makronísi und Diapori. Bewohnt sind Foúrni und Thimena; Unterkünfte gibt es aber nur auf Foúrni, das schöne Strände und einige Tavernen besitzt.

★★ Ioánnina · Ιωάννινα

D 5

Landschaft: Epiros
Einwohnerzahl: 45 000
Höhe: 520 m ü. d. M.

Ioánnina, die geschäftige, moderne Hauptstadt der Provinz Epiros, liegt sehr schön am Westufer des Pamvótis-Sees, umgeben von einer üppig grünen Landschaft. Die alten Stadtviertel am Seeufer mit vielen Gebäuden aus der Zeit der Türkenherrschaft verströmen noch immer eine orientalische Atmosphäre.

Geschichte

Ioánnina wurde bereits zu Beginn des 6. Jhs. von **Kaiser Justinian** gegründet. 1085 von den Normannen befestigt, wurde es im frühen 13. Jh. Hauptstadt des Despotats von Epiros und später Sitz serbischer Fürsten; von 1430 bis 1913 war es türkisch. Ihre Glanzzeit erlebte die Stadt von 1788 bis 1822 als **Residenz des Ali Pascha**. Diese schon fast legendäre und geradezu zum griechischen Freiheitskämpfer stilisierte Figur war ein ebenso gebildeter und weltläufiger wie skrupelloser und machtbewusster Potentat. Noch heute wird daran erinnert, dass Ali Pascha 1801 Frosini, die Lieblingsfrau seines Sohnes, mit 16 anderen Frauen im See ertränken ließ, weil sie sich weigerten, seinem Harem anzugehören. Die Türken belagerten Ioánnina ab 1820 und brachten Ali Pascha 1822 auf der Insel im See um.

! *Baedeker* TIPP

Typische Mitbringsel

Aus Ioánnina stammen wunderschöne Silberschmiedearbeiten und Stickereien; entsprechende Geschäfte findet man vor allem in der Odós Averof.

IOÁNNINA ERLEBEN

AUSKUNFT

Tourist-Information
Dodonis 39
Tel. 26 51 04 18 68, Fax 26 51 04 91 39
www.about-ionannina.gr

ESSEN

▶ Preiswert

Mavili
Am Seeufer gelegen; eine große Auswahl an griechischen Gerichten.

To Manteio
Platía Neomartyros 15
Tel. 26 51 02 54 52
In der einfachen Taverne gibt es leckere Grillgerichte.

ÜBERNACHTEN

▶ Komfortabel

Xenia
Dodonis 33
Tel. 26 51 04 73 01
Fax 26 51 04 71 89
60 Z.
Zentral und ruhig in einem schönen Park gelegenes Hotel.

Galaxy
Platía Pirou
Tel. 26 51 02 54 32
Fax 26 51 02 50 32, 38 Z.
Die Zimmer des ruhig gelegenen Hotels sind gemütlich eingerichtet und mit Balkon ausgestattet.

Sehenswertes in Ioánnina

✶ Zitadelle

Die Zitadelle (Froúrio) hat malerische Winkel und bietet schöne Ausblicke auf den See und den Píndos. Die 1619 gebaute **Aslan-Pascha-Moschee** ist als **Städtisches Museum** eingerichtet. Daneben stehen die türkische Bibliothek und eine alte Synagoge. In der Südostecke der inneren Zitadelle befinden sich die Fetije-Moschee mit **Ali-Pascha-Grab** und das sehenswerte **Byzantinische Museum**.

Weitere Museen

Zentrum der Stadt ist die Platía Dimokratías mit dem auffälligen Uhrturm. An der benachbarten Platia 25 Martiou liegt das **Archäologische Museum**, das über die Ausgrabungsstätten des Epiros informiert; interessant sind besonders die Funde aus Dodóna und dem Nekromanteíon Ephýras, darunter Bleitäfelchen mit Anfragen an das Orakel. In der **Kunstgalerie EHM** und der **Städtischen Kunstgalerie** kann man moderne griechische Kunst sehen.

Pamvótis-See

Um die Zitadelle führt eine hübsche schattige Promenade am Pamvótis-See entlang. Das bis zu 12 m tiefe Gewässer hat keinen echten Abfluss, sondern entwässert nur durch Löcher im Karst. Ein großes Problem sind die Abwässer der Stadt, die in den See geleitet werden, und die Überdüngung durch die Landwirtschaft. Lohnend ist die Bootsfahrt zur von Schilf umgebenen **Klosterinsel** im See. Dort gibt es einen kleinen Ort mit empfehlenswerten Fischtavernen und fünf Klöster mit interessanten Fresken. Im Panteleimon-Kloster

(16. Jh.), in dem 1822 Ali Pascha erschossen wurde, ist ein Gedenkraum eingerichtet. Einen Besuch lohnt auch das Kloster Ágios Nikólaos Dílios (11. Jh.), dessen Katholikon mit Fresken ausgemalt ist.

Umgebung von Ioánnina

✶ **Pérama-Höhle**

Ca. 4 km nördlich des Sees kann man die großartige Tropfsteinhöhle von Pérama, eine der größten Höhlen Griechenlands, besichtigen. In der 1100 m langen Höhle haben sich zahlreiche Stalagmiten und Stalaktiten gebildet, die bildhafte Namen wie »Schiefer Turm von Pisa«, »Sphinx« und »Löwenpranke« führen. Außergewöhnlich ist ein kreuzförmiger Stalaktit (Öffnungszeiten: tgl. 8.00 – 20.00 Uhr).

✶✶ **Zagória**

In eine großartige Berglandschaft führt ein Ausflug nach Norden. Dort liegen die **Zagorochória**, die »Dörfer hinter den Bergen«, die in der Zeit der Türkenherrschaft halbautonom waren. Die charakteristischen, mit Schiefer gedeckten Häuser erinnern an Tessiner Dörfer, wozu auch die üppige Vegetation und die von Bogenbrücken überspannten Bäche beitragen. **Monodéndri**, der bekannteste Ort in der Zagória, besitzt viele alte Herrenhäuser und einen hübschen Dorfplatz mit einer riesigen Platane.
Von Monodéndri bis Kónitsa – zwischen **Víkos-Schlucht** und **Aóos-Schlucht** – erstreckt sich der **Nationalpark Víkos-Aóos**. Die wilde zerklüftete Landschaft ist mit Laub- und Nadelbäumen dicht bewaldet und bietet einer reichhaltigen interessanten Flora und Fauna Lebensraum. Die 10 km lange spektakuläre Víkos-Schlucht (Farángi Víkou) ist von bis zu 600 m hohen Felsen gesäumt. Die großartige und recht beliebte Wanderung von Monodéndri durch die Schlucht bis zum Dorf Víkos dauert ca. 7 Stunden.
Die beiden Dörfer **Megálo Papíngo** und **Mikró Papíngo** breiten sich besonders eindrucksvoll unter den Felsbastionen des Týmfi-Massivs in der West-Zagóría aus.

! *Baedeker* TIPP

Für Schwindelfreie ...

... geeignet ist eine kleine Wanderung vom Dorfplatz in Monodéndri zu dem kleinen verlassenen Kloster Agía Paraskeví am Steilabfall zur Víkos-Schlucht. Auf äußerst schmalen Wegen geht's am steilen Felsen entlang mit atemberaubenden Blicken in die tief eingeschnittene Víkos-Schlucht.

Pavlos Vrellis Wachsfigurenmuseum

Viele Jahre hat der Künstler Pavlos Vrellis an den sehr lebensecht wirkenden Wachsfiguren gearbeitet, bis sein Wachsfigurenmuseum in Bizani (12 km südlich von Ioánnina eröffnet werden konnte. Thema ist die neuere Geschichte Griechenlands.

✶ **Métsovo**

Métsovo ist einer der malerischsten Orte Griechenlands und inzwischen eine Touristenattraktion mit zahlreichen Souvenirläden,

Die beeindruckende Víkos-Schlucht mit steil aufragenden Felswänden →

18 000 Zuschauer konnten im Theater des Zeus-Orakels von Dodóna Platz nehmen.

Geschäften und Tavernen. 58 km östlich von Ioánnina am 1705 m hohen Katára-Pass – dem höchsten in Griechenland – in der waldreichen Berglandschaft des Píndos gelegen, ist seine Umgebung im Sommer ein herrliches Wandergebiet, im Winter kann man hier Ski fahren. An steilen Gassen drängen sich steingedeckte Häuser mit ihren Balkonen, wobei Altes und Nachgebautes kaum auseinanderzuhalten ist. In einem märchenhaft ausgestatteten Herrenhaus aus dem 19. Jh. ist ein **Museum für epirotische Volkskunst** untergebracht. An dem von mächtigen Platanen beschatteten Hauptplatz zeigt eine Galerie Werke griechischer Künstler des 19. und 20. Jahrhunderts.

★ Dodóna

Das Zeusorakel von Dodóna liegt eindrucksvoll in einem weiten Tal am Fuß der Tómaros-Berge, 23 km südlich von Ioánnina. **Zeus Naios** wurde hier in einer heiligen Eiche verehrt, aus deren Rauschen die Priester den Willen des Gottes deuteten. Später waren es der Klang eines durch Windkraft angeschlagenen Bronzekessels und das Gurren der Tauben in der Eiche. Bereits vor dem 8. Jh. v. Chr. war Dodóna über die Grenzen Griechenlands hinaus berühmt. Das von **Pyrrhos von Epiros** (297 – 273 v. Chr.) und **Philipp V. von Makedonien** (238 – 179 v. Chr.) ausgebaute Heiligtum – aus dieser Zeit stammt die heute sichtbare Architektur – wurde 381 n. Chr. zerstört, doch gab es im 5. und 6. Jh. hier noch einen Bischofssitz.

Die Orakelstätte ist durch eine am angestammten Platz von den Ausgräbern gepflanzte Eiche und die Grundmauern des **Zeusbezirks** gekennzeichnet. Man sieht die Umfriedung, den Zeus-Tempel (4. Jh. v. Chr.) neben der Eiche und die An- und Umbauten des 3. Jhs. v. Chr. Im 3. vorchristlichen Jahrhundert entstanden etwas weiter östlich drei kleinere Tempel, die Themis, Dione sowie Herakles und Aphrodite geweiht waren; westlich des Zeusbezirks wurde ein Säulensaal (Bouleuterion) errichtet. Vor dem Orakelbezirk liegt der beherrschende Bau von Dodóna, das **Theater** aus dem 3. Jh. v. Chr.; mit 122 m Durchmesser, 21 Sitzreihen und 18 000 Plätzen war es eines der größten Griechenlands. Seine Orchestra wurde in augusteischer Zeit zu einer Arena für Tierkämpfe umgebaut. Hinter dem Theater verläuft die **Stadtmauer** mit ihren Türmen, vor dem Theater sind die in Stein gehauenen Sitzreihen eines **Stadions** zu sehen. Östlich des Zeusbezirks liegen die Reste einer dreischiffigen christlichen Basilika aus dem 6. Jh. Die Funde von Dodóna sind in den Archäologischen Museen von Athen und Ioánnina ausgestellt (Öffnungszeiten: 2. Juni – Okt. 8.00 – 19.00; Winter 8.00 bis 15.00 Uhr).

★ Íos · Íoς

N 11

Inselgruppe: Kykladen
Höhe: 0 – 713 m ü. d. M.
Hauptort: Íos-Chóra
Fläche: 108 km²
Bewohnerzahl: 1600

Wer Highlife, Trubel und quirliges Strandleben sucht, dem wird es auf der gebirgigen Insel mit ihren wunderschönen Sandstränden sicherlich nicht langweilig.

Strandrummel an der Mylopótas-Bucht in der Nähe der Inselhauptstadt

ÍOS ERLEBEN

AUSKUNFT

Tourist-Information
Kiosk an der Bushaltestelle
Íos-Chóra
Tel. 22 86 09 11 35
www.iosgreece.com

SCHIFFSVERBINDUNGEN

Schiffsverbindungen mit Piräus sowie mit den Inseln Anáfi, Folégandros, Kímolos, Kreta, Ký́thnos, Mílos, Mý́konos, Náxos, Páros, Santorin, Sérifos, Sífnos, Síkinos und Ský́ros.

ESSEN

► Erschwinglich

O Lordos Byron
Íos-Chóra
Tel. 2 28 09 21 25
Kleines Restaurant mit phantasievoller Küche und offenem Wein.

► Preiswert

Fiesta
Íos-Chóra
Tel. 22 86 09 17 66
Im Zentrum gelegenes Lokal, das seinen Gästen auch leckere Pizza serviert.

ÜBERNACHTEN

► Luxus

Íos Palace
Mylopótas
Tel. 22 86 09 12 69
www.iospalacehotel.com
6 Z., 60 Suiten, 1 Apartment
Die Hotelanlage am Sandstrand von Mylopótas verfügt über eine weitläufige Gartenterrasse mit Meerwasserpool. Alle Zimmer haben Meerblick.

► Komfortabel

Far Out Hotel & Spa
Mylopótas
Tel. 22 86 09 14 46
Fax 22 86 09 17 07, 42 Z.
www.faroutclub.com
Das im typischen Kykladen-Stil errichtete, 2006 renovierte Hotel bietet seinen Gästen einen herrlichen Meerblick.

Sehenswertes auf Íos

★ Íos-Chóra Von dem in einer tief eingeschnittenen Bucht an der Westküste gelegenen Hafenort **Gialós** – auf dem Kap steht die Kirche Agía Iríni aus dem 17. Jahrhundert – gelangt man in einem fruchtbaren Tal etwa zwei Kilometer weiter aufwärts zum reizvoll am Hang ansteigenden Hauptort Íos-Chóra, der die Stelle des antiken Ortes einnimmt. Mit seinen typischen weißen Kykladenhäusern und Kirchen – weitere 150 Kirchen sind über die Insel verstreut – präsentiert sich die Inselhauptstadt mit einem schönen Ortsbild.

Strände Der schöne lange Strand von **Mylopótas**, 2 km südlich von Íos-Chóra, ist Treffpunkt zahlloser junger Leute. Ruhiger geht es am Strand Agía Theodótis, 8 km nordöstlich, und am Koumbára-Strand westlich von Gialós zu. An der Südspitze der Insel breitet sich die herrliche Bucht von Manganári aus, zu erreichen mit Bus oder Boot.

Bei dem angeblichen Grab Homers im äußersten Norden der Insel handelt es sich nicht um die letzte Ruhestätte des Dichters, sondern um ein hellenistisches Grab, das etwa 600 Jahre jünger ist. **Homer-Grab**

Nachbarinseln von Íos

Síkinos

Síkinos, unweit südwestlich von Íos gelegen, ist mit 15 km Länge und 5 km Breite eine der kleineren südlichen Kykladen. Hier findet man viel Ruhe und eine weitgehend unberührte Landschaft. Norden und Nordwesten der kahlen Insel sind gebirgig und besitzen eine steile Kliffküste, im sanfteren Südosten werden auf Terrassen Gemüse, Wein und Getreide angebaut.

◄ Alopróna

Aloprónia, in der Mitte der Ostküste, ist nur in der Saison »in Betrieb«, dann sind die Tavernen und Unterkünfte geöffnet und der Sandstrand bevölkert.

◄ Síkinos-Chóra

Eine 4 km lange Straße führt von Aloprónia nach Síkinos-Chóra; zu Fuß erreicht man den Inselhauptort auf einem 3 km langen Weg durch eine waldreiche Schlucht. An der Platía des malerischen Ortsteils Kástro steht die Kirche **Tímios Stavrós** von 1787, die eine geschnitzte Ikonostase und nachbyzantinische Fresken besitzt. Über der Chóra thront auf einem steil abfallenden Grat das verlassene Nonnenkloster **Zoodóchos Pigí**. Am Hang breitet sich der neuere Ortsteil Chorió aus.

Folégandros

Die lang gestreckte Insel Folégandros (13 km lang und 4 km breit), südwestlich von Síkinos gelegen, ist vom Tourismus noch wenig berührt. Der bis 415 m hohe Ostteil mit seiner Steilküste ist karg und

Die Panagía-Kirche ragt hoch über Folégandros-Chóra auf.

wasserarm, der Westteil besitzt Quellen, ist insgesamt sanfter und weist bescheidene Terrassenkulturen auf; angebaut wird Wein, Gemüse und Getreide.

★ Folégandros-Chóra ► Vom Anlegeplatz **Karavostásis** im Osten sind es 4 km zum Hauptort Folégandros-Chóra, einem der schönsten Kykladenorte, 200 m hoch auf einem steil zum Meer abfallenden Felsen gelegen. Das alte Viertel Kástro wurde 1212 von Herzog Marco Sanudo angelegt. Sehenswert sind die Kirchen Eléousa (1530) und Pantanássa (1711) mit Holzschnitzereien und kostbaren Ikonen. Östlich der Chóra steht auf einem steilen Kap die weithin sichtbare Kirche Panagía. In der senkrecht abfallenden Felswand unterhalb der im Kirche befindet sich die **Höhle Chrysospiliá**, in der antike Funde entdeckt wurden. Der **Angáli-Strand** westlich der Chóra gilt als der schönste der Insel. 5 km nordwestlich Chóra liegt der größte, aber wenig interessante Ort **Áno Meriá**; nur das kleine Volkskundemuseum lohnt einen Besuch.

Itháki · Ιθάκη

D 8

Inselgruppe: Ionische Inseln
Höhe: 0 – 808 m ü. d. M.
Hauptort: Vathý
Fläche: 96 km²
Bewohnerzahl: 4000

Trotz ihres Ruhms als Heimat des Odysseus blieb die Insel bislang vom Massentourismus verschont. Mit ihren wenigen, aber sehr schönen Kiesstränden gilt Itháki als Refugium für Leute, die Ruhe und Erholung suchen.

Insel des Odysseus Die bergige Karstinsel ist durch den Golf von Mólos zweigeteilt: Im Norden liegt das Bergland von Ani mit dem 808 m hohen Neritos, im Süden der 671 m hohe Bergstock Stefani. Durch einen 2 bis 4 km breiten Kanal von Kefalloniá getrennt, ist Itháki durch **Homers »Odyssee«** weltbekannt geworden: Als König von Ithaka zog Odysseus in den Trojanischen Krieg und kehrte nach jahrelangen Irrfahrten hierher zurück. Viele Stätten der Insel sind als Schauplätze der »Odyssee« ausgewiesen, obwohl bis heute nicht bewiesen werden konnte, dass Homers Ithaka mit Itháki identisch ist (► Baedeker Special S. 274).

! *Baedeker* TIPP

Ithákis schönster Strand

Strahlend weiß ist der kleine, ca. 200 m lange und bis zu 25 m breite Kiesstrand Aspros Makrýs Gialós westlich des Kathará-Klosters. Erreicht werden kann der flach abfallende Strand über die Straße von Léfki aus. Parkpätze gibt's bei der Windmühle, der eigentliche Zugang zum Strand erfolgt dann über einen Treppenweg.

Sehenswertes auf Itháki

Vathý, der Hauptort der Insel, liegt reizvoll an einer von zwei venezianischen Festungen gesicherten, tief

ITHÁKI ERLEBEN

AUSKUNFT

Touristenpolizei
Vathý
In der Nähe des Krankenhauses
Tel. 26 74 03 22 05
www.ithacagreece.com

ANREISE

Schiffsverbindungen bestehen mit Pátras auf dem Festland sowie mit den Inseln Kefalloniá und Lefkáda.

ESSEN

► Fein & Teuer

Gregori
Nördlich von Vathý am Ostufer der Bucht
Die Spezialitäten des Restaurants an der Straße zum Loutsa-Strand sind Lamm- und Fischgerichte; die schöne Aussicht bezahlt man natürlich mit.

► Preiswert

Kantouni
Vathý
Beliebte Taverne südlich des Hafens. Man sitzt unmittelbar am Meer.

ÜBERNACHTEN

► Luxus

Perantzada 1811 Art Hotel
Vathý

Tel. 26 74 02 39 14
www.arthotel.gr/perantzada
12 Z.
Der himmelblaue Komplex östlich der Hafenbucht ist eines der besten Hotels der Ionischen Inseln. Am schönsten – und teuersten – sind die Zimmer mit Balkon zur Bucht.

► Komfortabel

Mentor
Vathý
Tel. 26 74 03 24 33
www.hotelmentor.gr
32 Z., 4 Suiten
Das größte Hotel der Insel liegt direkt an der Hafenbucht und bietet gut ausgestattete Zimmer.

eingeschnittenen Bucht. Obwohl bei einem Erdbeben im Jahr 1953 fast vollständig zerstört, bietet der Ort mit seinen pastellfarbenen Häuschen ein hübsches Bild. Das Leben konzentriert sich rund um den Hafen, der von Cafés, Tavernen, Pensionen und Ausflugsbüros gesäumt wird. Das kleine alte Kraftwerk westlich des Hafens wurde zu einem **Schiffs- und Volkskundemuseum** umgestaltet, in dem neben Schiffszeichnungen auch Musikinstrumente, Möbel und Trachten ausgestellt sind. Das kleine **Archäologische Museum** in der Parallelstraße zur Hafenstraße präsentiert vor allem Opfergaben an Apollon, die auf dem Berg Aetós gefunden wurden.

Dexiá-Bucht: Brachten die Phäaken hier Odysseus an Land?

AUF DEN SPUREN VON ODYSSEUS

War es auf Itháki, wo sich einst das Königreich des Odysseus befand? Machte sich der Held von hier auf, um zehn Jahre im Trojanischen Krieg zu kämpfen und anschließend eine zehnjährige abenteuerliche Heimfahrt überstehen zu müssen, bis er seine Gemahlin Penelope wieder in die Arme schließen konnte?

Es ist eine alte Frage, welche realen Orte in den beiden großen Epen der griechischen Antike, der **Ilias** und der **Odyssee** von Homer, beschrieben sind. Für John V. Luce, Professor an der Universität Dublin, ist es ganz klar: Das mythische Ithaka ist mit der heute Itháki genannten Insel gleichzusetzen und Homer der Verfasser der »Odyssee«, wie man in seinen Büchern »Archäologie auf den Spuren Homers« und »Die Landschaften Homers« – Letzteres mit überzeugenden Fotos und Karten – nachlesen kann.

Mythos und Fakten

Itháki ist zwar kleiner und zerklüfteter als Zákynthos oder Kefalloniá, doch strategisch viel wichtiger. Von hier aus ließen sich der Seehandel entlang der Küste sowie die Seestraßen zwischen Itháki, Kefalloniá und Lefkáda besser kontrollieren. Homer bezeichnet Odysseus' Heimatinsel in der »Odyssee« als »niedrig«, »schmal«, mit Inseln »ringsumher«, »deutlich sichtbar« und untauglich, um »Rosse zu tummeln« – Beschreibungen, die auf Itháki viel mehr zutreffen als auf jede andere der Ionischen Inseln.

Odysseus' letzte Station vor seiner Rückkehr nach Ithaka war die Insel **Scheria**. Schon im Altertum meinte man, dass es sich dabei um Korfu, damals Kerkyra genannt, gehandelt haben müsse. Hier erzählte er dem Phäakenkönig Alkinoos und dessen Tochter Nausikaa von seiner zehnjährigen Irrfahrt und den Abenteuern, die er dabei erlebte, etwa mit dem einäugigen Kyklopen Polyphem, mit den todbringenden Sirenen und mit Kalypso, die ihn sieben Jahre auf ihrer Insel festhielt. Mit Hilfe des Herrschers von Scheria gelangte Odysseus auf seine Heimatinsel zurück, wo er,

als Bettler verkleidet und von seinem Sohn Telemachos unterstützt, die Freier vernichtete, die seine Gattin Penelope bedrängten.

Das Schiff der Phäaken, das Odysseus nach Ithaka brachte, setzte ihn in der **Phorkys-Bucht** unterhalb der Nymphengrotte schlafend ab. Als er erwachte und ihm jede Orientierung fehlte, erklärte ihm seine Schutzgöttin Athene in der Gestalt eines Hirtenjungen, dass er sich auf Ithaka befinde. John Luce setzt die Phorkys-Bucht mit der heutigen Dexiá-Bucht gleich und die **Nymphengrotte** mit einer Tropfsteinhöhle oberhalb der Bucht. Sie hat, wie in der »Odyssee« geschildert, zwei Eingänge: einen für Menschen und einen, der Göttern vorbehalten ist – Letzterer sei die Öffnung in der Höhlendecke.

Nach dem Besuch der Höhle, in der er gebetet und seine Schätze versteckt hatte, machte sich Odysseus mit Athene auf die Suche nach Eumaios, dem Schweinehirten. Dabei ging er »den rauen Pfad vom Hafen über die waldbewachsenen Gebirge« – für Luce ein Fußpfad, der am Osthang des Merovígli entlang zum Marathiá-Plateau führte und immer noch existiert. »Der **Rabenfelsen** am arethusischen Borne«, wo Eumaios' Gehöft lag, befindet sich am Nordostrand des Marathiá-Plateaus. Bei dem Felsen, der auf einer Länge von 550 m rund 60 m tief senkrecht abfällt, gibt es immer noch viele Raben, und er trägt auch heute den Namen »stefáni tou korákou«, »Fels des Raben«. Hier entspringt die **Aréthousa-Quelle**. Und die Behausung des Schweinehirten – »hoch, auf weitumschauendem Hügel« – könnte auf dem 240 m hohen Gelände über der Klippe gelegen haben. Auf Itháki wird heute eine nahe gelegene Höhle als Wohnstätte des Eumaios ausgegeben. Dort traf Odysseus seinen Sohn Telemachos. Dieser schickte den Schweinehirten zum Palast seiner Eltern, um Penelope die Rückkehr ihres Gemahls melden zu lassen.

Der **Palast** befand sich wohl bei Stavrós am entgegengesetzten Ende der Insel, etwa 24 km entfernt – Eumaios benötigte für den Fußmarsch hin und zurück einen ganzen Tag. Für Luce gibt es noch weitere Hinweise, dass der Palast und die Hauptstadt

Diese römische Marmorstatue aus der Zeit um 50 n. Chr. zeigt Odysseus bei seiner Flucht aus der Höhle des Polyphems.

von Odysseus' Reich bei Stavrós lagen. Vom Palast-Vorhof erblickte man laut Odyssee »unseren« Hafen und den etwas weiter entfernten Hafen »Rheithron unter dem waldigen Neion« – der erste wäre wohl die Pólis-Bucht, der zweite die Fríkes-Bucht und »Neion« der Berg von Exogí. Beide Häfen sind von dem bei Stavrós nach Norden verlaufenden Höhenrücken aus zu sehen, und am Schnittpunkt beider Sichtlinien, im heutigen Pilikáta, habe sich wohl Odysseus' Palast befunden. Hier wurden bei Ausgrabungen zwar mykenische Scherben entdeckt, sogar Spuren einer Befestigungsmauer freigelegt, doch Reste eines Palasts kamen nicht zum Vorschein. Dennoch: Wenn es je einen Odysseus-Palast gegeben hat, dann nur hier – so die Schlussfolgerung des Professors, der auch davon überzeugt ist, dass Homer, für ihn ein genauer Kenner der Topografie Ithákis, die Insel besucht haben muss.

Ein altes Rätsel

Ganz so einfach wird das von vielen Wissenschaftlern nicht gesehen. Spottete doch einst **Friedrich Schiller** (angemessenerweise im Distichon): »Sieben Städte zankten sich drum, den Homer geboren zu haben. / Nun, da Wolf ihn zerriss, nehme sich jede ihr Stück!« Der deutsche Philologe **Friedrich August Wolf** hatte 1795 das schon in der Antike bekannte Problem aufgegriffen, nämlich wie viele Dichter sich hinter dem Namen Homer verbergen und wann die beiden Epen »Ilias« und »Odyssee« verfasst wurden. Heute wird vielfach die Ansicht vertreten, dass die beiden großen Heldenlieder mehrere Urheber haben. Diese griffen auf mündlich überlieferte Seefahrergeschichten aus mykenischer Zeit (um 1300 v. Chr.) zurück, die sie mit den sozialen Gegebenheiten und den Mythen ihrer eigenen Epoche verflochten. Man nimmt an, dass die »Ilias« um 730 v. Chr. und die »Odyssee« 50 Jahre später entstand. Sicher wird das Rätsel um Homer wohl nie geklärt werden können, ebenso wie es wohl unklar bleiben wird, welche Insel denn nun dem mythischen Ithaka entspricht. Vielleicht war es ja doch Lefkáda, wie der deutsche Altertumsforscher **Wilhelm Dörpfeld** behauptete?

Die zauberhaft gelegene Inselhauptstadt Vathý

Inselsüden

Etwa 2 km westlich von Vathý, am Abhang des Hügels Ágios Nikólaos, liegt die **Nymphengrotte**, eine Tropfsteinhöhle und antike Kultstätte. In dieser Höhle soll Odysseus die wertvollen Geschenke, die er von den Phäaken erhalten hatte, nach seiner Rückkehr versteckt haben (Od. XIII, 107 / 8).
Auf dem 380 m hohen Aëtós, 5 km weiter westlich, legte man die antike Stadt **Alalkomenai** frei, deren älteste Teile auf das 8. Jh. v. Chr. zurückgehen. Wer den mühsamen Aufstieg nicht scheut, wird mit einem herrlichen Ausblick belohnt.
Das schön gelegene Perachóri, 3 km südlich von Vathý, war bis ins 16. Jh. der Inselhauptort; zu sehen sind Ruinen alter Häuser und eine Kirche mit Freskenresten oberhalb des Orts. Rund 3 km südlich von Perachóri liegt die **Arethousa-Quelle** in einer Felsengrotte; hier soll der Schweinehirte Eumaios die Herde von Odysseus getränkt haben (Odyssee XIII, 408 / 9). Ein steiler Fußweg führt weiter südlich auf das von Ölbäumen bestandene Hochplateau von Marathiá mit weitem Rundblick.

Inselnorden

Nach man die Landenge passiert hat, steigt die Straße steil an zum 550 m hoch gelegenen Kloster **Panagía ton Katharón**, dessen 1696 errichtete Kirche eine verehrte Marienikone verwahrt. Nördlich des Klosters liegt das fast verlassene Dorf **Anogí** in wildkarger, felsiger Umgebung; die Kirche Panagía ist mit schönen, im 16. Jh. geschaffenen Fresken geschmückt.
Im Nordwesten der Insel, am Hügel Pelikata bei **Stavrós**, wurde eine antike Siedlung (2200 – 1500 v. Chr.) freigelegt, die die Vermutung

stützt, dass Stadt und Palast des Odysseus hier zu lokalisieren seien. Immerhin stimmt auch die Beschreibung bei Homer mit der Lage überein. In dem kleinen Archäologischen Museum im Dorf **Pelikáta** sind die in dieser Siedlung ausgegrabenen Funde ausgestellt. Unterhalb von Stavrós breitet sich die malerische Pólis-Bucht aus.
An der Nordostküste Ithákis liegen die schönen Buchten von **Fríkes**, einem kleinen Fischerort mit Fährhafen, und **Kióni**. Als hübschester Ort der Insel gilt Kióni, das malerisch in eine Bucht eingebettet ist. Helle Häuschen mit roten Ziegeldächern säumen die Bucht, in der sich im Sommer die Jachten und Fischerboote drängen.

Kalamáta · Καλαμάτα

G 10

Landschaft: Messenien
Einwohnerzahl: 45 000
Höhe: 25 m ü. d. M.

Kalamáta, im Süden des Peloponnes gelegen, ist die Hauptstadt der Provinz Messenien und Wirtschaftszentrum der Region. Entsprechend hektisch und umtriebig präsentiert sich die moderne Stadt ihren Besuchern.

Geschichte 720 v. Chr. kam Kalamáta mit Messenien unter die Herrschaft Spartas. Anfang des 13. Jhs. erhoben die fränkischen Grafen Villehardouin die Stadt zu ihrer Residenz. Später byzantinisch, türkisch und venezianisch, wurde Kalamáta 1825 von Ibrahim Pascha niedergebrannt und ab 1830 von französischen Ingenieuren neu angelegt. 1986 verursachte ein Erdbeben schwere Schäden in der Stadt.

KALAMATA ERLEBEN

AUSKUNFT

Tourist-Information
Polyviou 6, Kalamata
Tel. 27 21 08 68 68

ESSEN

► **Erschwinglich**
Kilakos
Gutes Fischlokal direkt gegenüber vom Hotel »Valassis«.

► **Preiswert**
I Kríni
Evangelistrías 40
Tel. 27 21 02 44 74
In der »Quelle« wird fangfrischer Fisch serviert.

ÜBERNACHTEN

► **Komfortabel**
Valassis
Navarinou 95
Tel. 27 21 02 38 49
Fax 27 21 02 20 56
65 Z.
Modernes, gut geführtes Haus an der Strandpromenade mit sehr gutem Preis-Leistungs-Verhältnis.

Sehenswertes in Kalamáta

Altstadt

Kalamátas Ortsbild ist durch rechtwinklig angelegte Straßen, moderne mehrstöckige Häuser und große Plätze geprägt. Reizvoll ist es, durch die Altstadt mit ihren engen Gassen, Treppen und kleinen Häusern zur Burg zu schlendern. Mittelpunkt der Altstadt ist die **Platía 23 Martíou** mit der Kirche **Ágii Apóstoli**, die aus zwei Teilen besteht; der Altarraum gehörte zu einer byzantinischen Kreuzkuppelkirche des 11. Jhs., Westteil und Glockenturm stammen aus venezianischer Zeit (um 1700). Das **Archäologische Museum** hinter der Kirche zeigt Funde aus Messenien. Die Kirche des Frauenklosters Kalogrión etwas weiter östlich besitzt eine reiche Ausstattung, darunter eine wundertätige Ikone der Maria mit Kind aus dem 14 Jh.
Über Treppen steigt man zur **Festung** hoch, mit deren Bau 1208 begonnen wurde; am inneren Tor ist der Markuslöwe angebracht. Eisenbahnfans sollten sich noch das kleine **Freiluft-Eisenbahnmuseum** im Stadtpark ansehen. Der beliebte Ortsstrand beim Hafen ist mit allem ausgestattet, was man am Strand so brauchen könnte.

Umgebung von Kalamáta

★ Messene

25 km nordwestlich von Kalamáta liegt das antike Messene, eine ehedem bedeutende Stadt, deren Reste eindrucksvoll die Landschaft am

Über 2000 Jahre alt sind die Mauern des einst bedeutenden Messene.

Herrliche Badebucht von Koróni

798 m hohen Berg Ithómi akzentuieren, der die Ebene weithin sichtbar überragt. Das Zentrum des antiken Geländes bildet heute der Ort **Mavromáti**.

Nach dem Sieg über Sparta bei Leuktra gründete Epameinondas 369 v. Chr. die Stadt Messene, die zusammen mit Mantíneia und Megalópolis einen erneuten Aufstieg Spartas verhindern sollte. Eine 9 km lange und knapp 3 m dicke Festungsmauer mit vier Toren umschloss die Stadt. Am Westrand des Dorfs Mavromáti führt ein Pfad hinunter zu der Ausgrabungsstätte, deren Reste inmitten von Olivenhainen kaum noch zu erkennen sind. Auf der Agorá wurde ein dorischer Asklepios-Tempel aus hellenistischer Zeit freigelegt. Im Osten grenzen ein kleines Theater, das Propylon und ein Saal an, im Westen mehrere Kulträume. In der Nähe des Museums – hier sind die Funde von Messene ausgestellt – steht das so genannte **Arkadische Tor**. Von diesem monumentalen Torbau sind noch bis zu neun Lagen aus mörtellos gefügten Quadern erhalten. Außen begrenzen zwei quadratische Türme einen Vorhof, an den auf der Stadtseite ein runder Zwinger von 20 m Durchmesser anschließt. Das Innentor hatte einen monolithischen Türsturz, der noch vorhanden ist. (Öffnungszeiten: Di. bis So. 8.30 – 15.00 Uhr)

✶ **Koróni** Das atmosphärereiche kleine Fischerstädtchen Koróni, 54 km südlich von Kalamáta, wird von einer riesigen Festung überragt und bietet einen herrlichen Sandstrand. Vom Hafen steigt man hinauf zum mächtigen gotischen Tor der Burg, die in byzantinischer, venezianischer und türkischer Zeit immer wieder umgebaut und erweitert wurde. Im Innern findet man das 1918 gegründete Nonnenkloster **Ioánnis Pródromos**.

✶ Kalávryta · Καλάβρυτα

G 8

Landschaft: Achaia
Einwohnerzahl: 2100
Höhe: 725 m ü. d. M.

Das 750 m hoch am Fuß des 2340 m hohen Aroánia-Massivs gelegene Kalávryta hat auch im Sommer ein sehr angenehmes Klima und ist daher ein beliebter Ausflugsort, von dem aus sich wunderschöne Bergwanderungen unternehmen lassen.

Geschichte

In Griechenland symbolisiert der Name des Ortes die Verbrechen Nazi-Deutschlands: Über 1400 männliche Bewohner, vom Jugendlichen bis zum Greis, wurden hier 1943 von deutschen Soldaten in einem Vergeltungsakt erschossen, anschließend die Stadt zerstört. Oberhalb des Orts wurde ein **Museum** eingerichtet, das an dieses Ereignis erinnert.

Umgebung von Kalávryta

✶ Agía Lávra

Weithin sichtbar liegt 7 km südwestlich von Kalávryta eines der berühmtesten Klöster Griechenlands, das 961 gegründete Agía Lávra. Hier hat **Germanós**, der Erzbischof von Pátras, am 25. März 1821 den Freiheitskampf gegen die Türken ausgerufen – unter der Platane, die heute noch im Hof vor dem Kloster Schatten spendet. Vor dem 1950 gebauten Klostergebäude steht eine Kirche von 1689, Teil des damals gegründeten »neuen« Klosters. Sehenswert ist die Ausmalung des Katholikons (1850) im Klostergeviert. Das **Museum** zeigt neben byzantinischen Handschriften und Ikonen auch eine »Installation« zur Erinnerung an den Freiheitskampf mit dem 1821 gehissten Banner. Das alte Kloster, nach der Zerstörung durch die Türken 1585 zu Beginn des 17. Jhs. wieder aufgebaut, liegt 300 m oberhalb.

! *Baedeker* TIPP

Gebirgsfahrt

Durch eine faszinierende Bergwelt mit steil abfallenden Felswänden und tiefen Tälern verläuft die 23 km lange Fahrt mit der Schmalspur-Zahnradbahn vom Küstenort Diakoftó nach Kalávryta. Da die Bahn nur über 2 Wagons verfügt und auch nur fünfmal am Tag fährt, sollte man sich frühzeitig Fahrkarten besorgen.

KALÁVRYTA ERLEBEN

AUSKUNFT

www.kalvrita.gr

ESSEN

► Preiswert

Pezodramos
Syngroú (gegenüber Hotel Maria)
Die gemütliche Taverne bietet klassische griechische Küche.

ÜBERNACHTEN

► Komfortabel

Filoxenia
Eth. Antistaseos 10
Tel. 26 92 02 24 22
E-Mail: filoxenia@otenet.gr
26 Z.
Das Filoxenia ist die beste Adresse der Stadt, in der Nähe des Bahnhofs neben dem Postamt gelegen; modernes, ruhiges und komfortables Hotel; die Zimmer sind sehr geräumig und mit Balkon.

Maria
Syngroú 10
Tel. 26 92 02 22 96
E-Mail: hotmaria@otenet.gr
15 Z.
Das zentral gelegene kleine Hotel verfügt über ordentlich ausgestattete Zimmer.

Agía Lávra – Geburtsstätte des griechischen Freiheitskampfes

Vouraikós-Schlucht Nördlich von Kalávryta hat sich der Vouraikós eine tiefe Schlucht in das Konglomeratgestein gegraben. Auf einer leichten, aber mit rund fünf Stunden Gehzeit recht weiten Wanderung von Kalávryta oder in zweieinhalb Stunden vom Bahnhof Zachlórou nach Diakoftó lässt sich eine herrliche Landschaft erleben.

★ Méga Spíleo Das achtstöckige, in die Felswand gebaute Kloster Méga Spíleo (»Große Höhle«) liegt sieben Kilometer nordöstlich von Kalávryta an der Straße nach Diakoftó; vom Bahnhof Méga Spíleo aus erreicht man es auch in einem ca. einstündigen Aufstieg.

Gegründet im 8. Jahrhundert, hatte das Kloster seine große Zeit im 13. / 14. Jh., doch noch heute ist es ein **viel besuchter Wallfahrtsort**. Die Felsenkirche besitzt ein schönes Bronzeportal aus dem 19. Jahrhundert; die Fresken im Hauptschiff stammen aus dem Jahr 1653. Im interessanten **Klostermuseum** sind wertvolle alte Evangeliare und sakrale Kunst ausgestellt.

? WUSSTEN SIE SCHON …?

- … dass im Chelmós-Gebirge über 1500 verschiedene Pflanzenarten zu finden sind, sechs davon sogar nur hier?

Chelmós-Gebirge Von dem kleinen Ort **Káto Lousí**, wenige Kilometer südlich von Kalávryta, führt eine empfehlenswerte, 7- bis 8-stündige Wanderung ins Chelmós-Gebirge – im Altertum Aroania genannt – mit seinen zwei 2341 m und 2355 m hohen Gipfeln. Am nordöstlichen Berghang des Chelmós stürzt der eindrucksvolle Wasserfall des **Styx**, des mythischen Flusses der Unterwelt, mit seinem schwarzen Wasser 200 m in die Tiefe. Zu Fuß ist der Wasserfall am besten von Peristéra aus zu erreichen; der Aufstieg dauert rund vier Stunden.

Bei Kastría, 17 km von Kalávryta entfernt, kann man die »Höhle der Seen«, die »Spileo ton limnon«, im Rahmen einer Führung 350 m weit erkunden. Das Besondere der Höhle sind die terrassenförmig abgestuft liegenden Seen, die von Stalaktiten und Stalagmiten umgeben sind. Zur Zeit der Schneeschmelze werden die Seen zu einem unterirdischen Fluss mit Wasserfällen (Öffnungszeiten: Mo. – Fr. 9.30 – 16.30, Sa., So. 9.00 – 18.00 Uhr).

Höhle der Seen

Kárpathos · Κάρπαθος

R 13/14

Inselgruppe: Dodekanes
Höhe: 0 – 1220 m ü. d. M.
Hauptort: Pigádia
Fläche: 301 km²
Bewohnerzahl: 5300

Auf der 48 km langen, schmalen Dodekanes-Insel geht es – im Gegensatz zu den »mächtigen« Nachbarn Kreta und Rhodos – noch ruhig und gemächlich zu. Wegen der günstigen Windbedingungen ist der Inselsüden im Sommer ein Paradies für Surfer.

Insel der Traditionen

Kárpathos wird von einem kargen, zerklüfteten, im Kalí Límni bis 1220 m hohen Bergzug durchzogen. Die Küsten sind meist steil mit kleinen, höhlenreichen Sandbuchten. Berühmt ist Kárpathos für seine Frauentrachten und seine Volksmusik.

Pigádia, die »Hauptstadt« der Insel, breitet sich in einer weiten Bucht an der Ostküste von Kárpathos aus.

KÁRPATHOS ERLEBEN

AUSKUNFT

Touristen-Information
Info-Pavillon am Hafen von Pigádia
Tel. 22 45 02 38 35
www.karpathos.com

ANREISE

Schiffsverbindungen mit Piräus sowie mit den Inseln Chalki, Kásos, Kreta, Mílos und Rhodos.

ESSEN

► **Preiswert**

Perigiali
Hafenbucht
Pigádia
Die bei Einheimischen beliebte Taverne hat eine große Auswahl an Vorspeisen im Angebot.

Kalí Kardiá
Pigádia
Tel. 22 45 02 22 56
Griechische Küche, direkt am Wasser.

ÜBERNACHTEN

► **Günstig**

Olimbos
Hauptgasse von Olimbos
Tel. 22 45 05 12 52; 7 Z.
Das kleine Hotel bietet nette, einfache Zimmer an.

Sehenswertes auf Kárpathos

Pigádia Pigádia (2000 Einw.), der Hauptort der Insel und zugleich ihr Haupthafen, breitet sich an einer weiten Bucht der südlichen Ostküste aus. Der 4 km lange Sandstrand, der nach Norden verläuft, ist mit entsprechender Infrastruktur ausgestattet. Am Strand ist die Ruine der frühchristlichen Basilika **Agía Fotiní** aus dem 6. Jh. zu sehen.

Ólympos Im Norden der Insel, am Hang des kahlen Profítis Ilías, liegt das altertümliche Ólympos mit traditioneller Hausarchitektur und immer noch lebendigem Brauchtum, was den Ort zu einem beliebten Ausflugsziel für Urlauber gemacht hat.

> ! *Baedeker* TIPP
>
> **Surrealistisches**
>
> Im Kárpathos Arts Centre in Pigádia, nahe des Rathauses, stellt der aus Óthos stammende Maler Minás Vláchos eigene Werke – zum Großteil surrealistische Interpretationen der griechischen Mythologie – und Arbeiten befreundeter Künstler aus.

Menetés, 6 km südwestlich der Inselhauptstadt gelegen, ist ein malerisches Dorf auf dem Felsrücken über Pigádia und besitzt bunte klassizistische Häuser. Etwa 8 km südlich von Pigádia breitet sich der schöne Sandstrand von Amopí aus. An der Westküste der Insel entwickelt sich Arkása immer mehr zu einem reinen Ferienort, dessen Hauptattraktion der nahe gelegene Sandstrand ist. Der Fischerort **Lefkós**, ebenfalls an der Westküste, ist mit mehreren Sandstränden das **Badeparadies der Insel**.

Inselmitte

In der Inselmitte, nordwestlich von Pigádia, liegen die ursprünglichen Bergdörfer Apéri – von 1700 bis 1892 Hauptort der Insel –, Voláda, Óthos und Píles, die zu kleinen Wanderungen einladen. In Óthos, dem höchstgelegenen Ort der Insel (510 m ü. d. M.), kann man ein kleines **Volkskundemuseum** besichtigen. Ein hübsches Ortsbild bietet das inmitten von Grün gelegene Píles mit seinen hellen Häusern und gewundenen Gassen. An der Ostküste erstreckt sich **Apélla** mit einem von schroffen Felsen gesäumten **Bilderbuchstrand**. Ein weiterer empfehlenswerter Strand an der Ostküste ist Ágios Nikólaos.

Bilderbuchstrand Apélla

Nachbarinseln

Nördlich vor Kárpathos, nur durch einen 100 m breiten Kanal getrennt, liegt die 16 km² große, unbewohnte Insel **Sariá**. Im einstigen Hauptort sind Ruinen einer byzantinischen Stadt zu sehen. Von Diafáni und Pigádia aus fahren Ausflugsboote die Insel an.

Kásos

Die kleine Insel Kásos, 6 km südwestlich von Kárpathos gelegen, ist felsig, karg, ohne geschützte Buchten und fast ohne Strände. Die meisten der rund 1200 Bewohner leben von der Landwirtschaft und vom Bootsbau. Der wenig attraktive **Hauptort Frý** an der Nordküste, der sich mit seinen bunten Kuppelkirchen südlich über dem Hafen ausbreitet, besitzt eine bescheidene touristische Infrastruktur.
Das wohl hübscheste Dorf der Insel ist **Agía Marína**, 1 km südwestlich von Frý. Über die Insel verstreut sind etliche Bergklöster, z. B. Ágios Geórgios im Südwesten und – südlich von Frý, hoch über der Mitte der einsamen Südostküste – das verlassene Kloster des heiligen Mamas.

Kastellórizo · Καστελλόριζο

W 12

Inselgruppe: Dodekanes
Höhe: 0 – 271 m ü. d. M.
Hauptort: Megísti
Fläche: 9 km²
Bewohnerzahl: 200

Auf der östlichsten Insel Griechenlands kann man das vom Tourismus kaum beeinflusste Inselleben kennen lernen, aber auch die Widrigkeiten, die die Abgeschiedenheit mit sich bringt.

KASTELLÓRIZO ERLEBEN

ANREISE

Schiffsverbindungen bestehen mit Piräus auf dem Festland sowie mit den Inseln Amorgós, Astypálea, Kálymnos, Kos, Náxos, Páros, Rhodos, Sýros und Tílos.

Der kleine Flugplatz oberhalb des Hafens wird mehrmals wöchentlich von Rhodos aus angeflogen.

Megisti: Von der Terrasse ins erfrischende Meer

ESSEN

► Preiswert

Orea Megísti
Platía
Megísti
Auf der mit Weinranken überdachten Terrasse des Lokals genießt man eine große Auswahl an Gerichten.

ÜBERNACHTEN

► Günstig

Megísti
Megísti
Tel. 02 41 04 92 72
17 Z.
Das »Megísti«, das einzige Hotel auf Kastellórizo, liegt direkt am Meer und bietet nett eingerichtete Zimmer. Von der Terrasse blickt man auf die benachbarte Türkei.

Griechenlands östlichste Insel

Das nur 7 km lange Kastellórizo, auch **Megísti** genannt – »die Größte« eines kleinen Archipels –, ist der östlichste Außenposten Griechenlands, 3 km südlich vor der türkischen Küste gelegen. Die Inselbewohner leben hauptsächlich vom Fischfang und der Viehzucht.
Die vom Mutterland am weitesten entfernte Insel hat im Lauf ihrer Geschichte schwere Schläge hinnehmen müssen, lag sie doch an dem Seeweg, der den Vorderen Orient über Zypern und Rhodos mit der Ägäis und den Dardanellen verband. Noch zu Beginn des 20. Jahrhunderts hatte der wichtige Stützpunkt 15 000 Einwohner. Nach 1943 emigrierten viele Bewohner, vor allem nach Australien. Die große Entfernung zum Mutterland und ein fehlendes wirtschaftliches Hinterland machen den Einwohnern das Leben nicht leicht, auch wenn der griechische Staat mit Subventionen hilft. Tourismus gibt es hier kaum, da die Insel umständlich zu erreichen ist: Von Rhodos aus benötigt man mit dem Schiff rund 7 Stunden; ein Platz im Flugzeug muss frühzeitig reserviert werden. Auch gibt es keine Strände, jedoch wunderbar klares Wasser an felsigen Küsten, wo man herrlich schnorcheln kann.

Sehenswertes auf Kastellórizo

Der Hauptort **Megísti** breitet sich mit seinen bunten, teils verlassenen und verfallenden Balkonhäusern an der tief in die Nordostküste der Insel einschneidenden Bucht aus. Er wird von der Burg überragt, die der spanische Johan-nitergroßmeister **Juan Fernando Heredia** Ende des 14. Jhs. auf byzantinischen Grundmauern errichten ließ; das **Castello Rosso** verlieh auch der Insel ihren Namen.
Am Fuß des Burgbergs ist ein Kuppelgrab aus dem 4. Jh. v. Chr. zu sehen, wie es sie im kleinasiatischen Lykien gab. An der Ostseite des Hafens steht die ehemalige Moschee, zuvor eine Kirche und später von den italienischen Besatzern zum Lagerhaus degradiert. Das **Museum** in der Nähe gibt einen Einblick in die Inselgeschichte. Am Nordhang des 271 m hohen Vígla, der hinter dem Hafenort aufragt, liegen die Klöster Ágios Geórgios und Agía Triáda. Weiter oben gelangt man zu den Resten der antiken Burg **Paleókastro**.

! *Baedeker* TIPP

Faszinierende Lichtspiele

An der Südküste der kleinen Insel befindet sich die 75 m lange und 35 m hohe Meeresgrotte Fokaliá, die für ihre Stalaktiten und fantastische Lichtspiele auf dem Wasser bekannt ist und mit der Blauen Grotte von Capri verglichen wird. Ihre Besichtigung ist mit Ausflugsbooten von Megísti aus nur bei ruhiger See möglich, da der Eingang zur Grotte nur etwa einen Meter über der Wasseroberfläche liegt.

★ Kastoriá · Καστοριά

E 3

Landschaft: Westmakedonien **Höhe:** Höhe: 620 – 760 m ü. d. M.
Einwohnerzahl: 22 000

Kastoriá, bereits seit über tausend Jahren für die Pelzverarbeitung bekannt, zählt zu den schönsten Städten Nordgriechenlands. Es liegt mit ihren vielen kleinen byzantinischen Kirchen und stattlichen Herrenhäusern überaus reizvoll auf einer Halbinsel im gleichnamigen See.

Sehenswertes in Kastoriá

★ Kirchen

In der Stadt zählt man über 70 Kirchen und Kapellen. Die Schlüssel zu den Kirchen erhält man in der Regel m **Byzantinischen Museum** an der Platía Dexaménis, in dem auch die meisten Ikonen aus den Gotteshäusern untergebracht sind. Die Kirchen – fast ausschließlich dreischiffige Basiliken mit hohem Mittelschiff – besitzen sehr »buntes« Mauerwerk und sind meist sehr klein. Beim Gymnasium trifft man auf die **Panagía Koumbelídiki** aus dem 11. Jahrhundert, der einzige Zentralbau der Stadt mit hohem Tambour und Fresken des 13.

KASTORIÁ ERLEBEN

AUSKUNFT

Touristen-Information
Im Seepark
Tel. 24 67 02 67 77, www.kastoria.gr

ESSEN

► **Preiswert**

Omonia
Mitropoleos 97
Tel. 24 67 02 28 67
Sehr gute traditionelle und auch vegetarische Küche.

ÜBERNACHTEN

► **Komfortabel**

Tsamis
Am Seeufer
Tel. 24 67 08 53 34
E-Mail: htsamis@otenet.gr
80 Z.
Das Hotel mit ansprechender Architektur und herrlichem Seeblick steht drei Kilometer außerhalb der Stadt am westlichen Seeufer etwas oberhalb der Uferstraße.

Xenia du Lac
Platía Dexaménis
Tel. 24 67 02 25 65
Fax 24 67 02 63 91
26 Z.
Sehr ruhig auf dem höchsten Punkt der Altstadt gelegenes Hotel mit schönem Blick auf den See.

bis 16. Jahrhunderts; wenige Schritte daneben steht die einschiffige **Taxiarchen-Kapelle**, die »Erzengel«-Kapelle, aus dem 11. bis 13. Jahrhundert.

Die dreischiffige, den hll. Kosmas und Damian geweihte **Ágii Anárgyri** in der Nähe des Xenia-Hotels ist die älteste Kirche der Stadt. Im 10. / 11. Jahrhundert erbaut, ist sie außen mit Reliefs und innen mit Wandmalereien aus dem 11. und 12. Jahrhundert geschmückt.

An der Platía Omonias steht die im 11. und 12. Jahrhundert erbaute einschiffige **Ágios Nikólaos Kasnítzis** mit Fresken aus der Bauzeit. Die dem Erzengel Michael geweihte **Ágios Michael Taxiarches** weiter südlich, vermutlich im 11. Jahrhundert errichtet, ist mit Fresken aus der Mitte des 14. Jahrhunderts ausgemalt.

! Baedeker TIPP

Das Auto bleibt draußen

Da die Straßen in Kastoriá sehr eng und steil sind, sollte man sein Fahrzeug auf dem großen Parkplatz südwestlich vor der Stadt abstellen. Wer sich einen neuen Pelz zulegen möchte, findet in den Geschäften entlang der Hauptstraße Mitropoleos eine riesige Auswahl.

Vor allem im südöstlichen Stadtteil Doltso und im nordöstlich gelegenen Quartier Arozari sind typisch makedonische **Herrenhäuser** zu sehen, mit Erdgeschossen aus Stein und weit vorkragenden, von Holzstreben unterstützten Fachwerkobergeschossen. Diese Häuser reicher osmanischer Pelzhändler sind mit Holzschnitzereien und Wandmalereien verschwenderisch ausgestattet.

Haus Nerándzi-Aivázi – prächtiges Domizil eines reichen Pelzhändlers

Das **Haus Nerándzi-Aivázi** an der südöstlichen Ecke des Stadtzentrums ist als **Volkskundemuseum** zugänglich und gibt mit seinem prächtigen Interieur Einblick in das Leben einer reichen makedonischen Familie.

Umgebung von Kastoriá

Panagía Mavriótissa

Fährt man auf der südlichen Seepromenade in östlicher Richtung, gelangt man nach 3 km zum ehemaligen Kloster Panagía Mavriótissa. Die einschiffige Hauptkirche des Klosters ist mit gut erhaltenen Fresken aus dem 11. / 12. Jh. geschmückt, die angebaute Kapelle des Evangelisten Johannes mit Fresken aus dem Jahr 1552. Zu dem kleinen Kloster gehört ein Restaurant mit einer schönen, von einer alten Platane beschatteten Terrasse am See. Vom Kloster zurück nach Kastoriá geht's auf der Einbahnstraße rund um die Halbinsel herum.

★ Préspa-Seen

In den Bergen nördlich von Kastoriá liegen der Große und der Kleine Préspa-See mit einer Fläche von 288 bzw. 43 km², ein beliebtes Ausflugsziel, das als **Nationalpark** ausgewiesen ist. Das Wasser hat im Sommer angenehme Badetemperatur. Die beiden Seen bieten Lebensraum für eine bemerkenswerte Tierwelt mit Pelikanen, Kormoranen und Fischottern.
Von **Mikrolímni** kann man mit dem Boot zu den beiden Inseln im Kleinen See übersetzen; auf **Ágios Achíllios** sind zeugen die Ruinen der im 11. Jh. erbauten Basilika des hl. Achilles von der großen Bedeutung, die diese Region einst hatte.

Nordwestlich liegt **Psarádes** am Großen Préspa-See, ein altertümlicher Fischer- und beliebter Ausflugsort an einer tief eingeschnittenen Bucht. Tavernen bieten Fisch aus den Seen an. Mit einem Boot kann man eine Rundfahrt unternehmen, die zu mittelalterlichen Eremitenbehausungen führt.

★ Kavála · Καβάλα

L 3

Landschaft: Ostmakedonien
Einwohnerzahl: 62 000
Höhe: 5 – 60 m ü. d. M.

Die Hafenstadt Kavála, von einem mächtigen byzantinischen Kastell überragt, zählt zu den schönsten Städten Griechenlands. Über 500 Jahre unter türkischer Herrschaft, besitzt ihre Altstadt noch immer eine orientalische Atmosphäre.

Sehenswertes in Kavála

Zitadelle Vom geschäftigen Fähr- und Fischerhafen steigt östlich die »Panagía« genannte Altstadt zur Zitadelle an, westlich die moderne Stadt zum Símvolon-Hügel; vor ihr verläuft eine palmenbestandene Hafenpromenade zum Schwimmbad.

KAVÁLA ERLEBEN

AUSKUNFT

Tourist-Information
Ethnikis Antistaseos 2
Tel. 25 10 23 16 53
Fax 25 10 22 38 85

ESSEN

► Erschwinglich

Pános Zafira
Karaolí Dimitríou 20
Tel. 25 10 22 79 78
Das Restaurant bietet eine große Auswahl an Fischgerichten.

► Preiswert

Michalakis
Kassandrou 1
Tel. 25 10 22 11 85
Das »Michalakis« serviert typisch griechische Küche.

ÜBERNACHTEN

► Komfortabel

Egnatía
7is Merarchias 139
Tel. 25 10 24 48 91
www.egnatiahotel.gr
45 Z.
Hoch über der Stadt an der Straße nach Philippi gelegenes elegantes Hotel mit herrlicher Aussicht.

Galaxy
El. Venizelou 27
Tel. 25 10 22 45 21
www.hotelgalaxy.gr
149 Z.
Das »Galaxy« liegt direkt gegenüber dem Hafen. Die Zimmer bieten einen herrlichen Blick auf die Bucht und die Insel Thassos.

Über der Hafenstadt Kavála erhebt sich die mächtige Zitadelle.

Zur Oberstadt und zur Burg gelangt man von der Platía Karaóli über die Pulídou. Man passiert das von dem nachmaligen ägyptischen Pascha **Mehmet Ali** (1769–1849) gegründete Imaret, ein Armenhaus, in dessen Innenhof ein Café Gäste erwartet. Weiter oben öffnet sich ein Platz, an dem in einem üppigen Garten das Geburtshaus von Mehmet Ali steht, davor sein Reiterstandbild. Auf der Ostseite des Burgbergs geht es durch pittoreske Gassen zur Fidíou-Straße und in die 1425 erbaute byzantinische Burg, die von **Suleiman dem Prächtigen** um 1550 erweitert wurde. Über die Odós Katsoni erreicht man die Platía Nikotsara mit den mächtigen Resten eines zweistöckigen **Aquädukts** (Kamares), das trotz seines römischen Aussehens ebenfalls von Suleiman erbaut wurde.

Archäologisches Museum

Das Archäologische Museum, etwas westlich des Hafens, zeigt Funde aus der Region um Kavála, darunter ionische Säulen vom Parthenos-Tempel des Burgbergs und bemalte Grabstelen, Goldschmuck, Mosaike, Münzen und Keramik aus Amphipolis und Abdera. Im Hof sind Marmorskulpturen aufgestellt.

Umgebung von Kavála

*** Phílippi**

Die Stätte des antiken Phílippi, 15 km nordwestlich von Kavála bei Krinídes, ist vor allem als Station einer Missionsreise des **Apostels Paulus** bekannt, der hier 49 n. Chr. die erste christliche Gemeinde Europas gründete.
Der Ort entstand im 4. Jh. v. Chr. im Zuge der Ausbeutung der reichen Goldvorkommen im Pangaion-Gebirges. 358 v. Chr. wurde die Stadt vom Makedonenkönig **Philipp II.** erobert, der ihr den Namen Philippoi gab.

Das Stadtgebiet war von einer Mauer umgeben, von der noch große Teile erhalten sind. Am Hang nördlich der Straße sieht man das im 4. Jh. v. Chr. gebaute **Theater**, das im 3. Jh. n. Chr. von den Römern zur Gladiatorenarena umgebaut wurde und in dem heute im Sommer Festspiele veranstaltet werden. Die Stadtmauer verläuft zur Akropolis hinauf, auf der man Reste aus makedonischer, römischer und byzantinischer Zeit fand.

Das Grabungsgelände breitet sich in der ausgedehnten Ebene beiderseits der Straße aus. Nördlich der Straße führt eine Treppe zur dreischiffigen **Basilika A**, die um 500 gebaut wurde. Am Weg zum Theater steht ein Felsentempel, der wohl Silvanus und Artemis geweiht war.

Das mit Marmor gepflasterte römische **Forum** aus der Zeit Kaiser **Marc Aurels** (161 – 180 n. Chr.) war an drei Seiten von Säulenhallen eingefasst und an den Schmalseiten mit Tempeln ausgestattet. In der Südwestecke sieht man einen marmornen Tisch mit Höhlungen, die man als Maße deutet.

Südlich des Forums steht die mächtige **Basilika B**, der größte Kirchenbau von Phílippi. Er wurde von einem Architekten aus Konstantinopel um 560 n. Chr. über einer antiken Palaistra, deren Reste noch sichtbar sind, nach dem Vorbild der Hagia Sophia als Kuppelbasilika

Noch vor ihrer Fertigstellung stürzte die mächtige Basilika B in Phílippi ein.

errichtet. Vor Vollendung des Baus stürzte die Kuppel jedoch ein. Außer den wuchtigen Pfeilern haben sich viele Bauteile erhalten, darunter frühbyzantinische Kapitelle mit feinem Akanthusschmuck. Südlich der Basilika befinden sich die gut erhaltene **Latrine** der Stadt sowie die **Thermen**. Östlich des Forums führte ein von Säulen flankierter Weg zur ältesten Kirche von Phílippi, die um 400 n. Chr. auf achteckigem Grundriss erbaut wurde (Öffnungszeiten: tgl. 7.00 bis 18.30 Uhr).

Néstos-Delta

Das Néstos-Delta östlich von Kavála, das zum **Nationalpark** Ostmakedonien und Thrakien gehört, ist eines der ökologisch bedeutendsten Feuchtgebiete Europas. Die vielfältige Landschaft zwischen der Néstos-Schlucht bei Stavroúpoli und den Küstendünen bietet einer Unzahl seltener Tiere und Pflanzen Lebensraum. Das Naturschutzzentrum in Chrisoúpoli informiert über die guten Wandermöglichkeiten in dem Gebiet.

Amphípolis

Die antike Stadt Amphípolis liegt 65 km westlich von Kavála. Die in der Antike bis ans Meer reichende Siedlung, gegründet im 5. Jh. v. Chr., war unter **Philipp II.** und **Alexander dem Großen** eine bedeutende Burganlage, in römischer Zeit eine wichtige Station an der Via Egnatia von der Adria nach Byzanz. Freigelegt wurden Teile der Stadtmauern, eine Agorá, ein Gymnasion und frühchristliche Basiliken. Das auffallendste Monument ist ein majestätischer steinerner Löwe aus hellenistischer Zeit, er steht außerhalb des antiken Stadtgebiets unmittelbar westlich der Strýmon-Brücke.

Kéa · Κέα

L 9

Inselgruppe: Kykladen
Höhe: 0 – 570 m ü. d. M.
Hauptort: Kéa-Chóra
Fläche: 130 km²
Bewohnerzahl: 1300

Die 20 km vor Kap Sounion gelegene Insel, die vom Festland aus nur vom Hafen Lávrion an der attischen Südküste zu erreichen ist, besitzt zahlreiche hübsche Badebuchten. Vor allem bei den Athenern ist die westlichste der großen Kykladeninseln ein beliebtes Ausflugs- und Ferienziel.

Sehenswertes auf Kéa

Korissía

In der Bucht Ágios Nikólaos breitet sich der Hafenort Korissía an der Stelle der antiken Stadt **Koresia** aus, von der noch Teile der Stadtmauer und eines Apollon-Heiligtums erhalten sind. Der hier gefundene Kouros von Kéa (530 v. Chr.) ist im Archäologischen Nationalmuseum Athen ausgestellt.

KÉA UND KÝTHNOS ERLEBEN

AUSKUNFT

Tourist-Information
Anleger von Korissía
Tel. 22 88 02 15 00

ANREISE

Schiffsverbindungen mit Lávrion sowie den Inseln Amorgós, Kýthnos, Mýkonos, Sýros und Tínos.

ESSEN

► Preiswert

Gialos
Meridas
Insel Kýthnos
Taverne am Strand mit einer großen Auswahl an griechischen Gerichten.

ÜBERNACHTEN

► Günstig

Karthéa
Korissía
Tel. 22 88 02 12 04
33 Z.
Das Hotel am Hafen hat schon ein paar Jahre auf dem Buckel, aber die Zimmer sind in Ordnung.

Korissia
Korissía
Tel. 22 88 02 14 84
16 Z.
Alle Zimmer des in der Nähe des Hafens gelegenen Hotels sind mit Balkon ausgestattet.

Vourkári Vourkári, 2 km nördlich, hat sich auf Jachttourismus eingestellt. Der schöne Sandstrand Jaliskári fällt ebenfalls sanft ins Meer ab und wird von Eukalyptusbäumen und Tamarisken beschattet.

Agía Iríni Bei der Agía-Iríni-Kapelle im Nordteil der Ágios-Nikólaos-Bucht wurde eine bronzezeitliche Siedlung ausgegraben, die mit der minoischen und mykenischen Welt in Handelsbeziehungen stand. Bemerkenswert sind außer einem großen unterkellerten Gebäude und dem Rest eines Tumulusgrabes die Mauern des ältesten in Griechenland gefundenen Tempels aus dem 15. Jh. v. Chr.

Kap Kefála Auf dem Kap Kefála an der Nordküste sind Spuren neolithischer Besiedlung (3200 – 2800 v. Chr.) erhalten.
Otziás nordöstlich verfügt über einen Sandstrand und die Tryposplies, antike Erzgruben. 5 km weiter südöstlich eröffnet sich vom Kloster Panagía Kastrianí (18. Jh.) ein wunderschöner Ausblick.

Kéa-Chóra Der **Hauptort** Kéa-Chóra am Fuß des 561 m hohen Profítis Ilías, 6 km südöstlich von Korissía, nimmt die Stelle des alten **Ioulis** ein, von dem Reste im 1210 gebauten venezianischen Kastro erhalten sind. Das Archäologische Museum an der Hauptstraße zeigt lokale Funde. Nordöstlich des Museums erreicht man nach einem kurzen Spaziergang den berühmten **Löwen von Kéa** aus dem 6. Jh. v. Chr., der von einem ionischen Bildhauer aus dem Glimmerschiefer gemeißelt wurde.

Die Hauptsehenswürdigkeit der Insel: der über 2500 Jahre alte Löwe von Kéa

Karthéa

An der Südostküste befinden sich die mächtigen Terrassen der alten Stadt Karthéa, die nur zu Fuß zu erreichen ist. Zu sehen sind Fundamente eines dorischen Apollon- und eines Athena-Tempels aus dem 6. Jh. v. Chr., Befestigungsmauern und die Reste der Oberstadt.

Kýthnos

Refugium der Athener

Kýthnos ist eine 99 km² große, stark verkarstete, felsige Insel südöstlich von Kéa, ihre Küste meist steil und stark gegliedert. Hierher kommen vor allem Athener, ausländische Urlauber sieht man selten. Die 1600 Bewohner leben überwiegend von Landwirtschaft und Viehzucht.

◀ Mérichas

Der wenig attraktive Haupthafen Mérichas wird beherrscht von einer großen Hotelanlage. 2 km weiter nördlich ragen über dem Strand von Episkopí auf einem Felsen die Ruinen der alten Inselhauptstadt Vryókastro auf. Etwas weiter nördlich breitet sich der **schönste Strand der Insel**, Stin Kolona, aus, der per Boot von Mérichas aus zu erreichen ist.

◀ Kýthnos-Chóra

Der **Inselhauptort** Kýthnos-Chóra liegt 8 km nordöstlich von Mérichas in 160 m Höhe. Sehr hübsch ist die Bemalung von Gassen und Treppen mit floralen und geometrischen Ornamenten, ein Osterbrauch. Mittelpunkt des Orts ist die Platía mit der Hauptkirche Agía Triáda. Sehenswert ist die 1611 errichtete Kirche Ágios Sávvas am westlichen Ortsrand.

◀ Loutrá

An der Nordseite der Bucht Agía Iríni, 5 km weiter nördlich, sprudeln die schon zur römischen Kaiserzeit bekannten **Thermalquellen** von Loutrá. Der Kurbetrieb geht auf Königin Amalia zurück, die sich 1858 hier aufhielt. Überbleibsel aus dieser Zeit sind eine Badeanstalt und das Hotel Xenia.

Kanála ► »Urlaubszentrum« von Kýnthos ist die auf einem Landvorsprung an der Südostküste entstandene Feriensiedlung Kanála.

★ Kefalloniá · Κεφαλλονιά

C / D 8

Inselgruppe: Ionische Inseln
Höhe: 0 – 1628 m ü. d. M.
Hauptort: Argostóli
Fläche: 781 km²
Bewohnerzahl: 31 000

Kefalloniá, die größte der Ionischen Inseln, besitzt herrliche Sandstrände und eine vielfältige Landschaft mit einer interessanten Tier- und Pflanzenwelt. Was den Aufenthalt hier noch angenehmer macht, ist der bislang wenig entwickelte Tourismus.

Sehenswertes auf Kefalloniá

★ **Argostóli und Umgebung**

Die 1757 von den Venezianern gegründete **Inselhauptstadt** Argostóli breitet sich im Südwesten Kefalloniás an einer tief eingeschnittenen Bucht aus. Die ehedem ansehnliche Hafenstadt wurde 1953 durch

Nachmittagsbummel durch die Lithostroto in Argostóli

Erdbeben fast völlig zerstört und im üblichen griechischen Stil wieder aufgebaut. Reges Leben und Treiben herrscht rund um den Markt an der Uferstraße. Parallel zu dieser Straße verläuft die Haupteinkaufsstraße Lithostroto.
Das **Archäologische Museum** an der Rokou Vergoti zeigt Funde aus mykenischer und römischer Zeit. In der Korgialenios-Bibliothek, etwas weiter westlich, ist das **Volkskundemuseum** untergebracht, das einen Einblick gibt in das Leben auf Kefalloniá vor dem großen Erdbeben. Zweieinhalb Kilometer nördlich der Stadt ist an der Küstenstraße die berühmte **Meeresmühle** zu sehen: Das Meerwasser, das das Mühlrad antreibt, fließt in einer Rinne landeinwärts, versickert durch die Klüfte (»Katavothres«) der Karstfelsen und tritt an der Ostküste im Bereich Karavomilos wieder zu Tage, u. a. in der Melissáni-Höhle, die über dem Meeresspiegel liegt. Erklärt wird diese Paradoxie mit den besonderen Strömungs- und Druckverhältnissen in den unterirdischen Kanälen.

! Baedeker TIPP

Zur Odysseus-Insel

Viele Urlauber nutzen die Möglichkeit zu einem Tagesausflug zur nahen »Insel des Odysseus«: Itháki. Man startet morgens in Sámi oder Fiskárdo und kehrt nachmittags zurück; die Zeit reicht aus, um von Itháki einen Eindruck zu erhalten und an einer der schönen Buchten zu baden. Die Fahrt dauert je nach Zielhafen – Píso Aëtós, Fríkes oder Vathý – 45 bis 90 Minuten.

An der Spitze der **Halbinsel Lássi** erhebt sich ein kleiner, im Jahr 1829 errichteter Leuchtturm in Form eines antiken Rundtempels. Die sehr frequentierten **Hauptstrände der Insel**, Makrýs Gialós und Platys Gialós, erstrecken sich fünf Kilometer südlich der Halbinsel. Ca. sechs Kilometer südöstlich von Argostóli sind Reste der antiken Stadt **Krane** erhalten.

Lixouri und Umgebung

Jenseits der Bucht von Argostóli liegt auf der **Halbinsel Palikí** der ruhige Hafenort Lixouri. Das **Ortsmuseum** ist in einer klassizistischen Villa untergebracht; gezeigt werden Ikonen und anderes sakrales Kunsthandwerk.
Schön sind die sanft abfallenden Sandstrände im Süden der Halbinsel, bei Mégas Lákkos und Xi, die sich über mehrere Kilometer erstrecken.

Inselnorden

Ásos ist ein sehr schöner Ort an der Westküste mit Kiesstrand und einer venezianischen Burg von 1595. In der herrlichen, von Felsen gerahmten **Mýrtos-Bucht** südlich erstreckt sich ein Bilderbuchstrand. Im äußersten Nordosten der Érissos-Halbinsel breitet sich der Hafenort **Fiskárdo** aus, benannt nach dem Normannenführer **Robert Guiscard**, der 1085 hier starb. Fiskardo blieb beim Erdbeben 1953 unbeschädigt und verfügt daher über schöne alte Häuser. An der Nordwestküste leben die vom Aussterben bedrohten Mönchsrobben, über die man sich im Infozentrum im Leuchtturm von Fiskárdo informieren kann.

DAS ERBE DES KEPHALOS

Mavrodáfne und Muscat sind bekannte Rebsorten. Aber Robóla, Goustolídi, Kakotrýgis, Zakynthinó? Auf den Ionischen Inseln können Weinliebhaber neue, interessante Aromen entdecken.

Der Weinbau auf den Ionischen Inseln hat eine lange Tradition. Denn kein anderer als **Kephalos**, der Sohn des Gottes Hermes, soll die Rebe nach Kefalloniá – das nach ihm benannt ist – gebracht haben. 1262 bezeugt eine Urkunde für diese Insel bedeutenden Weinbau, und die Urkunde, mit der 1386 die Übernahme Korfus durch Venedig besiegelt wurde, lässt erkennen, dass Wein das wertvollste Erzeugnis der Insel war.

Korinthen und Wein

Über Jahrhunderte hinweg stand die Weinproduktion allerdings weit hinter der von **Korinthen** zurück. Unter den Venezianern, ab etwa 1540, entwickelte sie zu einem lukrativen Wirtschaftszweig, und noch 1887 bestritt Griechenland die Hälfte seiner Einfuhren durch den Export von Korinthen. Gegen Ende des 19. Jahrhunderts war Kefalloniá zur wichtigsten Wein-Insel des Ionischen Archipels aufgestiegen; am bekanntesten waren der süße Muscat und der Mavrodáfne, der wegen seiner Farbe und Würze in Nordeuropa – auch in Deutschland – als Verschnittwein viel verwendet wurde. Aber schon früh galt die **Robóla** als die edelste Rebe der Insel: »Kenner vergleichen sie am nächsten mit weißem Bordeaux«, schrieb der Geografieprofessor Joseph Partsch im Jahr 1890. Doch die beiden Weltkriege und das verheerende Erdbeben 1953 trafen die Weinwirtschaft empfindlich, und der wenig später einsetzende Tourismus zog das Interesse von der Produktion hochwertiger Weine ab.

Moderne Zeiten

Erst der Wandel, den die Weinwelt seit den 1980er-Jahren durchmachte, gab einen neuen Anschub. Wein stieg zum Lifestyle-Produkt auf, das hohe Preise erzielt und bereitwillige Ab-

Klein, aber fein: Moderne Technik im Weingut Metaxas auf Kefalloniá.

nehmer in aller Welt findet. Junge Mitglieder der Winzerfamilien orientierten sich neu, Quereinsteiger brachten neue Ideen und vor allem auch die Finanzkraft für notwendige Investitionen mit. Einige Erzeuger pflanzten auch »internationale« Sorten wie Chardonnay an, grundsätzlich aber besann man sich auf den großen Schatz alter, interessanter **heimischer Rebsorten**, der mit den neuen Methoden zu heben ist. Außerdem wurden die Ionischen Inseln kaum von der Reblaus behelligt, weshalb es noch viele alte, wurzelechte Rebstöcke gibt (auch heute wird kaum auf Unterlagsreben gepfropft). Anstatt mit einer winzigen Produktion austauschbarer Weine auf dem internationalen Markt zu konkurrieren, setzt man also auf ein eigenständiges Profil. Gegebenenfalls legt man Weinberge neu an, um jeder Rebsorte den Boden und die Lage zur Verfügung zu stellen, die ihren Charakter am besten zur Geltung bringt: der Robóla-Traube etwa sehr magere, steinige Berghänge für schlanke Weine, der Zakynthinó, die einen körperreicheren Tropfen ergibt, tiefgründigen Boden in der Ebene.

Weine, Reben ...

Für 1601 wurden für Zákynthos über 30 Rebsorten bezeugt, über 80 listete Erzherzog Ludwig Salvator 1904 auf. Hier seien nur die wichtigsten genannt. Die **Robóla** liefert einen zitronig-fruchtigen, mineralischen Weißwein, der an Riesling erinnert und besonders gut zu Fisch und hellem Fleisch passt. Angebaut wird die Sorte auf den größeren Inseln, aber nur auf Kefalloniá besitzt sie den OPAP-Status (V.Q.P.R.D., höchste Qualitätsstufe) für ein 350 ha großes Gebiet; insgesamt sind dort über 1400 ha mit der Sorte bestockt. Ob sie mit der norditalienischen Ribolla identisch ist – immerhin wurde sie zuerst als »ribola« erwähnt –, ist noch nicht geklärt. Der frische Traubensaft gärt in gekühlten Stahltanks, nach der Klärung wird der Wein ohne weitere Reifung abgefüllt. Dementsprechend ist er jung und gut gekühlt zu trinken. Weitere weiße Sorten Kefalloniás sind **Tsaoussi** und **Zakynthinó**.
Eine Spezialität von Zákynthos ist der **Verdéa**, der als »traditioneller Wein« (Onomasía katá parádosi) eingestuft ist. Das ist ein Verschnittwein aus

Weinanbau auf Zákynthos

verschiedenen alten Sorten, meist Goustolídi – auch Vostilídi genannt –, Robóla, Pávlos und Skiadópoulo. Seinen Namen hat er von dem italienischen Wort »verde« für »grün«; einst wurden die Trauben sehr früh geerntet, sodass noch nicht ausgereifte darunter waren, die dem Wein eine typische grünliche Farbe und Säure gaben. Heutzutage wird später geerntet, dennoch ist der Wein frisch und jung zu trinken.

Eine Ausnahme ist die Grande Réserve von Komoutos, die fünf Jahre im Eichenfass reift und einem Fino-Sherry ähnelt. Auf Lefkáda ist die beherrschende Rebsorte die **Vertzamí** (die Marzemino des Trentinos), aus der ein farbkräftiger und extraktreicher, jedoch als eher bescheiden geltender Rotwein gewonnen wird. Davon zu unterscheiden ist der **Vertzámo**, ein ebenfalls auf Lefkáda produzierter Weißwein. Auf Korfu werden vor allem die weiße **Kakotrýgis** und die rote **Petrokóritho** angebaut (von beiden Sorten gibt es auch andersfarbige Spielarten), wobei Rotwein vor allem im Norden und Weißwein im Süden gewonnen wird. Die Sorten Muscat (Moscato) und Mavrodáfne sind zwar für OPE-Weine (kontrollierte Herkunft; zweithöchste Qualitätsstufe) zugelassen, heute aber kaum mehr anzutreffen. Der offene **Landwein** der Ionischen Inseln, ob weiß oder rot, ist ein sehr rustikales Getränk und besitzt häufig ein eigenartig sauer-süßliches Aroma. Das beruht darauf, dass der Winzer versucht, durch etwas Restsüße die Rauheit des Weins erträglich zu machen, die durch antiquierte Methoden der Vinifikation entsteht.

... und Weingüter

Eine Reise über die Ionischen Inseln wird erst vollständig durch den Besuch eines Weinguts. Die meisten präsentieren den Sommer über, gegebenenfalls nach Anmeldung, gerne ihre Weine.

Einige gute Produzenten sind auf Korfu **Livadiótis** in Chalikounas bei Ágios Matthéos; auf Kefalloniá **Gentilíni** in Miniés in der Nähe des Flughafens, **Metaxás** in Mavráta und die **Kefalonian Robola Cooperative** in Omála beim Gerásimos-Kloster; auf Zákynthos **Kómoutos** bei Macherádo.

KEFALLONIÁ ERLEBEN

AUSKUNFT

Tourist-Information
Provlita Teloniou
Argostóli
Tel. 26 71 02 22 48

ANREISE

Schiffsverbindungen bestehen mit Ástakos und Pátras auf dem Festland sowie mit den Inseln Itháki, Lefkáda und Zákynthos.

ESSEN

▶ **Erschwinglich**

Captain's Table
An der Hafenstraße
Argostóli
Eines der ordentlichen Restaurants am Wasser, gutes Angebot an heimischen Spezialitäten. Der Ableger nördlich des Hauptplatzes (Rizospaston 3) ist etwas »edler« und teurer.

▶ **Preiswert**

Kalafatis
Argostóli
In der einfachen Taverne an der Markthalle wird deftige Hausmannskost serviert.

ÜBERNACHTEN

▶ **Komfortabel**

Mouikis
Vironos 3
Argostóli
Tel. 26 71 02 30 32
Fax 26 71 02 45 28
www.mouikis.com, 36 Z.
Das in Hafennähe gelegene Hotel hat Zimmer mit Balkon, von denen einige einen Ausblick auf die Bucht bieten.

▶ **Günstig**

Thalassino Trifilli
Lourdáta
Tel. 26 71 03 11 14
Fax 26 71 03 14 84
www.trifilli.com
Idyllisches Haus mit familiärer Atmosphäre und 2 – 4-Bett-Zimmern bzw. -Studios mit Balkon sowie hauseigener Taverne.

Inselsüden

Im **Weinbaugebiet Omála** südöstlich von Argostóli findet man Ágios Gerásimos, das größte und bedeutendste Kloster der Insel, mit freskenreicher alter Kirche, die die Reliquien des Inselheiligen birgt, und einem prächtigen neuen Gotteshaus.
Bei **Peratáta**, über dem einstigen Inselhauptort San Giorgio, erheben sich die Ruinen der normannisch-venezianische Festung Ágios Geórgios aus dem 13. Jh. Von **Metaxáta** aus erreicht man das Kloster Ágios Andreas Milapídia. Die Klosterkirche, die als **Byzantinisches Museum** zugänglich ist, birgt kostbare Ikonen und schöne, im 12. Jh. geschaffene Fresken. Über gute Sandstrände verfügen die **Badeorte** Ávythos, Lourdáta und Nea Skala.

Sámi und Umgebung

Die Stadt Sámi an der Ostküste ist der wichtigste Hafen der Insel. Das antike Same lag südlich am Hang des über dem Ort ansteigenden Hügels. Zu sehen sind außer Stadtmauerresten eine römische Villa aus dem 2. Jh. und ein hellenistischer Wachturm.

Attraktionen sind die **Tropfsteinhöhlen von Drongaráti**, 4 km südwestlich – hier werden gelegentlich sogar Konzerte veranstaltet –, und von **Melissáni**, 3 km nordwestlich, die bei einer Bootsfahrt auf dem unterirdischen See erkundet werden kann.
An der Ostküste Kefalloniás liegt auch der beliebte Urlaubsort **Póros** mit einem hübschen Kiesstrand. Nordwestlich davon liegt in malerischer Berglandschaft der **Ávythos-See**.

Komotiní · Κομοτινή

N 2

Landschaft: Thrakien
Höhe: 45 m ü. d. M.
Einwohnerzahl: 40 000

Die Universitätsstadt Komotiní, zugleich Hauptstadt Thrakiens, liegt am Südhang des Rodópi-Gebirges. Die Moscheen der Stadt, ihre Kaffeehäuser und die basarähnlichen Marktstände verströmen eine orientalische Atmosphäre.

Sehenswertes in Komotiní

Islamisch geprägte Stadt

Etwa die Hälfte der Einwohner Komotinís sind Türken und Bulgarisch sprechende Pomaken, eine muslimische Volksgruppe, was den islamischen Einfluss auf die Stadtarchitektur erklärt. Sehenswert sind, außer den Resten einer byzantinischen Festung und den malerischen Häusern im alten Stadtzentrum, die **Yeni Dschami**, »Neue Moschee«, und ein im Jahr 1363 gebautes **Imaret**. Den alten Markt säumen einige bemerkenswerte Herrenhäuser.
Das **Archäologische Museum** beim Stadtpark enthält Funde aus ganz Thrakien seit dem 4. Jt. v. Chr., darunter einen klazomenischen Sarkophag aus Abdera, Skulpturen aus dem 6. – 4. Jh. v. Chr., Gold-

KOMOTINÍ ERLEBEN

AUSKUNFT

Tourist-Information
N. Papannikolaou
Tel. 25 31 07 09 96, Fax 25 31 07 09 95
E-Mail: tourmth@otenet.gr

ESSEN

► **Preiswert**

T'Adelfia
Orfeos 33
Einfache Tarverne mit großer Auswahl an griechischen Gerichten.

ÜBERNACHTEN

► **Komfortabel**

Archontiko Christou-Evis
3 km außerhalb der Stadt an der Straße nach Alexandroúpolis
Tel. 25 31 03 35 60
81 Z.
Das moderne Hotel verfügt über gut ausgestattete Zimmer und einen Swimmingpool.

schmuck aus Orestias und Bronzen aus Plotinopolis. Besonders bemerkenswert sind die Votivtäfelchen aus dem Demeter-Heiligtum Mesembria und eine Kopfbüste, die den römischen Kaiser Marc Aurel oder Septimius Severus darstellt, geschaffen aus einem Kilogramm Gold (Öffnungszeiten: Di. – So. 8.30 – 15.00 Uhr).

Umgebung von Komotiní

Lágos

Lágos, 30 km südwestlich von Komotiní, liegt auf einer Landbrücke, die den **Vistonis-See** vom Meer trennt. Seinen besonderen Reiz verleihen dem kleinen Ferienort feinsandige Strände, Pinienwälder und schöne Lagunen.
Der Vistonis-See, dessen Salzgehalt jahreszeitlich stark schwankt, ist zusammen mit den Dünen und Lagunen der Küste ein hervorragender Lebensraum für eine vielfältige Tier- und Pflanzenwelt.
Sehr idyllisch ist das über einen Steg zu erreichende kleine Kloster **Ágios Nikólaos** im See, das im 14. Jahrhundert gegründet wurde.
Östlich schließt sich an den Vistonis-See ein großes **Lagunengebiet** an, in dem u. a. Flamingos zu sehen sind. Dahinter breitet sich der Mitrikou-See aus, der letzte Steppensee Thrakiens.

! *Baedeker* TIPP

Fahrt durchs Evros-Delta

Eine überaus interessante Fahrt führt ins Evros-Delta zwischen Alexandroúpolis und der Grenze zur Türkei – weshalb es sich empfiehlt, vorher eine Genehmigung der Polizei einzuholen. Die Salzmarschen mit ihrer ungewöhnlichen Fauna und Flora sind u. a. ein wichtiger Brut- und Rastplatz für Wasservögel und bieten besonders in Frühjahr und Herbst ein wunderschönes Bild.

Alexandroúpolis

Alexandroúpolis ist die östlichste Stadt an der Küste Thrakiens, nahe der Grenze zur Türkei. Angenehm ist die Hafenpromenade mit dem stattlichen Leuchtturm.
Das **Museum für sakrale Kunst** am Ágios-Nikólaos-Platz, das zu den besten in Griechenland gehört, zeigt Exponate vom 16. bis 20. Jh.: Ikonen, liturgisches Gerät und Holzschnitzereien. Das **Volkskundemuseum**, Ecke Dimokratías / Kanari, vermittelt einen Einblick in das Leben und die Kultur Osttrakiens.

Xánthi

Xanthi, das Zentrum des thrakischen Tabakanbaus, liegt 43 km westlich von Komotiní am Südhang des Karaóglou-Gebirges. Die türkisch geprägte alte Stadt mit ihren kleinen, bunt bemalten Häusern steigt zu den Resten einer byzantinischen Festung an. Bemerkenswert sind die großen Tabaklagerhäuser aus dem 19. und 20. Jh., einige Herrenhäuser und erhalten gebliebene Karawansereien.

Abdera

Knapp 40 km südlich von Xánthi kommt man zur antiken Hafenstadt Abdera. Sie wurde 656 v. Chr. gegründet und verdankte ihren Wohlstand im 6. und 5. Jh. v. Chr. dem fruchtbaren Boden und dem Handel mit dem Hinterland. Sie war die Heimat von **Protagoras**

Das weite Evros-Delta wird auch als Weidegrund genutzt.

(um 481 – um 411 v. Chr.), dem Begründer der Sophistik, und von **Demokrit** (um 460 – um 380 v. Chr.), dem Begründer der Atomistik. Freigelegt wurde ein Teil der antiken Stadt, darunter Hausfundamente, ein Stück der Stadtmauer und Spuren eines Theaters. Funde sind im **Archäologischen Museum** des nahe gelegenen Orts Ávdira zu sehen: Münzen, Gefäße, Schmuckstücke und Grabstelen.

★★ Korfu · Kérkyra · Κέρκυρα

B/C 5/6

Inselgruppe: Ionische Inseln
Höhe: 0 – 906 m ü. d. M.
Hauptort: Kérkyra
Fläche: 592 km²
Bewohnerzahl: 110 000

Korfu – oder Kérkyra, wie sie bei den Griechen heißt – ist eine der beliebtesten Inseln des Mittelmeerraums. Die sanfte Berglandschaft, geprägt vom silbern schimmernden Hellgrün uralter Olivenbäume und schlanken, dunklen Zypressen, die zauberhaften Buchten und nicht zuletzt die Hauptstadt mit ihrem italienischen Flair sind wirklich etwas Besonderes.

Ausführlich beschrieben im Baedeker Allianz Reiseführer »Korfu«

Ein 2 bis 20 km breiter Kanal trennt die nördlichste der Ionischen Inseln von der Küste Albaniens bzw. der griechischen Landschaft Epiros. Das gut 60 km lange und bis 28 km breite Korfu ist zwar nicht die größte Insel des Archipels, doch hat es die meisten Einwohner. Schon im späten 19. Jahrhundert zog die malerische Insel mit

ihren üppig grünen Landschaften, stillen Ortschaften und herrlichen Badebuchten Urlaubsgäste an. Am reizvollsten zeigt sich das Binnenland – vor allem im gebirgigen Norden – mit seinen abgelegenen Ortschaften, in denen die Zeit still zu stehen scheint.
Das einzigartige »Markenzeichen« der Insel sind die bis zu 25 m hohen uralten Olivenbäume, die richtige Wälder bilden. Während der venezianischen Herrschaft wurde nämlich für jeden neu gepflanzten Olivenbaum eine Prämie gezahlt. Und die Spezialität von Korfu sind **Kumquats**, Zwergorangen, die sonst nirgends in Griechenland angebaut werden.

Mythos und Geschichte

Korfu gilt als das homerische **Scheria**, das Land der Phäaken und ihres Königs Alkinoos. Odysseus, der auf seiner Irrfahrt an der Küste Scherias strandete, wurde von der schönen Königstochter Nausikaa zu Alkinoos gebracht. Dort erzählte er von seinen Abenteuern und konnte schließlich mit einem Schiff des Phäakenkönigs seine Heimreise fortsetzen. 734 v. Chr. von Korinth kolonisiert, entwickelte sich die Insel zu einer der Mutterstadt gefährlichen Rivalin. Im Jahr 229 v. Chr. kam die Insel zum Römischen Reich. Bei der Teilung des römischen Imperiums 395 n. Chr. wurde es Byzanz zugeschlagen.
Der mittelalterliche Name Korfu scheint aus dem griechischen Wort **Korýfi**, »Gipfel«, entstanden zu sein. Von 1386 bis 1797 war Korfu venezianisch, dann gehörte es zum Reich Napoleons, ab 1815 war es wie die übrigen Ionischen Inseln britisch, bis es 1864 zu Griechenland kam. Korfu wurde im Lauf seiner Geschichte mehrfach verwüstet, so dass die antiken und mittelalterlichen Zeugnisse größtenteils untergegangen sind.

✶ ✶ Korfu-Stadt und Umgebung

Inselhauptstadt

Das Bild der Inselhauptstadt, auf einem Vorsprung an der Ostküste gelegen, ist von zwei mächtigen Festungen geprägt, zwischen denen sich die besonders schöne **Altstadt** ausbreitet, die in die Weltkultur-

Highlights Korfu

Korfu-Stadt
Italienische Grandezza und charmant verwinkelte Gässchen machen die Inselhauptstadt zu einem der reizvollsten Orte Griechenlands.
► Seite 305

Vlachérna-Kloster
Unverzichtbar ist der Ausflug zu Korfus berühmtestem Postkartenmotiv.
► Seite 310

Achilleion
Hier hoffte Kaiserin Elisabeth endlich ihre Seelenruhe zu finden.
► Seite 310

Paleokastrítsa und Angelókastro
Aussichtsreiche Vorgebirge an der wildromantischen Westküste, das eine mit einem alten Kloster und schönen Stränden, das andere mit einer Burgruine.
► Seite 312 und 313

Die Cafés und Restaurants in den Listón-Arkaden von Korfu-Stadt sind bei Touristen und Einheimischen beliebte Treffpunkte.

erbeliste der UNESCO aufgenommen wurde. Sie ist das Resultat der venezianisch-französisch-britischen Herrschaft: Verwinkelte, von Schwibbögen überspannte Gässchen wechseln sich ab mit prächtigen Palazzi und kunstvollen schmiedeeisernen Balkonen.

★ Spianáda

Am Nordrand der Stadt liegt der Hafen, überragt von der mächtigen Neuen Festung (1546 – 1588). Vom Hafen kommt man südöstlich durch die Hauptgeschäftsstraße Nikifórou Theotóki zur Spianáda (»Esplanade«), einem der schönsten Plätze in Griechenland. Seine Westseite mit ihren Arkaden und Cafés wird **Listón** genannt. An der Nordseite steht der klassizistische ehemalige **Gouverneurspalast**, von 1818 bis 1823 für den Lordhochkommissar erbaut und ab 1864 Sommersitz der griechischen Könige. Hier sind das sehr sehenswerte **Museum für Asiatische Kunst** untergebracht, das chinesische, japanische und koreanische Kunst sowie Kunsthandwerk zeigt, und die **Städtische Pinakothek**, die vorrangig einheimische Künstler des 19. und beginnenden 20. Jhs. vorstellt (Öffnungszeiten: Museum für Asiatische Kunst Di. bis So. 8.30 – 15.00 Uhr; Städtische Pinakothek tgl. 9.00 – 21.00 Uhr).

Von der Ostseite der Esplanade, wo ein Standbild an den Grafen **Johann Matthias von der Schulenburg** erinnert, der 1716 die Stadt gegen die Türken verteidigte, führt eine Brücke über einen Kanal zur **Alten Festung**. Die Festung stammt aus dem Jahr 1386 und wurde von 1572 bis 1645 erweitert. Bei Explo-

! *Baedeker* TIPP

Souvenirjagd

Natürlich ist Korfu-Stadt voll von Touristen-Tinnef aller Art. Doch zwischen all dem bunten Kitsch findet man immer wieder qualitätvolle Mitbringsel wie traditionelle Web- und Stickarbeiten, handgearbeiteten Schmuck und Keramik, vor allem in der Odós Filarmonikis.

sionen in den Pulvertürmen im 18. Jh. wurden die meisten Gebäude zerstört, weshalb die heutigen Bauten überwiegend aus britischer Zeit stammen. Die anglikanische Kirche St. George entstand 1840 im Stil eines dorischen Tempels.

i Museums-Tour

- Für die Alte Festung, das Archäologische Museum, das Byzantinische Museum und das Museum für Asiatische Kunst gibt es Sammeleintrittskarten.

Nördlich der Nikifórou Theotóki erstreckt sich das pittoreske Altstadtviertel **Kambiello** mit italienisch-venezianisch geprägten Häusern und einigen interessanten Sakralbauten. Die Kirche Ágios Spyrídon (1589) birgt den silbernen Sarkophag mit dem Leichnam des Stadtheiligen. Das **Byzantinische Museum**, das in der Kirche Antivouniotissa untergebracht ist, zeigt vor allem Ikonen vom 15. bis 19. Jahrhundert (Öffnungszeiten: Di. – So. 8.30 – 15.00 Uhr).

G.-Theotoki-Platz

Am G.-Theotoki-Platz, westlich der Spianáda, steht das **Rathaus**, das von 1663 bis 1691 als Clubhaus des Adels erbaut und 1720 zum Theater, dann 1902 zum Rathaus umfunktioniert wurde. Die Ostseite des Platzes wird von der katholischen **Kathedrale** flankiert, die 1658 erbaut, im Zweiten Weltkrieg zerstört und danach mit neoklassizistischer Fassade neu errichtet wurde. Das Gebäude an der Südseite des Platzes war ehemals das katholische Erzbischöfliche Palais (18. Jh.), heute beherbergt es die Bank von Griechenland.

✶ Archäologisches Museum

Glanzstück des Archäologischen Museums, südlich des Hotels Corfu Palace, das Funde von den Grabungsstätten der Insel zeigt, ist der um 585 v. Chr. geschaffene **Gorgo-Medusa-Giebel** des Artemis-Heiligtums, eines der am besten erhaltenen archaischen Bildhauerwerke Griechenlands. Bemerkenswert ist auch eine Löwen-Statue aus dem 7. Jh. v. Chr., die vermutlich auf dem Menekrates-Grabmal stand. Die bescheidenen Reste des Grabmals dieses »Konsuls von Kérkyra« liegen etwa 200 m südlich des Archäologischen Museums (Öffnungszeiten: Di. – So. 8.30 – 15.00 Uhr).

✶ Villa Monrepos

Im südlichen Vorort Anemómylos steht in einem weitläufigen schönen Park die 1828 von dem britischen Gouverneur Sir Frederic Adam erbaute neoklassizistische Villa Monrepos, Geburtsstätte des britischen Prinzgemahls Philip (geb. 1921). Das hier untergebrachte Museum zeigt eine bunten Mischung an archäologischen, historischen und botanischen Exponaten. (Öffnungszeiten: Juni – Aug. Di. bis So. 8.30 – 19.00, Sept. – Mai Di. – So. 8.30 – 15.00 Uhr.)
Nördlich des Parks steht die hervorragende byzantinische Kirche der hll. Jason und Sosipater (11. / 12. Jh.) mit antiken Quadern von Paleópolis und bemerkenswerter Ikonostase. Rund 500 m weiter südwestlich trifft man auf die Ruine der im 5. Jh. errichteten **Basilika von Paleópolis**.Unterhalb der Villa liegt das schöne alte Strandbad von Korfu-Stadt.

KORFU ERLEBEN

AUSKUNFT

Tourist-Information
Platia San Rocco
Korfu-Stadt
www.corfu.gr
Von Mai bis Okt. ist auch die Außenstelle im Flughafen besetzt.

Viele praktische und kulturelle Informationen enthalten die Zeitschriften »Korfu Leben« (deutsch, zweimonatlich) und »The Corfiot« (englisch, monatlich).

ANREISE

Schiffsverbindungen bestehen mit Italien (Venedig, Triest, Ancona, Brindisi), mit Igoumenítsa und Pátras auf dem griechischen Festland sowie mit der Insel Paxí.

AUF KORFU UNTERWEGS

Das öffentliche Busnetz mit Zentrum in Korfu-Stadt ist zwar gut ausgebaut, die meisten interessanten Punkte der Insel sind aber nur mit einem eigenen Fahrzeug zu erreichen.

ESSEN

► Fein & teuer

Nafsikaa
Odós Nafsíkas 11
Kanoni
Tel. 26 61 04 43 54
Das Restaurant auf der Halbinsel Kanoni gilt als eines der besten der Umgebung. Internationale und korfiotische Spezialitäten werden auch im hübschen Garten serviert.

► Erschwinglich

Bella Vista
Gastoúri
Beim Achilleion
Seinen Namen trägt das Restaurant mit schöner Terrasse zu Recht: Die Aussicht über die Ostküste der Insel ist herrlich.

Estiatorio Rex
Kapodistriou 66
Korfu-Stadt
Tel. 26 61 03 96 49
Traditionsreiches Restaurant hinter den Liston-Arkaden mit guter korfiotischer Küche.

► Preiswert

Il Pirata
Paleokastrítsa
Im Ortskern
Große Auswahl an italienischen und griechischen Gerichten; Terrasse mit Meerblick.

Spyros
Benítses
Im Ortskern
Hier gibt's korfiotische und internationale Küche, besonders lecker sind die Gerichte vom Holzkohlengrill.

ÜBERNACHTEN

► Luxus

Arcadion
Vlasopoulou 2 / Esplanade
Korfu-Stadt
Tel. 26 61 03 01 04
www.arcadionhotel.com
32 Z., 1 Suite
Das gediegene Haus vereint historisches Ambiente und modernen Komfort.

► Komfortabel

Agios Gordis
Agios Gordis
Tel. 26 61 05 33 20
www.hotels-corfu.com
219 Z.
An einem der schönsten Badestrände der Insel gelegenes Hotel, das sich auf

das Haupthaus und einige Bungalows verteilt; vom Dachgarten mit Bar bietet sich den Gästen ein prächtiges Panorama.

Grecotel Daphnila Bay
Dasia
Tel. 26 61 09 03 20
www.grecotel.gr
260 Z.
Inmitten von Olivenbäumen oberhalb des Privatstrands gelegener Komplex; unterhalb des Haupthauses gruppieren sich gut ausgestattete Reihenbungalows; ein großes Sportangebot steht für die Gäste bereit.

Korfu · Kérkyra Orientierung

Vom Café Kanóni bietet sich ein wunderschöner Blick auf das Vlachérna-Kloster und die kleine »Mäuseinsel«.

Artemis-Heiligtum Von der nach Kanóni führenden Straße zweigt bald hinter der Basilika von Paleópolis eine schmale Gasse ab zu den spärlichen Resten eines Artemis-Heiligtums aus den 6. Jh. v. Chr.

✶ Vlachérna, Pontikonísi Eine schöne Straße führt zur Südspitze der Landzunge zwischen dem Meer und dem Chalikiópoulos-See, in den die Startbahn des Flughafens gebaut ist. Vom Rondell Kanóni bietet sich die berühmte Aussicht von Korfu: vorn die kleine, im 17. Jh. gebaute Klosterkirche Vlachérna, dahinter das Inselchen Pontikonísi, die »Mäuseinsel«. Vlachérna ist über einen Damm zu Fuß und Pontikonísi mit Booten, die von diesem Damm ablegen, zu erreichen.

Die Mäuseinsel, auf der eine byzantinische Kapelle aus dem 16. Jh. steht, gilt als Vorbild für Böcklins Gemälde »Die Toteninsel«, obwohl der Maler nie hier war. Die Griechen sahen in der Insel das versteinerte Schiff der Phäaken, das Odysseus nach Itháka gebracht hatte.

Inselsüden

✶✶ Villa Achilleion Südlich von Gastoúri, 9 km von Korfu-Stadt entfernt, steht über dem Meer die prachtvolle Villa Achilleion in einem herrlichen Park, eine der Hauptattraktionen von Korfu. Sie wurde 1890 / 1891 für Kaiserin **Elisabeth von Österreich** im Stil der italienischen Renaissance erbaut und 1907 von Kaiser **Wilhelm II.** gekauft; seit 1928 ist sie in Staatsbesitz. Sie enthält viele Erinnerungsstücke an »Sisi« und Wilhelm II. Im Park, der wegen seiner traumhaften Lage und der grandiosen Ausblicke fasziniert, stehen zahlreiche Statuen, darunter der »Sterbende Achilles«, den Elisabeth in Auftrag gegeben hatte, und der »Siegreiche Achilles«, den Kaiser Wilhelm II. aufstellen ließ (Öffnungszeiten: Juni – Aug. 9.00 bis 19.00, sonst 9.00 bis 14.30 Uhr).

! *Baedeker* TIPP

Oase der Ruhe

Korfu-Stadt vorgelagert ist das Inselchen Vídos, zu dem in der Saison vom Alten Hafen aus stündlich Boote – gratis! – hinüberfahren. Auf dem Eiland kann man sich am Kiesstrand (mit Taverne) sonnen oder das Wildtier- und Vogelschutzzentrum besichtigen. Auf alle Fälle findet man hier eine Oase der Ruhe.

Das einst reizvolle Fischerdorf **Benítses**, drei Kilometer südlich des Achilleions, ist heute vom Tourismus geprägt, obwohl der Kiesstrand winzig ist. Das **Shell Museum** am nördlichen Ortsrand enthält eine reiche Muschel- und Korallensammlung. Vom nördlichen Parkplatz aus erreicht man in wenigen Minuten die spärlichen Reste von Badeanlagen einer römischen Villa aus dem zweiten nachchristlichen Jahrhundert.

Eine großartige Landschaft erstreckt sich rund um die Korissía-Lagune, eine ursprüngliche Dünenlandschaft. Der See und die umgebenden Feuchtgebiete sind Lebensraum für eine vielfältige Vogelwelt; über 120 Arten werden hier beobachtet. Der **Issos-Strand** ist sehr schön und wenig besucht.

Inselnorden

Die Ostküste nördlich bis nach Pýrgi ist fest in der Hand des Tourismus. Auf der Fahrt nach Norden passiert man die **Abramo-Festung**, später erkennt man rechts im Meer die Lazarettinsel. **Ostküste**

Hinter Pýrgi zweigt die Straße ab, die über Spartýlas und Strinýlas durch Oliven- und Steineichenwälder zum Pantokrátor hinaufführt, dem mit 906 m höchsten Berg der Insel. Auf dem Gipfel steht außer einem Antennenwald ein Kloster aus dem 17. Jahrhundert. Die Attraktion von **Strinýlas** ist die von einer mächtigen Ulme beschattete und von Tavernen gesäumte Platía. **✶ Pantokrátor**

Jenseits von Pýrgi führt die kurvige küstennahe Straße an mehreren ruhigeren Dörfern und Badebuchten vorbei. An einer schönen Bucht liegt das Dörfchen Kalámi, das neben einem kleinen Fischerhafen auch einige Hotels und Apartmentanlagen besitzt. **Kalámi**

Von anderen Touristenzentren Korfus unterscheidet sich Kassiópi durch einen noch recht ursprünglich wirkenden Ortskern an einer idyllischen Hafenbucht, über der sich die Reste eines byzantinischen Kastells aus dem 13. Jh. erheben. Nahe dem Hafen steht die seltsame Kirche Panagía Kassópitra (1590); die Wohnung des Priesters liegt **✶ Kassiópi** über dem Kirchenschiff. Die besten Bademöglichkeiten in der Umgebung bieten der 4 km westlich gelegene **Kalamáki-Strand**, ein familienfreundlicher Sandstrand, und der Kiesstrand Avlaki, ca. 2 km östlich von Kassiópi.

Nord- und Westküste

An der Nordküste liegen die beliebten Badeorte **Róda** und **Sidári** an kilometerlangen Sandstränden, die von pittoresken Klippen unterbrochen werden. Die Sandsteinklippen westlich Sidári weisen tiefe Einschnitte auf, die unter dem Namen »Canal d'Amour« bekannt sind. Mit eigenem Fahrzeug lassen sich die Strände zwischen dem Kap Drastis und Paleokastrítsa erreichen; besonders schön ist die Bucht **Ágios Geórgios** bei Afiónas.

✶ Paleokastrítsa

Über den landschaftlich attraktiven Troumbeta-Pass erreicht man Paleokastrítsa, die außergewöhnlich schön gelegene, aber auch äußerst frequentierte **Touristenhochburg der Westküste**. In 15 Min. kann man zum 1228 gegründeten Kloster Panagía Theotókos auf der

Sonnenbad auf den Sandsteinklippen bei Sidári

vorgelagerten Halbinsel hinaufgehen, das mit seinem Glockenturm und üppigem Blumenschmuck ein hübsches Bild bietet. Sehenswert in der Klosterkirche ist über dem Eingang die Darstellung des Jüngsten Gerichts (17. Jh.). Ein kleines zugehöriges Museum zeigt kostbare Ikonen.

★ **Angelokástro**

Über den Ort Makrádes erreicht man die Ruine der im 13. Jh. errichteten Festung Angelokástro, die den mächtigen vorgelagerten Felsen krönt. Mehr noch als die Burg beeindruckt die Aussicht. In venezianischer Zeit wurde Angelokástro wiederholt von den Türken angegriffen, konnte aber immer gehalten werden. Unter britischer Herrschaft wurde die Festung schließlich geschleift.

Érmones

Érmones, wenige Kilometer südlich von Paleokastrítsa, verfügt über eine sehr schöne Strandbucht. Nicht weit von hier, im **Rópa-Tal**, ist ein 18-Loch-Golfplatz zu finden, der als einer der besten im Mittelmeerraum gilt.
Südlich breiten sich die herrlichen Sandstrände von **Myrtiótissa** und **Glyfáda** aus, der berühmteste Strand der Insel.

Nachbarinseln

Paxí

Das südlich von Korfu gelegene Paxí zählt wegen der überaus malerischen Landschaft, den schönen Badebuchten und guten Tauchrevieren zu den attraktivsten Zielen des Archipels. Unzählige Olivenbäume und Zypressen prägen das Landschaftsbild. Die Westküste verfügt über pittoreske Klippen und viele Höhlen; hier leben noch einige der vom Aussterben bedrohten Mönchsrobben.
Die Ostküste verläuft sanft und besitzt recht schöne Kiesstrände.
Auf den Inselchen vor dem Hafen- und Hauptort **Gáios** liegen eine venezianische Festung von 1423 sowie das ehemalige Kloster Panagía. Ganz im Norden von Paxí liegt **Lákka**, das **Wassersportzentrum** der Insel. Nur vom Meer her zugänglich ist die sehenswerte **Meeresgrotte Ypapánti** an der Nordküste, die im Zweiten Weltkrieg als Versteck für U-Boote diente.

! *Baedeker* TIPP

Bootsfahrt zum Strand

Touristen kommen nach Antípaxi in erster Linie wegen der reizvollen Strände Vríka und Voutoúmi. Von Gaíos, dem Hauptort der Insel Paxí, fährt in der Hochsaison täglich zwischen 10.00 und 13.00 Uhr ein halbes Dutzend Boote hierher, die zwischen 14.30 und 17.00 Uhr vom Vríka-Strand aus wieder nach Paxí zurückfahren; sie legen, falls dazu aufgefordert, am Voutoúmi-Strand einen Zwischenstopp ein.

Antípaxi

Südöstlich von Paxí liegt die kleinere felsige »Schwesterinsel« Antípaxi mit schönen, einsamen Stränden, besonders Vríka und Voutoumi an der Ostküste. Die etwa 20 ständigen Bewohner betreiben Schafzucht und produzieren einen guten Wein.

★★ Korinth / Korinthos· Κόρινθος

H 9

Landschaft: Korinthía **Höhe:** Meereshöhe
Einwohnerzahl: 23 000

Einst die Brücke zwischen europäischer und asiatischer Welt, eine Metropole mit über 300 000 Einwohnern, liegen die Ruinen des antiken Korinth etwa 7 km südwestlich der modernen gleichnamigen Küstenstadt am Fuß des Bergs Akrokorinth.

Neue alte Stadt Kórinthos, das moderne Korinth am nur 6 km breiten Isthmus zwischen griechischem Festland und dem Peloponnes, entstand ab 1858 nach einem schweren Erdbeben, als es von der Stätte des alten Korinth wegverlegt wurde.

Geschichte Im Altertum verdankte Korinth seine große Bedeutung vor allem seiner Lage: Die Stadt bewachte den einzigen Landzugang zum Peloponnes und beherrschte somit durch ihre beiden Häfen **Lechaion** und **Kenchreai** am Korinthischen bzw. am Saronischen Golf den Handel. Um 1000 v. Chr. ließen sich hier dorische Siedler nieder. Unter der **Bakchiaden-Dynastie** (ab 747 v. Chr.) setzte die Blütezeit der Stadt ein. 600 v. Chr. löste **Kypselos** diese Dynastie ab, gefolgt von seinem Sohn **Periandros**, der als einer der Sieben Weisen galt.
Im Jahr 146 v. Chr. wurde Korinth von dem römischen Feldherrn **Mummius** zerstört und blieb in Trümmern, bis **Caesar** es 44 v. Chr. wieder aufbauen ließ. In den Jahren 51 / 52 n. Chr. lehrte der Apostel Paulus in der Stadt, die für ihre »losen Sitten« berüchtigt war.
Ein schweres Erdbeben im Jahr 521 zerstörte die Stadt völlig. Danach war nur noch Akrokorinth bewohnt, bis sich im 10. Jh. wieder eine Siedlung im Gelände der antiken Agorá entwickelte. Weder unter fränkischer noch unter türkischer Herrschaft erlangte Korinth noch einmal seine alte Bedeutung.

▶ KORINTH

AUSKUNFT

Touristenpolizei
Ermoú 51 / Platia Kendriki
Korinth
Tel. 27 41 02 32 82

Öffnungszeiten der Ausgrabungsstätten:
Apr. – Okt. tgl. 8.00 – 19.00
ansonsten tgl. bis 17.00 bzw. bis zum Einbruch der Dunkelheit

★★ Altkorinth

Museum Das Museum gibt einen Überblick über die Kunst und Kultur in Korinth von neolithischer bis in die byzantinische Zeit. Besonders bedeutend ist die Keramiksammlung, die eine lückenlose Übersicht

Altkorinth Orientierung

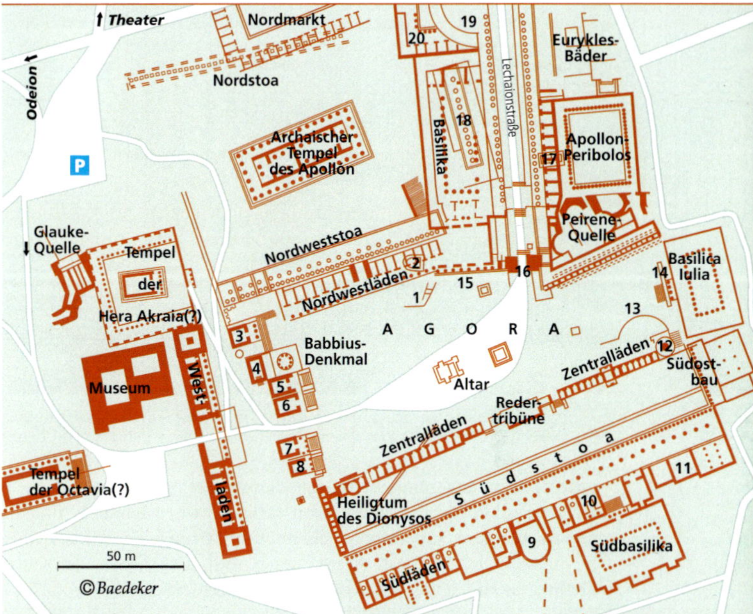

1 Heilige Quelle
2 Orakel
3 Hermes-Tempel
4 Tempel des Apoll der Clarier
5 Poseidon-Tempel
6 Herkules-Tempel
7 Pantheon
8 Venus-Fortuna-Tempel
9 Bouleuterion
10 Brunnenhaus
11 Agonethensaal (Bodenmosaik)
12 Rundmonument
13 Stützmauer
14 Startlinie im Stadion
15 »Gefangenenfassade«
16 Propyläen
17 Griechischer Tempel des 4. Jhs. v. Chr.
18 Griechischer Markt
19 Halbrunder Markt
20 Römischer Markt

über die Entwicklung altkorinthischer Keramik gibt. Eines der herausragenden Exponate ist die nach einem griechischen Original gestaltete Statue von (vermutlich) Lucius Caesar, einem Enkel des Kaisers Augustus. Zu sehen ist auch ein schön erhaltenes Fußbodenmosaik aus einer römischen Villa des zweiten Jahrhunderts mit der Abbildung eines Dionysos-Kopfes.

Octavia-Tempel

Rechts des Museums führt eine breite Treppe zu einem vermutlich Octavia geweihten Tempel. Ausgrabungen südlich dieses Bereichs haben mehrere Siedlungsschichten sowie einen auf etwa 500 v. Chr. datierten Mosaikboden freigelegt.

Nördlich des Museums und der westlichen Ladenreihe liegt der Tempelbezirk der **Héra Akraia** (?), dahinter die sog. **Glauke-Quelle**. Der Legende nach stürzte sich Glauke, Tochter des Korintherkönigs Kreon, in diese Quelle. Nachdem sie am Tag ihrer Hochzeit ein ver-

Der Apollon-Tempel in Korinth ist ein Meisterwerk dorischen Tempelbaus.

giftetes Kleid angezogen hatte, ein »Geschenk« von Medea – die von Glaukes zukünftigem Gatten Jason verlassen worden war –, fing sie an zu brennen und wollte durch den Sprung ins Wasser ihre Schmerzen lindern. Doch Glauke starb, und auch Kreon, der seiner Tochter zu Hilfe eilte, überlebte das Attentat nicht.

Apollon-Tempel

An höchster Stelle des antiken Korinth stehen die Reste des Apollon-Tempels: sieben monolithische Säulen, ein Teil des Gebälks, die Felsbettung und Teile des Fundaments.
Der Bau hatte 6 : 15 Säulen von wuchtiger Größe. Die Cella war zweigeteilt, beide Räume hatten zwei innere Säulenstellungen. Die Ruinen lassen die strenge Monumentalität der um 540 v. Chr. errichteten Anlage erkennen, ein klassisches Beispiel für den frühen dorischen Tempelbau.

Agorá

An der Westseite einer römischen Basilika führt eine große Treppe hinunter zur Agorá. Sie war Mittelpunkt des politischen und wirtschaftlichen Lebens und einst von Säulen umgeben. Im tiefer gelegenen Ostteil ist das Pflaster aus griechischer Zeit erhalten, sonst handelt es sich um eine fast gänzlich römische Anlage. Die Nordseite der Agorá ist im Westen von Ladenreihen begrenzt, östlich schließen sich die **Fassade der Gefangenen** und die Propyläen an.

Heilige Quelle ▶ Davor liegt die Heilige Quelle, ein Brunnenhaus aus dem 5. Jahrhundert v. Chr.; sieben Stufen führen zur Brunnenkammer hinab, die durch einen Stollen mit dem Apollon-Tempel verbunden war.

Podiumtempel ▶ Die westliche Schmalseite der Agorá wird vom Pantheon, dem Rundbau des Babbius sowie einer Reihe römischer Podiumtempel begrenzt, die Hermes, Apollon, Poseidon, Herkules und Venus geweiht waren.

Mohnblüte vor den Toren des mittelalterlichen Akrokorinth

Südliche Agorá

Quer über den Platz zieht sich die Reihe der sog. **Zentralläden**. In deren Mitte erhebt sich die Tribüne für die Redner bei Volksversammlungen. Hier hatte sich im Jahr 52 n. Chr. der **Apostel Paulus** vor dem Statthalter **Gallio** zu verantworten. Einige Relikte erinnern daran, dass hier später eine Kirche stand.
Die Südseite der Agorá wird von der 165 m langen **Südstoa** begrenzt, die 33 Läden aufwies. In einem überdachten Raum ist ein römischer Mosaikfußboden zu sehen.
Hinter der Südstoa liegt die **Südbasilika**, an ihrem Ostende schließen sich Südostbau und die um 45 n. Chr. von Kaiser Claudius errichtete **Basilica Iulia** an, eine Gerichts- und Versammlungshalle.

Lechaion-Straße

Durch das Nordproplon betritt man die mit antike Pflasterstraße zum Hafen Lechaion. Die **Peirene-Quelle** hat Herodes Atticus im 2. Jh. n. Chr. in einen prächtigen Marmorbau umwandeln lassen. Links der Straße liegt eine Basilika aus dem 1./2. Jh., rechts folgen der Apollon-Bezirk und die im 2. Jh. entstandenen römischen **Eurykles-Bäder**, die über eine öffentliche Latrine verfügten.
Vor dem Eingang zum Ausgrabungsgelände, westlich des Parkplatzes, liegt das kleine römische **Odeion** aus dem ersten Jahrhundert; auf den aus dem Felsen gehauenen Sitzreihen konnten 3000 Zuschauer Platz nehmen. Nördlich davon findet man das Theater (5. Jh. v. Chr. bis 3. Jh. n. Chr.) mit 18 000 Plätzen sowie ein Asklepieion.

★ Akrokorinth

Einzigartige Burganlage

Die Festung Akrokorinth zählt zu den spektakulärsten Sehenswürdigkeiten in der weiteren Umgebung Athens – sowohl landschaftlich als auch als historisches Zeugnis.

Die byzantinische Burg wurde im Jahr 1210 nach 5-jähriger Belagerung fränkisch, 1358 kam sie an Venedig und 1394 an Mistra; vom 15. Jh. bis 1822 war sie türkisch. Eine Straße führt bis zum untersten Tor an der Westseite. Nach einem von den Venezianern angelegten Graben folgen ein im 14. Jahrhundert von den Franken gebautes Tor und eine im 15. Jahrhundert entstandene Mauer. Das dritte Tor wird von Rechtecktürmen eingerahmt, links ein byzantinischer, rechts ein hellenistischer Turm aus dem 4. Jh. vor Christus.

Im Burggelände geht's hinauf zur Ruine einer Moschee (16. Jh.) und zur Nordpforte. Dann passiert man den Stumpf eines Minaretts sowie eine Zisterne und steigt zur mittelalterlichen fränkischen **Burg der Villehardouin** hinauf. In östlicher Richtung erreicht man die antike **Peirene-Quelle**, in nordöstlicher Richtung den 574 m hoch gelegenen Gipfel des Burgbergs. Von hier eröffnet sich ein herrlicher Blick über den Isthmus nach Attika, zum Parnass und zu den Bergen des Peloponnes; im Südwesten sieht man auf steilem Felskegel die fränkische Festung **Montesquiou / Pendeskoufi**.

Umgebung von Korinth

Lechaion

Der alte Hafen Lechaion, 3 km nördlich von Korinth, ist völlig verlandet, doch lässt sich die Hafenbucht im Gelände noch erkennen. An der Westseite wurden Reste einer im 5. Jh. entstandenen christlichen **Basilika** entdeckt, die mit der gewaltigen Länge von 220 m lange Zeit die größte im ganzen Mittelmeerraum war.

**** Kanal von Korinth**

Die Landenge von Korinth wird von einem Kanal durchschnitten, der zwischen 1882 und 1893 von einer französischen Gesellschaft erbaut wurde. Er ist genau 6343 m lang und 25 m breit, seine Wände sind bis zu 80 m hoch. Da er nur 8 m tief ist, können ihn nur kleine Schiffe passieren. Im Wesentlichen folgt er der Trasse, die bereits der berühmt-berüchtigte römische **Kaiser Nero** für den – schließlich gescheiterten – Bau eines Kanals bestimmt hatte. Interessant sind die Brücken an den Enden des Kanals, die unter die Wasseroberfläche abgesenkt werden können.

Um den weiten Weg um den Peloponnes zu vermeiden, hat man schon im 6. Jh. v. Chr. den **Diolkos** angelegt, eine gepflasterte Bahn, auf der auf Wagen verladene Boote und kleine Schiffe über die Landenge transportiert werden konnten. Einige Reste des Diolkos, der noch im 12. Jahrhundert benutzt wurde, sind am Westende des Kanals zu erkennen.

Isthmia

Etwa 2 km westlich des Ortes Isthmia, südlich des Südostausgangs des Kanals von Korinth, liegen die Reste eines **Poseidon-Heiligtums** freigelegt. Hier wurden alle zwei Jahre die **Isthmischen Spiele** – seit

Der bis zu 80 m tief eingeschnittene Kanal von Korinth → trennt den Peloponnes vom Festland.

582 v. Chr. belegt – veranstaltet. Ehrenpreis war ein Fichten- oder Selleriekranz. Heute ist der ehrwürdige Ort von Industrie umgeben.

Poseidon-Tempel ► Der Poseidon-Tempel, ein dorischer Peripteros mit der klassischen Proportion von 6 : 13 Säulen, wurde um 460 v. Chr. erbaut. Vor dem Tempel sind Reste der Startanlage für die Laufwettkämpfe erhalten. Nordöstlich des Tempels liegt das Theater, südöstlich das Stadion aus dem 4. Jh. vor Christus.

Festung ► Unter Kaiser Justinian (6. Jh.) wurden die antiken Bauten als Steinbruch für den Bau einer Festung genutzt, von der Reste östlich des Theaters zu finden sind. Das Kastell gehörte zur Befestigung des Isthmus, die immer wieder erneuert wurde. Die Sperrmauer verlief etwa parallel zum heutigen Kanal und war sechs römische Meilen lang (knapp 9 km), woran der heutige Dorfname Examília erinnert.
Früheste Spuren aus mykenischer Zeit (13. Jh. v. Chr.) fand man südlich und südöstlich des Poseidon-Heiligtums. Größere Mauerreste stammen aus den Jahren 480 / 479 vor Christus.

Kenchreai Etwa 2 km südlich des Poseidon-Heiligtums liegt das Dörfchen Kechriás an der Stelle des alten korinthischen Hafens **Kenchreai**, den Apostel Paulus in seinem Römerbrief erwähnt (16,1). Die Hafenanlagen liegen heute teilweise unter Wasser; nördlich des Hafens liegen die Reste eines Tempels aus klassischer Zeit, südlich eine frühchristliche Basilika.

Sikyón Die antike Stadt Sikyón, Heimat des Bildhauers **Lysippos** (4. Jh.), liegt beim gleichnamigen modernen Dorf auf einer Anhöhe über der Küstenebene, 25 km westlich von Korinth. Links des Zufahrtsweges sind die Fundamente eines Apollon- oder Artemis-Tempels zu sehen, südlich davon die Reste einer Stoa und eines Bouleuterions, ferner ein Gymnasion. Am Hang der Akropolis liegt das Theater. Rechts der Straße ist in einer römischen Badeanlage das Museum untergebracht, in dem Bodenmosaiken und Skulpturen ausgestellt sind.

★ Neméa Die antike Stätte Neméa liegt 35 km südwestlich von Korinth beim Weindörfchen Archéa Neméa in einer hübschen Landschaft mit Weinbergen, Olivenbäumen und Zypressen.
Hier begründete der Seher **Amphiaraos** im Jahr 1251 v. Chr. die panhellenischen **Nemeischen Spiele**, und zwar bei der Leichenfeier für den kleinen Königssohn Opheltes, der von einer Schlange gebissen wurde und starb. Die Nemeen wurden alle zwei Jahre veranstaltet, im 2. Jh. v. Chr. wurden sie nach Árgos verlegt. 1996 wurden die Nemeischen Spiele wieder ins Leben gerufen. Teilnehmer aus aller Welt können an den Spielen teilnehmen, die Sportveranstaltungen und ein kulturelles Rahmenprogramm umfassen. Im 4. Jh. v. Chr. wurde an der Stelle eines archaischen Tempels, von dem eine Krypta erhalten blieb, ein dorischer Peripteros-Tempel mit 6 : 12 schlanken Säulen erbaut; vier dieser Säulen stehen noch aufrecht und sind weithin zu sehen. Südlich des Tempels gab es ein lang gestrecktes Gäste-

Durch den Tunnel liefen die Athleten ins Stadion von Neméa ein.

haus – über dem im 5./6. Jh. eine dreischiffige christliche Basilika errichtet wurde –, ferner eine Palaistra und ein hellenistisches Bad, das früheste erhaltene Griechenlands, und ein relativ gut erhaltenes Stadion (500 m südlich, an der Straße zur Nationalstraße 7). Das **Museum** zeigt neben einer Schau zur Geschichte der Grabungen Münzen, Keramik und mykenische Funde aus der Region (Öffnungszeiten: Di. – So. 8.30 – 16.00 Uhr).

★ **Stymphalischer See**

Weitere 25 km weiter westlich erstreckt sich der Stymphalische See, der für seine interessante Vogel- und Pflanzenwelt bekannt ist. Er ist Schauplatz des Mythos von den menschenfressenden »Stymphalischen Vögeln«, die von Herakles getötet wurden.

★ Kos · Koς

Q/R 11

Inselgruppe: Dodekanes
Höhe: 0 – 846 m ü. d. M.
Hauptort: Kos-Stadt
Fläche: 295 km²
Bewohnerzahl: 25 000

Kilometerlange Sandstrände und einsame, romantische Buchten, turbulentes Nightlife und stille, ländliche Abgeschiedenheit, ein berühmtes Asklepios-Heiligtum, römische Villen und mächtige Johanniterfestungen – auf der Ferieninsel Kos bietet jeder Urlaubstag etwas Neues.

KOS ERLEBEN

AUSKUNFT

Tourist-Information
Artemisias 2/G. Ioannidi
Kos-Stadt
www.kos-info.com

ANREISE

Die Insel ist von allen größeren mitteleuropäischen Flughäfen aus tgl. via Athen zu erreichen. Während der Feriensaison gibt es auch Non-Stop-Charterflüge.
Schiffsverbindungen bestehen mit Alexandroúpolis, Piräus und Thessaloníki auf dem Festland sowie mit den Inseln Agathonísi, Amorgós, Astypálea, Chíos, Donoússa, Foúrni, Ikaria, Kálymnos, Léros, Lésbos, Límnos, Lipsí, Megísti, Mýkonos, Náxos, Páros, Pátmos, Rhodos, Sámos, Sými, Sýros und Tílos.

ESSEN

► Fein & teuer

Anatolia Hamám
Odós Nissírou 3
Kos-Stadt
Tel. 22 42 02 83 23
Das in einem ehemaligen türkischen Bad aus dem 16. Jh. untergebrachte Restaurant serviert griechische und internationale Küche.

Limniónas
Oberhalb des kleinen Naturhafens von Limniónas
Für die Koer steht fest, dass es in dem etwa 3 km nördlich von Kefalos gelegenen Restaurant die besten Fischspezialitäten der Insel gibt.

► Erschwinglich

Dionysos
An der Inselhauptstraße
beim Ortseingang
Kamari
In der großen, direkt am Strand gelegenen Taverne mit fixem, freundlichem Service gibt es gute griechische Hausmannskost.

Karela
An der Straße Richtung Tingaki
Tel. 22 42 04 14 02
In der von üppig wuchernden Sträuchern und ausladenden Bäumen eingefassten Gartentaverne serviert man überaus leckere Grillgerichte. Ab und zu gibt es auch fangfrischen Fisch.

Baedeker-Empfehlung

Serif
Am Dorfplatz
Platáni
Nach dem Besuch des Asklepieions lässt man sich hier unter einer Schatten spendenden Platane türkische Spezialitäten schmecken.

► Preiswert

Claros
Uferpromenade
Kardamena
Das von 9.00 bis morgens um 7.00 Uhr geöffnete Lokal serviert kleinere Gerichte und Snacks.

ÜBERNACHTEN

► Luxus

Kipriotis Village
5 km südlich von Kos-Stadt
Tel. 22 42 02 76 40
www.kipriotis.gr
340 Z., 192 App., 98 Suiten
Die Poollandschaft dieses Hoteldorfs ist umgeben von herrlichem Grün. Sportskanonen können sich bei Tennis, Fußball, Fitnesstraining oder Minigolf austoben.

► Komfortabel

Giakalis
Marmari
In der »Kanalstraße«, 300 m von »Werners Kreuzung«, die hier jeder kennt.
Tel. 22 42 04 16 86
49 App.
Freundliche Apartmentanlage in der Nähe des Strands.

Marina
Aktí Koundourióti 35
Kos-Stadt
Tel. 22 42 02 87 26; 55 Z.
Das Hotel liegt direkt an der Hafenpromenade unweit des beliebten Lambi-Strands und bietet einen herrlichen Blick über den Hafen auf das Johanniterkastell.

► Günstig

Romantzo
Vis-a-vis der Kirche am Hafen von Mandraki
Nísyros
Tel. 22 42 03 13 40
25 Z.
Einfache Pension mit kleinen, zweckmäßig eingerichteten Zimmern; einige davon mit Balkon.

Paradise Hotel
Bouboulinas 22
Kos-Stadt
Tel. 22 42 02 29 88
52 Z.
Wem es mitten im Trubel von Kos-Stadt gefällt, für den ist das freundliche, gepflegte Hotel genau das Richtige.

Kos Orientierung

Der Mandraki-Hafen ist das Herz von Kos-Stadt.

Ausführlich beschrieben im Baedeker Allianz Reiseführer »Kos«

Die Dodekanes-Insel Kos liegt nordwestlich von ► Rhodos vor der tief in die türkische Küste einschneidenden gleichnamigen Bucht. Ein bis 846 m hoher Bergrücken durchzieht die 51 km lange Insel von West nach Ost. Ihr mildes Klima und die fruchtbaren Schwemmlandebenen lassen auf der von Reisenden der Antike als »schwimmender Garten« beschriebenen Insel üppig grüne Landschaft entstehen.

Als älteste **Kultstätte des Heilgottes Asklepios** und Sitz einer Arztschule, deren berühmtester Vertreter der auf Kos geborene **Hippokrates** (►Baedeker Special S. 327) war, genoss die Insel hohes Ansehen. Den Römern, Byzantinern und Venezianern folgten 1309 von 1523 die Johanniter. Nur wenig früher als Rhodos fiel Kos an die Osmanen. Seit dem Balkankrieg 1912 von den Italienern besetzt, wurde es 1948 Griechenland angeschlossen.

Sehenswertes auf Kos

Kos-Stadt

Die gleichnamige **Inselhauptstadt** breitet sich in einer weiten Bucht an der Nordostküste. Das Erdbeben von 1933 hat einige mittelalterliche und türkische Bauten sowie Häuser im venezianischen Stil stehen gelassen, die der Stadt eine angenehme Atmosphäre geben.

★ Mandraki-Hafen ►

Einer der beliebtesten und belebtesten Plätze der Stadt ist der von Hotels, Tavernen und Cafés gesäumte Mandraki-Hafen an einer kleinen, birnenförmig ins Land einschneidenden Bucht. Nur wenige Meter vom Hafen entfernt beginnt das labyrinthische Gewirr der platanenüberdachten Altstadtgassen mit ihrem kunterbunten Jahrmarkt aus Souvenirshops, Boutiquen und Geschäften.

An der östlichen Hafenseite ragt die mittelalterliche **Johanniterfestung** auf. Der innere Mauerring stammt aus den Jahren 1391 bis 1396, der äußere wurde von 1503 bis 1514 angefügt.

Auf dem kleinen Platz bei der Brücke zum Kastell steht die so genannte **Hippokrates-Platane**, unter der schon der große Mediziner gelehrt haben soll. Der mächtige Baum mit seinem mittlerweile hohlen, 12 m umfassenden Stamm bringt es jedoch auf ein Alter von »nur« etwa 500 Jahren. Der islamische Reinigungsbrunnen neben der Platane gehört zur **Hadji-Hassan-Moschee**, die von 1782 bis 1786 unter dem türkischen Gouverneur Hassan Pascha erbaut wurde.
Südlich davon erstreckt sich die antike Agorá, das größte Ausgrabungsgebiet innerhalb der Stadt. An der Westseite der Agorá führt das Tor der Steuern auf die Platía Eleftherias, den »Freiheitsplatz«, mit der reizvollen Defterdar-Moschee aus dem 18. Jh., die in ein Café umgewandelt wurde. Die Südseite des Platzes nimmt die große Markthalle ein, auf der gegenüberliegenden Seite des Platzes steht das sehenswerte **Archäologische Museum**, in dem Mosaiken, Statuen und Skulpturenfragmente aus hellenistisch-römischer Zeit gezeigt werden.
Im Südwesten der Stadt, entlang der Grigoriou-Straße, liegt die sog. **Westliche Ausgrabungsstätte** mit den Überbleibseln eines Dionysos-Tempels aus dem 3. Jh. v. Chr., den Resten von Häusern mit wunderschönen Bodenmosaiken sowie eines Gymnasions aus dem 2. Jh. v. Chr. und eines Badehauses (3. Jh. v. Chr.).

! *Baedeker* TIPP

Wohin mit dem Auto?

Die Suche nach einem Parkplatz gestaltet sich in Kos-Stadt mitunter zu einem mühseligen Unterfangen. An der Grigoriou-Straße findet man auf einem teilweise eingezäunten und geschotterten Platz zwischen Odeon und Casa Romana, direkt gegenüber dem Westlichen Ausgrabungsgelände, jederzeit – auch während der Hauptsaison – einen schattigen Stellplatz.

Wie großzügig die wohlhabende Koer Oberschicht der Spätantike wohnte, veranschaulicht die rekonstruierte **Casa Romana** (2 / 3. Jh. n. Chr.) vis-a-vis des Dionysos-Tempels auf der anderen Seite der Grigoriou-Straße. Die Villa verfügt über drei Innenhöfe, um die sich zahlreiche, teilweise mit Mosaiken, Marmorböden und Wandmalereien ausgestattete Räume gruppierten. Der größte Innenhof ist von einer doppelstöckigen Kolonnade aus korinthischen und ionischen Säulen umgeben. Nur wenige Schritte stadtauswärts von der Casa Romana entfernt befindet sich das gut erhaltene römische **Odeon** aus dem 2. Jh., das etwa 800 Zuschauern Platz bot.

★ **Asklepieion**

Etwa 4 km südwestlich von Kos-Stadt liegt das Asklepios-Heiligtum sehr schön über dem Meer; von hier hat man einen herrlichen Blick auf Stadt, Meerenge und türkisches Festland.
Das Asklepieion, ab Anfang des 3. Jhs. v. Chr. errichtet, nimmt drei Terrassen ein. Die **erste Terrasse** wird auf drei Seiten von einer Säulenhalle begrenzt. Die Räume, die sich hinter der Halle befanden, gehörten zum Kurbereich und dienten als Kranken- und Behandlungszimmer. An der Nordostecke des Platzes wurden in römischer Zeit Thermen angefügt. Nach der Zerstörung des Asklepieions durch ein

Asklepieion Orientierung

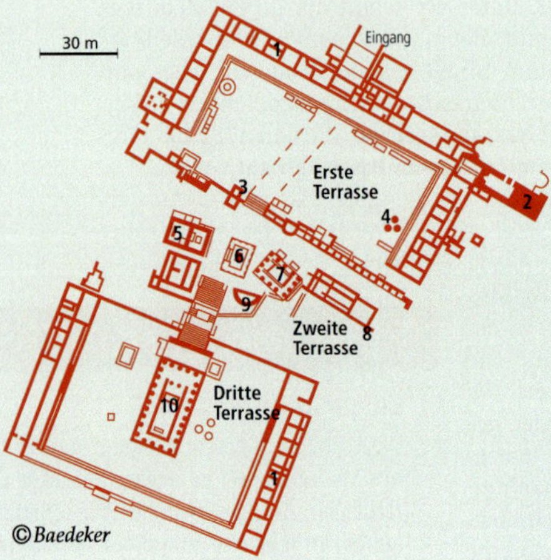

Erdbeben im Jahr 554 entstand hier das Kloster Panagía tou alsoús in Erinnerung an das einstige Gesundheitszentrum (»heiliger Hain«). Im Süden schließt die Stützmauer der zweiten Terrasse den Platz ab. Links der Freitreppe, die zur nächsten Terrasse führt, befindet sich in einer Mauernische der **Pan-Brunnen**. In der Nische rechts der Treppe steht der Altar des C. Stertinius Xenophon – Leibarzt des Kaisers Claudius –, den die Inschrift als Stifter ausweist.

Die **zweite Terrasse** ist der älteste Teil der Kultstätte. Wenige Meter rechts des Aufgangs stand der **Asklepios-Tempel** aus dem 3. Jahrhundert vor Christus. Neben dem Tempel sieht man den dazugehörigen Altar, auf dem Tieropfer dargebracht wurden. Östlich des Altars erheben sich sieben Säulen, die zu einem **Apollon-Tempel** aus dem 2./3. Jh. gehörten. Einige Schritte südlich befand sich eine Exedra mit Nischen und Sitzbänken.

Eine breite Freitreppe führt zur **dritten Terrasse** mit einem großen, im zweiten vorchristlichen Jahrhundert errichteten **Tempel des Asklepios**, einem dorischen Peripteros von 6:11 Säulen. Die Schwelle aus schwarzem Marmor ist noch erhalten. Eine kleine, 45-minütige Wanderung führt von der dritten Terrasse bergauf zum Brunnenhaus **Burinna**, das das Heiligtum der antiken Stadt mit Wasser versorgte und heute noch als Wasserreservoir der Inselhauptstadt dient (Öffnungszeiten: Di. – Fr. 8.30 bis 18.30, Sa. / So. bis 14.30 Uhr).

? WUSSTEN SIE SCHON ...?

- ... dass die sagenumwobene Schönheit der berühmten Kleopatra unter anderem ein Resultat der »Wellnessbehandlungen« war, die die ägyptische Herrscherin mit Vorliebe im Asklepieion von Kos genoss?

Aus dem 4. Jh. v. Chr. stammt die Hippokrates-Statue, die im Archäologischen Museum von Kos-Stadt ausgestellt ist.

VATER DER MEDIZIN

Hippokrates – einer der bekanntesten Namen der Menschheit. Und doch weiß man über das Leben und Werk dieses Mannes aus der Antike nur sehr wenig. Fast jeder Arzt in den letzten zweieinhalb Jahrtausenden musste den Eid auf ihn leisten, dabei hat Hippokrates die nach ihm benannte Schwurformel gar nicht verfasst. An seinem Ruf als erster »moderner« Arzt aber wird nicht gerüttelt.

Hippokrates wurde um 460 v. Chr. auf der Insel Kos geboren. Er entstammte den Asklepiaden, einer alten Ärztefamilie, die ihren Stammbaum auf den Heilgott **Asklepios** zurückführte, und wurde von seinem Vater schon früh in die Heilkunst eingeführt.

Auf vielen Reisen durch Kleinasien und Griechenland praktizierte er als Arzt, kam dabei mit den berühmtesten Medizinern seiner Zeit in Kontakt und entwickelte seine Fähigkeiten in der Heilkunst weiter. Nach seiner Rückkehr auf die Insel Kos gründete er eine eigene Ärzteschule, die sich schnell großes Ansehen erwarb. Hippokrates, den auch **Platon** als berühmten Arzt erwähnte, starb um 370 v. Chr. im thessalischen Larissa.

Legendärer Arzt

Um das Leben und Wirken einer so herausragenden Persönlichkeit bildeten sich natürlich zahlreiche Legenden. So soll der Mediziner den Makedonenkönig **Perdikkas II.** geheilt haben, den auf unerklärliche Weise Kopfschmerzen und Appetitlosigkeit plagten. Er fand heraus, dass der Monarch ein nicht standesgemäßes Liebesverhältnis zu einer hübschen Bediensteten unterhielt; nachdem der König diese Beziehung beendet hatte, fühlte er sich wieder gesund, zudem verspürte er wieder Lust auf die eigene Gemahlin.

Auch in wissenschaftlicher Hinsicht wurde Hippokrates einiges angedichtet. Unter seinem Namen sind ca. 130 Schriften erhalten. Rund die Hälfte

Gemütliches Pause unter der altehrwürdigen Hippokrates-Platane

davon sind Fälschungen, 58 von ihnen bilden das **»Corpus Hippocraticum«**, die wohl berühmteste Schriftensammlung in der Medizin. Doch nicht eine einzige Schrift kann mit Sicherheit Hippokrates als Verfasser zugewiesen werden. Niedergeschrieben wurden die Aufzeichnungen in der Zeit vom 5. Jh. v. Chr. bis ins 1. nachchristliche Jahrhundert. Die Sammlung behandelt Chirurgie, Diätetik, Epidemiologie, Pharmakologie, Prognostik, Therapeutik und Ethik. Gemeinsam ist allen Aufzeichnungen die Anerkennung der Natur bzw. der Physis als bester Helferin des Arztes und insbesondere das hohe Berufsethos. So erscheint in diesen Schriften auch der **»Eid des Hippokrates«**, der dem Ärztegelöbnis als Vorbild dient. Bis in die heutige Zeit wird noch an einigen Universitäten am Ende des Studiums ein zumindest symbolischer Eid abgelegt. Begonnen wird der Eid mit einer Anrufung der Heilgötter Apollon, Asklepios, Hygieia und Panakeia. Im ersten Teil, einer Art Zunftvertrag, verpflichtet sich der Arzt gegenüber seinen Lehrern zur Wahrung des »Zunftgeheimnisses«; der zweite Teil enthält Vorschriften über das ärztliche Handeln, die fast unverändert seit der Antike als ethische Grundlage des Arztberufes gelten, wie die Schweigepflicht und die Verpflichtung, immer zum Nutzen der Kranken zu handeln. Allerdings gilt heute als sicher, dass die Schwurformel nicht von dem Arzt aus Kos verfasst wurde.

Das Vermächtnis

Von Hippokrates stammt also weder der nach ihm benannte Eid, auch war er vermutlich nicht an der Abfassung des »Corpus Hippocraticum« beteiligt, und doch gilt der Arzt von der griechischen Ägäisinsel als **»Vater der modernen Medizin«**, als Begründer der Medizin als Erfahrungswissenschaft auf Grund von Beobachtungen und der Beschreibung der Krankheitssymptome.

Mit dieser neuen medizinischen Verfahrensweise wurde ganz bewusst von der bis damals üblichen religiösen oder magischen Krankheitsauffassung abgerückt, d. h. Krankheiten galten nicht mehr als gottgesandt, sondern wurden auf erklärbare Ursachen zurückgeführt.

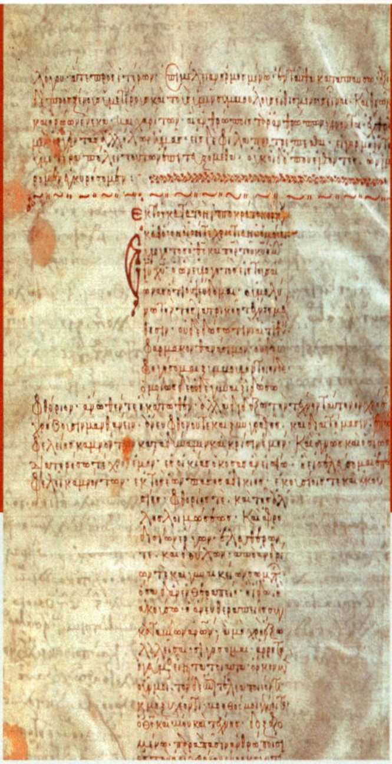

Mittelalterliche Handschrift des »Hippokratischen Eides« aus der Bibliothek des Vatikans.

Nach hippokratischer Lehre beruhte die Gesundheit auf der richtigen Mischung der vier Körpersäfte Blut, Schleim, gelber und schwarzer Galle, die Krankheit auf einer fehlerhaften Zusammensetzung, wobei auch Lebensweise und Ernährung eine entscheidende Rolle spielten. Genaue Beobachtung am Krankenbett und das Eingehen auf die Physis des Patienten waren für die **Hippokratiker** die wichtigsten ärztlichen Tätigkeiten. Die Therapie beschränkte sich im Wesentlichen auf Diätverordnungen und Medikamente in Form pflanzlicher Drogen. Den zeitgenössischen Wettkampfsport mit seiner »Zwangsernährung«, wie es damals hieß, bei der die Athleten, um Höchstleistungen zu erzielen, nicht selten wie Schlachtvieh gemästet wurden, soll Hippokrates als »Schule des Betrugs« gemaßregelt haben; dafür hebt man heutzutage in der Weinbranche gerne hervor, dass der Arzt aus Kos angeblich Wein zur »Kräftigung von Rekonvaleszenten, als Beruhigungs- und Schlafmittel, bei Kopfweh und Verstimmungszuständen, sogar bei Augenkrankheiten« nutzte.

Kaum Operationen

Die operative Chirurgie spielte bei den Hippokratikern eine untergeordnete Rolle; in der Mehrzahl nahm man nur knochenchirurgische Eingriffe vor. Die hippokratische Säftelehre dominierte die medizinischen Vorstellungen der Antike und des Mittelalters und wirkte in leicht abgewandelter Form sogar bis ins 19. Jh. hinein. An der Autorität des Hippokrates wird aber bis heute nicht gerüttelt. »Jede Epoche«, so der Medizinhistoriker **Henry E. Sigerist**, »hat ein anderes Bild von Hippokrates gehabt… Was sie an ihren Ärzten vermisste, das fand sie jeweils in Hippokrates, der dadurch immer wieder zum Mahner wurde, der die Gewissen aufrüttelte, zum Führer, der zum wahren Arzttum leitet. So wird er auch weiterhin seine werbende Kraft entfalten.«

Camel Beach – einer von vielen schönen Stränden an der Südküste von Kos

Inseltour Die Inselhauptstraße führt von Kos-Stadt zunächst in Richtung Westen. Folgt man in dem Ort Zipári der landschaftlich reizvollen Strecke nach Süden, kommt man in das 350 m hoch gelegene hübsche Bergdorf Zía. Hier sollen die schönsten Sonnenuntergänge der Insel zu beobachten sein. Über die Dörfchen Lagoúdi und Amaníou erreicht man den verlassenen Ort **Paléo Pylí** (»Altes Pyli«), überragt von den Resten einer byzantinischen Festung aus dem 11. Jh.); etwas unterhalb der Burgruine steht die Kirche Panagía ton Kastrianón (»Muttergottes der Kastellbewohner«) mit Fragmenten von im 11. und 12. Jh. geschaffenen Fresken.

Zurück auf der Inselhauptstraße führen Stichstraßen zu den Badeorten **Tingaki** und **Mármari** an der Nordküste, die sich wegen ihrer schönen Sandstrände zu Ferienzentren entwickelt haben.

Beim Flughafen liegt das Dorf **Antimáchia**, in dem neben dem »Traditional House«, einem volkskundlichen Museum, die einzige vollständig erhaltene betriebsbereite Windmühle der Insel steht. Ca. drei Kilometer südöstlich thront auf einem Bergvorsprung eine weithin sichtbare, Kástro genannte Festung, die im 14. und 15. Jh. von den Johannitern ausgebaut wurde.

Rund 6 km südöstlich von Antimáchia liegt **Kardámena** an der Südküste der Insel, ein weiteres, stark frequentiertes Ferienzentrum von Kos mit langen, feinsandigen Stränden; 5 km nördlich von Antimáchia liegt an der Nordküste **Mastichári**, ebenfalls eine Touristenhochburg mit entsprechender Infrastruktur und guten Sandstränden. Von hier kann man auf die Inseln Psérimos und Kálymnos übersetzen.

Am Flugplatz vorbei erreicht man auf der durch eine nur knapp zwei Kilometer breite Landenge getrennten Halbinsel **Kéfalos** das ruhige gleichnamige Bergdorf, das unvergleichlich schöne Ausblicke bietet. Der Hafenort **Kamári** ist mit seinem Sandstrand an der Kéfalos-Bucht ein Dorado für Segler und Surfer. Am östlichen Rand der Bucht, nahe dem Club Méditerranée, liegt die Ruine der frühchristlichen Basilika **Ágios Stéfanos** aus dem 5./6. Jahrhundert direkt am Wasser. Der Bucht vorgelagert ist der malerische Felsen **Kastri** mit der stets verschlossenen Kapelle Ágios Nikólaos. Östlich der Kéfalos-Bucht erstrecken sich die schönsten Strände der Insel, darunter der herrliche **Camel Beach** und der kilometerlange, überaus beliebte **Paradise Beach**.

Nachbarinseln

★ **Nísyros**

Die südlich von Kos gelegene Insel Nísyros ist ein Vulkan von der Form eines Kegels mit abgerissener Spitze. Die fast kreisrunde Insel besitzt, obwohl wasserarm, außerhalb der Vulkanlandschaft eine üppige Vegetation. Auf den fruchtbaren Bimstuffen, die die Feuchtigkeit speichern, werden mühevoll angelegte Terrassen mit Wein, Zitrusfrüchten, Oliven und Mandeln bestellt.
Die meisten Touristen, die hierher kommen, sind Tagesausflügler. Der Erkundung des Kraters ist nämlich ein Naturerlebnis der ganz besonderen Art.

Im 30 m tiefen Stéfanos-Krater kann man sich Schwefelablagerungen und brodelnde Schlammlöcher ganz aus der Nähe ansehen.

Mandráki ► Der Hauptort und -hafen Mandráki verläuft entlang einer langen Uferpromenade, die von Tavernen, Straßencafés und einigen Souvenirläden gesäumt wird. Westlich ragt eine Johanniterfestung (1315) auf, in die im 15. Jh. ein Kloster mit der **Höhlenkirche Panagía Spilianí** gebaut wurde. Am Weg zur Festung befindet sich ein kleines Volkskundemuseum. 1 km südlich liegt das Paleokástro mit eindrucksvollen Resten der hellenistischen Stadt (4. / 3. Jh. v. Chr.).
Im Thermalbad Loutrá (2 km östlich) zählt man heute nur noch wenige Gäste in den heruntergekommenen Kurgebäuden. Einen Kilometer weiter östlich kommt man zum Hafenort Páli mit einem Lava-Kies-Strand. Von hier gelangt man hinauf zum winzigen Dorf Emboriós, von wo sich ein ausgezeichneter Blick in den Krater eröffnet, sowie am Kraterrand entlang zum reizvoll gelegenen Dorf **Nikiá**, das eine schöne Platía mit Kieselsteinmosaik besitzt. Von hier führt ein Weg hinunter in die Caldera zu den Vulkankratern.

! *Baedeker* TIPP

Schwefeldüfte »entsorgen«

Wegen des bisweilen infernalischen Schwefelgestanks, der aus dem Stéfanos-Krater in die nähere Umgebung dringt und sich in der Kleidung einnistet, sei dringend dazu geraten, sofort nach der Rückkehr von der Vulkaninsel Nísyros die komplette Ausflugsbekleidung auszuwaschen – und nicht nur in den Wäschesack zu stopfen. Der Schwefelgestank breitet sich sonst im ganzen Hotelzimmer aus.

Caldera ► Die Caldera wird m nördlichen Teil landwirtschaftlich genutzt, die Südhälfte ist von heißen Quelltöpfen, Schlammseen und grellfarbigen Sinterhügeln geprägt. Hier liegt der **Stéfanos-Krater**, der »Schau-Krater« der Caldera, der 300 m Durchmesser hat und 30 m tief ist. Die vier weiteren Krater sind nicht zugänglich.

Tílos Tílos ist eine kahle, felsige Insel auf halbem Weg zwischen Rhodos und Kos. Die Bewohner leben recht bescheiden von Landwirtschaft auf mühevoll angelegten Terrassen und vom Fischfang. Der Tourismus hält sich hier noch in Grenzen. Besonders für Wanderer attraktiv ist die Insel durch ihre abwechslungsreiche eindrucksvolle Landschaft mit tief eingreifenden Buchten und baumbestandenen grünen Tälern. Sie hat außerdem angenehme Sand- und Kiesstrände, die allerdings teilweise nur zu Fuß zu erreichen sind.

Megálo Chorió ► Der **Inselhauptort** Megálo Chorió liegt oberhalb der Bucht von Ágios Antónios an der Nordwestküste, am Platz der antiken Siedlung **Telos**, von der noch Mauerreste sichtbar sind. Er wird von dem mit einer verfallenen Johanniterfestung bekrönten, 286 m hohen Felsen Ágios Stéfanos überragt. Eine Attraktion des Orts ist ein kleines **Museum**, in dem bis zu 50 000 Jahre alte Knochen von Zwergelefanten ausgestellt sind, die in der nahegelegenen Höhle Charkadió gefunden wurden. 5 km westlich kommt man zum Kloster **Ágios Panteleímon** (18. Jh.), das mit sehenswerten Fresken geschmückt ist.
An der Südküste, 3 km südlich von Megálo Chorió, verspricht der Sandstrand Éristos Badevergnügen. Südöstlich des Hauptorts sind

noch die Ruinen der venezianischen Festung Mesariá vorhanden. 2 km südlich der Burg Mesariá liegt das verlassene Dorf Mikró Chorió. Touristisches Zentrum der Insel ist der Hafenort **Livádia**.

Astypálea

Astypálea liegt ungefähr zwischen der Insel Kos und der Kykladeninsel Amorgós. Das wasserarme Eiland gehört zwar zur Inselgruppe des Dodekanes, zeigt aber in Landschaft und Architektur unverkennbar die Nähe zu den Kykladen: kahle, vegetationslose Hügel und Orte mit weißen kubischen Häusern. Zwei weite Buchten teilen die 99 km² große Insel in zwei Teile, die durch die nur 110 m breite Landenge Ágios Andréas miteinander verbunden sind. Viehwirtschaft sowie Obst- und Gemüseanbau sowie Fischerei bringen den etwa 1000 Bewohnern bescheidenen Wohlstand. Für die wenigen Touristen, die bislang hierher kommen, gibt es ausreichend Unterkünfte.

Der malerische Inselhauptort **Astypálea-Chóra** zieht sich über dem Hafen Skála eine kahle Felskuppe hinauf und wird von der venezianischen Festung beherrscht. Von der vom 13. bis 16. Jh. erbauten Festung sind allerdings nur noch die Außenmauern erhalten. Auch einige Windmühlen prägen das Ortsbild. Das Archäologische Museum zwischen Skála und der Chóra zeigt Stein- und Keramikfunde von der Insel.

◄ Livádia

Westlich der Chóra erstreckt sich das grüne, fruchtbare Livádia-Tal, das Hauptanbaugebiet der Insel. Der 2 km entfernte gleichnamige Badeort verfügt über einen lang gestreckten Kiesstrand.

! *Baedeker* TIPP

Ausflug nach Bodrum

Das nur wenige Kilometer von Kos entfernte Bodrum an der türkischen Ägäisküste, das einstmals berühmte Halikarnassos, gilt als das »St. Tropez der Türkei«. Attraktionen der Stadt, die sich einst rühmen durfte, mit dem Mausoleum über eines der sieben Weltwunder zu verfügen, sind das Kreuzfahrerkastell St. Peter und der Basar am Hafen, wo man qualitätvolle Lederwaren oder hübschen Gold- und Silberschmuck zu günstigen Preisen kaufen kann. Von Kos-Stadt aus legen mehrmals täglich Ausflugsschiffe nach Bodrum ab.

Psérimos

Vor der Nordküste von Kos liegt die kleine Insel Psérimos, deren schöne Strände von Mastichári aus von Tagesausflüglern besucht werden.

Kálymnos

Kálymnos ist eine 111 km² große, kahle, bergige Insel, 12 km nördlich von Kos und durch den 2,5 km breiten Diapóri-Kanal vom nördlich gelegenen Léros getrennt. Die Küste ist überwiegend schroff, felsig und in zahlreiche Buchten gegliedert. Die meisten Strände finden sich an der Westküste, an der auch die meisten Orte liegen. Die rund 17 000 Bewohner leben vom Ertrag einiger weniger fruchtbarer Täler und Niederungen und – seit dem Niedergang der jahrhundertelang bedeutenden Schwammfischerei – zunehmend vom Tourismus.

Hinter der fjordartigen Bucht von Vathýs liegt die grüne Oase von Kálymnos – das berühmte Mandarinental.

Póthia ▶ Ein bis 678 m hoher Kalkrücken trennt den Norden vom Südteil der Insel. Von seinem Fuß erstreckt sich eine fruchtbare Ebene nach Süden bis zum großen, geschäftigen **Haupt- und Hafenort** Póthia. Weiß gekalkte Häuser staffeln sich terrassenförmig bis zum Fuß der steil aufragenden kahlen Berge, die eine stimmungsvolle Naturkulisse für die Stadt bilden.

Die kilometerlange **Hafenpromenade** wird von unzähligen Straßencafés, Tavernen und Fischrestaurants gesäumt, Händler bieten eine große Auswahl an Natur- und Kunstschwämmen an, die als Souvenirs sehr beliebt sind. Stattliche klassizistische Häuser aus dem 19. Jh. zeugen vom Wohlstand vergangener Zeiten. Im kleinen volkskundlichen und **archäologischen Museum** (der Weg dorthin ist ausgeschildert), untergebracht im einstigen Herrenhaus eines Schwammhändlers, sind einige historische Einrichtungsgegenstände sowie neolithische und bronzezeitliche Funde zu sehen. Im Nautischen und **Folkloremuseum** am Hafen wird u. a. die Geschichte der Schwammtaucherei dargestellt.

Westküste ▶ Eine von Bäumen gesäumte Straße führt nach Pánormos an der Westküste, die beliebteste Urlaubsregion der Insel. Bevorzugt besucht werden die Strände von Kantoúni, Linariá und Platýs Gialós. Bei der Weiterfahrt auf der Westküstenstraße eröffnen sich herrliche Ausblicke auf die Insel Télendos. **Ferienzentren** sind die beiden zusammengewachsenen Orte Masoúri und Myrtiés, die eine umfassende touristische Infrastruktur mit Tavernen, Cafés, Hotels und Souvenirgeschäften aufweisen.

Der Westküste vorgelagert ist die bis 458 m aufragende Felseninsel Télendos, die durch Erdbeben von Kálymnos abgetrennt worden sein soll. In der Saison fahren von Myrtiés aus Boote zu der ruhigen Insel, die eine gute Alternative zu den betriebsamen Touristenorten ist. ◄ Télendos

An einer tief eingeschnittenen Bucht 8 km nordöstlich von Póthia liegt der hübsche ruhige Ort Vathýs. Baden kann man allerdings nur im Hafenbecken. Hier beginnt das so genannte **Mandarinental**, wo Tausende von Mandarinen- und Orangenbäume wachsen. ◄ Vathýs

Léros

Die grüne, buchtenreiche Insel ist durch eine nur 2,5 km breite Meeresstraße von Kálymnos getrennt. Obwohl die touristische Infrastruktur in den letzten Jahren verstärkt ausgebaut wurde, ist das 53 km² große Léros (6000 Bew.) bislang eine stille, von Urlaubern wenig frequentierte Insel geblieben. Dadurch bekommt man die Gelegenheit, eine Insel kennen zu lernen, die sich ihre Originalität im Alltagsleben noch weitgehend erhalten konnte. Und so manches idyllische Fleckchen ist auf Léros ebenfalls zu entdecken.

> ! *Baedeker* TIPP
>
> **Klettern auf Kálymnos**
>
> Seit einigen Jahren wird die Schwammtaucherinsel, in deren Mitte sich ein bis zu 648 m hoher Bergrücken erhebt, für Kletterfans zunehmend attraktiv. Mehr als 30 Sektoren bzw. Kletterbereiche mit rund 500 Routen unterschiedlichster Schwierigkeitsgrade sind bereits ausgewiesen. Ein spezieller Laden in Myrtiés versorgt die Kletterer mit der notwendigen Ausrüstung. Und unter www.alpinguide.com lassen sich organisierte Kletterreisen auf Kálymnos buchen.

Allerdings hat Léros noch immer Probleme mit seinem Ruf, denn es war lange Zeit Leprastation, nach 1947 Umerziehungsort für Kinder kommunistischer Partisanen, von 1967 bis 1974 Konzentrationslager für Gegner der Obristenjunta und seit 1957 Standort einer berüchtigten psychiatrischen Verwahranstalt.

Der Inselhauptort **Plátanos** (2500 Einw.) liegt malerisch an der Ostküste auf dem Sattel zwischen der weiten Bucht von Álinda, an der die Badeorte **Krithóni** und **Alínda** liegen, und der Plátanos-Bucht, überragt von einer Johanniterfestung aus dem 14. Jahrhundert. Nördlich schließt nahtlos der alte Hafen Agía Marína an, südlich Pantéli mit Fischer- und Jachthafen.

Etwa 3 km südlich von Plátanos greift eine Bucht tief in die Westküste der Insel ein. An ihrem Ende liegt der Ort Lakkí, einer der **größten Naturhäfen der Ägäis** und eine architektonische Besonderheit insofern, als er von italienischen Stadtplanern auf dem Reißbrett entworfen wurde, und zwar im sog. Internationalen Stil, der von Funktionalität und schmuckloser Einfachheit gekennzeichnet ist. Léros war von 1912 bis 1943 von Italien besetzt und Lakkí Stützpunkt der italienischen Flotte im Ostmittelmeer, heute legen hier große Fährschiffe, Ausflugs- und Tragflächenboote an. ◄ Lakkí

Die Bucht von Goúrna an der Westküste bietet schöne Strände und ist weniger frequentiert als Alínda. Ein Damm führt zu einem Inselchen mit der Kapelle **Ágios Isídoros**. ◄ Inselwesten

★★ Kreta · Κρήτη

K–P 13–15

Fläche: 8261 km²
Bewohnerzahl: 750 000

Höhe: 0 – 2456 m ü. d. M.
Hauptstadt: Iráklion (116 000 Einw.)

Weiße Strände unter azurblauem Himmel, Wellenschlag entlang der Küste und Wassergeriesel im fruchtbaren Binnenland, tiefe Schluchten und Karsthöhlen, flirrende Hitze und Grillenzirpen in Olivenhainen sind nur einige Facetten der größten Insel des Landes, auf der Göttervater Zeus in einer Höhle des gewaltigen Ídi-Gebirges aufwuchs.

Ausführlich beschrieben im Baedeker Allianz Reiseführer »Kreta«

Kreta, die größte griechische Insel und fünftgrößte Insel im Mittelmeer, bildet den südlichsten Teil Europas. Es ist mit seiner abwechslungsreichen Landschaft, den schönen Stränden und den berühmten minoischen Kulturdenkmälern eine außerordentlich attraktive Insel und eines der wichtigsten Urlaubsziele Griechenlands.
Die Insel ist 12 bis 57 km breit und erstreckt sich über 260 km in west-östlicher Richtung. Sie ist von drei verkarsteten Bergmassiven gegliedert: im Westen liegen die bis zu 2452 m hohen »Weißen Berge« (Lefká Óri), in der Mitte der Ídi Óros (2456 m ü. d. M.) und im Osten das Díkti-Gebirge (2148 m ü. d. M.). Während die Südküste meist steil ins Meer abfällt, ist die Nordküste flacher und stärker gegliedert. Hier liegen die großen Städte Kretas – Chaniá, Iráklion und Réthymnon –, und hier sind zudem die ausgedehntesten Sand-

Kreta Orientierung

strände der Insel zu finden und damit auch die meisten Ferienzentren. Kreta ist die wirtschaftlich dynamischste Region Griechenlands. Die Landwirtschaft ist immer noch ein bedeutender Erwerbszweig der Insel. Begünstigt durch das milde, sonnenreiche Klima, schöne Strände und zahlreiche archäologische Stätten ist Kreta auch die expansivste Tourismusregion Griechenlands, die jedes Jahr rund drei Millionen Besucher anzieht.

Geschichte

Spuren frühester, wohl von Nordafrika ausgehender Besiedlung datieren ins 7. Jt. v. Chr. Ab dem 3. vorchristlichen Jahrtausend entfaltete sich eine vorgriechische bronzezeitliche Kultur, die um 2000 bis 1600 v. Chr. zu höchster Blüte gelangte und nach dem sagenhaften König Minos als **Minoische Kultur** bezeichnet wird. Der kulturelle und wirtschaftliche Einfluss des Minoischen Reichs als erster Seemacht im Mittelmeer reichte bis zur Iberischen Halbinsel. Noch gänzlich ungeklärt ist, was um 1400 v. Chr. zum Niedergang der Minoischen Kultur und führte und das Eindringen der **Mykener**begünstigte. Mit der endgültigen Zerstörung des Palasts von Knossós 1200 v. Chr. erlosch die minoische Zivilisation. Ab 1000 v. Chr. eroberten **Dorier** den größten Teil der Insel.
Zwischen 69 und 67 v. Chr. wurde Kreta als wichtiger Stützpunkt im östlichen Mittelmeer von den **Römern** eingenommen. Nach der Teilung des Römischen Reichs gehörte es bis 826 n. Chr. zu Byzanz. Von 826 bis 961 von arabischen Sarazenen beherrscht, war es anschließend bis 1204 erneut Teil des byzantinischen Kaiserreichs. Es folgte von 1204 bis 1669 die lange und von erbitterten Unabhängig-

keitsbestrebungen begleitete Herrschaft der **Venezianer**, die der Insel einen beachtlichen kulturellen Aufschwung brachte. Nach jahrelangem Krieg wurde Kreta mit der Einnahme von Iráklion 1669 türkisch; erst 1898 verließen die **Osmanen** die Insel.
Nach vorübergehender Autonomie wurde Kreta 1913 – auf Initiative des auf Kreta geborenen Politikers **Elefthérios Venizélos** (►Berühmte Persönlichkeiten) – an das Königreich Griechenland angeschlossen. Ab 20. Mai 1941 besetzten deutsche Luftlandetruppen die Insel, die wegen ihrer Lage zwischen Südeuropa und Afrika von großer strategischer Bedeutung war, und räumten sie erst im Oktober 1944.

✶ Chaniá

Chaniá (62 000 Einw.), die zweitgrößte Stadt Kretas, im 13. Jh. von den Venezianern an der Stelle des antiken **Kydonia** gegründet, liegt in der gleichnamigen Bucht an der Nordküste. Sie gehört mit ihrem malerischen Stadtbild zu den sehenswertesten Städten Kretas und ist zugleich ein guter Ausgangspunkt, um die landschaftlichen Schönheiten Westkretas kennen zu lernen.

✶ Venezianischer Hafen, Altstadt

Zentrum der Stadt sind der stimmungsvolle, von Restaurants gesäumte Venezianische Hafen mit einem alten Leuchtturm und der ehemaligen Janitscharen-Moschee von 1645. Westlich davon liegt das alte Viertel **Topanás** mit stilvollen kleinen Hotels. Das **Nautische Museum** in der Nordwestecke des Hafens ist im venezianischen Fort Firkas untergebracht; zu sehen sind Schiffsmodelle, eine Muschelsammlung und Dokumente zur Kriegsmarine und Handelsschifffahrt.
Auf dem Hügel hinter der Janitscharen-Moschee breitet sich das Altstadtviertel **Kastélli** mit venezianischen Bauten aus, darunter die Reste der Kirche San Marco. Südlich von Kastélli lag einst das jüdische Ghetto, das Viertel **Evraikí**. Umgeben ist die Altstadt von einer 3 km langen, im 16. Jh. gebauten Stadtmauer.

Highlights Kreta

Samariá-Schlucht
Eine Wanderung durch die 18 km lange Schlucht gehört zu einem Kreta-Urlaub dazu.
► Seite 341

Iráklion
Das Archäologische Museum in Kretas Hauptstadt birgt großartige Funde aus den minoischen Ausgrabungsstätten der Insel.
► Seite 349

Knossós
Die Reste der minoischen Palastanlage vermitteln einen anschaulichen Eindruck von der ersten Hochkultur Europas.
► Seite 357

Palmenstrand von Vái
Zumindest einen Badenachmittag sollte man am berühmten Palmenstrand von Vái an der Ostküste verbringen.
► Seite 363

KRETA ERLEBEN

AUSKUNFT

Tourist-Information
Kriari 40
Chaniá
Tel. 28 21 09 29 43
Fax 28 21 09 26 24
www.chania.gr

ANREISE

Schiffsverbindungen bestehen mit Kalamáta, Piräus und Thessaloníki auf dem Festland sowie mit den Inseln Íos, Chalki, Kárpathos, Kássos, Kýthira, Mílos, Mýkonos, Náxos, Páros, Rhodos, Santorin, Skíathos, Sýros und Tínos.

ESSEN

▶ Erschwinglich

Itanos
Kyprou 1
Ágios Nikólaos
Tel. 28 41 02 53 40
Alteingesessenes Lokal im Stadtzentrum neben der Kathedrale mit schmackhafter griechischer Küche.

La Rentzo
Radamanthiou 9
Réthymnon
Tel. 28 31 02 67 80
Gepflegtes Restaurant in einem jahrhundertealten Gewölbe, stilvoll mit Antiquitäten eingerichtet. Serviert werden griechische und internationale Gerichte.

Tamam
Zambeliou 49
Chaniá
Tel. 28 21 60 80 39
In dem in einem ehemaligen türkischen Bad untergebrachten Lokal wird leckere griechische Küche serviert.

ÜBERNACHTEN

▶ Luxus

Minos Palace
Ágios Nikólaos
Tel. 28 41 02 38 01
www.mamidakishotels.gr
97 Z., 42 Suiten, 9 Bungalows
Das Hotel liegt wunderschön und ruhig auf einer kleinen Halbinsel, umgeben von einer herrlichen Gartenanlage. Einige Suiten sind sogar mit einem eigenen Swimmingpool ausgestattet .

▶ Komfortabel

Amphora
Theodokopoulou
Chaniá
Tel. 28 21 09 32 24
www.amphora.gr
21 Z.
Historisches Gebäude aus dem 13. Jh. am Venezianischen Hafen, das mit Antiquitäten ausgestattet ist; individuell gestaltete Zimmer, teils mit Kochecke, teils mit Balkon.

Grecotel El Greco
Réthymnon
Tel. 28 31 07 11 02
www.grecotel.info
339 Z.
Großzügige Hotelanlage in weitläufigem Garten mit einem 400 m langen Sandstrand; umfangreiches Sport- und Unterhaltungsangebot sowie Kinderclub.

▶ Günstig

Pela-Maria
Limín Chersonísou
Tel. 28 97 02 21 95
www.pelamariahotel.gr
117 Z.
In Strandnähe gelegenes Hotel mit zweckmäßig eingerichteten Zimmern.

Am Hafen von Chaniá ist es abends besonders stimmungsvoll.

★ **Archäologisches Museum**

In der gotischen Kirche San Francesco zeigt das Archäologische Museum hervorragende Exponate aus neolithischer bis römischer Zeit. Bemerkenswert sind die römischen Mosaiken aus dem 3. Jh. n. Chr. und der herrliche hellenistische Goldschmuck (Öffnungszeiten: Di. bis So. So. 8.30 –15.00 Uhr).

Altstadtbummel

Weiter südlich wurde in der katholischen Kirche ein **Volkskundemuseum** mit kretischer Volkskunst vom 18. bis 20. Jh. eingerichtet. Nördlich findet man eine venezianische Renaissance-Loggia. Im östlichen Teil der Altstadt, an der hübschen **Platía 1821**, stehen die venezianischen Kirchen Ágios Nikólaos, die in eine Moschee umgewandelt wurde, und San Rocco aus dem Jahr 1630.

Das **Historische Museum** südlich der Altstadt zeigt bemerkenswerte Exponate zu den Unabhängigkeitskriegen, zum Zweiten Weltkrieg und zum Widerstand gegen die deutsche Besatzung sowie eine Abteilung mit volkskundlichen Stücken (Sfakío 20; Öffnungszeiten: Mo. bis Fr. 9.00 – 13.00 Uhr). In der Nähe breitet sich der beliebte und vor allem abends belebte Stadtpark aus. Die östliche Villenvorstadt Chalépa, um die Jahrhundertwende als Regierungsviertel angelegt, ist Sitz der Präfektur und von Konsulaten.

! *Baedeker* TIPP

Traditionelle Webkunst

Höchst interessant ist ein Besuch in der Teppichweberei Roka in der Zambelioú-Straße 61, wo man beim Weben auf alten Webstühlen zusehen und Teppiche in allen Größen kaufen kann.

Umgebung von Chaniá

Soúda-Bucht

Die Soúda-Bucht, der größte und beste Naturhafen der Insel, ist der Handels- und Fährhafen von Chaniá sowie Flottenstützpunkt. An der Straße zur Halbinsel Akrotíri liegt ein britischer Soldatenfriedhof. Die Festung auf der Insel Souda am Eingang der Bucht blieb bis 1715 im Besitz der Venezianer.

Ágía Triáda

Das 1631 gegründete Kloster Ágía Triáda, 17 km nordöstlich von Chaniá, ist eines der größten und bedeutendsten auf Kreta. Die Kirche besitzt eine schlichte Fassade in italienischem Renaissancestil und eine reiche Ikonostase. Das kleine **Ikonenmuseum** stellt Werke des 18. und 19. Jhs. aus.

! *Baedeker* TIPP

Frische Fische

Wer gerne Fisch isst, sollte eine der Tavernen am Fischerhafen östlich des umtriebigen Venezianischen Hafens wählen. Es ist dort preiswerter und vor allem bedeutend ruhiger.

Weitere vier Kilometer weiter nördlich beeindruckt die Lage des 1548 gegründeten **Klosters Gouvernéto**, ebenfalls mit Renaissancefassade. Die wehrhafte Anlage wird nur noch von wenigen Mönchen bewohnt.
Eine Ikone in der Vorhalle zeigt die Legende des hl. Johannes von Gouvernéto, der auf der Flucht aus dem Nahen Osten unterhalb des Klosters landete und dort mit 98 Gefährten in einer Höhle lebte, bis ihn ein Jäger irrtümlich tötete (Öffnungszeiten: tgl. 7.00 – 14.00, 16.00 – 20.00 Uhr).
Vom Kloster geht's halbrechts abwärts bis zu einigen Hausruinen vor einer geräumigen Höhle, die nach der Form eines Stalagmiten »Bärenhöhle« genannt wird. Sie diente in klassischer Zeit dem Kult der Artemis, der der Bär heilig war. Heute befindet sich hier die Kapelle der Panagía Arkoudiótissa. Nun führt ein schmaler Pfad hinunter zum grandios gelegenen, im 16. Jh. aufgegebenen Kloster Katholikó; links davon sieht man die Höhle des Johannes von Gouvernéto.

◂ Bärenhöhle

Áptera

14 km östlich von Chaniá liegen auf einem Felsplateau die Ruinen der Stadt Áptera, die von der dorischen (1000 v. Chr.) bis in die byzantinische Zeit bestand. Von der türkischen Festung (1868) hat man einen schönen Blick auf die Souda-Bucht und die Halbinsel Akrotíri.

★★ Samariá-Schlucht

42 km südlich von Chaniá liegt das Dorf **Omálos** am Rand der gleichnamigen fruchtbaren Hochebene. Nach weiteren 6 km endet die Straße bei **Xylóskalo**, Ausgangspunkt der rund sechsstündigen Wanderung durch die zum **Nationalpark** erklärte Samariá-Schlucht (Farángi Samariás), eine 18 km lange, bis 600 m tiefe und bei den »Eisernen Toren« (Síderoportes) nur drei bis vier Meter breite Klamm.

Für die Wanderung – einer der Höhepunkte eines Kreta-Urlaubs, den an manchen Tagen über 3000 Menschen erleben wollen –, sind feste Schuhe, Proviant (Wasser!) und gute Kondition wichtig. Zugänglich ist die Schlucht von 6.00 bis 15.00 Uhr, vom November bis April bleibt sie gesperrt.

Am Südausgang der Schlucht liegt das Dorf **Agía Rouméli**; von hier fahren Boote nach Chóra Sfakíon und Paleochóra, die durch Buslinien mit Chaniá verbunden sind.

Chóra Sfakíon Chóra Sfakíon hat sich zu einem kleinen Ort entwickelt, der von der Bewirtung der vielen Tausend Samariá-Wanderer recht gut lebt. Ca. 10 km östlich von Chóra Sfakíon liegt Frangokástello, Treffpunkt vorwiegend junger Urlauber. Nahe dem Ufer steht eine Festung von 1371 und damit eine der ältesten venezianischen Anlagen Kretas.

Nördlich von Chóra Sfakíon erstreckt sich die dicht besiedelte und landwirtschaftlich genutzte Sfakiá-Hochebene. Die wilde **Ímbros-Schlucht** hier ist 7 km lang und zum Teil noch enger als die Samariá-Schlucht; die Wanderung von Imbros nach Komitádes dauert etwa drei Stunden.

Gávdos Der westlichen Südküste Kretas vorgelagert ist die flache, bewaldete Insel Gávdos, Europas südlichster Punkt, zugleich das mythische Ogygia (Odyssee VII, 244), die **Insel der Kalypso**. Die von 40 Menschen bewohnte, unter Naturschutz stehende Insel ist ein Paradies für Ornithologen. Im Sommer steuern Ausflugsboote von Paleochóra und Chóra Sfakíon die Insel an.

Máleme Bei Máleme, 16 km westlich von Chaniá, wurde ein deutscher Soldatenfriedhof mit 4465 Gräbern angelegt, zumeist von Fallschirmjägern, die im Zweiten Weltkrieg beim Luftlandeunternehmen der Deutschen vom 20. Mai bis 1. Juni 1941 fielen.

Halbinsel Rhodópou Acht Kilometer westlich von Máleme zweigt nördlich die Straße nach **Kolimbári** ab. Hier beginnt die sich nach Norden erstreckende, bis 750 m hohe Halbinsel Rhodópou, die durch ihre grandiose karge Landschaft beeindruckt. Das festungsartige venezianische **Kloster Goniás** nördlich von Kolimbári, gegründet 1618, besitzt eine Kirche mit wertvollen Ikonen aus dem 17. Jahrhundert.

Diktýnnaion ► Am Nordostende der Halbinsel, nahe dem Kap Skala, wurde das **Heiligtum der Nymphe Diktynna** freigelegt. Sie war die Schutzherrin der Fischer und ihrer Netze (diktyon = Netz). Nicht weit vom Grabungsgelände mit den Resten eines Tempels (2. Jh. n. Chr.), von Zisternen und weiteren Gebäuden lädt eine malerische Bucht zum Baden ein. Man erreicht die Ausgrabungsstätte am besten per Boot von Chaniá oder Kolimbári aus.

Eine Wanderung durch die spektakuläre Samariá-Schlucht → gehört zu einem Kreta-Urlaub.

Kastélli Kissámou 20 km westlich von Kolimbári kommt man zu dem Städtchen Kastélli Kissámou. Von hier lohnt ein Ausflug nordwestlich zur Insel **Gramvousa** vor der gleichnamigen Halbinsel im äußersten Nordwesten von Kreta; dort erhebt sich über der westlichen Steilküste eine venezianische Festung aus dem 17. Jahrhundert. Von der antiken Hafenstadt **Falásarna**, 9 km westlich von Kastélli Kissámou, sind Reste von Gebäuden und Hafenanlagen, Gräbern und Skulpturen erhalten; der im 5./4. Jh. v. Chr. gegründete Ort wurde vermutlich im 6. Jh. n. Chr. aufgegeben, als sich die Küste um 8 m hob. Einen schönen Blick auf den Golf von Kissámou hat man von den Ruinen der Dorierstadt **Polirheneia** (8. Jh. v. Chr.); die 6 km südlich von Kastélli Kissámou gelegene Ausgrabungsstätte erreicht man in 30 Minuten zu Fuß vom Dorf Polirinía.

Moní Chrisoskalítissa Das kleine weiße Kloster Chrisoskalítissa aus dem 17. Jh., 40 km südwestlich von Kastélli Kissámou entfernt, lohnt vor allem wegen seiner hübschen Lage auf einem niedrigem Fels über dem Meer einen Besuch. Das modern wirkende Kloster ist in seiner wechselvollen Geschichte oft aufgegeben worden; 1944 zerstörten die Deutschen viele seiner Gebäude. Heute leben hier noch einige Mönche; die Klosterzellen werden als Gästezimmer vermietet.

Paleochóra Über Kántanos, das 1941 in einer Vergeltungsaktion der deutschen Wehrmacht zerstört wurde, erreicht man 77 km südwestlich von Chaniá Paleochóra an der Südküste, das durch seine herrliche Lage auf einem Kap beeindruckt. Es ist ein gut besuchter und ansprechender Badeort mit langen Kies- und Sandstränden. Das **Kastell Selinou** auf dem Kap erbauten die Venezianer im Jahr 1282.

> **!** *Baedeker* TIPP
>
> **Zum »Karibikstrand«**
>
> Kretas schönster Strand, eine wegen der vielen Blau- und Grüntöne ihres Wassers geradezu karibisch anmutende Strandbucht mit Lagunenatmosphäre, erstreckt sich an der Westküste, ca. 5 km südlich des Dorfes Christoskalítissa. Vorgelagert ist das Inselchen Elafonísi, zu dem man bei ruhiger See über einen Sandstreifen hinüberwaten kann.

Auf dem Weg von Kántanos nach Soúgia passiert man zunächst **Anisaráki** mit vier sehenswerten byzantinischen Kapellen aus dem 14. und 15. Jahrhundert. Südlich des Orts **Teménia**, 11 km südlich von Kántanos, ist die Sótiros-Kirche aus dem 13./14. Jh. architektonisch bemerkenswert; sie ist zudem mit qualitätsvollen Fresken ausgestattet. Schließlich ist nach 25 km **Soúgia** erreicht, das sich mit seinen Kiesstränden zu einem beliebten Ferienort entwickelt hat. Die Dorfkirche besitzt einen Mosaikfußboden aus einer im 6. Jh. errichteten frühchristlichen Basilika.

Lissós ► Von Soúgia führt eine empfehlenswerte 90-minütige Wanderung über die westliche Höhe zur Nachbarbucht Ágios Kýrikos. Es ist die Stelle des antiken Lissós, das in römischer Zeit für seine Heilquellen

Der Elafonísi-Strand an der Westküste gehört zu den schönsten der Insel.

berühmt war. Erhalten sind Reste vom Tempel des Asklepios-Heiligtums: Cellamauern, Mosaikfußböden, die Basis des Kultbilds und ein Opferkasten. Weiterhin sind römische Häuser und am Westhang Grabstätten aus hellenistischer und römischer Zeit zu sehen. Am Ufer steht eine Ký́rikos-Kapelle und westlich des Tempels eine Panagía-Kapelle, beide auf Resten frühchristlicher Basiliken erbaut.

Réthymnon

Réthymnon (20 000 Einw.), die drittgrößte Stadt auf Kreta, breitet sich an der Nordküste vor der Kulisse des Ída-Gebirges aus. Sowohl von der venezianischen als auch von der türkischen Herrschaft geprägt, weist die Stadt eine besonders reizvolle Kulturmischung auf, die sich vor allem in der Altstadt zeigt. Am Hafen beginnt der 12 km lange Sandstrand, der von vielen Hotels, Pensionen und Apartmenthäusern gesäumt ist.

★ **Stadt mit kultureller Vielfalt**

Die auf einer Halbinsel liegende Altstadt ist mit zahlreichen venezianischen Bauten, türkischen Häusern mit überdachten Holzgitterbalkonen und Moscheen besonders stimmungsvoll. An der Ostseite der Altstadt liegt der romantische **Venezianische Hafen**, der mit seinen Cafés und Tavernen vor allem abends ein beliebter Treffpunkt ist.

★ **Altstadt**

Überragt wird die Altstadt von der venezianischen Fortezza, 1574 bis 1582 erbaut. Im Sommer finden hier kulturelle Veranstaltungen unter freiem Himmel statt. Die Moschee mit ihrer mächtigen Kuppel entstand ab 1646 aus der Nikolaus-Kirche.

★

◀ Fortezza

WENN SORBAS DEN SIRTAKI TANZT

Der berühmte Roman »Alexis Sorbas« des kretischen Dichters Níkos Kazantzakis war die Vorlage für den gleichnamigen erfolgreichen Film von Michael Cacoyannis mit Anthony Quinn in der Hauptrolle.

»Ein Unbekannter von ungefähr fünfundsechzig Jahren, hochgewachsen, hager, mit aufgesperrten Augen, hatte sein Gesicht an die Scheibe gepreßt und blickte mich an. Er hielt ein kleines plattes Bündel unter dem Arm. Was mir besonderen Eindruck machte, waren seine Augen. Sie waren spöttisch, traurig, unruhig, ganz Feuer. So schien es mir wenigstens. Sobald sich unsere Blicke begegneten, war es, als sei er sich sicher, dass ich der war, den er suchte.« So beginnt die seltsame Begegnung zwischen einem jungen englischen Schriftsteller und einem Mann namens Alexis Sorbas – zwei Menschen, wie man sie sich gegensätzlicher nicht vorstellen könnte: der eine gebildet, introvertiert und eher in seinen Büchern als im richtigen Leben zuhause; der andere voller Lebensdrang und ungestümer Leidenschaft bei allem, was er tut, ein Mann, der vor allem aus dem Bauch und mit dem Herzen lebt. Es ist die Geschichte einer Männerfreundschaft, die vor dem Hintergrund des kretischen Alltags in all seiner Härte, aber auch all seiner Poesie und unverbrauchten, archaischen Schönheit erzählt wird. Der Autor dieser Geschichte, **Nikos Kazantzakis**, stammte zwar von Kreta, war bei aller Verbundenheit mit seiner Heimat aber auch ein überaus kosmopolitischer Geist und ein scharfsichtiger Kritiker seiner Landsleute. Sein 1946 erschienener Roman über Alexis Sorbas machte ihn, der in Griechenland als Schriftsteller kein Unbekannter mehr war, mit einem Schlag weltberühmt.

Was viele nicht wissen: Alexis Sorbas ist nicht eine reine Erfindung von Kazantzakis, sondern es hat ihn tatsächlich gegeben. Der richtige Sorbas hieß Giorgos und war Bergarbeiter. Im Jahr 1916 kreuzten sich die Wege

Alan Bates und Anthony Quinn in »Alexis Sorbas« – zwei Typen, wie sie unterschiedlicher kaum sein können.

von Kazantzakis und Sorbas. Der Schriftsteller verbrachte einige Monate mit dem mazedonischen Bergmann auf dem Peloponnes, um Braunkohle zu schürfen – das Bergbauprojekt im Roman hat hier seinen realen Vorläufer. Kaum jemand hätte erahnt, dass Giorgos Sorbas, oder, genauer gesagt, der Sorbas, den Kazantzakis aus ihm gemacht hatte, als Romanheld in die Literaturgeschichte eingehen würde! Der Erfolg des Romans war allerdings nur das Vorspiel für eine noch weit größere Popularität, die der Geschichte dieser beiden Männer durch ihre Verfilmung beschieden sein sollte.

Mit **»Alexis Sorbas«** gelang 1964 Regisseur **Michael Cacoyannis** ein Streifen, der die Menschen in Scharen in die Kinos lockte und von der Kritik mit Lobeshymnen überschüttet wurde. »Zorba the Greek«, so der Originaltitel, avancierte schnell zu einem Klassiker der Filmgeschichte. Gedreht wurde der Film an Originalschauplätzen auf Kreta, vor allem in dem kleinen Fischerdorf Stavrós auf der Halbinsel Akrotíri. So manches, was im Film echt griechisch aussieht, entpuppt sich bei näherem Hinsehen dann aber doch als (gekonnte) Mogelei. So der **Sirtaki**, den Anthony Quinn so hinreißend tanzt. Da der Schauspieler in der kurzen Zeit der Dreharbeiten die komplizierten kretischen Volkstänze nicht lernen konnte, wurde ihm zur Musik von **Mikis Theodorakis** eine einfache Variante abverlangt. Die meisten Urlauber halten den Sirtaki zu Unrecht für einen Traditionstanz. Dass der Film von Cacoyannis gegenüber dem Roman vieles vereinfacht oder schematisiert, ist jedem, der schon mehr als eine Romanverfilmung gesehen hat, nicht fremd. Natürlich hat Cacoyannis aus den Hauptfiguren Charaktere geschaffen, die am Rand der klischeehaften Überzeichnung stehen. Dass sie dennoch so überzeugend wirken, ist der hervorragenden Besetzung zu verdanken. Die größten Sympathien gelten allerdings dem Hauptdarsteller **Anthony Quinn**. Der Charakter dieses Lebenskünstlers schien Quinn in einem Maß auf den Leib geschneidert, dass Schauspieler und Rolle für den Zuschauer eins wurden – Quinn spielte nicht den Sorbas, er war Sorbas.

Archäologisches Museum ✶ Das interessante Archäologische Museum im ehemaligen venezianischen Gefängnis neben der Fortezza präsentiert kretische Funde vom Neolithikum bis zum Hellenismus. Herausragende Exponate stammen aus den **Nekropole von Arméni**, darunter vor allem Sarkophage mit interessanten Verzierungen (Öffnungszeiten: Di. – So. 8.30 bis 15.00 Uhr).

Stadtbummel In der Nähe des Hafens steht eine schöne venezianische Loggia im Renaissancestil aus dem 17. Jahrhundert, einst Treffpunkt des venezianischen Adels. Von hier gelangt man durch die Odós Paleológon zum hübschen **Arimondi-Brunnen** von 1629. Nun geht man nach Süden bis zur Vernárdou-Straße, in der neben venezianischen Häusern mit türkischen Holzaufbauten die Moschee tis Nerandses (nicht zugänglich) mit Minarett zu sehen ist. Über die Odós Ethnikís Antistáseos erreicht man die ehemalige Klosterkirche **San Francesco** mit schönem Renaissanceportal und das venezianische Stadttor **Megáli Pórta** aus dem 16. Jahrhundert.

! *Baedeker* TIPP

»Extreme« Bar

AC/DC, Rory Gallagher oder Metallica – für Rockfans ist die Bar X-treme in der Odós Neárchou 27 beim Venezianischen Hafen genau das Richtige.

Umgebung von Réthymnon

Kloster Arkádi ✶ 23 km südöstlich von Réthymnon liegt eindrucksvoll auf einem Plateau die festungsartige Klosteranlage Arkádi, das **Nationalheiligtum der Kreter** und eine historisch wie landschaftlich herausragende Sehenswürdigkeit. Hierher hatten sich 1866 rund 1000 Kreter – Männer, Frauen und Kinder – geflüchtet und sich am 8. November nach aussichtslosem Kampf gegen 15 000 Türken mit dem Pulvermagazin in die Luft gesprengt.

Das von einigen Mönchen bewohnte Kloster wurde wahrscheinlich bereits im 10 / 11. Jh. gegründet, die heutigen Bauten stammen meist aus dem 17. Jahrhundert. Die Klosterkirche von 1587 zeigt an der Fassade Elemente aus italienischer Renaissance und dem Barock.

Píso Moní An der Südküste, 38 km von Réthymnon entfernt, beeindruckt das um 1700 gegründete Kloster Píso Moní durch seine herrliche Lage. Das Kloster spielte eine wichtige Rolle in zahlreichen Aufständen gegen die Türken und zuletzt im Widerstand gegen die deutsche Besatzung im Zweiten Weltkrieg. Die Klosterkirche besitzt eine Ikonostase mit vielen alten Ikonen und eine geschnitzte Kanzel. Das prächtig verzierte goldene Kreuz auf dem Altar im Südschiff soll einen wundertätigen Splitter vom Kreuz Christi enthalten.

✶ Strand ► Unterhalb des Klosters erstreckt sich an der Mündung des Megálou Potámou der herrliche, überaus gut besuchte Strand am klaren grünblauen Meer.

Kloster Arkádi – das Nationalheiligtum der Kreter

Der Kournás-See, **Kretas einziger Binnensee**, erstreckt sich hübsch von Bergen umrahmt unweit der Bucht von Georgioúpoli, 23 km östlich von Réthymnon. Man kann hier baden und Tretboot fahren, für das leibliche Wohl sorgen einige Tavernen. **Kournás-See**

Iráklion

Iráklion (134 000 Einw.), die etwa in der Mitte der Nordküste gelegene größte Stadt Kretas, ist Verwaltungssitz und wichtigster Hafen der Insel. Die historische Substanz ging großteils im Zweiten Weltkrieg verloren, so dass das Stadtbild insgesamt weniger ansprechend ist. Dennoch hat die touristische Drehscheibe Kretas auch einige hübsche Winkel zu bieten. Von Interesse ist die Altstadt innerhalb der weitgehend gut erhaltenen Stadtmauer. Die Atmosphäre der geschäftigen Stadt erlebt man am besten auf der Platía Venizélou mit dem Morosini-Brunnen und vielen Restaurants und Cafés. **Inselhauptstadt**

Iráklion war in minoischer Zeit Hafenplatz von Knossós, verfiel in römischer Zeit und wurde nach im Jahr 824 von den Sarazenen wiederbelebt. Die Venezianer ließen die von ihnen Cándia genannte Stadt ab 1538 durch den Baumeister Michele Sanmicheli mit einer gewaltigen langen Festungsmauer umgeben und machten sie zur Inselhauptstadt. Nach der Einnahme Kretas 1648 belagerten die Türken Iráklion bis 1669. Mit dem Exodus der Christen verlor Iráklion bis zum Anschluss an Griechenland 1913 seine wirtschaftliche Bedeutung. **Geschichte**

Iráklion Orientierung

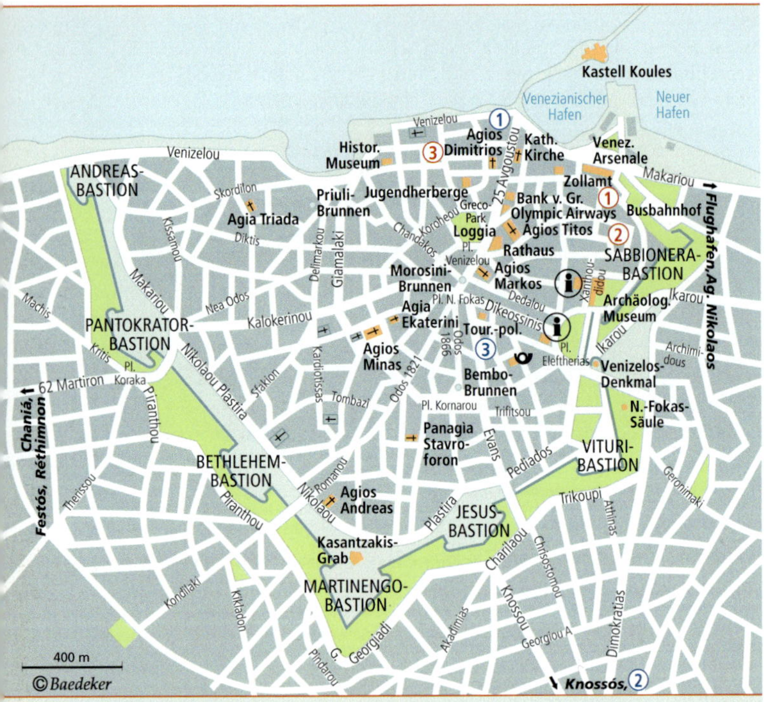

Essen
① Ippo Kambos
② Kiriakos
③ Ionia

Übernachten
① Lato
② Atlantis
③ Mirabello

★★ Archäologisches Museum

Die wichtigste Sehenswürdigkeit der Stadt ist das Archäologische Museum, das nach dem Archäologischen Nationalmuseum in Athen bedeutendste Museum des Landes. Es vermittelt ein umfassendes Bild der außergewöhnlichen minoischen Kultur ab dem dritten vorchristlichen Jahrtausend. Das Museum ist z. Zt. wegen Renovierung geschlossen. In einem Ausstellungsraum in der Chatzidaki-Straße in der Nähe ist eine Auswahl von Exponaten zu sehen (Öffnungszeiten: Mo. 13.00 – 19.30, Di., Fr., So. 8.00 – 19.30 Uhr.)

Von den zahlreichen Exponaten können hier nur einige wenige herausragende Stücke beschrieben werden. Unter den Funden aus dem Neolithikum und der minoischen Vorpalastzeit (5000 – 2100 v. Chr.) ragen eine schöne Steinpyxis mit feiner Ritztechnik und einem Griff in Gestalt eines liegenden Hundes und eine Votivschale mit plastischer Dekoration hervor, die eine Schafherde mit Hirten darstellt. Ein wertvoller historischer Gegenstand ist der berühmte tönerne **Diskos von Festós** aus der Alten Palastzeit (2100 – 1700 v. Chr.). Mit seinen spiralenförmig von außen nach innen verlaufenden Hieroglyphen ist es das weltweit älteste Zeugnis eines Schriftdruckes.

Zu den berühmtesten Funde aus der Neuen Palastzeit (1700 – 1400 v. Chr.) gehören die drei so genannten **Schlangengöttinnen** aus den Schatzkammern des Zentralheiligtums von Knossós. Das **Stierrhyton**, einer der bedeutendsten Funde der minoischen Kultur, ist eine meisterhafte Arbeit aus Steatit; die Augen sind aus Bergkristall und Jaspis; die goldenen Hörner sind ergänzt. Aus den Nekropolen im Gebiet von Knossós und Festós stammen Tongegenstände mit der Darstellung von kultischen Szenen. Ein Meisterwerk ist der Ring aus Isópata mit drei tanzenden Frauen und einer Gestalt, wahrscheinlich eine Göttin, die vom Himmel herabschwebt.

Ein weiteres Glanzstück des Museums ist die so genannte **Schnittervase** aus Steatit mit einer sehr lebendigen Darstellung: Nach der Getreideernte gehen einige Männer fröhlich singend nach Hause. Auch der so genannte **Prinzenbecher**, ebenfalls aus Steatit gearbeitet, zeigt schönen Reliefschmuck: Vor einem jungen Mann mit Szepter steht ein Würdenträger, ein Schwert über der Schulter, dem drei Männer, die Tierfelle tragen, folgen.

Aus dem Palast von Káto Zákros der Neuen Palastzeit (1700 – 1400 v. Chr.) stammt ein weiteres Meisterwerk: das schöne **Rhyton aus Bergkristall** mit einem Henkel aus Kristallperlen, geschmückt mit einem vergoldetem Perlenkranz. Die herrlichen **Fresken** aus Zentral- und Ostkreta, ebenfalls aus der Neuen Palastzeit, sind zwar größtenteils rekonstruiert, vermitteln aber einen sehr guten Eindruck von der verfeinerten minoischen Kultur.

Der berühmte **Sarkophag von Agía Triáda** (um 1400 v. Chr.) ist der einzige minoische Steinsarg; er enthielt wahrscheinlich den Leichnam eines Königs. Die außerordentlich gut erhaltenen Fresken zeigen Szenen von Kulthandlungen, wobei die Frauen an der weißen und die Männer an der braunen Farbe erkennbar sind. So bringt eine Priesterin auf einem Altar vor einem mit Doppelhörnern geschmückten Kultbau ein Opfer dar. Der Vogel auf der Doppelaxt daneben symbolisiert die Anwesenheit der

Wunderschönes Rhyton aus Bergkristall

IRÁKLION ERLEBEN

AUSKUNFT

Tourist-Information
Xanthoudidou 1
Tel. 28 10 24 62 99
www.heraklion-city.gr

SHOPPING

Das Geschäftsspektrum in Iráklion ist breit gefächert: es reicht von eleganten Boutiquen bis zu typischen Touristenläden, in den meistens viel Kitsch angeboten wird.
An den Hauptverkehrsstraßen Dikeossinis und Kalokerinou warten zahllose Geschäfte und Souvenirshops auf Kunden. Schicke Boutiquen, gute Schmuck- und Antiquitätengeschäfte säumen die Dedalou-Straße. Man sollte sich aber auch in den Nebengassen umsehen; hier lässt sich noch so manches Besondere entdecken.
In der Marktstraße Odós 1866 gibt es alle erdenklichen kretischen Lebensmittel. Östlich des Busbahnhofs A am Hafen findet jeden Samstagvormittag ein Straßenmarkt statt.

AUSGEHEN

Quirliges Leben herrscht abends in den Cafés und Bars rund um den Korai-Platz östlich des Morosini-Brunnens. Hier trifft man sich, genießt einen Drink und beobachtet das rege Kommen und Gehen.

ESSEN

► Erschwinglich

① ***Ippokambos***
S. Venizelou 2 – 3
In der Ouzerie am Venezianischen Hafen kann man auf zwei Etagen kretische Köstlichkeiten genießen.

② ***Kiriakos***
Leofóros Dimokratías 53
Tel. 28 10 22 46 49
Das moderne Lokal mit gemütlicher Atmosphäre, das etwas abseits des Zentrums liegt, gilt als eines der besten Restaurants der Stadt. Serviert werden äußerst schmackhafte griechische Gerichte.

► Preiswert

③ ***Ionia***
Evans 5
Beliebte Taverne in zentraler Lage nahe dem Markt, die landestypische Gemüsegerichte und die traditionelle Kuttelsuppe Patsa serviert.

ÜBERNACHTEN

► Luxus

① ***Lato***
Epimenidou 15
Tel. 28 10 22 81 03
www.lato.gr
50 Z.
Die meisten Zimmer in diesem eleganten Stadthotel bieten prächtige Ausblicke auf Hafen und Meer.

► Komfortabel

② ***Atlantis***
Igias 2
Tel. 28 10 22 91 03
www.theatlantishotel.gr
160 Z.
Großes Hotel nahe dem Archäologischen Museum; Foyer und Restaurant in Designer-Eleganz.

► GÜNSTG

③ ***Mirabello***
Theotokopoulou 20
Tel. 28 10 28 50 52
www.mirabello-hotel.gr
25 Z.
Trotz seiner zentralen Lage ist das Hotel sehr ruhig. Die Zimmer sind zwar nicht allzu groß, aber nett eingerichtet und gut ausgestattet.

Am Morosini-Brunnen schlägt das Herz von Iráklion.

Gottheit. Eine weitere Priesterin führt ein blutiges Stieropfer aus, begleitet von einem Flötenspieler. Eine andere Szene zeigt einen Grabbau, davor einen Toten, zu erkennen an den fehlenden Armen. Drei Männer bringen ihm zwei Tiere und wahrscheinlich eine Totenbarke. Von der Schmalseite bewegen sich von rechts zwei Frauen und weitere Gabenbringer auf die Gruppe zu .

Altstadt

Am venezianischen Hafen nördlich vor der Altstadt findet man die von 1523 bis 1540 erbauten **Festung Koules**. An der nach Süden ins Zentrum führenden Odós 25 Avgoustou steht die **venezianische Loggia**, errichtet von 1626 bis 1628. Das anschließene Zeughaus (17. Jh.) ist heute Rathaus. Weiter südlich, auf dem Venizelos-Platz, sieht man den **Morosini-Brunnen** (1628) mit Löwen aus dem 14. Jh. und die ehemalige Markos-Kirche (1239), von 1669 bis 1915 Moschee, die mit Kopien bedeutender kretischer Fresken dekoriert ist und heute als Veranstaltungsort genutzt wird.
Nordöstlich des Platzes steht die **Titos-Kirche**, benannt nach Titus, Begleiter des Apostels Paulus und erster Bischof von Kreta; seine Schädelreliquie wird in einer kleinen, von der Vorhalle aus zugänglichen Kapelle aufbewahrt. Der Bau aus dem 11. / 12. Jh. wurde 1862 Moschee, später orthodoxe Kathedrale. Am südlichen Ende der Odós 1866 trifft man auf den **Bembo-Brunnen** von 1588, in den antike Spolien verbaut wurden; das türkische Brunnenhaus daneben wird als Kiosk genutzt. Am Katharinenplatz steht die im 19. Jh. erbaute **Minás-Kathedrale**, die Hauptkirche der Stadt.

★ **Byzantinisches Museum**

Das Byzantinische Museum ist in der ehemaligen Kirche Agía Ekateríni aus dem 18. Jh. untergebracht. Die bedeutendsten Exponate sind sechs Ikonen von **Michael Damaskinos** an der Südwand des Langhauses, die von 1580 bis 1591 für das Kloster Vrondísi gemalt wurden. Außerdem werden Kirchenbücher, liturgisches Gerät und bestickte Priestergewänder gezeigt (Öffnungszeiten: Mo. – Fr. 9.00 bis 18.00 Uhr).

★ **Historisches Museum**

Das Historische Museum in der nördlichen Altstadt dokumentiert die kretische Geschichte von der Spätantike bis in die Gegenwart. Außerdem gibt es Sammlungen von Web- und Handarbeiten, Musikinstrumenten und Haushaltsgegenständen. Rekonstruiert wurden die Bibliothek und das Zimmer des kretischen Dichters **Nikos Kazantzakis** (►S. 81 und 346), in dem er von 1948 bis 1957 im französischen Antibes arbeitete (Öffnungszeiten: Sommer Mo. – Fr. 9.00 – 16.00, Sa. bis 14.00, Winter 9.00 – 15.00 Uhr).

Stadtmauer

Der von dem Veroneser Baumeister **Michele Sanmicheli** Mitte des 16. Jhs. angelegte Festungsring ist etwa 5 km lang und verfügt über fünf Bastionen und zwei Halbbastionen; vor der Mauer lag ein heute teilweise noch erkennbarer, 20 bis 60 m breiter Trockengraben. Von den einst acht Stadttoren sind die meisten noch vorhanden. In der **Martinengo-Bastion** befindet sich das Grab von **Nikos Kazantzakis**, weil die Kirche dem Freidenker eine Bestattung in geweihter Erde verweigert hatte. Die schlichte Platte nennt sein Credo: »Ich erhoffe nichts, ich fürchte nichts, ich bin frei.«

Umgebung von Iráklion

★ **Górtys**

Die antike Stadt Górtys, 46 km südlich von Iráklion, war ehemals Rivalin von Festós und Knossós und später Hauptstadt der römischen Provinz Creta-Cyrenaica, die bis zum Einbruch der Sarazenen im Jahr 826 bestand. Südlich der Straße, im frei zugänglichen Olivenhain liegen verstreut u. a. die Reste eines Isis-Serapis-Tempels aus dem zweiten nachchristlichen Jahrhundert, des Tempels des Apollon Pythios, eines römischen Statthalterpalasts mit Thermen (2. – 4. Jh.), eines Amphitheaters sowie eines Stadions. 500 m weiter liegen nördlich der Straße unter der Akropolis die Ruinen der im 6. Jh. errichteten **Titus-Basilika** (6. Jh. n. Chr.), eines Theaters sowie eines Odeons. In dem das Odeon umrundenden Portikus sind 12 von einst wohl 20 griechischen **Gesetzestafeln** aus der Zeit um 500 v. Chr. aufgestellt. Auf 42 Steinblöcken ist im »bustrophedón« (»wie ein Ochse pflügt«), d. h. in abwechselnd von links nach rechts und von rechts nach links geschriebenen Zeilen, das Zivil- und Strafrecht der dorischen Stadt festgehalten – das älteste Gesetz des Abendlandes. Bemerkenswert an diesen Gesetzen sind das milde Strafmaß – es gibt keine Todesstrafe – und die vermögensrechtlich bevorzugte Stellung der Frau (Öffnungszeiten: Apr. – Okt. tgl. 8.00 – 19.30 Uhr).

Die Palastanlage von Festós ist die nach Knossós bedeutendste Ausgrabungsstätte Kretas.

Plátanos, Léntas

Bei Plátanos, 6 km südlich von Górtys, sind zwei bedeutende **frühminoische Rundgräber** (ca. 2500 v. Chr.) bemerkenswert; das östliche ist mit 13 m Durchmesser das größte auf Kreta.
Bei Léntas an der Südküste, 17 km südlich von Górtys, sind Reste der griechisch-römischen Stadt **Lébena** erhalten, ehemals Hafen von Górtys und bereits im 4. Jh. v. Chr. für ihre Thermalquelle berühmt. Oberhalb des heutigen Orts steht auf einer Terrasse der Asklepios-Tempel, im 3. Jh. v. Chr. erbaut und im 2. Jh. n. Chr. erneuert, in dem noch zwei Säulen, die Basis des Kultbilds und Mosaikreste zu sehen sind. Auf dem schönen Mosaik in dem Raum unmittelbar nördlich sind ein Seepferd und Palmetten dargestellt. Im Boden ist eine 2 m tiefe Grube mit runder Öffnung eingelassen, die in einen unterirdischen Raum führt. Hier bewahrte man den Tempelschatz auf, der allerdings schon in der Antike geraubt wurde. Südöstlich des Komplexes findet man die heute noch genutzte Heilquelle.
Weiter östlich findet man die Johanneskapelle (11. Jh.) in den Ruinen einer überwiegend aus antikem Baumaterial errichteten byzantinischen Basilika aus dem 5./6. Jahrhundert (frei zugänglich).

*** Festós**

Festós ist nach Knossós der bedeutendste minoische Palast der Insel. Auf einem Ausläufer des Ídi-Gebirges – mit herrlichem Blick über die Messará-Ebene – liegen die Ruinen der, der Sage nach, von **König Minos** gegründeten Stadt. Der auf Terrassen angelegte neue Palast wurde nach 1700 v. Chr. an der Stelle eines um 1900 v. Chr. erbauten und um 1700 v. Chr. durch ein Erdbeben zerstörten Gebäudes errichtet und fiel um 1450 v. Chr. einer Brandkatastrophe zum Opfer. Von den um einen Mittelhof gruppierten Palastteilen sind die Ruinen des westlichen und nördlichen Flügels erhalten, während der südliche und östliche Flügel bei einem Erdbeben abgestürzt sind. An der West- und Nordseite des noch vorhandenen Teils sieht man Reste des alten Palasts.

Vom Eingang aus überquert man den Nordhof und geht eine Treppe hinunter; rechts erkennt man die Stufen des Theaters, links führt eine monumentale Propyläentreppe in den Palast. Zu sehen sind u. a. ein Peristyl (ein von Säulen eingefasster Hof), königliche Gemächer, Korridore, Räume mit Alabasterbänken, eine Säulenhalle und Magazine (Öffnungszeiten: Apr. – Okt. tgl. 8.00 – 19.30 Uhr).

✶ Vóri

Das 5 km nördlich von Festós liegende Vóri besitzt das schönste und interessanteste **Volkskundemuseum** Kretas. Die didaktisch gut aufbereitete Sammlung, die bis zu 500 Jahre alte Objekte umfasst, veranschaulicht die Themen Fischerei, Land- und Forstwirtschaft sowie Kunsthandwerk (Öffnungszeiten: Apr. – Okt. tgl. 10.00 – 18.00 Uhr).

✶ Agía Triáda

Etwa zwei Kilometer westlich von Festós – und mit dem Palast einst durch eine gepflasterte Straße verbunden – liegen die Reste der minoischen Villa Agía Triáda, die nach einer auf einem Nachbarhügel stehenden byzantinischen Kapelle benannt ist. Sie stammt wie Festós hauptsächlich aus dem 16. Jh. v. Chr., wurde allerdings nach einem Brand um 1450 v. Chr. erneuert und blieb bis in dorische Zeit bewohnt. Von der Westseite des Palasts kann man eine herrliche Aussicht auf das Meer und das Ídi-Gebirge genießen. Im Süden des Palasts sieht man die venezianische Kapelle Ágios Geórgios aus dem 14. Jahrhundert.

Durch das Tor an der Nordostecke des Ruinengeländes erreicht man eine Nekropole, die zwei Kuppelgräber und ein Schachtgrab umfasst, in dem der berühmte **Sarkophag** gefunden wurde (Öffnungszeiten: Apr. – Okt. tgl. 10.00 – 16.30 Uhr).

Ágios Ioánnis

In dem gleich südlich von Festós gelegenen Dorf Ágios Ioánnis ist die Kirche **Ágios Pávlos**, auf dem Friedhof gelegen, architektonisch bemerkenswert. Die Kirche besteht aus drei Bauabschnitten, wovon der östliche überkuppelte kubische Bauteil der älteste ist, der wahrscheinlich als Baptisterium bis ins 4. / 5. Jh. zurückreicht. Im Jahr 1303 wurde der mittlere Zentralbau mit hoher Tambourkuppel und im 15. / 16. Jahrhundert der offene Narthex in venezianischem Stil angebaut. Die Freskenreste gehen auf die Jahre 1303 / 1304 zurück. An der Innenseite der Ostmauer der Kirchhofs befindet sich ein kleines Beinhaus.

Der Strand von Mátala wird von Felsen umrahmt.

Mátala

Rund 8 km südwestlich von Festós erreicht man das Meer bei Mátala, das in minoischer Zeit wahrscheinlich der Hafen für Festós, in römischer Zeit für Górtys war. In die Felswände der flachen Hafenbucht sind Höhlen gegraben, die in frühchristlicher Zeit als Gräber dienten. Im Jahr 826 gingen hier die Sarazenen an Land. Auch Zeus soll, dem Mythos nach, in Gestalt eines Stieres mit der aus Phönikien entführten Prinzessin **Europa** hier gelandet sein. Heute sind die Höhlen durch einen Zaun vom Strand getrennt (zugänglich: tgl. 8.00 bis 20.00 Uhr). Mátala ist ein sehr beliebter Badeort. Tagsüber kommen noch eine große Anzahl von Ausflüglern hinzu. Der Touristenort verfügt über zahlreiche Tavernen und Souvenirläden.

✶✶ Knossós

Minoische Palastanlage

Etwa 5 km südöstlich von Iráklion liegt in der Nähe von **Makritíchos** die Ausgrabungsstätte von Knossós, der ältesten Hauptstadt der Insel, mit der teilweise rekonstruierten minoischen Palastanlage. Die sich über 20 000 m² ausdehnende und einst drei- bis vierstöckige Anlage, die mehrfach – vermutlich durch Erdbeben – zerstört und in drei Phasen erneuert wurde, bestand von etwa 2000 – 1400 v. Chr.: Erster Palast um 2000 – 1800, Zweiter Palast um 1800 – 1700, Dritter Palast um 1700 bis 1400 v. Chr. Die heute sichtbaren Teile stammen hauptsächlich vom Dritten Palast.
Der komplizierte Grundriss gab Anlass zu der Vermutung, dass der Palast mit dem sagenhaften Labyrinth des Königs Minos identisch sei, zumal hier öfter das Symbol der Doppelaxt (»labrys«), ein Wahrzeichen des minoischen Kreta, gefunden wurde.

KNOSSÓS

★★ **Knossós, der bedeutendste minoische Palast, ist ein anschauliches Zeugnis für die erste Hochkultur Europas. Mit einer Fläche von 20 000 m² und mehr als 1000 Räumen war er zugleich der größte Palast dieser einmaligen Kultur. In seiner Blütezeit sollen über 10 000 Menschen in der Anlage und im Umkreis gelebt haben.**

Öffnungszeiten:
Apr. – Okt. tgl. 8.00 – 19.00 Uhr

① Thronsaal

Den zentralen Platz im Thronsaal nimmt der Thron aus Alabaster ein, flankiert von Sitzbänken und von Fresken mit Greifenmotiven hinterfangen. An den Saal grenzen Kulträume; in einem wurde eine Muttergottheit verehrt.

② Zentralheiligtum

Im nur von Fackeln beleuchteten Zentralheiligtum wurden wahrscheinlich Erd- und Fruchtbarkeitsgottheiten angebetet. Die Doppelaxtzeichen verleihen dem Raum eine besondere Heiligkeit. Die Doppelaxt war neben den Stierhörnern eines der wichtigen Kultobjekte der minoischen Religion. Außerdem gab es unterirdische Schatzgruben.

③ Nordwestflügel

Im Nordwestflügel waren Kulträume untergebracht, die mit wunderschönen Wandmalereien geschmückt waren.

④ Halle der Doppeläxte

Die Halle der Doppeläxte – benannt nach den Doppelaxtmotiven, mit denen sie geschmückt war – diente vermutlich als offizieller Empfangsraum des Palastes.

Knossós Orientierung

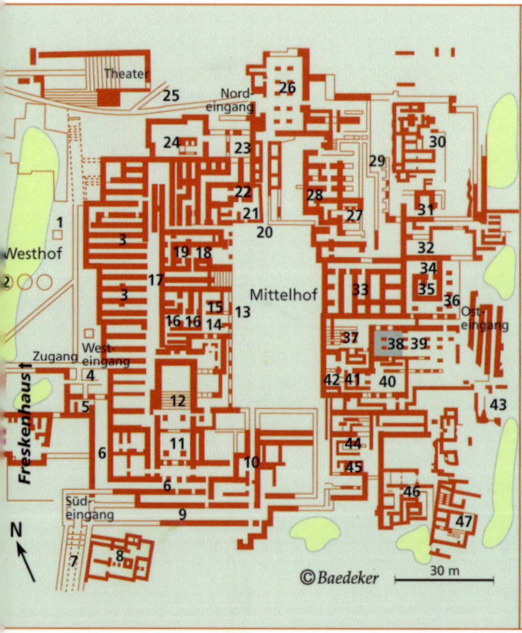

1 Altarsockel
2 Gruben
3 Vorratskammern
4 Westpropyläen
5 Wächterraum
6 Prozessionskorridor
7 Säulentreppe
8 Südgebäude
9 Südkorridor
10 Korridor
11 Südpropyläen
12 Treppe
13 Heiligtum
14 Vorraum
15 Zentralheiligtum
16 Pfeilerkrypta
17 Magazinkorridor
18 Thronsaal
19 Kultraum
20 Nordrampe
21 Gefängnis
22 Kultraum
23 Nordwestpropyläen
24 Kultareal
25 Königliche Straße
26 Zollhaus
27 Nordosthalle
28 Nordostmagazine
29 Töpferwerkstätten (?)
30 Keramikwerkstätte
31 Magazin
32 Lichthof
33 Raum mit Wasserbecken
34 Töpferei
35 Steinmetz-Werkstat
36 Ostveranda
37 Großes Treppenhau
38 Halle der Doppeläx
39 Megaron des Könic
40 Megaron der Könic
41 Baderaum der Königin
42 Boudoir der Königi
43 Ostbastionen
44 Halle der Doppeläxte
45 Kultbassin
46 Haus mit heiliger Tribüne
47 Südostgebäude

Rundgang Man betritt den Palast vom Westhof und gelangt durch den Prozessionskorridor – benannt nach den Fresken – und die große Toranlage der Südpropyläen, dann durch einen großen Gang an vielen Vorratskammern mit Tongefäßen vorbei in den geräumigen Mittelhof, auf dem möglicherweise Stierspringen abgehalten wurden. An der Westseite des Hofes befinden sich u. a. die Haupttreppe und der Thronsaal mit Alabasterthron; an der Ostseite des Hofes die Wirtschafts- und Wohnräume mit Bädern und Toiletten. Neben der nach dem in die Pfeiler eingehauenen Zeichen benannten Halle der Doppeläxte folgen u. a. die Gemächer des Königs und die Gemächer der Königin. Die zahlreichen Fresken sind Kopien der im Archäologischen Museum von Iráklion befindlichen Originale.

✶ Ágios Nikólaos

Das reizvoll am schönen Golf von Mirambéllo gelegene Städtchen Ágios Nikólaos besitzt eine besonders angenehme Atmosphäre. Wegen der guten Strände in der Umgebung und zahlreicher Ausflugsmöglichkeiten ist es seit langem als Urlaubsort geschätzt. Das Leben konzentriert sich am Hafen und am malerischen **Voulisméni-See**.

✶ **Archäologisches Museum** Vom Voulisméni-See führt die Odós Konstantinou Paleologou zum bedeutenden Archäologischen Museum, das sich auf ostkretische Funde konzentriert. Es ist wegen seiner zauberhaften Vasen, der außergewöhnlichen Gefäße sowie der fremdartigen und geheimnisvollen Idole sehr sehenswert. Ganz bezaubernd ist der Goldschmuck in Form von Bändern und Blumen; das wertvollste Stück ist ein Diadem, auf dem Ziegen in abstrahierter Form zu erkennen sind. Die **Göttin von Mýrtos** aus der frühminoischen Epoche ist das bedeutendste Exponat des Museums: Die stark silisierte Figur besteht aus einem glockenförmigen Körper, einem überlangen Hals und einem sehr zierlichen Kopf (Öffnungszeiten: Di. – So. 8.30 – 15.00 Uhr).

Weitere Sehenswürdigkeiten Im Hafenamt ist das **Volkskundemuseum** untergebracht. Auf dem Gelände des Hotels Minos Palace nordöstlich steht die Kirche **Ágios Nikólaos** aus dem 10. Jahrhundert mit seltenen Fresken aus der Zeit des Bilderstreits.

Umgebung von Ágios Nikólaos

✶ **Kritsá** 11 km südwestlich von Ágios Nikólaos breitet sich das hübsche Dorf Kritsá inmitten alter Olivenhaine am Berghang aus. Es ist für Webereien und Handarbeiten bekannt, die jedoch nicht alle aus griechischer Produktion stammen. Hier wurde der Film »Griechische Passion« nach dem Roman von Nikos Kazantzakis gedreht. Rund einen Kilometer von Kritsá entfernt steht die schöne Kirche

Bezaubernde Abendstimmung im Hafen von Ágios Nikólaos

Panagía Kerá (12. bis 14. Jh.), die mit großartigen Fresken aus dem 14. und 15. Jahrhundert ausgemalt ist (Öffnungszeiten: Di. – So. 8.30 – 15.00 Uhr).

★ ◀ Panagía Kerá

Die dorische Stadt Lató, 3 km nördlich der Kirche, wurde wahrscheinlich zwischen dem 7. und 4. Jh. v. Chr. angelegt. Von der nördlichen Akropolis eröffnet sich eine herrliche Aussicht auf die umliegenden Berge und den Mirabello-Golf .(Öffnungszeiten: Sommer Di. – So. 8.30 – 15.00 Uhr).

★ ◀ Lató

★ **Lassíthi-Ebene**

Eine reizvolle Fahrt (40 km) führt von Ágios Nikólaos nach Westen zur fruchtbaren, knapp 900 m hohen Lassíthi-Hochebene im Díkti-Gebirge. Die einst vielen Tausend Windräder (»Tal der Windmühlen«), die zur Bewässerung der landwirtschaftlich intensiv genutzten Ebene dienten, wurden großteils durch Motorpumpen ersetzt. In **Ágios Geórgios** am Südrand der Lassíthi-Ebene gibt es ein interessantes Volkskundemuseum.

Am Südwestrand der Ebene, bei Psychró, liegt die beeindruckende viel besuchte Tropfsteinhöhle Diktéon Ántron, der Sage nach der Geburtsort von Zeus (Öffnungszeiten: tgl. 8.00 – 18.30 Uhr).

★ ◀ Diktéon Ántron

Limín Chersonísou

Limín Chersonísou, nördlich der Lassíthi-Ebene an der Küste gelegen, ist eines der großen Touristenzentren Kretas. Im **Freilichtmuseum Lychnostatis** östlich kann man ein typisches kretisches Dorf mit Kapelle, Windmühle und Weberei besichtigen. Ca. 8 km weiter westlich liegt der Badeort **Mália**. Die weite gleichnamige Bucht ist dank der kilometerlangen Sandstrände eine der großen Urlaubsregionen auf Kreta mit zahlreichen Hotelanlagen, Restaurants und Cafés.

In Sitía geht es etwas gemächlicher zu als in anderen Ferienorten Kretas.

★ Palast von Mália ▶ Östlich von Mália liegen nahe der Küste die Reste des um 1800 v. Chr. errichteten, nach dem Erdbeben um 1700 v. Chr. erneuerten mittelminoischen Palasts von Mália, der neben Knossós und Festós wichtigste auf Kreta (Öffnungszeiten: Juli – Okt. Di. – So. 8.00 bis 19.30 Uhr).

Elounda 11 km nördlich von Ágios Nikólaos liegt die Hotelsiedlung Elounda an der Bucht, die die Halbinsel Spinalónga bildet; die Straße dorthin eröffnet beeindruckende Ausblicke auf den Mirabello-Golf. Am Ortseingang fährt man rechts zu einer Landenge, wo Reste der dorischen Stadt **Olous** liegen, z. T. unter dem Meeresspiegel.

Spinalónga ▶ Vor der Nordspitze der Halbinsel Spinalónga liegt eine kleine Insel desselben Namens mit einer 1579 erbauten venezianischen Festung, die von 1903 bis 1957 Leprastation war.

★ **Gourniá** Einen guten Eindruck vom Aussehen einer mittelminoischen Stadt (um 1500 v. Chr.) vermittelt das Ruinenfeld von Gourniá, rund 20 km südöstlich von Ágios Nikólaos. Das Areal besteht aus engen gepflasterten Gassen und kleinen Wohnhäusern sowie einem erhöht gelegenen Palast und einem Heiligtum (Öffnungszeiten: Di. – So. 8.30 – 15.00 Uhr).

Ierápetra Schon nordafrikanisch mutet Ierápetra an, die **südlichste Stadt Europas**, die sich 36 km von Ágios Nikólaos entfernt an der Südküste Kretas ausbreitet. Sie ist Zentrum eines reichen Gemüseanbaugebiets mit besonders warmem Klima. Südlich der Platía Koupanáki erstreckt sich die Altstadt, deren Zentrum das venezianische Hafenkastell bildet. Die Uferpromenade wird von Tavernen und Cafés gesäumt. In einer ehemaligen Koranschule an der Platía Koupanáki ist ein kleines **Archäologisches Museum** mit Fundstücken aus römischer und venezianischer Zeit untergebracht (Öffnungszeiten: Di.–So. 8.30 – 15.00 Uhr).

Sitía

Östlichste Stadt Kretas

Sitía, die östlichste Stadt Kretas, ist ein malerisch gelegener Hafenort mit überwiegend neuerer Bebauung. Die Stadt, die 1303 und 1508 durch Erdbeben zerstört wurde, ist die Heimat von Vinzentinos Kornaros (gest. 1677), der das noch heute in Griechenland bekannte Epos »Erotokritos« schrieb. Nach der Zerstörung durch die Türken 1651 wurde der Ort erst 1870 neu besiedelt.
Hübsch ist die Hafenpromenade mit ihren Restaurants. Mittelpunkt der Stadt ist die mit Palmen bestandene Platía Iróon Politechníou, die von Cafés gesäumt ist. Nördlich von Sitía erhebt sich die 1631 erbaute **Festung Kasárma**. Das **Archäologische Museum** an der Straße nach Piskokefálou zeigt ostkretische Funde aus minoischer bis römischer Zeit. Interessant ist auch das **Folkloremuseum** im Ortszentrum mit original kretisch eingerichteten Räumen.

Umgebung von Sitía

Agía Fotiá, Kloster Toploú

Etwa 5 km östlich von Sitía, bei Agía Fotiá, liegt eine minoische Totenstadt. 16 km weiter östlich befindet sich das festungsartige Kloster Toploú aus dem 14. bis 17. Jh., Stützpunkt des Widerstandes gegen die Türken und Zufluchtsstätte vor den Deutschen im Zweiten Weltkrieg. Das Museum beleuchtet die Rolle des Klosters während der Befreiungskämpfe.

★ Vái

Knapp 10 km nordöstlich des Klosters Toploú erstreckt sich an der gleichnamigen schönen Sandbucht der **einzige Palmenhain Kretas**. Er ist zwar im Sommer überlaufen, lohnt aber der ungewöhnlichen Landschaft wegen einen Besuch. Von dem Restaurant etwas oberhalb hat man einen guten Überblick über den Strand und die Felsenküste. Der Überlieferung nach geht die Entstehung des Palmenhains auf die Sarazenen zurück, die hier im Jahr 824 lagerten und nach dem Essen Dattelkerne liegen ließen, aus denen dann die Palmen wuchsen. Tatsächlich handelt es sich hier jedoch um eine endemische Palmenart (Phoenix theophrastii). Der Palmenstrand ist von 7.00 bis 21.00 Uhr zugänglich.

Palékastro

Das 7 km südlich von Vái gelegene Palékastro ist v. a. bei jungen Touristen beliebt. In Strandnähe liegen die Ruinen der **minoischen Stadt Roussolákos**.

✶ **Káto Zákros** Ca. 17 km südlich von Palékastro kommt man zu dem Dorf Zákros. Von dort hat man einen prächtigen Blick aufs Meer zu den teilweise freigelegten Ruinen von Káto Zákros an der gleichnamigen Bucht. Diese Stadt war seit frühminoischer Zeit besiedelt; der Palast bestand von 1600 bis 1410 v. Chr. und war Ausgangspunkt für den Handel mit Ägypten und dem übrigen Nordafrika (Öffnungszeiten: tgl. 8.00 bis 19.00 Uhr).

Kýthira · Κύθηρα

H / J 12

Inselgruppe: Ionische Inseln
Höhe: 0 – 506 m ü. d. M.
Hauptort: Kýthira-Chóra
Fläche: 285 km²
Bewohnerzahl: 3300

Die stille Insel Kýthira, rund 15 km südlich des Peloponnes gelegen, ist mit ihren unberührten Stränden ein ideales Ziel für Urlauber, die Ruhe und Erholung suchen.

Abgeschiedene Insel Kýthira zählt zwar zu den Ionischen Inseln, verwaltungstechnisch gehört sie aber zu Attika. Architektonisch ähnelt es eher den Kykladen. Die Landschaft ist geprägt von verkarsteten, schluchtenreichen Gebirgszügen und steil abfallenden Küsten. Wegen des Reichtums an Purpurschnecken war Kýthira schon früh von Phönikern besiedelt.

Kýthira-Chóra wird von einer imposanten venezianischen Festung bewacht.

KÝTHIRA ERLEBEN

AUSKUNFT

www.kythira.info

ANREISE

Schiffsverbindungen bestehen mit Kalamáta und Piräus auf dem Festland sowie mit den Inseln Antikýthira, Elafonísi und Kreta.

ESSEN

► Erschwinglich

Sotíris
Am Dorfplatz von Avlémonas
In der bei den Einheimischen recht beliebten Taverne gibt's fangfrischen Fisch.

Taverna Magos
Am Hafen von Kapsáli
Die Spezialität des Restaurants sind Gerichte aus frischen Meeresfrüchten.

ÜBERNACHTEN

► Komfortabel

9 Muses
Agía Pelagía
Tel. 27 36 03 31 55
www.9museskithira.gr
17 Z.
Die geräumigen und modern eingerichteten Zimmer haben alle einen Balkon.

Sehenswertes auf Kýthira

Agía Pelagía

In einer weiten Bucht der Nordostküste liegt der freundliche Hafen Agía Pelagía. Südlich davon, herrlich über der Küste gelegen, sind die Ruinen der mittelalterlichen Festung und ehemaligen Inselhauptstadt **Paleóchora** zu sehen, die im Jahr 1536 von den Türken zerstört wurde. Auf der Fahrt dorthin kommt man durch **Potamós**, das Wirtschaftszentrum der Insel, in dem sonntags ein lebhafter Markt stattfindet.

Milopotamós

Etwa in der Mitte der Westküste liegt der hübsche Weiler Milopotamós mit der Kirche Ágios Charalámbos und einem Wasserfall. Von hier kann man zu Fuß nach Káto Chóra zum venezianischen Kastell mit gut erhaltenen Kirchen und zur **Tropfsteinhöhle Agía Sofía** gehen, in die im 12. Jh. eine Kapelle gebaut wurde.

Kýthira-Chóra

An der Südspitze breitet sich hoch über der Bucht und dem Hafenort **Kapsáli** der reizvolle Inselhauptort Kýthira-Chóra aus, überragt von einer mächtigen venezianischen Festung aus dem 16. Jh. Von der Festung kann man einen atemberaubenden Ausblick genießen. Das **Archäologische Museum** am Ortsrand präsentiert überwiegend kleinere minoische und mykenische Fundstücke. Bei Kapsáli liegen mehrere schöne Strände.
Über der Südwestküste thront das im 17. Jahrhundert erbaute Kloster **Panagía Myrtidíon** mit einer als wundertätig verehrten schwarzen Ikone.

Nachbarinseln

Elafonísi Die kleine Insel Elafonísi ist dem »Südostfinger« des Peloponnes vorgelagert und durch den etwa 10 km breiten, stark befahrenen Elafonísi-Kanal von Kýthira getrennt. Das kahle und wasserarme Eiland bemüht sich um »sanften« Tourismus; kleine Ferienhäuser erwarten die Gäste. Mit ihren ausgezeichneten Stränden und Fischtavernen ist die Insel beliebtes Wochenendziel von Festlandsgriechen.

? WUSSTEN SIE SCHON ...?

- ... dass auf Kýthira, der kleinen »Ionierin« im Golf von Lakonien, die Liebesgöttin Aphrodite geboren wurde? Dem Mythos nach soll sie hier dem Schaum des Meers entstiegen sein.

Südöstlich von Kýthira, etwa auf halber Strecke nach Kreta, liegt die 22 km² große Karstinsel **Antikýthira**. Reste der antiken Stadt Aigila findet man in Paliókastro, knapp 2 km vom Hauptort **Potamó** entfernt. Die wenigen Inselbewohner leben hauptsächlich von der Landwirtschaft und vom Fischfang; Strände gibt es hier keine.

★ Lefkáda · Λευκάδα

D 7

Inselgruppe: Ionische Inseln
Höhe: 0 – 1158 m ü. d. M.
Hauptort: Lefkáda
Fläche: 356 km²
Bewohnerzahl: 23 000

Bislang hat der Tourismus Lefkáda nur wenig behelligt, obwohl die Insel mit ihren herrlichen Berglandschaften und großartigen Sandstränden am leuchtend türkisblauen Wasser durchaus mit ihren »Schwesterinseln« konkurrieren kann.

»Weiße« Insel Zwischen Lefkáda und dem Festland bestand ursprünglich eine Landbrücke, die aber schon in der Antike durchstoßen wurde. Heute trennt eine 600 m bis 5 km breite, seichte Lagune Lefkáda vom griechischen Festland. Ein Fahrdamm und zuletzt eine Pontonbrücke, die zur vollen Stunde für den Bootsverkehr geöffnet wird, stellen die Straßenverbindung mit dem Festland her.

Lefkáda (oder Lefkás), die viertgrößte der Ionischen Inseln, ist 35 km lang und bis 15 km breit. Sie wird von einem Gebirgszug geprägt, der im **Stavrótas** 1158 m ü. d. M. erreicht. Nach Westen hin fällt die Insel meist schroff zum Meer hin ab. Die bis zu 500 m hohen, hellen Felswände gaben der Insel ihren Namen (»lefkós« heißt »weiß«). Sie sind stimmungsvolle Kulisse für einige Sandstrände, die zu den schönsten des Ionischen Archipels gehören.

Die Süd- und Ostküste von Lefkáda sind reich gegliedert. Viele kleine Buchten und vorgelagerte Inseln sorgen im Osten für ein malerisches Bild und bieten Seglern ideale Bedingungen.

Geschichte

Im Jahr 640 v. Chr. gründeten die Korinther die Stadt Leukas im Norden der Insel und schlossen die Lagune im Süden auf der Höhe des Forts Ágios Geórgios durch eine 600 m lange Mole, von der noch Reste im Wasser sichtbar sind. 197 v. Chr. eroberten die Römer die Insel und bauten eine feste Brücke zum Festland.
Im Mittelalter gehörte die Insel verschiedenen Dynasten; 1467 wurde sie als einzige Ionische Insel von den Türken, 1684 von den Venezianern erobert. 1864 erfolgte der Anschluss an Griechenland.

Sehenswertes auf Lefkáda

Lefkáda-Stadt und Umgebung

Der gleichnamige Hauptort (7500 Einw.) liegt an der Nordspitze der Insel zwischen Lagune und Kanal. Historische Bauten haben sich infolge zahlreicher Erdbeben kaum erhalten. Die Stadt ist von den niedrigen, meist **zweistöckigen Häusern** geprägt, die nach dem Beben 1948 erbaut wurden. Das Untergeschoss besteht meist aus Stein, darüber wurden Holzaufbauten errichtet, die oft hinter bunt gestrichenem Wellblech verborgen sind. Eine weitere Besonderheit sind die **Glockentürme**: Ungewöhnliche Eisenkonstruktionen ersetzten ab etwa 1910 die Steintürme, die bei Erdbeben einsturzgefährdet waren. Die schmale Hauptachse der Stadt – eine hübsche Fußgängerzone – und der Hauptplatz laden mit Cafés, Restaurants und Läden zum Bummeln ein. Vom Busbahnhof am Bootshafen fahren Busse mehrmals täglich alle wichtigen Orte der Insel an.

Der zentrale Spyridon-Platz ist der Treffpunkt von Lefkáda-Stadt.

LEFKÁDA ERLEBEN

AUSKUNFT

Hafen
Tel. 26 45 02 52 92
www.lefkada.gr

ANREISE

Die Insel ist über einen Fahrdamm und eine Pontonbrücke mit dem Festland verbunden. Schiffsverbindungen mit den Inseln Itháki, Kefaloniá und Meganísi.

ESSEN

► Erschwinglich

Sappho
Ágios Nikítas
Am Strand
Im schönsten »Speisesaal« von Ágios Nikitas gibt es eine große Auswahl an Fisch und Meeresfrüchten sowie verschiedenen Grillgerichte.

► Preiswert

Reganto
Dimarchou Verioti
Lefkáda-Stadt
Beliebte Taverne nahe der Spyridon-Kirche mit guter Hausmannskost.

O Xouras
Lygiá
Am Hafen
Einfache Fischtaverne, in der auch die Einheimischen gern essen.

ÜBERNACHTEN

► Komfortabel

Ágios Nikítas
Ágios Nikítas
Tel. 26 45 09 74 60
www.hotelagiosnikitas.gr
36 Z. u. App.
Hübsches Hotel mit Holzbalkonen, das sich gut in die Architektur des Orts einfügt. Die Zimmer verfügen über einen Kühlschrank, die Apartments über eine Küche.

Santa Maura
Odós Vlanti 2
Lefkáda-Stadt
Tel. 26 45 02 13 08
19 Z.
Sehr nettes, familiär geführtes Hotel, zentral und doch ruhig gelegen. Große Zimmer mit Balkon und Kühlschrank.

Anschauen kann man sich ein kleines **Archäologisches Museum** am nordwestlichen Stadtrand an der Lagune, in dem die Funde ausgestellt sind, die bei Nydrí ausgegraben wurden, und in der Nähe der Platía Agiou Spyridonos ein interessantes **Volkskundemuseum**, das Hausrat und Kleidung zeigt. Außerdem kann man im unweit südlich gelegenen **Phonographenmuseum** alte Plattenspieler und Rundfunkgeräte, Gemälde und historische Fotos betrachten.

Die bedeutendste Kirche der Stadt ist **Ágios Minás** von 1707 am südlichen Ende der Fußgängerzone mit einem um 1750 geschaffenen Deckengemälde von **Nikolaos Doxaras**. Gemälde von dessen Vater **Panagiotis Doxaras** hängen in der Kirche Agios Dimitrios, die auch eine vergoldete Ikonostase von 1870 besitzt.

Drei Kilometer nördlich der Stadt erhebt sich auf der nördlichen Nehrung die venezianische Festung **Santa Maura**, im 13. Jh. errich-

Pórto Katsíki, einer der Traumstrände Griechenlands

tet, im 17. Jh. erweitert. Das Kloster **Faneroméni** 3 km westlich gefällt durch seine schöne Lage; es wurde 1634 gegründet und 1886 nach einem Brand wieder errichtet. Dort eröffnet sich ein herrlicher Blick auf Stadt, Lagune und Festland. 3 km südlich, auf einem Hügel bei Kaligoni, sind Reste der antiken Stadt **Leukas** mit Akropolis, Wasserleitung, Stadtmauer und Theater erhalten.

West- und Südküste

Die Küste zum Ionischen Meer ist fast auf ihrer ganzen Länge eine Steilküste mit tief abfallenden weißen Felsen. Das einstige Fischerdorf **Ágios Nikítas**, das sich an einer schönen Bucht erstreckt, bietet mit seinen verwinkelten Gassen, übereinander gestaffelten Häusern und dem reichen Blumenschmuck ein malerisches Bild. In der Hochsaison ist hier allerhand los.

In den Bergen liegt das große beschauliche Dorf **Karyá**. Das kleine Volkskundemuseum gewährt Einblick in die traditionelle Kunst der Stickerei. Und im August findet hier ein Folklorefestival statt.

In ganz Griechenland bekannt für seine grandiose Szenerie ist der beliebte Strand **Pórto Katsíki** an der Steilküste weiter südlich. Auf nicht asphaltierter Straße erreicht man das Kap Lefkátas, das von einem Leuchtturm bekrönt wird. Der Sage nach soll sich die Dichterin **Sappho** (► Berühmte Persönlichkeiten) aus unglücklicher Liebe zu dem schönen Jüngling Phaon von diesem Felsen gestürzt haben.

Von Komíli kommt man über das urige Dorf Ágios Pétros nach **Vassilikí** an der Südküste, dem nach Nydrí zweitwichtigsten Ferienort der Insel und wegen seiner idealen Windbedingungen eines der besten Surfreviere Europas.

Bei Kariótes beginnt südlich von Lefkáda-Stadt der zum Baden geeignete Küstenstreifen mit den Orten Lygiá und Nikiána. Dass sich **Nýdri** zum beliebtesten Ferienort der Insel entwickeln konnte, verdankt es vor allem seiner reizvollen Lage. Die Halbinsel **Géni** südlich von Nýdri umschließt die tief ins Land eindringende Vlychó-Bucht. Sie läuft im Kap Kyriáki aus, auf dem sich Villa und Grab des Archäologen **Wilhelm Dörpfeld** befinden. Dörpfeld legte u. a. 1912 am südlichen Ortsrand von Nýdri eine Nekropole frei. Über das Bergdorf Póros erreicht man die Rouda-Bucht mit steil abfallendem, beliebtem Kiesstrand.

★ Lésbos · Λέσβος

O - Q 6

Inselgruppe: Nord- und ostägäische Inseln
Höhe: 0 – 967 m ü. d. M.
Hauptort: Mytilíni
Fläche: 1630 km²
Bewohnerzahl: 88 000

Griechenlands drittgrößte Insel liegt 15 km nordwestlich des türkischen Izmir in einer weiten Bucht der kleinasiatischen Küste. Urlauber finden hier ruhige, flache Sandstrände, abgeschiedene Bergdörfer und pittoreske Hafenstädtchen.

Reizvolle Landschaften

Lésbos, von den Einheimischen auch Mytilíni genannt, gehört zu den fruchtbarsten Gebieten Griechenlands und besitzt eine überaus schöne und äußerst vielfältige Landschaft. Zwei Buchten mit engen »Flaschenhälsen«, der **Golf von Kalloní** und der **Golf von Géras**, schneiden im Südwesten bzw. Südosten tief in das Land ein.
Während der fruchtbare, bergige Osten – der im **Lepetymnos** bis auf 968 m Höhe ansteigt – teilweise bewaldet ist, präsentiert sich der Westteil der Insel kahl und um Eresós sogar wüstenartig.

Geschichte

Früheste Siedlungsreste aus der Zeit um 2700 v. Chr. wurden in Thermí freigelegt. Um 1000 v. Chr. kolonisierten äolische Griechen aus Thessalien die Insel und gründeten die Städte Mytilene und Methymna. Von 546 bis 479 v. Chr. gehörte Lésbos zum persischen Herrschaftsbereich, anschließend zum Attischen Seebund. In dieser Zeit als auch in der hellenistischen und römischen Ära konnte die Insel ihre Unabhängigkeit bewahren. Lésbos war in der Antike ein höchst produktives geistig-kulturelles Zentrum. Es war die Heimat von **Sappho**, der größten griechischen Dichterin (► Berühmte

Lésbos Orientierung

Persönlichkeiten), **Aristoteles** (► Berühmte Persönlichkeiten) lehrte in der Philosophenschule in Mytilene. Im Jahr 1355 heiratete der Genuese Francesco Gatteluso Maria Paläologina, die Schwester des byzantinischen Kaisers Johannes V., die Lésbos als Mitgift erhielt. Das neu entstandene Inselreich der Gattelusi fiel 1462 an die Türken, deren Herrschaft bis 1913 währte.

Sehenswertes auf Lésbos

Mytilíni

Die Inselhauptstadt Mytilíni (25 000 Einw.) breitet sich an einer Bucht der Ostküste aus. Eine als Flanierweg beliebte Mole schützt den südlich gelegenen Fährhafen, um den sich das geschäftige Leben konzentriert. Über die meist niedrigen, teils mit Kolonnaden versehenen Häuser ragt die Kuppel der Kirche **Ágios Therapón** (1880) hervor. Zwischen dem Südhafen und dem antiken Nordhafen verläuft die Odós Ermoú, Mytilínis Einkaufsmeile mit orientalischer Atmosphäre. Östlich der Odós Ermoú steigt der Burghügel mit den Ruinen der mächtigen Festung an, die **Francesco Gattelusi** im 14. Jh. bauen ließ. Zahlreiche antike Spolien, die in der Festung verbaut wurden, erinnern daran, dass die weitläufige Anlage den Bereich der

LÉSBOS ERLEBEN

AUSKUNFT

Tourist-Information
James Aristarchou 6
Mytilíni
Tel. / Fax 22 51 04 25 12/3
E-Mail: eotpytva@otenet.gr

ANREISE

Schiffsverbindungen bestehen mit Alexandroupolis, Kavála, Piräus, Thessaloníki und Vólos auf dem Festland sowie mit den Inseln Chíos, Kos, Límnos, Mýkonos, Rhodos, Sámos, Samothráki, Skíathos, Skópelos und Tínos.

ESSEN

► Erschwinglich

Stratos
Mytilíni
Tel. 22 51 02 17 39
Taverne mit leckeren Fischgerichten an der Südseite des Südhafens.

► Preiswert

Panorama
Mólivos
Von dem Lokal bietet sich ein herrlicher Blick über das Meer und die Landschaft; serviert wird gute griechische Hausmannskost.

ÜBERNACHTEN

► Komfortabel

Lesvion
P. Koundourioti 27 A
Mytilíni
Tel. 22 51 02 81 77
E-Mail: lesvion@otenet.gr
34 Z.
Das »Lesvion« bietet gut ausgestattete Zimmer und eine Bar mit Blick auf den Hafen.

Olive Press
Míthymna
Tel. 22 53 07 12 05
www.olivepress-hotel.com
45 Z.
Die zum Hotel umgebaute Ölmühle am Ortsrand von Míthymna bietet ein ganz besonderes Ambiente.

► Günstig

Sappho
Skála Eressós
Tel. 22 53 05 34 95
www.sapphohotel.com
17 Z.
Einige Zimmer des Hotels verfügen über einen Balkon. Das hauseigene Restaurant serviert griechische Küche.

antiken Akropolis umschließt. Südwestlich über dem Nordhafen liegt das antike Theater aus dem 3. Jh. v. Chr. mit 15 000 Plätzen. Das **Archäologische Museum**, untergebracht in einem klassizistischen Haus hinter dem Fährhafen, enthält u. a. seltene äolische Kapitelle und spätantike Mosaiken; der Neubau in der Odós Noemvriou 8, nahe dem Eingang zur Festung, zeigt Exponate aus hellenistischer bis zur osmanischen Zeit (Öff-nungszeiten: Juli – Mitte Sept. tgl. 8.00 bis 19.00, Mitte Sept. – Juni Di. – So. 8.30 – 15.00 Uhr).
Hinter der Therapon-Kirche mit ihrer mächtigen Kuppel befindet sich das **Byzantinische Museum**, das vor allem Ikonen präsentiert. Am Hafen steht das ehemalige Hafenmeisterhaus, in dem ein kleines

Das Hafenstädtchen Míthymna ist der beliebteste Ferienort auf Lésbos.

Volkskundemuseum untergebracht ist. Ausgestellt werden u. a. Trachten, Haushaltsgegenstände, Keramik, Waffen und Gemälde.

Im südlichen Vorort Variá lohnen gleich zwei Museen einen Besuch. Zunächst die dem Maler **Theophilos** (1873 – 1934) gewidmete Ausstellung, die 1964 von Stratis Eleftheriadis gestiftet wurde. Eleftheriadis wurde in Mytilíni geboren und lebte unter dem Namen Tériade als Kunstpublizist und -förderer in Paris. Er stiftete 1979 auch das benachbarte **Tériade-Museum** mit Grafiken moderner Künstler wie Joan Miró, Henri Matisse, Marc Chagall, Fernand Léger und Pablo Picasso (Öffnungszeiten: Di. – So. 9.00 – 17.00 Uhr).

◄ Variá

Inselnorden

Mória

Von Mytilíni folgt man der Straße entlang der Küste nach Norden. Nach 4 km zweigt man in Richtung **Mória** ab. Etwa 600 m westlich des Dorfs entdeckt man die beeindruckenden Reste eines römischen **Aquädukts** aus dem 3. Jh. n. Chr., das zur Wasserversorgung der Inselhauptstadt diente.

Thermís

Der Badeort Thermís verfügt über kleine Strände und heilkräftige Thermalquellen. Im Ortsteil Pýrgi Thermís stehen noch einige wehrhafte Wohntürme aus dem 16. – 19. Jahrhundert. Die um 1100 er-

Eine Felsenkirche überragt den kleinen Hafenort Pétra.

richtete Panagía Troulotís ist eine der wenigen Kirchen aus byzantinischer Zeit auf Lésbos. Die vorgeschichtliche Siedlung Thermí in der Nähe geht auf die Zeit um 2700 v. Chr. zurück.

Mantamádos Interessant in dem Bergdorf Mantamádos sind die alten Steinhäuser, die Käsereien und die Töpferwerkstätten. Die Kirche Taxiarchon, einen Kilometer weiter nördlich, besitzt eine als wundertätig verehrte Ikone des Erzengels Michael.

Sykaminiá Sykaminiá ist Geburtsort des Schriftstellers **Stratis Myrivilis** (1892 bis 1969). In seinem Roman »Die Madonna mit dem Fischleib« spielt die Kapelle Panagía Gorgóna, »Heilige Meerjungfrau«, die am Hafen des schönen Fischerörtchens Skála Sykaminiás steht, eine wichtige Rolle. Östlich des Orts liegt der hübsche Kiesstrand Kagiá.

✶ Míthymna (Mólyvos) Touristisches Zentrum der Insel ist das an der Nordküste gelegene Míthymna (Mólyvos), ein malerisch am Hang unter dem mächtigen Gattelusi-Kastell von 1373 gelegenes Hafenstädtchen. Die zum Meer gewandte Häuserfront des denkmalgeschützten Orts war ehedem Stadtmauer. Sehenswert sind die Pinakothek und die archäologische Sammlung im klassizistischen Rathaus. Der Ortsstrand, der sich südlich erstreckt, ist schmal und kiesig.

Pétra Seit eine Frauenkooperative Privatzimmer vermietet (www.petra-tours-lesvos.com), wird der kleine Hafenort Pétra, 7 km weiter südlich, immer mehr vom Tourismus entdeckt. Mitten im Ort steht auf einem hohen Felsen die Kirche Panagía tis Glykofilousas (»Süß küssende Gottesmutter«), die 1747 erbaut und 1840 erneuert wurde; sie besitzt eine schöne holzgeschnitzte Ikonostase. Am Fuß des Felsens findet man die Kirche Ágios Nikólaos mit Fresken des 16. bis 18. Jahrhunderts. Das um 1700 gebaute Herrenhaus Archontiko Vareltzídena mit sehenswerten Wand- und Deckengemälden gibt Einblick in das Leben seiner einstigen Bewohner.

Kloster Myrsiniótissa

Westlich von Kalloní, einem kleinen Landstädtchen 4 km nördlich des gleichnamigen Golfs, liegen die Klöster Myrsiniótissa, ein 1487 gegründetes Frauenkloster mit schönem Innenhof, und Límonos, 1523 gegründet und dem Erzengel Michael geweiht. Die nur für Männer zugängliche Hauptkirche des Límonos-Klosters besitzt eine reich geschnitzte, mit Blattgold verkleidete Ikonostase und ist gänzlich mit Fresken ausgemalt. Zum Kloster gehört ein Museum mit Ikonen, liturgischen Gewändern und Geräten sowie einer kostbaren Bibliothek.

Inselwesten

Ántissa

Von Kallóni führt eine kurvige Straße nach Westen. Kurz vor Ántissa, zweigt eine unbefestigte Straße zu den überwucherten Ruinen des antiken Antissa am Meer ab (8 km). Die Akropolis war durch doppelten Mauerring gesichert. In Ántissa lädt die schöne, von Platanen bestandene Platía mit Tavernen zum Verweilen ein.

Versteinerter Baumstamm

An der Straße in Richtung **Sígri** – einem hübschen Fischer- und Ferienort mit schönen Stränden – liegt auf einem steilen Felsen am Berg Órdymnos das im 9. Jh. gegründete **Kloster Ypsilou**. Im zugehörigen Museum kann man Handschriften aus dem 12. Jh. sowie liturgische Gewänder und Gerät betrachten.

In der rauen, unwirtlichen Gegend zwischen Sígri, Ántissa und Éresos entdeckt man versteinerte, unter Vulkanauswurf versinterte Bäume, die zwischen 1 und 20 Mio. Jahre alt sind. Bis zu 12 m lange Exemplare mit einem Umfang von über einem Meter stehen oder liegen in dem Gelände des **Geoparks**. Das dazugehörige Museum zeigt u. a. eine umfangreiche Mineraliensammlung. Die Zufahrt zum **»Petrified Forest«** geht von der Straße zwischen Ántissa und Sígri ab (Öffnungszeiten: Juni – Mitte Okt. tgl. 8.30 – 20.00, sonst bis 16.30 Uhr).

Skála Eresou Zwölf Kilometer südlich von Ántissa liegen Eresós und an der Küste, in einer fruchtbaren Ebene Skála Eresou, das sich durch einen sehr schönen kilometerlangen Sandstrand auszeichnet. Hier lag das antike Eressos, aus dem vermutlich **Sappho** stammte. Hinter der Hauptkirche, nahe der Platía findet man die Reste einer dreischiffigen Basilika aus dem 4. Jh. mit einem gut erhaltenen Bodenmosaik. Daneben stellt ein kleines Museum lokale Fundstücke aus.

Inselsüden

Agiásos Agiásos ist ein großes, hübsches Bergdorf am Nordhang des Ólympos mit engen Gassen, netten Häusern mit Erkern und Balkonen und vielen traditionellen Handwerksbetrieben wie Töpfereien und Holzschnitzereien. Die Wallfahrtskirche Kímisis tis Theotókou, 1170 erbaut und 1816 erneuert, besitzt eine Marienikone, die von dem Evangelisten Lukas stammen soll. Die Wanderung auf den Gipfel des 968 m hohen Ólympos dauert hin und zurück rund drei Stunden.

Vorbei an den zur Mineralwasserabfüllung genutzten Tsingou-Quellen gelangt man nach Polichnítos, das die mit 92 °C heißesten Thermalquellen Europas besitzt. Der südlich gelegene Ferienort **Vaterá** besitzt eine herrlichen kilometerlangen Sandstrand.

! *Baedeker* TIPP

Paradies für Hobbyornithologen

Rund 280 Vogelarten nisten auf Lésbos bzw. nutzen die Insel als Zwischenstopp auf ihrer langen Reise zwischen nördlichen und südlichen Gefilden. Bei Eresós, Pétra, Skála Kallonís und Agiásos lassen sie sich sehr schön beobachten. Das englischsprachige, auf der Insel erhältliche Handbuch »Birding in Lesbos« informiert umfassend über die Vogelwelt auf Lésbos.

Límnos · Λήμνος

N 5

Inselgruppe: Nord- und ostägäische Inseln
Höhe: 0 – 470 m ü. d. M.
Hauptort: Mýrina
Fläche: 476 km²
Bewohnerzahl: 16 000

Límnos, mit stark zerklüfteter Küste und sanft geschwungenem, fruchtbarem Hügelland, liegt in der nördlichen Ägäis. Obwohl sich die Insel hervorragender Strände rühmen kann, ist sie vom Massentourismus bislang verschont geblieben.

Sehenswertes auf Límnos

Mýrina Hauptstadt und -hafen ist Mýrina, meist Kástro genannt, an der Westküste an der Stelle der gleichnamigen antiken Stadt gelegen.

LÍMNOS ERLEBEN

AUSKUNFT

www.lemnos.info

ANREISE

Schiffsverbindungen bestehen mit Alexandroupolis, Kavála, Lavrio, Piräus, Thessaloníki und Vólos auf dem Festland sowie mit den Inseln Ágios Efstrátios, Chíos, Kos, Lésbos, Rhodos, Sámos, Samothráki, Skíathos und Skópelos.

ESSEN

► Preiswert

O Plátanos
Mýrina
Tel. 22 54 02 20 70
In der von ausladenen Platanen beschattenen Taverne wird gute griechische Hausmannskost serviert.

ÜBERNACHTEN

► Günstig

Lemnos
Mýrina
Tel. 22 54 02 21 53
Fax 22 54 02 33 29
20 Z.
Das Hotel zeichnet sich durch die tolle Lage direkt am Hafen aus; der Strand ist nur 100 m entfernt; die geräumigen und ansprechenden Zimmer verfügen über Balkone.

Über dem lebhaften, angenehmen Ort mit seinen klassizistischen Gebäuden und Fachwerkhäusern erhebt sich auf steil aufragenden Felswänden ein mächtiges Kastell. Die Festung wurde von 1183 bis 1185 auf antiker Befestigung errichtet und von Genuesern und Venezianern erweitert. Das **Archäologische Museum** in der Nähe des langen Sandstrands zeigt Fundstücke aus Polióchni, Hephaisteia und dem Kabirenheiligtum von Chloe.

◄ Strände

Für einen Badeurlaub gut geeignete Küstenabschnitte mit Sandstränden und entsprechender Infrastruktur gibt es nördlich von Mýrina um Kaspakás, 3 km südlich bei Platý und weiter östlich bei Thános.

Polióchni

In Polióchni, an der Ostküste gelegen, wurde eine prähistorischen Siedlung freilegt, die bis auf das 3./4. Jt. v. Chr. zurückgeht. Zu sehen sind die beeindruckende Reste von Stadt- und Hausmauern sowie eines mit einer Rampe versehenen Tors. Der hier gefundene Goldschmuck wird im Athener Archäologischen Nationalmuseum verwahrt.

◄ Hephaistia

Im Nordosten der Insel, bei Kontopouli, liegt am Golf von Pourniás die Ausgrabungsstätte von Hephaistia (Ifaistia), eine Nekropole aus dem 8.–6. Jh. v. Chr., von der allerdings nur einige Mauern und Reste eines hellenistischen Theaters zu erkennen sind.

◄ Kabirenheiligtum

An der Tigani-Bucht liegt der **antike Hafen Chloe** mit den Überbleibseln eines Kabirenheiligtums. Zu sehen sind die Ruinen zweier Kultbauten aus dem 6. und 5./4. Jh. v. Chr. und ein hellenistisches Mysterienheiligtum mit dorischen Säulen.

✶ Livadiá · Λιβαδειά

H 8

Landschaft: Böothien
Einwohnerzahl: 18 000
Höhe: 200 m ü. d. M.

Auf dem Weg zum nahe gelegenen Kloster Ósios Loukás, das für seine mittelalterlichen Mosaiken berühmt ist, lohnt sich ein Bummel durch Böothiens Hauptstadt.

Sehenswertes in Livadiá

Hauptstadt Böotiens

Die lebhafte, geschäftige Stadt liegt am Südwestrand der fruchtbaren Kopais-Ebene, in der Baumwolle, Getreide und Reis angebaut wird. Die Oberstadt besitzt noch orientalisches Flair. In einer kleinen Fußgängerzone in der Stadtmitte laden Cafés zu einer kleinen Rast ein.

Im Altertum war Livadiá berühmt durch sein **Trophonios-Orakel**, das noch in der römischen Kaiserzeit seine Blütezeit hatte. Im 14. Jahrhundert besetzten katalanische Söldner die Stadt und errichteten auf dem Berg des antiken Orakelkults, dem heutigen Ágios Ilías, eine Burg, von der noch Ruinen erhalten sind.

> **LIVADIÁ**
>
> **AUSKUNFT**
>
> ***Tourist-Information***
> Diikitirio
> Tel. 22 61 08 63 36
> Fax 22 61 02 29 87

✶ Quellen ►

Am Stadtrand entspringt die **Kria-Quelle**, die in der Antike als Mnemosyne-Quelle, »Quelle des Erinnerns«, bekannt war, und die **Lethe-Quelle**, »Quelle des Vergessens«; beide Quellen waren einst bei den Orakelbefragungen von großer Bedeutung. In den Fels wurden Nischen für Weihegaben gehauen. Ein wunderschöner Spaziergang führt hinauf in die Kría-Schlucht.

Umgebung von Livadiá

Chaironeia

14 km nördlich von Livadiá steht direkt neben der Straße vor einem Zypressenhain das monumentale **Löwendenkmal** von Chaironeia. Es erinnert an die Schlacht, in der 338 v. Chr. die verbündeten griechischen Stadtstaaten von Philipp II. von Makedonien und seinem Sohn Alexander besiegt wurden, womit die makedonische Herrschaft über Griechenland begann. Die gefallenen Makedonen wurden in einem Erdhügel auf dem Schlachtfeld 2 km östlich des Löwendenkmals bestattet; die Asche der gefallenen Athener ließ Philipp nach Athen schicken. Der Löwe gehörte zu einem von einer niedrigen Mauer umschlossenen Grabmal, das Theben für seine Toten errichten ließ und in dem über 250 Skelette entdeckt wurden. Ein kleines Museum zeigt Grabbeigaben und prähistorische Fundstücke.

Die Kria-Quelle hatte einst kultische Bedeutung.

Von der antiken Stadt Chaironeia, 2 km westlich, ist nur das in den Felsen geschnittene kleine Theater am Abhang des Akropolishügels erhalten. Sie war die Heimat des delphischen Apollon-Priesters, Philosophen und Biografen **Plutarch** (um 45 – um 120 n. Chr.).

Orchomenós

Orchomenós liegt 13 km nordöstlich von Livadiá am Nordwestrand der Kopais-Ebene. Der antike Ort, nördlich des heutigen Orchomenós (Wegweiser: Piges Chariton), war Fürstensitz der zum mykenischen Kulturkreis gehörenden Minyer. Im 7. Jh. wurde Orchomenós von Theben unterworfen. Beim heutigen Friedhof lagen einige Rundbauten, ein 1880 von Heinrich Schliemann entdecktes Kuppelgrab und zwei Tempel. Zwei Quermauern gliedern das Areal, das im Westen mit dem über der Ebene gelegenen Kastell endet.

★ ◄ Kímissis tis Theotókou

Die Kirche Kímissis tis Theotókou liegt unmittelbar gegenüber von Orchomenós. Sie wurde laut Inschrift an der Apsis 873 / 874 von dem kaiserlichen Protospatharios Leon errichtet. Zahlreiche antike Spolien wurden in die Kreuzkuppelkirche eingemauert. Im 13. Jh. übernahmen Zisterzienser das Kloster, die die Bauten umgestalteten und erweiterten.

★ **Ósios Loukás**

Das Kloster Ósios Loukás, seit 1990 Unesco-Weltkulturerbe, liegt 13 km südlich der Straße Livadiá – Delfí. Es ist neben den Klöstern Dafní bei Athen und Néa Moní auf Chíos das bedeutendste Denkmal der **byzantinischen Mosaikkunst** des 11. Jahrhunderts.

Dístomo ► Bei der Anfahrt zum Kloster kommt man durch das Dorf Dístomo, das 1944 von der Waffen-SS als Rache für einen Partisanenangriff dem Erdboden gleichgemacht wurde. 228 Einwohner, vom Säugling bis zum Greis, wurden damals erschossen.

Geschichte ► Ósios Loukás, der selige Lukas, wurde 896 in Kastoriá, dem späteren Kastrí, geboren und lebte ab 910 als Einsiedler an verschiedenen Orten. Zwischen 941 und 944 hatte der byzantinische Statthalter der Region neben Lukas' Einsiedelei eine Barbara-Kirche errichten lassen. Aus dieser entwickelte sich das Kloster, in dem Lukas im Jahr 953 hoch verehrt starb und das das Bild der einsamen, kargen Landschaft beherrscht.

✶ Hauptkirche ► Die dem seligen Lukas geweihte Kreuzkuppelkirche, im Jahr 1011 erichtet, wird durch eine mächtige Kuppel, das Tuffstein- und Cloisonné-Mauerwerk sowie die durch Blendarkaden gruppierten Fenster geprägt. Die Kuppel ruht auf acht Stützen und überspannt Mittel- und Seitenschiffe. Der Kirchenraum glänzt mit hervorragenden goldgrundigen Mosaiken aus dem 11. Jh., die von verschiedenen Künstlern geschaffen wurden. Bemerkenswert sind außerdem die erhaltene Marmorverkleidung der Wände und der kunstvolle Marmorfußboden. Der außergewöhnlich hohe und helle Innenraum wird durch die Kuppel mit dem Pantokrator, Maria, Johannes und vier Erz-

Die Panagía-Kirche wurde bereits zu Lebzeiten des seligen Lukas erbaut.

engeln dominiert; im Tambour darunter sind die 16 Propheten dargestellt. Die Fresken ersetzten die Mosaiken, die durch ein Erdbeben im Jahr 1593 zerstört wurden.
Im nördlichen Seitenschiff befindet sich ein porträthaftes Bild des seligen Lukas, der hier als »ágios« bezeichnet wird, obwohl der Wunsch nach Heiligsprechung nicht in Erfüllung ging.

★ ◄ Krypta

Die reich ausgemalte Krypta entstand als Grablege für Lukas. In ihr stehen der Sarkophag des Seligen und zwei weitere Sarkophage, in denen der Überlieferung zufolge Kaiser **Romanos II. von Byzanz** (959–963) und **Kaiserin Theophano** ruhen.

★ ◄ Panagía

Die der Panagía geweihte Nebenkirche ist wahrscheinlich die alte Barbara-Kirche, die 946 bis 955, noch zu Lebzeiten des Seligen, gebaut wurde. Allerdings macht ihr Erscheinungsbild, vor allem die einfache Bauausführung, eine Umgestaltung im 13. Jh. nach zisterziensischem Geschmack plausibel. Ein Durchlass vor dem linken Querschiff der Hauptkirche führt in den Narthex, dessen Kuppeln von zwei Säulen mit korinthischen Kapitellen getragen werden. Die hohe Hauptkuppel ruht auf vier Granitsäulen mit reich gestalteten Blattkapitellen. Die wenigen erhaltenen Fresken stammen aus dem 11. und 12. Jahrhundert.

◄ Trapeza

In der Trapeza, dem Speisesaal, ist ein kleines **Museum** eingerichtet, in dem Architekturteile aus den beiden Kirchen und Fresken des 17. Jhs. zu sehen sind (Öffnungszeiten: tgl. 8.00 – 14.00, 16.00 bis 18.00 Uhr).

★ Máni · Μάνη

G 11/12

Landschaft: Lakonien

Die Máni – eigentlich die Innere Máni – ist die mittlere der drei Halbinseln, in denen der Peloponnes nach Süden ausläuft. Ihr Reiz liegt in der bis 1215 m ansteigenden kargen Gebirgslandschaft des Taýgetos, ihren Dörfern mit den ungewöhnlichen festungsartigen Wohntürmen und ihren reich ausgemalten Kapellen.

Sehenswertes auf der Halbinsel Máni

★ **Durch die Éxo Máni**

Die Fahrt zur Halbinsel Máni von Kalamáta aus nach Süden ins 80 km entfernte Areópolis führt durch die als Éxo Máni (»Äußere Máni«) bezeichnete schöne Landschaft an der Ostseite des Messenischen Golfs. Der entlegene, kaum besiedelte und sehr karge Landstrich wird erst allmählich vom Tourismus entdeckt. Typisch für die Architektur der Máni sind die massiv gebauten, mit Schießscharten versehenen Wohntürme, die als Wohnung und Verteidigungsanlage dienten. Um **Avia** erstrecken sich abgelegene Strände mit familiärer Urlaubsatmosphäre. Hinter Almíros steigt die Straße nach Kámbos am

Máni Orientierung

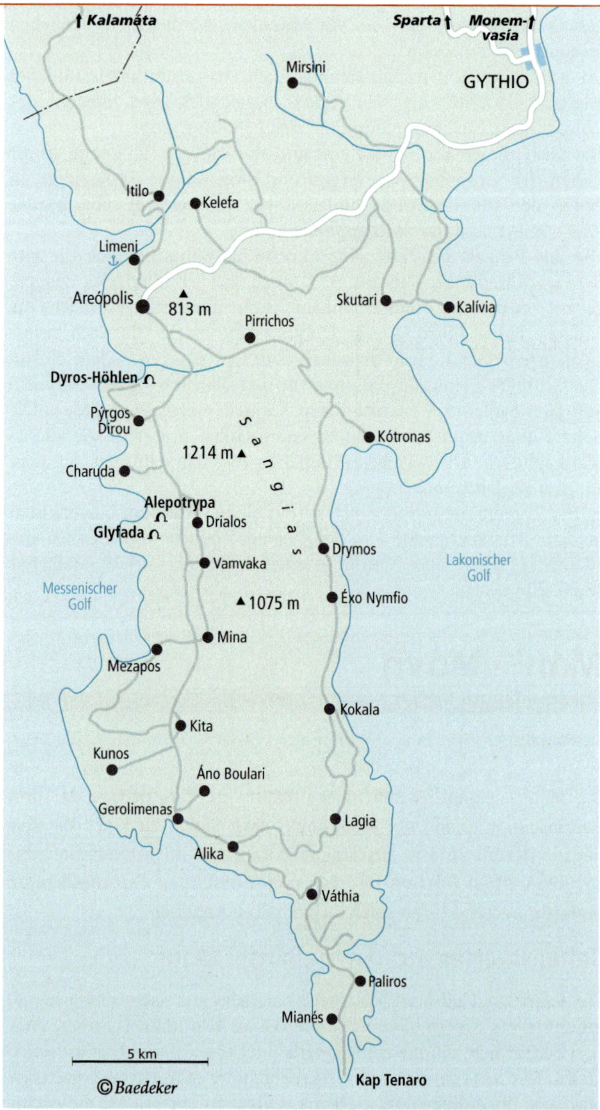

Fuß des Kaláthio-Bergs an. Südöstlich des Orts liegen auf einem Berg die Ruinen der im 17. Jh. gebauten Burg Zarnáta, die wichtigste Befestigung der Éxo Máni in türkischer und venezianischer Zeit. Das

MÁNI ERLEBEN

AUSKUNFT

Reisebüro Zorbas
Strandpromenade
Stoúpa
Tel. 27 21 07 70 54

ESSEN

► Preiswert

O Bárba Pétros
Areópolis
Tel. 27 33 05 12 05
Am besten lässt man sich die traditionellen griechischen Gerichte im kleinen, blumengeschmückten Hof schmecken.

Theodorákis
Geroliménas
Am Hafen
Fangfrischer Fisch und griechische Küche werden in dem auch bei Einheimischen beliebten Lokal serviert.

ÜBERNACHTEN

► Komfortabel

Limeni Village
Areópolis
3 km außerhalb der Stadt
Tel. 27 33 05 11 11
www.limenivillage.gr
32 Z.
Die Anlage, an einem Steilhang über der Bucht gelegen, besteht aus Wohntürmen. Baden kann man an Kiesstränden und Badeterrassen.

► Günstig

Tsimova
Areópolis
Ortsmitte
Tel. 27 33 05 13 01
4 Z.
Die kleine Pension ist in einem Wohnturm bei der Taxiarchen-Kirche untergebracht.

sieben Kilometer entfernte Bergdorf Kéndro ist Ausgangspunkt für die Wanderung in die **Kámbos-Schlucht**. Die 4-stündige Wanderung in die Schlucht ist recht schwierig – man muss einige Kletterpassagen überwinden – und erfordert eine gute Kondition.

Kardamýli, Hauptort der Éxo Máni, war in der Antike Hafenort Spartas. Neben einem hübschen Hafen besitzt Kardamýli eine venezianische Burg und die Spyridon-Kirche (18. Jh.) mit auffallend schlankem Glockenturm. An Badebuchten vorbei gelangt man nach **Stoupa**, einem kleinen Badeort mit besonders schönen Sandstränden, in dem der Schriftsteller **Nikos Kazantzakis** (► Berühmte Persönlichkeiten und Baedeker Special S. 346) lebte und das Vorbild des Alexis Sorbas kennen lernte.

Das Dörfchen Ágios Nikólaos verfügt über eine alte Turmburg und einen winzigen pittoresken Fischerhafen. In **Plátsa** lohnt die im 10. Jh. gebaute Basilika Ágios Nikólaos Kabinári mit einer Kuppel aus dem14. Jahrhundert eine Besichtigung. Am südlichen Ortsrand von **Nomítsi** steht die Kirche Ipapantí (11. Jh.) mit reich geschmücktem Mauerwerk und qualitätsvollen Fresken aus dem 13. Jahrhundert. Durch mani-typisch mit Steinen eingefasste Olivenhaine gelangt

Die Wohntürme von Váthia scheinen eine einzige Festung zu sein.

man nach **Thalámes**, dessen Platía ein Brunnenhaus mit frühchristlichen Spolien schmückt. Das Máni-Museum gewährt Einblicke in das Leben der Region.

Die Grenze zur Inneren Máni bildet die Schlucht von Ítilo. Von der Kirche des hübschen alten Weinbauzentrums Ítilo aus bietet sich ein phantastisches Panorama. Unterhalb des Orts steht die schöne Klosterkirche Dekoúlou, eine vollständig ausgemalte Basilika von 1765 mit reicher Ikonostase. Schließlich umrundet man die zauberhafte, tief eingeschnittene Bucht von Ítilo – bei Liméni gibt es einen schönen Strand – und fährt die Serpentinen hinauf nach Areópolis.

*** Durch die Messa Máni**

Ausgangspunkt der Rundfahrt durch die Messa Máni, die »Innere Máni, ist **Areópolis**, der bedeutendste Ort der Region mit gepflasterten Gassen, alten Wohntürmen und sehenswerten Kirchen. Mittelpunkt des öffentlichen Lebens ist die Platía mit einem Heldendenkmal für Kriegsgefallene. Den Namen »Aresstadt« erhielt Areópolis zu Ehren des Petrobey, des Statthalters des Sultans, und Freiheits-kämpfers **Petros Mavromichalis** (1765 – 1848); sein Denkmal steht auf dem Marktplatz. In einem der Wohntürme wurde ein kleines Museum eingerichtet, in dem das Brauchtum der Máni veranschaulicht wird.

Sieben Kilometer südlich kommt die Abzweigung zur weiten Badebucht von Dírou, an der die beeindruckenden **Tropfsteinhöhlen Spílea Dírou** liegen, die meistbesuchte Sehenswürdigkeit der Máni. Erforscht wurde bislang ein 5000 m langes Labyrinth mit Tunneln und Seen, das von großartigen Tropfsteinformationen geprägt ist. Die Bootsfahrt auf dem unterirdischen Fluss durch die effektvoll beleuchtete **Glyfáda-Höhle** ist ein einmaliges Erlebnis.

Zwei Kilometer südlich von Pýrgos Dírou führt ein Sträßchen durch Olivenhaine hinunter nach **Charouda**. Auf dem Friedhofsgelände steht hinter hohen Mauern die Ágios-Taxiarchis-Kirche aus dem 11. Jahrhundert. Die Viersäulen-Kreuzkuppelkirche besitzt eine einfache, romanisch wirkende Glockenwand und an der Apsis eingemauerte Keramikschalen; besonders schön ist der marmorne Türstock an der Westseite. Die Fresken stammen aus dem 14. und 18. Jahrhundert.
Über die fast verlassenen Dörfer Kíta und Alíka gelangt man nach Váthia. In dem ebenfalls nur noch wenig bewohnten Ort drängen sich viele Wohntürme aneinander, so dass sie wie eine einzige mächtige Festung wirken. Einige der alten Wohntürme wurden zu Feriendomizilen umgestaltet.

◂ Ostküste

Von Alíka aus überquert man den Bergrücken der Máni. Hinter **Lagiá** eröffnet sich ein besonders schöner Blick auf die Ostküste, die weniger karg und abweisend ist als die Westküste. An Badebuchten und den Dörfern Kokála und Nymfío vorbei erreicht man das hübsche **Flomochóri**. Hinter dem Ort zweigt die Straße ab zurück nach Areópolis.

★ Marathon · Μαραθώνας

K 8

Landschaft: Attika **Höhe:** 52 m ü. d. M.

Genau 42,195 km lang ist der Marathonlauf, der hier im Jahr 490 v. Chr. erstmals »ausgetragen« wurde und seit 1896, dem Beginn der modernen Olympischen Spiele, einer der Höhepunkte jeder größeren Sportveranstaltung ist.

Mythos und Geschichte

Marathon war im Altertum als die Gegend bekannt, in der **Theseus** den Stier von Marathon tötete. Im Jahr 490 v. Chr. fand hier die erste große Schlacht zwischen Griechen und Persern statt. Das persische Heer, das in der Bucht von Marathon gelandet war, wurde von den im Sturmschritt vorrückenden Griechen unter **Miltiades** in die Flucht geschlagen. Danach soll ein attischer Krieger namens Pheidippides in voller Rüstung und ohne Pause über 40 km weit nach Athen gelaufen sein, um die Siegesbotschaft zu überbringen. Mit letzter Kraft erreichte er den Areopag, verkündete den Sieg und brach vor Erschöpfung tot zusammen. Zum Gedenken daran wurde bei den ersten Olympischen Spielen der Neuzeit, 1896 in Athen, zum erstenmal der Marathonlauf ausgetragen.

▶ MARATHON

ÖFFNUNGSZEITEN

Grabhügel und Museum
Juni – Okt. Di. – So. 8.30 – 18.00 Uhr

Sehenswertes in Marathon

Schlachtfeld Fünf Kilometer südlich des heutigen Dorfs Marathónas breitet sich das Schlachtfeld aus, auf dem sich der 12 m hohe Grabhügel für die 192 gefallenen Athener erhebt. Am Fuß des Hügels steht eine Kopie der um 510 v. Chr. geschaffenen Grabstele des Aristion. Vom Grabhügel überblickt man das Gelände mit der weit geschwungenen Bucht im Nordwesten, in der die Perser an Land gingen; die Athener hatten ihr Lager westlich am Fuß des Agrielíki.
Einen Kilometer nördlich der Abzweigung zum Grabhügel geht von der Straße nach Marathónas links ein Fahrweg nach Vranás ab. Hier liegen der **Grabhügel der Platäer** – die die Athener unterstützten – und eine überdachte prähistorische Nekropole. Das Archäologische Museum zeigt Funde aus der Umgebung von neolithischer bis römischer Zeit.

Umgebung von Marathon

Rhamnous Die antike Stadt und Küstenfestung Rhamnous liegt 13 km nordöstlich von Marathónas an der Nordostküste Attikas. Von Süden betritt man die Terrasse des Heiligtums für **Themis** und **Nemesis**, die Göttinnen der menschlichen Ordnung und der Vergeltung. Neben einem der Themis geweihten Antentempel (um 500 v. Chr.), für den **Agorákritos** das Kultbild geschaffen hatte, steht der größere Nemesis-Tempel aus Marmor mit 6 : 12 Säulen. Er wurde um 430 v. Chr. begonnen und blieb unvollendet. Von der Tempelterrasse bietet sich ein weiter schöner Blick über das von Macchia überwucherte Stadtgebiet und den Meeresarm zu den Bergen der Insel Euböa. Ein von Gräbern gesäumter Fußweg führt hinunter zum Meer, an dem sich der Akropolishügel erhebt.

Reste des Orakels von Amfiaríon

Das Amfiaríon, ein bedeutendes antikes Orakelheiligtum, liegt ca. 33 km nördlich von Marathónas bei dem einladenen Fischerort **Skála Oropou** sehr reizvoll in einem stillen bewaldeten Tal. Das um 420 v. Chr. gegründete Heiligtum, in dem **Amfiaraos**, der mythische König von Argos, als Seher und Heiler verehrt wurde, bestand bis zur Zeit des römischen Kaisers Augustus.

Der Weg führt vom Eingang abwärts. Gleich rechts steht der Tempel des Amphiaraos aus dem 4. / 3. Jh. v. Chr.; er besaß vor der Front sechs dorische Säulen zwischen als Halbsäulen ausgebildeten Anten. Der Tempelraum war durch zwei Reihen von je fünf Säulen in drei Schiffe gegliedert; der kleine Anbau an der Rückwand wird als Schatzhaus oder Orakel gedeutet. An der Rückwand der Cella erkennt man die Basis für das Kultbild, in der Mitte einen Opfertisch.
Vor dem Tempel befindet sich bei der heiligen Quelle der **Große Altar**, der laut **Pausanias** dem Amphiaraos und anderen Gottheiten geweiht war. Unterhalb des Altars steht ein Brunnen, in dem zahlreiche Münzen – Opfergaben von Genesenen – gefunden wurden.
Links gegenüber dem Altar beginnt die Reihe der Statuenbasen aus römischer Zeit, an sie schließt sich die 110 m lange zweischiffige **Inkubationshalle** aus dem 4. Jh. v. Chr. an. Sie hat außen 41 dorische und innen 17 ionische Säulen, an der Rückwand sind steinerne Bankstützen erhalten. In der Halle legten sich die Gläubigen zum Tempelschlaf nieder, von dem sie sich Heilung erhofften.
Über der großen Halle liegt das Theater mit fünf marmornen Ehrensitzen rings um die Orchestra und einem teilweise erhaltenen Bühnenhaus. In diesem Theater fanden seit 332 v. Chr. im Abstand von fünf Jahren musische Wettkämpfe statt. Jenseits des Bachs liegen die Reste der ausgedehnten Kuranlagen.

★ Mesolóngi · Μεσολόγγι

E 8

Landschaft: Etoloakarnanía
Höhe: Meereshöhe
Einwohnerzahl: 12 000

Mesolóngi, der Hauptort der Region Etoloakarnanía, breitet sich, wie sein Name besagt, »mitten in den Lagunen« an der Nordseite des Golfes von Pátras aus. Berühmt wurde Mesolóngi durch die Rolle, die die Stadt Freiheitskampf gegen die Türken spielte.

Ort der Philhellenen

Mesolóngi war 1821 Hauptquartier des zum Staatspräsidenten nominierten **Alexander Mavrokordátos** und wurde vom Suliotenführer **Markos Bótsaris** verteidigt. Am 5. Januar 1824 kam der berühmte englische Schriftsteller **Lord Byron** hierher, ausgestattet mit britischem Geld, um die verschiedenen Widerstandsgruppen in ihrem Freiheitskampf gegen die Türken zu unterstützen und zu koordinieren. Doch nicht lange nach seiner Ankunft erkrankte er und starb am 19. April 1824 am Sumpffieber.
Als die Stadt ab 1825 von den Türken belagert wurde, wagten die Eingeschlossenen 1826 einen Ausbruch, der aufgrund eines Verrats nur einem kleinen Teil der insgesamt rund 9000 Eingeschlossenen gelang. In ihrer verzweifelten Lage sprengten sich die verbliebenen Einwohner Mesolóngis in die Luft.

Sehenswertes in Mesolóngi

★ **Gedenkstätte** Man gelangt durch ein Tor in der Festungsmauer in die Stadt und zweigt dann rechts zum **Heroon** ab (ausgeschildert mit »Hero's Tomb«), einer würdigen Grab- und Gedenkstätte für die Gefallenen des Befreiungskampfs. In der Achse der Hauptallee steht ein Denkmal für Lord Byron. Links davon sind in einem Grabhügel die sterblichen Reste der Gefallenen und das Herz von Lord Byron beigesetzt – der Leichnam wurde nach London überführt –, rechts befindet sich das Grab von Bótsaris mit der Darstellung des jungen Griechenland, personifiziert als Mädchen. Weiterhin gibt es Denkmäler für die Philhellenen aus Deutschland, Frankreich, Amerika, Italien, England, Polen und Skandinavien. Im Park gegenüber dem Heroon wurde eine riesige Statue von Byron aufgestellt.

Im Rathaus wurde eine kleine **Ausstellung** mit Erinnerungsstücken an die Freiheitskämpfe und an Lord Byron eingerichtet.

MESOLÓNGI

AUSKUNFT

Touristenpolizei
Spyrou Trikoupi 29
Tel. 26 31 02 72 20

ÜBERNACHTEN

▶ Komfortabel

Theoxenia
Mesolóngi
Tel. 26 31 02 24 93
www.theoxenia-hotel.gr
107 Z.
Ruhiges, bei der Lagune gelegenes Hotel.

Umgebung von Mesolóngi

Pleuron Hoch über der Küstenebene befinden sich 5 km nördlich von Mesolóngi die Ruinen der hellenistischen Stadt Pleuron, von der noch Reste eines Theaters, eine große Zisterne und ein Mauerring vorhanden sind.

Etolikó Nach weiteren 6 km, an Salzmarschen und Salinen entlang, gelangt man über einen Damm zum malerischen kleinen Fischerstädtchen Etolikó, das sich auf einer Insel mitten in der Lagune ausbreitet. Hier kann man in den Restaurants frischen Fisch genießen.

Oiniadai Weiter westlich passiert man Neochorió, bevor man den breiten Achelóos überquert. In Katóchi geht links die Straße ab zu den beeindruckenden Ruinen des auf einem niedrigen Bergrücken gelegenen Oiniadai, das von **Alkmaion**, Sohn des Amfiaraos, gegründet und nach seinem Sohn **Oineus** benannt wurde. Im Norden, am ehemaligen Melite-See, findet man Reste der Hafenanlagen, im Südosten die Akropolis mit einer Polygonalmauer aus dem 6. vorchristlichen Jahrhundert.

★ **Náfpaktos**

Náfpaktos ist ein idyllischer Hafenort am Nordufer des Golfs von Korinth, 43 km östlich von Mesolóngi. Die Venezianer nannten den Ort Lepanto, berühmt durch die Seeschlacht das Jahres 1571. Von 1407 bis 1499 und 1687 bis 1700 war Náfpaktos venezianischer Flottenstützpunkt, der die Einfahrt in den Golf von Korinth kontrollierte. Von 1499 bis 1687 und 1700 bis 1821 war es in der Hand der Türken. Deren Flotte lief von hier zu der Schlacht aus, die 1571 den ersten Seesieg vereinigter europäischer Mächte über die bis dahin unbesiegten Türken brachte. Diese **Schlacht von Lepanto** fand weiter westlich in der Nähe der Oxia-Inseln statt. Befehlshaber der »Heiligen Liga«, zu der sich der Papst, Spanien, Venedig, Genua und der Malteserorden zusammengeschlossen hatten, war **Don Juan d'Austria**, ein unehelicher Sohn Kaiser Karls V. Der 23-Jährige vernichtete mit venezianisch-spanischen Galeeren fast die gesamte türkische Flotte. Einer der Mitkämpfer war der spanische Dichter **Cervantes**, der in der Schlacht einen Arm verlor.

Der hübsche kleine Hafen wird durch eine venezianische Mauer gesichert, in der zahlreiche antike Spolien verbaut sind. Von ihm zieht sich die starke Befestigung in mehreren Gürteln bis zum Kastell hinauf. An der großen zentralen Platía am Hafen gruppieren sich Cafés und Tavernen. Beiderseits des Hafens erstrecken sich schöne, lange Strände.

Nahe des Hafenstädtchens Náfpaktos fand 1571 die berühmte Seeschlacht von Lepanto statt.

✶✶ Metéora · Μετέωρα

C 4

Landschaft: Thessalien

Im Nordwesten von Thessalien ragen aus der vom Piniós durchflossenen Ebene 300 m hohe, bizarr geformte Felsen auf. Senkrechte Wände, schlanke Felstürme und wuchtige Klötze erheben sich über den Orten Kalambáka und Kastráki. Auf ihnen liegen die berühmten mittelalterlichen Metéora-Klöster – »die Klöster in der Luft«.

✶✶ Metéora-Klöster

Bedeutende byzantinische Klosteranlagen

Tá metéora monastíria – »die Klöster in der Luft«: Wer zum erstenmal hierher kommt, versteht, warum Mönche auf der Suche nach der göttlichen Erleuchtung sich auf diesen Felsen niedergelassen haben. Auch heute kann man sich der überwältigenden Wirkung der Felswände und Felstürme nicht entziehen. Ursprünglich nur über Saumpfade, Leitern und Seilwinden zugänglich, sind heute die Klöster, die seit 1988 zum Unesco-Weltkulturerbe zählen, touristisch erschlossen.

Die Straße, die die Klöster verbindet, ist zur Hauptreisezeit stark befahren und zum Gehen nicht gut geeignet. Den besten Eindruck von dieser großartigen Landschaft bekommt man auf Wanderungen auch zu ganz abgeschieden gelegenen aufgegebenen Klöstern.

METÉORA ERLEBEN

AUSKUNFT

Tourist Services Office
28 Oktovrion 7
Kalambáka
Tel. 24 32 04 44 44

Besucher sollten in entsprechender angemessener Kleidung erscheinen: Frauen müssen Röcke tragen, und die Arme müssen bedeckt sein; Männer dürfen nicht mit Shorts bekleidet sein. Für Hosen tragende Frauen liegen in den Klöstern Leihröcke bereit. Videoaufnahmen sind verboten.

Die unterschiedlichen Öffnungszeiten sind bei den einzelnen Klöstern aufgeführt.

ESSEN

▸ Preiswert

Boufidis
Kastraki
Am Ortsausgang
Die Spezialität der netten Taverne sind Grillgerichte.

ÜBERNACHTEN

▸ Günstig

Arsenis
Kalambáka
Tel. 24 32 02 41 50
www.arsenis-meteora. gr
Gepflegte Pension in ruhige und landschaftliche schöne Lage, nur etwa 2 km von den Klöster entfernt; gute Küche; auch ein Wohnmobilparkplatz ist vorhanden.

Meteóra-Klöster Orientierung

Im frühen 9. Jahrhundert ließen sich Einsiedler auf der Suche nach Einsamkeit und inspirierender Umgebung in den Höhlen der Meteóra-Felsen nieder. Als erstes Katholikon entstand die Marienkirche **Doupianí**. **Geschichte**

Im Jahr 1340 kam Thessalien unter serbische Herrschaft; Simeon ließ sich in Tríkala zum König der Serben und Griechen krönen. In diesen unruhigen Zeiten suchten die Eremiten auf den Höhen Schutz und Stille und schlossen sich zu Gemeinschaften zusammen.

Zwischen 1356 und 1372 entstand auf einem 534 m hohen Felsen das von **Athanásios Meteorítis** gegründete Metéoro-Kloster. Es war das erste von insgesamt 24 »Felsenklöstern«, die es hier noch im 16. Jh. gab. Heute sind nur noch fünf Klöster bewohnt.

✶ Ágios Nikólaos Anapafsás

Das erste für Besucher zugängliche Kloster an der Straße zu den Metéora-Felsen ist das 1368 gegründete und 1909 verlassene Kloster Ágios Nikólaos Anapafsás. Die Kapelle Ágios Antonios besitzt noch Freskenreste aus dem 14. Jahrhundert. Das Katholikon wurde 1527 von **Theophanes** ausgemalt (Öffnungszeiten: Mo. – Do., Sa., So. 9.00 – 15.30 Uhr).

✶ Roussanou

Auf schmaler Felsnadel steht das Kloster Roussanou, der wohl kühnste der Klosterbauten. Errichtet wurde Roussanou um 1530 von den Eremiten Jóasaph und Maximos und um 1560 mit Fresken geschmückt (Öffnungszeiten: tgl. 9.00 – 18.00 Uhr).

✶✶ Varlaám

Das Kloster Varlaám, das über 195 Stufen zu erreichen ist, wurde 1517 an der Stelle einer Einsiedelei gegründet, die auf den Mönch Barlaam zurückging. Das Katholikon Ágii Pántes (1544) schmücken Malereien aus dem Jahr 1548 im Stil der Kretischen Schule, die die »ikonenhafte« Starre zugunsten räumlicher Gliederung und lebendigen Szenen aufgibt. Faszinierend ist die vergoldete Ikonostase (18. Jh.). In der Bibliothek kann man sehr gut erhaltene Handschriften aus dem 11., 14. und 16. Jahrhundert anschauen (Öffnungszeiten: Mo. – Mi., Fr. – So. 9.00 – 17.00 Uhr).

✶✶ Megálo Metéoro

Vor dem 1356 gegründeten Kloster Megálo Metéoro sieht man am Felsen noch die Spuren von Holztreppen und die um 1520 errichtete turmartige Aufmauerung, unter deren Dach die alte, heute nicht mehr verwendete Seilwinde erhalten ist. Das Katholikon ist der Metamórfosis (Verklärung Christi auf dem Berg Tabor) geweiht. Die auf den Gründer **Athanasios** zurückgehende Kapelle von 1387 / 1388 ist der Altarraum des von seinem Nachfolger erweiterten Baus. Die Gräber der beiden – mit ihrem Abbild und einem Modell der Kirche – befinden sich in der Vorhalle. Hauptraum und Apsis wurden vollständig um 1500 mit Wandmalereien ausgestattet. Eine interessante Sammlung von alten Ikonen, Handschriften und liturgischem Gerät enthält der **Trapeza**. Ansehen kann man sich auch den Klosterkeller, das Beinhaus und die Küche (Öffnungszeiten: Mo. – Mi., Fr. – So. 9.00 – 17.00 Uhr).

Agía Triáda

Das Kloster Agía Triáda thront spektakulär auf einem 565 m hohen Felsen. Aufgrund seiner außergewöhnlichen Lage diente es sogar als Kulisse in dem James-Bond-Film »In tödlicher Mission«. Doch der etwas mühevolle Aufstieg wird mit einer grandiosen Aussicht belohnt. Gegründet wurde das Kloster 1438. Die Hauptkirche von 1475 / 1476 ist das älteste Klostergebäude, ihre östliche Außenwand ist mit Keramik sehr reich geschmückt. Die runde Kapelle Timios Prodromos stammt von aus dem Jahr 1682.

✶ Ágios Stéfanos

Seit 1961 wird das Kloster Ágios Stéfanos, 1367 durch eine Stiftung des Serbenfürsten **Antonios Kantakuzenos** neu gegründet, von

»Einzug in Jerusalem«: Fresko von 1522 im Kloster Megálo Metéoro

Nonnen bewohnt. Die um 1545 umgestaltete Kapelle des hl. Stephan ist mit um 1400 geschaffenen Fresken geschmückt. Die dem hl. Charálambos geweihte Hauptkirche entstand 1798, die holzgeschnitzte Ikonostase 1814. Das **Klostermuseum** enthält u. a. Ikonen aus dem 16. und 17. Jh. und alte Handschriften (Öffnungszeiten: Di.. – So. 9.00 – 13.00, 15.30 – 17.30 Uhr).

Umgebung der Metéora-Klöster

Kalambáka

Das Landstädtchen Kalambáka, am Fluss Piniós gelegen, ist ein guter Ausgagspunkt für den Besuch der Metéora-Klöster. Der Name kommt aus dem Türkischen und bedeutet »Fels mit Mönchskapuzen«. Mit seinen Hotels, Campingplätzen, Tavernen und Cafés lebt es im Wesentlichen vom Tourismus.
Sehenswert ist die am östlichen Ortsrand unter der senkrecht aufsteigenden Felswand gelegene Kirche **Kímisis tis Theotókou**, eine 1309 von Andronikos III. Palaiologos erneuerte Basilika, die der Überlieferung zufolge auf die Zeit Kaiser Justinians zurückgeht. Die Malereien im Hauptraum schuf im Jahr 1573 **Neofytos**, Sohn des berühmten kretischen Malers **Theofanes Strelitzas**.

Tríkala

Vor oder nach einem Besuch der Metéora-Klöster lohnt ein Stopp in der ca. 20 km südöstlich am Westrand der thessalischen Ebene gelegenen Stadt Tríkala (35 000 Einw.) mit ihrem lebhaften Basarviertel und einem großen, von hübschen Cafés gesäumten Platz im Zentrum. Der in Homers »Ilias« Trikka genannte Ort, im Altertum für seine Pferdezucht bekannt, war vermutlich die **Heimat des Asklepios**, des nachmaligen Gottes der Heilkunst.

Über der Stadt erhebt sich die verfallende, von **Justinian** im 6. Jahrhundert gegründete byzantinische Burg. Zwar sind die Reste der Festung, die im Mittelalter als serbische Fürstenresidenz diente, nicht zugänglich, doch der Burgberg lockt mit einem hübschen Café und einer schönen Aussicht. An der Straße nach Karditsa steht die **Koursoum-Tzami-Moschee**, 1560 von dem osmanischen Architekten Sinan Pascha errichtet, in der ein kleines Museum eingerichtet wurde.

★ Mílos · Μήλος

L 11

Inselgruppe: Kykladen
Höhe: 0 – 751 m ü. M.
Hauptort: Mílos-Pláka
Fläche: 151 km²
Bewohnerzahl: 4500

Die Insel Mílos gehört mit ihrer abwechslungsreichen pittoresken Landschaft zu den Schönheiten Griechenlands – so wie die hier entdeckte weltberühmte »Venus von Milo«.

Insel der Venus von Milo

Die Insel Mílos, dessen Name möglicherweise von »mylon« (»Apfel«) herrührt, ist die westlichste der größeren Kykladen. Bekannt geworden ist sie durch die weltberühmte Statue **»Venus von Milo«**, die im Pariser Louvre zu bestaunen ist.

Mílos ist die Caldera (Kraterkessel) eines Vulkans; der Krater ist durch einen Einschnitt im Nordwesten zum Meer hin offen und bildet einen der besten Häfen des Mittelmeers. Die nordöstliche Hälfte der Insel ist flacher und fruchtbarer als der bergige Südwesten, der im Profítis Ilías bis 751 m ansteigt.

Um 1100 v. Chr. ließen sich dorische Siedler auf Mílos nieder und gründeten an der Stelle des heutigen Kástro die von Ringmauern und Türmen gesicherte Stadt **Melos** mit ihrem Hafen **Klíma**. Ihr Wohlstand gründete sich auf die Ausfuhr von Schwefel, Bimsstein und Ton, von Öl, Wein und Honig.

Sehenswertes auf Mílos

Adámas

Touristisches Zentrum ist der Hafenort Adámas am Nordrand der großen Bucht, der zur Zeit der Befreiungskriege von Kretern gegründet wurde – »adamas« heißt so viel wie »unbezwingbar«. Ganz oben im Ort sieht man die dem hl. Charálambos geweihte Kirche, deren Vorhof mit einem Kieselsteinmosaik aus den 1930er-Jahren geschmückt ist. Außerdem enthält sie wertvolle Ikonen (17. Jh.) des Kreters **Emanuil Skordilis**. Einen Einblick in den für die Insel wirtschaftlich bedeutsamen Bergbau vermittelt das **Bergwerksmuseum Metalleutikó Mouseio**; zudem sind zahlreiche Mineralien ausgestellt.

MÍLOS ERLEBEN

AUSKUNFT

Tourist-Information
Fähranlegestelle
Adámas
Tel. 22 87 02 24 45
www.milos-island.gr

ANREISE

Schiffsverbindungen bestehen mit Piräus auf dem Festland sowie mit den Inseln Chálki, Folégandros, Íos, Kárpathos, Kreta, Kýthnos, Páros, Rhodos, Santorin, Sérifos, Sífnos, Síkinos und Sýros.

ESSEN

► Erschwinglich
Trapatselis
Uferstraße
Adámas
Tel. 22 87 02 20 10
Hier werden leckere Fisch- und Fleischgerichte serviert.

► Preiswert
Varco
Chiovasalos
Adámas
Tel. 22 87 02 26 60
Beim Hafen gelegenes nettes Lokal mit griechischer Küche.

ÜBERNACHTEN

► Komfortabel
Portiani
Adámas
Tel. 22 87 02 29 40
E-Mail: sirmalen@otenet.gr
23 Z.
Von der großen Dachterrasse des Hotels an der Hafenbucht eröffnet sich ein herrlicher Ausblick.

* **Mílos-Pláka**

Sieben Kilometer nordwestlich breitet sich der Hauptort Mílos-Pláka mit seinem weißen Häusergewirr aus. Sehenswert ist die Kirche Panagía Korfiátissa aus dem 19. Jahrhundert, die kostbare Ikonen und ein vergoldetes geschnitztes Epitaph aus Smyrna (um 1600) enthält. Das **Volkskundemuseum** bei der Kirche präsentiert Exponaten zur einstigen Alltagswelt der Insel.
Besuchen sollte man auch das **Archäologische Museum**, das Ausstellungsstücke aus allen Epochen besitzt, darunter Obsidianwerkzeuge, Kykladenidole und die Kopie eines der berühmtesten Kunstwerke der Antike: der »Venus von Milo«. Um 120 v. Chr. geschaffen und 1820 auf einem Acker in der Nähe von Tripití entdeckt, verkörperte die 2 m hohe Marmorstatue das Schönheitsideal der späthellenistischen Zeit.
Auf dem 280 m hohen Hügel nördlich erhob sich ein im 13. Jahrhundert gebautes venezianisches Kástro, von dem noch Teile der Burgmauern erhalten sind. Im einstigen Burgbereich steht die Kapelle Méssa Panagía, die eine legendäre Marienikone verwahrt.

* ◄ Katakomben

Aus dem 3. Jahrhundert stammen die Katakomben bei Tripití, einen Kilometer unterhalb von Pláka, eine für Griechenland einmalige Anlage. Die Katakomben, die der frühchristlichen Gemeinde vom 1. bis 5. Jahrhundert als Begräbnisstätte dienten, umfassen drei Höhlen

Das Erdgeschoss der Häuser von Klíma dient als »Bootsgarage«.

mit fünf Gängen, von denen die mittlere zugänglich ist. 300 Gräber sind in die Wände und den Boden eingelassen (Öffnungszeiten: Di. bis So. 8.30 – 15.00 Uhr).

Melos In der Nähe der Katakomben sind die Reste der antiken Stadt Melos zu finden. Ein Schild weist auf den Fundort der **»Venus von Milo«** hin. Man sieht Teile der Stadtmauer und eines Turms. Oberhalb der Bucht sind die Reste des in den Hang gebauten römischen Theaters erhalten.

Klíma ▶ Ein Pfad führt hinunter zum Küstenort Klíma mit seinen malerischen Häusern, deren Erdgeschosse als Bootshäuser dienen.

Fylakopí Von Tripití ostwärts gelangt man nach Fylakopí, wo Siedlungsschichten aus dem 3./2. Jt. v. Chr. und mykenische Mauern (um 1500 v. Chr.) freigelegt wurden.

Apollónia An der Nordostküste liegt der hübsche Hafenort Apollónia, der über einen Sandstrand verfügt. Von hier kann man Bootsausflüge zu den »**Möweninseln«** Glaronísia, vier kleinen, bizarren Vulkaninseln, unternehmen.

Palaiopolis Sechs Kilometer südöstlich von Adámas findet man bei **Zefyriá** die Ruinen der alten Inselhauptstadt, dem im 8. Jh. gegründeten und 1793 aufgegebenen Palaiopolis. 4 km weiter südöstlich erstreckt sich die schöne Strandbucht von Paliochóri mit warmen schwefelhaltigen Quellen.

★ Monemvasía · Μονεμβασία

J 11

Landschaft: Lakonien
Einwohnerzahl: 5000
Höhe: 5 – 300 m ü. d. M.

Das ummauerte Städtchen zeichnet sich durch eine grandios Lage am Fuß eines 300 m hohen Felsens aus und hat sich mit seinen engen Gassen, byzantinischen Kirchen und idyllischen Tavernen zu einem attraktiven Urlaubsziel entwickelt.

Hübsches Urlaubsstädtchen

Monemvasía, der einzige bedeutende Ort im äußersten Südosten des Peloponnes, hatte nur einen Zugang (»móni émvasis«), was ihm seinen Namen gab. Jahrhundertelang war es fast uneinnehmbar, dann lange Zeit fast menschenleer – die Bewohner waren in das neue Dorf **Géfyra** hinübergezogen. In den restaurierten Häusern der Unterstadt haben sich Ferienapartments, Boutiquen und Tavernen etabliert.
Der antike Name **Minoa** weist auf eine kretische Niederlassung hin. Im nahe gelegenen **Epidauros Limera** gab es eine mykenische Siedlung, von der Reste der Stadtmauer und mehrerer Tempel erhalten sind. Der Name von Monemvasía lebt verballhornt noch im »Malvasier« weiter, ein Wein, der einst hier angebaut wurde und ein überaus erfolgreicher Exportartikel war. Die Stadt war die Heimat des Lyrikers **Jannis Ritsos** (1909 – 1990), dessen Gedichte durch Vertonungen von Mikis Theodorakis populär wurden.

★ Unterstadt

Man betritt die Unterstadt von Westen her durch das einzige Tor in der Mauer, die die Türken im 16. Jh. auf byzantinischer Basis errichteten. Durch eine malerische Gasse kommt man zum Hauptplatz,

MONEMVASÍA ERLEBEN

AUSKUNFT

Touristenpolizei
Oktovriou 28
Tel. 27 32 06 12 10

ESSEN

▶ Erschwinglich

Scorpios
Das Lokal liegt direkt am Meer und bietet schmackhafte Fisch- und Fleischgerichte, dazu Wein aus eigenem Anbau.

To Kanoni
Hauptgasse (bei der Platía)
Hübsch eingerichtetes Lokal mit schöner Terrasse.

ÜBERNACHTEN

▶ Komfortabel

Ano Malvasia
Unterstadt
Tel. 27 32 06 13 23
Fax 27 32 06 17 22
16 Z.
Das Hotel ist in mehreren Häusern untergebracht und verfügt über sehr gemütliche Zimmer, von denen manche sogar einen offenen Kamin besitzen.

der Platía Tzami, mit einer türkischen Kanone und der **Kirche Christós Elkómenos**. Die Kirche, im 13. Jh. von Andronikos II. Palaiologos errichtet, wurde mehrmals zerstört und umgebaut. Ihr Name »Weggeschleppter Christus« bezieht sich auf eine Ikone, die zeigte, wie der Gefesselte zum Kreuz geschleift wird, und die im 12. Jh. nach Konstantinopel gebracht wurde. Der Glockenturm steht nach italienischer Manier frei.

Archäologisches Museum ▸

Die ehemalige Moschee am Tzami-Platz, ursprünglich die im 10. Jh. gebaute Kirche Ágios Pávlos, beherbergt das Archäologische Museum, das einen kleinen Einblick in die Stadtgeschichte vor allem in byzantinischer Zeit vermittelt. Oberhalb steht die Kuppelkirche Panagía Myrtidiótissa, die »Myrtenbekränzte«, aus dem 18. Jh. mit einer reich verzierten Ikonostase.

Panagía Chrisafiótissa ▸

Von der Platía Tzami – vorbei am ehemaligen Bischofspalast – gelangt man zu der dreischiffigen Panagía Chrisafiótissa (um 1700). Diese Kirche hat ihren Namen von einer Ikone, die der Legende nach aus dem Ort Chryssafa nach Monemvasía geflogen sein soll. Von der Kirche führt ein Spaziergang auf der südlichen Stadtmauer am Meer entlang an zu einem kleinen Platz mit dem schönen, in ein Hotel umgewandelten **Stellakis-Haus**, ein um 1700 erbautes Herrenhaus.

✶ **Oberstadt**

Ein gepflasterter Serpentinenweg führt an Mauern entlang zu den Resten der Oberstadt. Dort wurde im 13. Jh. unter Andronikos II. Palaiologos unmittelbar an der Felskante die – meist verschlossene –

Bummel durch die engen Gassen der Unterstadt von Monemvasía

Achtsäulenkreuzkuppelkirche **Agía Sofía** erbaut, die eine große, Haupt- und Seitenschiffe überspannende Zentralkuppel hat. Über dem Eingang sind byzantinische Marmorreliefs zu sehen. Die Kirche gehörte einst zu einem Kloster, von dem nur noch geringe Mauerreste vorhanden sind.

◄ Kastell

Am höchsten Punkt der Oberstadt findet man die überwachsenen Ruinen des einstiges Kastells. Von dort bietet sich eine umwerfende Aussicht. Beim Abstieg, am Eingang zur Unterstadt, kommt man am (verschlossenen) Geburtshaus des Lyrikers **Jannis Ritsos** vorbei, vor dem eine Büste aufgestellt wurde.

** Mykene · Μυκήνες

H 9

Landschaft: Argolis **Höhe:** 120 – 278 m ü. d. M.

Die über 3000 Jahre alte Burg von Mykene liegt auf einem Hügel am Rand der argolischen Ebene, nur wenige Kilometer von Argos entfernt, und gehört zu den bedeutendsten antiken Geschichtsdenkmälern Griechenlands.

Einzigartige Burganlage

Als der Archäologe und Troja-Entdecker **Heinrich Schliemann**, der entsprechende Berichte von Homer und Pausanias wörtlich zu nehmen versuchte, 1876 auf die Überbleibsel der riesigen Festungsanlage gestoßen war, trat die Burg von Mykene und das nach ihr benannte Zeitalter ins allgemeine Bewusstseins und unser Geschichtsbild wurde bis weit in die Bronzezeit des 2. Jts. v. Chr. erweitert. Auch nach der Entdeckung zahlreicher anderer Burgen und Siedlungen dieser Epoche ist Mykene bis heute berühmt wie keine andere.

Die meisten der einzigartigen Funde von Mykene sind im Archäologischen Nationalmuseum in Athen ausgestellt. Kopien davon, aber auch andere mykenische Fundstücke sind im 2004 eröffneten Museum nördlich der Burganlage zu sehen.

Als um 2000 v. Chr. Frühgriechen vom Balkan her einwanderten, setzten sie sich wohl auch schon auf dem 278 m hohen Burgberg fest. Sie vermischten sich mit der Urbevölkerung, es entstand eine Mischkultur.

Sprachlich dominierten bald die Einwanderer, aber der vorindogermanische Ortsname Mykene blieb erhalten. Eine durchgreifende

▶ MYKENE

AUSKUNFT

Tourist-Information
Mikínes
Tel. 27 51 07 65 85

Öffnungszeiten: Sommer
Mo. 12.00 – 19.30
Di. – So. 8.00 – 19.30 Uhr

Tgl. Busverbindungen von Argos und Náfplio zur Ausgrabungsstätte

Mykene Orientierung

Wandlung setzte um 1580 v. Chr. ein, als Einflüsse aus Ägypten und von der verfeinerten minoischen Kultur Kretas aufgenommen wurden.
Die beginnende frühmykenische Zeit (1580 – 1500 v. Chr.) zeichnet sich durch reiche Goldbeigaben in den Schachtgräbern aus. Zu ihnen gehört die Goldmaske, die die Schliemann fälschlich für die des **Agamemnon** hielt.
Aus der mittelmykenischen Periode (1500 – 1425 v. Chr.) stammen die ersten Burgmauern und die frühen Kuppelgräber. Aus dem 14. Jh. v. Chr. stammen weitere Kuppelgräber, darunter das so genannte Schatzhaus des Atreus, und um 1350 v. Chr. der erste anspruchsvoll ausgestattete Palast. Um 1250 v. Chr. schließlich entstanden das jüngere Megaron, das Löwentor und der Zwinger im Osten. Aus der Zeit nach 1230 v. Chr. sind fünf Phasen des Befestigungsausbaus nachgewiesen. Mit dem Einfall der Seevölker bzw. der ihnen folgenden Dorier ging die Geschichte von Mykene um 1100 v. Chr. zu Ende.

Ausgrabungsgelände

* **Schatzhaus des Atreus**

Links der Straße, die vom Dorf Mikines zur Ausgrabungsstätte führt, liegt das wohl berühmteste der Kuppelgräber, das »Schatzhaus des Atreus«, ein von **Pausanias** überlieferter Phantasiename.
Ein 36 m langer Dromos führt zu dem mächtigen Tor, dessen gewaltiger innerer Türsturz der Rundung genau angepasst wurde. Das Portal war von grünlichen Marmor-Halbsäulen gerahmt, Spuren von Basis und Befestigung sind noch zu erkennen. Das Entlastungsdreieck über dem Türsturz war mit einer reliefierten Steinplatte verschlossen. Der runde Innenraum wird von einer Kuppel aus vorkragenden Reihen waagerechter Blöcke abgeschlossen. Bronzerosetten schmückten einst die Kuppel. Der Hauptraum diente dem Totenkult, die Grabkammer selbst befindet sich rechts daneben.

Gräberrund B

Vor dem Parkplatz sind rechts der Straße Fundamente einiger mykenischer Wohnhäuser zu sehen. Hinter dem Eingang liegen rechts das Gräberrund B, das aus 24 Gräbern bestand, und weitere Kuppelgräber, das Klytaimnestra- und das Aigisthos-Grab (15. Jh. v. Chr.).

** **Löwentor**

Man betritt die Burg durch das berühmte Löwentor, in dessen Entlastungsdreieck das bekannte Relief eingelassen ist: zwei Löwen, deren Köpfe verloren sind, flankieren eine Säule. Ein asiatisch beeinflusstes Symbol religiös begründeter Herrschaft, wie man es ähnlich von kretischen Siegeln kennt, ist hier ins Monumentale gesteigert. Das Ganze besteht aus mächtigen Monolithen.

* **Königsgräber**

Hinter dem Löwentor fand Schliemann das Gräberrund A, eine ursprünglich außerhalb der Burg gelegene Grabanlage. Erst bei der Erweiterung der Mauer im 13. Jh. v. Chr. hat man die dort liegenden Gräber mit einem Ring aus doppelten Steinplatten umgeben; die

Grabsteine wurden auf dem erhöhten Niveau erneut aufgestellt. In den 6 Schachtgräbern, die zu sehen sind, fanden sich Reste von 9 Männern, 8 Frauen und 2 Kindern mit Grabbeigaben aus Gold wie Masken, Schmuck und Brustplatten. Das Gräberrund B gehört noch ins ausgehende 17. Jh. v. Chr., das von Schliemann entdeckte Gräberrund A in die Zeit nach 1580 v. Chr. Dass man keine Schachtgräber mehr anlegte, sondern Kuppelgräber, weist auf einen Dynastiewechsel hin. Hinter dem Gräberrund A liegen noch einige Gebäude, so das Südhaus, das Haus der Kriegervase und das nach dem Ausgräber benannte Tsountas-Haus.

Palast Die sichtbaren Reste des stark zerstörten Palasts, über dem im 7. Jh. v. Chr. ein griechischer Athena-Tempel errichtet wurde, stammen aus dem 15. Jh. v. Chr. Die wichtigsten Partien des Palasts liegen im Süden: ein Hof, zu dem eine erhaltene mykenische Steintreppe hinaufführt, sowie Thronraum und Megaron der Herrscher von Mykene. Östlich unterhalb des Palasts sieht man rechts an der Kyklopischen Ringmauer das **Säulenhaus**. Weiter südöstlich, bereits außerhalb des sog. Ausfalltors, findet man den Eingang zu einer 18 m unter der Erde liegenden Brunnenkammer. Wenn man auf dem Rückweg der Nordmauer folgt, sieht man das Nordtor und unterhalb des Palasthügels eine Reihe von Magazinen mit Tongefäßen.

3500 Jahre alt sind die sog. Rundgräber, die Heinrich Schliemann entdeckte.

Mýkonos-Chóra ist eines der schönsten Städtchen der Kykladen.

★★ Mýkonos · Μύκονος

N 10

Inselgruppe: Kykladen
Höhe: 0 – 372 m ü. d. M.
Hauptort: Mýkonos-Chóra
Fläche: 85 km²
Bewohnerzahl: 6800

Die karge Kykladeninsel Mýkonos ist mit ihren feinsandigen Stränden *die* Ferieninsel Griechenlands und in der Hochsaison »durchgehend geöffnet«: Wer hierher kommt, verbringt seine Urlaubstage und -nächte am liebsten auf Strandpartys und den Tanzflächen der Diskos.

Highlifeinsel

Bei Mýkonos gibt es nur ein Entweder-Oder: Entweder man sucht Highlife am Strand und in der Disko – oder man meidet die Insel. Sie ist die meistbesuchte Insel der Ägäis und eines der teuersten Urlaubsziele Griechenlands. Zwischen Juni und September ist ohne längerfristige Reservierung kaum ein Zimmer zu bekommen.

Landschaftlich hat die kahle Felseninsel außer schönen Stränden wenig zu bieten. Zu den kulturellen Sehenswürdigkeiten zählen mehrere kleine Museen und vor allem die nahe Insel Délos, zu der täglich Ausflugsschiffe ablegen. Attraktiv ist die traditionelle Inselarchitektur mit weißen Häusern, blau und rot abgesetzten Fenstern und weiß gefugtem Natursteinpflaster.

MÝKONOS ERLEBEN

AUSKUNFT

Touristenpolizei
Paralia Mykonou
Mýkonos-Chóra
Tel. 22 89 02 52 50
www.mykonosgreece.com

ANREISE

Schiffsverbindungen bestehen mit Kavála, Piräus und Rafína auf dem Festland sowie mit den Inseln Ándros, Chíos, Fourni, Ikaría, Kos, Lésbos, Límnos, Lipsí, Pátmos, Rhodos, Sámos, Sýros und Tínos.
Zur »Apollon-Insel« Délos legen tgl. Ausflugsschiffe ab.

ESSEN

► Fein & teuer

Philippi
Kalogera
Mýkonos-Chóra
Tel. 22 89 02 22 94
Nobles Ambiente und hervorragende griechische und internationale Küche; sehr hübscher Garten.

► Preiswert

Antoníni's
Plateía Mantó
Mýkonos-Chóra
Tel. 22 89 02 23 19
Das Lokal bietet sehr gute griechische Küche

ÜBERNACHTEN

► Luxus

Apollonia Bay
Agios Ioannis
Tel. 22 89 02 78 90
E-Mail: apollonia_bay@hotmail.com
20 Z., 4 Suiten, 5 Bungalows
Kleiner, charmanter Hotelkomplex direkt am Strand mit recht geräumigen Zimmern, Fitness-Studio und Wellnessbereich.

► Komfortabel

Aphrodite Beach
Kalafatis-Strand
Kalafatis
Tel. 22 89 07 13 67
www.aphrodite-mykonos.com
148 Z., 2 Suiten
12 km außerhalb von Mýkonos-Stadt gelegenes Strandhotel mit Restaurant und vielfältigem Animations- und Sportprogramm.

Cavo Tagoo
Mýkonos-Stadt
Tel. 22 89 02 36 92
www.cavotagoo.gr
77 Z. 7 Suiten
Das stufenförmig in die Steilküste gebaute Hotel mit geschmackvoll eingerichteten Zimmern liegt 600 m von der Stadt entfernt an der Küstenstraße.

Sehenswertes auf Mýkonos

★★ **Mýkonos-Chóra**

Der Hauptort Mýkonos-Chóra (4500 Einw.), ein typisches Beispiel für die Kykladenarchitektur, ist einer der schönsten Orte der Inselgruppe und eine Perle in der Ägäis. Er präsentiert ein wunderschönes Ortsbild mit schmalen Gassen und reizenden Häusern, deren Weiß mit dem kräftigen Blau und Rostrot der Fenster und Türen einen faszinierenden Kontrast bildet.

Auf der Halbinsel südlich der Hafenbucht liegt das Kástro, das älteste Viertel von Mýkonos, wo im Mittelalter das venezianische Kastell stand. Größte Sehenswürdigkeit ist hier die Kirche **Panagía Paraportianí** (»Bei der Pforte«), deren Name sich auf den Standort zwischen dem Meer und einer Pforte des ehemaligen Kastells bezieht. Es handelt sich um einen Komplex von vier Kirchen, die zwischen dem frühen 16. und dem 17. Jahrhundert entstanden.

Südlich der Kirche schließt sich das Viertel **Venetia** an, dessen malerische Front direkt am Wasser liegt. Die Häuser mit ihren ausladenden Holzbalkonen wurden ab Mitte des 18. Jahrhunderts von Händlern und Kapitänen gebaut. Hier stehen die Kathedrale **Theotókos Pigadiótissa** und die katholische Kirche mit dem Wappen der venezianischen Familie Ghisi über dem Portal.

Weiter südlich folgt das Viertel Alefkándra. Die Tavernen und Cafés sind beliebte Plätze, um den Sonnenuntergang zu genießen. Südwestlich sieht man das **Wahrzeichen von Mýkonos**: die – nicht mehr funktionsfähigen – Windmühlen auf dem Káto Mýli.

! *Baedeker* TIPP

Heiße Rhythmen am Pool

Zu den beliebtesten nächtlichen Treffpunkten der Insel gehört das »Hard Rock Café«, rund 4 km von Mýkonos-Stadt entfernt an der Straße nach Áno Merá. Tagsüber dient das Café als Restaurant, nachts erklingen hier heiße Rhythmen am Pool, in dem man sich in den Tanzpausen auch abkühlen kann.

Museen

Das **Volkskundemuseum** im Kástro-Viertel verwahrt in einem Kapitänshaus aus dem 18. Jahrhundert. Dinge des Alltagslebens sowie den ausgestopften Pelikan Petros I., der jahrzehntelang Maskottchen von Mýkonos war. Sein Nachfolger Petros II. spaziert munter im Ortskern herum und lässt sich von den Touristen bewundern. Bei den Tría Pigádia (»Drei Brunnen«) ist das Marinemuseum zu finden; im Garten ist das Leuchtwerk eines alten Leuchtturms ausgestellt. Nebenan steht das Lena-Haus, ein Bürgerhaus des 19. Jhs., das als Museum zugänglich ist.

★ ◄ Archäologisches Museum

Das Archäologische Museum, in einem klassizistischen Haus in der Nähe des Fähranlegers untergebracht, zeigt bedeutende Funde von Délos, Rínia und Mílos. Glanzstück ist die 1,30 m hohe Halsamphore (um 670 v. Chr.) mit der ersten bekannten Darstellung des Trojanischen Pferds. Außerdem sind Prunkvasen, reich verzierte Amphoren sowie herrliche rot- und schwarzfigurige klassische Vasen zu sehen (Öffnungszeiten: Mo., Mi. – Sa. 9.00 – 15.30, So. 10.00 – 15.00 Uhr).

Strände

Westküste: Die nächsten Strände von Mýkonos-Chóra sind Megáli Ámmos (1 km südlich) und Tourlos (2 km nördlich). Weiter nördlich folgen Ágios Stéfanos. Südlich Megáli Ámmos folgen Ornós, westlich davon Ágios Ioánnis.

Südküste: Hier erstrecken sich die beliebtesten und schönsten Sandstrände der Insel: zunächst Platýs Gialós, von Mýkonos-Chóra aus

Am Super-Paradise-Strand ist rund um die Uhr Party angesagt.

mit dem Bus zu erreichen, dann folgen die vielbesuchten Strände Parangá, Paradise und Super Paradise. Am Strand Kaló Livádi geht es etwas ruhiger zu.

Áno Merá Ca. 8 km östlich Mýkonos-Chóra liegt Áno Merá mit dem festungsartigen Kloster **Panagía Tourlianí**. Dieses Kloster, 1542 gegründet, geht in seiner heutigen Form auf das Jahr 1767 zurück. Die Kirche schmückt eine schöne Ikonostase mit silberverkleideten Ikonen und ein prächtig geschnitzter Bischofsstuhl.

★★ Mystrá · Μυστράς

G 10

Landschaft: Lakonien **Höhe:** 380 – 620 m ü. d. M.

Die Ruinen des mittelalterlichen Mystrá sind das umfassendste Zeugnis der spätbyzantinischen Zeit in Griechenland. Die einstige Hauptstadt des Despotats Morea erhebt sich etwa sieben Kilometer westlich von Sparta über dem Eurotas-Tal an einem Hang des Taýgetos-Gebirges.

Geschichte Im Jahr 1249 gründete der aus der Champagne stammende **Guillaume II. Villehardouin** die Burg, doch musste er sie schon 1263 an den byzantinischen Kaiser **Michael VIII. Palaiologos** abtreten, der ihn gefangen genommen hatte. Von da an bis zur türkischen Eroberung 1460 herrschten byzantinische Prinzen in der Hauptstadt der Morea, ab 1347 mit dem Titel Despótes (Herr), dem zweithöchsten Titel des Hofes von Byzanz.

Unterhalb der fränkischen Gipfelburg entstand zunächst die Oberstadt. Der **Despotenpalast** wurde zum Mittelpunkt des höfischen Glanzes in Mystrá, das bald als **Florenz des Ostens** bezeichnet wurde. Nachdem die Türken Mystrá 1460 erobert hatten, wurde es Sitz eines Paschas; es blieb durch die lukrative Seidenproduktion eine blühende Stadt bis nach der Besetzung durch Venedig im Jahr 1687. Ab 1715 wieder türkisch, wurde es bei einem Aufstand 1770 verwüstet. Anfang des 19. Jhs. standen mehr Ruinen als Häuser, und als die Bevölkerung nach der Befreiung in das 1834 neu gegründete Sparta zog, verblieb nur noch ein kleines Dorf unterhalb der Stadtmauer.

Unterstadt

✶ **Mitropolis**

Beim unteren Eingang liegt die Mitropolis, die **Bischofskirche** zum hl. Demetrios. Der trutzige Glockenturm links der Apsisfront, die mit teilsweise nur aufgemaltem Ziegelschmuck versehen ist, stammt von 1316. Laut Inschrift an der Treppe zum Westhof wurde die dreischiffige Basilika 1291 / 1292 von Nikephoros gestiftet.

Das einstige **Bischofshaus** – in dem ein kleines Museum mit überwiegend Kleinfunden untergebracht ist – weist einige Spolien auf. Im 15. Jh. erhielt die Mitropolis nach dem Vorbild anderer Kirchen von Mystrá ein neues Obergeschoss mit kreuzförmigem Grundriss, Kuppel und Frauenempore, eine ungewöhnliche Synthese der frühchristlichen und frühbyzantinischen Basilika mit der späteren byzantinischen Tradition. Durch den Umbau wurden die Figuren an der Südwand des Mittelschiffs »enthauptet«.

Die Fresken, im 13. und 14. Jahrhundert geschaffen, stammen von verschiedenen Künstlern. Vom Skulpturenschmuck sind die Stücke an der gemauerten Ikonostase (vor dem 12. Jh.) sehr interessant. Im Boden unter der Kuppel ist das Relief des Doppeladlers der Palaiologen eingelassen.

> ### ▶ MYSTRÁ
>
> **ÖFFNUNGSZEITEN**
>
> Apr. – Okt. tgl. 8.00 – 19.00 Uhr
>
> Von Sparta aus fährt mehrmals täglich ein Bus nach Mystrá.

✶ **Vrontocheion**

An der Friedhofskapelle Evangelístria (um 1400) vorbei gelangt man zum Vrontocheion-Kloster. Zu dem Kloster gehören zwei Kirchen, die beide von dem bedeutenden Geistlichen **Pachomios** gestiftet wurden. Das Kloster war das reichste in Mystrá und unterstand nur dem Patriarchat in Konstantinopel.

Die um 1295 erbaute älteste Kirche von Mystrá, **Ágii Theódori**, hat eine große, alle drei Schiffe überspannende Zentralkuppel, die innen von acht Säulen getragen wird. An der Ostseite sieht man schönes Ziegel- und Bruchsteinmauerwerk. Die vier Kapellen dienten als Grabstätten.

Mystrá Orientierung

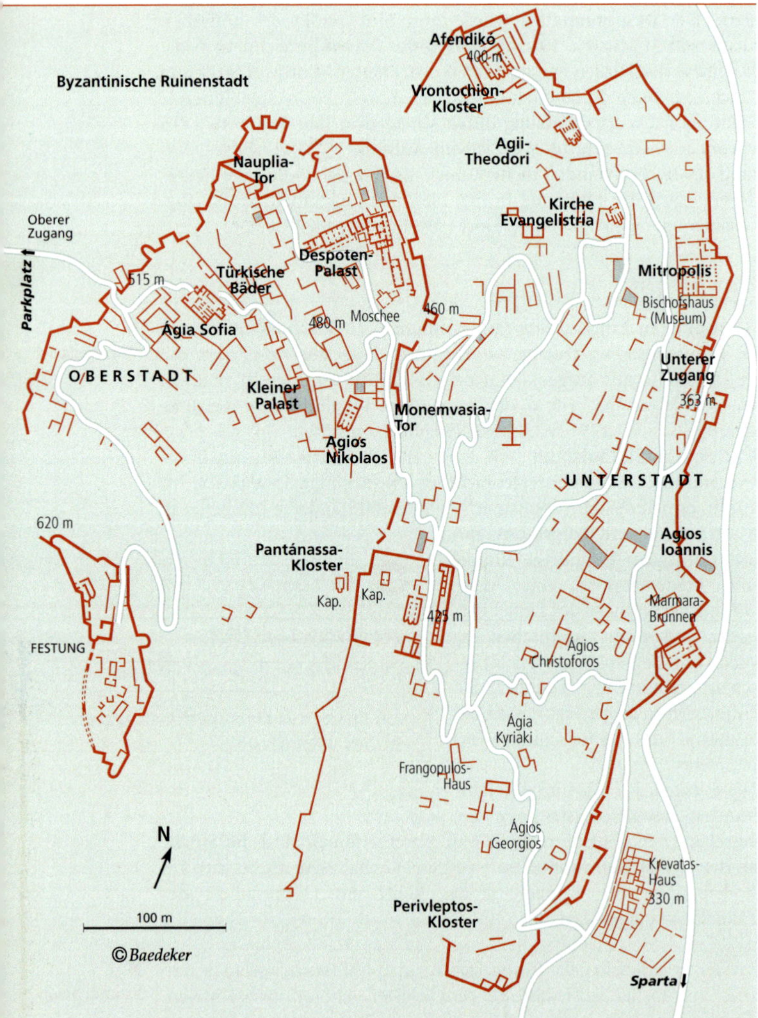

★ Afendikó ► Die andere Kirche des Klosters, Afendikó, ist das größte Sakralgebäude der Stadt. Sie wurde von 1310 bis 1311 erbaut und zeigt als erste den für Mystrá charakteristischen Bautypus: basilikales Untergeschoss und ein Obergeschoss in Form einer Kreuzkuppelkirche. Die hervorragenden Fresken aus dem 14. Jh. stammen von der Hand verschiedener Künstler.

Pantánassa

Steigt man von Ágii Theódori in südlicher Richtung aufwärts, passiert man das Monemvasía-Tor, das in die Oberstadt führt. Geradeaus erreicht man das Kloster Pantánassa, das noch von einigen Nonnen bewohnt wird (»Pantánassa« ist die weibliche Entsprechung zu »Pantokrator«, »Allherrscher«).
Die 1428 errichtete Kirche, der letzte große Bau der Stadt, weist ebenfalls die Kombination von Basilika und Kreuzkuppelkirche auf. Gotisch-zisterziensische Formen sind im Glockenturm und an der Apsisfront zu erkennen. Im Untergeschoss der Kirche sind Wandmalereien des 17. Jhs. zu sehen, das Obergeschoss ist mit Fresken aus der Bauzeit geschmückt.

Perívleptos

Weiter nach Süden absteigend kommt man am Haus der Familie **Frangopoulos** vorbei, Ministerialen des 14. und 15. Jhs., und gelangt zu dem in den Felsen gebauten Kloster Perívleptos, errichtet im 13. Jh. / 14. Jh. Der Name, der »von allen Seiten angesehen« bedeutet, ist zusammen mit Lilien und Löwen am Bogen vor dem Kloster zu lesen. Die Symbole verweisen auf Balduin oder Henry von Flandern, die ersten lateinischen Kaiser von Konstantinopel, als Stifter. Die Apsisseite der Kirche hat deutlich romanischen Charakter; die mittlere Apsis ist mit einer Lilie und Rosetten geschmückt.
Die um 1350 entstandenen Fresken, einige der am besten erhaltenen und schönsten in Mystrá, zeichnen sich durch feine Gestaltung und lebhafte Farben aus. Der Kirche vorgelagert sind zwei Grabkapellen, dahinter erhebt sich ein Turm aus dem 13. Jahrhundert.

Mitte des 13. Jhs. wurde die Stadtburg Mystrá von den Franken gegründet.

Oberstadt

★ Palast — Durch das **Monemvasía-Tor** gelangt man zum Despotenpalast, der im Wesentlichen aus zwei rechtwinklig angeordneten Flügeln besteht. Der rechte Teil des Ostflügels geht auf **Guillaume Villehardouin** zurück (Mitte 13. Jh.), der etwas breitere Teil links davon ist der im 14. Jahrhundert errichtete Palast des **Manuel Kantakouzenos** mit einer schönen offenen Loggia. Der Nordflügel enthält den riesigen heizbaren Thronsaal. Reste der Fensterdekoration im Flamboyantstil sind noch zu erkennen, ebenso Fundamente von Moschee und Minarett rechts vor dem Ostflügel.Südlich des Palastes liegen die **Nikolaus-Kirche** und der im 15. Jahrhundert gebaute **Kleine Palast**, ein zweiteiliges Patrizierhaus.

Agía Sofía ► Über der Palastterrasse steht die Palastkirche Agía Sofía, erbaut um 1360 von **Manuel Kantakouzenos**. Zum abgesetzten, ehemals dreistöckigen Glockenturm verläuft eine elegante rekonstruierte Arkade.

Festung — Vom oberen Eingang geht's hinauf zur 1249 errichteten Festung. Durch den äußeren Mauerring führt ein Gewölbe. Vom Südende des Bezirks eröffnet sich ein weiter Blick über die Schlucht zum Taýgetos-Gebirge. Der innere, erhöht liegende Mauerring enthält eine Kommandantenwohnung, eine Kapelle und eine Zisterne.

★ Náfplio · Ναύπλιο

H 9

Landschaft: Argolis
Einwohnerzahl: 10 000
Höhe: 5 – 85 m ü. d. M.

Dass sich Náfplio zu einem viel besuchten Urlaubsstädtchen entwickeln konnte, hat es vor allem seiner herrlichen Lage am Argolischen Golf unterhalb eines von der Festung Palamídi bekrönten Felsens zu verdanken.

Beliebtes Ferienstädtchen — Náfplios Stadtbild wird von engen Gassen, malerischen Plätzen und der hübschen Hafenpromenade geprägt, die von Cafés, Hotels und Tavernen gesäumt wird. Nach antiker Überlieferung waren **Nauplios**, ein Sohn des Meeresgottes Poseidon, und Nauplios' Sohn **Palamedes** die Gründer der Stadt. Ab 628 v. Chr. war die Stadt der Hafen von Argos, 1387 fiel sie an Venedig, das sie unter dem Namen »Napoli di Levante« zu einer der stärksten Festungen ausbaute.

1540 wurde Náfplio jedoch an die Türken abgetreten, die die Festung noch verstärkten. Von 1686 bis 1715 war die Stadt unter **Francesco Morosini** erneut im Besitz Venedigs, das die Befestigung auf dem Palamídi errichtete. 1822 wurde Náfplio von aufständischen Griechen erobert und fungierte von 1828 bis 1834 als Hauptstadt Griechenlands.

Sehenswertes in Náfplio

Syntagma-Platz

Das hübsche Stadtbild ist im Wesentlichen noch unverbaut. Neben venezianischen Bauten findet man klassizistische Häuser. Am zentralen Syntagma-Platz, mit dem Flair einer italienischen Piazza, steht eine ehemalige Moschee, die erste Schule nach der Befreiung.

◄ Archäologisches Museum

Im venezianischen Marinemagazin (1713) gegenüber ist das sehenswerte Archäologische Museum mit Funden aus Náfplio und Umgebung untergebracht. Die ältesten Stücke sind neolithische Keramik aus Asine und Berbati. Aus mykenischer Zeit stammenFresken und Terrakotta-Idolen aus Mykene, aus Dendra eine Rüstung und ein Helm aus Tíryns vertreten.

◄ Vouleftikó

Von der Südwestecke des Platzes führt eine Treppe hinauf zu einer weiteren ehemaligen Moschee (1550), dem Vouleftikó, in dem 1822 das **erste griechische Parlament** zusammentrat. Etwas südlich der Odós Staikopoulou steht an einem Platz die Kirche **Ágios Spyridónas** (1702). Vor der Kirche wurde am 9. Oktober 1831 **Ioannis Kapodistrias**, der erste Präsident Griechenlands, von Mitgliedern der Familie Mavromichalis erschossen; heute zeigen die griechischen 20-Cent-Münzen das Konterfei von Kapodistrias.

◄ Metamórfosis

Von dem Platz führen Treppen zur Kirche Metamórfosis, auch Frangoklissía (»Frankenkirche«) genannt, die einst zu einem Kloster gehörte. Die katholische Kirche enthält eine Gedenkstätte für die Philhellenen; von ihrer zeitweisen Funktion als Moschee zeugen der Minarett-Stumpf und die Gebetsnische hinter dem Altar.

NÁFPLIO ERLEBEN

AUSKUNFT

Tourist-Information
25. Martiou 4
Tel. 27 52 02 44 44

ESSEN

► **Preiswert**

Vassilis
Staikopoulos 22
Tel. 27 52 02 53 34
Bei Touristen und Einheimischen beliebtes Lokal mit einer großen Auswahl an Gerichten.

Zorbás
Staikopoulos 30
Tel. 27 52 02 53 19
Hier wird griechische Küche in freundlichem Ambiente serviert.

ÜBERNACHTEN

► **Komfortabel**

Byron
Platonos 2
Tel. 27 52 02 23 51
www.byronhotel.gr
14 Z., 3 Apt.
Von den etwas teureren Balkon-Zimmern genießt man einen traumhaften Blick über die Stadt.

► **Günstig**

Pension Acronafplia
Papanikolaou 34
Tel. 27 52 02 44 81
www.pensionacronafplia.gr
40 Z.
Pension in der Altstadt, die sich auf vier verschiedene Gebäude verteilt.

Die Festungsinsel Burdzi liegt mitten im Hafen von Náfplio.

Volkskundemuseum Kunsthandwerk und Trachten aus dem vergangenen zwei Jahrhunderten präsentiert ansprechend das Volkskundemuseum in der Odós Vass. Alexándru 1.

Militärmuseum In der ersten Militärschule Griechenlands, die von 1829 bis 1831 hier bestand, ist heute ein Militärmuseum untergebracht, das u. a. eine umfangreiche Sammlung von Dokumenten und Fotos aus der Zeit der deutschen Besatzung während des Zweiten Weltkriegs zeigt (Odós Terzáki).

✶ Akronauplia Eindrucksvoll sind noch heute die Festungsanlagen der Stadt, so an der östlichen Eingangsseite, wo venezianische Bastionen zu einem Tor aus römischen Ziegeln und einem byzantinischen, mit Fresken aus dem 13. Jh. geschmückten Torraum traten. Auf dem Gelände der Zitadelle, deren Nutzung bis ins 4. Jh. v. Chr. zurückzuverfolgen ist, befindet sich heute ein Luxushotel.

✶ Palamídi Die gewaltige Festungsanlage erhebt sich auf dem von 1711 bis 1714 ausgebauten Palamídi, zu dem man auf einem teilweise überdachten Treppenweg von fast **1000 Stufen** hinaufsteigen kann. Bequemer ist die 3 km lange Straße durch den Vorort Prónia. Von der Höhe genießt man einen wunderbaren Blick auf Stadt und Golf (Öffnungszeiten: Sommer 8.00 – 18.45, Winter 8.00 – 17.00 Uhr).

Burdzi Die Festung auf dem dem Hafen vorgelagerten Inselchen Burdzi wurde 1471 von den Venezianern errichtet und im 18. Jh. erweitert. Bis 1865 wohnte hier der Scharfrichter. Im Sommer bringen Ausflugsboote Besucher auf die Insel.

Die gewaltige Festung Palamídi ist ein Werk der Venezianer.

Denkmal des bayerischen Löwen

Auf der großen Platía Ethnosinelefseos im Vorort Prónia bestätigte die griechische Nationalversammlung 1832 die Wahl Ottos aus dem Haus Wittelsbach zum griechischen König. In der Odós Mich. Iatrou sieht man ein in den Felsen gehauenes Denkmal mit einem liegenden bayerischen Löwen, das der deutsche Bildhauer Chr. H. Siegel zur Erinnerung an die im griechischen Freiheitskampf gefallenen bayerischen Soldaten meißelte.

Umgebung von Náfplio

Tolón

Fünf Kilometer südöstlich erstreckt sich der Sand-Kiesstrand von Karathóna, ausgestattet mit einigen Bars und Tavernen. Ca. 7 km weiter liegt das ehemalige Fischerdorf Tolón, das Touristenzentrum der Region, das vor allem bei jungen Leuten beliebt ist.
Die Bucht von Tolón wird im Osten durch ein Kap abgeschlossen, auf dem die Akropolis des antiken **Asine** liegt (ausgeschildert). Es war seit dem 2. Jt. v. Chr. besiedelt. Erhalten sind noch mächtige Quadermauern und weitere Siedlungsspuren. Davor lädt eine sehr hübsch gelegene Taverne zum Verweilen ein.

Dolinen von Didyma

Rund 50 km südöstlich von Náfplio liegt der Ort Didyma am Hang des 1113 m hohen Didymo. Schon von weitem ist in der Bergflanke ein riesiger Krater zu sehen, eine Doline. Eine weitere Doline befindet sich 500 m weiter südlich. An die senkrechte Wand des grün bewachsenen »Lochs« sind zwei Kapellen gebaut, eine davon ist mit Fresken aus dem 15. Jh. ausgemalt.

Rundgang durch die Burganlange Tíryns entlang der meterdicken Wehrmauern

✶ **Tíryns** Tíryns ist bekannt durch die mykenische Burg, die auf einem nur 25 m hohen, aber die Küstenebene des Argolischen Golfes beherrschenden Felsen liegt, 7 km nördlich von Náfplio. Seit dem 3. Jt. v. Chr. besiedelt, wurde Tíryns als eines der wichtigsten Zentren des bronzezeitlichen Europa 1999 in die Liste des **Unesco-Weltkulturerbes** aufgenommen.

Eine erste Burg entstand im 16. Jh. v. Chr.; im 14. und 13. Jh. v. Chr. baute man Mauern im Süden und Osten aus, das alte Osttor verschwand unter Aufschüttungen für neue Propyläen; auch die Rampe im Osten und die Treppe im Westen sowie der neue Palast gehören in die spätmykenische Zeit. Die nördlich anschließende Unterburg diente nicht als Fluchtburg, sondern war dicht bebaut und über den um 1125 v. Chr. anzusetzenden Untergang der Burg hinaus bis ins 11. vorchristliche Jahrhundert bewohnt.

Burganlage ► Der heutige Zugang liegt nahe des alten Tores, das von zwei Türmen flankiert durch die mehrere Meter dicke Wehrmauer führt. Man passiert ein weiteres mächtiges Tor und erreicht über eine Treppe die Ost-Kasematten. Der mit Kraggewölben überdachte Gang blieb erhalten. Durch die Propyläen kommt man in den Großen Hof, anschließend in den Inneren Hof, in dem ein Opferaltar steht. Gegenüber dem Eingang erhob sich das **große Megaron**, wo noch Spuren eines im 7. Jh. v. Chr. über dessen Ruine gebauten Hera-Tempels zu erkennen sind. Rechts daneben befindet sich ein **kleineres Megaron**. Beide bilden den Mittelpunkt der Palastanlage, um den sich eine Reihe kleinerer Räume gruppiert. Im Westen sieht man die große Bodenplatte eines Badezimmers; der Abfluss ist noch zu erkennen. In dem außerordentlich starken Westbau aus dem 13. Jh. v. Chr. führt eine Treppe abwärts zu einer Ausfallpforte und zur Mittelburg. Die Untere Burg ist nicht zugänglich. Öffnungszeiten: Sommer tgl. 8.30 bis 15.00 Uhr.

★ Náxos · Νάξος

N/O 10/11

Inselgruppe: Kykladen
Höhe: 0 – 1001 m ü. d. M.
Hauptort: Náxos-Chóra
Fläche: 448 km²
Bewohnerzahl: 14 000

Náxos, die größte und landschaftlich reizvollste Insel der Kykladen, ist mit seinen wunderschönen Stränden und hervorragenden Surfrevieren ein immer beliebter werdendes Urlaubsziel.

Landschaftlich reizvolle Insel

Náxos wird von Norden nach Süden von einem bis 1001 m hoch ansteigenden Gebirge durchzogen, das nach Osten steil abfällt, nach Westen dagegen in ein sanftes fruchtbares Hügelland und wasserreiche Ebenen übergeht. Die Landwirtschaft – neben dem Abbau von Marmor und der Meersalzgewinnung ein wichtiger Wirtschaftszweig auf der Insel – erzeugt außer auf Terrassen gezogenem Wein Gemüse, Getreide und Zitrusfrüchte.

Mythos und Geschichte

Der Name der Insel verbindet sich mit Ariadne, die mit ihrem Geliebten Theseus von Kreta hierher geflohen war, nachdem sie ihm mit dem berühmten Faden aus dem **Labyrinth des Minotaurus** geholfen hatte. Theseus jedoch verließ sie schnöde, worauf sich Ariadne vom jungen Dionysos trösten ließ. Somit war Náxos auch Kultstätte des Dionysos, Gott des Weins und der Ekstase.

Am Hafenrand der Inselhauptstadt steht das Wahrzeichen von Náxos: das monumentale Marmortor des Apollon-Tempels.

NÁXOS ERLEBEN

AUSKUNFT

Tourist-Information
An der Schiffsanlegestelle
Náxos-Stadt
Tel. 22 85 02 52 01
Fax 22 85 02 52 00
www.naxos-greece.net

ANREISE

Schiffsverbindungen bestehen mit Piräus auf dem Festland und mit den Inseln Amorgós, Anáfi, Astypálea, Donoussa, Folégandros, Fourni, Ikaría, Irakleia, Íos, Kálymnos, Kos, Koufonissi, Medisti, Nísyros, Páros, Rhodos, Sámos, Santorín, Síkinos, Sými, Sýros und Tílos.

ESSEN

► Fein & teuer
Oneiro
Náxos-Chóra
Tel. 22 85 02 38 46
Die gute internationale Küche genießt man am besten auf der Dachterasse.

► Erschwinglich
Lucullus
Náxos-Chóra
Tel. 22 85 02 25 69
Älteste Taverne auf Náxos, klein und gemütlich.

► Preiswert
Manólis
Náxos-Chóra
Tel. 22 85 02 51 68
In der Gartentaverne wird leckere griechische Küche serviert.

ÜBERNACHTEN

► Luxus
Kavuras Village
Agios Prokopios
Tel. 22 85 02 37 05
www.kavurasvillage.gr
111 Z., 15 Villas, 4 Suiten
Die Zimmer sind alle in Bungalows untergebracht, zum Hotel gehört ein großen Pool mit Plantschbecken.

► Komfortabel
Anixis
Náxos-Stadt
Tel. 22 85 02 29 32
www.hotel-anixis.gr, 18 Z.
Das freundliche Hotel mit hübschen Zimmern und einer Dachterrasse mit herrlichem Ausblick liegt in der Nähe des einzigen erhaltenen Turms der Burg.

► Günstig
Iria Beach
Ágios Ánna
Tel. 22 85 04 26 00
E-Mail: iria-beach@
naxos-hotels.com
30 App.
Hübsche, für Familien mit Kindern geeignete Ferienanlage am herrlichen Sandstrand von Agía Ánna.

Zahlreiche Funde belegen die Besiedlung der Insel durch Karer und Kreter sowie eine blühende Kykladenkultur im 3. / 2. Jt. v. Chr.
Im 1. Jt. v. Chr. folgten ionische Griechen, die im 6. Jh. v. Chr. ihre Herrschaft über Páros, Ándros und andere Nachbarinseln ausweiteten. Aus dem Erbe der Makedonier kam es an Ägypten, 41 v. Chr. an die Römer und danach an Byzanz. Im Verlauf des Vierten Kreuzzugs

besetzte der Venezianer **Marco Sanudo** 1207 die Insel und machte sie zum Mittelpunkt des »Herzogtums der Zwölf Inseln des Ägäischen Meeres«, das bis 1566 bestand. Im Jahr 1579 kam Náxos unter die Herrschaft der Türken, 1830 schloss sich die Insel dem griechischen Königreich an.

Sehenswertes in Náxos-Chóra und Umgebung

★ **Náxos-Chóra**

Bei der Einfahrt in den Hafen von Náxos-Chóra (5000 Einw.) bieten sich gleich einige markante Blickpunkte: auf einem Inselchen die Kirche Myrtidiótissa und das venezianische Kástro oberhalb des Ortes, der malerisch an den Hängen eines Felskegels ansteigt. Der geschäftige Hafen wird von zahlreichen Tavernen und Cafés gesäumt.

★ ◄ Marmortor

Auf einer vorgelagerten, durch eine Damm mit dem Hafen verbundenen Insel steht das **Wahrzeichen von Náxos**: das berühmte, 6 m hohe Marmortor eines Apollon-Tempels, der im 6. Jh. v. erbaut, jedoch nie vollendet wurde. Auf den Tempelresten entstand im 5. Jahrhundert eine christliche Kirche. Der Platz wird »Sto Palati« (»Beim Palast«) genannt, weil hier der Legende nach der Palast der Ariadne gestanden haben soll.

◄ Altstadtviertel

Nördlich des Kástros liegt Grotta, das älteste Viertel von Náxos-Chóra mit Resten der antiken Stadt. Hier steht die 1780 bis 1790 erbaute orthodoxe **Kathedrale Zoodóchos Pigí** mit Granitsäulen, die vom Apollon-Tempel auf Délos stammen sollen. Hinter dem Hafen breiten sich die engen, verwinkelten Gassen des Burgos-Viertels aus; besonders hübsch ist die bunte Marktgasse. Während in Burgos orthodoxe Griechen wohnten, war das benachbarte Evraiki-Viertel den Juden vorbehalten.

i Náxos kulinarisch

- Neben Wein hat Náxos zahlreiche weitere kulinarische Spezialitäten zu bieten: Oliven und Olivenöl, den Zitronenlikör »Kítro«, der aus den frischen Blättern der Zitronat-Zitrone destilliert wird, sowie die naxische »Marmelade«: verschiedene in Sirup eingelegte Obststücke. Ausgezeichnet schmecken auch die drei auf der Insel produzierten Käsesorten »Anthótiro«, »Misíthra« und »Kephalotíri«.

Den höchsten Punkt der Stadt nimmt das Anfang des 13. Jhs. gebaute venezianische **Kástro** ein. Durch die Traní Pórta gelangt man in den museal wirkenden Bezirk mit wappengeschmückten Häusern, dem Sanudo-Palast und der Marienkathedrale (13. Jh.) mit interessanten in den Boden eingelassenen Grabplatten venezianischer Adelsfamilien und einer Marienikone aus dem 14. Jh. am Hauptaltar.

Archäologisches Museum

Das interessante Archäologische Museum mit Exponaten von prähistorischer bis in byzantinische Zeit, untergebracht in einer ehemaligen Jesuitenschule hinter der Kathedrale, besitzt nach dem Athener Nationalmuseum die bedeutendste Sammlung zur Kykladenkultur; auf der Terrasse ist das spätantike Mosaik »Europa auf dem Stier« zu sehen (Öffnungszeiten: Di. – So. 8.30 – 15.00 Uhr).

Umgebung von Náxos-Chóra Drei Kilometer nordöstlich von Náxos-Chóra steht das blendend weiße festungsartige Kloster Ioánnis Chrysóstomos aus dem 17. Jh.; von dem nicht zugänglichen Kloster bietet sich ein herrlicher Ausblick. Vom Faneroméni-Kloster, 10 km nordöstlich, ist vor allem die 1603 gebautet Kirche mit einer schönen alten Altarwand sehenswert. Hinter Galanádo, 6 km südöstlich, stehen der Wohnturm Pýrgos Belonia, der den katholischen Bischöfen von Náxos gehörte, und die katholisch-orthodoxe Doppelkirche Ágios Ioánnis aus dem 13. Jahrhundert. Im ehemaligen **Marmorbruch von Flerió**, 2 km östlich von Kourounochóri, liegt ein unvollendeter **Kouros** aus dem 6. Jh. v. Chr. Der mehr als 6 m großen Statue fehlt nur der linke Fuß, und das Bein ist gebrochen.

Strände Gute Bademöglichkeiten und Strände findet man fast überall auf Náxos, doch die weitaus schönsten Strandabschnitte liegen an der Westküste südlich von Náxos-Chóra bis hinunter zum 16 km entfernten Ort Pyrgáki. Zum **Pláka-Strand** führt eine Küstenstraße, die anderen Strände sind von der landeinwärts verlaufenden Hauptstraße über Stichstraßen zu erreichen. Die stadtnahen Strandabschnitte – Ágios Geórgios, Ágios Prokopiós und Agía Ánna – bieten gute Wassersportmöglichkeiten, sind aber auch viel besucht; auf den südlicher gelegenen Stränden geht es wesentlich ruhiger zu.

Von Náxos nach Apóllonas

Tragea-Hochebene Die 50 km lange Fahrt über die Tragea-Hochebene nach Apóllonas im Norden der Insel vermittelt gute Eindrücke von der abwechslungsreichen Insellandschaft, in der zahlreiche Kirchen, venezianische Festungen und Pýrgi, wehrhafte Wohntürme, zu sehen sind. Die von Bergketten begrenzte Tragea-Hochebene ist geprägt von Olivenhainen und Platanen, von Eichen und Weinterrassen.

Chalkí ► In Chalkí (16 km), dem Zentrum der Hochebene, ist die an der Hauptstraße gelegene die **Panagía Protothróni** aus dem 10. Jh. sehenswert, deren Fresken in recht schlechtem Zustand sind. Allerdings besitzt sie einige wertvolle Ikonen. Das kleine Byzantinische Museum nebenan zeigt ebenfalls einige Ikonen (im Kafenion gegenüber nach dem Schlüssel fragen).

★ Panagía Drosianí ► Abseits der Route, 4 km nördlich bei Moní, findet man auf einem Friedhof die verschachtelt gebaute Panagía Drosianí aus dem 6. Jh., die älteste Kirche der Insel. Von besonderer Bedeutung sind ihre Fresken, die noch aus der Erbauungszeit stammen und damit zu den **ältesten byzantinischen Wandmalereien** überhaupt gehören.

Filóti ► Filóti (20 km) liegt herrlich vor der Kulisse des Bergs Zás. Hier sollte man sich die Kirche **Panagía Filotitíssa** ansehen, die einen verspielten Glockenturm und ein wertvolles Marmortemplon mit alten Ikonen besitzt. Der Wohnturm der Familie Barozzi stammt laut Inschrift von 1718. Von der Kapelle Agía Marína aus geht's in etwa eineinhalb Stunden auf den 1001 m hohen Zás.

Schön einsam – die Kéndros-Bucht der Insel Donoussa

Jenseits des Berggrats liegt Apírados (26 km), im 17. Jh. von geflohenen Kretern gegründet. Das Geologische, das Archäologische und das Volkskundemuseum an der marmorgepflasterten Hauptstraße geben Einblick in Natur- und Kulturgeschichte der Insel. Der Wohnturm der Familie Zefgoli ist öffentlich zugänglich. Das hübsch in Weinbergen gelegene Koronós (34 km) ist Zentrum des Marmor- und Schmirgelabbaus. ◀ Apírados

Schließlich erreicht man Apóllonas (49 km), einen Fischer- und Ferienort an einer hübschen Bucht mit Kies-Sandstrand. Die Hauptattraktion des Orts ist entdeckt man in den antiken Marmorbrüchen: ein unvollendeter, mehr als 10 m großer, auf dem Rücken liegender **Kouros** aus dem 6. vorchristlichen Jahrhundert. ✶ ◀ Apóllonas

Nachbarinseln

Erimonísia

Die Erimonísia oder Nisídes, »Inselchen«, offiziell als **Kleine Ostkykladen** bezeichnet, sind eine Gruppe kleiner, karger Inseln im südlich und östlich von Náxos. Die Inselgruppe lockt mit Ruhe, herber Schönheit und weiten Sandstränden.

Touristisch sind die Kleinen Ostkykladen noch kaum erschlossen; wer einige Tage auf den Inseln verbringen möchte, sollte sich frühzeitig um eine Unterkunft bemühen, da es in den winzigen Orten nur wenige Privatzimmer gibt.

Donoussa

Zentrum des Lebens auf Donoussa ist der gleichnamige Hauptort an der Südwestküste. Besonders empfehlenswert ist eine etwa halbtägige Wanderung rund um die Insel; unterwegs kann man sich an schönen Stränden mit einem Bad erfrischen.

Iráklia Die Südküste der mit 6 km Länge größten Insel der Gruppe fällt steil ins Meer ab, während an den anderen Küstenabschnitten Buchten mit herrlichen Sandstränden zum Baden einladen; der schönste davon ist **Livádia**, 1 km südlich von Ágios Geórgios. Vom Inselhauptort Iráklia ist auf einem Pfad in ca. 1,5 Std. die **Tropfsteinhöhle Ágios Ioánnis** zu erreichen, die sich unterirdisch bis Íos fortsetzen soll. In der Höhle wird am 29. August das Fest des heiligen Johannes gefeiert.

Koufonísia Die beiden Inseln Páno Koufonísi und Káto Koufonísi sind durch einen 200 m breiten Sund voneinander getrennt. Bewohnt ist nur Páno Koufonísi, doch schöne Strände gibt's auf beiden Inseln, die durch Bootsverkehr miteinander verbunden sind.

Schinoussa Die relativ flache, mit Frygana bewachsene Insel Schinoussa besitzt zwei Orte: Schinoussa – oder auch Panagía nach der Kirche mit wertvoller Marienikone genannt – und das verfallende Messaría. Die Insel bietet einige hübsche, wenig besuchte Sandstrände.

★ Olymp · Όλυμπος

G 4

Landschaft: Thessalien Makedonien **Höhe:** 2917 m ü. d. M.

Der Olymp, an der Ostküste zwischen Makedonien und Thessalien gelegen, ist der höchste und berühmteste Berg Griechenlands. Schon Homer schildert ihn als »Sitz der Götter«, außerdem nannte er Göttervater Zeus den »Wolkenversammler« – nicht verwunderlich, auch heute ist der Olymp oft in den Wolken verborgen.

Sitz der Götter Das mächtige Bergmassiv, das im **Mýtikas** 2917 m Höhe erreicht, besteht aus Kalk und Dolomit, was zusammen mit den Wäldern aus Buchen, Tannen und Griechischen Schwarzkiefern ein alpines Bild ergibt. Die große Vielfalt an Biotopen brachte eine reichhaltige Flora mit über 1700 Arten hervor, darunter über 20 endemische Arten, die also nur hier vorkommen, wie die rosa blühende, schlüsselblumenähnliche Jankaea heldreichii.

Der Olymp ist seit 1938 **Nationalpark** – mit einer Fläche von 4000 ha – und seit 1981 **Biosphärenreservat** der Unesco. Die stabilste Wetterlage ist Ende September/Anfang Oktober zu verzeichnen; im Mai, wenn die Blumenpracht erblüht, liegt über 2000 m Höhe noch Schnee.

OLYMP

AUSKUNFT

Tourist-Information
Griechischer Bergsteigerverband (eooa)
Hauptplatz
Litóchoro

Auf dem Gipfel des Olymp thronte die Götterfamilie von Zeus und Hera.

Auf dem Gipfel Ágios Antónios (2817 m) südlich der Mýtikas wurde eine Opferstätte des Zeus ausgegraben. Ein Apollon-Heiligtum fand man am Westhang in 700 m Höhe.

Wanderungen

Als Ausgangspunkt für eine Besteigung des Olymps ist am besten Litóchoro geeignet, ein stattlicher Ort am Ostfuß des Massivs, der auf den lebhaften Olymp-Tourismus eingestellt ist. Der Berg, der durch Wanderwege erschlossen ist, lockt Wanderer aus aller Welt an. Es gibt zwei Aufstiegsrouten: **Route 1** zum Mýtikas-Gipfel: Im 8 km von Litóchoro entfernten Ort Priónia beginnt der Wanderweg, auf dem man in ca. 2,5 Std. die 2100 m hoch gelegene Hütte Spileos Agapitos und nach weiterem 3-stündigen Aufstieg den Gipfel des Mýtikas erreicht.
Route 2 zum 2786 m hohen Profítis-Ilías-Gipfel: Die Wanderung beginnt beim Kloster Palea Agios Dionysios, südöstlich von Priónia, und führt über den schwierigen Skourta-Pass in gut 6 Std. auf den Gipfel. Alpine Ausrüstung und gute Kondition sind absolut erforderlich. Empfehlenswert ist auch eine 5-stündige Wanderung von Litóchoro durch die wildromantische **Vithos-Schlucht** vorbei an der Höhle des hl. Dionysios nach Priónia.

Die imposante römische Thermenanlage von Díon wurde Ende des 2. Jhs. gebaut.

Umgebung des Olymp

★ **Díon** Die Ausgrabungsstätte von Díon liegt nordöstlich am Fuß des Olymps bei dem gleichnamigen Ort. In der Antike galt Díon, die südlichste makedonische Grenzfestung, als **heilige Stadt**; der Name leitet sich von »Dios« (»Stätte des Zeus«) ab. Es war die südlichste makedonische Grenzfestung. König **Archelaos** (reg. 413 – 399 v. Chr.) erbaute hier u.a. einen Zeus-Tempel, ein Theater sowie ein Stadion und richtete olympische Festspiele ein, in Konkurrenz zur griechischen Veranstaltung in Olympia. Díon wurde zum kultischen Zentrum der Makedonen, während Pella als ihre Hauptstadt aufblühte. Ein Erdbeben im 5. Jh. n. Chr. bedeutete ihr Ende.

Grabungen haben bisher größere Teile der antiken Stadtanlage freigelegt: Partien der Stadtmauer, die Hauptstraße mit mehreren Nebenstraßen, große öffentliche Badeanlagen (2. Jh. n. Chr.) mit Mosaikböden, Wasserleitungen und Fußbodenheizung, ein kleines Odeion, Wohnhäuser und Läden (2./3. Jh. n. Chr.), eine christliche Basilika sowie – außerhalb des ummauerten Stadtbezirks – Heiligtümer der Isis, der Demeter (5. Jh. v. Chr.) und des Asklepios, ein hellenistisches (3. Jh. v. Chr.) und ein römisches Theater (2. Jh. n. Chr.) und eine makedonische Grabanlage. Öffnungszeiten: Apr. – Okt. Mo. 13.00 – 19.30, Di. – So. 8.00 – 19.30 Uhr

Das **Archäologische Museum** im Ort Díon zeigt interessante Fundstücke aus den Thermen, den Heiligtümern und der Nekropole von Díon sowie aus der Landschaft Pieria und vom Olymp (Öffnungszeiten: Apr. – Okt. Mo. 13.00 – 19.30, Di. – So. 8.00 – 19.30 Uhr).

Der Küste des Thermäischen Golfs bietet weite attraktive Strände und hübsche, v. a. in der Hauptreisezeit viel besuchte Ferienorte, beispielsweise Paralía Kateríni mit seinem kilometerlagen Sandstrand. Hier reihen sich Hotels und Pensionen, Restaurants und Tavernen aneinander. Hauptferienort an der Küste ist jedoch **Platamón**, das in der Saison meist völlig überlaufen ist. Von der fränkischen Festung 5 km nördlich, die **Bonifatius von Montferrat** 1204 errichten ließ, sind Reste der Außenmauern und ein Turm erhalten. Von der Festung eröffnet sich ein herrlicher Blick auf den Olymp und das Meer.

Thermäischer Golf

★★ Olympía · Ολωμπία

F 9

Landschaft: Elis
Einwohnerzahl: 1100
Höhe: 60 m ü. d. M.

Über tausend Jahre lang wurden in der Antike in dem großen panhellenischen Heiligtum Olympía olympische Spiele ausgetragen. Die Ausgrabungen des »heiligen Bezirks« am Fuß des bewaldeten Kronos-Hügels führten zur Wiederbegründung der Olympischen Spiele durch den französischen Historiker Pierre de Coubertin, die 1896 erstmals in Athen wieder stattfanden.

Fundstücke aus dem 3. und 2. Jt. v. Chr. belegen die frühe Besiedlung des Platzes. Olympia gehörte zum Gebiet des Königs **Pelops**, der dem Peloponnes seinen Namen gab.

Geschichte

Die Olympischen Spiele begannen wahrscheinlich als lokale Leichenfeiern zu Ehren des Pelops. Die Legende besagt hingegen, dass He-

OLYMPÍA ERLEBEN

AUSKUNFT

Tourist-Information
Praxitelous Kondili
Olympía
Tel. 26 24 02 31 00

ESSEN

▶ Preiswert

Praxitelous
Spiliopoulou 7
Tel. 26 24 02 35 70
Nur einen Steinwurf von der Ausgrabungsstätte entfernt, serviert das Lokal traditionelle griechische Gerichte.

Zeus
Tel. 26 24 03 49 10
Café-Restaurant am Hauptplatz von Neu-Olympía mit kleinen Gerichten.

ÜBERNACHTEN

▶ Komfortabel

Europa
Trouva 1
Tel. 26 24 02 26 50
www.hoteleuropa.gr; 42 Z.
Das ruhige Hotel in schöner Lage oberhalb des Orts mit Swimmingpool und Tennisplatz liegt ca. 1 km von den Ausgrabungen entfernt.

Olympía Orientierung

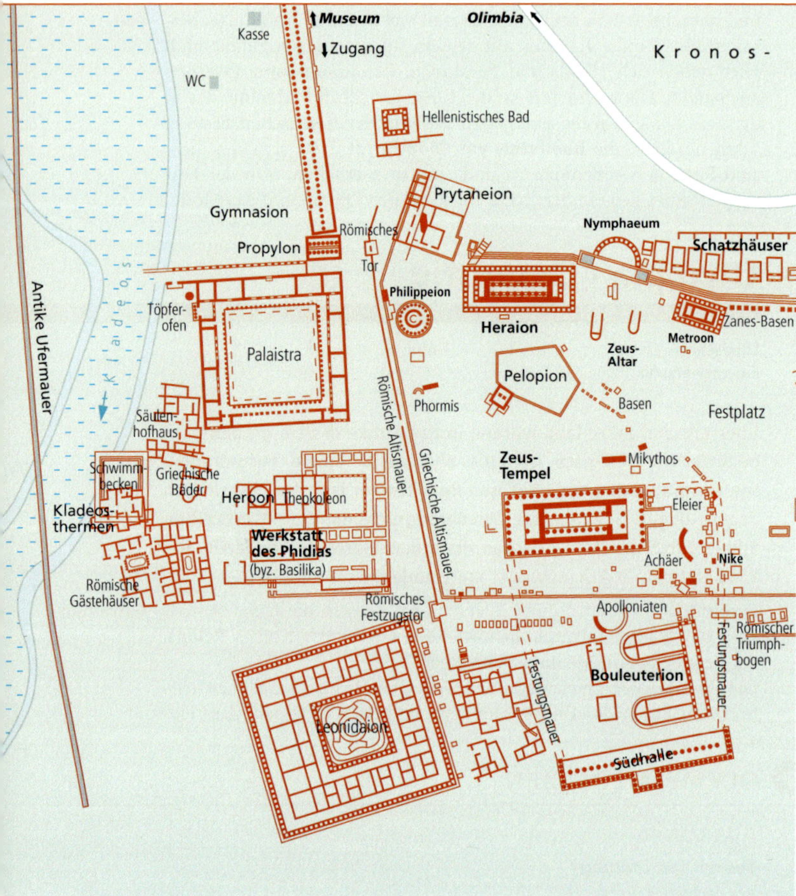

rakles die Spiele begründet und auch das Maß des »Stadions« mit 600 Fuß (= 192,28 m) bestimmt habe. Historisch greifbar werden die Spiele mit dem Jahr 776 v. Chr., als ein Vertrag zwischen den Königen **Iphitos von Elis** und **Lykurgos von Sparta** den Gottesfrieden während der sommerlichen Agone (Wettkämpfe) vorschrieb. Von 776 v. Chr. an wurden die Listen der Sieger im Stadionlauf geführt. Damit begann die griechische Zeitrechnung nach »Olympiaden«, die jeweils vier Jahre umfassten. Zum **Stadionlauf** traten später andere Disziplinen: noch im 8. Jh. v. Chr. Doppellauf, Langlauf und Fünfkampf, im 7. Jh. v. Chr. Faustkampf, Wagenrennen und Pankration (Allkampf) und im 6. v. Chr der Waffenlauf. Die Sieger erhielten ei-

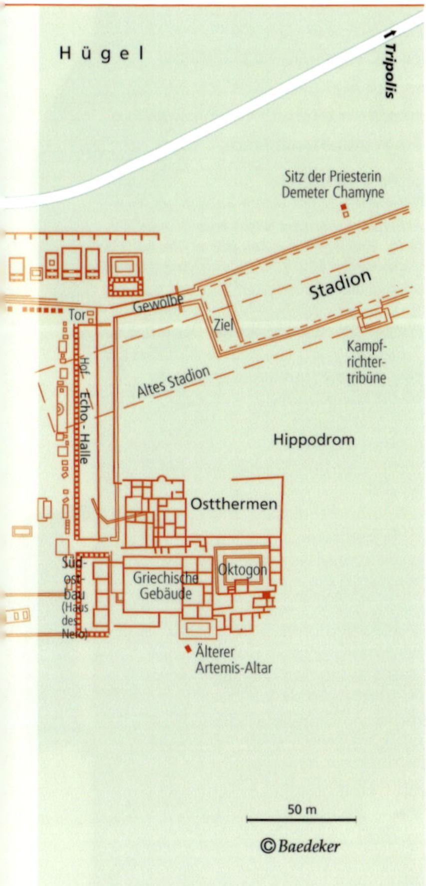

nen Zweig vom heiligen Ölbaum und sie konnten nach ihrer Heimkehr mit erheblichen materiellen Vorteilen rechnen.

Der **Stadionlauf** hatte sein Ziel ursprünglich nahe dem Zeus-Tempel, womit auf die kultische Bedeutung verwiesen wurde: Zeus, der oberste Gott, schenkte den Sieg. Erst im 4. Jh. v. Chr. wurde das Stadion nach Osten verlegt und von der **Altis**, dem »Heiligen Bezirk«, abgetrennt. Nach der Blütezeit im 5. Jh. v. Chr. setzte der Niedergang der Spiele ein, die sich immer mehr vom Kultischen trennten und zuletzt von Berufsathleten bestritten wurden. Im Jahr 393 n. Chr. wurden die Spiele von Kaiser **Theodosius I.** schließlich verboten.

August 2007 bedrohten verheerende **Waldbrände**, die vor allem auf dem Peloponnes wüteten, die berühmte Ausgrabungsstätte, deren Zerstörung nur in letzter Minute unter Einsatz aller Kräfte verhindert werden konnte.

Der beim Grabungsgelände gelegene Ort Olympía, der im Zug der 1875 begonnenen Ausgrabungen entstand, hat sich ganz auf den Tourismus eingestellt. Ein kleines **Museum der Olympischen Spiele** vermittelt einen Überblick über die modernen Spiele.

Ausgrabungsstätte

Das Grabungsgelände liegt östlich des Orts an der Straße nach Langadia. Zunächst trifft man auf die Gebäude außerhalb der Altis-Mauer. Links befinden sich die Nordthermen, dann folgt das Prytaneion (6. Jh. v. Chr.), in dem die Sieger gespeist wurden. Gegenüber

sieht man das Gymnasion mit der 220 m langen Trainingsbahn und dem Propylon im Süden (2. Jh. v. Chr.), daran anschließend die große quadratische Palaistra (3. Jh. v. Chr.) für das Training der Faust- und Ringkämpfer.
Dahinter stehen die Mauern einer byzantinischen Basilika, errichtet im 5. Jh. auf den Fundamenten der Werkstatt des **Phidias**. Diese hatte genau die Maße der Cella des Zeus-Tempels, hier schuf der Bildhauer nach 438 v. Chr. aus Gold und Elfenbein das Kultbild des Zeus. Südlich schließt sich das Leonidaion an, ein großer Gasthof, der im 4. Jh. v. Chr. von **Leonidas aus Náxos** als Unterkunft für die Ehrengäste errichtet und in römischer Zeit so umgebaut wurde, dass die außen mit ionischen Säulenhallen versehenen Wohntrakte einen luxuriösen Innenhof mit Grün- und Wasseranlagen umgaben. Im Osten folgen die Südthermen aus dem zweiten nachchristlichen Jahrhundert, die Südhalle (4. Jh. v. Chr.) und das Bouleuterion (6. / 5. Jh. v. Chr.).

Heiliger Bezirk

Zeus-Tempel Durch ein römisches Tor aus Muschelkalk betritt man die Altis. Links erheben sich die mächtigen Ruinen des Zeus-Tempels. Östlich sieht man den wieder aufgerichteten Dreieckspfeiler für die **Nike des Paionios** (um 425 v. Chr.) und Basen zahlreicher Weihgeschenke. Dann gelangt man linker Hand über eine Rampe in den Zeus-Tempel. Ein Erdbeben im 6. Jh. n. Chr. brachte den Bau zum Einsturz, doch erlauben es die gewaltigen Reste, sich ein Bild von dem Tempel zu machen, den **Libon aus Elis** 470 bis 456 v. Chr. errichtete.
Auf dem erhaltenen dreistufigen Unterbau erhoben sich 6 : 13 mächtige Säulen auf hohen Fundamenten. Die Gesamthöhe des Baus betrug rund 20 m. Während der übrige Tempel aus stuckiertem Muschelkalk bestand, wählte man für das Dach mit seinen 102 Löwenkopfwasserspeiern und für die Skulpturen an Metopen und Giebeln Marmor von Páros. Die Cella, in der Bodenfliesen des 4. oder 3. Jhs. v. Chr. erhalten sind, barg das von Phidias geschaffene Kultbild – eines der sieben Weltwunder –, das Zeus auf einem reich geschmückten Thron sitzend zeigte. Nach 393 n. Chr. wurde es nach Konstantinopel gebracht und ist seitdem verschollen.

Heraion Nördlich des Zeus-Tempels liegt das mythische Grab des Pelops, das **Pelopion**. Dann folgt der älteste Tempel von Olympia, das um 600 v. Chr. errichtete, der Göttin Hera geweihte Heraion mit 6 : 16 Säulen. Schäfte und Kapitelle des dorischen Tempels sind sehr unterschiedlich, denn man hat die ursprünglichen Holzsäulen erst nach und nach ausgewechselt, so dass üppige archaische neben strafferen Formen späterer Zeit zu sehen sind. Vor dem Heraion wird seit 1936 das **olympische Feuer** entzündet und an den jeweiligen Austragungsort der Olympischen Spiele gebracht.

Monumentale Überreste: Mit 64 m Länge, knapp 28 m Breite und über 20 m Höhe war der Zeus-Tempel der größte Tempelbau seiner Zeit auf dem Peloponnes.

Nymphaeum

Nordöstlich des Heraions liegt das Nymphaeum, das **Herodes Atticus** um 160 n. Chr. zum Gedächtnis seiner Frau, der Demeterpriesterin Regilla, und zu Ehren des römischen Kaiserhauses stiftete.

Schatzhäuser

Daran schließt sich eine Terrasse am Fuß des Kronos-Hügels an, auf der vom frühen 6. bis ins 5. Jh. v. Chr. hinein griechische Städte Schatzhäuser für ihre Weihgeschenke errichteten, meist in Form eines kleinen Antentempels. Auffallend ist, dass das griechische Mutterland nur mit zwei Schatzhäusern, dem von Sikyon und Megara, vertreten war, während sechs von westgriechischen Städten gestiftet wurden: von Syrakus, Selinunt und Gela in Sizilien, Sybaris und Metapont in Süditalien sowie von Epidamnos im heutigen Albanien. Außerdem hatten das afrikanische Kyrene und Byzanz ihre eigenen Schatzhäuser.

Metroon

Unmittelbar unterhalb der Schatzhäuserterrasse liegen das Metroon (um 300 v. Chr.), in dem später der römische Kaiserkult den Kult der Göttermutter ablöste, und die Basen für die »Zanes«, d. h. für Zeusstatuen, die aus Strafgeldern für Verstöße gegen die Wettkampfregeln finanziert wurden. Sie stehen unmittelbar vor dem Eingang zum Stadion.

Restaurierte Giebelfiguren des Zeus-Tempels im Museum von Olympía

Stadion Das Stadion, das seit der Errichtung der Echo-Halle von der Altis abgetrennt war, wurde vollständig freigelegt und im Zustand des 4. Jhs. v. Chr. wiederhergestellt. Man sieht die Startschwelle für den Doppellauf und den Stadionlauf. Die Zuschauertribünen waren zu allen Zeiten Erdböschungen ohne steinerne Sitzreihen, nur die Kampfrichter hatten ihre Steintribüne auf dem Südwall und die Demeter-Priesterin, die als einzige Frau bei den Spielen anwesend sein durfte, auf dem Nordwall.

Das südlich des Stadions gelegene, 609 × 320 m große **Hippodrom** wurde schon in antiker Zeit durch Überschwemmungen zerstört.

Echo-Halle, Nero-Villa Westlich schloss sich die 98 m lange Echo-Halle an, die von ca. 330 v. Chr. bis in römische Zeit erbaut wurde. Im Südostbau und dem weiter östlich anschließenden Gebäude ließ sich Kaiser **Nero** eine Villa einrichten, das einzige Haus eines Sterblichen in der Altis.

Philippeion Nahe der westlichen Altis-Mauer liegt das Philippeion, ein von Philipp II. von Makedonien 338 v. Chr. gestifteter und von seinem Sohn Alexander vollendeter Rundbau, für den **Leochares** fünf Gold-Elfenbein-Statuen der makedonischen Königsfamilie schuf.

Museum

Das Museum der Ausgrabungsstätte ist eines der bedeutendsten in Griechenland. Die Räume liegen rings um den Saal V mit den Giebelfiguren und Metopen vom Zeus-Tempel. In der Vorhalle geben Modelle einen Eindruck vom antiken Olympía; hier ist auch ein Modell der Nike-Säule aufgestellt.

Der Ostgiebel des Zeus-Tempels zeigt den Göttervater, zu seinen Seiten König Oinomaos, seine Frau Sterope, seine Tochter Hippodameia und deren künftigen Mann Pelops vor jenem Wagenrennen, bei dem Oinomaos sein Leben verlieren sollte. Der Westgiebel stellt Zeus' Sohn Apollon dar, der gebieterisch in den Kampf zwischen Lapithen und Kentauren eingreift. An den Schmalseiten des Saals sieht man die Metopen von Pronaos und Opisthodom, die die zwölf Taten des Herakles schildern. ◄ Saal V

Saal I und II präsentieren Bronzefunden aus frühhelladischer bis geometrischer Zeit (15.–7. Jh. v. Chr.), darunter Helme, Waffen und Brustpanzer. Hier sieht man auch den großen Akroter (um 600 v. Chr.) aus Ton, der einst den Giebel des Heraions bekrönte. ◄ Saal I und II

Bemerkenswert sind die Rekonstruktionen von Teilen des Schatzhauses von Gela und des Schatzhauses von Megara (um 510 v. Chr.). Hervorragende Stücke sind die Terrakottagruppe »Zeus entführt Ganymed« (um 470 v. Chr.) und ein Helm, der laut Inschrift 490 v. Chr. von **Miltiades**, dem Sieger von Marathon, geweiht wurde. Stücke aus der Werkstatt des Phidias vermitteln einen Eindruck von der Ausdrucksfähigkeit des großen Bildhauers. ◄ Saal III und IV

Hier kann man die großartige, fast 3 m hohe, aus parischem Marmor gefertigte **Nike-Statue** von Paionios bewundern, die von den Einwohnern von Náfpaktos und Messene für ihren Sieg über die Spartaner 421 v. Chr. geweiht wurde und auf einem Dreiecksockel beim Zeus-Tempel stand. Der berühmte **Hermes mit dem Dionysosknaben** (um 350 v. Chr.) ist als Werk des **Praxiteles** anerkannt. Hermes bringt den kleinen Dionysos zu den Nymphen, damit er vor der eifersüchtigen Hera sicher aufwächst. Zu sehen sind noch Spuren der Bemalung. ◄ Saal VI – X

In Saal X dürften sich nicht nur Sportfreunde für die Sammlung von antiken Sportgeräten interessieren.

★ Páros · Πάρος

N 10

Inselgruppe: Kykladen
Höhe: 0 – 771 m ü. d. M.
Hauptort: Parikía
Fläche: 186 km²
Bewohnerzahl: 7900

Dank der herausgeputzten Küstenorte mit wunderschönen Stränden gehört Páros zu den meistbesuchten Inseln der Kykladen.

Marmor-Insel

Bereits in der Antike war Páros berühmt für seinen Marmor, aus dem zahlreiche Meisterwerke geschaffen wurden; noch heute wird in geringem Umfang Marmor abgebaut.

Die Insel wird von einem welligen Gebirgskamm mit dem 771 m hohen Profítis Ilías eingenommen. Drei tiefe Buchten schneiden in die Küste ein: die Parikía-Bucht im Westen, im Norden die von Náousa

PÁROS ERLEBEN

AUSKUNFT

Tourist-Information
Schiffsanleger
Parikía

ANREISE

Schiffsverbindungen mit Piräus sowie mit den Inseln Amorgós, Anáfi, Astypálea, Donoussa, Folégandros, Fourní, Iraklia, Ikaría, Íos, Koufonissi, Megisti, Mílos, Náxos, Rhodos, Sámos, Santorin, Schinoussa, Sérifos, Sífnos, Síkinos und Sýros.

ESSEN

► Fein & teuer

Tamarísko
Parikía
Tel. 22 84 02 46 89
Im »Tamarísko« genießt man hervorragend zubereitete internationale Küche.

► Preiswert

Levantis
Parikía
Nahe der Marktstraße
Tel. 22 82 02 36 13
Schön begrüntes Terrassenlokal mit griechischer Küche.

ÜBERNACHTEN

► Luxus

Astir of Páros
Naoussa
Tel. 22 84 05 19 76
www.astirofparos.gr
114 Z., 46 Suiten
Das herrlich in einer ausgedehnten Gartenanlage, direkt am Strand gelegene Hotel bietet Zimmer mit Marmorbad und Balkon oder Veranda, ein Gourmet-Restaurant und viele Sportmöglichkeiten.

► Günstig

Galini
Hauptstraße
Gegenüber dem Byzantinischen Museum
Naoussa
Tel. 22 84 05 13 28, 12 Z.
Freundliches Hotel mit schlichten sauberen Zimmern.

und im Osten die flache Mármara-Bucht. Zwar ist Páros zu großen Teilen kahl, doch auf wasserreichen, fruchtbaren Verwitterungsböden ist eine nicht unbedeutende Landwirtschaft – Wein, Getreide, Obst und Gemüse – möglich, die Fischerei konzentriert sich auf Sardinen und Oktopus.

Sehenswertes auf Páros

✶ **Parikía**

Der **Inselhauptort** Parikía (3000 Einw.) nimmt die Stelle der antiken Hauptstadt an der Westküste ein. Vom Wasser aus erscheint Parikía wenig attraktiv, doch erschließen sich ihre Schönheiten bei einem Bummel durch die hinter dem Hafen gelegenen verwinkelten Gassen. Die Hauptstraße mit zahlreichen Geschäften und Tavernen, mit hübschen Kirchen und Marmorbrunnen, den blumengeschmückten Hinterhöfen und Balkonen ist eine wahre Augenweide.

Bummel durch die malerischen Gassen der Inselhauptstadt Parikía

Den Mittelpunkt der Stadt bildet ein 15 m hoher Gneisfelsen, das Kástro mit den Resten der venezianischen Burg (um 1260), die mit Teilen eines ionischen Demeter-Tempels erbaut worden war. Der Turm umschließt einen antiken Rundbau aus dem 4. Jh. v. Chr., von dem ein Teil als Apsis der Burgkapelle fungiert. In der Nähe, an der höchsten Stelle des Kástro, liegen die Fundamente eines unvollendet gebliebenen Tempels (um 530 v. Chr.). Eine Marmorwand des Tempels dient der Kirche **Ágios Konstantínos** als Mauer, an die eine Kapelle mit Dreisäulen-Vorhalle angebaut ist.

◄ Kástro

Am Platz östlich des Hafens steht eine der ältesten und schönsten Kirchen Griechenlands, die in drei Phasen vom 5. bis zum 7. nachchristlichen Jahrhundert erbaute Panagía Ekatontapylianí. Man betritt die Kirche von einem stimmungsvollen Innenhof aus, wo sich ein kleines **byzantinisches Museum** und das Grab der Freiheitskämpferin **Mantó Mavrógenous** befinden. In der Hauptkirche, einer zweigeschossigen Kreuzkuppelkirche mit tonnengewölbter Empore für die Frauen, wurden antike Bauteile verwendet: Der Altar wird von zwei dorischen Säulentrommeln gestützt; in der Apsis dahinter sieht man das mehrstufige Synthronon mit marmorner Bischofskathedra und einen Akathistos-Freskenzyklus. Ältester Bauteil ist die Nikolaus-Kapelle als ehemalige Basilika des 4. Jhs. mit dorischen Säulen aus parischem Marmor und geschnitzter Ikonostase. Das Baptisterium mit eingetieftem kreuzförmigem Taufbecken stammt aus dem aus dem 7. Jh. (Öffnungszeiten: tgl. 7.30 – 21.30 Uhr).

✶

◄ Panagía Ekatontapylianí

In der Nähe der Kirche liegt das Archäologische Museum mit Funden von Páros, Antíparos und Saliagos. Zu sehen sind Inschriften – eine nimmt auf den Dichter **Archilochos** Bezug, der im 7. Jh. v. Chr.

◄ Archäologisches Museum

hier lebte –, Grabreliefs, Skulpturen und Idole. Interessant ist ein Bruchstück (336 bis 299 v. Chr.) des »Marmor Parium«, einer 1627 hier gefundenen Marmortafel mit einer Tabelle griechischer Geschichtsdaten (Öffnungszeiten: Di. – So. 8.30 – 15.00 Uhr).

Auf einem Hügel jenseits der Bucht von Parikía lag das ummauerte **Delion**, ein Apollon-Heiligtum, von dem allerdings nur noch spärliche Reste vorhanden sind.

! *Baedeker* TIPP

Kykladen en miniature

Beim Flughafen, an der Straße nach Alikí, zeigt der Bastler Benétos Skiadás in seinem Privatmuseum über 80 handgefertigte Modelle von typischen Gebäuden der Kykladen. Bei der Führung werden die einzelnen Modelle auf Englisch erklärt (Öffnungszeiten: Mai – Sept. tgl. 10.00 – 14.00 Uhr).

Zwei Kilometer östlich von Parikía wurden an der Stelle des ehemaligen Heroon des Archilochos die Grundmauern einer dreischiffigen Basilika **Trís Ekklisiés** aus dem 7. Jahrhundert freigelegt.

Der berühmte **Marmor** von Páros, der »Lychnites« (»durchscheinend«) genannt wurde, ist reiner und lichtdurchlässiger als alle anderen Marmorarten. Er wurde in Délos, Epidauros und Delfí, im kaiserlichen Rom und sogar in Jerusalem – im Tempel des Salomon – verbaut sowie für Skulpturen verwendet. Berühmte Beispiele sind der Hermes des Praxiteles, die Venus von Milo und die Giebelskulpturen des Zeus-Tempels in Olympía. Die bedeutendste Fundstelle, die seit der Kykladenkultur (3./2. Jt.) bis ins Spätmittelalter ausgebeutet wurde, liegt 5 km östlich von Parikía im Tal von **Maráthi**. Die antiken Schächte sind noch erhalten und begehbar.

✶ Náoussa

Im Norden von der Insel breitet sich Náoussa in einer weiten Bucht mit guten Stränden aus. In römischer Zeit Verladehafen für den Marmor, hat sich Náoussa in jüngster Zeit vom Fischer- zum lebhaften Urlaubsort gewandelt. Sein idyllischer, von Tavernen gesäumter Fischerhafen – er gilt als der schönste auf den Kykladen – ist ein besonderer Anziehungspunkt. Dort liegen auch die Reste eines venezianischen Kastells. Zwei Museen sind in den beiden Kirchen mit blauen Kuppeln untergebracht: das **Byzantinische Museum** und das **Volkskundemuseum**, in dem u. a. regionale Trachten ausgestellt sind.

Christós sto dásos

Im Nonnenkloster Christós sto dásos (»Christus im Wald«), 7 km südlich von Parikía, befindet sich das Grab des 1967 kanonisierten Inselheiligen **Arsenios**. Ihm zu Ehren wird am 18. August ein großes Kirchenfest gefeiert.

Petaloudes

Die Straße führt weiter zum üppig grünen Petaloudes (»Schmetterlingstal«), wo im Sommer noch einige schöne orangerote Nachfalter, die »Spanische Flagge«, mit braunweißen Flügeln, leben (Öffnungszeiten: tgl. 9.00 –20.00 Uhr).

Antíparos

Südwestlich von Páros, durch einen bis 8 km breiten Meeresarm getrennt, liegt die 35 km² große Insel Antíparos, die ein **beliebtes Ferienziel** geworden ist. Tourismus und Bevölkerung konzentrieren sich im gleichnamigen Hauptort, der um eine 1440 errichtete venezianische Burg gebaut ist. Acht Kilometer weiter südlich gibt es eine schöne Tropfsteinhöhle, die entweder mit dem Bus oder mit dem Boot zu erreichen ist; die 2 km von der Anlegestelle können zu Fuß oder auf einem Maultier zurückgelegt werden. In den zwei Grotten sieht man beeindruckende Stalagmiten und Stalaktiten.

★★ Pátmos · Πάτμος

Q 10

Inselgruppe: Südliche Sporaden
Höhe: 0 – 269 m ü. d. M.
Hauptort: Pátmos-Chóra
Fläche: 34 km²
Bewohnerzahl: 2800

Pátmos ist nicht nur eine der bedeutendsten Pilgerstätten des Christentums, sondern zieht mit ihrem umtriebigen Hafenstädtchen Skála, ihren schönen Badebuchten entlang der zerfurchten Küste und ihrer manchmal bizarr anmutenden Landschaft auch »Sonnenanbeter« und Wanderfreunde an.

Das Hafenstädtchen Skála besitzt eine sehr angenehme Atmosphäre.

PÁTMOS ERLEBEN

AUSKUNFT

Tourist Information
Hauptplatz
(Gebäude von Post und Polizei)
Skála
Tel. 22 47 03 16 66

ANREISE

Schiffsverbindungen mit Piräus sowie Arkí, Fourni, Ikaría, Kálymnos, Kos, Léros, Lípsi, Mýkonos, Nísyros, Rhodos, Sámos, Sýros und Tílos.

ESSEN

► Erschwinglich

Alóni
Zwischen Chóra und Grígos
Tel. 22 47 03 10 07
Einheimische wie Touristen genießen hier die griechische Küche bei Livemusik und Tänzen.

► Preiswert

To Balkoni
Chóra
Tel. 22 47 03 21 15
Von dem Lokal bietet sich ein schöner Blick auf Skála.

ÜBERNACHTEN

► Komfortabel

Romeos
Skála
Tel. 22 47 03 19 62
E-Mail: romeosh@12net.gr
56 Z.
Das »Romeos« liegt 400 m vom Ortszentrum und nur 100 m vom Strand entfernt. Zu der Hotelanlage gehören ein großer Pool und ein ruhiger Garten.

► Günstig

Afstralis
Nördlicher Teil der Bucht
Skála
Tel. 22 47 03 15 76
18 Z.
Freundliches Hotel mit großer Terrasse und geräumigen Zimmern.

»Heilige Insel« Die nördlichste Insel des Dodekanes ist zugleich eine der am dünnsten besiedelten Griechenlands. Rund 35 km südlich von Sámos gelegen und von der Form eines untersetzten Seepferdchens, ist das hügelige, felsig zerklüftete Pátmos vulkanischen Ursprungs; vermutlich bildet die Insel den Kraterrand eines längst erloschenen Vulkans.
Sowohl in der orthodoxen als auch in der katholischen und protestantischen Welt wird sie als **heilige Stätte** angesehen und erhielt 1983 per Gesetz die Bezeichnung »heilige Insel«: Seit dem Mittelalter gilt Pátmos als Insel des Apostels und Evangelisten Johannes, der im Jahre 95 n. Chr. von Kaiser Domitian hierher verbannt worden war, wo er bis 97 n. Chr. lebte. In einer Höhle soll er die Visionen gehabt haben, die als Apokalypse in den Kanon des Neuen Testaments aufgenommen wurden (► Baedeker Special S. 440). So sind das Johanneskloster und die Grotte der Apokalypse, die seit 1999 zusammen mit der Altstadt Chóras zum Unesco-Weltkulturerbe zählen, das bevorzugte Ziel der allermeisten Ausflügler, die von Kos, aber auch von Rhodos und Sámos hierher kommen.

Sehenswertes auf Pátmos

Skála

Die Insel besteht aus drei durch schmale Isthmen verbundenen Teilen. In der tiefsten Bucht der Ostküste liegt der geschäftige Hafenort Skála, das Touristenzentrum der Insel.
Trotz der vielen Tagesausflügler von den Nachbarinseln wirkt Skala selbst in der Hochsaison nie überlaufen. Vor allem am Abend herrscht eine sehr angenehme Atmosphäre, wenn die Straßenrestaurants an der Hafenfront und hinter der ersten Häuserzeile von Leben erfüllt sind und ein harmonisches Ensemble mit dem malerischen Hafen, in dem Fischerboote schaukeln und Luxusdampfer festmachen, bildet.

◄ Wanderung

Eine schöne, etwa einstündige Wanderung zum Apokalypse-Kloster und dann weiter nach Chóra empfiehlt sich wegen der Hitze am besten vormittags. Von Skála folgt man der alten, gepflasterten Straße oder einem Wanderweg, der streckenweise durch ein schattiges Kiefernwäldchen führt. Immer wieder bieten sich wunderbare Ausblicke auf Skála und die benachbarten Inseln.

★ Apokalypse-Kloster

Auf halbem Weg liegt das Apokalypse-Kloster (Moní tis Apokálypsis) mit der Grotte, in der Johannes seine **Offenbarung** erhielt. Die Bilderwand der rechten Kapelle in der Grotte schildert Visionen des Johannes. Auf dem Boden und an der Wand werden die Stellen gezeigt, an denen er lag, die Stimme »wie von einer Posaune« hörte und seine Visionen aufschrieb, und an der Decke die drei Spalten, aus denen die göttliche Stimme drang. Unmittelbar oberhalb des Klosters findet man die Ruine der 1713 von dem Mönch Makarios gegründeten einflussreichen **Patmiás-Schule**, in der geistliche wie weltliche Fächer unterrichtet wurden. Die moderne Schule weiter oben setzt diese Tradition fort (Öffnungszeiten: tgl. 8.00 – 13.30, Di., Do., So. auch 16.00 – 18.00 Uhr).

★★ Pátmos-Chóra

Ein beeindruckendes Bild bietet der Hauptort Pátmos-Chóra (800 Einw.) mit seinen stattlichen weißen Häusern und der zinnenbewehrten Klosterfestung Ágios Ioánnis Theólogos. In den engen Gassen sieht man auch immer wieder schöne alte Herrenhäuser. Westlich des Klosters breitet sich der so genannte **Konstantinopeler Bezirk** aus, östlich der kretische mit den Häusern Natalis (1599), Pankostas (1606) und Stefanos von 1636. Das Simandris-Haus (1625) ist zu besichtigen. In seiner Nähe liegt das mit schönen Fresken ausgemalte Kloster **Zoodóchos Pigí** von 1607. Den besten Blick auf das Johannes-Kloster, über die Insel und ihre Umgebung hat man von den Windmühlen an der Straße nach Grígos.

★★ Johannes-Kloster

Seine heutige Form mit schrägen Festungsmauern und Zinnen erhielt das Johannes-Kloster im 17. Jahrhundert. Eine Rampe führt in den von Loggien umgebenen und Strebebögen überspannten schönen Hof. Links sieht man das zu Lebzeiten des Gründers erbaute

In dieser Grotte schrieb Johannes der Theologe seine Visionen vom Schicksal der Menschen und vom Jüngsten Gericht nieder.

DIE OFFENBARUNG DES JOHANNES

»Ich, Johannes, euer Bruder, der mit euch teilhat an der Bedrängnis..., befand mich auf der Insel, die Pátmos heißt, um des Wortes Gottes und des Zeugnisses Jesu willen. Ich wurde vom Geist ergriffen... und hörte hinter mir eine laute Stimme wie die einer Posaune, die sprach: Was du siehst, schreibe in ein Buch...« (Offenbarung 1,9–20)

Viele Jahre seines Lebens, so die Überlieferung, verbrachte Johannes in einer Höhle auf Pátmos. Hier hörte er aus dem Felsspalt an der Decke Gottes Wort und empfing die Offenbarung der künftigen Geschicke der Menschheit. In gewaltigen Bildern und Worten hatte er Visionen vom Weltende, von den Schrecken und dem Jubel der Endzeit, vom Jüngsten Gericht. Die Offenbarung, niedergeschrieben von **Prorochos**, einem Schüler von Johannes, bildet das letzte Buch des Neuen Testaments, ein Werk mit 22 Kapiteln, aufgebaut um eine Siebenerreihe von Gemeindebriefen und drei Siebenerreihen von Weltkatastrophen. Überhaupt spielt die Zahl 7 in dem apokalyptischen Szenarium der Offenbarung eine große Rolle. Immer wieder ist die Rede von 7 Sternen, 7 Plagen oder 7 goldenen Schalen voll Gotteszorn. Adressiert wurden die Visionen an die 7 urchristlichen Gemeinden in Kleinasien als Vertreter der gesamten Christenheit in der Welt.

Wanderprediger

Wer war denn nun jener Johannes, Autor der Offenbarung? Historisch belegt ist, dass er um das Jahr 96 unter Kaiser **Domitian** wegen seines christlichen Glaubens auf Pátmos

verbannt wurde. Früher glaubte man, es handle sich um den Apostel Johannes, der das vierte Evangelium und die drei Briefe des neuen Testaments geschrieben hatte (der Evangelist starb im Jahr 100). Doch aufgrund stilistischer und theologischer Unterschiede zwischen den Texten sind heute viele Wissenschaftler der Meinung, dass der Verfasser der Apokalypse nicht mit dem Jünger Jesu identisch sein kann. Vermutlich war der Autor der Offenbarung – nun mit dem Beinamen **der Theologe** ausgestattet – ein Christ jüdischer Herkunft, der nach der Zerstörung des Tempels in Jerusalem im Jahr 70 n. Chr. nach Kleinasien geflohen war und als Wanderprediger die neue Lehre verbreitete.

»Und der vierte Engel goß aus seine Schale über die Sonne; und es wurde ihr Macht gegeben, die Menschen zu versengen mit Feuer.« (Off. 16,8)

Wurde die Apokalypse tatsächlich auf Pátmos geschrieben? Im Werk selbst deutet nichts darauf hin. Vielleicht ist sie auch eine überarbeitete Kompilation von Texten mehrerer Autoren aus dem 2. Jh. n. Chr.? Geboren wurde die Offenbarung jedenfalls – in Zeiten grausamer Christenverfolgungen – aus nackter Zukunftsangst und radikalem Missionseifer: Die Apokalypse diente als Trostspender im Martyrium. Apokalyptische Visionen gab es zu jener Zeit sehr viele; aus dem 2. Jh. v. Chr. bis 2. Jh. n. Chr. sind viele Texte, die den Weltuntergang beschreiben, erhalten geblieben. Doch bis heute hat keiner dieser Texte die Menschen so beängstigt und fasziniert wie die niemals ganz enträtselte apokalyptische Prophetie des Johannes.

Wie eine mächtige Trutzburg überragt das Johannes-Kloster den Inselhauptort Chóra.

Katholikon (1090), das ungewöhnlicherweise frei steht. Die im 17. Jh. gebaute äußere Vorhalle, das Exonarthex, enthält Säulen und andere Marmorteile einer Basilika aus dem 4. Jh. und Malereien des 17. und 19. Jhs. Der Narthex (12. Jh.) ist mit Fresken aus dem 12. und 17. Jahrhundert geschmückt. Die Kirche, der älteste Teil mit dem Grundriss eines griechischen Kreuzes, wurde im 19. Jh. mit Stiftungen des russischen Zaren ausgestattet, darunter eine Ikonostase von 1820 mit reicher Schnitzerei. Die Malereien zeigen vielfach Johannes und seine apokalyptischen Visionen. In der ersten rechten Seitenkapelle steht der silberverkleidete Sarkophag (18. Jh.) des Klostergründers, des seligen **Christodoulos**. In der zweiten, der Panagía geweihten Kapelle fand man unter Fresken von 1745 – die abgenommen wurden und in der Trapeza, dem alten Speisesaal, zu sehen sind – bedeutende Wandgemälde aus dem 12. Jahrhundert.

✶✶ Museum ▶ In der **Schatzkammer** des Klosters werden wertvolles liturgisches Gerät, meist aus dem 17. Jh., und Ikonen aufbewahrt. Einzigartige Bestände birgt die **Bibliothek**, die 890 Kodizes und 35 Pergamentrollen, gut 2000 alte Druckwerke und ein Archiv mit über 13 000 Urkunden besitzt. Bibliothek und Schatzkammer, wohl die bedeutendste kirchliche Sammlung außerhalb des Heiligen Bergs Áthos, sind nicht zugänglich. Einige Stücke sind jedoch im Klostermuseum zu sehen, so die Übereignungsurkunde (Goldbulle) von **Alexios I. Komnenos** von 1088, die über 5 m lang gewesen sein soll, 33 Blätter eines Markus-Evangeliums (Codex Purpureus, 6. Jh.), eine Handschrift des Buchs Hiob mit 42 Miniaturen (8. Jh.) und eine Predigtsammlung Gregors von Nazianz aus dem Jahr 941 (Öffnungszeiten: tgl. 8.00 – 13.30, Di., Do., So. auch 16.00 – 18.00 Uhr).

Nördlich von Skála sind die Strände Meloi (2 km) und Agriolivado (4 km) gelegen. Im nördlichen Inselteil erstreckt sich die schöne Bucht von Kampos mit einem flach abfallenden Kieselstrand. Die Bucht von Lampi ist bekannt für ihren vielfarbigen Kieselstrand. Grígos südöstlich der Chóra ist neben Skála der touristisch bedeutendste Ort mit dem besten Strand der Insel: **Psili Ammos**.

Strände

Nachbarinseln

Arkí

Das 7 km² große Eiland Arkí liegt 14 km nordöstlich von Pátmos. Die etwa 50 Bewohner leben im Wesentlichen von Fischfang und Viehzucht. Es gibt einige Privatzimmer und Strände, von denen der schönste der Tiganaki-Strand mit herrlichem blauem Wasser ist. Arkí ist von zahlreichen kleineren Inseln und Klippen umgeben, die teilweise als Ziegenweiden genutzt werden.

Lipsí

Lipsí liegt 12 km östlich von Pátmos und besitzt außer einem bescheidenen, doch hübschen Hafenort gleichen Namens an der Südküste eine **idyllische Landschaft** und einige schöne Strände. Die wenigen Bewohner leben von Landwirtschaft, Fischfang und vom Tourismus. Es gibt hier guten Käse und einen starken »schwarzen« Wein. Der an die Kykladen erinnernde Ort besitzt zwei nette Plätze und ein kleines archäologisch-volkskundliches Museum.

Pátras · Πάτρα

F 8

Landschaft: Achaia
Einwohnerzahl: 172 000
Höhe: 5 – 103 m ü. d. M.

Der bedeutendste Fährhafen des Landes ist für die meisten Urlauber nur Durchgangsstation. Doch die Universitätsstadt europäische Kulturhauptstadt des Jahres 2006 hält neben einigen herausgeputzten Plätzen auch ein vielfältiges kulturelles und unterhaltendes Angebot bereit.

Sehenswertes in Pátras

Haupthafen des Peloponnes

Pátras ist die größte Stadt und der Haupthafen des Peloponnes sowie Hauptstadt von Achaia. 1821, zu Beginn des Freiheitskrieges, wurde es von den Türken völlig zerstört. Danach wurde es mit klassizistischen Bauten neu angelegt.
Im Osten der Stadt ragt die **Akropolis** mit einer Burg auf, die von den Byzantinern im 6. Jh. errichtet, von den Kreuzfahrern im 13. Jh. und später von den Türken ausgebaut wurde. Südwestlich unterhalb, an der Platía 25 Martiou sieht man ein renoviertes **römisches Odeion** (um 160 n. Chr.) mit 1 800 Plätzen, das für Veranstaltungen genutzt

PÁTRAS ERLEBEN

AUSKUNFT

Tourist-Information
Filopimenos 26
Tel. 26 10 62 03 53
Fax 26 10 62 01 25
E-Mail: eotpyte@otenet.gr

ESSEN

► Erschwinglich

Kylikeíon
am Strand
Tel. 26 10 43 59 05
Hier gibt es leckere Gerichte aus Meeresfrüchten.

ÜBERNACHTEN

► Komfortabel

Astir
Agiou Andreou 16
Tel. 2 37 50 27 75 02
E-Mail: astir@pat.forthnet.gr
120 Z.
Zentral gelegenes Haus mit Dachgarten und Swimmingpool.

wird. Das Archäologische Museum zeigt Funde aus mykenischer, hellenistischer und römischer Zeit. An der großzügigen Platía Vas. Georgiou A. steht das neoklassizistische Stadttheater, 1872 von Ernst Ziller erbaut. Ein ebenfalls von Ziller entworfenes Herrenhaus ist am Psila-Alonia-Platz zu finden, dem **Balkon von Pátras** mit Pinien und Cafés. Am Südwestende des Hafens steht über einem Demeter-Heiligtum die große, 1974 gebaute Andreas-Kirche. In der alten Andreas-Basilika nebenan wird seit 1964 die Schädelreliquie des Apostels aufbewahrt.

Umgebung von Pátras

Río Río liegt sechs Kilometer nordöstlich von Pátras an der engsten Stelle des Golfs von Korinth, gegenüber dem nur etwa zwei Kilometer entfernten Antírrio am nördlichen Ufer. Die beiden Orte bzw. Peloponnes und Festland sind durch eine 2250 m lange Schrägseilbrücke miteinander verbunden. Zwischen Ost- und Westdock in Río steht das große Kástro Moréas aus dem 16. Jahrhundert, das einst die Durchfahrt kontrollierte.

Baedeker TIPP

Prominentes Weingut

Weinliebhaber sollten eine Besichtigung des traditionsreichen Weinguts Achaia Clauss nicht versäumen. Der bekannteste Wein der größten Kellerei des Landes, gegründet 1861 von dem Bayern Gustav Clauss, ist der rote Mavrodaphne. Viele Prominente, u. a. Theodor Heuss und Gary Cooper, waren hier schon Kunden. Das Weingut liegt 9 km südöstlich von Pátras in Richtung Saravali (Tel. 26 10 36 81 00; Öffnungszeiten: tgl. 11.00 – 20.00 Uhr).

Ägio, das antike Aigion, liegt rund 35 km östlich von Pátras an der Südküste des Golfs von Korinth über dem Strand. Das Archäologische Museum zeigt Funde aus der Region von der Steinzeit bis zur rö-

Pátras – der wichtigste Fährhafen des Landes.

mischen Epoche. Ansonsten kann der Ort als Ausgangspunkt für Ausflüge ins Landesinnere des Peoponnes dienen.

Halbinsel Kyllíni

Die Halbinsel Kyllíni in der Landschaft Elis südlich von Pátras ist der am weitesten nach Westen vorspringende Punkt des Peloponnes. Sie endet in einem Bergrücken, der sich aus der weiten Küstenebene erhebt und von der Burg Chlemutsí bekrönt ist. Nördlich von ihm liegt der kleine Hafenort Kyllíni, in der Mitte das Dorf Kástro und im Süden der Kurort Loutrá Kyllínis mit Heilquellen. Die **kilometerlangen Sandstrände** sind die Attraktion der Halbinsel. Die fränkische Burg Chlemutsí thront majestätisch über der Halbinsel Kyllíni bei Kástro. **Geoffroy II. Villehardouin** ließ von 1218 bis 1223 die mächtige Burg Clairmont anlegen, woraus verballhornt der jetzige Name Chlemutsí entstand. 1827 wurde sie von den Türken unter **Ibrahim Pascha** zerstört. Vom Haupttor im Nordwesten gelangt man in die Vorburg, deren Bebauung bis auf Fundamente verschwunden ist. An die hohe, dicke Außenmauer der sechseckigen Hauptburg sind ringsum zweistöckige Räume gebaut; links vom Eingang befindet sich die ebenfalls zweistöckige Kapelle, rechts der Palas mit Speise- und Versammlungssaal (Öffnungszeiten: Sommer tgl. 8.00 bis 19.00 Uhr).

◄ Burg Chlemutsí

Andravída war die Residenz der Villhardouins, die Elis 1204 in Besitz nahmen. Als einziges Gebäude der Residenz ist der Ostteil der dreischiffigen Sophienkathedrale (um 1230) mit gotischen Kreuzrippengewölben westlich der Hauptstraße erhalten.

◄ Andravída

Elis

Im Gebiet der antiken Stadt Elis – beim Dorf Ilis, 17 km östlich von Andravída – wurden neben diversen Häusergruppen eine hellenistische Agorá und Teile der Akropolis zu Tag gefördert. Ein Museum zeigt Funde von hier und informiert über die Grabungsarbeiten.

★ Pýlos · Πύλος

F 11

Landschaft: Messenien
Einwohnerzahl: 3000
Höhe: 20 m ü. d. M.

Mit dem Namen Pýlos verbinden sich der mykenische Held Nestor, die berühmte Seeschlacht von Navarino und nicht zuletzt das Bild einer der faszinierendsten Landschaften Griechenlands: die Bucht von Navarino.

Geschichte Das Königreich Pýlos wurde in mykenischer Zeit von Neleus erobert; dessen Nachfolger war sein Sohn **Nestor**. 1939 entdeckte man bei Epáno Englianós einen Palast, der in diese Zeit gehört. Im 7./6. Jh. v. Chr. wurde eine dorische Siedlung Pýlos am Korifásion-Berg nördlich der Bucht gegründet. 1278 errichtete der Kreuzfahrer Nicolas de St Omer eine Burg, die später von Venezianern und Türken besetzt wurde (Paleó Kástro). 1573 bauten die Türken eine neue Burg (Néo Kástro) auf der Höhe Ágios Nikólaos im Süden der Bucht. Die Stadt Pýlos entstand seit 1829 nach Plänen des französischen Generals Maison an einem bis dahin unbesiedelten Platz.

Seeschlacht von Navarino ► Die vereinigte englisch-französisch-russische Flotte lief 1827 zu einer Machtdemonstration in die Bucht von Navarino ein. Missverständnisse bei der dort liegenden türkisch-ägyptischen Flotte lösten eine

Traumhafte Landschaft – die geschichtsträchtige Bucht von Navarino

PÝLOS ERLEBEN

ESSEN

▶ Erschwinglich

Filip
Richtung Kalamata
Das Lokal liegt etwas oberhalb der Stadt und bietet neben einer herrlichen Aussicht sehr gute griechische Küche.

▶ Preiswert

O Grigóris
Georgíou Krasánou
Tel. 27 23 02 26 21
Griechisches Essen lässt sich hier im Garten genießen.

ÜBERNACHTEN

▶ Komfortabel

Karalis Beach
Kalmatas 26
Tel. 27 23 02 30 21
E-Mail: hotelkar@otenet.gr
14 Z.
Das noble Hotel mit großer Terrasse liegt ruhig unterhalb der Festung direkt am Meer. Zimmer mit Balkon.

von den Regierungen nicht geplante Kanonade aus, in der die Türken 58 von 87 Schiffen verloren. Damit erhielt der griechische Freiheitskampf den entscheidenden neuen Impuls. In der Saison kann man mit Ausflugsbooten zu den Inseln der Bucht fahren und sieht dabei auch die Wracks unter Wasser.

Sehenswertes in Pýlos

✶ **Atmosphärereiches Städtchen**

Zentrum des angenehmen, atmosphärereichen Städtchens ist die große Platía, die sich zum Fischerhafen hin öffnet, von Arkadenhäusern umstanden und riesigen alten Platanen beschattet wird. Die Cafés und Tavernen hier sind immer recht belebte Treffpunkte der Stadt. Der Platz heißt **Platía Trión Navárchon** nach den drei siegreichen Admirälen der Schlacht von 1827, dem Engländer Codrington, dem Franzosen de Rigny und dem russischen Grafen von Heyden, zu deren Andenken ein Monument errichtet wurde. Zu sehen gibt es noch einen türkischen Aquädukt – am Ortsrand in Richtung Méthoni – und ein Archäologisches Museum

✶ ◀ Néo Kástro

Die mächtige Burg Néo Kástro beherbergt eine sehr schöne Sammlung mit Dokumenten zu den Befreiungskriegen gegen die Türken und zur Schlacht von Navarino. Die Moschee wurde im 19. Jh. in eine Metamorfosis-Kirche umgewandelt (Öffnungszeiten: Nov. – Apr. Di. – So. 8.30 – 15.00, Mai bis Okt. Di. – So. 8.30 – 17.00 Uhr).

Umgebung von Pýlos

Sfaktiría

Die **Bucht von Navarino** – der einzige große Naturhafen an der Peloponnes-Westküste – wird von der Insel Sfaktiría, ein gigantisches, 5 km langes und 135 m hohes Felsriff, vom Meer abgeschlossen. Auf

Mykenisches Kuppelgrab im Bereich des Nestor-Palasts

dem Sattel zwischen den höchsten Erhebungen im Norden der Insel befindet sich neben einer Kapelle ein Denkmal für gefallene russische Soldaten. An der östlichen Steilküste liegt das Grab des piemontesischen Generals und Philhellenen Graf Santa Rosa, der hier 1825 im Kampf gegen die Ägypter des Ibrahim Pascha fiel. Auf der südlichen Anhöhe wurde ein weiteres Grabmal angelegt: das des Prinzen Paul-Marie Bonaparte, der 1827 in den Gewässern um Spétses fiel. Auf dem flachen Eiland **Chelonáki** im Nordostteil der Navarino-Bucht wurde für die britischen Seeleute ein Denkmal errichtet.

Giálova Bei Giálova nördlich von Pýlos breitet sich eine herrliche Strand- und Dünenlandschaft mit dem **Golden Beach** aus. Hinter Giálova kommt man in westlicher Richtung zum Kap Koryfásion mit den Resten der Festung **Paleo Kástro**, die allerdings schwer zugänglich sind. Schon in der Antike war hier der Platz der Akropolis. 1278 bauten die Franken an dieser Stelle eine Festung, die später in venezianischen und schließlich türkischen Besitz überging. Dann erreicht man die **Nestor-Höhle**, die Pausanias zufolge von Neleus und seinem Sohn Nestor als Stall benutzt wurde. Weiter geht ein Pfad zur wunderschönen, fast geschlossenen **Voidokiliá-Bucht**, die auch von Norden über Romanós mit dem Auto zu erreichen ist.

✶ Palast des Nestor Der Palast des Nestor bei Epáno Englianó 18 km nördlich, ist weniger imposant als Mykene oder Tíryns, da ihm die kyklopischen Burgmauern fehlen. Indes gilt als sehr wahrscheinlich, dass der einzige unbefestigte mykenische **Palast der des homerischen Helden** war. Es gibt älteste Reste (vor 1300 v. Chr.), einen älteren (1280 v. Chr.) und einen jüngeren Palast (1250, zerstört 1200 / 1190 v. Chr.) – diese Daten passen zur Überlieferung von der Eroberung durch **Neleus**. Vollständig erhalten und überdacht ist der Grundriss des jüngeren Palasts. Auf das Propylon, neben dem Archivräume lagen, folgen ein

Hof und das Megaron mit zwei Vorhallen und einem großen Saal, in dessen Mitte der runde, mit bemaltem Stuck versehene Herd und die Stelle des Thrones zu erkennen sind. Vom Hof rechts führt ein Propylon zu einem Gang, an dem neben einer Treppe zum Obergeschoss Räume für die Königin oder für Gäste liegen. In einem der Räume steht ein kleinerer runder Herd, im nächsten eine tönerne Badewanne. Nordöstlich des Palasts sieht man ein Kuppelgrab (Öffnungszeiten: Juli – Okt. tgl. 8.00 – 19.30 Uhr).

◀ Museum

Die Funde aus dem Nestor-Palast – darunter Täfelchen mit Linear-B-Schrift, Goldschmuck und Fragmente von Wandmalereien – befinden sich im Museum von Chóra, drei Kilometer weiter nördlich.

Methóni

Sehenswert ist in Methóni (17 km südlich) die mächtige **Festung** auf einer Landzunge südlich des Ortes, eine langjährige Stützpunkt der Venezianer. In dem Kstell sind ein türkisches Bad, eine Kirche und Wohnungen zu sehen.

★★ Rhodos · Ρόδος

S/T 12/13

Inselgruppe: Dodekanes
Höhe: 0 – 1215 m ü. d. M.
Hauptort: Rhodos-Stadt (50 000 Einw.)
Fläche: 1398 km²
Bewohnerzahl: 110 000

Wegen seiner überaus reizvollen Landschaft, der ausgezeichneten Badestrände und der wiederhergestellten Bauten aus der Johanniterzeit ist Rhodos ein außerordentlich lohnendes Reiseziel.

Ausführlich beschrieben im Baedeker Allianz Reiseführer »Rhodos«

Rhodos ist die größte Insel des Dodekanes und nach Kreta, Euböa und Lésbos die viertgrößte griechische Insel. Nur 18 km von der türkischen Küste entfernt, 78 km lang und bis zu 30 km breit, wird Rhodos von einem langen Gebirgsrücken durchzogen, der im Atávi-

Highlights Rhodos

Altstadt von Rhodos-Stadt
Verwinkelte, romantische Gassen führen durch die von der Unesco zum Weltkulturerbe erklärte mittelalterliche Altstadt.
▶ Seite 452

Großmeisterpalast
Die im 14. Jh. gebaute imposante Residenz der Johanniter in Rhodos-Stadt öffnet heute jedermann seine Pforten.
▶ Seite 458

Líndos
Der an der Ostküste auf einem hohen Felsen traumhaft gelegene Ort ist eine der ganz großen Attraktionen der Insel.
▶ Seite 462

Sými
Zumindest für einen Tag geht's mit dem Ausflugsboot zu einer der malerischsten Inseln der Ägäis.
▶ Seite 466

Rhodos Orientierung

Reinstes Mittelalter ohne störende Neonreklamen: die Ritterstraße in Rhodos-Stadt mit den ehemaligen Herbergen der Johanniter

ros 1215 m Höhe erreicht. Das zu den Küsten hin abfallende Gelände ist wasser- und waldreich und wird vor allem in Küstennähe landwirtschaftlich genutzt. In und um Rhodos-Stadt sowie zwischen der Inselhauptstadt und Líndos hat sich eine der größten Hotelkonzentrationen Griechenlands entwickelt. Abseits der großen Touristenattraktionen ist die Insel aber auch heute noch relativ unberührt, besonders im Süden.

Geschichte

Die Insel Rhodos war bereits in der Jungsteinzeit besiedelt, die kulturelle Blüte begann jedoch erst mit der Kolonisierung durch dorische Griechen; ihre drei Städte Líndos, Ialysós und Kámiros gehörten der Hexápolis (»Sechsstädtebund«) an, die um 500 v. Chr. unter die Herrschaft der Perser fielen. Im 5. Jh. v. Chr. war Rhodos Mitglied des Attischen Seebunds. Um 408 v. Chr. wurde nach dem Plan des berühmten Städtebauers **Hippodamos von Milet** die neue Hauptstadt angelegt, die im 4. Jh. v. Chr. als Handelsplatz selbst Athen überflügelte. Wahrzeichen des reichen unabhängigen Inselstaats war der zu den Sieben Weltwundern des Altertums gezählte **Koloss von Rhodos**, eine etwa 34 m hohe Bronzestatue des Sonnengottes Helios, die vermutlich am Mandráki-Hafen von Rhodos, an der Stelle des Nikólaos-Forts, als Leuchtturm aufgerichtet wurde. Nach Ausbreitung der Herrschaft der Römer im Orient ging die wirtschaftliche Bedeu-

tung von Rhodos zurück, doch blieb die Stadt weiterhin ein Kulturzentrum mit bekannten Rhetorenschulen – die von Cicero und Caesar besucht wurden – und einer bedeutenden Bildhauerschule. Hier entstand in der zur Zeit von Kaiser Tiberius (14 – 37 n. Chr.) die berühmte **Laokoon-Gruppe**, die heute im Vatikanischen Museum in Rom zu sehen ist.
Im Mittelalter war Rhodos zwischen Arabern, Byzantinern, Venezianern und Genuesen umkämpft, bis es 1309 vom Johanniterorden erobert wurde. Die »Rhodiser Ritter« bauten Rhodos-Stadt zu einer großen Festung aus, verteidigten die Insel gegen Ägypter und Türken, mussten sie aber 1523 dem osmanischen Sultan Suleiman dem Prächtigen überlassen. Nach fast 400-jähriger Türkenherrschaft besetzte 1912 Italien während des Tripoliskrieges die Insel, die nach dem Zweiten Weltkrieg 1947 an das Königreich Griechenland kam.

✶✶ Rhodos-Stadt

Einzigartige mittelalterliche Altstadt

Die Stadt Rhodos ist seit ihrer Gründung im Jahr 408 v. Chr. Hauptstadt der Insel und heute auch Verwaltungssitz des Nomos Dodekaníssou. Sie wurde einst großzügig in rechtwinkligem Straßensystem nach dem Prinzip des Hippodamos von Milet angelegt und reichte von der Akropolishöhe im Westen bis zur Ostküste.
Die wesentlich kleinere mittelalterliche Stadt folgt in einigen Straßenzügen – Ritter-, Omirou-, Ippodamou- und Pythagora-Straße – noch dem antiken Straßenraster. Das **Kolachium**, der Bezirk der Ritter mit Großmeisterpalast, Hospital und Wohnungen, nahm den etwa rechteckigen nördlichen Teil ein. Der größere Südteil der ummauerten Stadt, **Burgus** genannt, war das Wohngebiet der Griechen, der Westteil wurde zum Türken- und der Ostteil zum Judenviertel, das bis in den Zweiten Weltkrieg hinein bestand. Die Altstadt, 1988 von der Unseco zum Weltkulturerbe erklärt, bietet mit ihren eindrucksvollen Johanniter-Bauten ein einmaliges mittelalterliches Stadtbild. Türkische Gebäude, vor allem die Moscheen, setzen weitere reizvolle Akzente. Trotz des Massentourismus besitzt die Altstadt mit ihren Restaurants, Geschäften und schönen Plätzen ein faszinierendes Flair.

Stadtmauern

Um die Altstadt, in der während der Türkenherrschaft von 1523 bis 1912 kein Christ wohnen durfte, zieht sich die beeindruckende Stadtmauer aus dem 15./16. Jh. mit Türmen, Bastionen und Graben. Besonders schön sind das 1512 unter dem Großmeister Emery d'Amboise errichtete **Amboise-Tor** im Nordwesten sowie das **Hafentor** von 1468 mit Marienrelief im Nordosten am Handelshafen.
Die einzelnen Abschnitte der Stadtmauer waren den acht »Zungen«, d. h. den landsmannschaftlichen Rittergemeinschaften, zur Verteidigung zugewiesen. Eine sehr schöne Sicht auf Großmeisterpalast und Altstadt hat man von der Mauerkrone zwischen Kanonentor und Koskinou-Tor (Zugang beim Großmeisterpalast).

RHODOS-STADT ERLEBEN

AUSKUNFT

Tourist-Information
Alexandrou Papagou 31
Rhodos-Stadt
Tel. 22 41 04 43 35 / 6
Fax 22 41 02 69 55
www.rodos.gr

ANREISE

Schiffsverbindungen bestehen mit Alexandroupolis und Piräus auf dem Festland sowie mit den Inseln Amorgós, Astypálea, Chálki, Chíos, Donoussa, Kálymnos, Kárpathos, Kos, Kreta, Léros, Lésbos, Límnos, Megísti, Mílos, Mýkonos, Náxos, Nísyros, Páros, Pátmos, Sámos, Sými, Sýros und Tílos.

AUSGEHEN

Wer dem Nachtleben frönen will, wird in Rhodos-Stadt kaum Probleme haben. Bars, Diskos und Nachtclubs mit nimmermüden Touristen reihen sich vor allem in der Odos Orfanidi in der Neustadt aneinander.

SHOPPING

In den Gassen der Altstadt drängen sich vor allem die Souvenirshops, besonders in der Odós Soukratoú; hier sind auch viele Pelz-, Schmuck- und Ledergeschäfte zu finden, wofür die Stadt bekannt ist. In der Neustadt bekommt man in der Néa Agorá, dem orientalische anmutenden überdachten Neuen Markt am Mandráki-Hafen, vor allem Kulinarisches, Mode gibt's in der Gegend um die Platía Kiprou.

ESSEN

► Fein & teuer

① ***Kontiki***
Mandráki-Hafen
Tel. 22 41 02 03 02
www.kontiki.gr
Elegantes Restaurant / Café auf einem zweigeschossigen Schwimmponton im Hafen; in der Küche stehen zwei niederländische Sterneköche; fantastischer Blick auf den Großmeisterpalast und das Meer.

Auf Souvenirjagd in der Altstadt

► Erschwinglich

② ***Romeo***
Menekleous 7 – 9
Tel. 22 41 07 44 02
Das stimmungsvolle Ambiente in dem 500 Jahre alten Haus mit schönem Innenhof und das gute Essen machen den Besuch im »Romeo« immer wieder attraktiv.

► Preiswert

③ ***Oasis***
Platía Dorieos
In dem Lokal gegenüber der Redjeb-Pascha-Moschee lässt man sich die leckere Hausmannskost unter Schatten spendenden Bäumen schmecken.

► **Preiswert**

④ ***Socratous Garden***
Odós Socratou 126
Tel. 22 41 02 01 53
Hübsches Gartenlokal, in dem man in angenehm ruhiger Atmosphäre eine Pause bei einem Kaffee einlegen oder am Abend einen Drink nehmen kann.

Die kleine Pension Andreas in einem 500 Jahre alten Gemäuer

ÜBERNACHTEN

► **Luxus**

① ***Grand Hotel Rhodes***
Akti Miaouli 1
Tel. 22 41 05 47 00
www.mitsishotels.com
400 Z., 10 Suiten
In der Neustadt an der Küstenstraße gegenüber dem Stadtstrand gelegenes traditionsreiches Haus mit sehr geräumigen Zimmern, gepflegter Gartenanlage, großzügigem Swimmingpool, Shopping-Arkade und Nachtclub.

► **Komfortabel**

② ***Andreas***
Odós Omirou 28d
Tel. 22 41 03 41 56
www.hotelandreas.com
11 Z.
Die schöne Lage des mittelalterlichen Hauses und die Aussicht über die Dächer der Altstadt, die man auch von der Frühstückterrasse aus genießt, zeichnen die kleine Pension aus.

► **Günstig**

③ ***Via-Via***
Odós Pythagoras 45
Tel. 22 41 07 70 27
www.hotel-via-via.com
Kleine, ruhig gelegene Pension mit individuell eingerichteten Zimmern, schöner Dachterrasse und üppigem Frühstücksbüfett.

Platía Símis Durch das Eleftherías- oder das Arsenal-Tor gelangt man in die geschäftige Altstadt mit ihrem Gewirr an Gässchen, ihren Kuppeln und Minaretten zwischen Palmen und Platanen. Den Auftakt bildet der Símis-Platz mit Resten eines Aphrodite-Tempels (3. Jh. v. Chr.) und einer Gemäldesammlung mit zeitgenössischer griechischer Kunst in einem historischen Bau.

Platía Argyrokástrou Südlich schließt sich der malerische Argyrokástrou-Platz an. In seiner Mitte steht ein kleiner Brunnen aus Teilen eines frühchristlichen Taufbeckens, an der Westseite das Alte Hospital aus dem 14. Jahrhundert. Die Ende des 15. Jahrhunderts gebaute Herberge der Ritter der Auvergne besitzt einen romantischen Innenhof. Ein Durchgang führt südöstlich zur Kirche Panagía tou Kástrou aus dem 13. Jahr-

Rhodos Altstadt Orientierung

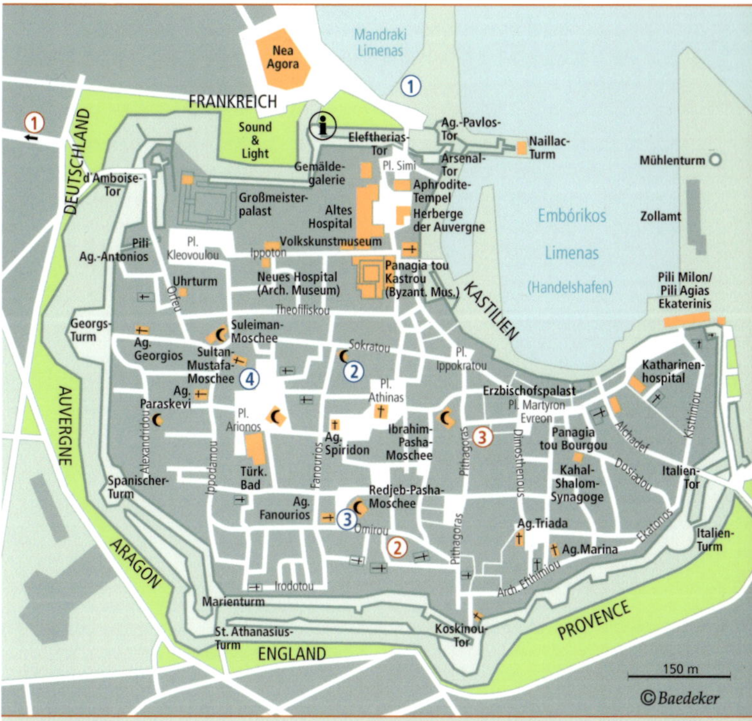

Essen
① Kontiki
② Romeo
③ Oasis
④ Socratous Garden

Übernachten
① Grand Hotel Rhodes
② Andreas
③ Via-Via

hundert, in dem sich das **Byzantinische Museum** befindet. An der Südseite des Platzes präsentiert das **Volkskunstmuseum** Exponate vom Dodekanes aus türkischer Zeit.

★ **Archäologisches Museum**

Schräg gegenüber dem Byzantinischen Museum an der Platía Mousiou steht das mächtige ehemalige Ordenshospital, erbaut ab dem Jahr 1440, in dem heute das Archäologische Museum untergebracht ist. Vom Innenhof steigt man hinauf zum imposanten, durch eine Arkadenreihe zweigeteilten Krankensaal im Obergeschoss. Bemerkenswert an der Ausstattung sind schlichter spätgotischer Kapellennischen- und Kapitellschmuck sowie Grabplatten.
Zu den bedeutendsten Stücken des Museum gehören zwei archaische Kouroi (6. Jh. v. Chr.) sowie die Grabstele der Krito und der Tima-

DER KOLOSS VON RHODOS

★★ Sie zählte zu den sieben Weltwundern des Altertums: die gigantische Statue des Sonnengottes Helios. Die Rhodier stellten sie 292 v. Chr. am Hafen ihrer Hauptstadt als Siegesdenkmal auf, nachdem sie ihre Insel 305 v. Chr. gegen die gewaltige Übermacht des Diadochen Demétrios verteidigen konnten. Doch der Koloss stürzte schon 223 v. Chr. bei einem Erdbeben ein, die Reste wurden im 7. Jh. nach Syrien verbracht und eingeschmolzen. So ist das genaue Aussehen der Statue und ihr exakter Standort ein bis heute viel diskutiertes Rätsel unter Historikern und Archäologen geblieben.

① Statue
32 m hoch soll sie gewesen sein – laut antiken Schriften des Plinius und des Philon von Byzanz – und zudem auf einem 10 m hohen Sockel gestanden haben. Der Kopf allein muss demnach 4,30 m hoch, der erhobene Arm etwa 10 m lang gewesen sein. Errichtet wurde sie innerhalb von 12 Jahren von dem Erzgießer Chares von Líndos.

② Gerüst
Eisenstangen wurden tief im Fundament verankert. Ein korbartiges Geflecht mit Querversteifungen bildete wohl das Gerüst. Darum herum wurde eine 1 – 2 cm dicke Bronzehaut gelegt. 45 Tonnen Eisen und 75 bis 150 Tonnen Bronze wurden verbaut. Im Innern waren Steine als Ballast aufgetürmt. Wahrscheinlich schichtete man jeweils um ein fertig gestelltes Bronzeteil Erde auf, um darauf stehend den Guss des nächsten Stückes des Kolosses durchzuführen.

③ Strahlenkrone
Die Haare des Sonnengottes und seine Strahlenkrone waren vergoldet. Ankommende Schiffe sollen sie so schon von weitem im Sonnenlicht schimmern gesehen haben. Jeder Strahl besaß eine Länge von etwa 1,70 m.

④ Nase
Um sich nochmals einen Begriff von den Ausmaßen des Kolosses zu machen: Allein die Nase soll 90 cm lang gewesen sein.

⑤ Standort
Lange hat man diskutiert und gestritten, wo er wohl gestanden haben mag: Manche vermuteten ihn gar mitten in der Altstadt, eine These, die heute widerlegt ist. Aber ob er am Steilabfall des alten Kriegshafens (des heutigen Mandráki-Hafens) oder dort auf der Mole gestanden hat – was die wahrscheinlichste These ist – lässt sich schwer beweisen. Denn bis heute hat man keine Überreste gefunden.

Klassische Darstellung des Gottes Helios auf dem Sonnenwagen, auf dem er am Himmel entlangfährt (Vasenmalerei).

Auch die Filmindustrie hat sich des Koloss' angenommen:Sergio Leone produzierte den Monumentalfilm »Der Koloss von Rhodos« mit Rory Calhoun in der Hauptrolle.

Hier stand er wohl – am Mandráki-Hafen, wo heute die neuen Wahrzeichen der Insel stehen: Hirsch und Hirschkuh.

Zu allen Zeiten war der Koloss ein beliebter Gegenstand künstlerischer Darstellung – mangels echtem Vorbild konnte man seiner Phantasie bei der Gestaltung freien Lauf lassen.

Münze aus dem 3. Jh. v. Chr. mit dem Kopf des »Städtebezwingers« Demétrios, König der Makedonen 294 – 287 v.Chr. Er belagerte Rhodos vergeblich: Nach seinem Abzug wurde der Koloss errichtet.

rista (Ende 5. Jh. v. Chr.), eine lebensgroße Aphrodite, der berühmte hellenistische Helios-Kopf (2. Jh. v. Chr.) und die kleine kauernde Aphrodite (1. Jh. v. Chr.). Einige Räume enthalten eine gute Vasensammlung, die alle Epochen von mykenischer Zeit an umfasst (Öffnungszeiten: Di. – So. 8.30 –19.00 Uhr).

✶✶ Ritterstraße

Nördlich des Neuen Hospitals beginnt die Odós Ippotón, die Ritterstraße, die mit ihrem gut erhaltenen Straßenbild des 15. / 16. Jahrhunderts eine der Hauptsehenswürdigkeiten von Rhodos ist. An ihr lagen die meisten Herbergen, d. h. die Versammlungshäuser der einzelnen Landsmannschaften des Johanniterordens. Am schönsten ist die 1492 bis 1503 gebaute **Auberge de France**. Über dem Portal sind die Wappen des Ordens und des Großmeisters Emery d' Amboise angebracht.

✶ Großmeisterpalast

Am Westende der Ritterstraße erhebt sich am höchsten Punkt der Stadt der Großmeisterpalast. Das Kastell aus dem 14. Jh. mit dreifachem Mauerring wurde nach dem Erdbeben 1481 von Großmeister **Pierre d' Aubusson** wiederhergestellt. Im Jahr1856 durch die Explosion des in der benachbarten Johanneskirche lagernden Schießpulvers fast völlig zerstört, wurde der Palast während der italienischen Besetzung (1912 bis 1943) nach alten Plänen, jedoch nicht originalgetreu rekonstruiert. Auch die Ausstattung entspricht nicht dem ursprünglichen Zustand.
Beachtenswert sind vor allem einige Mosaikfußböden, etwa im Arkadensaal, von der Insel Kos. Zu sehen ist auch eine Kopie der im 1. Jh. n. Chr. geschaffenen Laokoon-Gruppe, eines der berühmtesten Werke der rhodischen Bildhauertradition. Ausstellungen im Erdgeschoss und im Untergeschoss beleuchten die Geschichte der Insel (Öffnungszeiten: Mai – Okt. Mo. 12.30 – 19.30, Di. – So. 8.00 – 19.30; Nov. – Apr. Di. – So. 8.30 – 15.00 Uhr).

! *Baedeker* TIPP

Antikes für daheim?

Wer Repliken bekannter griechischer Skulpturen kaufen möchte, sollte sich im archäologischen Museumsshop an der Platía Simis umsehen. Auch Ikonen, Münzen und Reliefs kann man hier erstehen (Öffnungszeiten: Mo. – Fr. 8.00 – 14.30, Sa. 9.00 – 14.30 Uhr).

Uhrturm

Südlich des Großmeisterpalastes steht ein markanter Uhrturm (1852), den man besteigen kann. Die 1808 erbaute Süleiman-Moschee südöstlich besitzt ein schönes Renaissanceportal. Gegenüber die befindet sich die Türkische Bibliothek (1794).

✶ Ágios Geórgios

Die Ágios-Geórgios-Kirche westlich der Moschee ist eine der schönsten Kirchen von Rhodos. Der Ende des 14. Jhs. entstandene Vierkonchenbau wurde 1447 Klosterkirche mit westlichem Narthex und nördlicher Vorhalle. Bemerkenswert ist die typisch rhodi-

Der Ippókratou-Platz, das Herz der Altstadt, liegt im türkischen Viertel.

sche Nischengliederung am Tambour außen und innen. Die Türken nutzten die Kirche als Medrese (Koranschule).

Platía Ippókratous

Von der Süleiman-Moschee führt die **Odós Sokrátous**, eine der schönsten und beliebtesten Einkaufsstraßen der Stadt, zur Platía Ippókratous, mit seinen Tavernen und Cafés das pulsierende Zentrum der Altstadt. Der Platz wird beherrscht von der 1503 erbauten **Kastallania**, das ehemals der Marktverwaltung und als Handelsgericht diente und heute die Stadtbibliothek beherbergt.

Platía Martýrion Evréon

In südöstlicher Richtung stößt man auf die stimmungsvolle Platía Martýrion Evréon, dem »Platz der Hebräischen Märtyrer«, so benannt zum Gedenken an die im Zweiten Weltkrieg deportierten Juden von Rhodos. Hier stehen der **Seepferdchenbrunnen** und der **Palast der Admiralität** aus dem 15. Jh., wahrscheinlich der ehemalige Palast des Metropoliten.

Südliche Altstadt

Südlich der Sokrátous-Straße breitet sich ein malerisches Gassengewirr um die Fanouriou-, die Omirou- (beide mit Schwibbögen überspannt) und die Pythagorous-Straße aus. Einige Moscheen verbreiten türkisches Flair, so die Sultan-Mustafa-Moschee (1765) an der reizvollen Platía Ariónos. Gegenüber befindet sich das prächtige Türkische Bad. Die im Zentrum des einstigen jüdischen Viertels gelegene

Kahal-Shalom-Synagoge in der Dosiadou-Straße, südlich des Martírion-Efréon-Platzes, wurde wahrscheinlich im 16. Jh. erbaut. Die schlichte Synagoge, der ein kleines Museum angeschlossen ist, ist ein Mahnmal der jüdischen Gemeinde.

✶ Mandráki-Hafen

Nördlich der Altstadt liegt der antike Mandráki-Hafen, der seit Gründung der Stadt genutzt wird und heute vorwiegend als Jachthafen sowie Anlegestelle für Ausflugsboote dient. Auf der Mole stehen drei aufgelassene Windmühlen sowie auf der Spitze das Fort Nikólaos (15 Jh.) mit einem Rundturm. Die Hafeneinfahrt wird von zwei Säulen mit Hirsch und Hirschkuh, den Wappentieren der Stadt, flankiert. Hier soll einst der legendäre Koloss von Rhodos gestanden haben (►S. 456).

Am Mandráki-Hafen steht die mächtige, im orientalischen Stil errichtete **Néa Agorá** (»Neuer Markt«), mit ihren Geschäften sowie guten preiswerten Fischlokalen und Cafés ein beliebter Treffpunkt.

Die **Neustadt** – mit Behörden, Banken, Geschäftshäusern und vor allem zahlreichen Hotels und Restaurants – erstreckt sich nördlich der Altstadt bis nahe an die Nordspitze der Insel. Vom »Neuen Markt« gelangt man nordwärts auf der Eleftherías-Straße am Justizpalast vorbei zur **Evangelismós-Kirche**, einer 1925 errichteten Nachbildung der alten Ritterordenskirche St. Johannes, die beim Großmeisterpalast stand und der Explosion von 1856 zum Opfer gefallen war. Weiter nördlich befinden sich die Präfektur im venezianischen Stil, das Rathaus sowie das Theater. Am Ende der Elefterías kommt man zu der reizvollen **Murad-Reis-Moschee** mit einem alten türkischen Friedhof, auf dem Grabbauten vornehmer Muslime zu sehen sind. An der von Sandstränden gesäumten Nordspitze der Neustadt kann man ein **Aquarium** mit einem kleinen meeresbiologischen Museum besichtigen.

> ! *Baedeker* TIPP
>
> **Sound and Light**
>
> Ein besonderes Spektakel ist die Ton- und Lichtschau im Park des Großmeisterpalastes am Rimini-Platz. Dabei wird, untermalt von Lichteffekten, die Geschichte des Palastes erzählt (deutschsprachige Aufführungen: Mai – Aug. Mo., Mi., Fr. 23.15, Sept., Okt. 22.15 Uhr, www.greek-festival.gr).

Akropolis

Einen schönen Blick auf die Stadt und die Insel Sými eröffnet sich vom 110 m hohen Ágios Stéfanos südwestlich der Altstadt. Hier befinden sich die Reste der antiken Akropolis mit Trümmern eines Apollon-Pythios-Tempels. Am Hang sieht man ein Stadion und ein rekonstruiertes Theater.

Umgebung von Rhodos-Stadt

✶ Filérimos

Der 267 m hohe Filérimos, der »Freund der Einsamkeit«, ist ein beliebtes Naherholungsgebiet rund 10 km südwestlich von Rhodos-Stadt. Hier lag die Akropolis der alten Stadt **Iálissos**, einer der drei

Stadtstaaten der Insel. Der Berg wurde seit der mykenischen Zeit um 1500 v. Chr. mehrfach als Burg ausgebaut. Zur Anlage führte ein von Zypressen flankierter Treppenweg. Auf dem Plateau sieht man die Fundamente eines **Athena-Tempels** aus dem im 3. Jh. v. Chr., der in frühchristlicher Zeit von einer Kirche abgelöst wurde, an die noch ein kreuzförmiges, in den Boden eingelassenes Taufbecken erinnert. Außerdem gibt es eine kleine Kapelle mit Fresken aus dem 15. Jh. sowie die rekonstruierte Kirche des Klosters Filérimos (Öffnungszeiten: Di. – So. 8.30 –15.00 Uhr).

! *Baedeker* TIPP

»Grüne Lunge« von Rhodos-Stadt

Südwestlich der Stadt erstreckt sich das malerische Rodíni-Tal mit Park, Tiergehegen und schönen Spazierwegen. Oberhalb des Tals entdeckt man Teile einer antiken Nekropole mit einem in den Fels geschlagenen Ptolemäergrab.

Von Rhodos-Stadt nach Kattaviá

Die Route führt von Rhodos-Stadt entlang der Ostküste nach Süden. Bis Kattavia sind es ohne Abstecher 88 km. Die ganze Küste, vor allem bis Archángelos, verfügt über schöne Sandstrände, die mit großen Hotelanlagen versehen sind.

Thérmes Kallithéa

Die 88 km weite Tour führt entlang der Ostküste nach Süden. Sieben Kilometer nach Rhodos-Stadt biegt man links ab zu dem ehemaligen Thermalbad Kallithéa. Die schon im Altertum geschätzten Thermen sind versiegt, doch die sehenswerten Kureinrichtungen, die in den 1920er-Jahren von italienischen Architekten geschaffen und im Zweiten Weltkrieg teilweise zerstört wurden, werden wieder renoviert. Unterhalb der Thermen breitet sich ein kleiner schöner, von Felsen gerahmter Sandstrand aus.

◄ Faliráki

Auf der Hauptstraße geht es an der entlang nach Faliráki. Der Ort ist mit seinem kilometerlangen Sandstrand die **Touristenhochburg** der Insel, eine in den 1980er-Jahren entstandene Hotelstadt mit allem, was das Herz des Urlaubers begehrt.

✶ Ladikó-Bucht

✶ ◄ Anthony-Quinn-Bucht

Beim Dorf Ladikó südlich von Faliráki breitet sich die gleichnamige hübsche, von Felsen gerahmte Bucht mit Sandstrand aus. Direkt nördlich schließt sich die kleine bezaubernde, ebenfalls von Felsen gesäumte Anthony-Quinn-Bucht an. Die griechische Militärregierung hat die Bucht dem amerikanischen Schauspieler geschenkt als Dank für seine Hauptrolle in dem hier gedrehten Film »Die Kanonen von Navarone«. Die spätere demokratische Regierung hat die Schenkung allerdings wieder rückgängig gemacht.

Eptá Pigés

Von Kolymbia aus sollte man den drei Kilometer weiten Abstecher nach Eptá Pigés (»Sieben Quellen«) unternehmen, einem idyllischen grünen Bachtal mit einigen Tavernen; ein Fußweg führt vom Parkplatz an der Straße Kolímbia – Archípolis hinauf zu den Quellen.

Archángelos Das Bild des schönen Archángelos, dem zweitgrößten Ort auf Rhodos, wird geprägt von dem hellen »Zuckerbäckerturm« der Michaíl-Archángelos-Kirche. Östlich des Dorfes, bei Stégna, gibt es schöne Strände. Etwas südlich steht die Theodoren-Kirche mit wertvollen Fresken (1377).

Malóna Malóna, 6 km südwestlich von Archángelos abseits der Hauptstraße gelegen, ist ein hübsches Dorf inmitten von Orangen- und Zitronenhainen. Über Mássari, vorbei an der bekannten Kirche Ágios Geórgios Lórima aus dem 14. Jh. mit bemerkenswerten Fresken, geht es durch eine pittoreske Landschaft nach Lárdos und südwestlich Richtung Gennádi. Von Kiotári bietet sich ein Abstecher nordwestlich nach Asklipío mit der beeindruckenden Kirche Kímisis tis Theotókou (13./14. Jh.) an.

Lachaniá Drei Kilometer hinter Gennádi führt eine Abzweigung nach Lachaniá mit stimmungsvoller Platía. Am südlichen Dorfrand steht die Kirche Agía Iríni mit barockem Turm und frühchristlichem Taufbecken aus dem 6. Jahrhundert. 6 km weiter südlich liegt Plimmíri an einem weiten Sandstrand. Vorbei am verlassenen Kloster Ágios Pávlos erreicht man **Kattaviá** mit der Kirche Kímisis tis Theotókou, deren früheste Teile aus dem 14. Jh. stammen.

✶✶ Líndos

Denkmalgeschützte Stadt Líndos ist wegen seiner herrlichen Lage auf einem hohen Felsen zwischen zwei Buchten und wegen seiner niedrigen weißen Häuser unter mittelalterlicher Burg und antiker Akropolis eine der großen Attraktionen der Insel.

Fahrzeuge müssen auf der Platía Eleftherías am Ortseingang Halt machen; von hier geht es zu Fuß oder auf Eseln weiter. Die von Cafés, Souvenirläden und Reisebüros gesäumte Odós Akropoleos führt in den denkmalgeschützten Ort. Die Häuser in den stimmungsvollen Gassen stammen, bis auf das türkische von 1599, aus dem 17./18. Jh.; bekannt ist das Kapitänshaus im Südteil des Orts, dessen Natursteinfassade mit charakteristischem Reliefdekor versehen ist.

i Einkaufsparadies

- In der Hochsaison gleicht Líndos einer riesigen Einkaufspassage: Mode, Keramik, Schmuck – hier bekommt man fast alles. Allerdings sind viele der hier angebotenen Dinge in Rhodos-Stadt bedeutend günstiger zu haben.

Funde aus neolithischer Zeit bezeugen die Besiedlung dieses Platzes am einzigen Naturhafen der Insel seit dem 3. Jt. v. Christus. Líndos besaß in dorischer Zeit als mächtigster Stadtstaat über die Hälfte der Insel. Seine Blüte erlebte es im 7. und 6. Jh. v. Chr. unter dem zu

Die Anthony-Quinn-Bucht bei Ladikó ist einer der schönsten Plätze der ägäischen Inselwelt. →

Von der Akropolis eröffnet sich ein wunderschöner Blick auf die Bucht von Líndos.

den Sieben Weisen gezählten Tyrannen **Kleoboulos**. In byzantinischer Zeit entstand ab dem 6. Jahrhundert auf der Akropolis eine Burg, die im 15. Jahrhundert von den Johannitern zu einem mächtigen Bollwerk ausgebaut wurde.

Panagía-Kirche

Am Weg zur Akropolis steht die schöne Panagía-Kirche, im 14. Jh. erbaut und 1489 / 1490 erweitert. Großartig sind die reich geschnitzte, vergoldete Ikonostase und der Kochláki-Boden. Tonnengewölbe und Kuppel wurden 1779 ausgemalt.

Ágios Geórgios Chostós ►

Unweit nordöstlich steht die älteste Kirche von Rhodos, die Ágios Geórgios Chostós aus dem 8. / 9. Jh. mit Fresken aus der Zeit des Bilderstreits, die großen Seltenheitswert besitzen.

✶✶ Akropolis

Hinter dem Eingang zur Akropolis führt ein Treppenweg zu einem kleinen Platz mit drei Zisternen, an dessen Südseite ein byzantinischer Turm aufragt. Daneben befindet sich eine Exedra mit einem Sockel, auf dem wohl Weihefiguren standen (3. / 4. Jh.). Die Inschrift auf ihrer Rückseite besagt, dass der Priester Aglochartos die Akropolis mit Ölbäumen geschmückt habe. Das Schiffsrelief rechts daneben wurde zu Ehren des Admirals Hegesandros von Mikion im 2. Jh. v. Chr. geschaffen. Ein gewölbtes Tor führt in das Erdgeschoss des Rittergebäudes. Im südlich anschließenden Gewölbe finden sich in den Fels gehauene archaische Treppenstufen.
Im Freien trifft man zunächst auf eine Exedra (3. Jh. v. Chr.). In der Inschrift heißt es, dass der Priester Pamphilidas den berühmten Bildhauer **Phyles** beauftragte, sein Standbild zu schaffen. Der Tempel

dahinter (3. Jh.) ist dem weissagenden Dämon Psithyros geweiht. Die 87 m lange Stoa, eines der großartigsten Bauwerke des Hellenismus in Griechenland, entstand Ende des 3. Jhs. v. Chr. Rechts der Stoa steht die byzantinische Johanneskirche aus dem 13. Jh. Eine breite Freitreppe führt zu den Anfang des 3. Jhs. erbauten Propyläen, in deren Rückwand nach Athener Vorbild fünf Türen in den **heiligen Bezirk** leiteten. Dieser besteht aus einem von Säulen umstandenen Hof, dem im 2. Jh. n. Chr. südlich eine ionische Säulenhalle angegliedert wurde, und dem vergleichsweise bescheidenen **Tempel der Athena Lindia**; er wurde an der Stelle eines Vorgängerbaus aus dem 7. Jh. v. Chr. nach einem Brand 342 v. Chr. als Amphiprostylos wiederaufgebaut (Öffnungszeiten: Sommer Di. bis So. 8.00 – 19.00, Nebensaison: Di. – So. 8.30 – 14.30 Uhr).

Unterhalb des Orts erstreckt sich die schöne **Pállas-Bucht**, auf der anderen Seite der Akropolis die fast geschlossene **Ágios-Pávlos-Bucht**. Im Jahr 51 soll der Apostel Paulus auf der Reise von Ephesus nach Syrien hier Zuflucht vor einem Sturm gesucht haben.

★ **Badestrände**

Von Rhodos-Stadt nach Apolakkiá

Kremastí

Die 82 km weite Fahrt nach Apolakkiá führt entlang der Westküste der Insel. Man verlässt Rhodos-Stadt in südwestlicher Richtung. In dem Urlaubsstädtchen Kremastí findet man die Kirche Panagía Kremastí mit sehenswerter Ikone.

Bei Kato Kalamónas führt eine Abzweigung (7 km) nach **Petaloudes**, ins idyllische »Tal der Schmetterlinge«, wo früher im Hochsommer Tausende von orange-schwarzen Harlekinen zu sehen waren, eine seltene Nachtfalterart, die den Tag an Baumstämmen sitzend verbringt. Damit man ihre Farben deutlich sehen konnte, hat man sie Schmetterlinge durch Händeklatschen aufgescheucht, was die Tiere schließlich weitgehend vertrieben hat (zugänglich von 8.30 Uhr bis zum Sonnenuntergang).

! *Baedeker* TIPP

Trip zur Straußenfarm

Etwa 2 km vor Petaloudes führt eine Straße nach rechts bis zur rund einen Kilometer entfernten Straußenfarm. Dort kann man nicht nur die großen Vögel beobachten, sondern auch einen Straußen-Burger probieren und handgearbeitete Straußenleder-Produkte wie Taschen und Gürtel kaufen (Öffnungszeiten: tgl. 9.00 bis 19.30 Uhr).

4 km westlich von Kalavarda geht's zur teilweise ausgegrabenen antiken Stadt **Kámiros** (6. Jh. v. Chr. – 6. Jh. n. Chr.) mit Tempelbezirk, Agorá, Zisternen, Bädern und Wohnvierteln – ein typisches Beispiel einer hellenistischen Stadtanlage in wunderschöner Lage (Öffnungszeiten: Mai – Sept. Di. – Fr. 8.30 – 19.00, So. u. So. bis 15.00 Uhr).

Von dem kleinen Fischerort Kámiros Skála, wo es gute Fischlokale gibt, kann man zur westlich vorgelagerten Insel Chálki übersetzen. Ca. 2 km südwestlich erhebt sich das Kastéllos Kamíros, die besterhaltene Johanniterburg der Insel.

◄ Kámiros Skála

★ Sámos · Σάμος

Q/R 9

Inselgruppe: Nord- und ostägäische Inseln
Höhe: 0 – 1433 m ü. d. M.
Hauptort: Sámos-Stadt (Vathý)
Fläche: 476 km²
Bewohnerzahl: 32 000

Nicht nur ihr roter süßer Wein ließ das ostägäische Sámos zu einem der beliebtesten Urlaubsziele werden. Die wasserreiche, grüne und bewaldete Insel bietet abwechslungsreiche Landschaften mit vielen Wandermöglichkeiten und an ihrer stark zerklüfteten Küste zahlreiche schöne Sand- und Kiesstrände.

Geschichte Geografisch ist Sámos ein Vorgebirge Kleinasiens; von der türkischen Küste, der Dilek-Halbinsel, ist es nur durch eine knapp zwei Kilometer breite Meerenge getrennt. Im Westen steigt die Insel im **Kérkis** bis auf 1433 m an. Die großen Waldbrände in den Jahren 1990 und 2000 zerstörten rund 80 % des Baumbestands der Insel.

SÁMOS ERLEBEN

AUSKUNFT

Tourist-Information
Themistkli Sofouli
Sámos-Stadt
Tel. 22 73 02 85 82
Fax 22 73 02 85 83

ANREISE

Schiffsverbindungen bestehen mit Alexandroupolis und Piräus auf dem Festland sowie mit den Inseln Agathoníssi, Chíos, Fourni, Ikaría, Kálymnos, Kos, Léros, Lésbos, Límnos, Lipsí, Mýkonos, Náxos, Páros, Pátmos, Rhodos, Sámos und Sýros.

ESSEN

► Erschwinglich

Christos
Sámos-Stadt
Gutes Essen und große Portionen an einem kleinen Platz gegenüber der großen Platía Agiou Nikolaou.

To Kýma
Karlóvasi
Tel. 22 73 03 40 17
Die leckeren Meeresfrüchte-Platten genießt man hier am besten bei einem herrlichen Sonnenuntergang.

► Preiswert

Taverna Gregori
Sámos-Stadt
Freundlicher, schneller Service und großzügige Portionen zeichenen diese Taverne aus.

ÜBERNACHTEN

► Komfortabel

Arion
Kokkari
Tel. 22 73 09 20 20
www.arion-hotel.gr
108 Z.
Die Hotelanlage, 600 m vom Strand entfernt, besteht aus einem Hauptgebäude und Bungalows.

Samos Orientierung

Unter dem Tyrannen Polykrates – den man aus Schillers Ballade kennt – gelangte die Insel im 6. Jh. v. Chr. zu höchster politischer und wirtschaftlicher Macht. Nach einem Aufstand im Jahr 440 v. Chr. durch Perikles unterworfen, war es bis Ende des Peloponnesischen Kriegs Stützpunkt der athenischen Flotte. Sámos ist die Heimat des Mathematikers und Philosophen **Pythagoras** (► Berühmte Persönlichkeiten), des Philosophen **Epikur** (341 – 271 v. Chr.) und des Astronomen **Aristarch** (um 310 bis um 230 v. Chr.), der das kopernikanische Weltbild vorwegnahm und die Entfernung der Erde von Mond und Sonne zu bestimmen versuchte.

Sehenswertes auf Sámos

✶ **Sámos-Stadt (Vathý)**

Inselhauptstadt ist seit 1832 die damals neu gegründete Stadt Sámos (8000 Einw.). Sie breitet sich im Halbkreis um die Hafenbucht von Vathý aus und steigt malerisch an den von Weinstöcken und Ölbäumen bestandenen Berghängen zur Oberstadt **Áno Vathý** empor. Die Stadt besitzt an der hübschen Hafenpromenade einen zentralen Platz (Platía Pythagoria) mit einem großen Marmorlöwen, mehrere große Kirchen, darunter die Bischofskirche Mitropolis, die Kirche des hl. Spyridon und eine römisch-katholische Kathedrale, sowie malerische Gassen und Treppen.

✶ ◄ Archäologisches Museum

Das Archäologische Museum, das in einem Alt- und einem Neubau beim Stadtpark untergebracht ist, zeigt Funde aus dem **Heraion**, darunter die fast 5 m hohe archaische Figur einer Kolossalstatue eines Kouros (um 580 – 570 v. Chr.), vielleicht eine Weihefigur, die an der Heiligen Straße stand. Hier befindet sich auch eine überlebensgroße Frauenstatue aus archaischer Zeit (um 570 v. Chr.). Von der archaischen Gruppe des Bildhauers **Geneleos** (um 560 v. Chr.) sind die Basis und drei der ursprünglich sechs Statuen erhalten.

Der Tag geht – blaue Stunde in Pythagório

Zoodóchos Pigí Sehenswert ist auch das 1756 gegündete Kloster Zoodóchos Pigí, 11 km nordöstlich von Sámos-Stadt, in phantastischer Lage hoch über dem Meer. Hier kann man einen herrlichen Ausblick auf die Türkei genießen.

★ **Pythagório** Der angenehme Hafenort Pythagório 15 km südlich von Sámos, der bis 1955 Tigani hieß und zu Ehren des samischen Mathematikers **Pythagoras** umbenannt wurde, liegt an der östlichen Südküste an der Stelle der antiken Stadt Sámos. Mit gut erhaltenem Ortskern und attraktiver Hafenpromenade hat er sich zu einem frequentierten Touristenziel entwickelt. Auf antike Zeiten gehen sowohl der Unterbau der Hafenmole als auch die **Stadtmauer** (4. Jh. v. Chr.) mit einst 35 Türmen und 12 Toren zurück. Auf dem Kástro-Hügel stehen die Metamórfosis-Kirche von 1824 und die Ruinen der Burg des Freiheitskämpfers **Lykourgos Pythagório Logothetis** (1822 – 1824). Daneben wurde eine hellenistische Villa ausgegraben, die im 5. Jh. n. Chr. mit einer christlichen Basilika überbaut wurde. In dem kleinen **Museum** im Bürgermeisteramt hinter der Hafenfront sind archaische und hellenistische Grabstelen, Porträts römischer Kaiser sowie eine Sitzfigur des Aiakos, des Vaters des Tyrannen Polykrates, ausgestellt. Im östlichen Teil des antiken Stadtbereichs liegt das Kloster **Panagía Spilianí** mit der namengebenden Höhle.

★ Eupalineion ▶ Weiter nördlich liegt der Eingang zu der von Eupalinos aus Megara angelegten, 1036 m langen Wasserleitung. Der von 538 bis 522 v. Chr. erbaute Tunnel mit einem Durchmesser von rund 1,60 m brachte in Tonröhren, die in einem gesonderten Graben verlegt sind, mit einem durchschnittlichen Gefälle von 0,5 ° Wasser von der anderen Seite des Bergs in die Stadt und war ca. 1000 Jahre in Betrieb. Gut 400 m vom Südeingang erkennt man die Stelle, an der die von beiden Richtungen gleichzeitig vorgetriebenen Stollen fast genau aufeinander gestoßen sind (Öffnungszeiten: tgl. 8.45 – 14.45 Uhr).

✶ Heraion

Das berühmte Samische Heraion liegt 9 km westlich von Pythagório. An der Mündung des Imbrasos fanden die von **Prokles** geführten ionischen Einwanderer der Überlieferung zufolge ein hölzernes Kultbild der Göttin Hera, das von den Zweigen eines Lygos-Strauchs umwunden war. Neben dem Lygos-Strauch entstand der erste Altar, dem weitere folgten. Der siebte ist der teilweise wieder errichtete **Altar des Rhoïkos** (um 550 v. Chr.), der erst durch den Pergamonaltar an Größe und Pracht übertroffen werden sollte. Westlich des Altars erbauten die Samier den **Hera-Tempel**. Nach den bescheidenen Holztempeln I (8. Jh. v. Chr.) und II (nach 670 v. Chr.) schufen Rhoïkos und Theodoros von 570 bis 550 v. Chr. einen steinernen Kolossalbau (Tempel III), dessen doppelte Ringhalle aus 104 ionischen Säulen bestand. Er ging bald zugrunde, doch ordnete Polykrates einen Neubau an, den Tempel IV; dieser wurde mit 112 x 55 m Fläche der größte Tempel, den die Griechen je entworfen haben, blieb jedoch unvollendet. Er ist bis auf mächtige Fundamente und den Stumpf einer einzigen Säule verschwunden. Später folgte noch ein Ringhallentempel (Tempel V) mit 4:6 Säulen, in den das Kultbild gebracht wurde (Öffnungszeiten: Di. – So. 8.30 – 15.00 Uhr). ⌚

! *Baedeker* TIPP

Folkloremuseum im Feriendorf

Verlässt man Pythagório in Richtung Flughafen, erreicht man bald die weitläufige Ferienanlage Dóryssa Bay, die einem samischen Dorf nachempfunden ist. Neben klassizistischen Villen und kleinen Fischerhäuschen gibt es hier auch einen Dorfplatz mit einer Kirche und einem Kaffeehaus. Im Folkloremuseum sind Gerätschaften von Bauern, Korbmachern, Fischern und Imkern ausgestellt. In den historischen Werkstätten kann man gelegentlich einem Töpfer oder Schmied bei der Arbeit zusehen.

Mytiliní

Das landwirtschaftlich geprägte Mytiliní, 12 km südwestlich von Sámos-Stadt, besitzt ein interessantes **Paläontologisches Museum**; im Basalttuff der Umgebung hat man bedeutende, ca. 10 Mio. Jahre alte Fossilien von Nashörnern, Zwergurpferden, Kurzhalsgiraffen, Antilopen und Hyänen gefunden.

Inselrundfahrt

Die Nordküste besitzt mit ihren schmalen Tälern und terrassierten Hängen eine reizvolle Landschaft. Zunächst geht's an der meist steilen Nordküste entlang zum lebhaften Urlauberdorf **Kokkari**. Hinter Avlákia geht es links zum **Weindorf Vourliótes**, einem beliebten Ausflugsziel. Von dort sind es noch 2 km bis zum 1566 gegründeten Kloster Vrontianí. Hinter der Brücke bei Platanákia sollte man noch einen Abstecher ins schattige Tal des Aïdónia und nach Manolátes wegen der Aussicht unternehmen.

Die Küstenstraße erreicht dann den Hafenort **Karlóvassi**, das wirtschaftliche Zentrum des Westteils. Die abgeschiedene, pittoreske Westküste ist nur mit geländegängigen Fahrzeugen und zu Fuß auf steilen Pfaden zu erreichen. Die Rückfahrt nach Sámos-Stadt erfolgt durch das bergige Hinterland über Marathókambos und Chóra.

Wanderung auf den Kérkis

Eine anstrengende, aber lohnende Bergwanderung führt auf den 1433 m hohen Kérkis im Westen der Insel. Vom Badeörtchen **Votsolakia** geht der Weg über das noch bewohnte Kloster Evangelístrias (675 m) und die Kapelle Profítis Ilías (1150 m) zum Gipfel, von dem sich eine weite Aussicht über die Ägäis und die Berge Kleinasiens bietet. Der Weg ist gut markiert. Der Aufstieg dauert rund 4 Std., der Rückweg ca. 3 Std.; zu empfehlen ist der eine Stunde längere, aber weniger steile Abstieg über Marathokámpos.

★ Samothráki · Σαμοθράκη

N/O 4

Inselgruppe: Nord- und ostägäische Inseln
Höhe: 0 – 1611 m ü. d. M.
Hauptort: Samothráki-Chóra
Fläche: 178 km²
Bewohnerzahl: 2900

Samothráki, die nordöstlichste Insel Griechenlands, wird von dem mächtigen, 1611 m hohen Fengári beherrscht, der zu Wanderungen durch seine wilde, raue Berglandschaft einlädt.

Geschichte

Um 1000 v. Chr. war Samothráki von Thrakern bewohnt, auf die das **Heiligtum der Großen Götter** (Kabiren) zurückgeht. Um 700 v. Chr. kamen Griechen auf die Insel, die das Heiligtum ausbauten und den Kult mit dem der olympischen Götter vereinten. Vom frühen 3. Jh.

Noch immer geheimnisumwoben: der Mysterienkult im Kabiren-Heiligtum

SAMOTHRÁKI ERLEBEN

AUSKUNFT

Tourist-Information
Hauptstraße
Samothráki-Chóra

ANREISE

Schiffsverbindungen bestehen mit Alexandroupolis und Kávala auf dem Festland sowie mit den Inseln Chíos, Lésbos, Límnos und Mýkonos.

ESSEN

► Erschwinglich

I Plateía
Hauptplatz
Samothráki-Chóra
Tel. 25 51 04 12 24
Wer Lust auf nicht ganz alltäglich zubereitete Meerefrüchte hat, sollte hier mal reinschauen.

Klimitaria
An der Uferstraße
Kamariótissa
Tel. 25 51 04 15 35
Bei Einheimischen beliebte angenehme Taverne mit großer Auswahl an Gerichten.

ÜBERNACHTEN

► Komfortabel

Aélos
Kamariótissa
Tel. 25 51 04 15 95; 56 Z.
Ruhiges Hotel mit Swimmingpool, etwas über dem Ort gelegen.

v. Chr. an verbreitete sich der Kult weit in der hellenistischen Welt. Unter den Römern (ab 168 v. Chr.) verband sich der kleinasiatische Kybele-Kult mit dem der Großen Götter.
Trotz wiederholter Zerstörung durch Piraten, Kriege und Erdbeben blieb das Heiligtum bis ins 4. Jh. n. Chr. bestehen. Erst das Christentum brachte um das Jahr 400 sein Ende, doch blieb die östlich liegende Stadt Paläópolis bis ins 15. Jh. hinein bewohnt.

Sehenswertes auf Samothráki

★ **Samothráki-Chóra**

Der Hafenort Kamariótissa hat außer einigen Hotels und einer Burgruine nur wenig zu bieten. Fünf Kilometer östlich liegt im Gebirge, an zwei steilen Hängen ansteigend, der – fast schon einzigartig in Griechenland – gänzlich ursprünglich gebliebene schöne Hauptort Samothráki-Chóra (1600 Einw.).

★ **Kabiren-Heiligtum**

Fünf Kilometer nördlich der Chóra – oberhalb der antiken Inselhauptstadt Palaiópolis – sind die Ruinen des Heiligtums der Kabiren, der Großen Götter, zu finden, landschaftlich eindrucksvoll in einem engen, ansteigenden Taleinschnitt gelegen. Die Kapelle Agía Paraskeví und Trümmer eines Gattelusi-Kastells am Berghang bezeichnen die Stelle des antiken Hafens.
Dass die Kenntnisse von dem **Mysterienkult** noch immer sehr dürftig sind, liegt in der Natur der Sache: die Eingeweihten waren zur

Kabiren-Heiligtum Orientierung

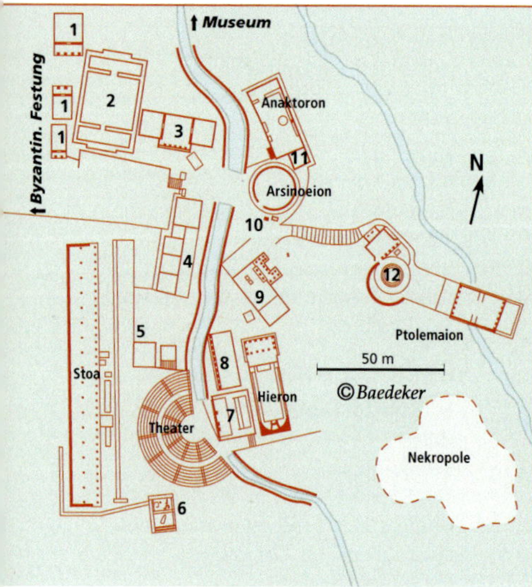

1 Späthellenistische Schatzhäuser
2 Frühhellenistischer Bau
3 Milesische Stiftung
4 Speiseräume
5 Zugang zum Heroengrab
6 Nike-Brunnen (Fundort der »Nike von Samothrake«)
7 Altarhof
8 Halle der Weihgeschenke
9 Temenos (mit Propylon)
10 Altar der Hekate
11 »Sakristei«
12 Kultplatz

Geheimhaltung verpflichtet; außerdem haben sich im Lauf der Jahrhunderte verschiedene Kultkreise überlagert. Der Kult der Kabiren kam in vorgriechischer Zeit aus dem kleinasiatischen Phrygien. Schon den antiken Griechen war die Bedeutung des Worts nicht mehr bekannt, und auch die damit bezeichneten Gottheiten waren nicht genau festgelegt. Im Zentrum stand auf jeden Fall **Kybele**, die »Große Mutter« allen Lebens, eine urtümliche Fruchtbarkeitsgöttin. Auf Samothráki kamen weitere Götter dazu: die thrakische Muttergottheit Axieros als Herrin der Natur, weiterhin Axiokersos und Axiokersa, ein Paar von Unterweltgottheiten, und der jugendliche Vegetations- und Phallusgott Kadmilos. Man verehrte sie als Schutzgötter der Natur, später zunehmend als Patrone der Schifffahrt und Retter in Seenot. Die Einweihung in die Mysterien, die in zwei Stufen geschah, stand allen offen, Griechen und Nichtgriechen, Männern und Frauen, Freien und Sklaven – was der Ausbreitung des Kults den Weg gebahnt haben dürfte.

Anaktoron ► Ein beschilderter Rundweg führt vom Museum nach Südosten über einen Aussichtspunkt zum Anaktoron (um 550 v. Chr.), dem »Haus der Herren« oder »Haus der Götter«. Hier erhielten die Gläubigen den ersten Grad der Weihe. Der Nordteil war als Allerheiligstes abgetrennt. Südlich schließt die **Sakristei** an, in der man die Listen mit den Namen der Eingeweihten aufbewahrte.

Arsinoion ► Das Arsinoion, eine Opferstätte, wurde von 289 bis 281 v. Chr. mit einer Stiftung der späteren ägyptischen Königin **Arsinoë II.** erbaut und war mit über 20 m Durchmesser der größte überdachte Rundbau der griechischen Antike. Es entstand an der Stelle einer alten

Kultstätte, von der u. a. ein Felsaltar freigelegt wurde. Altäre aus der Frühzeit des Kults finden sich auch auf dem Platz zwischen Arsinoion und dem südlich anschließenden Temenos. Das Heiligtum, von **Philipp II.** gestiftet und um 350 v. Chr. errichtet, hatte ein ionisches Propylon mit archaisierendem Tänzerinnenfries.

◂ Temenos

Auf der Mittelterrasse steht das Hieron mit seiner wieder aufgerichteten Säulenfront. Der dorische Bau (um 325 v. Chr.), dem im 2. Jh. v. Chr. eine Säulenvorhalle angefügt wurde, hat eine in römischer Zeit mit einer Krypta versehene Apsis und erinnert damit an den Grundriss einer christlichen Kirche.

◂ Hieron

Parallel zum Hieron liegen die Halle der Weihgeschenke (6. Jh. v. Chr.) und der von 340 bis 330 v. Chr. errichtete Altarhof, dessen Säulenvorhalle vermutlich als Bühnenwand für das um 200 v. Chr. angelegte, heute weitgehend zerstörte Theater diente. Südlich des Theaters sieht man den Nike-Brunnen, wo Teile der berühmten 2,45 m hohen Nike aus parischem Marmor gefunden wurde. Sie entstand um das jahr 190 v. Chr., möglicherweise ein Werk des rhodischen Bildhauers **Pythekritos** aus Anlass des Siegs der Rhodier über Antiochos III. von Syrien, und steht heute im Louvre in Paris.

◂ Halle der Weihgeschenke

Im Südosten des Heiligtums, südlich des von dem ägyptischen König **Ptolemaios II.** gestifteten Propylons (um 270 v. Chr.), befindet sich neben einem antiken Friedhof (7 – 2. Jh. v. Chr.) das **Archäologische Museum**, in dem eine Kopie der weltberühmten Nike von Samothrake aufgestellt wurde, die heute im Louvre in Paris ist (Öffnungszeiten: tgl. 8.00 – 19.30 Uhr).

Nike von Samothrake

Nördlich des Heiligen Bezirks liegt **Palaiópolis**, die alte Stadt der äolischen Kolonisten, deren kolossale Mauer aus dem 6. Jh. v. Chr. sich bis zum Berggrat hinaufzieht. Erhalten ist allerdings nur noch wenig; auf der Anhöhe der antiken Akropolis liegt die Ruine des im 15. Jahrhundert errichteten Kastells der Genueser Familie Gattelusi.

Loutrá

Ca. 13 km östlich von Palaiópolis entspringt aus einem 10 m hohen Sinterkegel eine 55 °C heiße Quelle. Der hier entstandene Ferienort Loutrá mit Therme liegt sehr angenehm inmitten von Kastanien- und Platanenwäldern. Die Dörfer der Insel, besonders **Profítis Ilías**, sind sehr hübsch und besuchenswert. Die besten Strände sind Pachia Ammos und Vatos, beide ca. 8 km südöstlich von Lákkoma. Auch Kípos ganz im Südwesten ist empfehlenswert.

★★ Santorin · Thíra · Σαντορίνη · Θηρά

G 7

Inselgruppe: Kykladen
Höhe: 0 – 566 m ü. d. M.
Hauptort: Thíra
Fläche: 76 km²
Bewohnerzahl: 7000

Santorín oder Thíra, »die Wilde«, die südlichste der großen Kykladeninseln, ist wegen der einzigartigen vulkanisch geprägten Landschaft eines der attraktivsten Reiseziele in Griechenland.

Einzigartige Vulkaninsel

Die Einfahrt mit dem Schiff in den riesigen, fast geschlossenen Vulkankrater, an dessen steil abfallendem Rand sich die weißen Orte in atemberaubender Lage entlangziehen, ist ein einmaliges Erlebnis. Die

SANTORIN ERLEBEN

AUSKUNFT

Tourist-Information
In den Reiseagenturen am Hauptplatz von Thíra

ANREISE

Schiffsverbindungen bestehen mit Piräus und Thessaloníki auf dem Festland sowie mit den Inseln Anáfi, Folégandros, Kímolos, Kreta, Kýthnos, Mílos, Mýkonos, Náxos, Páros, Sérifos, Sífnos, Síkinos, Skíathos, Sýros und Tínos.

ESSEN

► Fein & teuer

Camille Stefaní
Kamári
Tel. 22 86 03 17 16
Hier werden französische Küche und Weine aus eigener Produktion serviert.

► Erschwinglich

Flame of Volcano
Thíra
Tel. 22 86 02 52 45
Das Restaurant bietet verfeinerte Grillspezialitäten und einen phantastischen Caldera-Blick.

► Preiswert

Taverna Andréas
Kamári
Einfaches Lokal, das griechische Küche in großen Portionen serviert.

ÜBERNACHTEN

► Komfortabel

Atlantis
Thíra
Tel. 22 86 02 22 32
www.atlantis.hotel.gr
25 Z.
Traditionsreiches Hotel am Kraterrand mit grandiosem Ausblick.

Panorama
Thíra
Tel. 22 86 02 24 79
E-Mail: santorama@otenet.gr
23 Z.
Das Hotel an der Steilküste, unweit des Zentrums gelegen, bietet geschmackvoll eingerichtete Zimmer, einen Dachgarten und eine phantastische Aussicht auf die Caldera.

Fähren machen an der steil aufragenden Felsküste Santorins fest.

antiken Stätten zählen zu den bedeutendsten in Griechenland. Auch einmalig für die Kykladen sind die dunklen Vulkanstrände an der Ostseite der Insel.

Geologie

Santorin ist mit seinen Nebeninseln **Thirasía** und **Aspronísi** Teil eines im Meer versunkenen Vulkankraters. Der aus dem Meer ragende Rand der Caldera bildet einen im Nordwesten und Südwesten offenen Ring mit einem Durchmesser von 12 – 18 km um ein bis zu 400 m tiefes Becken, aus dessen Mitte die Gipfel eines neuen Vulkans, die **Kaméni-Inseln**, auftauchten. Heiße Quellen und ausströmendes Gas bezeugen die fortdauernde vulkanische Tätigkeit.
Die mächtigen Schichten von Asche, Bimsstein und Lava liegen einem Gebirge aus Tonschiefer und Grauwacke auf, das von Kalkstein überlagert ist. Es bildet im Südosten den Profítis Ilías (566 m), an der Nordspitze den Mávro Vounó und an der Ostküste den Monólithos aus. Zum inneren Becken hin bricht der Krater mit 200 bis 400 m hohen Felswänden aus grauschwarzer Lava ab, in denen Schichten von weißem Bimsstein und rötlichem Tuff sichtbar sind. Nach außen senkt er sich sanft zum Meer hin ab und bildet mit seiner dicken Bimssteindecke ein fruchtbares Wein- und Gartenland.

Geschichte

Im 3. Jt. v. Chr. war Santorin von Karern bewohnt; um 1900 v. Chr. ließen sich frühgriechische Achäer nieder. Die Ausgrabungen bei Akrotíri belegen eine hohe Blüte in der ersten Hälfte des 2. Jt. v. Chr.; die Insel stand in Verbindung mit dem minoischen Kreta, dennoch entwickelte sich eine eigenständige Kultur. Akrotíri wurde vermutlich nicht durch eine Zentralmacht regiert, sondern plutokratisch von Kaufherren und Reedern verwaltet, die mit ihren Schiffen bis nach

Santorin Orientierung

Libyen kamen. Das goldene Zeitalter endete mit der **Explosion des Vulkans** von Santorin um 1628 v. Chr., bei der mehr als die Hälfte des Insel buchstäblich in Stücke barst und mit ihrem Mittelteil im Meer versank (► Baedeker Special S. 480). Nach dem Vulkanausbruch blieb die Insel ein halbes Jahrtausend unbewohnt. Erst zu Beginn des 1. Jt. v. Chr. wurde sie von Kreta aus neu besiedelt. Eine gewisse Blüte gab es noch unter den ägyptischen Ptolemäern, die hier einen Stützpunkt unterhielten. 1956 zerstörte ein Erdbeben die Orte Thíra und Ía.

Sehenswertes auf Santorin

✶✶ Thíra

Den Hauptort Thíra (2000 Einw.) erreicht man nach dem Ausbooten vom Hafenplatz **Skála** entweder zu Fuß, auf dem Maultier auf einem

steilem Treppenweg mit fast 600 Stufen oder mit der Seilbahn. Linienschiffe machen in dem südlich gelegenen Hafen **Athiniós** fest; von dort verkehren Busse in den Ort.
Thíra ist mit seinen an den Kraterrand gebauten weißen Häusern, den winkeligen Gassen und Plätzen, die immer neue spektakuläre Ausblicke gewähren, und den türkisblauen Kuppeln seiner Kirchen und Kapellen überaus beeindruckend.
Am südlichen Ortsrand erhebt sich die prachtvolle Mitrópolis-Kirche von 1956. Glanzstücke des neuen **Prähistorischen Museums** gegenüber dem Busbahnhof sind einige der berühmten zauberhaften Fresken von Akrotíri. Das **Archäologische Museum** zeigt Funde von Santorin aus prähistorischer bis römischer Zeit. Wenige Schritte nördlich kann man im venezianischen Herrenhaus der Ghisi, dem **Megaron Gizi**, interessante Exponate zur Inselgeschichte ansehen. Es steht im ehemaligen katholischen Viertel mit Kathedrale und einem Dominikanerinnenkloster.

i Weinproben

- Mésa Goniá, 2 km östlich von Pýrgos, ist das Zentrum des Weinanbaus auf Santorin. Im September kann jeder am traditionellen Mosten teilnehmen. Hier und im höher gelegenen Éxo Goniá bieten Kellereien Weinproben an. In Megalochóri, 10 km südlich von Thíra, hat die Kellerei Boutari ihr Besucherzentrum.

Oía

An der Nordspitze der Hauptinsel erstreckt sich in spektakulärer Lage am Kraterrand das weiße schmucke Städtchen Oía mit zahlreichen winzigen Kirchen; es entstand nach dem Erdbeben 1956 neu. Sehenswert ist das **Schifffahrtsmuseum** in einem alten Herrenhaus.

Profítis Ilías

Vom Gipfel des von Antennen verunzierten 566 m hohen Profítis Ilías, auf den von Thíra aus eine Straße hinaufführt, bietet sich ein herrliches Panorama. Vom Gipfel führt östlich ein Weg hinunter zum Bergsattel Selláda, an dessen Flanken die **Nekropolen von Thera** lagen. Von hier zweigen Wege ab: links nach Kamári hinunter und rechts nach Períssa. Geradeaus geht es hinauf zum Mésa Vounó, an der über einer frühchristlichen Basilika erbauten Kirche Ágios Stéfanos vorbei zum Evangelismós, einer Kapelle mit angrenzendem Heroon (2. Jh. v. Chr.).

★ Thera

Die Ruinen der antiken Hauptstadt Thera breiten sich drei Kilometer südwestlich von **Kamári** auf dem nach drei Seiten steil abfallenden Felsrücken Mésa Vounó aus. Die Stadt wurde um 1000 v. Chr. gegründet, hatte ihre Blüte unter den Ptolemäern (300 – 150 v. Chr.) und war bis ins 13. Jh. bewohnt. Die Ausgrabungen geben die Situation in hellenistischer Zeit wieder
Am Beginn des Rundgangs steht der **Tempel des Artemidoros** (3. Jh. v. Chr.), eines Ptolemäer-Admirals; in den Felsen sind Reliefs, darunter von Artemidoros, gehauen. Ein Stufenweg führt zur Kaserne und dem Gymnasion der ptolemäischen Garnison auf der Höhe des Mésa

Im 9. Jahrhundert ereignete sich ein Vulkanausbruch in der Caldera von Santorin (Darstellung aus: »Illustrated London News«, 1866).

KATASTROPHE AUF SANTORIN

Auf Santorin ereignete sich die wohl größte Naturkatastrophe der Menschheitsgeschichte. Nach diesem Ereignis, das sich in ähnlicher Form in jüngster Zeit an einem anderen Ort wiederholt hat, wird die Erde auf der Insel immer noch hin und wieder aktiv.

Die Explosion war gewaltig. Mit einer Energie von 7000 Hiroshima-Atombomben flog der Inselvulkan in die Luft. Dabei wurde eine aus 20 km³ Asche, Bims und Gasen bestehende Wolke bis zu 80 km hoch in die Atmosphäre geschleudert, zwei Drittel der Insel verschlang das Meer. 300 Städte auf den umliegenden Inseln wurden zerstört, 36 000 Menschen verbrannten im Feuerregen oder ertranken in den durch den Ausbruch entfesselten Tsunamis, bis zu 40 m hohen Flutwellen, deren Ausläufer nach 32 Stunden im 18 000 km entfernten französischen Le Havre ankamen. Das Getöse der Eruption war vier Stunden lang über die Ozeane und Kontinente hinweg unterwegs, die Luftdruckwelle raste mehrmals um den Erdball, drei Jahre lang trieb die Asche sichtbar um die Welt. Mit dem Vulkanausbruch des Krakatau in der Sundastraße zwischen Sumatra und Java am 27. August 1883 ereignete sich eine der **größten Naturkatastrophen** der Menschheitsgeschichte. Noch weitaus schlimmer war die Eruption des Santorin rund 3500 Jahre vorher gewesen. Um sich ein Bild davon zu machen, was auf Santorin geschah, muss man sich eine Explosion etwa von der vierfachen Stärke wie auf Krakatau vorstellen.

Enormer Druck

Vor dem Vulkanausbruch war Santorin eine kleine und kreisrunde Insel, ein aus mehreren verschmolzenen, scheinbar erloschenen Vulkankegeln bestehender Kuppelberg, der sich majestätisch aus den Wassern erhob und eine üppige Vegetation mit Wäldern aufwies. Seit etwa 3000 v. Chr. lebten Menschen auf dem Eiland – bis um 1628 v. Chr. der Vulkan nach einer langen Ruhepause wieder erwachte. Die Katastrophe bahnte sich wohl über einen längeren Zeitraum an. Vermutlich erschütterten wochen- oder monatelang Gasexplosionen, Feuer- und Bimssteinregen sowie Erdbeben die Insel, und als die Lebensbedingungen untragbar wurden, verließen die Bewohner das Eiland, denn Anzeichen, dass der noch folgende Vulkanausbruch Menschenleben forderte, konnten nicht gefun-

den werden. Das Naturschauspiel erreichte seinen Höhepunkt, als der Vulkan infolge des enormen Gas- und Dampfdrucks in seinem Innern zerrissen wurde. Denn nachdem, wie beim Krakatau, kaltes Seewasser durch Felsrisse in den Berg gelangt war und sich dort mit heißer Lava vermischt hatte, war ein hochexplosives Gemisch entstanden, das durch die wenigen nicht durch Lava verschlossenen Schlote nicht mehr entweichen konnte.

Auch bei dieser Eruption dürften Asche und Bimsstein mehrere Kilometer in die Höhe geschleudert worden sein. Die Überreste des Santorin-Vulkans wurden mit einer 30 m starken Schicht glühender Asche bedeckt, sogar auf dem Dodekanes, auf Zypern und in der westlichen Türkei sind bis zu 2 cm dicke Bimssteinschichten aus dem Ausbruch nachweisbar. Nachdem sich die Magmakammer unter den Schloten durch den Ausstoß von Abermillionen Tonnen Lava entleert hatte, stürzte der große Vulkan in sich zusammen. Dabei entstand eine riesige **Caldera** (Einsturzkessel) mit steil abfallenden Wänden und einem Fassungsvermögen von etwa 60 km³, die nur noch die heute sichtbaren Teile **Thíra**, **Thirassía** und **Aspronísi** stehen ließ und in die sich das Meer ergoss. Ob der Bergeinsturz, wie beim Krakatau in der Sundastraße, eine gigantische Flutwelle auslöste, die entfernte Küstengebiete verwüstete und in der in der Vergangenheit viele Wissenschaftler die Ursache für den Niedergang der minoischen Kultur vermuteten, konnte bisher nicht geklärt werden. Vermutlich brach die Magmakammer nur langsam in sich zusammen, ohne Tsunamis zu bilden.

Keine Ruhe

Auch 3600 Jahre nach dem gewaltigen Ausbruch ist die vulkanische Tätigkeit nicht erloschen. Die jüngste Katastrophe auf der Insel ereignete sich 1956. Am 9. Juli erschütterte um 5 Uhr morgens ein Erdstoß mit der Stärke 7 bis 8 auf der Richterskala 45 Sekunden lang das Eiland. Dabei wurden 2000 Häuser zerstört, zu beklagen waren 50 Tote und 200 Verletzte.

Vounó. Die Agorá ist von Wohnhäusern und Werkstätten umgeben. An ihrer Südostseite steht die Stoa Basiliké (1. Jh. v. Chr.), die köngliche Säulenhalle; die Innenhalle ist durch eine dorische Säulenreihe in der Längsachse geteilt. Über der Nordwestecke der Stoa erkennt man eine Terrasse mit dem Tempel des Dionysos, später der Ptolemäer (2. Jh. v. Chr.) und zuletzt auch der römischen Kaiser.
An der Hauptstraße sind die Fundamente einiger hellenistischer Privathäuser und das Theater mit der Bühne aus römischer Zeit sichtbar; darunter Spuren des ptolemäischen Proskenions. Beim Theaterportal zweigt von der Hauptstraße ein Weg ab zum **Felsenheiligtum** der ägyptischen Gottheiten Isis, Serapis und Anubis.
Am südöstlichen Ende der Stadt liegt die künstlich vergrößerte Terrasse (6. Jh. v. Chr.) mit dem Platz der Gymnopädien, der kultischen Feiern zu Ehren des **Apollon Karneios**; hier sieht man archaische Inschriften, z. T. erotischen Inhalts. Der nordwestlich anstoßende Tempel des Apollon Karneios besteht aus Pronaos, Cella und zwei Kammern. Am Südostende des Felsgrats liegen das Epheben-Gymnasion (2. Jh. v. Chr.) mit der Grotte des Hermes und des Herakles sowie römische Thermen (Öffnungszeiten: Di. – So. 8.30 – 14.30 Uhr).

★ Akrotíri

Bei Akrotíri, 12 km südwestlich von Thíra, wurden größere Teile einer bedeutenden, durch den großen Vulkanausbruch zerstörten Stadt freigelegt. Die Zivilisation, deren Zeugnisse hier ans Licht kamen, scheint die alte Kykladenkultur mit den Neuerungen der minoischen Kultur verbunden zu haben. Die Bewohner der Stadt müssen rechtzeitig vor der Eruption geflohen sein, da keine menschlichen Überreste gefunden wurden. Die erhaltenen Gebäude stammen aus dem 17. Jh. v. Chr. und zeigen Spuren früherer Erdbebenschäden.
Die Besichtigung ist leider wenig aufregend, da die Hauptfunde nicht hier, sondern in den Archäologischen Museen in Athen und Thíra zu sehen sind und die Schutzhalle den Gesamteindruck stört. Die wichtigsten Gebäude dieses **zweiten Pompeji**, das 1700 Jahre älter ist als die römische Stadt, sind mit Grundrissen und Erläuterungen versehen (z. Zt. wegen Restaurierung geschlossen).

Red Beach ►

Vom Grabungsgelände führt ein Weg hinunter zum Red Beach, einem der schönsten Strände Santorins, unter imposanten farbigen Felswänden.

Strände und Badeorte ►

Die Vulkaninsel hat vor allem an der Ostküste gute Strände mit dunklem Sand zu bieten. Die Urlaubsorte **Kamári** und **Périssa** sind in der Saison sehr frequentiert. Die Strände von **Monólithos** und weiter nördlich sind deutlich ruhiger.

Vulkaninseln in der Caldera

Vom Hafen Skála und vom Fährhafen Athiós fahren Ausflugsboote zu den Vulkaninseln in der Caldera. Die erst 1707 bei einem Vulkanausbruch entstandene Insel **Néa Kaméni** ist mit ihren schwarzen Steinwüsten von beeindruckender Bizarrheit. An der Nordwestküste der kleineren Insel **Paléa Kaméni** kann man in warmem, eisen- und schwefelhaltigem Wasser baden.

Die Kaméni-Inseln liegen mitten in der Caldera von Santorin.

Die Insel **Thirasía**, die die Caldera nach Osten abschließt, entspricht dem geologischen Aufbau von Santorin. Die steile Abbruchkante im Osten der Insel, an der sich der Hauptort Manólas ausbreitet, steigt nach Süden bis auf 295 m an und fällt nach Westen sanft ab.

Anáfi

»Strahlende Insel«

Die 38 km² große Insel Anáfi, rund 25 km östlich von Santorin, ist bislang touristisch noch wenig erschlossen. Die meisten der etwa 300 Bewohner leben von Landwirtschaft und etwas Fischfang.
Der Beiname der Insel geht auf die Argonautensage zurück: Als Zufluchtsstätte für die aus Kolchis zurückkehrenden Argonauten ließ Apollonn die Insel mit einem Lichtstrahl aus dem Meer auftauchen, daher der Name »Anáfi«, »die Strahlende«.

Anáfi-Chóra

Von dem kleinen Hafenort Ágios Nikólaos geht es mit dem Bus – oder zu Fuß in etwa einer halben Stunde – hinauf in den 256 m hoch gelegenen Hauptort Anáfi-Chóra, der von einem Felsen mit den spärlichen Resten einer im 14. Jh. errichteten venezianischen Burg überragt wird. Oder man sucht sich gleich ein ruhiges Plätzchen am rund 1 km weiter östlich gelegenen **Klissídi-Strand**.

Kastélli Nordöstlich der Chóra lag auf der 304 m hohen Felskuppe Kastélli eine im 8. Jh. v. Chr. gegründete dorische Stadt, von der etliche Baureste, im Gelände verstreut, zu sehen sind. Von Ágios Nikólaos erreicht man Kastélli zu Fuß in einer Stunde.

Wanderung zum Kap Kálamos Eine wunderschöne Wanderung, meist an der Küste entlang, die sich durch einladende Strände auszeichnet, führt von Ágios Nikólaos ostwärts zum Kap Kálamos. Nach 6 km trifft man auf das an der Stelle eines antiken Apollon-Tempels errichtete aufgelassene Kloster **Zoodóchou Pigí** (»Quelle des Lebens«). In der Klosterkirche wird eine berühmte Marienikone verwahrt, die am 8. September Ziel von zahlreichen Pilgern ist. Etwa eine Stunde weiter östlich erreicht man den 396 m hohen, steil ins Meer abfallenden Felsen Kálamos, auf dem das 1715 gebaute Kirchlein Panagía Kalamiótissa steht.

★ Sérifos · Σέριφος

L / M 10

Inselgruppe: Kykladen
Höhe: 0 – 587 m ü. d. M.
Hauptort: Sérifos-Chóra
Fläche: 73 km²
Bewohnerzahl: 1200

Die felsige, von Schluchten durchzogene Insel mit einer teilweise üppig grünen Landschaft und schönen Stränden wird in den letzten Jahren immer stärker als Urlaubsziel entdeckt.

SÉRIFOS ERLEBEN

ANREISE

Schiffsverbindungen mit Piräus sowie mit Folégandros, Íos, Kímolos, Kýthnos, Mílos, Náxos, Páros, Santorin, Sífnos, Síkinos und Sýros.

ESSEN

► Preiswert

Platia
Sérifos-Chóra
Das elegant eingerichtete Restaurant serviert griechische Küche.

ÜBERNACHTEN

► Komfortabel

Areti
Livádi
Tel. 22 81 05 14 79
18 Z. und 3 Studios
Direkt oberhalb vom Fähranleger gelegenes kürzlich renoviertes Hotel; Zimmer mit Balkon und Meerblick; Swimming Pool

Maistrali
Livadi
Tel. 22 81 05 13 81
Fax 22 81 05 12 98
20 Z.
500 m vom Hafen und 20 m vom Strand entfernt liegt dieses kleine, aber feine Hotel. Die gut ausgestatteten Zimmer vefügen alle über einen Balkon.

Vom Inselhauptort bietet sich ein weiter Blick über die Bucht von Livádi.

Sehenswertes auf Sérifos

Livádi

Der Hafenort ist das touristische Zentrum der Insel. In der Umgebung findet man einige sehr schöne Strände, besonders Psilí Ámmos nördlich der Halbinsel.

✶ Sérifos-Chóra

Fünf Kilometer oberhalb von Livádi – auch ein Fußweg führt hinauf – breitet sich in beeindruckend schöner Lage der Hauptort Sérifos-Chóra mit zwei Ortsteilen aus. In **Kato Chóra** (»Unterstadt«) ist sehenswert die Evangelistria-Kirche (1907), in **Anó Chóra** (»Oberstadt«) die teils in den Felsen gebaute Erzengelkirche und die Mitropolis, die über ein schönes holzgeschnitztes Templon und eine Marienikone, beide aus dem 17. Jh., verfügt. Im Rathaus daneben ist ein kleines Archäologisches Museum mit Funden aus römischer Zeit untergebracht.

Panagía

Im hübschen hoch gelegenen Dorf Panagía, 5 km nördlich von Sérifos-Chóra, steht die älteste Kirche der Insel. Die um 950 gegründete Kirche besitzt zwei antike Marmorsäulen, Fresken aus dem 13. und 14. Jh. und Ikonen aus dem 18. und 19. Jahrhundert.

✶ ◀ Kloster Taxiarchón

Etwa 4 km weiter nördlich kommt man zu dem festungsartigen Kloster Taxiarchón (17. Jh.), der **Hauptsehenswürdigkeit der Insel**. Reich ausgestattet ist das Katholikon (1447). Besonders bemerkenswert sind die Fresken (um 1700) von Emanuel Skordilis mit detailfreudig dargestellten Höllenqualen. Nach einer Rast in Kéntarchos passiert man auf dem Rückweg die Strände Ágios Ioánnis und Psilí Ámmos.

Sífnos

Landschaftlich reizvolle Insel

Sífnos, südöstlich von Sérifos gelegen, ist eine landschaftlich reizvolle Insel und im Sommer gut besucht. Der Norden und Nordwesten wird von kargen Bergzügen eingenommen, der Osten und Süden von sanfteren Hügeln, deren Terrassen mit Oliven- und Mandelbäumen bestanden sind. Die Szenerie wird häufig von Taubenhäusern und weißen Klöstern und Kirchen akzentuiert. An der zerklüfteten Küste, die oft steil zum Meer hin abfällt, stehen noch zahlreiche hellenistische, römische und mittelalterliche Wachtürme.

Sechs Kilometer südöstlich des wenig attraktiven Hafenortes Kamáres breitet sich auf einem fruchtbaren Plateau der **Inselhauptort Apollonía** aus. An der Platía, die von Geschäften, Tavernen und Cafés gesäumt ist, kann man auch einen Blick in das Volkskundemuseum der Insel werfen. Wenn man von hier dem Treppenweg folgt, kommt man zu der sehenswerten Kirche Panagía Ouranofora (1767). Reste einer vorgriechischen Siedlung wurden auf dem Hügel Ágios Andréas südwestlich von Apollonía gefunden.

Kástro ▸ Fünf Kilometer östlich von Apollonía liegt über einer Bucht der malerische Ort Kástro, der von der Antike bis 1834 »Hauptstadt« der Insel war. Zu sehen sind Reste der antiken Ummauerung aus dem 4. Jh. v. Chr., der äußere Mauerring der Stadt – gebildet aus den Außenmauern der Häuser –, ein archäologisches Museum und die Kirche Theoskepásti aus dem Jahr 1631.

Platýs Gialós ▸ **Urlaubszentrum der Insel** ist der stets gut besuchte Ferienort Platýs Gialós, der einen wunderschönen, über zwei Kilometer langen Sandstrand besitzt.

★ Skiáthos · Σκιάθος

J 6

Inselgruppe: Nördliche Sporaden
Höhe: 0 – 438 m ü. d. M.
Hauptort: Skiáthos-Chóra
Fläche: 48 km²
Bewohnerzahl: 5100

Skiáthos ist mit seinen herrlichen feinen Sandstränden und dem kristallklaren Wasser ein Paradies für Badeurlauber, die auch ein reiches ausgiebiges Nachtleben nicht missen möchten. Wer im Urlaub Highlife sucht, ist hier richtig.

Sehenswertes auf Skiáthos

Skiáthos-Chóra

Hauptort und die einzige geschlossene Siedlung der Insel ist Skiáthos-Chóra an der Südostküste. Es entstand nach 1830 an der Stelle der antiken Stadt auf zwei niedrigen Felsrücken zu Seiten einer Hafenbucht, die von der pinienbestandenen Halbinsel **Burdzi** geteilt wird. Auf der unter Naturschutz stehenden Halbinsel liegen die

SKIÁTHOS ERLEBEN

AUSKUNFT

Touristenpolizei
Papadiamanti
(gegenüber der Polizeistation)
Tel. 24 27 02 31 72
Skiáthos-Chóra

ANREISE

Schiffsverbindungen mit Ágios Konstantínos, Thessaloníki und Vólos sowie mit den Inseln Alónissos, Euböa, Kreta, Lésbos, Límnos, Mýkonos, Páros, Santorin, Skópelos und Tínos.

ESSEN

► Fein & teuer

Windmill
Skiáthos-Chóra
Tel. 24 27 02 12 23
Das »Windmühlen-Restaurant« serviert gute internationale Küche, die bei dem herrlichen Ausblick noch besser schmeckt.

► Erschwinglich

Psaradika
Alter Hafen
Skiáthos-Chóra
Taverne mit guten Fischgerichten und schönem Blick auf die Bucht.

► Preiswert

I Mouría
Skiáthos-Chóra
Tel. 24 27 02 30 69
Beliebte Taverne nahe der Nationalbank; griechische Küche.

ÜBERNACHTEN

► Luxus

Atrium
8 km süd-östlich von Skiáthos-Stadt
Tel. 24 27 04 93 45
www.atriumhotel.gr
75 Z.
An einem mit Pinien bewaldeten Hang gelegen. Von den Zimmern hat man einen tollen Blick aufs Meer.

► Komfortabel

Alkyon
Skiáthos-Stadt
Tel. 24 27 02 29 81
www.alkyon.gr
89 Z.
Das Hotel ist ideal für Leute, die sowohl Ruhe am Strand suchen als auch das Nachtleben von Skiáthos erkunden wollen.

► Günstig

Australia
Skiáthos-Stadt
Tel. 24 27 02 24 88, 18 Z.
Das kleine Hotel ist etwas für »Ruck-

Ruinen einer venezianischen Befestigung. Skiáthos ist die Heimat des Dichters **Alexandros Papadiamántis** (1851 – 1911). An ihn erinnern ein Museum in seinem ehemaligen Wohnhaus und ein Denkmal am Hafen.

An der Nordküste liegen spektakulär auf einem hohen Felssporn – von dort bietet sich ein herrlicher Ausblick – die Ruinen des mittelalterlichen Orts Kástro, von 1538 bis 1829 die Hauptstadt der Insel. ✶ **Kástro**

Die Hafenbucht von Skiáthos-Chóra wird von der Halbinsel Burdzi geteilt.

Erhalten blieben Teile der Festungsmauer mit Zugbrücke, türkische Bäder und drei Kirchen. Die Kirche **Christós sto Kástro** aus dem 17. Jh. besitzt eine große Altarwand mit vielen alten und kostbaren Ikonen.

Klöster Etwa auf halbem Wege kommt man am 1797 gegründeten, sehr schön über einer Schlucht gelegenen Höhlenkloster Evangelístria vorbei, das im Freiheitskrieg den Aufständischen als Unterschlupf diente. In der Kirche sind Fresken von 1822 zu sehen.

Schöne Wanderungen führen zu den aufgelassenen Klöstern Charalámpos (8 km nördlich von Evangelístria; 17. Jh.), Theotókou Kechriás (8 km nordwestlich von Skiáthos-Chóra; 1540) mit Fresken von 1745 und Panagía Kounístria (9 km westlich von Skiáthos-Chóra; 17. Jh.) mit einer prachtvollen, reich geschmückten Ikonostase.

★ Strände Auf der Insel zählt man über 60 herrliche Strände, die um so weniger bevölkert sind, je weiter sie von Skiáthos-Chóra entfernt und je schwieriger sie zu erreichen sind. Die attraktivsten Strände sind **Koukounariés** (9 km westlich), von Schirmpinien gesäumt, und **Lalária** (8 km nördlich) mit hellgrauen Kieseln. Dem Strand vorgelagert ist ein »Felsentor«, und nebenan gibt es zwei Meeresgrotten, in die man hineinschwimmen kann.

Tsoungriá Skiáthos sind im Südosten neun kleinere Inselchen vorgelagert. Die größte, Tsoungriá, wird von Badebooten angefahren. Die Hauptattraktion ist der Strand mit touristischer Infrastruktur.

Nachbarinseln

Skópelos

Das östlich von Skiáthos gelegene Skópelos ist eine außerordentlich schöne, waldreiche Insel mit vielen ausgezeichneten Stränden. Fast alle Strände, in deren Nähe sich Hotels und Tavernen befinden, erstrecken sich zwischen Stáphylos und Loutráki an der Süd- bzw. Westküste. Bemerkenswert sind die über 350 z. T. recht schönen Kirchen, Kapellen und Klöster, die auf Skópelos errichtet wurden.

Die antike Stadt **Peparethos** soll von dem kretischen Helden Staphylos, einem Sohn des Dionysos und der Ariadne, gegründet worden sein. Staphylos (»Weinrebe«) soll den Weinbau von Kreta hierher gebracht haben. Im so genannten Staphylos-Grab, entdeckt an der Südostküste, wurden u. a. minoische Doppeläxte gefunden, die im Museum von ► Vólos ausgestellt sind.

Der **Inselhauptort** Skópelos-Chóra (3000 Einw.), sehr attraktiv an einer weiten Bucht gelegen, steigt mit seinen weißen Häusern am Burghügel empor. Die Ruine der Festung auf dem Hügel stammt aus dem 13. Jahrhundert. Die Stadt besitzt ein **Volkskunstmuseum** und etwa 120 teils byzantinische Kirchen und Kapellen. Besonders interessant sind die älteste Kirche der Insel, **Ágios Athanásios** aus dem 9. Jh. mit Fresken des 17. Jhs., und **Ágios Michaíl Synádon** mit schönem Schnitzwerk, Ikonen sowie eingemauerten römischen Sarkophagen und einer antiken Grabplatte.

◄ Glóssa

Das malerische Bergdorf Glóssa im Nordwesten der Insel zieht sich sehr hübsch in grüner Landschaft am Berg über dem Hafen Loutráki empor und ist ein beliebtes Ausflugsziel. Hier genießt man einen traumhaften Blick auf Skiáthos und das Festland.

> ! *Baedeker* TIPP
>
> **Höhlen-Trip**
>
> Östlich des Laláriá-Strandes von Skiáthos befinden sich drei Meeresgrotten – Skótini Spiliá, Galázia Spiliá und Halkini Spiliá –, die sich schwimmend erkunden lassen – ein eindrucksvolles Erlebnis! Aber auch Ausflugsboote fahren einige Meter in die Grotten hinein.

Alónnisos

Die lang gestreckte, grüne Insel Alónnisos, nordöstlich von Skópelos, wird in ihrer gesamten Länge von einem Gebirgsrücken eingenommen, der im Kouvouli bis zu 476 m ansteigt. Die Nordwestküste ist steil abfallend und wenig gegliedert, die freundlichere Südostküste weist mehrere Buchten auf. Die Gewässer rund um die Insel bieten Lebensraum für die seltenen **Mönchsrobben** und stehen daher unter Naturschutz.

Alónnisos ist für Urlauber geeignet, die Ruhe suchen und Natur genießen wollen; man kann vor allem sehr schon baden und schnorcheln, denn das Meerwasser hier gilt als das sauberste der Ägäis.

◄ Patitíri

Der kleine Hafenort Patitíri, der sich in einer hübschen kleinen runden Bucht ausbreitet, entstand erst in den 1950er-Jahren. Er besitzt ein kleines Historisches Museum und ein Volkskundemuseum oberhalb des Hafens sowie das Mönchsrobbenmuseum an der Hafenpromenade, das über die hiesige Robbenkolonie informiert. Auf einem Hügel oberhalb von Patitíri liegt der alte, nach dem Erdbeben von 1965 weit gehend aufgegebene ehemalige Inselhauptort **Alónnisos-Chóra**, der inzwischen zur Urlaubersiedlung umgewandelt wurde. Viele Häuser wurden von Ausländern, vor allem Deutschen und Briten, erworben und restauriert.

Im **Meeresnationalpark Nördliche Sporaden** leben etwa 40 Mönchsrobben (Monachus Monachus), die wichtigste Kolonie im Mittelmeer. Die Stiftung Europäisches Naturerbe unterhält auf Alónnisos eine Station, die die Schutzbestimmungen umsetzt. Das Informationszentrum am Hafen von Patitíri informiert über die spezifischen Schutzbestimmungen und gibt auch Tipps für Inselwanderungen.

! *Baedeker* TIPP

Picknick inklusive

Das Reisebüro »Ikos Travel«, am Hafen von Patitíri, bietet Ausflüge zu den kleinen Nachbarinseln Pélagos, Peristéra und Psathura an. Im Preis ist auch ein Picknick am Strand enthalten.

Skýros · Σκύρος

L / M 7

Inselgruppe: Nördliche Sporaden
Höhe: 0 – 814 m ü. d. M.
Hauptort: Skýros-Chóra
Fläche: 209 km²
Bewohnerzahl: 2900

Skýros ist vom Rest des Archipels deutlich östlich abgesetzt und liegt daher abseits der großen Touristenströme – ein ideales Urlaubsrefugium für Menschen, die Ruhe und Erholung suchen.

Größte Sporadeninsel

Skýros, die größte Insel der Nördlichen Sporaden, ist zweigeteilt: Den Südosten nimmt der wasserarme schroffe Bergstock **Kóchilas** ein, der 814 m hoch ansteigt. Hier liegen die Steinbrüche mit dem in römischer Zeit hoch geschätzten grobkörnigen bunten Marmor. Der Nordwesten, im **Ólympos** 403 m hoch, ist sanfter, fruchtbarer und mit Pinienwäldern bestanden.

Beide Inselteile sind durch eine Senke zwischen der weit ins Land greifenden westlichen Kalamítsa-Bucht und der Achílli-Bucht an der Ostküste getrennt. Am Fuß der steilen abweisenden Küstenfelsen liegen schöne Sandstrände.

Sehenswertes auf Skýros

Skýros-Chóra

Der Hauptort Skýros-Chóra (2400 Einw.), im östlichen Teil der Insel, macht einen »kykladischen« Eindruck. Seine weißen Würfelhäuser steigen im Halbrund an einem Hügel an, der die byzantinische und venezianische Festung Kástro trug.

SKÝROS ERLEBEN

AUSKUNFT

Skyros Travel & Tourism
Marktplatz
Skýros-Chóra
Tel. 22 22 09 16 00, Fax 22 22 09 21 23
www.skyrostravel.com

ANREISE

Schiffsverbindungen bestehen mit Kárystos auf der Insel Euböa.

ESSEN

► Erschwinglich

Asterias
Platia
Skýros-Chóra
Tel. 22 22 09 13 80
Das »Asterias« serviert leckere lokale Spezialitäten.

ÜBERNACHTEN

► Komfortabel

Skýros Palace
Grismata
Molos
Tel. 22 22 09 19 94; 80 App.
Der Hotelkomplex in traditioneller Architektur mit geschmackvollen Apartments liegt nördlich des Ortes in der Nähe des Strandes.

► Günstig

Pension King Lykomídes
Linariá
Tel. 22 22 09 32 49
Fax 22 22 09 34 12
13 Z.
Die kleine Pension liegt direkt an der Anlegestelle.

Unterhalb der Festung erhebt sich am Felsen das Klosters **Ágios Geórgios Skyrionós**. Die im Jahr 962 gegründete Kirche ist mit einer geschnitzten Ikonostase und gut erhaltenen Fresken ausgestattet.
Im Jahr 1915, auf dem Weg zur Schlacht um Gallipoli, starb bei Skýros der englische Lyriker **Rupert Brooke Chawner** (geb. 1887) auf einem französischen Schiff; auf der Platía Brooke wurde für ihn ein Denkmal (1931) errichtet.
In unmittelbarer Nähe befindet sich das **Faltaits-Museum**, das exzellentes skyriotisches Kunsthandwerk ausstellt, sowie das **Archäologische Museum** mit Funden aus mykenischer bis römischer Zeit. Den nächsten beliebte Strand findet man nördlich, zwischen Magazia und Molos.

Linariá

Etwa 10 km südlich der Chóra liegt in der gleichnamigen Bucht, die nach Nordwesten durch die Insel **Baláxa** geschützt wird, der Hafenort Linariá. Die Bucht von Kalamítsa östlich bietet den besten Strand der Insel. Auch nordwestlich von Linariá sind gute Strände zu finden: Pefkos, Ágios Fokas, Atsitsa und Kyra Panagía.

Trís Boukes

Am Südende der Insel erstreckt sich die Bucht Trís Boukes, die durch die vorgelagerten Inseln Platí und Sarákino von Meer fast vollständig abgeschlossen ist. Am Ostufer findet man in einem Olivenhain das Grab von Rupert Brooke.

✶ Sparta · Spárti · Σπάρτη

G 10

Landschaft: Lakonien
Einwohnerzahl: 12 000
Höhe: 210 m ü. d. M.

Sparta, die Hauptstadt Lakoniens mit berühmter antiker Vorgängerin, liegt in der fruchtbaren, nach Süden zum Meer hin offenen Eurotas-Ebene zwischen den Bergmassiven Taýgetos und Párnon. Sie wurde 1834 von König Otto I. im Bereich der antiken Siedlung mit rechtwinklig angeordneten Straßenzügen um eine große Platía neu gegründet.

Geschichte

Spartas mykenische Zeit (2. Jt. v. Chr.) spiegelt sich in den Mythen von Leda, den Dioskuren Kastor und Polydeukes, Menelaos und Helena wider. Die Dorier eroberten ab 1050 v. Chr. nach und nach das Land; die Bevölkerung wurde zu unfreien **Heloten** gemacht, die mit den **Perioken** die arbeitende Klasse bildeten.

Als um 800 v. Chr. auch Amyklai, in dem sich die Mykener noch behauptet hatten, zu Sparta kam, entstand das charakteristische Doppelkönigtum: Der eine König setzte die Reihe der dorischen Stammesherzöge fort, der andere die der Könige von Amyklai. Neben den Königen kannte Sparta den Rat der Alten (Gerusie) und das Amt des Ephoren, der die öffentliche Erziehung beaufsichtigte. Sparta wurde zu einem männlich-militärisch geprägten Staat, dessen einziges Ziel stetige Wehrbereitschaft war. »Normale« Arbeit war der herrschenden Klasse der Spartiaten untersagt.

Die sprichwörtliche **spartanische Lebensweise** umfasste eine harte körperliche Erziehung unter äußerst kargen Bedingungen. Bereits mit sieben Jahren wurden Jungen in Lagern zusammengefasst; mit etwa 20 Jahren mussten sie sich Initiationsriten unterziehen, die auch tödlich enden konnten. Die Erziehung der Mädchen war ebenfalls öffentlich organisiert und war auf das Gebären starker männlicher

SPARTA ERLEBEN

AUSKUNFT

Touristenpolizei
Gortsologou 52
Tel. 27 31 02 67 71

ESSEN

► Erschwinglich

Diethnes
Paleologou 113
Tel. 27 31 02 86 36
Bei Einheimischen recht beliebtes Gartenlokal mit einer großen Auswahl an Lammgerichten.

ÜBERNACHTEN

► Komfortabel

Lida
Atridon / Ananion
Tel. 27 31 02 36 01
lidahtl@otenet.gr; 40 Z.
Beste Adresse der Stadt, relativ ruhig und zentrumsnah gelegen.

Modernes Denkmal des antiken Volkshelden Leonidas

Nachkommen ausgerichtet. Neugeborene, die man nicht für lebenstauglich hielt, wurden getötet. Das Ideal Spartas ist im Gesetzgeber **Lykurg**, der im 8. Jh. v. Chr. lebte, und in **Leonidas**, verkörpert, der mit 300 Spartiaten im Jahr 480 v. Chr. bei den Thermopylen fiel. In wiederholten Kriegen vom 8. bis 5. Jh. v. Chr. unterwarf Sparta das westlich des Taýgetos gelegene Messenien. Der Niedergang begann mit einem Erdbeben, dem 464 v. Chr. alle jungen Männer zum Opfer fielen, gefolgt von der Niederlage gegen die Thebaner unter Epameinon im Jahr 371 v. Chr. bei Leuktra.
In der römischen Kaiserzeit erlebte Sparta einen neuen Aufschwung, doch wurde es 267 und 395 n. Chr. von den Herulern und Westgoten verwüstet. Im 7. Jahrhundert setzten sich Slawen fest. Im 10. Jahrhundert wurde das Land von Nikon missioniert, der sein Grab auf dem Akropolishügel von Sparta fand. Im 13. Jahrhundert löste dann das neu gegründete ►Mystrá Sparta ab.

Sehenswertes in Sparta

★ Archäologisches Museum

Christian Hansen entwarf den klassizistischen Bau des Archäologischen Museums in einem Park an der Odós Lykourgou in den Jahren 1875 / 1876. In der Eingangshalle stehen unter anderem Sichelstelen aus dem Artemis-Kult. In den Sälen rechts sieht man eine archaische Stele mit Helena und Menelaos (6. Jh. v. Chr.), Funde aus dem Menelaion und vom »Thron des Apollon« in Amyklai, eine Votivstatue der Dioskuren (5. Jh. v. Chr.) sowie einen frühklassischen Kriegertorso von Leonidas (um 480 v. Chr.). In den Sälen links vom Eingang sind Bleifigürchen und Terrakotten aus dem Artemis-Heiligtum ausgestellt (Öffnungszeiten: Mai – Sept. Di – So. 8.30 – 15.00, Okt. bis Apr. Di – So. 8.30 – 14.30 Uhr).

Antike Reste

Im Nordwesten der Stadt steht das so genannte **Grab des Leonidas**, in Wirklichkeit ein hellenistischer Tempel; das Grab des Leonidas lag westlich der Akropolis. 500 m nördlich davon erhebt sich der niedrige, mit Eukalyptus- und Olivenbäumen bestandene Akropolishügel. An seinem Südhang liegt das hellenistische, in römischer Zeit umgebaute Theater, das ein fahrbares Bühnenhaus hatte. Auf der Höhe sind die Fundamente des Athena-Tempels zu sehen, den **Gitiadas** im 6. Jh. v. Chr. errichtete.

Überbleibsel eines Theaters auf dem Akropolishügel von Sparta

Weiter östlich stand die dreischiffige Nikon-Basilika (10. Jh.), in der der Heilige begraben wurde. Von der Akropolis bietet sich ein weiter Blick über die Stadt und die Evrotas-Ebene mit ihren Orangenplantagen und Olivenhainen.

Artemis-Heiligtum Am östlichen Stadtrand liegt das Heiligtum der **Artemis Orthía**, so benannt, weil das Kultbild aufrecht stehend gefunden wurde. Pausanias zufolge hatten es Iphigenie und Orestes aus dem Taurerland mitgebracht. Dazu passt der grausame Brauch, im Angesicht des Kultbilds die Jünglinge bei Mannbarkeitsriten blutig zu geißeln. Es gab einen Tempel des 6. Jhs. v. Chr., von dem noch Fundamente vorhanden sind. In römischer Zeit kamen im Halbrund angeordnete Sitzreihen für die Zuschauer bei den Geißelungsriten hinzu.

Umgebung von Sparta

Menelaion Man verlässt Sparta in Richtung Geráki und biegt nach 5 km in einen Fußweg ein, der an einer Kapelle vorbei zu einem Hügel führt. Dort sind Reste eines Heroons aus dem 5. Jh. v. Chr., das der Verehrung des **Menelaos** diente. Es steht an der Stelle von mykenischen Bauten, in denen man den Sitz des Menelaos vermutet.

Amyklai Auf dem Hügel Agía Paraskeví, 7 km weiter südlich bei Aichlés, befand sich das Heiligtum des **Apollon Amyklaios** mit dem »Thron« über dem Grab des Hyakinthos; Fundamente und Bruchstücke sind noch erhalten. Dieser Thron war um ein hohes bronzenes Kultbild des Apollon gebaut.

Zwei Kilometer südlich von Amyklai fand man beim Dorf Vafío ein mykenisches Grab aus dem 15. Jh. v. Chr., aus dem die beiden berühmten Goldbecher im Athener Archäologischen Nationalmuseum stammen.

Vafío

Gut 100 km und im Profítis Ilías, dem höchsten Berg des Peloponnes, 2407 m hoch, zieht sich der Taýgetos westlich von Sparta in Nord-Süd-Richtung hin und trennt die Landschaften Lakonien und Messenien. Der aus Kalk und Marmor bestehende Gebirgskamm endet in der Halbinsel ►Máni am Kap Tenaro.
Zu einer etwa zweistündigen Wanderung (Hin- und Rückweg) auf den Profítis Ilías fährt man von Sparta Richtung Gýthio, dann nach Anógia und zur Taýgetos-Hütte. Von dort geht es dann hinauf den Gipfel.

Taýgetos

Eine gut ausgebaute Passstraße verbindet, im Wesentlichen einem alten Saumpfad folgend, Sparta mit Kalamáta. Die 59 km lange Strecke gehört zu den landschaftlich eindruckvollsten Straßen in Griechenland, besonders der östliche Teil zwischen der Passhöhe (1524 m) und Trýpi durch die Langada-Schlucht.

Langada-Schlucht

Sýros · Σύρος

M 10

Inselgruppe: Kykladen
Höhe: 0 – 442 m ü. d. M.
Hauptort: Ermoupolis
Fläche: 86 km²
Bewohnerzahl: 20 000

Trotz seiner Bedeutung als Verwaltungs- und Handelszentrum der Kykladen sowie als wichtiger Verkehrsknotenpunkt für die Ägäis-Schifffahrt spielt der Tourismus auf der bergigen Insel, die meist nur als Zwischenstopp auf einer Inseltour dient, eine relativ bescheidene Rolle.

Geschichte »Hauptstadt« der Kykladen

Die Insel gehörte ab dem Jahr 1207, nach dem 4. Kreuzzug, zum Herzogtum Náxos und war seitdem katholisch geprägt. Noch heute ist die Inselbevölkerung zu 40 % katholisch – eine Seltenheit in Griechenland.
In der Zeit der Türkenherrschaft, ab 1537, stand sie unter dem Schutz der französischen Könige. Im griechischen Freiheitskampf war Sýros neutral, weshalb sich ab 1821 viele Flüchtlinge hier niederließen, die die Stadt Ermoupolis gründeten. Ermoupolis entwickelte sich im 19. Jh. zum größten griechischen Hafen und einem wichtigen Stützpunkt zwischen Kleinasien und Westeuropa. Nach der Eröffnung des Kanals von Korinth 1893 ging die wirtschaftliche Entwicklung der Stadt durch die wachsende Bedeutung von Piräus als Zentralhafen zurück.

SÝROS ERLEBEN

AUSKUNFT

Tourist-Information
Thimaton Sperxeiou 11
Tel. 22 81 08 67 25
Fax 22 81 08 52 75

ANREISE

Schiffsverbindungen bestehen mit Kavála, Lávrio, Piräus, Rafína und Thessaloníki auf dem Festland und mit den Inseln Amorgós, Anáfi, Ándros, Astypálea, Chíos, Folégandros, Iráklia, Ikaria, Íos, Kálymnos, Kea, Kos, Kreta, Kýthnos, Léros, Lésbos, Límnos, Lipsí, Mílos, Mýkonos, Náxos, Nísyros, Páros, Pátmos, Rhodos, Sámos, Santorin, Schinoussa, Sérifos, Sífnos, Sými, Tílos und Tínos.

ESSEN

► Preiswert

Lilí's
Áno-Sýros
Tel. 22 81 08 80 87
Vom Lilí's hat man einen traumhaften Blick auf die Bucht; serviert wird griechische Küche.

ÜBERNACHTEN

► Komfortabel

Omiros
Omirou 43
Ermoupolis
Tel. 22 81 08 49 10
E-Mail: omirosho@otenet.gr
11 Z., 2 Suiten
Gehobene Unterkunft in einem klassizistischen Herrenhaus.

Sehenswertes auf Sýros

Ermoupolis Bei der Einfahrt in den Hafen der Inselhauptstadt (14 000 Einw.) – benannt nach Hermes, dem Gott des Handels –, bietet sich ein markantes Bild: An zwei Hügeln steigen die Häuser der Stadtteile Ermoupolis und Áno Sýros hinan: rechts der Berg Vrontado mit der orthodoxen Bischofskirche und links der Berg Áno Sýros mit der katholischen St.-Georgs-Kathedrale. Die Hafenfront ist von Cafés und Tavernen gesäumt und Geschäfte bieten die zwei süßen Spezialitäten der Insel an: **Loukoumia**, mit Puderzucker bestäubte Fruchtgeleestücke, und **Chalvadópitta**, Oblaten mit Honig und Mandeln.

Platía Miaoulis ► Zentrum der Stadt ist der elegante marmorgepflasterte Miaoulis-Platz mit schönen Cafés. Hier steht ein Denkmal für Admiral **Andreas Miaoulis**, der im Freiheitskrieg die griechische Flotte befehligte. Das von Ernst Ziller von 1876 bis 1881 erbaute repräsentative klassizistische Rathaus enthält ein kleines **Archäologisches Museum** mit Funden von Sýros und anderen Kykladeninseln. Das Apollon-Theater hinter dem Rathaus, eine verkleinerte Ausgabe der Mailänder Scala, wurde von 1861 bis 1864 von dem französischen Architekten Chableau errichtet. Nordöstlich kommt man zu der klassizistischen Kirche Ágios Nikólaos (19. Jh.) und in das vornehme Viertel **Vaporia** (»Dampfschiffe«), wo sich vor allem reiche Reeder klassizistische Herrenhäuser bauen ließen.

Elegant präsentiert sich die Platía Miaoulis in Ermoupolis mit dem klassizistischen Rathaus.

Áno Sýros

Das Bild eines typischen Kykladenorts bietet die seit venezianischer Zeit bestehende Katholikenstadt Áno Sýros (4 km nordwestlich), die auf einem Treppenweg zu erreichen ist. Auf dem Gipfel steht die katholische Kathedrale Ágios Geórgios (1834), deren Innenausstattung mit Kirchengestühl und Heiligenfiguren für Griechenland ungewöhnlich ist. Unterhalb befinden sich ein Kapuzinerkloster (1633) und ein Jesuitenkloster.

Chalandrianí, Kastrí

Das **bronzezeitliche Gräberfeld** Chalandrianí (um 1800 v. Chr.), 12 km nördlich von Ermoupolis, ist heute völlig überwachsen. Es ist eine bedeutende Stätte der Kykladenkultur, deren Funde im Archäologischen Museum von Ermoupolis aufbewahrt werden. Nördlich von Chalandrianí sind auf auf einem Berge geringe Mauerreste der befestigten Siedlung Kastrí (3. Jt. v. Chr.). erhalten.

Inselsüden

Im Nonnenkloster Agía Varvára, 4 km westlich von Ermoupolis, werden Handwebarbeiten hergestellt, die zum Kauf angeboten werden. Über den ruhigen Fischer- und Ferienort Kíni gelangt man zum lebhaften Badeort **Galissás** mit einem langen Sandstrand.
Ebenfalls recht beliebt ist der drei Kilometer weiter südlich gelegene Fischerort **Finikás**, in dessen Umgebung es einige schöne Strände gibt. In einer Bucht an der Südostküste breitet sich **Vári** mit seinen Sandstränden aus.

Thássos · Θάσος

M 3

Inselgruppe: Nord- und ostägäische Inseln
Höhe: 0 – 1127 m ü. d. M.
Hauptort: Thássos-Stadt (Liménas)
Fläche: 379 km²
Bewohnerzahl: 14 500

Mit ihren herrlichen Sandstränden und den vielen Campingplätzen ist die nördlichste Insel Griechenlands ein immer beliebter werdendes Reiseziel.

Nördlichste griechische Insel

Thassos ist die nördlichste Insel Griechenlands, nur 8 km vor der ostmakedonischen Küste gelegen. Die runde liebliche und fruchtbare Insel wird von einem dicht bewaldeten, von tiefen Tälern durchzogenen Gebirge eingenommen, das im **Ypsário** auf 1127 m ansteigt. Seine Nord- und Ostflanke fallen steil, der Süden und Westen sanfter zum Meer hin ab. Die schönsten Buchten mit hervorragenden Sandstränden liegen an der Ostküste.

THÁSSOS ERLEBEN

AUSKUNFT

Touristenpolizei
Thassos-Stadt
Uferpromenade
Tel. 25 93 02 31 11

ANREISE

Schiffsverbindungen bestehen mit Kavála und Keramoti auf dem Festland.

ESSEN

► Erschwinglich

Chrisi Amoudia
Thassos-Stadt
Die Taverne am Stadtstrand bietet zur große Auswahl an Gerichten einen freundlichen Service und eine Terrasse.

► Preiswert

O Glarós
Alykí
Tel. 25 93 03 15 47
Fisch und Gegrilltes genießt man hier am besten auf der schattigen Terrasse mit Blick auf die Bucht.

ÜBERNACHTEN

► Komfortabel

Alexandra Beach
Thassos-Stadt
Tel. 25 93 05 24 94
Fax 25 93 05 80 04
www.alexandrabeach.gr
200 Z.
Das beste Hotel der Insel liegt direkt am Meer in einem Garten; elegant eingerichtete Zimmer mit Balkon und Meerblick; angeschlossen ist ein Spa-Bereich.

Kipos
Thassos-Stadt
Tel. 25 93 02 24 69, Fax 25 93 06 01 50
www.kipos-apartments.gr
Schöne Apartmentanlage mit Swimmingpool; die geräumigen, gut ausgestatteten Apartments verfügen alle über einen Balkon.

Die Inselhauptstadt ist von üppiger Vegetation umgeben.

Die Bevölkerung lebt von der Landwirtschaft, vom Tourismus und vom Bergbau (Kupfer, Zink). Schon vor 20 000 Jahren baute man bei Limenaria im Untertagebau – dem ältesten bisher in Europa nachgewiesenen – Rötel ab, ein Eisenerz.

Sehenswertes auf Thássos

Thássos-Stadt

Der moderne Haupt- und Hafenort Thássos (2300 Einw.) ist fast ein Freilichtmuseum: Er ist in den westlichen Teil der antiken Hauptstadt gebaut, von deren Ausdehnung die noch erhaltenen Umfassungsmauern des Kriegshafens, des heutigen Fischereihafens, Teile der Stadtmauer aus dem 7. bis 5. Jh. v. Chr. sowie Grundmauern von Wohnhäusern und Heiligtümern zeugen. Die antike Stadt zieht vom Hafen südöstlich zur Anhöhe der Akropolis hinauf, auf die 1431 die genuesischen Gattelusi ihre Burg bauten.

◄ Archäologisches Museum

Hinter dem geschlossenen Hafen breitet sich die **Agorá** (4. Jh. v. Chr. bis 1. Jh. n. Chr.) mit ihren Säulenhallen aus. Das Archäologische Museum an ihrer Westseite verwahrt die Funde von der Insel; Prunkstück ist ein großer Kouros mit Widder (um 600 v. Chr.).

Vor der Ostecke der Agorá sieht man den Durchgang der Gesandten, dessen Marmorwände mit spätarchaischen Reliefs geschmückt waren, die im Pariser Louvre aufbewahrt werden. Weiter südöstlich liegt das **Heiligtum der Artemis Polo** (6. Jh. v. Chr.). Jenseits der alten römischen Straße findet man ein Odeion (2. Jh. n. Chr.), südwestlich die Reste eines 213–217 n. Chr. für die römischen Kaiser **Caracalla** und **Septimius Severus** errichteten Ehrenbogens sowie eines Herak-

Die herrliche Bucht von Alykí an der Südostküste von Thassos

les-Tempels (6. Jh. v. Chr.). Im nördlichen Teil der antiken Stadt, östlich des alten Hafens, befinden sich die Heiligtümer des Dionysos und des Poseidon (beide aus dem 4. Jh. v. Chr.), das Theater aus dem 3./2. Jh. v. Chr. sowie an der Nordspitze ein Heiligtum der Patrooi Theoi (6. Jh. v. Chr.).

Vom Theater, in dem im Sommer Aufführungen stattfinden, führt ein Weg hinauf zur Burg und zu den Fundamenten eines Athena-Tempels (5. Jh. v. Chr.) auf dem südwestlich anschließenden Hügel. Vorbei an der Nische eines Pan-Heiligtums am Hang eines Hügels gelangt man wieder in die Stadt hinunter.

Inselrundfahrt

Rund um die Insel führt in Küstennähe eine Straße, auf der alle Strände und Dörfer leicht zu erreichen sind. Südlich von Thassos liegt am Fuß des Profítis Ilías **Panagía**, bis 1912 Hauptort der Insel. Mit seinen weiß gekalkten und schiefergedeckten Häusern ist es eines der schönsten Dörfer von Thassos und ein beliebtes Ausflugsziel.

Potamiá weiter südlich am Osthang des Ypsári, wartet mit einem Museum auf, das Werke des Bildhauers **P. Vagis** zeigt, der von hier stammte. Von hier hat man einen schönen Blick über das baumbestandene Tal zum Meer und zum 4 km langen feinen Sandstrand **Chrisi Ammoudio** (Golden Beach), dem besten der Insel.

Über Kínira, dessen Hauptattraktion der **Paradise Beach** ist, kommt man zur kleinen Halbinsel **Alykí** mit zwei schönen Sandbuchten. Auf der Halbinsel findet man antike Marmorbrüche sowie Reste eines Dioskuren-Heiligtums und zweier frühchristlicher Basiliken. Die Straße führt nun hoch über der Steilküste in westliche Richtung.

Man passiert das Nonnenkloster Archángelos, in dem eine als wundertätig verehrte Ikone aufbewahrt wird, und erreicht **Potós**, das sich wegen seines langen schmalen Sandstrands zu einem viel besuchten Touristenort entwickelt hat. Von dort ist ein Abstecher durch ein romantisches Tal zum 240 m hoch gelegenen Bergdorf **Theológos** zu empfehlen. Theológos war im 18./19. Jh. Hauptort der Insel und lädt mit seinen aus Bruchsteinen gebauten und schiefergedeckten Häusern zum Bummeln ein.
Vorbei am guten Strand Pefkari gelangt man zum Bergwerkszentrum **Limenariá**, gegründet 1903 von der deutschen Firma Speidel, heute ein sehr frequentierter Badeort.
Die hübschen Orte Skála Marión, Skála Kallirâchi und Skála Sotíra sind bislang vom Tourismus noch wenig berührt. Von Skála Kallirâchi und Skála Sotíra empfehlen sich Abstecher hinauf zu den dazugehörigen Bergdörfern. An der Nordküste hat sich Skála Rachoni zu einem beliebten Ferienort entwickelt.

★ Thessaloníki · Θεσσαλονίκη

H 3

Landschaft: Makedonien **Höhe:** 0 – 150 m ü. d. M.
Einwohnerzahl: 364 000

Die zweitgrößte Stadt Griechenlands und Hauptstadt von Makedonien liegt an den Ausläufern der Chortiatis-Berge und bietet trotz ihrer Geschäftigkeit hübsche, atmosphärereiche Plätze. Auch kulturell ist Thessaloníki nach Athen die wichtigste Stadt des Landes, deren Museen allein schon eine Reise wert sind.

Hauptstadt Makedoniens

Auf den ersten Blick erscheint Thessaloníki (Saloníki) als hektische Großstadt mit gesichtsloser Bebauung. Wenn man sich allerdings Zeit nimmt, entdeckt man viele hübsche Plätze mit Atmosphäre. Auch und besonders auf kulturellem Gebiet ist die europäische Kulturhauptstadt des Jahres 1997 nach Athen die wichtigste Stadt des Landes mit mehreren Museen, bedeutenden byzantinischen Kirchen, bemerkenswerten römischen Resten und Bauten aus türkischer Zeit. Die über dem Golfufer am Hang eines westlichen Chortiatis-Ausläufers in Form eines großen Vierecks ansteigende alte Stadt ist auf der Landseite von einer mächtigen byzantinischen Mauer umgeben, die von einer in ihrer heutigen Form aus venezianischer Zeit stammenden Zitadelle abgeschlossen wird. Der untere südliche Teil der Kernstadt steigt nur leicht an und wird von breiten Boulevards durch-

> **! *Baedeker* TIPP**
>
> **Süße Köstlichkeit**
>
> Eine Spezialität von Thessaloníki ist »Trigona«, eine dreieckige Waffel mit einer Füllung aus Karamelcreme – unbedingt probieren!

Thessaloníki Orientierung

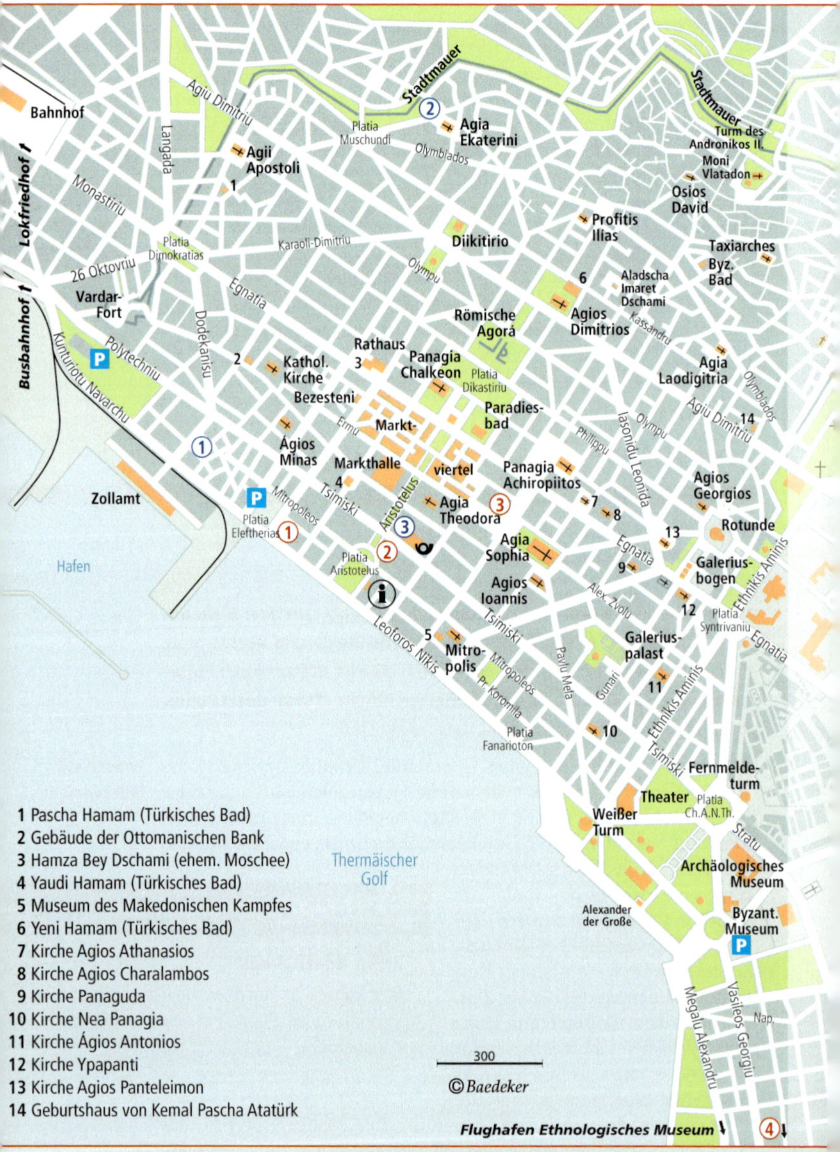

Essen

① Krikelas
② To Tsinari
③ Arestotélous

Übernachten

① Andromeda Thessaloniki
② Electra Palace
③ Amalia
④ Queen Olga

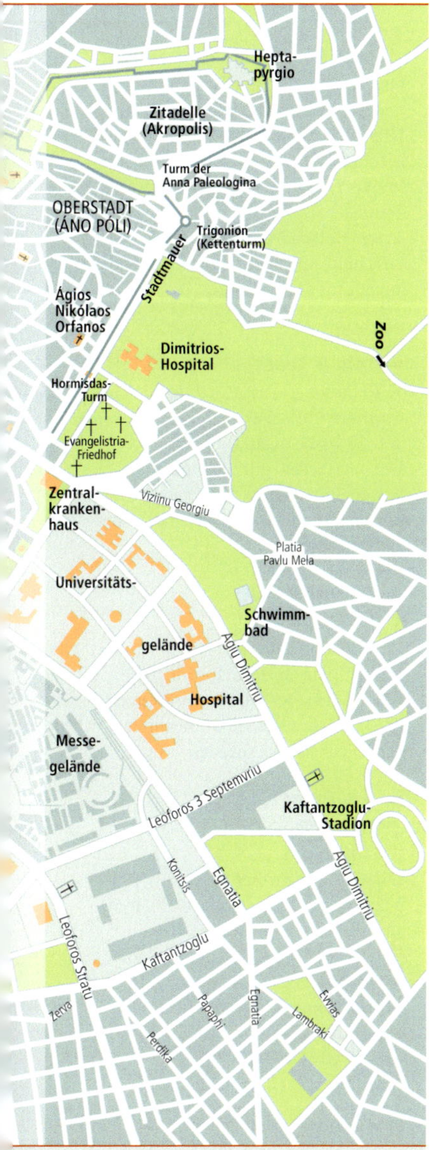

zogen. Er wurde nach dem verheerenden Stadtbrand von 1917 großzügig wieder aufgebaut. Die erhaltenen oder restaurierten historischen Baudenkmäler nehmen sich in der modernen Bebauung wie kleine Kulturinseln aus. Am Hang nördlich erstreckt sich bis zur Stadtmauer die verwinkelte Oberstadt, aus der die Kuppeln etlicher alter Kirchen herausragen; die Minarette aus der türkischen Zeit wurden nach dem Ersten Weltkrieg bis auf wenige Reste zerstört.

In der Neuzeit ist die Stadt weit über die alten Stadtgrenzen hinausgewachsen. Zunächst kamen größere Wohnviertel in der südöstlichen Vorstadt Kalamaria hinzu, nach Nordwesten dehnen sich hauptsächlich Gewerbe und Industrie aus.

Geschichte

Zahlreiche prähistorische Siedlungsreste in der Umgebung lassen auf eine Besiedlung dieser Gegend seit der Eisenzeit (ca. 1000 v. Chr.) schließen. Die Geschichte der Stadt beginnt mit dem Jahr 315 v. Chr., als König **Kassandros von Makedonien** an der Stelle der früheren Siedlung Thermai, 12 km südöstlich der heutigen Stadt, zahlreiche hier bereits vorhandene Gemeinden zusammenschloss und dieser Neugründung dann den Namen Thessa-

THESSALONÍKI ERLEBEN

AUSKUNFT

Tourist-Information
Tsimiski 136
Tel. 23 10 22 21 10 00
Fax 23 10 22 13 80
E-Mail: tour-the@otenet.gr

AUSGEHEN

Die breite Uferpromenade, die Leofóros Níkis, platzt abends regelrecht aus allen Nähten. Hier und am schicken, sich zum Wasser öffnenden Aristotélous-Platz mit seinen hübschen Cafés schlägt das Herz der Stadt besonders lautstark und kräftig! Zum Abendessen empfehlen sich die originellen Tavernen um die Zitadelle.

Electra Palace: elegante Unterkunft im Herzen der Stadt

SHOPPING

Eine der Hauptgeschäftsstraßen der Stadt ist die Egnatia. Die teurere Variante ist die parallel verlaufende Tsimiski-Straße, wo neben Markenkleidung auch trendiger handgearbeiteter Schmuck angeboten wird. Hier gibt es auch die meisten Sportgeschäfte der »Sportstadt« Thessaloníki. Das Einkaufszentrum in der Tsimiski-Straße, bei der amerikanischen Botschaft, umfasst nicht nur Geschäfte mit Markenmode, sondern auch Kinos und Cafés.

ESSEN

▸ Fein & teuer

① ***Krikelas***
Ethnikís Antistáseos 32
Tel. 23 10 41 12 89
Das »Krikelas« gilt als eines der besten Restaurants Griechenlands. Spezialitäten: Vorspeisen, Fisch und Meeresfrüchte.

▸ Erschwinglich

② ***To Tsinari***
Al. Papadopoulíou 72
Gartenlokal in der Altstadt nahe der Stadtmauer mit einer üppigen Auswahl an Gerichten, darunter recht leckere Vorspeisen.

▸ Preiswert

③ ***Aristotélous***
Aristotélous 8
Ouzerie mit großer Auswahl an Vorspeisen und kleinen Gerichten.

ÜBERNACHTEN

▸ Luxus

① ***Andromeda Thessaloniki***
Komninon 5
Tel. 23 10 37 37 00
www.andromedathessaloniki.gr
44 Z.
Das Hotel in der Nähe des Aristoteles-Platzes ist in einem schönen alten Haus untergebracht und teilweise mit Stilmöbeln ausgestattet.

► **Komfortabel**

② ***Electra Palace***
Aristotélous 9
Tel. 23 10 23 22 21
www.electrahotels.gr
130 Z., 8 Suiten
Hotel im Stadtzentrum mit gut ausgestatteten Zimmern, einem Restaurant auf der Dachterrasse und einem Wellness-Bereich.

④ ***Queen Olga***
Vass. Ólgas 44
Tel. 23 10 82 46 21
E-Mail: logdans@otenet.gr
148 Z.
Älteres, relativ ruhig an der Uferpromenade gelegenes Hotel mit Dachgarten. Zimmer mit Balkon und teilweise Meerblick.

► **Günstig**

③ ***Amalia***
Ermoú 33
Tel. 23 10 26 83 21
Fax 23 10 23 33 56
66 Z.
Einfaches Hotel in zentraler Lage.

lonikia gab – nach seiner Gemahlin Thessalonike, einer Halbschwester Alexanders des Großen. Unter den Römern wurde Thessaloníki Hauptstadt der Provinz **Macedonia Prima** (148 v. Chr.) und schwang sich dank der günstigen Lage am Meer zur bedeutendsten Stadt im südlichen Balkanraum auf. Nach der Teilung des Römischen Reichs kam Thessaloníki zu Ostrom und diente als wichtige Verteidigungsbastion. Anfang des 4. Jhs. wurde es die Residenz des römischen Kaisers Galerius.

Unter den byzantinischen Kaisern erlebte die Stadt ihre größte Blüte; es entstanden zahlreiche beachtenswerte Kirchenbauten. Im 6. und 7. Jh. hatte Thessaloníki Belagerungen und Besetzungen durch Slawen, Awaren und Bulgaren durchzustehen. Im Jahr 904 wurde die Stadt von sarazenischen Seeräubern, 1185 von den Normannen geplündert.

Anfang des 13. Jhs. gründete der Kreuzfahrer Markgraf Boniface de Montferrat hier ein fränkisches Königreich, das bereits 1223 den Despoten von Epiros anheimfiel. Von 1342 bis 1349 regierten die so genannten **Zeloten** Thessaloníki nach volksrepublikanischem Muster, wurden aber von der byzantinischen Kaiserin **Anna Paläologina** wieder vertrieben.

Im Jahr 1430 eroberte der türkische Sultan **Murad II.** die Stadt, die dann fast fünfhundert Jahre lang unter dem Namen Selânik zum Osmanischen Reich gehörte, bis sie nach den Balkankriegen 1913 wieder an Griechenland kam.

Im Ersten Weltkrieg befand sich in Thessaloníki – unter Bruch der griechischen Neutralität – das Hauptquartier der alliierten Orientarmee. Auch die von Venizelos geleitete griechische Regierung zur nationalen Verteidigung nahm hier ihren Sitz.

Von den zahlreichen Stadtbränden, u. a. 1890, 1894, 1898 und 1910, war der des Jahres 1917 der verheerendste; er zerstörte große Teile der Stadt, darunter etliche alte Kirchen bzw. Moscheen. Infolge des

Am Ende der Uferpromenade erhebt sich das Wahrzeichen der Stadt: der Weiße Turm.

türkisch-griechischen Bevölkerungsaustauschs des Jahres 1923 musste Thessaloníki über 115 000 Flüchtlinge aufnehmen, was zu äußerst prekären Wohnraumverhältnissen führte. Der Wiederaufbau der Stadt erfolgte von 1925 bis 1935 weitgehend nach Plänen des französischen Architekten Hébrard.

Im Zweiten Weltkrieg besetzten 1941 deutsche Panzerverbände die Stadt. Während der Besatzungszeit wurde fast die gesamte jüdische Bevölkerung von Thessaloníki, vermutlich über 60 000 Menschen, in Vernichtungslager deportiert und umgebracht. Auch der ausgedehnte israelitische Friedhof am Ostrand der Kernstadt fiel den »Säuberungsaktionen« der Deutschen zum Opfer; auf diesem Areal entstanden nach dem Krieg das Messegelände und Neubauten der Universität. In der Nachkriegszeit konnte man sich erst nach Überwindung des blutigen griechischen Bürgerkriegs dem weiteren Ausbau der Stadt widmen, der durch das heftige Erdbeben des Jahres 1978 einen schweren Rückschlag erfuhr.

Sehenswertes in Thessaloníki

Uferpromenade

Wo bis 1866 noch die Stadtmauer verlief, führt die Uferpromenade Leofóros Níkis vom Zentralhafen (Kentrikós Liménas) zum Weißen Turm, trotz des brausenden Verkehrs ein beliebter Spazierweg. Das **einzige Fotografiemuseum Griechenlands** ist im schicken Lager A am Hafen untergebracht. Es präsentiert historische und zeitgenössische Werke von griechischen und ausländischen Fotografen. Etwa in der Mitte zwischen dem Zollgebäude von 1909 am Hafen und dem Weißen Turm öffnet sich die rechteckige **Platía Aristotélous** mit einem Denkmal des Philosophen Aristoteles. Hier trifft man sich in den zahlreichen Cafés und Restaurants unter den Arkaden.

Marktviertel

Links und rechts der Aristotélous erstreckt sich der pittoreske Markt mit vielen Läden und einfachen Tavernen. Südlich grenzt die Markthalle an, die Anfang des 20. Jhs. gebaut wurde.

◄ Türkische Bauten

Am Westende des Zentralmarkts liegt der alte türkische Bezesten, d. i. der **Tuchmarkt**, der im 16. Jh. als der schönste Basar des Balkans galt. Ein weiteres Baudenkmal aus türkischer Zeit steht nördlich des Bezesten an der Egnatía, die im 15. Jh. erbaute **Hamza-Bey-Moschee**, in der heute ebenfalls Läden untergebracht sind.

Platía Dikastiríou

Im Zentrum der alten Stadt lag das römische Forum, heute eine große Freifläche, die Platía Dikastiríou (»Gerichtsplatz«), die durch den Stadtbrand des Jahres 1917 entstand. An der Südwestecke des Platzes steht die 1028 erbaute **Panagía Chalkéon** (»Muttergottes der Kupferschmiede«; diese hatten hier einst ihre Werkstätten), eine Viersäulenkreuzkuppelkirche mit zweigeschossigem Narthex und Fresken aus der Entstehungszeit. Das **Bey Hamam** vis-a-vis, das größte türkische Badehaus in Griechenland, ließ Sultan Murad II. 1444 errichten; es war als Paradiesbad (Loutrá Parádisou) bis 1968 in Benutzung.
Im Nordteil des Areals hat man beeindruckende Reste des **römischen Forums** freigelegt. Im Grabungsgelände sind Reihen von Ladenlokalen, Gewölbebögen eines Kryptoportikus und Mosaiken zu sehen. Das Odeion wird noch heute für Veranstaltungen genutzt.

Ein gemütliches Plätzchen zum Einkehren: die Arkadencafés am Aristotélous-Platz

Ágios Dimítrios – die größte Kirche Griechenlands

Ágios Dimítrios

Nördlich des römischen Forums steht die **Hauptkirche der Stadt**, die Ágios Dimítrios an der gleichnamigen Straße. Die fünfschiffige Basilika wurde im 5. Jh. über einer römischen Thermenanlage erbaut, deren Reste in der Krypta unter dem Altarraum zu sehen sind. Untersuchungen haben die Überlieferung bestätigt, dass Kaiser Galerius den römischen Offizier Demetrios 306 in den Thermen gefangen setzen und töten ließ. Dieser stieg bald zum Hauptheiligen und Patron der Stadt auf; zu seinem Grab wurden später Wallfahrten aus dem ganzen Byzantinischen Reich unternommen.

Die Grundzüge des Baus blieben bei der nach einem Brand erforderlichen Erneuerung im 7. Jh. ebenso erhalten wie beim Wiederaufbau nach der Zerstörung beim Stadtbrand von 1917. Während der Türkenzeit diente das Gotteshaus als Moschee. In der mit 43 m Länge **größten Kirche Griechenlands** sind besonders die fein skulptierten Kapitelle der grünen und roten, aus der Antike stammenden Marmorsäulen bemerkenswert, ferner der mächtige Radleuchter im Hauptschiff, die schönen Mosaiken an den Apsispfeilern aus dem 7. Jh. und das große Marmorgrabmal für den Mäzen Lukas Spatunis († 1481) an der Nordwand des Mittelschiffs. Im 12. Jh. wurden die Gebeine des hl. Demetrios nach Italien entführt; 1980 kehrten die Reliquien aus dem italienischen San Lorenzo in Campo nach Thessaloníki zurück; sie werden in einem Grabmal an der Nordwand verwahrt (Öffnungszeiten: tgl. 8.00 – 22.00; Krypta: Mo. 13.30 bis 19.30, Di. – So. 8.00 – 19.30 Uhr).

In der Westecke der alten Stadt, in unmittelbarer Nähe der byzantinischen Stadtmauer, steht die Kirche der Dódeka Apóstoli (»Zwölf Apostel«), eine Viersäulen-Kreuzkuppelkirche, erbaut von 1312 bis 1315. Das schmuckreiche Ziegelmauerwerk weist antike Spolien auf. Ein Portikus, eine spätbyzantinische Neuerung, umgibt die Kirche auf drei Seiten. Ausgestattet ist sie mit mittelalterlichen Wandmalereien und Mosaiken. **Dódeka Apóstoli**

Am Südostende der Uferpromenade ragt der Weiße Turm (»Lefkás Pýrgos«) auf, das **Wahrzeichen der Stadt**. Er gehörte zu der einst ganz Thessaloníki umgebenden Befestigungsanlage, deren Trakte am Wasser ab 1869 niedergelegt wurden. Den Rundturm erbauten die Türken um 1430 und benutzten ihn vornehmlich als Gefängnis. Als die Janitscharen gegen Sultan Mahmud II. revoltierten, ließ dieser sie 1826 im Turm einsperren und umbringen, worauf man ihn als »Blutturm« bezeichnete. Um diesen Makel abzustreifen, ließen die Türken den Turm weiß kalken und nannten ihn fortan »Beyaz Kule« (»Weißer Turm«). Vom Turm, in dem es eine Cafeteria gibt, bietet sich eine schöne Aussicht über Stadt und Hafen (Öffnungszeiten: Mo. 12.30 – 19.00, Di. – So. 8.00 – 19.00 Uhr). ★ **Weißer Turm**

Vom Weißen Turm gelangt man über die Pavlou-Mela- und die Gounari-Straße zur großen Platía Navarínou, wo man Reste vom Palast des Galerius (Anáktora tu Galeríou) freigelegt hat. Das reich verzierte Oktogon an der Südwestecke, ein achteckiger Bau, war vermutlich der Thronsaal. ★ **Galerius-Palast**

Die Gounari-Straße verläuft weiter nordöstlich zum **Galerius-Bogen** (Apsída tou Galeríou), dem wichtigsten römischen Baudenkmal der Stadt, den man in das Jahr 297 n. Chr. datiert. Den ursprünglich aus zwei Reihen mit je vier Backsteinpfeilern bestehenden Triumphbogen ließ Kaiser Galerius zur Feier seines Siegs über die Perser auf der Hauptstraßenkreuzung der römischen Stadt errichten. Zwei Pfeiler, die von einem Bogen überspannt werden, sind mit Marmorplatten verkleidet, die in vier durch skulptierte Girlandenbänder getrennten Reliefstreifen vom persischen, mesopotamischen und armenischen Feldzug des Kaisers (296 – 298 n. Chr.) berichten.

Die vom Galerius-Triumphbogen durch eine Grünanlage getrennte »Rotunde« wurde nach 305 vermutlich als Mausoleum für Galerius erbaut, der allerdings nicht hier begraben ist. Unter Theodosius d. Gr. Ende des 4. Jhs. in eine Kirche umgewandelt, war sie vom 10. bis zum 12. Jh. Metropolitankirche; nach der kleinen Kirche nebenan trägt sie den Namen **Ágios Geórgios**. Ab 1591 diente die Rótonda als Moschee, woran das stark beschädigte Minarett erinnert. ★ **Rótonda**

Der Rundbau mit dicken Mauern und einem Innendurchmesser von 24 m weist in der von außen nicht erkennbaren Kuppel und in den seitlichen, rechtwinklig überwölbten Nischen Reste von Mosaiken auf. Heute ist die Rótonda ein **Museum für frühchristliche Kunst**, das

Architekturteile, Reliefs und Mosaikreste präsentiert (Öffnungszeiten: Di. – So. 8.00 – 17.00 Uhr).

Panagía Achiropítos Folgt man der Egnatia vom Bey Hamam nach Südosten, gelangt man zu einer kleinen Grünanlage, an deren Ostseite – eingetieft in das Niveau der umgebenden Bebauung – die frühchristliche Kirche Panagía Achiropítos steht. Benannt wurde sie nach einer Ikone der Panagia Acheiropoietos (»Nicht von Menschenhand geschaffene Muttergottes«). Der dreischiffige, querhauslose und holzgedeckte Bau datiert von 447 / 448 und wurde 1430 in eine Moschee umgewandelt. Bemerkenswert sind die Mosaikreste aus dem 5. Jh. und die 1225 bis 1250 geschaffenen Fresken. In der südlich angebauten Taufkapelle trägt eine Marmorsäule die arabische Inschrift »Sultan Murad eroberte Thessaloníki im Jahr 833« (d. h. im Jahr 1430).

✶ Agía Sofía Ein weiterer bedeutender frühchristlicher Sakralbau ist die große Agía Sofía am Ostende der Odós Ermoú. Die dreischiffige Kreuzkuppelkirche auf fast quadratischem Grundriss aus dem 8. Jh. erhielt im 9. / 10. Jh. Mosaiken mit figürlichen Darstellungen. Beachtung verdienen auch die Säulenkapitelle, die von einem Gebäude des 5. Jhs. stammen sollen. Die Sophienkirche war von 1204 bis 1430 die Kathedrale der Stadt, wurde dann von den Türken in eine Moschee umgewandelt. Schwer beschädigt wurde die Kirche durch das Erdbeben von 1978.

✶ Oberstadt · Áno Póli

Die von verwinkelten, steilen Gassen durchzogene, früher überwiegend von Türken bewohnte Oberstadt (Áno Póli), die auch heute noch orientalisch anmutet, steigt im Norden der bogenförmig die Unterstadt begrenzenden Odós Olimbiados bis zur Zitadelle an. Man fährt mit Bus 23 hinauf zur Zitadelle oder lässt sein Auto an der Olimbiados stehen und geht zu Fuß weiter. Für die Mühen kann man sich in einer der vielen Tavernen belohnen.

Ósios David An steilem Hang, etwa in der Mitte der Oberstadt, steht der kleine Bau von Ósios Davíd (5. / 6. Jh.), der später als Kirche des nicht mehr vorhandenen Latómou-Klosters diente. Äußerlich ganz unscheinbar, birgt er in der Apsis ein wertvolles Mosaik aus der Entstehungszeit: die Vision des Propheten Hesekiel mit einem bartlosen, d. h. jugendlichen Christus in einer detailreichen Landschaft. Später übertünchten die Türken das Mosaik, das erst 1921 wiederentdeckt wurde.

Moní Vlatádon Östlich von Ósios Davíd findet man unmittelbar unter der Westspitze der Zitadelle das Kloster Vlatádon, das zwischen 1351 und 1371 gegründet wurde. Im 1801 weitgehend neu aufgebauten Katholikon im Hof entdeckte man Wandbilder aus dem 11. Jh.; demnach muss

Einst umfasste die trutzige Stadtmauer ganz Thessaloníki.

ein Bau hier bereits lange vor der Klostergründung bestanden haben. Vom Hof bietet sich ein ausgezeichneter Blick auf die Stadt.

Ágios Nikólaos

Die kleine Kirche Ágios Nikólaos Orfanós (»Hl. Nikolaus der Waise«) aus dem 14. Jh. in der Südostecke der Oberstadt ist von einem quadratischen, überdachten Arkadenbau umgeben. Beachtenswert sind die Säulen mit Akanthus-Kapitellen aus dem 4. Jh. und gut erhaltene Fresken, besonders in der Apsis.

Agía Ekateríni

Die Katharinenkirche (Agía Ekateríni) in der nordwestlichen Oberstadt (13. Jh.) gilt mit ihren ausgewogenen Formen auf quadratischem Grundriss als Paradebeispiel der makedonischen Bauschule. Außen ist sie mit außergewöhnlich reichem, teils farbigem Backstein- und Keramikschmuck versehen, ausgestattet ist sie mit Fresken und Mosaiken aus der Entstehungszeit.

Atatürks Geburtshaus

In der Südecke der Oberstadt, in der Apostolou-Pavlou-Straße, steht das Geburtshaus von **Mustafa Kemal Pascha Atatürk** (1881 – 1938), in dem Einrichtungsgegenstände, Dokumente und Bilder an den ersten türkischen Staatspräsidenten erinnern.

★ Stadtmauer

Die von **Kassandros** 315 v. Chr. neu gegründete Stadt Thessalonikeia wurde bald mit einer schützenden Mauer umgeben. In römischer Zeit wurde sie nicht wesentlich verändert; erst Kaiser **Konstantin der Große** ließ sie beträchtlich ausbauen, vor allem auf der Wasserseite.

In den Jahrhunderten des Byzantinischen Reiches kamen immer neue Wehrbauten hinzu. Die letzte Phase des Ausbaus fällt ins 14. und besonders ins 15. Jh., als die neuen türkischen Machthaber weitere Verstärkungen bauen ließen.

Bis über die Mitte des 19. Jhs. hinaus war die Kernstadt ringsum von einer durchgehenden Stadtmauer mit Bastionen, Forts, Türmen und Toren umgeben. In der Absicht, Thessaloníki zu »modernisieren«, begannen die Türken ab 1869, die Mauern an der Wasserseite zwischen dem Vardar-Fort und dem Weißen Turm niederzulegen; später musste auch der südöstliche Teil zwischen dem Weißen Turm und dem Beginn der Oberstadt einer neuen Straßenflucht (heute Ethnikís Amínis) weichen. Die übrigen Partien, einschließlich der Zitadelle, sind bis heute erhalten.

Die insgesamt rund 8 km lange, 10 bis 12 m hohe und 3 bis 5 m starke Mauer besteht im Wesentlichen aus abwechselnden Schichten von Naturstein und Ziegelmauerwerk mit einer beträchtlichen Zahl antiker Werkstücke, darunter Bruchstücke von Statuen, Säulen, Altären, Grabsteinen.

! *Baedeker* TIPP

Spaß und Action

Jede Menge Spaß und Action bietet das »Waterland« bei Tagarades vor den Toren Thessaloníkis, eines der größten Freizeitbäder des Landes. Besonders beliebt ist die 200 m lange Rutsche, auf der man aus 16 m Höhe mit Hochgeschwindigkeit ins Wasser düsen kann, und das Schwimmbecken mit »echten« Meereswellen. Vom Aristoteles-Platz in Thessaloníki fährt ein Bus zu dem Wasserparadies (www.waterland.gr.; Öffnungszeiten: tgl. 10.00 bis 18.00, Juli / Aug. bis 19.00 bzw. 20.00 Uhr).

Besichtigung ►

Ein guter Ausgangspunkt für die Besichtigung ist der nördlich der Universität gelegene Evangelistria-Friedhof. Von dort geht's zunächst außen an der Mauer entlang bis vor den mächtigen Rundturm Trigonion (15. Jh.) und gelangt dann durch das Turmtor der Anna Paläologina in die in venezianischer Zeit ausgebaute **Zitadelle**. Sie ist dicht bebaut und wird an der höchsten Stelle von dem **Kastell Eptapyrgío** (»Sieben Türme«) gekrönt, das bis 1989 als Gefängnis diente. An der Südwestecke der Zitadelle steht der Turm des Andronikos II. mit ins Mauerwerk eingelassenen Inschriften aus verschiedenen Bauphasen. Wem der Weg nicht zu weit ist, kann der Stadtmauer von der Zitadelle westlich abwärts bis zur großen Platía Dimokratías folgen. Die Mauer endet am Vardar-Fort.

Außerhalb des Zentrums

★ **Archäologisches Museum**

Gegenüber dem Eingang zum Messegelände steht in einer kleinen Parkanlage der moderne Flachbau des Archäologischen Museums (Manoli Andronikou 6), das bedeutende Funde aus Thessaloníki, Makedonien und Thrakien versammelt. Die Räume sind um den Innenhof gruppiert.

Man beginnt die Besichtigung im inneren Ring mit Raum 8, in dem Exponate aus archaischer und frühklassischer Zeit (ca. 550 – 450 v.

Pélla, die einstige Hauptstadt des Makedonenreiches, hinterließ kunstvoll gestaltete Mosaiken.

Chr.) ausgestellt sind, die man in der Nekropole von Sindos und in Derveni gefunden hat: Objekte aus Silber, Gold und Eisen – insbesondere herrlicher Filigranschmuck –, Waffen, Keramik und Idole. Im äußeren Ring (Räume 1 – 7) wird die Stadtgeschichte von der Vorzeit bis zu den Anfängen des Christentums beleuchtet. Gezeigt werden u. a. Tempelteile und Skulpturen, Grabmäler aus archaischer, klassischer und hellenistischer Zeit und römische Plastiken.
Raum 9 ist dem **Gold von Makedonien** mit kunsthandwerklichen Meisterstücken gewidmet. Im Untergeschoss (Räume 10, 11) werden Funde aus vorgeschichtlicher Zeit gezeigt (Öffnungszeiten: tgl. 8.30 bis 15.00 Uhr).

Byzantinisches Museum

Neben dem Archäologischen Museum befindet sich das Byzantinische Museum, das über Kunst und Geschichte des byzantinischen Thessaloníki von etwa 300 n. Chr. bis zur Einnahme der Stadt durch die Türken im Jahr 1430 berichtet. Ausgestellt sind u. a. Münzen, Grabbeigaben, Mosaiken und Ikonen (Öffnungszeiten: Mo. 15.00 bis 21.00, Di. – Sa. 11.00 – 13.00, 17.00 – 21.00, So. 11.00 – 15.00 Uhr).

Volkskundemuseum

In der Vasilíssis Ólgas Nr. 68 südöstlich des Stadtzentrums ist in einem ansehnlichen Bau des 19. Jhs. das Volkskundemuseum untergebracht. Die Sammlungen umfassen Exponate aus den letzten zweieinhalb Jahrhunderten, u. a. Trachten aus Nordgriechenland, Schmuck und Waffen. Hervorzuheben ist die Darstellung der Lebensweise nomadischer Schäfer und der Anastenaria, eines alten Kults aus der Gegend nördlich von Thessaloníki (Öffnungszeiten: Di. bis So. 9.30 – 14.00 Uhr).

Umgebung von Thessaloníki

★ **Pélla** Pélla, die antike Hauptstadt des Makedonenreichs, liegt 42 km westlich von Thessaloníki an der Straße nach Edessa. König **Archelaos** verlegte um 410 v. Chr. die Residenz von Aigai an den damaligen Nordrand des Thermäischen Golfs und begründete die Stadt Pélla, ein großzügiges wirtschaftliches und kulturelles Zentrum. Hier verbrachte der attische Tragiker **Euripides** (um 485 – 406 v. Chr.) seine letzten Lebensjahre. 382 v. Chr. wurden Philipp und 356 v. Chr. **Alexander der Große** hier geboren. Nach der Schlacht bei Pydna 196 v. Chr. wurde die Stadt wohl von den Römern zerstört.

Von Thessaloníki kommend sieht man unmittelbar nach der Abzweigung nach **Paleá Pélla** rechts der Straße mehrere große Hausanlagen an sich rechtwinklig kreuzenden Straßen. Sie stammen aus der Zeit um 300 v. Chr. und besitzen Höfe mit Säulenhallen. Prächtig ist besonders Haus I mit ionischem Peristyl und an Ort und Stelle belassenen Mosaiken. Weitere Mosaiken sind im Museum jenseits der Straße zu sehen. Dort sind auch Architekturteile und Skulpturen aus Pélla ausgestellt (Öffnungszeiten: Apr. – Okt. tgl. 8.00 – 19.30 Uhr).

Auf dem Hügel beim heutigen Dorf Pélla, 2 km weiter nördlich, wurden größere Teile des weiträumigen Palasts entdeckt, der von dem Athener Maler **Zeuxis** (464 – 398 v. Chr.) ausgestaltet wurde.

Thíva · Theben · Θήβα

J 8

Landschaft: Böotien **Höhe:** 218 m ü. d. M.
Einwohnerzahl: 19 000

Die ländliche Kleinstadt Thíva, 80 km nordwestlich von Athen in Böotien gelegen, ist bekannt durch ihren mythisch-antiken Vorgänger, das »Siebentorige Theben«.

Sehenswertes in Thíva

Mythische Stadt Der Mythos besagt, dass **Kadmos** auf der Suche nach seiner von Zeus entführten Schwester Europa aus Phönizien nach Böotien kam und die Burg gründete, die nach ihm »Kadmeia« genannt wurde. Um sein Königsgeschlecht entwickelte sich der große Kreis tragischer Mythen mit Gestalten wie Ödipus und seiner Mutter Iokaste.

Über einem frühhelladischen steinernen Apsidenbau (2. Hälfte 3. Jt. v. Chr.) erhob sich in mykenischer Zeit die Burg. Im 13. Jh. v. Chr. zerstört, entstand hier später die Agorá. Im 4. Jh. v. Chr. stieg Theben unter Pelopidas und Epameinondas für kurze Zeit zur griechischen Vormacht auf, doch wurde es nach einem Aufstand gegen die makedonische Herrschaft 335 v. Chr. von **Alexander dem Großen** niedergelegt.

Auf dem heute bebauten Burghügel wurden Mauern des mykenischen Kadmeia freigelegt; hier fanden sich neben Schmuck, Elfenbein und Täfelchen mit Texten in Linear-B-Schrift auch Keilschrifttexte. Die Lage der sieben Tore ist bekannt, aber nur beim **Elektra-Tor** im Südosten sind noch Rundturm-Fundamente zu sehen.

THEBEN

ÜBERNACHTEN

► **Komfortabel**

Meletiou
Epaminonda 58
Tel. 22 62 02 73 33
Fax 22 62 02 33 34
39 Z., 1 Suite
Schon in die Jahre gekommenes Hotel, aber da es in Theben nur zwei Hotels gibt, ist die Auswahl beschränkt.

Das Archäologische Museum in der Odós Pindaroú neben dem fränkischen Turm zeigt u. a. einen Kouros aus dem Apollon-Heiligtum in Ptoion (um 550 v. Chr.), Lapislazuli-Siegel aus dem Orient, mykenische Amphoren mit Inschriften in Linear-B-Schrift (13. Jh. v. Chr.), bemalte Grabstelen aus Thespiai und Tanagra, mykenische Sarkophage aus Tanagra (13. Jh. v. Chr.) sowie Terrakottafiguren aus dem 5. Jahrhundert.

Umgebung von Thíva

Kabiren-Heiligtum

Etwa 6 km westlich von Thíva, von der Straße nach Livadiá ausgeschildert, ist das Kabiren-Heiligtum von Theben zu finden, von dem Teile von Tempel und Theater erhalten sind.

Plateé

Nordöstlich von Plateé, ca. 18 km südlich von Thíva, fand in der zum Fluss Asopós hin verlaufenden Ebene 479 v. Chr. die **letzte Schlacht der Perserkriege** auf griechischem Boden statt. Der persische Befehlshaber Mardonios unterlag den verbündeten Griechen und die Bedrohung Griechenlands durch die Großmacht Persien war dadurch endgültig abgewehrt. Im Abstand von vier Jahren hielt man hier anschließend **Eleutheria**, Freiheitsspiele, ab.
Die antike Stadt lag am Nordhang des Kitheron beim Dorf Kókla. Sie bestand bis in römische und byzantinische Zeit. In den 1890er-Jahren wurden die Mauern um den flachen Akropolishügel freigelegt. Agorá und Tempel fanden sich südlich des Stadtzentrums.

Eleutherai

Hinter Erithrés windet sich die Straße zum 649 m hohen Pass Giftokastro zwischen Böotien und Attika hinauf. 3 km vor Inói ist die attische Grenzfeste Eleutherai (um 350 v. Chr.) zu sehen, deren mit Türmen verstärkte Mauer noch bis in Höhe des Wehrgangs steht.

Pórto Gérmeno

Unterhalb der Festung Eleutherai zweigt die Straße zum 23 km entfernten Pórto Gérmeno ab, einem kleinen, in einer herrlichen Bucht gelegenen Ort mit breitem Kiesstrand. Er liegt an der Stelle der um

Das Archäologische Museum in Thíva zeigt Fundstücke aus dem mythischen Theben.

300 v. Chr. von Mégara errichteten Festung **Aigosthenai**. Die Anlage ist in ansehnlichen Resten östlich des Orts erhalten. Eine doppelte, teilweise noch 20 m hohe Mauer umgibt die Akropolis, verstärkt mit Türmen. Innerhalb der Akropolis sind die Reste einer fünfschiffigen frühchristlichen Basilika erhalten, die im 12. Jh. mit einer Klosterkirche überbaut wurde.

★ Tínos · Τήνος

N 9

Inselgruppe: Kykladen
Höhe: 0 – 729 m ü. d. M.
Hauptort: Tínos-Stadt
Fläche: 194 km²
Bewohnerzahl: 8000

Auf der drittgrößten Kykladeninsel findet man noch viel Ruhe und Abgeschiedenheit an einsamen Stränden. Der Tourismus hält sich hier noch in bescheidenem Rahmen. Doch an den hohen Marienfesten wird die Insel von Tausenden Pilgern besucht.

Heilige Insel

Tínos, die südöstliche Fortsetzung des von Euböa über Ándros reichenden Gebirgsmassivs, ist mit 30 km Länge und 15 km Breite die drittgrößte Kykladeninsel. Die Heilige Insel wird an den hohen Marienfesten, besonders an Mariä Himmelfahrt, von vielen Tausend Wallfahrern besucht. Berühmt ist Tínos für die überall anzutreffenden schönen turmartigen **Taubenhäuser**, die einfallsreich und kunstvoll gestaltet sind.

Geschichte

Im Jahr 1822 – während des Freiheitskampfes gegen die Türken – hatte die Nonne Pelagia die Vision, die zur Entdeckung der wundertätigen Marienikone führte. Sie wurde bald zum Ziel von Wallfahrten (25. März und 15. August). Die zugleich kirchliche wie nationale Bedeutung der Insel wurde noch dadurch vergrößert, dass ein italienisches U-Boot am 15. August 1940 – zwei Monate vor Mussolinis Kriegserklärung – den anlässlich des Marienfests im Hafen liegenden griechischen Kreuzer »Elli« torpedierte.

Sehenswertes auf Tínos

Tínos-Stadt

Schon bei der Ankunft im Inselhauptort Tínos (3000 Einw.) wird seine Bedeutung als Wallfahrtsort augenfällig: Beherrschend liegt die Kirche Panagía Evangelístria über der Stadt, und die steile, breite Wallfahrtsstraße führt vom Hafen direkt zu ihr hinauf.
Das typische Kykladenstädtchen an der Bucht der Südküste entwickelte sich nach der Zerstörung der Festung Exómburgo durch die Türken zu Beginn des 18. Jhs. von einer bescheidenen Küstensiedlung zum Hauptort der Insel. In der parallel zur Wallfahrtsstraße vom lebhaften Hafen bergan führenden Straße Evangelistria werden Devotionalien aller Art feilgeboten.

TÍNOS ERLEBEN

AUSKUNFT

Tourist-Information
Reisebüros an der Hafenpromenade in Tínos-Stadt

ANREISE

Schiffsverbindungen bestehen mit Piräus auf dem Festland sowie mit den Inseln Amorgós, Astypálea, Kálymnos, Kos, Léros, Megisti, Náxos, Nísyros, Páros, Pátmos, Rhodos, Sými und Sýros.

ESSEN

► Erschwinglich
To Kuotouki
Georg L. Gafou
Tínos-Stadt
Tel. 22 83 02 48 57
Kleines, stimmungsvolles Lokal mit guten griechischen Gerichten, hauseigenen Spezialitäten und Retsina vom Fass.

► Preiswert
Palaiá Palláda
Tínos-Stadt
Tel. 22 83 02 35 16
Hier wird traditionelle griechische Küche serviert.

ÜBERNACHTEN

► Komfortabel
Tinos Beach
Kilonia
Tel. 22 83 02 26 26
www.tinosbeach.gr
164 Z., 11 App., 5 Suiten
Eine der schönsten Hotelanlagen auf den Kykladen.

Tinion
Tinos-Stadt
Tel. 22 83 02 22 61
www.tinionhotel.gr; 21 Z.
Das »Tinion« bietet helle und freundliche Zimmer.

Die Panagía Evangelístria ist jedes Jahr das Ziel Tausender Pilger.

Panagía Evangelístria

Der palastartige Prachtbau der Panagía Evangelístria, der **zweitgrößten Kirche Griechenlands**, entstand von 1823 bis 1830 unter Verwendung von Bauteilen des Poseidonions und des Apollon-Tempels auf ► Délos. Ausgestattet ist die Kirche mit zahlreichen Votivgaben und sakralen Kostbarkeiten ausgestattet. Links vom Eingang befindet sich die über 800 Jahre alte, als wundertätig verehrte Ikone der **Panagía Megalochóri**, die als Werk des Evangelisten Lukas gilt. Unter der Kirche liegt neben einem Mausoleum für die Toten des Kreuzers »Elli« der Fundort der Ikone. Dort werden Taufen abgehalten, und die Pilger schöpfen das hier entspringende »heilige« Wasser.

In Seitenflügeln sind das Byzantinisches Museum untergebracht sowie das Museum Tiniotischer Kunst, mit Werken international bekannte Künstler wie Chalepa, ein Museum für Votivgaben und eine Pinakothek mit Werken griechischer und internationaler Künstler in Original und Kopie (Öffnungszeiten: Kirche tgl. 7.00 – 20.00; Museen ab 8.30 Uhr).

Archäologisches Museum

Im Archäologischen Museum unterhalb der Kirche sind Fundestücke aus dem Poseidon-Amphitrite-Heiligtum bei Kiónia und dem Demeter-Heiligtum bei Tripotamos ausgestellt. Hervorzuheben sind die riesigen Gefäße aus dem 7. Jh. v. Chr., darunter ein Reliefpithos, dessen Hauptbild als Geburt der Athena aus dem Haupt des geflügelt dargestellten Zeus gedeutet wird (Öffnungszeiten: 8.00 – 20.00 Uhr).

Von Tínos nach Norden

Die Nonne Pelagia lebte im Kloster Kechrovounio, 9 km nördlich von Tínos, das im 10. Jahrhundert gegründet wurde. In der stimmungsvollen Anlage wird die Zelle der Pelagia gezeigt, ein entrückter Platz mit grandioser Aussicht.

★ Exómbourgo

Auf dem markanten 540 m hohen Steilfelsen Exómbourgo, etwa 13 Kilometer nördlich von Tínos-Stadt, finden sich die Ruinen der venezianischen Zitadelle, darunter die Reste der mittelalterlichen Hauptstadt, die **Sant' Elena** hieß. Sehr lohnend ist der Aufstieg wegen des herrlichen Weitblicks: Man fährt auf der Straße bis zur Kreuzung vor Falatados und dort links bis zur Kirche; weiter geht es zu Fuß in rund 20 Minuten hinauf auf den Felsen. Über Kómi gelangt man zur Kolymvithra-Bucht im Norden mit guten, wenig besuchten Sandstränden.

Von Tínos nach Nordwesten

Vier Kilometer westlich von Tínos-Stadt liegt **Kiónia** mit langem Kiesstrand. Vor dem Hotel Tinos Beach findet man die Reste des Poseidonions, eines Tempels für Poseidon und Amphitrite. In dem in hellenistischer Zeit erneuerten Heiligtum des 5. Jhs. v. Chr. suchten viele Kranke Heilung.

In der Umgebung der idyllischen Dörfer Kámbos und Kardianí sind besonders schöne **Taubentürme** zu sehen. Pýrgos (Panórmos) ist als Bildhauerdorf bekannt; es gibt hier eine Bildhauerschule. Im ehemaligen Wohnhaus des hier geborenen bedeutenden Bildhauers **Giannoulis Chalepa** (1851 – 1938) wurde ein Museum eingerichtet. Im Nordwesten, südlich der Pánormos-Bucht, wird in etlichen Steinbrüchen grüner Marmor abgebaut.

Zu Tínos Attraktionen gehören die außergewöhnlichen Taubentürme.

★ Trípolis · Τρίπολη

G 9

Landschaft: Arkadien
Einwohnerzahl: 23 000
Höhe: 660 m ü. d. M.

In der Umgebung des hektischen Industriestädtchens entdeckt man bedeutende Altertümer wie die Ruinenstadt Megalópolis oder den Apollon-Tempel bei Bassä und die reizvolle Lousios-Schlucht lädt zu ausgiebigen Wanderungen ein.

Hauptstadt von Arkadien

Trípolis ist zwar die Hauptstadt von Arkadien, dennoch keine Idylle, eher eine moderne hektische Stadt. Im 14. Jh. von albanischen Einwanderern auf der Hochebene im Zentrum Arkadiens gegründet, war es in der Türkenzeit Sitz des Paschas der Morea. 1821 wurde die Stadt von dem Freiheitskämpfer **Kolokotronis** erobert – wobei 10 000 türkische Einwohner umgebracht wurden – und 1828 von Ibrahim Pascha zerstört.

Sehenswertes in Trípolis

Mittelpunkt der Stadt ist die **Platía Areos** mit ihren vornehmen Cafés, die zu einer Rast einladen. Bemerkenswert sind einige klassizistische Gebäude, darunter das Gericht an der Platía. Das **Archäologische Museum** in der Odós Evangelistrias 2, in einem ehemaligen, von Ernst Ziller erbauten Hospital untergebracht, zeigt Exponate von arkadischen Fundstätten.

TRÍPOLIS ERLEBEN

AUSKUNFT

Tourist-Information
Ethnikis Antistaseos 87
Tel. 27 10 23 80 09, Fax 27 10 23 02 87
E-Mail: pyt_tripolis@gnto.gr

ESSEN

► **Erschwinglich**

Grand Chalet
Plátia Areos
Exzellente griechische Gerichte, prima Steaks, riesige Pizza und gute Weine.

ÜBERNACHTEN

► **Komfortabel**

Arcadia
Platía Kolokotronis 1
Tel. 27 10 22 55 51
Fax 27 10 22 24 64
45 Z.
Das sechsstöckige Hotel bietet gut ausgestattete Zimmer und einen Dachgarten; empfehlenswert sind die Zimmer auf der Rückseite des Hauses.

Mainalon Resort
Platía Areos
Tel. 27 10 23 03 00
www.mainalonhotel.gr
30 Z., 1 Suite
Durch seine Lage das ruhigste Hotel der Stadt. Alle Zimmer sind mit einem Balkon ausgestattet.

Umgebung von Trípolis

Tegéa

Im Gelände des Dorfs Tegéa, 8 km südöstlich von Trípolis, lag die gleichnamige antike Stadt, die bedeutendste Stadt des Peloponnes in klassischer und hellenistischer Zeit. Bis 560 v. Chr. war sie ein Zentrum des Widerstands gegen Sparta; im Jahr 395 wurde sie von den Westgoten Alarichs zerstört.

Als mythischer Gründer von Tegéa galt **Aleos**, dessen Tochter Auge an einem Brunnen von Herakles den Telephos empfing. Dieser gelangte nach Mysein in Kleinasien, besiegte vor dem Trojanischen Krieg die Trojaner und wurde später vom pergamenischen Königshaus als Ahnherr verehrt.

◄ Athena-Tempel

An Stelle eines archaischen Baues, der 395 v. Chr. verbrannte, errichtete **Skopas** von 350 bis 340 v. Chr. einen Athena-Tempel, den er auch mit Skulpturen ausstattete. Er war nach dem Zeus-Tempel in Olympía der größte und der erste ganz aus Marmor erbaute Tempel auf dem Peloponnes. Skopas behielt den altertümlich gestreckten Grundriss von 6 : 14 Säulen bei. In der Cella verzichtete er auf die Einteilung in drei durch Säulenreihen getrennte Schiffe; vielmehr schmückten die Innenwände korinthische Halbsäulen, so dass ein weiter prächtiger Innenraum entstand.

◄ Museum

Im Museum sind u. a. ein Marmorthron aus dem antiken Theater ausgestellte, ferner Skulpturen des Skopas, eine Demeter-Statue, eine Asklepios-Büste, ein römischer Sarkophag mit einer Darstellung von Achill und Hektor vor Troja.

Die um 500 v. Chr. durch Zusammenschluss von fünf Dörfern begründete Stadt **Mantinéia** liegt 15 km nördlich von Trípolis. 385 v. Chr. wurde sie von Sparta zerstört, nach dem Sieg Thebens über Sparta 371 v. Chr. erneuert. Die Schlacht bei Mantinéia beendete 362 v. Chr. die Vormachtstellung Thebens auf dem Peloponnes. Die erhaltenen Reste stammen vom Wiederaufbau um 370 v. Chr.

Kirche in Mantinéia: witzige Kombination griechischer Architektur

Von der fast 4 km langen mächtigen Mauer, die mit zehn Toren und 120 Türmen versehen war, sind vor allem im Norden und Osten erhebliche Reste erhalten. Rings um die Festung hatte man den Fluss Ophis geleitet. Im Stadtzentrum entdeckete man die Agorá mit Bouleuterion sowie das Theater und geringe Reste von Tempeln.

Bei den Ruinen ist auch ein eigenwilliges Beispiel griechischer Postmoderne zu sehen, eine 1970 bis 1972 gebaute Kirche.

Orchomenós Fährt man von Levídi, 27 km nördlich von Trípolis, in Richtung Kandila, erreicht man das bescheidene Dorf Orchomenós. Einen Kilometer nördlich liegen die Reste der bedeutenden antiken Stadt gleichen Namens, deren Blüte im 4. Jh. v. Chr. war. Ausgrabungen brachten u. a. in der befestigten Oberstadt ein Heiligtum der **Artemis Mesopotamites** und Reste eines dorischen Apollon- oder Aphrodite-Tempels (6. Jh. v. Chr.) in der Unterstadt – bei der Kirche am östlichen Ortsrand – zu Tage.

Megalópolis Megalópolis liegt 34 km südwestlich von Trípolis in einer weiten Ebene im Zentrum des Peloponnes. Die **Hauptstadt des Arkadischen Städtebundes** war nach dem Sieg des Thebaners Epameinondas in der Schlacht von Leuktra 371 v. Chr. gegründet worden, um gemeinsam mit Mantineia und Messene am Ithómi ein Wiedererstarken Spartas zu verhindern. 223 v. Chr. schließlich wurde die Stadt erobert und zerstört.

Theater ► Die Ruinen der antiken Stadt liegen in der Nähe des heutigen Orts an der Straße nach Pýrgos. Unmittelbar südlich des Flusses sieht man das antike Theater – das größte Griechenlands –, das 20 000 Zuschauer fassen konnte. Das Bühnenhaus bestand aus Holz und konnte in der westlich anschließenden Skenothek aufbewahrt werden. Erst in römischer Zeit wurde es durch einen Steinbau ersetzt.

Thersileion ► Nördlich an das Theater schließt das nach seinem Stifter benannte Thersileion an, ein rechteckiger Saal von riesigen Ausmaßen für die Versammlung des Arkadischen Bundes. Das Innere hatte wahrscheinlich die Form eines Odeions mit 67 radial angeordneten dorischen Säulen. Zu beiden Seiten des Thersileions fanden sich Altäre, im Westen war das Stadion, im Osten ein Asklepios-Heiligtum. Jenseits des Flusses befand sich gegenüber dem Thersileion ein großes **Heiligtum des Zeus Soter**, nördlich davon die Agorá, begrenzt von der Stoa Philipps II. von Makedonien.

Lykosoura Zwölf Kilometer westlich von Megalópolis liegt einsam das **Despoina-Heiligtum** von Lykosoura aus dem 4. Jh. v. Chr. (1 km vor dem Ort). In der Cella des Tempelrestes erkennt man das große Fundament des Kultbildes. Vor dem Unterbau einer dorischen Halle stehen Altäre für die Göttinnen Despoina, Demeter und Gaia. Von Damophon geschaffene Kultbilder der Despoina, Demeter und Artemis sind im kleinen Museum ausgestellt.

Karítena Karítena liegt 16 km nordwestlich von Megalópolis an der Straße nach Andrítsena eindrucksvoll am Durchbruch des des Flusses Alfíos. Der Ort wird überragt von einem mächtigen, 583 m hohen Felsklotz mit fränkischer Burg von 1254. Vom höchsten Punkt bietet sich ein wunderbarer Blick in die Alfíos-Schlucht und über die Ebene. Ein Denkmal am Berghang erinnert an den Freiheitskämpfer **Theodoros Kolokotronis**, der sich in der Burg 1821 gegen die Türken unter Ibrahim Pascha behauptete.

Dimitsána – einst bedeutendes Zentrum des griechischen Freiheitskampfes

Eine Bergstraße, von der man in die Lousios-Schlucht hinuntersieht, führt von Karítena nördlich nach Dimitsana. Nach 15 km kommt man nach Stémnitsa, einem pittoresken Bergdorf mit bedeutender Goldschmiedetradition. Von der Platía kann man zu einer Aussichtsplattform hinaufsteigen, wo sich ein wunderbarer Blick in die Lousios-Schlucht eröffnet. Sehenswert sind das **Volkskundemuseum** am südlichen Ortsrand und die Hierarchenkirche gegenüber (1715).

★ **Stémnitsa**

Neun Kilometer weiter nördlich erreicht man Dimitsána, einen mittelalterlichen, kühn über der Lousios-Schlucht gelegenen Ort. Vom 18. Jh. an war er geistiges und militärisches Zentrum des Widerstands gegen die Türken. Hier studierte auch der spätere **Erzbischof Germanos**, der 1821 das Signal zum Aufstand gab; sein Haus ist noch erhalten. Das Rathaus verwahrt Teile der geheimen Bibliothek dieser Zeit. Der Uhrturm ist eine Stiftung nach Amerika ausgewanderter Dimitsaner.

★ **Dimitsána**

Sehr empfehlenswert ist eine Wanderung durch die herrliche Landschaft der Lousios-Schlucht, die durch die Klöster Filosófou und Prodrómou, das in die Felswand gebaut ist, akzentuiert wird. Die Tour von Dimitsána bis Prodrómou dauert rund 3 Stunden. Ca. eine halbe Stunde weiter entfernt liegen die Überbleibsel der antiken Stadt **Gortys**, von der u. a. der Peripteros des Asklepios-Tempels (4. Jh.) und ein Bad (3. Jh.) zu sehen sind. Für den Rückweg bestellt man sich am besten noch in Dimitsána ein Taxi zum Parkplatz des Prodrómou-Klosters.

★ **Lousios-Schlucht**

Der Apollon-Tempel von Bässa verbirgt sich heute unter einem Zeltdach.

★ **Bassä / Vásses**

Die von Karítena nach Westen führende Straße bietet schöne Ausblicke in die Schlucht des Alfíos. Nach 29 km von mediterraner Macchia gesäumten Straße erreicht man das eindrucksvoll am Berg gelegene **Andrítsena** mit einem sehenswerten kleinen Volkskundemuseum.

Knapp 15 km von Andrítsena entfernt liegt in der Abgeschiedenheit des Lykeon-Gebirges, in 1130 m Höhe, der **Tempel des Apollon Epikourios** von Bassä. Im Jahr 1765 von dem Architekten J. Bocher wiederentdeckt und seit 1986 **Unesco-Weltkulturerbe**, wurde der Bau weitgehend wieder aufgerichtet. Die empfehlenswerte Wanderung von Andrítsena dauert hin und zurück knapp 6 Stunden. Nach Pausanias wurde der Tempel von **Iktínos**, dem Baumeister des Parthenon, errichtet, und zwar als Dank der südwestlich gelegenen Stadt Phigaleia, die von der Pest im Jahr 429 v. Chr. verschont worden war. Der Bau des Apollon-Tempels nimmt eine Sonderstellung ein. Er weist ein archaisches Säulenverhältnis von 6 : 15 auf – statt der klassischen Relation 6 : 13 – und ist nicht nach Osten, sondern nach Norden gerichtet. Er hat aber an der östlichen Langseite der Cella eine Tür.

Während die äußere Säulenstellung dorisch ist, besitzt die Cella zwei Reihen ionischer Säulen, die jedoch nicht frei stehen, sondern nahe an die Wände gerückt und durch Zungenmauern mit ihnen verbunden sind. Über den Innensäulen war ein Fries angebracht, wie er zuvor an den Außenseiten zu finden war (heute im Britischen Museum London). Im Hintergrund der Cella – am Übergang zu einem Adyton, in dem das Kultbild aufgestellt war – stand eine Säule mit korinthischem Kapitell, das hier zum ersten Mal an einem Bau verwendet wurde, so dass dieser alle drei griechischen Ordnungen vereinigte (da der Tempel restauriert wird, ist er durch eine Zeltkonstruktion geschützt). Öffnungszeiten: Juli – Okt. tgl. 8.00 – 19.30 Uhr.

★ Véria · Βέροια

G 3

Landschaft: Makedonien
Einwohnerzahl: 30 000
Höhe: 180 m ü. d. M.

Das freundliche Städtchen Véria, das antike Beroia, liegt auf einer Terrasse beim Fluss Aliakmón, rund 75 km südwestlich von Thessaloníki, und lohnt vor allem wegen der kunstvoll gestalteten makedonischen Königsgräber in seiner Nähe einen Besuch.

Sehenswertes in Véria

Véria, das antike **Beroia**, ist seit 500 v. Chr. bekannt, gehörte zum makedonischen, ab 168 v. Chr. zum Römischen Reich. 1448 / 1449 wurde es dem Osmanischen Reich angegliedert. Die Stadt besitzt über **50 byzantinische Kirchen**, die meist äußerst schlichte, manchmal regelrecht versteckte Bauten sind; der Grund für diese Bauweise ist, dass man die Gotteshäuser vor den Türken schützen wollte. Besonders sehenswert sind Ágios Christós (1315) mit Fresken des 18. Jhs. an den Außenwänden sowie Agía Fotiní und Ágios Kírykos mit Fresken aus der Erbauungszeit; sie stehen südlich der Straßen Ilias und Mitropoleos. Folgt man der Mitropoleos nach Süden, kommt man zur Alten Metropolitankirche (12. Jh.), die im 15. Jh. zur Moschee umgewandelt wurde. Reste der antiken Stadtmauer mit Stadttor sind im Norden bei der Gabelung der Straßen nach Thessaloníki und Édessa zu sehen, außerdem im Süden südöstlich der Mitropoleos. Das **Archäologische Museum** in der Odós Anixeos zeigt u. a. Funde aus den Gäbern von Vergína.

VÉRIA

ÜBERNACHTEN

► **Komfortabel**

Véria
nach 6 km an der Straße von Véria nach Naoussas
Tel. 23 31 09 31 12
E-Mail: hotelver@otenet.gr
63 Z.
Das Hotel bietet nett eingerichtete Zimmer, meist mit Balkon.

★ Gräber von Vergína

Königsgräber

Das Dorf Vergína liegt 15 km südöstlich von Véria. In einem gewaltigen Grabhügel von 12 m Höhe und 100 m Durchmesser hat der Archäologe Manolis Andronikos hier drei gemauerte Grabkammern freigelegt, die unversehrt erhalten waren. Die Grabkammern wurden zu einem eindrucksvollen Museum umgestaltet. Das wichtigste, größte und unglaublich kostbar ausgestattete Grab wird aufgrund der Funde in die Jahre von 350 bis 320 v. Chr. datiert und gilt als

Grab Philipps II., der 336 v. Chr. in Aigai ermordet worden war. Demnach befand sich die makedonische Königsresidenz Aigai, bei der die Königsgräber lagen, nicht bei Édessa, wie man lange vermutete, sondern hier. Neben Rüstungsgegenständen, Kleingerät und Kränzen aus Gold sowie Elfenbeinschnitzereien fand man ungleich lange Beinschienen, ein wichtiger Hinweis auf Philipp II., der verschieden lange Beine hatte. Im Vorraum stand in einem Marmorsarkophag ein massiv goldener Schrein mit Gebeinen sowie mit Resten eines blauen goldbestickten Mantels.
Ein zweiter größerer Goldschrein fand sich in der eigentlichen Grabkammer. Sein Deckel trägt das makedonische Wappensymbol des sechzehnstrahligen Sterns, das heute als Symbol eines neuen makedonischen Nationalismus benutzt wird. Die dorische Fassade des Grabs zeigt über der Marmortür das Gemälde einer Löwenjagd, das erste Original griechischer Malerei aus dieser Zeit. Ein zweites, kleineres Grab, das so genannte **Prinzengrab**, das etwas älter ist (375 – 350 v. Chr.), architektonisch schlichter, war ebenfalls großartig ausgestattet. Ein drittes Grab am Rand des Tumulus ist reich ausgemalt; bemerkenswert ist vor allem eine fantastische Darstellung des Raubs der Persephone (Öffnungszeiten: Sommer Di. – So. 8.00 – 19.00 Uhr).

Eine der Grabkammern von Vergína mit säulengeschmückter Fassade

Südlich der Königsgräber hat man ein hellenistisches Kuppelgrab sowie ein **Kammergrab** mit ionischer Fassade und einem Marmorthron im Innern gefunden. Der um 250 v. Chr. hier bestattete Tote gehörte der Adelsschicht an. Daneben befindet sich das Kammergrab (4. Jh.), das der Mutter Philipps II., **Eurydike**, zugewiesen wird. Hier stand ein aus Holz geschnitzter, mit vergoldeten Reliefs und einer hervorragenden gemalten Darstellung – Quadriga mit Hades und Persephone – geschmückter Thron (Öffnungszeiten: Sommer Mo. 12.30 bis 19.00, Di. – So. 8.00 – 19.00, Winter 8.30 – 15.00 Uhr).

Palast Von Osten führt ein breiter Korridor zum Kern der Palastanlage, einem großen Innenhof, den vier Hallen mit je 16 Säulen begrenzten. Auf diese Hallen öffneten sich die einzelnen Räume. Ein runder Raum links hinter dem Korridor war vermutlich ein **Heroon** für den Ahnenkult. An einen Seiteneingang im Süden schließen sich zwei Räume mit Mosaikböden an, wahrscheinlich Gästeräume. Im Westen befinden sich große Bankettsäle, im Norden eine lange Halle. Vom Palasthügel eröffnet sich ein weiter Blick über die Ebene bis zum Meer.

Vólos · Βόλος

H 6

Landschaft: Magnesia
Einwohnerzahl: 82 000
Höhe: 10 – 30 m ü. d. M.

Vólos ist ein guter Ausgangspunkt, um die herrliche Gebirgslandschaft des Pílion mit seinen malerischen Bergdörfern zu erkunden.

Drittgrößter Hafen Griechenlands

Vólos, am fast geschlossenen Pagasäischen Golf (Pagasitikós Kólpos) gelegen, ist der drittgrößte Hafen Griechenlands. Die heutige Industriestadt entstand im 14. Jh. in einem seit der Jungsteinzeit besiedelten Gebiet. Die ältesten Siedlungen fanden sich bei den Dörfern Sésklo und Dímini. Im 2. Jt. v. Chr. lag im heutigen Stadtgebiet das mykenische **Iolkos**, Sitz des Königs **Pelias** und Heimat seines Neffen **Iason**, der von hier zur Argonautenfahrt aufbrach. In diese Zeit gehört auch Ferä, Sitz von Admetos und Alkestis, 20 km nordwestlich von Vólos.

Sehenswertes in Vólos

Die moderne Hafenstadt eignet sich für Ausflüge und Abstecher in die Pílion-Region und in die thessalische Ebene. Beliebter Treffpunkt in Vólos ist die lange Hafenpromenade mit ihren Cafés.
Zum Pílion steigt der Vorort **Áno Vólos** steil an, der ein geradezu italienisches Bild vermittelt. Südwestlich des Bahnhofs wurden Teile der mykenischen Anlagen von Iolkos freigelegt. Das **Archäologische Museum** nahe dem Ostende der Hafenpromenade zeigt bedeutende

VÓLOS ERLEBEN

AUSKUNFT

Tourist-Information
Platía Riga Fereou
Tel. 24 21 02 35 00, Fax 24 21 02 47 50
www.travel-pelion.gr

ESSEN

► Erschwinglich

O Morias
In der Ouzerie am Hafen werden Fisch und Meeresfrüchte serviert.

ÜBERNACHTEN

► Komfortabel

Xenia
Plastira 1
Tel. 24 21 03 77 93
www.amhotels.gr.
75 Z., 2 Suiten
Das Hotel liegt ruhig am Meer nahe des Archäologischen Museums und zeichnet sich durch eine schöne Terrasse und einen eigenen, kleinen Strand aus.

► Günstig

Philippos
Solonos 9
Tel. 24 21 03 76 07
www.philippos.gr; 39 Z.
Das »Philippos« bietet seinen Gästen schöne, moderne Zimmer.

Funde ab der Jungsteinzeit aus der Umgebung, darunter die über 400 bemalten Grabstelen aus Demetrias (3./2. Jh. v. Chr.), die zu den wichtigsten Zeugnissen antiker Malerei zählen. Interessant sind auch ein Aphrodite-Torso aus Skópelos und ein hellenistischer Asklepios-Kopf aus Tríkka (Öffnungszeiten: Di. – So. 8.30 – 15.00 Uhr). Eine historische Bahn mit Dampflok verbindet Vólos.

Umgebung von Vólos

Dimíni, Sésklo In Dimíni, 6 km westlich, sind noch die Reste einer Akropolis mit Stadtmauern und Kuppelgräbern (4000 – 1200 v. Chr.) vorhanden, in Sésklo, weitere 8 km westlich, die Reste der **frühesten Akropolis Griechenlands** (ab ca. 6500 v. Chr.).

Demetria, Pagasä Drei Kilometer südlich von Vólos liegen die Ausgrabungsstätten von Demetria und dem älteren Pagasä. Der makedonische König **Demetrios Poliorketes** hatte 293 v. Chr. seine Hauptstadt neben Pagasä gegründet und später die beiden Siedlungen zusammengeschlossen. In dem so entstandenen riesigen Stadtareal sollen damals 25 000 Menschen gelebt haben; besiedelt war der Ort bis ins 14. Jahrhundert. Westlich der Straße findet man das wiederhergestellte Theater und den hohen Palasthügel des Demetrios Poliorketes. Östlich der Straße sind die Fundamente eines römischen Aquädukts erhalten.

! *Baedeker* TIPP

Beriketi und Strigliato

Wer am Fuß des Pílion seine Ferien verbringt, sollte unbedingt die regionalen Köstlichkeiten probieren, z. B. die »beriketi«, kleine Früchte, die an Mirabellen erinnern. Oder »betonica«, eine grasartige, wild wachsende aromatische Pflanze, deren zarte Blätter einen leckeren Salat geben. Die »strigliato« ist eine eingedickte, gesalzene Schafsmilch, die man morgens oder nachmittags genießt. Und die wild wachsende Malve mit ihren lila Blüten stellt die schmackhafte Grundlage eines Gemüses dar.

Der Bergzug des **Pílion** erstreckt sich östlich von Vólos entlang der Ostküste Thessaliens vom Mavrovouni-Gebirge bis in die Halbinsel Magnesia, die den Golf von Vólos umschließt. Er erreicht im Pliassídi 1651 m Höhe; zur Ostküste fällt er schroff ab. Mit seinem Wasserreichtum, seinen ausgedehnten Laubwäldern und großen Obstplantagen bietet der Pílion ein für Griechenland ungewöhnliches Landschaftsbild; außerdem gibt es viele schöne Strände und Badebuchten.

Rundfahrt ► Von Vólos fährt man zunächst nordöstlich nach Anakassiá. Von dort geht's steil hinauf nach **Portariá**, wo an der Kapelle Panagía Portariá (1273) – neben der Hauptkirche an der schönen Platía – spätmittelalterliche Fresken zu sehen sind. Eine Stichstraße führt zum malerisch am Hang gelegenen **Makrínitsa**. Das **Rothenburg des Pílion** besitzt ebenfalls eine herrliche Platía mit Brunnen und riesigen Platanen sowie ein Volkskundemuseum unterhalb der Platía. Von Portariá fährt man zu dem über 1200 m hoch gelegenen Chaniá, vor allem ein Wintersportort, aber auch Ausgangspunkt für Wanderungen. Von hier gelangt man in etwa 3 Std. auf den Pliassídi, den höchsten Gipfel des Pílion. Belohnt wird der Aufstieg mit einem herrlichen Blick auf die Sporaden-Inseln. **Sagorá**, das größte Dorf des Pílion, verfügt über zwei interessante Kirchen: An der unteren Platía findet man die Kirche Agía Kyriakí mit einer überwältigenden vergoldeten Ikonostase von 1740 und schönen volkstümlichen Fayenceschalen an der Apsis, an der oberen Platía die Ágios Georgios mit naiven Marmorreliefs an den Apsiden. Eine etwa 10 km lange Stichstraße führt hinunter zum frequentierten **Strand von Choreftó**. Südlich von Sagorá folgen das am Meer gelegene, gut besuchte **Ágios Ioánnis**, das mit sandigen Stränden und klarem Wasser aufwartet, und **Tsangaráda**, das eine gigantische 1000-jährige Platane besitzt. Eine steile Straße führt hinunter zur herrlichen **Bucht von Mylopótamos**. Von Ágios Ioánnis fährt man weiter nach **Miliés**. Der Ort besitzt – wie das benachbarte Dorf **Vysítsa**, das unter Denkmalschutz gestellt wurde – schöne typische Häuser, die z. T. als Gästehäuser eingerichtet sind. Im Gemeindeamt von Miliés ist ein kleines Volkskundemuseum untergebracht; in der Taxiarchen-Kirche (1741) sind vor allem die Fresken sehenswert. Eine historische Bahn mit Dampflok von 1895 verkehrt an Wochenenden – im Juli und August auch jeden Tag – um 16.00 Uhr nach Ano Lechónia. Nach einem Bade-Stopp im angenehmen kleinen Hafenort **Plataniá** an der Südküste der Halbinsel, die mit schönen Sandstränden ausgestattet ist, geht's zurück nach Vólos.

Am Fuß des Píliongebirges entdeckt man immer wieder einsame Strände.

Lárisa

Lárisa (»Burg«), die Hauptstadt der Provinz Thessalien und Zentrum der landwirtschaftlich intensiv genutzten thessalischen Ebene, liegt rund 40 km nordwestlich von Vólos an einer Flussschleife des Piniós. An der Papanastasiou-Straße sind Überreste eines **hellenistischen Theaters** erhalten und etwas weiter nördlich eine mittelalterliche Burg. In einer ehemaligen Moschee an der Platía Laou ist ein **Archäologisches Museum** eingerichtet. Werkzeuge der Steinzeit aus dem Piniós-Tal belegen die Besiedlung des Gebiets bis in klassische Zeit, aus der u. a. Grabstelen ausgestellt sind, und bis in die christliche Epoche, die mit frühchristlichen Skulpturen vertreten ist.

Bootsfahrt auf dem Piniós durch die grüne Oase des Témbi-Tals

✶ Témbi-Tal Durch das 8 km lange, bis zu 600 m tief eingeschnittene und bis zu 60 m enge Témbi-Tal nordöstlich von Lárisa zwischen den Bergen Olymp und Ossa fließt der Piniós zum Meer. Es war seit ältesten Zeiten der wichtigste Zugang von Norden nach Mittelgriechenland. Im Altertum wurde das Témbi-Tal wegen seines Wasser- und Pflanzenreichtums als eine Art Elysium häufig besungen und als der Ort gefeiert, an dem Apollon sich nach der Tötung des Python in Delfí reinigte. Von Nordosten durch die Schlucht fahrend, kann man nach dem Besuch der **Daphni-Quelle** über eine Hängebrücke zur volkstümlichen **Höhlenkapelle Agía Paraskeví** hinübergehen. Auf der Weiterfahrt passiert man die engste Stelle: Lykóstomo, den **»Wolfsrachen«**. Am Südwestende des Tals, gegenüber dem Ort Témbi, lag auf einem Hügel das alte, von Philipp II. von Makedonien als Festung ausgebaute Gonnos.

Piniós-Delta, Ossa-Gebirge Das Mündungsgebiet des Piniós und die südlich anschließende Küste bis **Kókkino Nérom** verfügt über gute, wenig frequentierte Strände mit einfachen touristischen Einrichtungen. Von Stómio führt eine Straße am 1978 m hohen **Profítis Ilías** vorbei nach Spiliá; vor dem Ort zweigt der Weg hinauf zum Gipfel ab. Das Ossa-Gebirge weist zwischen Ost- und Westseite einen scharfen Klimagegensatz auf: Die feuchte Meerseite trägt üppige Laubwälder, die trockene Westseite Ölbäume und mediterrane Macchia. Agiá ist ein guter Ausgangspunkt für Gebirgswanderungen. Über Skíti führt eine Straße nach Agiókambos, einem beliebten kleinen Urlaubsort an der Küste.

Burg von Platamónas Unmittelbar an der E 75, ca. 12 km nördlich des Piniós-Deltas, beeindruckt die auf einem 200 m hohen Hügel gelegene mächtige Kreuzfahrerburg von Platamónas. Anfang des 13. Jahrhunderts unter **Boniface de Montferrat** errichtet, kontrollierte sie die Straße nach Norden.

★ Zákynthos · Ζάκυνθος

D 9

Inselgruppe: Ionische Inseln
Höhe: 0 – 758 m ü. d. M.
Hauptort: Zákynthos-Stadt
Fläche: 402 km²
Bewohnerzahl: 30 000

Wegen ihrer üppig grünen Vegetation, der langen Sandstrände und vieler romantischer Buchten ist Zákynthos eines der beliebtesten Ferienziele des Ionischen Archipels.

»Blume des Ostens«

Bereits die Venezianer schätzten die landschaftliche Schönheit von Zákynthos, das sie »Fiore di Levante«, »Blume des Ostens«, nannten. Die Insel trägt schon seit Homers Zeiten ihren Namen, der sich von der wilden Hyazinthe herleiten soll.
Zákynthos, die südlichste der Ionischen Inseln im eigentlichen Sinn, liegt 16 km vor der Westküste der Peloponnes. Den westlichen Teil der Insel nimmt ein bis 758 m hohes Plateau ein, der Ostteil ist eine fruchtbare und landwirtschaftlich intensiv genutzte Ebene. Erzeugt werden Oliven, Zitrusfrüchte, Sultaninen und Wein. Inzwischen ist der Tourismus der wichtigste Wirtschaftszweig der Insel. Die Nord- und die Westküste fallen mit großartigen hohen Felswänden zum Meer ab. Im Osten findet man Buchten mit Sandständen; nach

Der Campanile von San Marco in Venedig war unverkennbar Vorbild für das Wahrzeichen der Inselhauptstadt, den Turm der Kirche Ágios Dionýsios.

ZÁKYNTHOS ERLEBEN

AUSKUNFT

Touristenpolizei
Lombardou 62
Zákynthos-Stadt
Tel. 26 95 02 44 83

ANREISE

Schiffsverbindungen bestehen mit Kyllini auf dem Festland und mit der Insel Kefalloniá.

AUF ZÁKYNTHOS UNTERWEGS

Vom Fährhafen Ágios Nikólaos im Norden kommt man ohne eigenes Fahrzeug nur mit einem Taxi weiter, ebenso vom Flugplatz bei Kalamáki. Vom Busbahnhof in Zákynthos-Stadt sind die Touristenzentren der Insel mehrmals am Tag zu erreichen.

ESSEN

► Erschwinglich

To Spiti tou Lata
Bóchali
Zákynthos-Stadt
In dem gepflegten Restaurant auf einer Terrasse hoch über der Stadt genießt man zum Essen einen herrlichen Ausblick.

► Preiswert

Arekia
Odós D. Roma
Zákynthos-Stadt
Das »Arekia« ist eine kleine, schlichte Taverne an der Uferstraße nach Kryonéri, bekannt für die Kantádes und die Arékia, die dort abends gesungen werden.

ÜBERNACHTEN

► Luxus

Villas Cavo Marathiá
Marathiá
Tel. 26 95 02 21 20
www.vcm.gr
Ganz im Süden herrlich auf dem Kap westlich der Laganás-Bucht gelegene, geschmackvoll gestaltete Ferienresidenz mit großzügigen Studios und Meerwasserpool.

► Komfortabel

Aquarius
Vasilikós
Tel. 26 95 03 53 00
www.hotelaquarius.gr
24 Z.
Kleines Hotel, ruhig in einem Pinienhain gelegen, ca. 10 Gehminuten von Vasilikós entfernt. Sehr hübsche, gut ausgestattete Zimmer, zum Teil mit Balkon.

Liuba Bungalows
Vasilikós
Tel. 26 95 03 53 72
www.liuba-houses.gr
Hübsche Anlage mit Studios für 2 bis 4 Personen, wunderbar am Ende der Skopós-Halbinsel gelegen.

Süden öffnet sich die Bucht von Laganás, das größte Urlaubszentrum der Insel. An den Sandstränden im Süden haben auch noch die bedrohten Unechten Karettschildkröten (Caretta caretta) ihre Laichplätze. Zákynthos ist die Heimat des Dichters **Dionysios Solomos** (1798 – 1857), der die griechische Nationalhymne schuf und als erster Poet in der Volkssprache (Dimotiki) schrieb.

Sehenswertes auf Zákynthos

★ **Zákynthos-Stadt**

Die schöne gleichnamige Hauptstadt (10 000 Einw.) im Südosten der Insel wurde nach ihrer Zerstörung durch ein Erdbeben 1953 im alten Stil wieder aufgebaut. Ihr Bild wird bestimmt von arkadengesäumten Plätzen. Die nach dem Zweiten Weltkrieg erbaute Kirche des Inselheiligen **Ágios Dionýsios** in der Südecke des Hafens hat nach italienischer Manier einen frei stehenden Campanile. Hier werden in einem silbernen Sarkophag die Reliquien des Heiligen verwahrt. In der Kirche kann man außer Ölbildern von N. Koutouzis und P. Doxaras (17./18. Jh.) Fresken von 1990 sehen.

> ! *Baedeker* TIPP
>
> **Ausblick mit Musik**
>
> Oberhalb der Kirche Panagía Chrysopgí laden Restaurants und Cafés ein, die herrliche Ausblicke auf die Inselhauptstadt bieten. Abends erklingen dort stimmungsvolle »kantades«, die typischen zakynthischen Lieder.

Am Wasser entlang spaziert man zur **Platía Solómou** am Nordrand des Hafens, an der die Kirche Ágios Nikólaos (1560) steht, die wie die Kyría ton Angelón, die Panagía Faneroméni und das Herrenhaus der Familie Roma das Erdbeben 1953 überstand. An der Nordseite des Platzes findet man das **Museum Zákynthos** mit Ikonen und anderen Malereien aus zakynthischen Kirchen. Zugleich gibt es einen hervorragenden Überblick über das Schaffen der Ionischen Malschule des 17./18. Jh., die sich an italienischer Renaissance und Barock orientierte. Wichtige Vertreter dieser Malschule sind Panagiotis und Nikolaos Doxaras (1662 – 1729 bzw. 1705 – 1775), Nikolaos Koutouzis (1741 – 1813) sowie Ioannis Korais d. Ä. und d. J. (1720 – 1799 bzw. 1781 – 1841). Außerdem sind interessante historische Fotografien von der Stadt vor und nach dem Erdbeben 1953 zu sehen (Öffnungszeiten: Di. – So. 8.30 – 15.00 Uhr).

◂ Platía Agíou Márkou

Durch die Odós Dimokratías gelangt man nordöstlich zur stimmungsvollen Platía Agíou Márkou. In der gleichnamigen katholischen Kirche an dem Platz ist ein **Tizian** bzw. einem seiner Schüler zugeschriebenes Gemälde zu sehen.
Neben der Kirche befindet sich das **Solomos-Museum**, in dem D. Solomos und A. Kalvos beigesetzt sind und an die beiden Dichter der Insel erinnert wird. Nördlich von hier steht die Mitropolis mit moderner Ausmalung.

◂ Festung

Das Panorama der Stadt wird von einem Bergzug begrenzt, auf dem die Ruine eines venezianischen Kastells liegt, das 1515 bei einem Erdbeben zerstört wurde. Von hier gleitet der Blick über die Stadt und das Festland von Mesolongi über Chlemútsi bis nach Pýlos.

Halbinsel Skopós

Südöstlich von Zákynthos-Stadt springt die Halbinsel Skopós vor, die viele gute Strände mit entsprechender Infrastruktur besitzt. **Argasi** ist trotz mäßigen Strands insbesondere von britischen Touristen bevölkert. **Pórto Róma** hat einen kleinen Kiesstrand, er ist ebenso

Atemberaubende Szenerie am Schiffswrack-Strand

gut besucht wie der Sandstrand von Geráki, einer der Schildkröten-Laichplätze, die sich entlang der Bucht von Laganás hinziehen und auch das in Privatbesitz befindliche Inselchen Marathonisi einbeziehen.

Die **Bucht von Laganás** war bis vor wenigen Jahren der wohl wichtigste Brutplatz der Unechten Karettschildkröte (Caretta caretta) im ganzen Mittelmeerraum. Einst legten hier alljährlich über 1000 der bis zu 150 kg schweren und über einen Meter langen Reptilien ihre Eier in den Sand; nach 50 bis 65 Tagen schlüpften die Jungen, die nachts dann den Weg ins Wasser nahmen. Die touristische Nutzung der Strände hatte die Zahl der hierher kommenden Schildkröten drastisch verringert, der Nachwuchs hatte kaum mehr Überlebenschancen. Im Jahr 1999 wurde die Bucht zum **Marine National Park** mit drei unterschiedlich streng geschützten Zonen erklärt. Trotzdem schreitet die Erschließung der Bucht mit Straße und Hotels voran.

Limni Keriou ▸ Am Südrand der Bucht von Laganás liegt, von großen Olivenhainen umgeben, das einstige Fischerdorf Limni Keriou, das einen Kiesstrand besitzt. In den Sümpfen hinter dem Ort sind die schon von Herodot erwähnten **Pechquellen** zu finden, die vom Altertum bis ins 20. Jh. Pech zum Abdichten der Schiffe lieferten.

Machérado Kunstfreunde sollten einen Besuch in Machérado, 11 km südwestlich von Zákynthos, einplanen. Hier steht die **Kirche der heiligen Timotheos und Mavra** (14. Jh.) mit hohem venezianischem Campanile. Sehenswert sind die Ausmalung im Stil der Ionischen Schule (19. Jh.) und die Ikone der hl. Mavra aus dem 16. Jahrhundert.

Kloster Eleftherotría ▸ Südlich von Macherado, an der Straße zu dem schönen Dorf **Ágios Nikólaos**, findet man das 1961 gegründete Kloster Eleftherotría, in dem eine skurrile Sammlung von Steinen von vielen heiligen Plätzen oder Bauten der Welt zu sehen ist.

Westküste Die Westküste ist eine fast unzugängliche Steilküste mit hohen malerischen Klippen. Von Pórto Limniona kann man mit Booten die Küste entlangschippern, beispielsweise zum berühmten Schiffswrack-Strand. Von **Kámbi** hat man einen guten Blick auf die Küste.

Kloster Anafonítria

Über **Mariés** erreicht man Anafonítria und das unbewohnte gleichnamige Kloster aus dem 15. Jahrhundert, in dem der hl. Dionysios, der Schutzpatron der Insel, lebte. Mit Ikonen des 15. Jhs. und Fresken des 17. Jhs. ist es ein beliebtes Ausflugsziel.

✶ Schiffswrack-Strand

Von Anafonítria ist das unbewohnte wehrhafte Kloster Ágios Geórgios Krimnón zu erreichen und der Punkt, von dem man den aufregenden Blick hinunter zum »Shipwreck Beach« (Navagio) hat. Dieser nur vom Meer aus zugängliche Strand mit seinem in den 1970er-Jahren gestrandeten Schiff ist ein berühmtes Fotomotiv der Insel. Vom Kloster fährt man 1,5 km zu einem Parkplatz, dann geht man zu Fuß zu der Stelle mit dem fotogensten Blick.

Blauen Grotten

Ein beeindruckendes Erlebnis ist der Besuch der Blauen Grotten an der östlichen Seite der Nordspitze der Insel. Man kann die Grotten mit dem Boot von Ágios Nikólaos, vom Kap Skinári und von Makrís Gialós, aber auch von Zákynthos-Stadt aus erreichen. Vorbei an bizarren Felsformationen fährt man in die Grotten hinein und kann dort im blau und türkis schimmernden Wasser baden.

REGISTER

VERZEICHNIS DER KARTEN & GRAFISCHEN DARSTELLUNGEN

BILDNACHWEIS

20th Century S. 347
Abend S. 146 (unten rechts), 149 (rechts), 152 (links), 157, 173, 208, 277, 289, 296, 367, 369, 395, 445, 529, 531
AKG S. 47, 60, 79, 276, 396
Amberg S. 110
Amberg / Loos S. 29, 384
ArtHotel Perantzada, Ithaki S. 273
Borowski S. 6, 275
Galenschovski S. 24
Gemeinde Kos-Stadt S. 107
Hackenberg S. 5, 8 (oben und unten), 9, 12 / 13, 15 (Mitte), 17, 18, 21, 22, 31, 34, 36, 42, 43, 65, 76, 77, 83, 84, 88 / 89, 91, 99, 102, 105, 114, 119, 121, 125, 136, 139, 140 / 141, 141, 143 (unten), 144, 146 (oben links, oben rechts und unten links), 149 (links), 151, 152 (rechts), 154 (unten links), 168, 170, 174, 176, 177, 183, 185, 187 (Folderklappe), 190, 192, 197, 199, 204, 206, 214, 218, 224, 226, 227, 230, 231, 232, 263, 267, 268, 282, 286, 291, 304, 306, 310, 312, 316, 319, 330, 334, 355, 373, 374, 379, 380, 386, 389, 400, 424, 432, 437, 448, 453, 454, 457 (unten rechts), 459, 463, 464, 467, 493, 494, 500, 504, 506, 507, 508, 511, 513, 516, 521, 523, 524, 526, 530, U 2, U 4 (Umschlagklappe)
HB Verlag / Dehnicke S. 421
HB Verlag / Fabig S. 80, 162, 166, 242, 243, 269, 271, 300, 405, 417, 441, 442, 477, 483, 485, 497, 519, 534
HB Verlag / Kiedrowski u. a. S. 10 (oben), 283
HB Verlag / Modrow S. 14, 32, 106, 132, 359 (unten), 343, 345, 353, 357, 362
HB Verlag / Schröder S. 11, 38, 54, 58, 154 (rechts), 155, 159, 161, 188, 203, 217, 239, 249, 279, 280, 317, 321, 415, 416, 429 (oben links, unten und Folderklappe), 446
HB Verlag / Söllner u. Zamboni S. 4, 10 (unten), 45, 143 (oben), 154 (oben links), 179, 221, 255, 257, 392, 404, 411, 423, 429 (oben rechts), 431
Henseler S. 57
Huber S. 15 (oben), 156 / 157, 186, 213, 261, 285, 324, 361, 435, 518
IFA S. 16 (oben), 72, 331
Ihlow S. 16 (Mitte), 69, 327, 470
Interfoto S. 329, 457 (unten links)
Janicke S. 292
Kirchgeßner S. 7, 408
Kramer S. 472
Krause S. 295
laif S. 74, 187 (links), 200, 211
laif / Caputo S. 451
laif / Gonzalez S. 16 (unten), 328
laif / Hapsis S. 340
laif / Harscher S. 27, 393 (unten)
laif / IML S. 393 (oben)
laif / Modrow S. 359 (oben links und rechts)
Mauritius S. 499
Megaro Gyzi S. 481
Metaxás (Kefalloniá) S. 299
Müller S. 398
picture-alliance/akg-images S. 85
picture-alliance / akg-images / Lessing S. 456
picture-alliance / dpa S. 52, 86, 393 (Folderklappe), 457 (Folderklappe)
picture-alliance / obs S. 457 (oben rechts)
Reincke S. 475
Schapowalow S. 238, 375, 488
Stankiewicz S. 15 (unten), 133, 209
Steimeyer S. 13
Strobel S. 349
Strüber S. 1, 71, 89, 187 (rechts), 351, 359 (Folderklappe), 457 (oben links)
Wrba S. 97, 414
Zefa S. 364

Titelbild: Mauritius / W. Rauch

IMPRESSUM

Ausstattung:
280 Abbildungen, 48 Karten und grafische Darstellungen, eine große Reisekarte
Text:
Dr. Bernhard Abend, Achim Bourmer, Otto Gärtner, Carmen Galenschovski, Heide Marie Karin Geiss, Wolfgang Hassenpflug, Helmut Linde, Dieter Luippold, Reinhard Strüber
Bearbeitung:
Baedeker Redaktion
(Carmen Galenschovski)
Kartografie:
Christoph Gallus, Hohberg; Franz Huber, München; Falk Verlag, Ostfildern (Reisekarte)
3D-Illustrationen:
jangled nerves, Stuttgart
Gestalterisches Konzept:
independent Medien-Design, München
(Kathrin Schemel)

Sprachführer in Zusammenarbeit mit Ernst Klett Sprachen GmbH, Stuttgart,Redaktion PONS Wörterbücher

Chefredaktion:
Rainer Eisenschmid,
Baedeker Ostfildern

15. Auflage 2008

Urheberschaft:
Karl Baedeker Verlag, Ostfildern

Nutzungsrecht:
MAIRDUMONT GmbH & Co KG; Ostfildern

Printed in China
Gedruckt auf 100% chlorfrei gebleichtem Papier

BAEDEKER VERLAGSPROGRAMM

- Ägypten
- Algarve
- Allgäu
- Amsterdam
- Andalusien
- Athen
- Australien
- Australien • Osten
- Bali
- Baltikum
- Barcelona
- Belgien
- Berlin • Potsdam
- Bodensee
- Brasilien
- Bretagne
- Brüssel
- Budapest
- Bulgarien
- Burgund
- Chicago • Große Seen
- China
- Costa Blanca
- Costa Brava
- Dänemark
- Deutsche Nordseeküste
- Deutschland
- Djerba • Südtunesien
- Dominikanische Republik
- Dresden
- Dubai • Vereinigte Arabische Emirate
- Elba
- Elsass • Vogesen
- Finnland
- Florenz
- Florida
- Franken
- Frankfurt am Main
- Frankreich
- Fuerteventura
- Gardasee
- Golf von Neapel
- Gomera
- Gran Canaria
- Griechenland
- Griechische Inseln
- Großbritannien
- Hamburg
- Harz
- Hongkong • Macau
- Indien
- Irland
- Island
- Israel
- Istanbul
- Istrien • Kvarner Bucht
- Italien
- Italien • Norden
- Italien • Süden
- Italienische Adria
- Italienische Riviera
- Japan
- Jordanien
- Kalifornien
- Kanada • Osten
- Kanada • Westen
- Kanalinseln
- Kenia
- Köln
- Kopenhagen
- Korfu • Ionische Inseln
- Korsika
- Kos
- Kreta
- Kroatische Adriaküste • Dalmatien
- Kuba
- La Palma
- Lanzarote
- Lissabon
- Loire
- London
- Madeira
- Madrid

- Malediven
- Mallorca
- Malta • Gozo • Comino
- Marokko
- Mecklenburg-Vorpommern
- Menorca
- Mexiko
- Moskau
- München
- Namibia
- Neuseeland
- New York
- Niederlande
- Norwegen
- Oberbayern
- Oberitalienische Seen • Lombardei • Mailand
- Österreich
- Paris
- Peking
- Piemont
- Polen
- Polnische Ostseeküste • Danzig • Masuren
- Portugal
- Prag
- Provence • Côte d'Azur
- Rhodos
- Rom
- Rügen • Hiddensee
- Sachsen
- Salzburger Land
- St. Petersburg
- Sardinien
- Schottland
- Schwäbische Alb
- Schwarzwald
- Schweden
- Schweiz
- Sizilien
- Skandinavien
- Slowenien
- Spanien
- Spanien • Norden • Jakobsweg
- Sri Lanka
- Stuttgart
- Südafrika
- Südengland
- Südtirol
- Sylt
- Teneriffa
- Tessin
- Thailand
- Toskana
- Tschechien
- Tunesien
- Türkei
- Türkische Mittelmeerküste
- Umbrien
- Ungarn
- USA
- USA • Nordosten
- USA • Südwesten
- Usedom
- Venedig
- Vietnam
- Weimar
- Wien
- Zypern

LIEBE LESERINNEN, LIEBE LESER,

ein herzliches Dankeschön, dass Sie sich für einen Baedeker Allianz Reiseführer entschieden haben. Er wird Sie zuverlässig auf Ihrer Reise begleiten und Sie nicht im Stich lassen.
Natürlich beschreibt er die wichtigen Sehenswürdigkeiten, aber er empfiehlt auch Hotels für den großen und kleinen Geldbeutel, gibt Tipps für Restaurants, Shopping und für vieles mehr, was eine Reise zum Erlebnis macht. Dafür haben die Autoren und die Redaktion Sorge getragen. Sie sind für Sie regelmäßig nach Griechenland gereist und haben all ihre Erfahrungen und Kenntnisse in diesen Reiseführer gepackt.

Trotzdem: Die Erfahrung zeigt, dass Fehler und Änderungen nach Drucklegung, für die der Verlag keine Haftung übernehmen kann, nicht ausgeschlossen werden können. Für Kritik, Berichtigungen und Verbesserungsvorschläge sind wir Ihnen außerordentlich dankbar. Schreiben Sie uns, mailen Sie uns oder rufen Sie an:

▶ **Verlag Karl Baedeker GmbH**
Redaktion
Postfach 3162
D-73751 Ostfildern
Tel. (0711) 4502-262, Fax -343
E-Mail: info@baedeker.com

Besuchen Sie uns auch im Internet unter www. baedeker.com. Hier finden Sie jeden Monat den aktuellen Reisetipp der Redaktion und das gesamte Verlagsprogramm. Hier können Sie auch lesen, wer Karl Baedeker war und wie er seinen ersten Reiseführer geschrieben hat. Mit seinen über 175 Jahren ist der Karl Baedeker Verlag der älteste Reiseführer-Verlag der Welt.

www.baedeker.com

ZU GEWINNEN: STADTREISE NACH LONDON

Unter allen Einsendungen verlost der Verlag am Jahresende – unter Ausschluss des Rechtswegs – eine Städtekurzreise für zwei Personen nach London.
Freuen Sie sich auf ein spannendes Wochenende in London. Natürlich ist ein Baedeker Allianz Reiseführer London auch dabei!